KB091415

TOKL 토클

국어능력
인증시험

한 권으로 끝내기

Always **with you**

사람이 길에서 우연하게 만나거나 함께 살아가는 것만이 인연은 아니라고 생각합니다.
책을 펴내는 출판사와 그 책을 읽는 독자의 만남도 소중한 인연입니다.
(주)시대고시기획은 항상 독자의 마음을 헤아리기 위해 노력하고 있습니다.
늘 독자와 함께하겠습니다.

국어능력인증시험(ToKL)은 대학수학능력시험의 국어 영역과 겹치는 부분이 많고, 주관식 문항은 학교 국어 내신의 서술형 문제와 연관성이 높기 때문에 국어능력인증시험(ToKL) 대비 학습 시 중·고등학생들의 학업에 큰 도움이 됩니다. 또한, 시험의 특성상 학교 국어 내신과 대학수학능력시험의 국어 영역을 준비한 수험생들에게 부담이 덜하여 자격증을 취득하기 위한 목적으로 부담 없이 준비하기에도 좋은 시험이라고 할 수 있습니다.

국어능력인증시험(ToKL)은 기존의 수동적인 방식이었던 단순한 읽기나 쓰기, 문법을 평가하는 데에서 벗어나 국어 생활에서 총체적인 언어 능력을 평가하는 것을 목표로 삼습니다. 이는 듣기·말하기·어휘·어법·읽기·쓰기 등에서 종합적인 사고 능력과 정서적·심미적 차원의 언어 능력을 평가한다는 것을 의미합니다.

평가 영역 중 읽기의 출제 비중이 가장 높으므로 독해력을 끌어올리는 데 집중할 것을 권합니다. 예를 들면, 신문의 사설·칼럼을 비롯하여 인문·과학 분야의 글을 읽고 문단별 중심 내용을 찾아 50자, 100자로 요약하는 훈련을 하는 것이 좋습니다. 요약한 중심 내용을 바탕으로 반박하는 글을 쓰는 데까지 나아간다면 논리력을 키우는 데도 도움이 될 뿐만 아니라 대학입시의 논술고사나 구술면접에도 밑거름이 될 것입니다.

본서는 국어능력인증시험(ToKL)을 처음 준비하고자 하는 수험생들에게 초점을 맞췄습니다. 이론과 연관되는 유사문제로 암기한 내용을 바로바로 점검할 수 있게 하였으며 단원마다 적게는 10문항, 많게는 20문항의 예상문제로 감을 익히도록 하였습니다. 신유형 및 주관식 문제 유형을 완벽 반영한 확장 문제는 최신 시험을 철저히 대비할 수 있도록 하였습니다.

아무쪼록 이 책을 활용하여 국어능력인증시험(ToKL)을 준비하는 모든 수험생이 좋은 성과를 거두기를 바랍니다.

편저자 씀

ToKL 시험 안내 INTRODUCTION

○ 시행 목적

변화하는 국어 생활의 환경에 발맞추어 기존의 국어 교육 내용이나 방법의 한계를 극복하고, 체계적인 사고 과정의 결과로 나타나는 총체적인 언어 능력의 평가를 통해 국민의 국어 능력을 신장시키며, 나아가 국어 교육을 학교 교육의 단계를 넘어 평생 학습의 단계로 인식하도록 하고자 함.

❶ 활동 국어 중심 국어 능력의 총체적 향상 추진
··· 모국어 화자로서 갖추어야 할 소양이나 능력 함양 측정

❷ 국어 교수–학습 및 평가 방법 쇄신
··· 교육 현장에서 실제적인 효과를 발휘할 수 있는 능력 검증

❸ 체계적이고 창의적인 국어 활동의 생활화 고취
··· 이해와 표현의 모든 과정에서 체계적으로 사고하고 문화적 감수성을 심화함으로써 개인적 창의로 나아갈 수 있는 능력 성취

❹ 광범위하고 심도 있는 독서와 사고의 태도를 함양하는 평생 교육 지향
··· 이해와 표현의 모든 과정에서 체계적으로 사고하고 문화적 감수성을 심화함으로써 개인적 창의로 나아갈 수 있는 능력 성취

○ 특징

- 언어 기능 영역과 함께 이해, 추론, 비판, 창의의 모든 사고 영역을 종합 평가하는 문항 구성
- 서술형 주관식 평가 도입과 지문 유형의 다양화, 신규 문제 유형 개발을 통해 언어 사고력을 평가
- 종합적 사고력 평가로 기존의 언어 평가에 효율적으로 대비 가능

○ 평가 목표

- 말하기, 듣기, 읽기, 쓰기에 관한 종합적인 국어 사용 능력 평가
- 일상적 언어 생활과 밀접하게 연관된 실질적인 국어 사용 능력 측정
- 합리적 의사소통 능력, 창조적 표현 능력, 유연한 언어 상황 적응력 평가

○ 시험 시간

1교시 60분, 2교시 70분(총 130분, 듣기 평가 30분), 중간 휴식 시간 없음.

시험 시간	진행 내용	문항 구성
09:00 ~ 09:30 (30분)	수험자 입실	
09:30 ~ 09:45 (15분)	감독관 입실 수험자 주의사항(신분증) 안내	
09:45 ~ 10:00 (15분)	1교시 답안지 작성 1교시 문제지 배부 및 파본 검사	
10:00 ~ 11:00 (60분)	1교시 시험(읽기, 어문규정, 어휘)	객관식 57문항
11:00 ~ 11:10 (10분)	2교시 답안지 작성 2교시 문제지 배부 및 파본 검사	
11:10 ~ 12:20 (70분)	2교시 시험(듣기, 어법, 쓰기 등)	객관식 23문항 주관식 10문항
12:20 ~ 12:30 (10분)	시험 종료 및 수험자 퇴실	

※ 위 내용은 시행처 홈페이지(www.tokl.or.kr)에서 발췌한 것입니다. 시험 관련 내용은 변경될 수 있으니 반드시 시행처 홈페이지에서 확인하시기 바랍니다.

○ 활용처

- **고등학교** ➡ 고교 생활기록부 등재 / 입학사정관제 / 논술&서술형 대비
- **학점은행제 · 독학사 학점 획득** ➡ 1급(10학점), 2급(8학점), 3급(5학점), 4급(3학점)
- **대학교 및 대학원** ➡ 졸업 자격 / 졸업 인증 / 언어 추론 영역 대체
- **공사 / 공기업 / 정부 기관** ➡ 채용&승진 가산점
- **언론사 및 기업** ➡ 채용 가산점

※ 실제 입시요강과 채용전형은 유동적이므로 반드시 각 학교 홈페이지와 해당 기관의 채용공고를 직접 확인하시기 바랍니다.

ToKL 시험 안내 INTRODUCTION

○ 평가 영역 및 문항 구성

- **평가 영역**: 언어 기초, 언어 기능, 사고력
- **문항 구성**: 총 90문항(객관식 80문항[5지 택일형] + 주관식 10문항)
- **문항 배점**: 총점 200점(객관식 2점[동일 배점] / 주관식[차등 배점])

영역		총 문항 수 (주관식)	평가 내용
언어 기초	어휘	15(2)	실생활에서 자주 사용하는 어휘의 활용 능력 평가(수행기반 능력)
	어법	5	정확하고도 경제적인 문장을 구사할 수 있는 능력 평가(언어규범 능력)
	어문규정	5	효율적인 의사소통을 위한 규범 평가(언어규범 능력)
언어 기능	듣기	15(2)	다양한 상황 설정을 통한 듣기 능력의 종합 평가(청해 능력)
	읽기	40(1)	매체 환경의 다양성을 반영하는 지문 선택을 통한 읽기 능력의 실질 평가(독해 능력)
	쓰기	10(5)	문장 생성 능력, 단락 전개 능력 등 실질적인 글쓰기 능력 중심의 평가(작문 능력)
합계		90(10)	총 200점(객관식 160점 + 주관식 40점)

사고력 영역은 사고 능력을 측정하기 위한 영역으로, 언어 기초 영역, 언어 기능 영역과는 별도의 방식으로 점수를 산출합니다.

영역	평가 내용
사고력	• **이해**: 독해 또는 청해 과정에서 중심 내용을 확인하고, 글 또는 말의 구조를 파악하는 능력 • **추론**: 글의 구조 및 주어진 내용을 활용하여 필요한 정보를 추론하는 능력 • **비판**: 정보를 종합하여 비교·분석하고, 글 전체의 내용과 표현을 평가하는 능력 • **창의**: 정보를 재창출함은 물론 글쓴이의 의도를 파악하여 능동적으로 반응하고, 적절한 대안을 찾는 능력

※ 시험 관련 내용은 변경될 수 있으니 시행처 홈페이지(www.tokl.or.kr)에서 확인하시기 바랍니다.

○ 성적과 급수

급수	총점
1급	200점 ~ 185점
2급	185점 미만 ~ 169점
3급	169점 미만 ~ 153점
4급	153점 미만 ~ 137점
5급	137점 미만 ~ 121점

국어능력인증시험(ToKL)의 성적은 절대평가 방식으로서, 점수에 따라 1급에서 5급까지의 급수를 부여하며, 121점 미만은 급수를 부여하지 않습니다. 또한, 각 급수에 따른 인증서를 발부하며, 인증서의 유효 기간은 발행일로부터 2년입니다.

※ 총점 121점 미만은 급수가 부여되지 않습니다.

ToKL 성적표 예시

국어능력인증시험 개인별 성적표

회차	종류	언어 기초 영역			언어 기능 영역			사고력 영역				종합 석차 백분율	종합 점수	급수
		어휘	어문 규정	어법	듣기	읽기	쓰기	이해	추론	비판	창의			
103회	점수													
	석차 백분율													
	성취도													

발 행 일 : 20○○년 ○월 ○일 ○요일

- **석차 백분율(%)**: 해당 회차의 전체 응시자를 100으로 환산했을 때 응시자 본인의 영역별 성적이 어디에 위치하는지 보여주는 지표
  예 석차 백분율 1은 상위 1%를 의미합니다. 즉, 숫자가 낮을수록 성적이 높은 것입니다.
- **성취도(백분위 환산 점수)**: 각 영역에서 본인이 획득한 총점을 100점 만점으로 환산한 점수
- **종합 석차 백분율(%)**: 해당 회차의 전체 응시자를 100으로 환산했을 때 본인의 종합 성적이 어디에 위치하는지 보여주는 지표
  예 종합 석차 백분율 1은 상위 1%를 의미합니다. 즉, 숫자가 낮을수록 성적이 높은 것입니다.
- **종합 점수**: 시험에서 본인이 취득한 총 점수

이 책의 구성과 특징 STRUCTURES

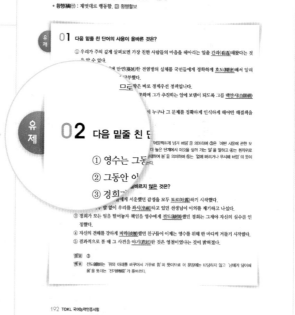

핵심이론

핵심이론으로 기초를 탄탄히 다지세요! 자세한 설명과 풍부한 예시는 〈ToKL 한 권으로 끝내기〉만의 특징입니다.

유사문제

출제 경향을 반영해 시험에 나올 만한 문제를 엄선했습니다. '해설'을 보면서 내가 고른 선택지가 왜 정답이고, 정답이 아닌지 확인해 보세요.

첫째 마당
언어 기초 영역

어휘 능력 2장

2장 확장문제

01 다음에서 관용구가 사용된 예로 볼 수 없는 것은?

① 그는 나와 그녀 사이에 다리를 놓았다.
② 나는 실내가 너무 추워서 끈을 달았다.
③ 용돈을 모으려고 학교 매점에 발을 끊었다.
④ 난생 처음 외국 여행을 갔다가 바가지를 썼다.
⑤ 안타깝게도 우리 편이 1점 차이로 무릎을 꿇었다.

02 다음은 조리 방법과 관련된 어휘의 용례이다. 어휘의 의미 사이에서 찾을 수 있는 공통점을 추출한 것으로 적절한 것은?

ㄱ. 고다 - 할아버지의 건강을 위해 소뼈와 고기를 푹 고아 곰국을 만들어 드렸다.
ㄴ. 데치다 - 채소를 데치면 표면이 살짝 익으면서 아삭한 식감을 유지할 수 있다.
ㄷ. 삶다 - 국수를 삶을 때에는 물이 넉넉해야 가락이 엉겨 붙지 않는다.
ㄹ. 찌다 - 송편을 찔 때에는 물이 송편에 닿지 않도록 시루의 높이를 조절해야 한다.

204 TOKL 국어능력인증시험

부록

1 한글 맞춤법 개정안 핵심 내용

554 TOKL 국어능력인증시험

○┈┈┈▶ **예상문제 & 확장문제**

예상문제로 다양한 문제를 풀면서 실력을 다지고, 확장문제로 국어 지식을 심화·확장해 보세요.

한글 맞춤법 개정안 ◀┈┈┈○

한글 맞춤법 개정안의 필수 영역·핵심 내용과 새로 추가된 표준어를 정리했습니다. 이론을 학습한 후 한번 더 정리해 보세요.

이 책의 차례 CONTENTS

[둘째 마당] 언어 기능 영역

4주 만에 완성하기 STUDY PLANNER

국어능력시험 단기완성이 가능할까요? 네! 가능합니다.
시대고시기획의 〈ToKL 한 권으로 끝내기〉로 준비한다면 단기간에 고득점을 받을 수 있습니다.

첫째 마당		둘째 마당	
1일차	1장 1절 ❶ 자음과 모음 ~ ❸ 발음	**15일차**	1장 1절 ❶ 개요 ~ ❹ 실전 연습
2일차	1장 1절 ❹ 단어 ~ ❺ 띄어쓰기	**16일차**	1장 2절 ❶ 개요 ~ ❹ 실전 연습
3일차	1장 1절 ❻ 기타 ~ 예상문제	**17일차**	1장 예상문제 ~ 확장문제
4일차	1장 2절 ❶ 단수 표준어 ~ ❹ 받침의 발음	**18일차**	2장 1절 개요 ~ 2절 조건형 문제
5일차	1장 2절 ❺ 음의 동화 ~ 예상문제	**19일차**	2장 3절 제한형 문제
6일차	1장 3절 ❶ 외래어 표기법 ~ 예상문제	**20일차**	2장 예상문제 ~ 확장문제
7일차	1장 확장문제	**21일차**	3장 1절 ❶ 개요 ~ ❸ 수필문학의 이해와 감상
8일차	2장 1절 필수 순수국어	**22일차**	3장 1절 ❹ 소설문학의 이해와 감상
9일차	2장 2절 필수 고사성어	**23일차**	3장 2절 ❶ 인문 분야의 이해와 감상
10일차	2장 3절 필수 속담 및 관용어 ~ 5절 틀리기 쉬운 어휘들 모음	**24일차**	3장 2절 ❷ 과학 분야의 이해와 감상
11일차	2장 예상문제 ~ 확장문제	**25일차**	3장 확장문제
12일차	첫째 마당 전체 복습 ❶	**26일차**	둘째 마당 전체 복습 ❶
13일차	첫째 마당 전체 복습 ❷	**27일차**	둘째 마당 전체 복습 ❷
14일차	첫째 마당 전체 복습 ❸	**28일차**	둘째 마당 전체 복습 ❸

첫째 마당

언어 기초 영역

1 장

Test of Korean Language

I wish you the best of luck!

㈜시대고시기획
㈜시대교육

www.**sidaegosi**.com

시험정보·자료실·이벤트
합격을 위한 최고의 선택

시대에듀

www.**sdedu**.co.kr

자격증·공무원·취업까지
BEST 온라인 강의 제공

어법 · 어문규범

1절 기초능력편

① 자음과 모음

한글 자모의 수는 스물넉 자로 하고, 그 순서와 이름은 다음과 같이 정한다.

- 자음 : ㄱ(기역) ㄴ(니은) ㄷ(디귿) ㄹ(리을) ㅁ(미음) ㅂ(비읍) ㅅ(시옷) ㅇ(이응) ㅈ(지읒) ㅊ(치읓) ㅋ(키읔) ㅌ(티읕) ㅍ(피읖) ㅎ(히읗)
- 모음 : ㅏ(아) ㅑ(야) ㅓ(어) ㅕ(여) ㅗ(오) ㅛ(요) ㅜ(우) ㅠ(유) ㅡ(으) ㅣ(이)

위의 자모로써 적을 수 없는 소리는 두 개 이상의 자모를 어울러서 적되, 그 순서와 이름은 다음과 같이 정한다.

- 자음 : ㄲ(쌍기역) ㄸ(쌍디귿) ㅃ(쌍비읍) ㅆ(쌍시옷) ㅉ(쌍지읒)
- 모음 : ㅐ(애) ㅒ(얘) ㅔ(에) ㅖ(예) ㅘ(와) ㅙ(왜) ㅚ(외) ㅝ(워) ㅞ(웨) ㅟ(위) ㅢ(의)

사전에 올릴 적의 자모 순서는 다음과 같이 정한다.

- 자음 : ㄱ ㄲ ㄴ ㄷ ㄸ ㄹ ㅁ ㅂ ㅃ ㅅ ㅆ ㅇ ㅈ ㅉ ㅊ ㅋ ㅌ ㅍ ㅎ
- 모음 : ㅏ ㅐ ㅑ ㅒ ㅓ ㅔ ㅕ ㅖ ㅗ ㅘ ㅙ ㅚ ㅛ ㅜ ㅝ ㅞ ㅟ ㅠ ㅡ ㅢ ㅣ

유제

01 다음 한글의 자모 중 기본 스물넉 자에 속하지 <u>않는</u> 것을 모두 고르면?

① ㅛ   ② ㅟ   ③ ㅃ   ④ ㅋ   ⑤ ㅌ

정답 ②, ③

해설 기본 자음과 모음의 스물넉 자에 속하지 않는 것은 이중모음인 'ㅟ'와 겹자음인 'ㅃ'이다. 기본 자모는 단모음과 단자음만 포함된다.

확장 단모음은 발음기관이 한곳에서 고정되어 있으며 입술모양이 변하지 않는 것이나 이중모음은 발음기관이 두 곳 이상이며 입술모양이 달라진다.

유제

02 다음 단어들을 사전에서 찾으려고 할 때 가장 늦게 나오는 단어는?

① 의사 　　　　② 이자 　　　　③ 왠지 　　　　④ 원수 　　　　⑤ 위자료

정답 ②

해설 사전에 등재되는 순서는 먼저 초성의 순서인 'ㄱ ㄲ ㄴ ㄷ ㄸ ㄹ ㅁ ㅂ ㅃ ㅅ ㅆ ㅇ ㅈ ㅉ ㅊ ㅋ ㅌ ㅍ ㅎ'의 순이며 그 다음 같은 초성인 경우는 모음 순서인 'ㅏ ㅐ ㅑ ㅒ ㅓ ㅔ ㅕ ㅖ ㅗ ㅘ ㅙ ㅚ ㅛ ㅜ ㅝ ㅞ ㅟ ㅠ ㅡ ㅢ ㅣ'에 따르며 초성과 중성이 같은 경우는 종성의 자음 순서에 따라 'ㄱ ㄲ ㄴ ㄷ ㄸ ㅁ ㅂ ㅃ ㅅ ㅆ ㅇ ㅈ ㅉ ㅊ ㅋ ㅌ ㅍ ㅎ'로 결정된다. 따라서 위의 경우 초성이 동일하기 때문에 중성에 따라 순서가 결정되는데 'ㅣ'가 가장 늦은 순번이므로 위 단어 중에서는 '이자'가 가장 늦게 나온다.

확장 1. 가장 우선순위는 첫 자의 초성 순위이다. **예** '귀하다'가 '다가다'보다 먼저 나온다.
2. 초성이 동일한 경우는 중성에 따라 결정된다. **예** '하자'가 '허기'보다 먼저 나온다.
3. 초성과 중성이 동일한 경우는 종성(받침)에 따라 결정된다. **예** '반상회'가 '받다'보다 먼저 나온다.
4. 동일 조건에서 받침이 없는 글자가 받침이 있는 글자보다 먼저 나온다.
　 예 '바치다'가 '받다'보다 먼저 나온다.
5. 중첩자음(ㄺ, ㅄ 등) 다른 겹자음인 경우에는 동일 겹자음보다 늦게 나온다.
　 예 '밝다'가 '발가락'보다 늦게 나온다.
6. 중첩자음의 첫 자음에 준해 우선순위가 결정된다. **예** '밝다'가 '밤'보다 먼저 나온다.
7. 첫음절이 동일할 경우 둘째 음절에 위 규정이 적용되며 나머지 음절에도 동일하게 적용된다.
　 예 '마루터기'가 '마루턱'보다 먼저 나온다.

유제

03 다음 자음의 명칭을 적은 것 중 바른 것은?

① ㄲ(쌍기윽) 　② ㅌ(티귿) 　③ ㅆ(쌍시옷) 　④ ㅋ(키읔) 　⑤ ㅎ(히옷)

정답 ④

해설 ① '쌍기역' ② '티읕' ③ '쌍시옷' ⑤ '히읗'이 올바른 명칭이다.

확장 우리말 자모의 명칭을 최초로 붙인 사람은 조선 중종 때의 역관이었던 최세진이다. 그는 한자(중국어) 학습서인 '훈몽자회'에서 지금과 같은 자음의 명칭을 붙였다. 즉 한글 창제 당시에는 자음의 명칭이 구체적으로 없었는데 최세진이 한자 학습서인 '훈몽자회'를 펴내어 우리말에 대한 간략한 설명을 곁들이면서 지금의 자음 명칭을 붙여 놓았다.

② 형태소[어간과 어미, 어근과 접사]

형태소란 뜻을 가진 가장 작은 말의 단위로 '이야기책'의 '이야기', '책' 따위이다. 또한 문법적 또는 관계적인 뜻만을 나타내는 단어나 단어 성분을 말하며 다른 말로는 '형태질'이라는 표현을 쓰기도 한다. 형태소(形態素)라는 개념은 전문적인 문법(어법) 용어이지만 이 개념을 올바르게 이해해야만 문제에서 자

주 나오는 '단일어와 복합어', '파생어와 합성어' 등을 구별할 수 있는 준거가 된다. 때문에 이를 논리적으로 이해하는 것이 단어의 종류에 대한 문제나 띄어쓰기 등의 기초 문제뿐만 아니라 품사를 규정하는 문제까지를 두루 응용할 수 있다.

형태소는 그것이 가지는 의미 또는 기능에 따라 크게 실질형태소(=어휘형태소)와 형식형태소(=문법형태소)로 나눌 수 있다.

❶ 실질형태소와 형식형태소

형태소는 그것이 말에서 쓰일 때 실질적인 의미를 가지고 있느냐 문법적인 의미를 가지고 있느냐에 따라 실질형태소와 형식형태소로 나눌 수 있다.

① 실질형태소(어휘형태소)

어휘적 의미가 있는 형태소로 어떤 대상이나 상태, 동작을 가리키는 형태소를 말한다. 일반적으로 명사, 동사, 형용사, 부사가 이에 속한다. 즉 어떤 단어나 문장에서 실제적인 의미요소를 가지고 있는 부분을 말하는 것으로 예를 들어 "나는 영화를 보기 좋아한다."는 문장에서 실제적인 의미를 가지고 있는 '나, 영화, 보-, 좋-'이 이에 해당한다.

② 형식형태소(문법형태소)

문법적 의미가 있는 형태소로 어휘형태소와 함께 쓰여 그들 사이의 관계를 나타내는 기능을 하는 형태소를 말한다. 우리말에서는 대표적으로 조사, 어미, 접사(접두사, 접미사)가 이에 속한다. "나는 영화를 보기 좋아한다."에서 '-는, -를, -기, -아한다'가 형식형태소에 해당한다.

유제

01 다음 문장 중 실질형태소가 <u>아닌</u> 것은?

> 영수의 동생은 키가 철수보다 훨씬 크다.

① 영수　　　② 동생　　　③ 키　　　④ 철수　　　⑤ 보다

정답 ⑤

해설 '-보다'는 비교부사격조사로 문법적 기능을 가진 형식형태소이다.

확장 의미를 가지고 있는 실질형태소를 품사 기준으로 접목시켜 파악하면 보다 쉽다. 즉 체언(명사+대명사+수사) 전부와 용언의 어간(동사 어간+형용사 어간)도 모두 실질형태소이며 부사와 관형사도 실질형태소이다. 그 외 용언의 어미와 접사, 조사는 형식형태소이다.

② 자립형태소와 의존형태소

형태소는 그것이 말에서 쓰일 때 의존성이 있는가 없는가에 따라 자립형태소와 의존형태소로 나눌 수 있다.

① 자립형태소

다른 형태소 없이 홀로 사용될 수 있는 형태소를 말한다. 한국어에서는 일반적으로 체언과 수식언(관형사+부사)이 이에 속한다. "나는 영화를 보기 좋아한다."는 문장에서 '나, 영화'가 이에 해당하며 이 단어들은 혼자서도 그 의미를 수행한다는 것을 알 수 있다.

② 의존형태소

말을 할 때 반드시 다른 형태소와 함께 쓰이는 형태소를 말한다. 한국어에서는 조사와 어미, 접사가 이에 속하고 용언, 즉 동사, 형용사도 이에 속한다. "나는 영화를 보기 좋아한다."는 문장에서 '보기, 좋아한다'는 말은 '보+기, 좋+아한다'와 같은 어미와 결합하지 않고서는 말을 이룰 수 없기 때문이다.

③ 근원형태소

형태소는 그것이 다른 형태소와 결합하여 하나의 낱말(단어)을 만드는 데 참여하는 경우 근원형태소라고 한다. 단어 형성에 참여하는 실질형태소와 형식형태소 또는 자립형태소와 의존형태소를 모두 통틀어 가리키는 말이다. "바람이 휘몰아친다."에서 동사 '휘몰아치-'는 접두사 '휘-', 어간 '몰-', 어미 '-아', 어간 '치-'가 결합한 것이므로 네 형태소 모두 근원형태소가 된다.

④ 불구형태소

어떤 형태소가 다른 형태소와 결합하는 관계가 제한적이면 불구형태소(=특이형태소)라고 말한다. 예를 들어, '가랑개미', '가랑눈', '가랑니', '가랑무', '가랑비' 등에서, 모든 '가랑'이 동일한 형태소인지 아니면 의미에 따라 둘 이상으로 나뉠 수 있는지에 대해서는 이견이 있을 수 있으나, 그런 논의와 무관하게 이러한 '가랑'과 같은 형태소는 몇몇 낱말에서만 사용된다는 점에서 불구형태소에 해당한다.

유제

02 다음 문장에서 자립형태소만 골라놓은 것은?

> 철수가 영희에게 책을 매우 자세하게 읽어주었다.

① 철수, 영희, 책, 매우
② 철수, 영희, 책, 매우, 자세
③ 철수, 영희, 책
④ 가, 에게, 을, 자세하게, 읽어주었다
⑤ 자세하게, 읽어주었다

정답 ①

해설 자립형태소는 혼자서 단어의 기능을 완벽하게 할 수 있는 것이므로 위 문장에서는 '철수, 영희, 책, 매우'가 해당되며 나머지는 의존형태소이다.

확장 한 단어가 하나의 자립형태소나 의존형태소가 아니라 합성어나 파생어의 경우는 한 단어에 자립형태소나 의존형태소가 여럿 있는 경우가 있다. 예를 들어 딱정벌레목 길앞잡이과의 곤충인 '흰테길앞잡이'의 경우는 '희+ㄴ+테+길+앞+잡+이'의 7개의 형태소가 있으며 이 중 자립형태소는 '테, 길, 앞'의 3개이고 나머지 4개는 의존형태소이다. 좀 쉬운 예를 들면 '산길'의 경우 자립형태소만 두 개인 '산+길'로 구성되어 있으며 '떡볶이'의 경우 자립형태소인 '떡'과 '볶+이'의 두 개의 의존형태소로 구성되어 있다.

③ 발음(소리에 관한 것)

❶ 된소리

한 단어 안에서 뚜렷한 까닭 없이 나는 된소리는 다음 음절의 첫소리를 된소리로 적는다.

> • 'ㄴ, ㄹ, ㅁ, ㅇ' 받침 뒤에서 나는 된소리
>   **예** 산뜻하다 / 잔뜩 / 살짝 / 훨씬 / 담뿍 / 움찔 / 몽땅 / 엉뚱하다

다만, 'ㄱ, ㅂ' 받침 뒤에서 나는 된소리는, 같은 음절이나 비슷한 음절이 겹쳐 나는 경우가 아니면 된소리로 적지 아니한다.

예 갑자기 / 국수 / 깍두기 / 딱지 / 색시 / 싹둑(~싹둑) / 몹시 / 법석

유제

01 다음 표기 중 잘못된 것은?

① 야단법석　　② 새색시　　③ 잔뜩　　④ 깜빡이다　　⑤ 국빱

정답 ⑤

해설 위 규정에서 보듯이 ⑤ '국빱'은 '국밥'으로 적어야 한다.

❷ 'ㄷ' 받침소리

'ㄷ' 소리로 나는 받침 중에서 'ㄷ'으로 적을 근거가 없는 것은 'ㅅ'으로 적는다.

예 덧저고리 / 돗자리 / 무릇 / 뭇[衆] / 사뭇 / 얼핏 / 엇셈 / 옛 / 웃어른 / 자칫하면 / 첫 / 핫옷 / 헛

유제

02 다음 표기 중 바른 것은?

① 덛저고리　　② 묻사람들　　③ 옛날　　　④ 헛걸음　　　⑤ 사뭇

정답　④

해설　① '덧저고리' ② '뭇사람들 또는 묻사람들' ③ '옛날' ⑤ '사뭇' 으로 적어야 한다.

❸ 모음

한자 '偈(게), 揭(게), 憩(게)' 는 본음인 '게' 로 적기로 하였다. 따라서 '게구(偈句), 게기(揭記), 게방(揭榜), 게양(揭揚), 게재(揭載), 게판(揭板), 게류(憩流), 게식(憩息), 게제(偈諦), 게휴(憩休)' 등도 '게' 로 적는 것이다.

한편, '으례, 케케묵다' 는 표준어 규정(제10항)에서 단모음화한 형태를 취하였으므로, '으레, 케케묵다' 로 적어야 한다.

'ㅢ' 의 단모음화 현상을 인정하여, 표준 발음법(제2절 자음과 모음 제5항 다만 3, 4)에서는

- 자음을 첫소리로 가지고 있는 음절의 'ㅢ' 는 [ㅣ]로 발음하고,
  예 늴리리[닐리리] / 띄어[띠어] / 유희[유히]
- 단어의 첫음절 이외의 '의' 는 [이]로, 조사 '의' 는 [에]로 발음할 수 있다.
  예 우리의[우리의/우리에] / 주의[주의/주이]

라고 규정하였다. 그러나 현실적으로 'ㅢ' 와 'ㅣ', 'ㅢ' 와 'ㅔ' 가 각기 변별적 특징(辨別的特徵)을 가지고 있으며, 또 발음 현상보다 보수성을 지니는 표기법에서는 변화의 추세를 그대로 반영할 수는 없는 것이므로, 'ㅢ' 가 [ㅣ]나 [ㅔ]로 발음되는 경향이 있더라도 'ㅢ' 로 적기로 한 것이다.

'띄어(←뜨이어), 씌어(←쓰이어), 틔어(←트이어)' 등은 'ㅡ, ㅣ' 가 줄어진 형태이므로 'ㅢ' 로 적으며, '희다, 희떱다, 희뜩거리다' 등은 관용에 따라 'ㅢ' 로 적는다.

다만, '늴리리, 닁큼, 무늬, 보늬, 하늬바람' 등의 경우는, '늬' 의 첫소리 'ㄴ' 이 구개음화하지 않는 음([n])으로 발음된다는 점을 유의한 표기 형식이다. 'ㄴ' 은 'ㅣ(ㅑ, ㅕ, ㅛ, ㅠ)' 앞에 결합하면, '어머니, 읽으니까' 에서의 [니]처럼 경구개음(硬口蓋音) [ɲ]으로 발음된다.

그런데 '늴리리, 무늬' 등의 '늬' 는 구개음화하지 않는 'ㄴ', 곧 치경음(齒莖音) [n]을 첫소리로 가진 음절로 발음되는 것이다. 그리하여 그 발음 형태는 [니]를 인정하면서도, 재래의 형식대로 '늬' 로 적는 것이다.

유제

03 다음 밑줄 친 단어의 표기가 올바른 것은?

① 언덕 위에서 풀피리를 부니 닐니리 소리가 온 들판에 퍼져나갔다.
② 계시판에는 벌써 중간고사 시험을 알리는 공고가 붙어 있었다.
③ 그녀를 따라 휴계실로 갔지만 이미 거기는 만원이었다.
④ 거기만 가면 철수는 의례 칼국수만 시켜먹는다.
⑤ 국기를 계양하는 의식이 오늘따라 장엄해 보였다.

정답 ⑤
해설 ① '닐리리' ② '게시판' ③ '휴게실' ④ '으레' 가 올바른 표기이다.

❹ 두음법칙

단어 첫머리에 위치하는 한자의 음이 두음법칙에 따라 달라지는 것은 달라지는 대로 적는다. 음소 문자인 한글은 원칙적으로 1자 1음(소)의 체계를 취하지만, 표의 문자인 한자의 경우는 국어의 음운 구조에 따라 두 가지 형식을 취한 것이다.

본음이 '녀, 뇨, 뉴, 니'인 한자가 첫머리에 놓일 때는 '여, 요, 유, 이'로 적는다.
예 연도(年度) / 열반(涅槃) / 요도(尿道) / 육혈(衄血) / 이승(尼僧) / 이토(泥土) / 익사(溺死)

다만, 의존 명사인 '냥(←兩), 냥쭝(←兩-), 년(年)' 등은 그 앞의 말과 연결되어 하나의 단위를 구성하는 것이므로, 두음법칙을 적용하지 않고 소리 나는 대로 적기로 한 것이다.
예 금 한 냥 / 은 두 냥쭝 / 십 년

'년(年)'이 '연 3회'처럼 '한 해 (동안)'란 뜻을 표시하는 경우엔 의존 명사가 아니므로, 두음법칙이 적용된다.

한편, 고유어 중에서도 다음 의존 명사에는 두음법칙이 적용되지 않는다.
예 녀석(고얀 녀석) / 년(괘씸한 년) / 님(바느질 실 한 님) / 닢(엽전 한 닢, 가마니 두 닢)

붙임 1

단어의 첫머리가 아닌 경우에는 두음법칙이 적용되지 않으므로, 본음대로 적는 것이다.
예 결뉴(結紐) / 만년(晚年) / 배뇨(排尿) / 비구니(比丘尼) / 소녀(少女) / 운니(雲泥) / 은닉(隱匿) / 탐닉(耽溺)

붙임 2

'접두사처럼 쓰이는 한자'란, 사전들에서 접두사로 다루어지는 게 통례이긴 하나, 그 성격상 접두사로 단정하기 어려운 한자어 형태소를 말한다. 예컨대 '신(新), 구(舊)'는 의존형태소라는 점에서 접사적 성격을 띠는 것이지만 '신구(新舊)'와 같이 양자가 대등한 관계로 결합된 구조에서는 명사적 성격을, '신인(新人), 신참(新參)'과 같이 수식 · 피수식의 관계로 결합된 구조에서는 형용사 또는 부사적 성격을 띠는 것이다. 따라서 한자어의 구조적 특질을 고려할 때, '신-세계, 신-여성'처럼 독립성을 지닌 단어 앞에 결합한 구조에서만 접두사로 분석하는 게 과연 합리적인 처리이냐 하는 의문이 제기될 수 있다는 견해에서, 이와 같이 표현한 것이다.

독립성이 있는 단어에 접두사처럼 쓰이는 한자어 형태소가 결합하여 된 단어나, 두 개 단어가 결합하여 된 합성어(혹은 이에 준하는 구조)의 경우, 뒤의 단어에는 두음법칙이 적용된다. '신-여성, 구-여성, 공-염불'은 독립성이 있는 단어 '여성, 염불'에 접두사적 성격의 한자어 형태소 '신-, 구-, 공-'이 결합된 구조이므로 '신녀성, 구녀성, 공념불'로 적지 않으며, '남존-여비, 남부-여대(男負女戴)' 등은 각각 단어(혹은 절) 성격인 '남존, 남부'와 '여비, 여대'가 결합한 구조이므로, '남존녀비, 남부녀대'로 적지 않는다.

한편, 예컨대 '신년도, 구년도' 등은 그 발음 형태가 [신년도, 구:년도]이며 또 '신년-도, 구년-도'로 분석되는 구조이므로, 이 규정이 적용되지 않는다.

붙임 3

둘 이상의 단어로 이루어진 고유 명사를 붙여 쓰는 경우에도, '한국 여자 약사회 → 한국여자약사회'처럼 결합된 각 단어를 두음법칙에 따라 적는다. 이것은 합성어의 경우에 준하는 형식이다.

유제

04 **다음 밑줄 친 단어의 표기가 올바른 것은?**

① <u>신년도</u>에는 보다 알찬 계획을 수립해야겠다.
② 과거 조선시대의 <u>남존녀비</u> 사상의 시작은 유교의 제사의식이라고 할 수 있다.
③ 부정했던 그 관리가 <u>은익</u>한 재산이 드러나기 시작했다.
④ 허 생원은 자신을 위해서는 엽전 한 <u>잎</u> 쓰지 않았다.
⑤ 그 후부터는 <u>년도</u> 표기를 생략했기 때문에 문서를 정리하기 힘들었다.

정답 ①
해설 위 두음법칙의 구체적인 규정에 따라 ② '남존여비' ③ '은닉' ④ '닢' ⑤ '연도'로 써야 올바르다.

❺ 겹쳐 나는 소리

한 단어 안에서 같은 음절이나 비슷한 음절이 겹쳐 나는 부분은 같은 글자로 적는다.

○	×	○	×
꼿꼿하다	꼿곳하다	쌉쌀하다	쌉살하다
놀놀하다	놀롤하다	쌕쌕	쌕색
누누이(屢屢−)	누루이	쓱싹쓱싹	쓱삭쓱삭
눅눅하다	눙눅하다	씁쓸하다	씁슬하다
딱딱	딱닥	씩씩	씩식
똑딱똑딱	똑닥똑닥	연연불망(戀戀不忘)	연련불망
밋밋하다	민밋하다	유유상종(類類相從)	유류상종
싹싹하다	싹삭하다	짭짤하다	짭잘하다

그러나 그 밖의 경우는 (제2 음절 이하에서) 본음대로 적는 것이 원칙이다.

예 낭랑(朗朗)하다 / 냉랭(冷冷)하다 / 녹록(碌碌)하다 / 늠름(凜凜)하다 / 연년생(年年生) / 염념불망(念念不忘) / 역력(歷歷)하다 / 인린(燐燐)하다 / 적나라(赤裸裸)하다

유제

05 다음 밑줄 친 단어의 표기가 바른 것은?

① 불판에는 삼겹살이 <u>놀롤하게</u> 익어 가고 있었다.
② 영희를 <u>녹록하게</u> 보았다가는 큰 코 다친다.
③ 요람에서는 아기가 <u>쌕색거리며</u> 잠을 자고 있다.
④ 아직 3월인데도 기온이 <u>냉냉한</u> 것이 겨울이 아직 안 갔음을 알 수 있다.
⑤ 장마철이라 온 방안에서 <u>눙눅한</u> 기운이 돌고 있었다.

정답 ②

해설 ① '놀놀하게' ③ '쌕쌕거리며' ④ '냉랭한' ⑤ '눅눅한' 으로 표기해야 올바르다.

④ 단어(형태에 관한 것)

❶ 용언의 어간과 어미

1. 두 개의 용언이 어울려 한 개의 용언이 될 적에, 앞말의 본뜻이 유지되고 있는 것은 그 원형을 밝히어 적고, 그 본뜻에서 멀어진 것은 밝히어 적지 아니한다.

- 앞말의 본뜻이 유지되고 있는 것 – (1)
  예 넘어지다 / 늘어나다 / 늘어지다 / 돌아가다 / 되짚어가다 / 들어가다 / 떨어지다 / 벌어지다 /
  엎어지다 / 접어들다 / 틀어지다 / 흩어지다

- 본뜻에서 멀어진 것 – (2)
  예 드러나다 / 사라지다 / 쓰러지다

두 개 용언이 결합하여 하나의 단어로 된 경우, 앞 단어의 본뜻이 유지되고 있는 것은 그 어간의 본 모양을 밝히어 적고, 본뜻에서 멀어진 것은 소리 나는 대로 적는다. '본뜻에서 멀어진 것'이란, 그 단어가 단독으로 쓰일 때 표시되는 어휘적 의미가 제대로 인식되지 못하거나 변화되었음을 말한다. 예시어 중, '늘어나다, 되짚어가다, 접어들다, 틀어지다'는 통일안에서 안 다루어졌던 것을 추가하였다.

(1)의 늘어나다–늘다[增] / 늘어지다–늘다[延] / 돌아가다–돌다[回] / 들어가다–들다[入] / 떨어지다–(밤을) 떨다 / 벌어지다–(아람이) 벌다 / 엎어지다–엎다[覆] / 틀어지다–틀다[妨] / 흩어지다–흩다[散] 따위는 앞 단어의 본뜻이 유지되고 있는 것이다. '되짚어가다'(및 '되짚어오다')는 '되짚어'라는 단어(부사)가 사전에서 다루어지고 있다. 다만, '넘어지다, 접어들다'의 경우는 그 의미 구조가 좀 모호하긴 하지만, 어원적인 형태를 '넘어–지다', '접어–들다'로 해석하는 관례에 따라 여기서 다룬 것이다.

한편, 돌아가다[歸], 접어들다[移入] 따위는 예컨대 '산모퉁이를 돌아(서) 간다, 우산을 접어(서) 든다' 같은 형식과는 구별된다.

(2)의 '드러나다, 사라지다, 쓰러지다' 등은 '들다/나다', '살다/지다', '쓸다/지다'처럼 분석되지 않는다. 사전에서는 '(방을) 쓸다'의 피동형은 '쓸리다'로 다루고 있으나, '지다' 결합 형식은 '쓸어지다'(비가 좋으니, 방이 잘 쓸어진다.)로서, '쓰러진다[靡]'와 구별된다. (2)의 규정이 적용되는 단어로는 나타나다 / 바라보다 / 바라지다[坼] / 배라먹다[乞食] / 부러지다[折] / 부서지다[碎] / 불거지다[凸] / 자라나다[長] / 자빠지다[沛] / 토라지다[少滯] 등도 있다.

01 다음 밑줄 친 단어의 표기가 바른 것은?

① 숨겨졌던 비리가 붉어지자 김 사장도 어쩔 수 없이 실토하기 시작했다.
② 이제는 시골 마을에서도 우리 고유의 미풍양식이 다 살아져버려 씁쓸한 마음이 든다.
③ 5월에 접어들자 수양버들 가지가 제법 늘어져서 봄기운을 뽐내고 있었다.
④ 그는 갑자기 방안에 드러가서는 나오지 않았다.
⑤ 그 해 태풍에 너머진 나무들이 수없이 많았다.

정답 ③

해설 위 규정처럼 ① '불거지자' ② '사라져버려' ④ '들어가서는' ⑤ '넘어진'으로 적어야 올바르다.

2. 어간 끝 음절의 모음이 'ㅏ, ㅗ(양성 모음)'일 때는 어미를 '아' 계열로 적고, 'ㅐ, ㅓ, ㅚ, ㅜ, ㅟ, ㅡ, ㅢ, ㅣ(음성 모음)'일 때는 '어' 계열로 적는다.

이것은 전통적인 형식으로서의 모음조화(母音調和)의 규칙성에 따른 구별인데, 어미의 모음이 어간의 모음에 의해서 자동적으로 제약(制約)받는 현상이다. 현실적으로 모음조화의 파괴로 말미암아 (잡아 →)[자버], (얇아 →)[얄버]처럼 발음되는 경향이 있으나, 그것은 표준 형태로 인정되지 않는다.

어간 끝 음절의 모음	어미의 형태
ㅏ, ㅗ	-아(아라, 아서, 아도, 아야)(았, 았었)
ㅐ, ㅓ, ㅔ, ㅚ, ㅜ, ㅞ, ㅟ, ㅡ, ㅢ, ㅣ	-어(어라, 어서, 어도, 어야)(었, 었었)

3. 종결형에서 사용되는 어미 '-오'는 '요'로 소리 나는 경우가 있더라도 그 원형을 밝혀 '오'로 적는다.

○	×
이것은 책이오.	이것은 책이요.
이리로 오시오.	이리로 오시요.
이것은 책이 아니오.	이것은 책이 아니요.

4. 연결형에서 사용되는 '이요'는 '이요'로 적는다.

○	×
이것은 책이요, 저것은 붓이요, 또 저것은 먹이다.	이것은 책이오, 저것은 붓이오, 또 저것은 먹이다.

5. 어미 뒤에 덧붙는 조사 '요'는 '요'로 적는다.

　예 읽어 : 읽어요 / 좋지 : 좋지요 / 참으리 : 참으리요

이 경우의 '요'는, 그것만으로 끝날 수 있는 어미 뒤에 결합하여 높임의 뜻을 더하는 성분인데, 어미에 결합하는 조사로 설명되고 있다. 이 '요'는 의문형 어미 뒤에도 결합한다.

　예 가나-요 / 가는가-요 / 가리-요 / 가지-요

유제

02 다음 밑줄 친 단어의 표기가 <u>잘못된</u> 것은?

① 이 수박은 잘 익었어<u>요</u>.
② 이쪽은 우리 동생이고<u>요</u>, 저쪽은 내 동생이 아니<u>오</u>.
③ 잠깐만 이리 오시지<u>요</u>.
④ 모두 이리 오시<u>요</u>.
⑤ 지금 어디를 가시나<u>요</u>?

정답 ④

해설 ④는 '오시오'로 써야 맞다.

확장 위 규정이 무척 복잡한 것처럼 보이지만 실상 다음의 대표적인 몇 개 규정만 이해하면 문제는 간단해진다.

  1. 종결사인 서술형 종결어미 '이다'와 결합한 종결형에서는 반드시 '오'로 끝을 맺어야 한다.

    예 '선생님이오.'

    '-하' 뒤의 종결도 마찬가지이다. 예 '그렇게 하오.'

    단, '이오'가 줄어든 형태는 '요'로 쓴다.

  2. 주체존대 선어말어미 '시'와 결합한 '-이시'의 경우도 '-이시오'와 같이 '오'를 사용해야 한다.

    예 '아버지이시오.', '그렇게 하시오.'

    시제 선어말어미인 경우에는 '소'를 사용한다. 예 '먹겠소?', '먹었소?'

  3. 다른 어미 뒤에 올 때는 '요'를 사용한다. 예 '먹어요'.

  4. '세'의 뒤에서는 '요'를 사용한다. 예 '안녕하세요', '그렇게 하세요.'

유제

03 다음 ( ) 안에 들어갈 말로 '오'나 '요' 중의 하나를 고른 것으로 순서대로 바르게 짝지어진 것은?

> 가. 벌써 가시게( )?
> 나. 저기가 우리 학교( ).
> 다. 저 떡이 당신 것이( )?
> 라. 누가 저 창문을 열어주시( ).

① 요, 요, 오, 오   ② 요, 오, 요, 오

③ 오, 오, 요, 요   ④ 오, 요, 오, 요

⑤ 요, 요, 요, 오

정답 ①

해설 가. 벌써 가시게(요)?
    나. 저기가 우리 학교(요).
    다. 저 떡이 당신 것이(오)?
    라. 누가 저 창문을 열어주시(오).

6. 다음과 같은 용언들은 어미가 바뀔 경우, 그 어간이나 어미가 원칙에 벗어나면 벗어나는 대로 적는다.

① 어간의 끝 'ㄹ'이 줄어질 적

> 예 둥글다 : 둥그니 / 둥근 / 둥급니다 / 둥그시다 / 둥그오
>   어질다 : 어지니 / 어진 / 어집니다 / 어지시다 / 어지오

붙임

다음과 같은 말에서도 'ㄹ'이 준 대로 적는다.

예 마지못하다 / 마지않다 / (하)다마다 / (하)자마자 / (하)지 마라 / (하)지 마(아)

어휘적 형태소인 어간이 문법적 형태소인 어미와 결합하여 이루어지는 활용의 체계에는

① 어간의 모양은 바뀌지 않고, 어미만이 교체된다(변화한다).

② 어미는 모든 어간에 공통되는 형식으로 결합한다.

라는 원칙이 있다.

'원칙에 벗어나면'이란, 이 두 가지 조건에 맞지 않음을 뜻하는 것이니,

① 어미가 예외적인 형태로 결합하는 것

② 어간의 모양이 달라지고, 어미도 예외적인 형태로 결합하는 것

등, 두 가지 형식을 들 수 있다.

어간 끝 받침 'ㄹ'이 어미의 첫소리 'ㄴ, ㅂ, ㅅ' 및 '-(으)오, -(으)ㄹ' 앞에서 줄어지는 경우, 준 대로 적는다.

예 빌다 : (빌네) 비네 / (빌세) 비세 / (빌으오) 비오 / (빌읍시다) 빕시다 / (빌을 뿐더러) 빌 뿐더러

어간 끝 받침이 'ㄹ'인 용언은 모두 이에 해당한다.

'(-지 말아라 →) -지 마라'의 경우는, 어간 끝 받침 'ㄹ'과 어미의 '아'가 함께 줄어지는 형태인데, 이른바 문어체(文語體) 명령형이나 간접 인용법의 형식에서는 '말라'가 사용된다.

예 (가지 말아라) 가지 마라. / 읽지 말라고 하였다.

② 어간의 끝 'ㅅ'이 줄어질 적

예 잇다 : 이어 / 이으니 / 이었다

짓다 : 지어 / 지으니 / 지었다

어간 끝 받침 'ㅅ'이 어미의 모음 앞에서 줄어지는 경우, 준 대로 적는다. 어간 끝에 'ㅅ' 받침을 가진 용언 중, '긋다, 낫다, 붓다, 잇다, 잣다, 젓다, 짓다' 등이 이에 해당되고, '벗다, 빗다, 빼앗다, 솟다, 씻다, 웃다' 등은 'ㅅ' 받침이 줄어지지 않는다.

'줏다'가 상당히 널리 사용되고 있으나, '줍다'의 방언으로 다루어진다. 어원적으로 '줏다'에서 파생된 부사 '주섬주섬'은 '주엄주엄'으로 적지 않는다.

③ 어간의 끝 'ㅎ'이 줄어질 적

예 까맣다 : 까마니 / 까말 / 까마면 / 까마오

동그랗다 : 동그라니 / 동그랄 / 동그라면 / 동그라오

> 퍼렇다 : 퍼러니 / 퍼럴 / 퍼러면 / 퍼러오
>
> 하얗다 : 하야니 / 하얄 / 하야면 / 하야오

형용사의 어간 끝 받침 'ㅎ'이 어미 '-네'나 모음 앞에서 줄어지는 경우, 준 대로 적는다. 다만, 어미 '-아/-어'와 결합할 때는 '-애/-에'로 나타난다.

> 예 노랗다 : (노랗네) 노라네 / (노랗은) 노란 / (노랗으니) 노라니 / (노랗아) 노래 /
>   (노랗아지다) 노래지다
>
> 허옇다 : (허옇네) 허여네 / (허옇을) 허열 / (허옇으면) 허여면 / (허옇어) 허예 /
>   (허옇어지다) 허예지다

어간 끝에 'ㅎ' 받침을 가진 형용사 중, '좋다' 이외의 단어는 모두 이에 해당된다.

④ 어간의 끝 'ㅜ, ㅡ'가 줄어질 적

> 예 푸다 : 퍼 / 펐다 　　　　　　　　　뜨다 : 떠 / 떴다
>
> 끄다 : 꺼 / 껐다 　　　　　　　　　담그다 : 담가 / 담갔다

어간이 모음 'ㅜ'로 끝나는 동사 '푸다'와, 어간이 모음 'ㅡ'로 끝나는 용언 중 ④, ⑤에 해당하는 단어 이외의 단어들은, 뒤에 어미 '-어'가 결합하면 'ㅜ, ㅡ'가 줄어진다.
'ㅜ'가 줄어지는 단어는 '푸다' 하나뿐이며, 'ㅡ'가 줄어지는 단어로는 '끄다, 담그다, 따르다, 뜨다, 잠그다, 치르다, 트다, 가쁘다, 고프다, 기쁘다, 나쁘다, 미쁘다, 바쁘다, 슬프다, 아프다, 예쁘다, 크다' 등이 있다.

⑤ 어간의 끝 'ㅂ'이 'ㅜ'로 바뀔 적

> 예 가깝다 : 가까워 / 가까우니 / 가까웠다 　　　굽다[炙] : 구워 / 구우니 / 구웠다
>
> 괴롭다 : 괴로워 / 괴로우니 / 괴로웠다 　　　　깁다 : 기워 / 기우니 / 기웠다

다만, '돕-, 곱-'과 같은 단음절 어간에 어미 '-아'가 결합되어 '와'로 소리 나는 것은 '-와'로 적는다.

> 예 곱다[麗] : 고와 / 고와서 / 고와도 / 고왔다 　　　돕다[助] : 도와 / 도와서 / 도와도 / 도왔다

⑥ 어간의 끝음절 '르' 뒤에 오는 어미 '-어'가 '-러'로 바뀔 적

> 예 노르다 : 노르러 / 노르렀다 　　　　　　　누르다 : 누르러 / 누르렀다
>
> 이르다[至] : 이르러 / 이르렀다 　　　　　푸르다 : 푸르러 / 푸르렀다

이 밖에, 예외적인 형태의 어미가 결합하는 형식으로 아래와 같은 경우가 있다.

> 예 가다 : (가아라) 가거라   오다 : (오아라) 오너라
>   자다 : (자아라) 자거라

유제

04 다음 밑줄 친 단어의 표기가 올바른 것은?

① 오디의 열매는 색깔이 <u>까말</u> 즈음에 따면 가장 맛이 있다.
② 이미 들판은 곡식이 익을 대로 익어서 <u>노르래져</u> 있었다.
③ 저 열매의 <u>둥글은</u> 모양을 좀 봐!
④ 이번에는 간장을 좀 <u>담궈</u> 봐야지.
⑤ 그분은 품성이 참 <u>어질으시다.</u>

정답 ①
해설 ② '노르러져' ③ '둥근' ④ '담가' ⑤ '어지시다' 가 올바른 표기이다.

❷ 접미사가 붙어서 이루어진 말

1. 어간에 '-이'나 '-음/-ㅁ'이 붙어서 명사로 된 것과 '-이'나 '-히'가 붙어서 부사로 된 것은 그 어간의 원형을 밝히어 적는다.

> • '-이'가 붙어서 명사로 된 것
>   예 길이 / 깊이 / 높이 / 다듬이 / 달맞이 / 땀받이 / 먹이 / 미닫이 / 벌이 / 벼훑이 / 살림살이 /
>   쇠붙이
> • '-음/-ㅁ'이 붙어서 명사로 된 것
>   예 걸음 / 묶음 / 믿음 / 앎 / 얼음 / 엮음 / 울음 / 웃음 / 졸음 / 죽음
> • '-이'가 붙어서 부사로 된 것
>   예 같이 / 굳이 / 길이 / 높이 / 많이 / 실없이 / 좋이 / 짓궂이
> • '-히'가 붙어서 부사로 된 것
>   예 밝히 / 익히 / 작히

※ '거름[肥料], 노름[賭博], 어름[物界]' 등은 '걸음[步], 놀음[遊], 얼음[氷]'과 달리 적는 동음이의어(同音異義語)이다.

※ '넘어, 너머, 너무'는 다음과 같이 구별된다.

> 예 산을 넘어(동사) 날아간다. / 산 너머(명사)에 있는 마을. / 사람이 너무(부사) 많다.

※ '참아, 차마'는 다음과 같이 구별된다.

> 예 괴로움을 참아(동사) 왔다. / 차마(부사) 때릴 수는 없었다.

2. 명사 뒤에 '-이'가 붙어서 된 말은 그 명사의 원형을 밝히어 적는다.

- 부사로 된 것

    예 곳곳이 / 낱낱이 / 몫몫이 / 샅샅이 / 앞앞이 / 집집이

- 명사로 된 것

    예 곰배팔이 / 바둑이 / 삼발이 / 애꾸눈이 / 육손이 / 절뚝발이(절름발이)

붙임

'-이' 이외의 모음으로 시작된 접미사가 붙어서 된 말은 그 명사의 원형을 밝히어 적지 아니한다.
예 꼬락서니 / 끄트머리 / 모가치 / 바가지 / 바깥 / 사타구니 / 싸라기 / 이파리 / 지붕 / 지푸라기 / 짜개

 유제

01 다음 밑줄 친 단어 중 품사가 다른 하나는?

① 어느새 버드나무의 <u>이파리</u>가 넓게 퍼지고 있었다.
② 김 과장이 서류를 <u>샅샅이</u> 뒤져서 잘못된 부분을 찾아냈다.
③ 벌써 <u>달맞이</u> 가는 사람들이 많이 나와 있었다.
④ 그녀가 벌써 <u>살림살이</u> 재미를 알았단 말인가?
⑤ 화덕에 놓은 <u>삼발이</u>는 발갛게 빛나고 있었다.

정답 ②
해설 ②는 부사이고 ①·③·④·⑤는 명사이다.

3. 명사나 혹은 용언의 어간 뒤에 자음으로 시작된 접미사가 붙어서 된 말은 그 명사나 어간의 원형을 밝히어 적는다.

> • 명사 뒤에 자음으로 시작된 접미사가 붙어서 된 것
>   예 값지다 / 넋두리 / 빛깔 / 옆댕이 / 잎사귀 / 홑지다
>
> • 어간 뒤에 자음으로 시작된 접미사가 붙어서 된 것
>   예 갉작갉작하다 / 갉작거리다 / 굵다랗다 / 굵직하다 / 깊숙하다 / 낚시 / 넓적하다 / 높다랗다 / 늙수그레하다 / 늙정이 / 덮개 / 뜯게질 / 뜯적거리다 / 뜯적뜯적하다 / 얽죽얽죽하다

다만, 다음과 같은 말은 소리대로 적는다.

> • 겹받침의 끝소리가 드러나지 아니하는 것 – (1)
>   예 널따랗다 / 널찍하다 / 말끔하다 / 말쑥하다 / 말짱하다 / 실쭉하다 / 실컷 / 실큼하다 / 얄따랗다 / 얄팍하다 / 짤따랗다 / 짤막하다 / 할짝거리다
>
> • 어원이 분명하지 아니하거나 본뜻에서 멀어진 것 – (2)
>   예 골막하다 / 납작하다 / 넙치 / 올무

(1)은, 겹받침에서 뒤엣것이 발음되는 경우에는 그 어간의 형태를 밝히어 적고, 앞엣것만 발음되는 경우에는 어간의 형태를 밝히지 않고 소리 나는 대로 적는다는 것이다. 따라서 '굵다랗다([국-]), 긁적거리다([극-]), 늙수그레하다([늑-])' 따위는 어간의 형태를 밝히어 적지만, '할짝거리다, 말끔하다, 실쭉하다' 따위는 어간의 형태(핥-, 맑-, 싫-)를 밝히지 않고 소리 나는 대로 적게 된다. '넓적하다, 넓적다리'를 '넙적하다, 넙적다리'로 적지 않는 이유는, 겹받침 'ㄼ'(넓-)에서 뒤의 'ㅂ'이 발음되는 형태이기 때문이다.

유제

02 다음 밑줄 친 단어가 맞춤법에 맞게 표기된 것은?

① 영수는 머리를 <u>극적거리면서</u> 자신의 실수를 인정했다.
② 저 옷은 낡았으니 <u>뜯게질</u>해서 손질해 두어야겠다.
③ 저 축구선수는 <u>넙적다리</u>가 정말로 튼튼해 보이지?
④ 저 들판은 정말로 <u>넓다랗다</u>.
⑤ 철수는 방학이 되자마자 하고 싶은 게임부터 <u>실컨</u> 해야겠다고 마음 먹었다.

정답 ②

해설 위 규정에서 확인할 수 있듯이 ①은 '긁적거리면서' ③은 '넓적다리' ④는 '널따랗다' ⑤는 '실컷'으로 표기해야 올바르다.

4. 용언의 어간에 다음과 같은 접미사들이 붙어서 이루어진 말들은 그 어간을 밝히어 적는다.

> • '−치−, −뜨리−, −트리−' 가 붙는 것
>   예 놓치다 / 덮치다 / 떠받치다 / 받치다 / 밭치다 / 부딪치다 / 뻗치다 / 엎치다 / 부딪뜨리다(부딪트리다) / 쏟뜨리다(쏟트리다) / 젖뜨리다(젖트리다) / 찢뜨리다(찢트리다) / 흩뜨리다(흩트리다)

'낚다' 의 피동사나 사동사는 마찬가지로 '낚이다' 로 적으며, '녹다, 눅다[柔, 軟], 썩다' 의 사동사는 '녹이다(×녹히다), 눅이다(×눅히다), 썩이다' 로 적는다. 그리고 '돋우다, 돋구다' 는, 안경의 도수(度數) 따위를 높게 하다란 뜻으로는 '돋구다' 를, 높아지게 하다, 끌어올리다란 뜻으로는 '돋우다' 를 쓰는 게 통례다. 흔히 사용되고 있는 '늘구다(→ 늘리다, 늘이다)는 비표준어로 다루어지는 것이다.

'−뜨리, −트리' 는 지금까지 '뜨리' 만을 취했었으나, 표준어 규정(제26항)에서 두 가지를 모두 인정한 것이다. 그리고 '뻐치다(~까지 미치다, 닿다), 뻗치다('뻗지르다' 의 강세어)' 는 구별 없이 '뻗치다' 로 적는다(제55항 참조).

또, '부딪다, 부딪치다, 부딪히다, 부딪치이다' 는 다음과 같이 구별된다.
부딪다(힘있게 마주 닿다, 또는 그리 되게 하다)
부딪치다('부딪다' 의 강세어)
부딪히다('부딪다' 의 피동사. 부딪음을 당하다의 뜻)
부딪치이다('부딪치다' 의 피동사. 부딪침을 당하다의 뜻)

5. 용언의 어간에 다음과 같은 접미사들이 붙어서 이루어진 말들은 그 어간을 밝히어 적는다.

○	×	○	×
깔쭉이	깔쭈기	살살이	살사리
꿀꿀이	꿀꾸리	쌕쌕이	쌕쌔기
눈깜짝이	눈깜짜기	오뚝이	오뚜기
더펄이	더퍼리	코납작이	코납자기
배불뚝이	배불뚜기	푸석이	푸서기
삐죽이	삐주기	홀쭉이	홀쭈기

> **붙임**
>
> '−하다' 나 '−거리다' 가 붙을 수 없는 어근에 '−이' 나 또는 다른 모음으로 시작되는 접미사가 붙어서 명사가 된 것은 그 원형을 밝히어 적지 아니한다.
> 예 개구리 / 귀뚜라미 / 기러기 / 깍두기 / 꽹과리 / 날라리 / 누더기 / 동그라미 / 두드러기 / 딱따구리 / 매미 / 부스러기 / 뻐꾸기 / 얼루기 / 칼싹두기
> • '(더펄거리다) 더펄이[輕率人], (삐죽거리다) 삐죽이[易怒人], (살살거리다) 살살이[奸人], (푸석하

다) 푸석이[脆物]'는 통일안에서 '더퍼리, 삐쭈기, 살사리, 푸서기'로 하였던 것을 이번에 바꾸었다. 그리고 '(깔쭉거리다) 깔쭉이[銀錢]'는 사전에서 '깔쭈기'로 다루어지던 것이다. '(홀쭉하다) 홀쭉이'는 몸이 야위어 가냘픈 사람을, '(꿀꿀거리다) 꿀꿀이'는 게걸스럽고 욕심이 많은 사람, 또는 꿀꿀이죽(의 준말)을 이르는 말이다.

• '오뚝이[不倒翁]'는 사전에서 '오똑이'로 다루던 것인데, 표준어 규정(제8항)에서 '오뚝이'로 바꾸었으며, 부사도 '오뚝이(<우뚝이)'로 적는다(제25항 참조).

• '딱따구리'는 통일안(제22항)에서 '딱다구리'로 하였던 것을 이번에 바꾸었다. 의성어 '딱딱'에 접미사 '-우리'가 결합한 형태로 분석되기 때문이다. 그리고 '얼룩이[斑點]/얼루기[斑毛獸]'로 다루어지고 있는 단어는 구별 없이 '얼루기'로 적는다.

• '깍두기, 칼싹두기[切麪]'에서의 '깍둑, 싹둑'은 '깍둑거리다(<꺽둑거리다), 싹둑거리다(>삭둑거리다)'에서의 '깍둑-, 싹둑-'과 연관시켜 볼 수도 있으나, 어근의 본뜻이 인식되지 않는 것이므로, 그 형태를 밝히어 적지 않는다. 그리고 '부스러기'는 '부스럭거리다'란 의성어와는 무관한 것이므로, '부스럭이'로 적지 않는다.

유제

03 다음 밑줄 친 단어의 표기가 올바른 것은?

① 숲이 살아나자 <u>딱다구리</u> 소리가 다시 들려오기 시작했다.
② 어제 동생에게 사준 <u>오뚜기</u>는 똑바로 서지 못해서 바꾸어야겠다.
③ 바람이 거칠게 불어와서 쌓인 낙엽을 <u>흩트리고</u> 있었다.
④ 세탁소에서도 옷에 묻은 <u>얼룩이</u>를 제거하지 못하고 그냥 가져왔다.
⑤ 영수는 줏대 없이 아무에게나 살살거리는 <u>살사리</u>이다.

정답 ③
해설 위 규정에 따라 ① '딱따구리' ② '오뚝이' ④ '얼루기' ⑤ '살살이'로 적어야 올바르다.

6. '이[齒, 虱]'가 합성어나 이에 준하는 말에서 '니' 또는 '리'로 소리 날 때에는 '니'로 적는다.
  예 가랑니 / 간니 / 덧니 / 머릿니 / 사랑니 / 송곳니 / 앞니 / 어금니 / 윗니 / 젖니 / 톱니 / 틀니

합성어나 이에 준하는 구조의 단어에서 실질형태소는 본 모양을 밝히어 적는 것이 원칙이지만, '이[齒, 虱]'의 경우는 예외로 다룬 것이다. '이[齒]'는 옛말에서 '니'였으나, 현대어에서는 '이'가 표준어로 되어 있다. 따라서 '간이, 덧이'처럼 적고, [니]로 발음되는 것은 'ㄴ' 음 첨가 현상으로 설명하는 게 본 항 규정에 맞는 일이지만, '송곳이, 앞이'처럼 적으면 '송곳, 앞'에 주격 조사 '이'가 붙은 형식과 혼동됨으로써 [송고시, 아피]로 읽힐 수도 있으며, 새끼 이를 '가랑이'로 적으면 끝이 갈라져 벌어진 부분을

이르는 '가랑이'와 혼동될 수 있다. 그리하여 다른 단어나 접두사 뒤에서 [니] 또는 [리]로 소리 나는 '이'는 '간니[代生齒], 덧니, 틀니, 가랑니[幼虱], 머릿니[頭髮蟲] …'처럼 적기로 한 것이다.

7. 접두사 '새-/시-, 샛-/싯-'의 구별은, 새까맣다, 시꺼멓다 / 새빨갛다, 시뻘겋다 / 새파랗다, 시퍼렇다 / 새하얗다, 시허옇다처럼 된소리나 거센소리 앞에는 '새-/시-'를 붙이되, 어간 첫음절이 양성 계열 모음일 때는 '새-', 음성 계열 모음일 때는 '시-'로 적으며, 샛노랗다, 싯누렇다처럼 울림소리 앞에는 '샛-/싯-'으로 적도록 하였다. 따라서 '새노랗다, 시누렇다'는 바른 표기 형태가 아닌 것이다.

8. 끝소리가 'ㄹ'인 말과 딴 말이 어울릴 적에 'ㄹ' 소리가 나지 아니하는 것은 아니 나는 대로 적는다.
   예 다달이(달-달-이) / 따님(딸-님) / 마되(말-되) / 마소(말-소) / 무자위(물-자위) / 바느질(바늘-질) / 부삽(불-삽) / 부손(불-손) / 싸전(쌀-전) / 여닫이(열-닫이) / 우짖다(울-짖다) / 화살(활-살)

합성어나 (접미사가 붙은) 파생어에서 앞 단어의 'ㄹ' 받침이 발음되지 않는 것은 발음되지 않는 형태로 적는다. 이것은 합성어나 자음으로 시작된 접미사가 결합한 파생어의 경우는 실질형태소의 본 모양을 밝히어 적는다는 원칙에 벗어나는 규정이지만, 역사적인 현상으로서 'ㄹ'이 떨어져 있기 때문에, 어원적인 형태를 밝혀 적지 않는 것이다. 'ㄹ'은 대체로 'ㄴ, ㄷ, ㅅ, ㅈ' 앞에서 탈락하였다.

'ㄹ' 받침이 떨어진 단어로는 (날날이) 나날이 / (물논) 무논 / (물수리) 무수리 / (밀닫이) 미닫이 / (불넘기) 부넘기 / (아들님) 아드님 / (줄낚시) 주낙 / (찰돌) 차돌[石英] / (찰조) 차조 / (찰지다) 차지다 / (하늘님) 하느님 따위도 있다. 그리고 한자 '불(不)'이 첫소리 'ㄷ, ㅈ' 앞에서 '부'로 읽히는 단어의 경우도 'ㄹ'이 떨어진 대로 적는다.

부단(不斷), 부당(不當), 부동(不同, 不凍, 不動), 부득이(不得已), 부등(不等), 부적(不適), 부정(不正, 不貞, 不定), 부조리(不條理), 부주의(不注意) 등이 있다.

 유제

04 다음 밑줄 친 단어의 표기가 올바른 것은?

① 우리 삼촌은 이제야 <u>사랑이</u>가 난다고 했다.
② 이 진흙은 매우 <u>찰져서</u> 어린이 놀이용으로 정말 좋다.
③ <u>달달이</u> 들어가는 생활비가 점점 증가하고 있다.
④ 이제 모내기 준비를 하려고 들판은 <u>물논</u>들이 꽤나 늘었다.
⑤ 정월 대보름날 민속놀이 중에는 불 위를 뛰어 넘는 <u>부넘기</u> 놀이가 있다.

정답 ⑤
해설 위 규정에 따라 ① '사랑니' ② '차져서' ③ '다달이' ④ '무논'으로 적어야 올바른 표기이다.

❸ 사잇소리 원칙

사이시옷 용법을 알기 쉽게 설명하면 다음과 같다.

> ① 개-구멍 / 머리-말[序言] / 배-다리 / 새-집[鳥巢]
> ② 개-똥 / 개-펄 / 배-탈 / 보리-쌀 / 허리-띠 / 허리-춤
> ③ 개-값 / 귀-병(病) / 기(旗)-대 / 내-가[川邊] / 배-가죽[腹皮] / 새(← 사이)-길[間路] / 세(貰)-돈 / 화(火)-김
> ④ 배-놀이[船遊] / 무시(無市)-날 / 보(洑)-물 / 비-물[雨水] / 이-몸[齒齦] / 코-날[鼻線] / 패(牌)-말
> ⑤ 가외(加外)-일 / 깨-잎 / 나무-잎 / 뒤-윷 / 보(洑)-일 / 허드레-일
> ⑥ 고-간(庫間) / 세-방(貰房) / 수-자(數字) / 차-간(車間) / 퇴-간(退間) / 회-수(回數)

①~⑤는 모두 합성어이며, ⑥은 이에 준하는 한자어다. 그런데

①의 경우는, 앞 단어의 끝이 폐쇄되는 구조가 아니므로, 사이시옷을 붙이지 않는다.

②의 경우는, 뒤 단어의 첫소리가 된소리나 거센소리이므로, 역시 사이시옷을 붙이지 않는다.

③의 경우는, 앞 단어의 끝이 폐쇄되면서 뒤 단어의 첫소리가 경음화하여 [갣:깝, 낻:까]로 발음되므로, 사이시옷을 붙이어 갯값, 귓병, 깃대, 냇가, 뱃가죽, 샛길, 셋돈, 횃김으로 적는다.

④의 경우는, 앞 단어의 끝이 폐쇄되면서 자음 동화 현상(ㄷ+ㄴ→ㄴ+ㄴ, ㄷ+ㅁ→ㄴ+ㅁ)이 일어나 [밴노리, 빈물]로 발음되므로, 사이시옷을 붙이어 뱃놀이, 무싯날, 봇물, 빗물, 잇몸, 콧날, 팻말로 적는다. '팻말, 푯말'은, 한자어 '패(牌), 표(標)'에 '말(말뚝)'(옛말에서 'ㅎ' 곡용어)이 결합된 형태이므로, ③의 규정을 적용하여 '팻말, 푯말'로 적는 것이다.

⑤의 경우는, 앞 단어 끝이 폐쇄되면서 뒤 단어의 첫소리로 [ㄴ] 음이 첨가되고, 동시에 동화 현상이 일어나 [깬닙 → 깬닙, 나묻닙 → 나문닙]으로 발음되므로, 사이시옷을 붙이어 가욋일, 깻잎, 나뭇잎, 뒷윷, 봇일, 허드렛일로 적는다.

⑥의 경우는, 한자어에는 사이시옷을 붙이지 않는 것을 원칙으로 하되, 이 6개 단어만은 곳간, 셋방, 숫자, 찻간, 툇간, 횟수로 적는다.

이 설명에 따르면, '내과(內科), 이과(理科), 총무과(總務課), 장미과(薔薇科)' 등은 ⑥에서 다루어진 6개 이외의 한자어이므로 사이시옷을 붙이지 않으며, '나리-과(科), 말선두리-과(科)' 등은 '과'가 비교적 독립성이 약한 형태소이긴 하지만, 앞의 고유어와의 사이에 경계가 인식되는 구조이므로, ③의 규정을 적용하여 나릿과, 말선두릿과로 적는 것이다.

※ '찻잔, 찻종'에서의 '차'가 순우리말이냐 하는 의문이 있을 수 있겠으나, 예로부터 '茶' 자의 새김[訓]이 '차'였으므로, 한자어 '다(茶)'와 구별한 것으로 해석된다.

유제

01 다음 밑줄 친 단어의 사잇소리 표기가 올바르지 <u>않은</u> 것은?

① 백합은 <u>나릿과</u> 식물이다.
② 책을 잘 고르는 방법 중 하나는 <u>머릿말</u>과 차례를 읽어보는 것이다.
③ 내가 가입한 동아리방을 가지 않는 이유는 1년 내내 <u>허드렛일</u>만 시키기 때문이다.
④ 보쌈은 역시 <u>깻잎</u>에 싸먹어야 제 맛이다.
⑤ 그 사고로 사망한 사람들의 보상금이 <u>갯값</u>에도 못 미치었다는 보고가 있었다.

정답 ②
해설 '머리말'의 경우 순우리말로 된 합성어이지만 앞 단어의 끝이 폐쇄되는 구조가 아니므로 사이시옷을 붙이지 않는다.

두 말이 어울릴 적에 'ㅂ' 소리나 'ㅎ' 소리가 덧나는 것은 소리대로 적는다.

> • 'ㅂ' 소리가 덧나는 것
> **예** 댑싸리(대ㅂ싸리) / 멥쌀(메ㅂ쌀) / 볍씨(벼ㅂ씨) / 입때(이ㅂ때) / 입쌀(이ㅂ쌀) / 접때(저ㅂ때) /
> 좁쌀(조ㅂ쌀) / 햅쌀(해ㅂ쌀)

'싸리[荊], 쌀[米], 씨[種], 때[時]' 등은 단어 첫머리에 'ㅂ' 음을 가지고 있었던 단어다. 이 단어들이 다른 단어 또는 접두사와 결합하는 경우, 두 형태소 사이에서 'ㅂ' 음이 발음되기도 한다. 그런데 이런 구조의 합성어나 파생어에 있어서는 뒤의 단어가 주장이 되는 것이므로, '싸리, 쌀, 씨, 때' 따위의 형태를 고정시키고, 첨가되는 'ㅂ'을 앞 형태소의 받침으로 붙여 적는 것이다.

이런 단어로는 '냅뜨다, 부릅뜨다, 칩떠보다, 휩싸다, 휩쓸다' 등도 있다.

한편, '댑싸리'는 사전에서 '대싸리'로 다루어지던 단어인데, 표준어 규정(제17항)에서 '댑싸리'로 정하였다.

> • 'ㅎ' 소리가 덧나는 것
> **예** 머리카락(머리ㅎ가락) / 살코기(살ㅎ고기) / 수캐(수ㅎ개) / 수컷(수ㅎ것) / 수탉(수ㅎ닭) /
> 안팎(안ㅎ밖) / 암캐(암ㅎ개) / 암컷(암ㅎ것) / 암탉(암ㅎ닭)

옛말에서 'ㅎ' 곡용어이었던 '머리[頭], 살[肌], 수[雄], 암[雌], 안[內]' 등에 다른 단어가 결합하여 이루어진 합성어 중에서, 'ㅎ' 음이 첨가되어 발음되는 단어는 소리 나는 대로(뒤 단어의 첫소리를 거센소리로) 적는다.

'암-, 수-'가 결합하는 단어의 경우는, 표준어 규정(제7항 다만)에서 '수캉아지, 수캐, 수컷, 수키와, 수탉, 수탕나귀, 수톨쩌귀, 수퇘지, 수평아리, 암캉아지, 암캐, 암컷, 암키와, 암탉, 암탕나귀, 암톨쩌귀, 암퇘지, 암평아리'를 예시하였다.

유제

02 다음 밑줄 친 단어의 표기가 올바르지 <u>않은</u> 것은?

① 철수야! <u>접때</u> 내가 준 책은 다 읽어보았니?
② 저 나귀는 <u>수탕나귀</u>인가 보다.
③ 비계를 다 떼어낸 <u>살코기</u>만으로 주세요.
④ 마당비의 재료로는 <u>대싸리</u>가 최고이다.
⑤ 저 병아리 중에는 <u>암평아리</u>가 대부분이다.

정답 ④

해설 ④는 '댑싸리'가 표준어이다.

❹ 준말

1. 단어의 끝모음이 줄어지고 자음만 남은 것은 그 앞의 음절에 받침으로 적는다.

본말	준말	본말	준말
가지고, 가지지	갖고, 갖지	어제그저께	엊그저께
기러기야	기럭아	어제저녁	엊저녁
디디고, 디디지	딛고, 딛지	온가지	온갖

단어 또는 어간의 끝음절 모음이 줄어지고 자음만 남는 경우, 그 자음을 앞 음절의 받침으로 올려붙여 적는다. 곧, 실질형태소가 줄어진 경우에는 줄어진 형태를 밝히어 적는 것이니, '어제그저께'에서 '어제'의 'ㅔ'가 준 형태는 'ㅈ'으로, '가지고'에서 '가지'의 'ㅣ'가 준 형태는 '갖'으로 적는 것이다. 그런데 줄어지는 음절의 첫소리 자음이 올라붙지 않고 받침소리가 올라붙는 형식도 있다.

예 바둑–장기 → 박장기 / 어긋–매끼다 → 엇매끼다 / 바깥–벽 → 밭벽 / 바깥–사돈 → 밭사돈

이 규정을 적용하면, '아기야'에서 '아기'의 'ㅣ'가 줄면 '악아'가 된다. 그러나 일반적으로 '아가, 이리 오너라.'처럼 표현하는 형식에서의 '아가'는 '아가야'에서의 '야'가 줄어진 형태로 설명될 수 있다.

2. 체언과 조사가 어울려 줄어지는 경우에는 준 대로 적는다.

본말	준말	본말	준말
그것은	그건	너는	넌
그것으로	그걸로	너를	널
그것이	그게	무엇을	뭣을/무얼/뭘
나는	난	무엇으로	무얼로
나를	날	무엇이	뭣이/무에

체언과 조사가 결합할 때 어떤 음이 줄어지거나 음절의 수가 줄어지는 것은, 그 본 모양을 밝히지 않고 준 대로 적는다.

> **예** (그 애 → 걔) 그 애는 → 걔는 → 걘 / 그 애를 → 걔를 → 걜
> (이 애 → 얘) 이 애는 → 얘는 → 얜 / 이 애를 → 얘를 → 얠
> (저 애 → 쟤) 저 애는 → 쟤는 → 쟨 / 저 애를 → 쟤를 → 쟬
> 그리로 → 글로 / 이리로 → 일로 / 저리로 → 절로 / 조리로 → 졸로
> 그것으로 → 그걸로 / 이것으로 → 이걸로 / 저것으로 → 저걸로

다만, '아래로 → 알로'는 비표준어로 처리하였다(표준어 규정 제15항 붙임 참조).

01 다음 밑줄 친 준말에 대한 본말을 바르게 짝지어 놓은 것이 <u>아닌</u> 것은?

① 글로 가면 되는가? ⇒ 그리로
② 무에 저렇게 된 것이라고? ⇒ 무엇이
③ 여보 우리 밭사돈에게 가봐야지 않겠어요? ⇒ 바깥사돈
④ 먼저 쟬 보내고 나서 이야기 하도록 하지. ⇒ 저 애를
⑤ 너 엊그저께 만난 곳으로 와라. ⇒ 어제저녁께

정답 ⑤
해설 ⑤는 '어제그저께'가 본말이다.

3. 'ㅏ, ㅕ, ㅗ, ㅜ, ㅡ'로 끝난 어간에 '-이-'가 와서 각각 'ㅐ, ㅖ, ㅚ, ㅟ, ㅢ'로 줄 적에는 준 대로 적는다.

본말	준말	본말	준말
싸이다	쌔다	누이다	뉘다
펴이다	폐다	뜨이다	띄다
보이다	뵈다	쓰이다	씌다

어간 끝모음 'ㅏ, ㅕ, ㅗ, ㅜ, ㅡ' 뒤에 '-이'가 결합하여 'ㅐ, ㅖ, ㅚ, ㅟ, ㅢ'로 줄어지는 것은 'ㅐ, ㅖ, ㅚ, ㅟ, ㅢ'로 적는다.

본말	준말	본말	준말
까이다[被孵]	깨다	꾸이다[現夢]	뀌다
켜이다[被鋸]	켸다	트이다	틔다
쏘이다	쐬다		

'놓이다'가 '뇌다'로 줄어지는 경우도 '뇌다'로 적는다. 또, 형용사화 접미사 '-스럽(다)'에 '-이'가 결합한 '스러이'가 '-스레'로 줄어지는 경우도 준 대로 적는다.

본말	준말	본말	준말
새삼스러이	새삼스레	천연스러이	천연스레

4. 어미 '-지' 뒤에 '않-'이 어울려 '-잖-'이 될 적과 '-하지' 뒤에 '않-'이 어울려 '-찮-'이 될 적에는 준 대로 적는다.

본말	준말	본말	준말
그렇지 않은	그렇잖은	만만하지 않다	만만찮다
적지 않은	적잖은	변변하지 않다	변변찮다

제36항 규정을 적용하면, '-지 않-', '-치 않-'이 줄어지면 '잖, 찮'이 된다. 그러나 줄어진 형태가 하나의 단어처럼 다루어지는 경우에는, 구태여 그 원형과 결부시켜 준 과정의 형태를 밝힐 필요가 없다는 견해에서, 소리 나는 대로 '잖, 찮'으로 적기로 한 것이다.

실상, 사전에서 준말로 다루어지고 있는 (깔밋하지 않다 →)깔밋잖다 / (깨끗하지 않다 →)깨끗잖다 / (남부럽지 않다 →)남부럽잖다 / (의젓하지 않다 →)의젓잖다 / (대단하지 않다 →)대단찮다 / (만만하지 않다 →)만만찮다 / (시원하지 않다 →)시원찮다 따위와, 준말로 다루어지지 않고 있는 '그렇지 않다 → 그렇잖다, 적지 않다 → 적잖다, 무심하지 않다 → 무심찮다, 편안하지 않다 → 편안찮다' 따위가 있는데 개정에서는 '-지 않-', '-치 않-'이 한 개 음절로 줄어지는 경우는 모두 '잖, 찮'으로 적도록 하였다.

예 두렵지 않다 → 두렵잖다 / 많지 않다 → 많잖다 / 예사롭지 않다 → 예사롭잖다 / 의롭지 않다 → 의롭잖다 / 성실하지 않다 → 성실찮다 / 심심하지 않다 → 심심찮다 / 평범하지 않다 → 평범찮다 / 허술하지 않다 → 허술찮다

'귀찮-, 점잖-'처럼 어간 끝소리가 'ㅎ'인 경우는, [찬]으로 소리 나더라도 귀찮지 않다 → 귀찮잖다 / 점잖지 않다 → 점잖잖다로 적는다.

유제

02 다음 밑줄 친 단어의 준말 표기가 틀린 것은?

① 어머니가 끼시던 가락지가 새하얀 한지에 꽁꽁 싸이어 있었다. ⇒ 쌔어
② 그렇지 않아도 조만간에 한 번 찾아뵐까 했습니다. ⇒ 그렇잖아도
③ 형편이 펴이다. ⇒ 폐다
④ 그는 가끔 심심하지 않게 나를 찾아왔다. ⇒ 심심찮게
⑤ 철수는 자기가 처한 문제를 두렵지 않다고 말했다. ⇒ 두렵잖다

정답 ②

해설 '-지 않-', '-치 않-'이 한 개 음절로 줄어지는 경우는 모두 '잖, 찮'으로 적도록 하는 규정에 의해 ②는 '그렇잖아도'로 적어야 한다.

5. 어간의 끝음절 '하'의 'ㅏ'가 줄고 'ㅎ'이 다음 음절의 첫소리와 어울려 거센소리로 될 적에는 거센소리로 적는다.

본말	준말	본말	준말
가하다	가타	연구하도록	연구토록
간편하게	간편케	정결하다	정결타
다정하다	다정타	흔하다	흔타

6. 어간의 끝음절 '하'가 아주 줄 적에는 준 대로 적는다.

본말	준말	본말	준말
거북하지	거북지	생각하건대	생각건대
깨끗하지 않다	깨끗지 않다	생각하다 못해	생각다 못해
넉넉하지 않다	넉넉지 않다	섭섭하지 않다	섭섭지 않다
못하지 않다	못지않다	익숙하지 않다	익숙지 않다

어간의 끝음절 '하'가 줄어진 형태로 관용되고 있는 형식을 말하는데, 안울림소리 받침 뒤에서 나타난다.

7. 다음과 같은 부사는 소리대로 적는다.
예 결단코 / 결코 / 기필코 / 무심코 / 아무튼 / 요컨대 / 정녕코 / 필연코 / 하마터면 / 하여튼 / 한사코

예시어 중, '아무튼, 하여튼'은 사전에서 '아뭏든, 하옇든(지)'으로 다루어지고 있는 것인데, 1988년 이후 개정 뒤부터 바꾸었다. 그러나 '이렇든(지), 그렇든(지), 저렇든(지), 아무렇든(지), 어떻든(지)' 따위는 '이렇다, 그렇다, 저렇다, 아무렇다, 어떻다'의 활용형이므로, '튼(지)'으로 적지 않는다. 이 경우, 부사 '어떻든'은 형용사 '어떻든(지)'이 부사로 전성되는 것으로 설명된다.

한편, '-하다'형 용언과 결부되는 것은 아니지만, '이토록, 그토록, 저토록, 열흘토록, 종일토록, 평생토록' 등도 소리 나는 대로 적는다.

유제

03 다음 밑줄 친 단어의 표기가 올바르지 않은 것은?

① 철수는 영철이와 그 문제로 다툰 터라 그 자리가 여간 거북지 않았다.
② 그렇게 흔타던 민들레를 여기서는 찾기 힘들었다.
③ 철수는 생각다 못해 그 일을 미뤄두기로 했다.
④ 하마트면 그 일을 잊을 뻔했다.
⑤ 부모님의 은혜는 평생토록 갚지 못할 것이다.

정답 ④

해설 ④는 '하마터면'이 올바른 표기이다.

5 띄어쓰기

❶ 조사

조사는 그 앞말에 붙여 쓴다.

예 거기도 / 꽃마저 / 꽃밖에 / 꽃에서부터 / 꽃으로만 / 꽃이 / 꽃이나마 / 꽃이다 / 꽃입니다 / 꽃처럼 / 멀리는 / 어디까지나 / 웃고만

조사는 독립성이 없기 때문에 다른 단어 뒤에 종속적(從屬的)인 관계로 존재한다. 조사는, 그것이 결합되는 체언이 지니는 문법적 기능을 표시하므로, 그 앞의 단어에 붙여 쓰는 것이다. 조사가 둘 이상 겹쳐지거나, 조사가 어미 뒤에 붙는 경우에도 붙여 쓴다.

예 나가면서까지도 / 들어가기는커녕 / "알았다."라고 / 어디까지입니까 / 여기서부터입니다 / 옵니다그려 / 집에서처럼 / 학교에서만이라도

유제 **01 다음 밑줄 친 부분의 띄어쓰기가 올바르지 않은 것은?**

① 창밖에는 비가 내린다.
② 그녀보다 지독히 공부한 사람은 없었다.
③ 지금 나에게 필요한 것은 보다 현명한 판단이다.
④ 가진 것이 돈밖에는 없는 사람이었다.
⑤ 나는 그녀의 행동을 보다 못해 저지하고 나섰다.

정답 ①

해설 ①의 '밖에'는 조사로 쓰인 것이 아니라 명사 '밖'+조사 '에는'의 결합이므로 '창 밖에는'으로 써야 한다.

확장 ②의 '보다'는 비교를 나타내는 부사로 쓰인 것이므로 앞말에 붙여 쓴 것이 올바르며 ③의 '보다'는 부사이므로 띄어 쓴 것이 올바르다. ④의 '밖에'는 '밖'이라는 의미요소가 없는 형식형태소(조사)이므로 올바르게 붙여 쓴 것이다. ⑤의 '보다'도 부사로 사용된 것이므로 띄어 쓴 것이 올바르다.

❷ 의존 명사, 단위어, 열거어 등

1. 의존 명사는 띄어 쓴다.

예 그가 떠난 지가 오래다. / 나도 할 수 있다. / 네가 뜻한 바를 알겠다. / 먹을 만큼 먹어라. / 아는 것이 힘이다. / 아는 이를 만났다.

의존 명사는 의미적 독립성은 없으나 다른 단어 뒤에 의존하여 명사적 기능을 담당하므로, 하나의 단어로 다루어진다. 독립성이 없기 때문에, 앞 단어에 붙여 쓰느냐 띄어 쓰느냐 하는 문제가 논의의 대상이 되었지만, 문장의 각 단어는 띄어 쓴다는 원칙에 따라 띄어 쓰는 것이다.

동일한 형태가 경우에 따라 다르게 쓰이는 예를 들어 보면 다음과 같다.

① '들'이 '남자들, 학생들'처럼 하나의 단어에 결합하여 복수를 나타내는 경우는 접미사로 다루어 붙여 쓰지만, "쌀, 보리, 콩, 조, 기장 들을 오곡(五穀)이라 한다."와 같이, 두 개 이상의 사물을 열거하는 구조에서 '그런 따위'란 뜻을 나타내는 경우는 의존 명사이므로 띄어 쓴다. "ㅂ, ㄷ, ㄱ 등은 파열음이다."처럼 쓰이는 '등'도 마찬가지다.

② '뿐'이 "남자뿐이다. 셋뿐이다."처럼 체언 뒤에 붙어서 한정의 뜻을 나타내는 경우는 접미사로 다루어 붙여 쓰지만, "웃을 뿐이다."와 같이, 용언의 관형사형 '-을' 뒤에서 '따름'이란 뜻을 나타내는 경우는 의존 명사이므로 띄어 쓴다.

③ '대로'가 '법대로, 약속대로'처럼 체언 뒤에 붙어서 '그와 같이'란 뜻을 나타내는 경우는 조사이므로 붙여 쓰지만, "아는 대로 말한다. 약속한 대로 이행한다."와 같이, 용언의 관형사형 뒤에서 '그와 같이'란 뜻을 나타내는 경우는 의존 명사이므로 띄어 쓴다.

④ '만큼'이 "여자도 남자만큼 일한다. 키가 전봇대만큼 크다."처럼 체언 뒤에 붙어서 '그런 정도로'라는 뜻을 나타내는 경우는 조사이므로 붙여 쓰지만, "볼 만큼 보았다. 애쓴 만큼 얻는다."와 같이, 용언의 관형사형 뒤에서 '그런 정도로' 또는 '실컷'이란 뜻을 나타내는 경우는 의존 명사이므로 띄어 쓴다.

⑤ '만'이 "하나만 알고, 둘은 모른다. 이것은 그것만 못하다."처럼 체언에 붙어서 한정 또는 비교의 뜻을 나타내는 경우는 조사이므로 붙여 쓰지만, "떠난 지 사흘 만에 돌아왔다. 온 지 1년 만에 떠나갔다."와 같이 경과한 시간을 나타내는 경우는 의존 명사이므로 띄어 쓴다.

⑥ "집이 큰지 작은지 모르겠다."처럼 쓰이는 '-지'는 어미의 일부이므로 붙여 쓰지만, "그가 떠난 지 보름이 지났다. 그를 만난 지 한 달이 지났다."와 같이, 용언의 관형사형 뒤에서 경과한 시간을 나타내는 경우는 의존 명사이므로 띄어 쓴다.

⑦ '차(次)'가 "연수차(研修次) 도미(渡美)한다."처럼 명사 뒤에 붙어서 '~하려고'란 뜻을 나타내는 경우는 접미사로 다루어 붙여 쓰지만, "고향에 갔던 차에 선을 보았다."와 같이, 용언의 관형사형 뒤에서 '어떤 기회에 겸해서'란 뜻을 나타내는 경우는 의존 명사이므로 띄어 쓴다.

⑧ '판'이 '노름판, 씨름판, 웃음판'처럼 쓰일 때는 합성어를 이루는 명사이므로 붙여 쓰지만, "바둑 한 판 두자. 장기를 세 판이나 두었다."와 같이, 수 관형사 뒤에서 승부를 겨루는 일의 수효를 나타내는 경우는 의존 명사이므로 띄어 쓴다.

유제

01 다음 밑줄 친 단어의 띄어쓰기가 올바르지 <u>않은</u> 것은?

① 나도 할 <u>수</u> 있다.
② 쌀, 보리, 콩, 조, 기장 <u>들을</u> 오곡(五穀)이라 한다.
③ 그를 만난 <u>지</u> 한 달이 지났다.
④ 여자도 남자 <u>만큼</u> 일한다.
⑤ 바둑 한 <u>판</u> 두자.

> 정답 ④
>
> 해설 ④의 '만큼'은 비교를 나타내는 조사이므로 붙여 써야 한다.

2. 단위를 나타내는 명사는 띄어 쓴다.

예 금 서 돈 / 버선 한 죽 / 북어 한 쾌 / 소 한 마리 / 신 두 켤레 / 연필 한 자루 / 열 살 / 옷 한 벌 / 조기 한 손 / 집 한 채 / 차 한 대 / 한 개

다만, 순서를 나타내는 경우나 숫자와 어울리어 쓰이는 경우에는 붙여 쓸 수 있다.

예 두시 삼십분 오초 / 삼학년 / 육층 / 제일과 / 제1실습실 / 1446년 10월 9일 / 2대대 / 16동 502호 / 80원 / 10개 / 7미터

즉, 단위를 나타내는 의존 명사(수량 단위 불완전 명사)는 그 앞의 수 관형사와 띄어 쓴다.

예 고기 두 근 / 국수 한 사리 / 금 서 돈(→쭝) / 김 네 톳 / 나무 한 그루 / 논 두 마지기 / 물 한 모금 / 바느질 실 한 님 / 밥 한 술 / 밤 한 톨 / 벼 석 섬 / 새끼 두 발 / 실 한 바람 / 쌀 서 말 / 열 길 물 속 / 열 바퀴 / 엽전 두 닢 / 은 넉 냥(→쭝) / 장작 한 바리 / 집 세 채 / 토끼 두 마리 / 풀 한 포기 / 흙 한 줌

다만, 수 관형사 뒤에 의존 명사가 붙어서 차례를 나타내는 경우나, 의존 명사가 아라비아 숫자 뒤에 붙는 경우는 붙여 쓸 수 있도록 하였다.

예 제삼 장 → 제삼장 / 제일 편 → 제일편 / 제칠 항 → 제칠항

'제-'가 생략된 경우라도, 차례를 나타내는 말일 때는 붙여 쓸 수 있다.

예 (제)구십삼 차 → 구십삼차 / (제)오십팔 회 → 오십팔회 / (제)육십칠 번 → 육십칠번 / (제)이십칠 대 → 이십칠대

다음과 같은 경우에도 붙여 쓸 수 있다.

예 (제)구 사단 → 구사단 / (제)삼 층 → 삼층 / (제)육 급 → 육급 / (제)일 학년 → 일학년 / (제)칠 연대 → 칠연대 / (제)팔 단 → 팔단 / (제)16 통 → 16통 / (제)274 번지 → 274번지 / 제1 연구실 → 제1연구실

또, 연월일, 시각 등도 붙여 쓸 수 있다.

예 여덟 시 오십구 분 → 여덟시 오십구분 / 일천구백팔십팔 년 오 월 이십 일 → 일천구백팔십팔년 오월 이십일

다만, 수효를 나타내는 '개년, 개월, 일(간), 시간' 등은 붙여 쓰지 않는다.

예 삼 (개)년 육 개월 이십 일(간) 체류하였다.

그러나 아라비아 숫자 뒤에 붙는 의존 명사는 모두 붙여 쓸 수 있다.

예 35원 / 70관 / 42마일 / 26그램 / 3년 6개월 20일간

수를 적을 적에는 '만(萬)' 단위로 띄어 쓴다.

예 십이억 삼천사백오십육만 칠천팔백구십팔, 12억 3456만 7898

다만, 금액을 적을 때는 변조(變造) 등의 사고를 방지하려는 뜻에서 붙여 쓰는 게 관례로 되어 있다.

예 일금 : 삼십일만오천육백칠십팔원정 / 돈 : 일백칠십육만오천원임

3. 두 말을 이어 주거나 열거할 적에 쓰이는 말들은 띄어 쓴다.

　예 국장 겸 과장 / 부산, 광주 등지 / 사과, 배, 귤 등등 / 사과, 배 등속 / 열 내지 스물 / 이사장 및 이사들 / 책상, 걸상 등이 있다. / 청군 대 백군

① '겸(兼)'은 한 가지 일 밖에 또 다른 일을 아울러 함을 뜻하는 한자어 형태소다. '국장 겸 과장' 같은 경우, 한문 구조에서는 '겸'이 뒤의 '과장'을 목적어로 취하는 타동사로 설명되는 것이지만, 국어에서는 '뽕도 딸 겸 임도 볼 겸'처럼 관형어의 수식을 받는 구조로도 사용되므로, 의존 명사로 다루어지고 있다.

　예 장관 겸 부총리 / 친구도 만날 겸 구경도 할 겸

② '청군 대 백군'의 경우도, 한문 구조에서는 '대(對)'가 뒤의 '백군'을 목적어로 취하는 타동사로 설명되지만, 예컨대 '윗마을 대 아랫마을, 다섯 대 셋'처럼 고유어 사이에서 '상대하는', 또는 '짝이 되는, 비교되는' 같은 뜻을 나타내기도 하므로, 의존 명사로 다루어지고 있다.

　예 남자 대 여자 / 한국 대 일본 / 5 대 3

　그러나 '대(짝)를 이룬다.'처럼 쓰이는 경우는 자립 명사이며, 또 '대미(對美) 수출, 대일(對日) 무역'과 같이, '대'가 앞뒤 두 단어에 관계되지 않는 구조일 때는, 뒤의 형태소와 결합하여 하나의 단어를 형성하는 것으로 해석된다.

③ '내지(乃至)'는, 순서나 정도를 나타내는 데 그 중간을 줄일 때 쓰는 말이라고 풀이되고 있으나, 흔히 '혹은, 또는' 같은 뜻을 표시하므로, 접속 부사로 다루어 띄어 쓴다.

　예 경주 내지 포항 / 열흘 내지 보름 / 하나 내지 넷

④ '및'은 '그 밖에도 또, ~와 또'처럼 풀이되는 접속 부사이므로 띄어 쓰는 것이다.

　예 사과 및 배, 복숭아 / 위원장 및 위원들

⑤ '등(等), 등등(等等), 등속(等屬), 등지(等地)' 따위는 열거의 뜻을 표시하는 의존 명사이므로 띄어 쓴다.

　예 ㄴ, ㄹ, ㅁ, ㅇ 등은 울림소리다.
　　과자, 과일, 식혜 등등 먹을 것이 많다.
　　사과, 배, 복숭아 등속을 사 왔다.
　　충주, 청주, 대전 등지로 돌아다녔다.

4. 단음절로 된 단어가 연이어 나타날 적에는 붙여 쓸 수 있다.

　예 좀더 큰것 / 이말 저말 / 한잎 두잎

앞에서 말한 바와 같이, 글을 띄어 쓰는 것은 그 의미를 쉽게 파악할 수 있도록 하려는 데 목적이 있다. 그런데 한 음절로 이루어진 단어가 여럿 이어지는 경우, '좀 더 큰 이 새 집'처럼 띄어 쓰면 기록하기에도 불편할 뿐 아니라, 시각적 부담을 가중시킴으로써 독서 능률이 감퇴(減退)될 염려가 있는 것이다. 그리하여 '좀더 큰 이 새집'처럼 붙여 쓸 수 있도록 한 것이다.

　예 내 것 네 것 → 내것 네것 / 이 곳 저 곳 → 이곳 저곳 / 이 집 저 집 → 이집 저집 / 한 잔 술 → 한잔 술

그러나 이 허용 규정은 단음절어인 관형사와 명사, 부사와 부사가 연결되는 경우와 같이, 자연스럽게 의미적으로 한 덩이를 이룰 수 있는 구조에 적용되는 것이므로, '훨씬 더 큰 새 집 → (×)훨씬 더큰 새

집, 더 큰 이 새 책상 → (×)더큰 이새 책상' 처럼, 한 개 음절로 된 단어는 무조건 붙여 쓸 수 있는 것이 아니다. 단음절어이면서 관형어나 부사인 경우라도, 관형어와 관형어, 부사와 관형어는 원칙적으로 띄어 쓰며, 또 부사와 부사가 연결되는 경우에도 의미적 유형이 다른 단어끼리는 붙여 쓰지 않는 게 원칙이다.

예 꽤 안 온다(×꽤안 온다) / 늘 더 먹는다(×늘더 먹는다) / 더 못 간다(×더못 간다)

유제

02 다음 밑줄 친 단어의 띄어쓰기가 올바른 것은?

① 남자대 여자
② 충주, 청주, 대전등지로 돌아다녔다.
③ 뽕도 딸 겸 임도 볼 겸
④ 벼 석섬
⑤ 사과및 배, 복숭아

정답 ③

해설 위의 밑줄 친 단어는 모두 의존 명사이므로 ① '남자 대 여자' ② '대전 등지로' ④ '벼 석 섬' ⑤ '사과 및 배'와 같이 띄어 써야 한다.

유제

03 다음 중 띄어쓰기 예외가 허용되어 붙여 쓸 수 <u>없는</u> 것은?

① 훨씬 더 큰 새 집 → 훨씬 더큰 새집
② 일금 : 삼십일만 오천육백칠십팔 원정. → 일금 : 삼십일만오천육백칠십팔원정.
③ 내 것 네 것 → 내것 네것
④ 여덟 시 오십구 분 → 여덟시 오십구분
⑤ 육십칠 번 → 육십칠번

정답 ①

해설 ②는 위변조를 방지하기 위한 허용이며, ③은 위의 '단음절로 된 단어가 연이어 나타날 적에는 붙여 쓸 수 있다'의 규정에 의해, ④는 '연월일, 시각 등도 붙여 쓸 수 있다'는 규정에 의해, ⑤는 ' '제-'가 생략된 경우라도, 차례를 나타내는 말일 때는 붙여 쓸 수 있다'는 규정에 의해 붙여쓰기가 허용된 것들이다.
이에 비해 ①은 '단음절어이면서 관형어나 부사인 경우라도, 관형어와 관형어, 부사와 관형어는 원칙적으로 띄어 쓰며, 또 부사와 부사가 연결되는 경우에도 의미적 유형이 다른 단어끼리는 붙여 쓰지 않는 게 원칙이다.'에 의해 붙여 쓸 수 없다.

❸ 보조 용언

보조 용언은 띄어 씀을 원칙으로 하되, 경우에 따라 붙여 씀도 허용한다.

원칙	허용	원칙	허용
그릇을 깨뜨려 버렸다.	그릇을 깨뜨려버렸다.	비가 올 듯하다.	비가 올듯하다.
그 일은 할 만하다.	그 일은 할만하다.	비가 올 성싶다.	비가 올성싶다.
내 힘으로 막아 낸다.	내 힘으로 막아낸다.	일이 될 법하다.	일이 될법하다.
불이 꺼져 간다.	불이 꺼져간다.	잘 아는 척한다.	잘 아는척한다.

다만, 앞말에 조사가 붙거나 앞말이 합성 용언인 경우, 그리고 중간에 조사가 들어갈 적에는 그 뒤에 오는 보조 용언은 띄어 쓴다.

예 이런 기회는 다시없을 듯하다. / 그가 올 듯도 하다. / 네가 덤벼들어 보아라. / 잘난 체를 한다. /
잘도 놀아만 나는구나! / 책을 읽어도 보고……

그러나 '-아/-어' 뒤에 '서'가 줄어진 형식에서는 뒤의 단어가 보조 용언이 아니므로, 붙여 쓰는 게 허용되지 않는다(의미상 파악해야 함).

예 (시험삼아) 고기를 잡아 본다(○잡아본다). / [見] 고기를 잡아(서) 본다(×잡아본다).
(수고, 봉사) 사과를 깎아 드린다(○깎아드린다). / [與] 사과를 깎아(서) 드린다(×깎아드린다).

한편, 의존 명사 '양, 척, 체, 만, 법, 듯' 등에 '-하다'나 '-싶다'가 결합하여 된 보조 용언(으로 다루어지는 것)의 경우도 앞말에 붙여 쓸 수 있다.

보조 용언	원칙	허용
듯싶다	올 듯싶다.	올듯싶다.
뻔하다	놓칠 뻔하였다.	놓칠뻔하였다.
양하다	학자인 양한다.	학자인양한다.
체하다	모르는 체한다.	모르는체한다.

다만, 의존 명사 뒤에 조사가 붙거나, 앞 단어가 합성 동사인 경우는 (보조 용언을) 붙여 쓰지 않는다. 조사가 개입되는 경우는, 두 단어(본 용언과 의존 명사) 사이의 의미적, 기능적 구분이 분명하게 드러날 뿐 아니라 제42항 규정과도 연관되므로, 붙여 쓰지 않도록 한 것이다. 또 본 용언이 합성어인 경우는, '덤벼들어보아라, 떠내려가버렸다'처럼 길어지는 것을 피하기 위하여 띄어 쓰도록 한 것이다.

예 값을 물어만 보고(×물어만보고). / 매달아 놓는다(×매달아놓는다). / 믿을 만은 하다(×믿을만은하다). /
밀어내 버렸다(×밀어내버렸다). / 비가 올 듯도 하다(×올듯도하다). / 아는 체를 한다(×아는체를한다). /
잡아매 둔다(×잡아매둔다). / 집어넣어 둔다(×집어넣어둔다).

유제

01 다음 밑줄 친 보조 용언 중 붙여 쓸 수 <u>없는</u> 것은?

① 놓칠<u>뻔하였다</u>.
② 그릇을 깨뜨려<u>버렸다</u>.
③ 네가 덤벼들어<u>보아라</u>.
④ 고기를 잡아<u>본다</u>.
⑤ 내 힘으로 막아<u>낸다</u>.

정답 ③

해설 ③ 앞말이 합성 동사인 경우인 '덤비다+들다'이므로 뒤에 오는 보조 용언은 반드시 띄어 써야 한다.

❹ 고유 명사 및 전문 용어

1. 성과 이름, 성과 호 등은 붙여 쓰고, 이에 덧붙는 호칭어, 관직명 등은 띄어 쓴다.

예 김양수(金良洙) / 박동식 박사 / 서화담(徐花潭) / 채영신 씨 / 충무공 이순신 장군 / 최치원 선생

다만, 성과 이름, 성과 호를 분명히 구분할 필요가 있을 경우에는 띄어 쓸 수 있다.

예 남궁억, 남궁 억 / 독고준, 독고 준 / 황보지봉(皇甫芝峰), 황보 지봉

성명에 있어서, 성과 이름은 별개 단어의 성격을 지니고 있다. 곧, 성은 혈통을 표시하며, 이름은 특정한 개인에게만 부여된 식별부호(識別符號)이므로, 순수한 고유 명사의 성격을 지니는 것이다. 이렇게 볼 때, 성과 이름을 띄어 쓰는 게 합리적이긴 하지만, 한자 문화권에 속하는 나라들에서는 성명을 붙여 쓰는 것이 통례이고, 우리나라에서도 붙여 쓰는 게 관용 형식이라 할 것이다. 더구나 우리 민족의 성은, 예외가 있긴 하지만 거의 모두 한 글자(음절)로 되어 있어서 보통 하나의 단어로 인식되지 않는다. 그리하여 성과 이름은 붙여 쓰기로 한 것이다. 이름과 마찬가지 성격을 지닌 호(號)나 자(字)가 성에 붙는 형식도 이에 준한다.

예 김영애(金榮愛) / 유버들(柳~) / 이태백(李太白)('태백'은 자) / 정송강(鄭松江)('송강'은 호) / 최학수(崔學洙)

다만, 예컨대 '남궁수, 황보영' 같은 성명의 경우, '남/궁수, 황/보영' 인지 '남궁/수, 황보/영' 인지 혼동될 염려가 있는 것이므로, 성과 이름을 분명하게 밝힐 필요가 있을 때에는 띄어 쓸 수 있도록 한 것이다.

한편, 성명 또는 성이나 이름 뒤에 붙는 호칭어나 관직명(官職名) 등은 고유 명사와 별개의 단위이므로 띄어 쓴다. 호나 자 등이 성명 앞에 놓이는 경우도 띄어 쓴다.

예 강 선생 / 강인구 씨 / 계 계장(桂係長) / 백범 김구 선생 / 사 사장(史社長) / 여 여사(呂女史) / 인구 군 / 주 주사(朱主事) / 총장 정영수 박사

우리 한자음으로 적는 중국 인명의 경우도 본 항 규정이 적용된다.

예 소정방(蘇定方) / 이세민(李世民) / 장개석(莊介石)

01 다음 단어의 띄어쓰기가 올바르지 <u>않은</u> 것은?

① 최치원 선생(이름+호칭)

② 남궁 억(성+이름)

③ 정 송강(鄭松江)('송강'은 호)

④ 계 계장(桂係長)[계장(係長)은 관직]

⑤ 백범 김구 선생(호+이름+호칭)

> **정답** ③
>
> **해설** ③의 성과 호는 붙여 써야 하므로 '정송강(鄭松江)'과 같이 표기해야 한다.
>
> **확장** ②의 성+이름은 붙여 쓰는 것이 원칙이지만 위의 경우에는 혼동을 피하기 위해 띄어 씀을 허용한 사례이다.

2. 성명 이외의 고유 명사는 단어별로 띄어 씀을 원칙으로 하되, 단위별로 띄어 쓸 수 있다.

원칙	허용
대한 중학교	대한중학교
한국 대학교 사범 대학	한국대학교 사범대학

예컨대, '한국 정신 문화 연구원'처럼 단어별로 띄어 쓰면, '한국, 정신, 문화, 연구원'의 네 개 단어가 각각 지니고 있는 뜻은 분명하게 이해되지만, 그것이 하나의 대상으로 파악되지 않는 단점도 있는 것이다. 그리하여 둘 이상의 단어가 결합하여 이루어진 고유 명사는 단어별로 띄어 쓰는 것을 원칙으로 하되, 단위별로 붙여 쓸 수 있도록 한 것이다.

여기서 말하는 '단위'란, 그 고유 명사로 일컬어지는 대상물의 구성 단위를 뜻하는 것으로 설명된다. 다시 말하면, 어떤 체계를 가지는 구조물에 있어서, 각각 하나의 독립적인 지시 대상물로서 파악되는 것을 이른다. 예컨대 '서울 대학교 인문 대학 국어 국문학과'는 '서울 대학교/인문 대학/국어 국문학과'의 세 개 단위로 나누어지고, '한국 상업 은행 재동 지점 대부계'는 '한국 상업 은행/재동 지점/대부계'의 세 개 단위로 나뉜다.

원칙	허용
서울 대공원 관리 사무소 관리부 동물 관리과	서울대공원관리사무소 관리부 동물관리과
한국 방송 공사 경영 기획 본부 경영 평가실 경영 평가 분석부	한국방송공사 경영기획본부 경영평가실 경영평가분석부

'부설(附設), 부속(附屬), 직속(直屬), 산하(傘下)' 따위는 고유 명사로 일컬어지는 대상물이 아니라, 그 대상물의 존재 관계(형식)를 나타내는 말이므로, 원칙적으로 앞뒤의 말과 띄어 쓴다.

원칙	허용
학술원 부설 국어 연구소	학술원 부설 국어연구소
대통령 직속 국가 안전 보장 회의	대통령 직속 국가안전보장회의

다만, '부속 학교, 부속 국민 학교, 부속 중학교, 부속 고등 학교' 등은 교육학 연구나 교원 양성을 위하여 교육 대학이나 사범 대학에 부속시켜 설치한 학교를 이르므로, 하나의 단위로 다루어 붙여 쓸 수 있는 것이다.

원칙	허용
서울 대학교 사범 대학 부속 고등 학교	서울대학교 사범대학 부속고등학교

의학 연구나 의사 양성을 위하여 의과 대학에 부속시켜 설치한 병원의 경우도 이에 준한다.

원칙	허용
한국 대학교 의과 대학 부속 병원	한국대학교 의과대학 부속병원

3. 전문 용어는 단어별로 띄어 씀을 원칙으로 하되, 붙여 쓸 수 있다.

원칙	허용
만성 골수성 백혈병	만성골수성백혈병
중거리 탄도 유도탄	중거리탄도유도탄

전문 용어란, 특정의 학술 용어나 기술 용어를 말하는데, 대개 둘 이상의 단어가 결합하여 하나의 의미 단위에 대응하는 말, 곧 합성어의 성격으로 되어 있다. 따라서 붙여 쓸 만한 것이지만, 그 의미 파악이 쉽도록 하기 위하여 띄어 쓰는 것을 원칙으로 하고, 편의상 붙여 쓸 수 있도록 하였다.

원칙	허용
만국 음성 기호(萬國音聲記號)	만국음성기호
모음 조화(母音調和)	모음조화
긴급 재정 처분(緊急財政處分)	긴급재정처분
무한 책임 사원(無限責任社員)	무한책임사원
배당 준비 적립금(配當準備積立金)	배당준비적립금
손해 배상 청구(損害賠償請求)	손해배상청구
관상 동맥 경화증(冠狀動脈硬化症)	관상동맥경화증
급성 복막염(急性腹膜炎)	급성복막염
지구 중심설(地球中心說)	지구중심설
탄소 동화 작용(炭素同化作用)	탄소동화작용
해양성 기후(海洋性氣候)	해양성기후
두 팔 들어 가슴 벌리기	두팔들어가슴벌리기
무릎 대어 돌리기	무릎대어돌리기
여름 채소 가꾸기	여름채소가꾸기

다만, 명사가 용언의 관형사형으로 된 관형어의 수식을 받거나, 두 개(이상)의 체언이 접속 조사로 연결되는 구조일 때는 붙여 쓰지 않는다.

에 간단한 도면 그리기 / 바닷말과 물고기 기르기 / 쓸모 있는 주머니 만들기 / 아름다운 노래 부르기

두 개(이상)의 전문 용어가 접속 조사로 이어지는 경우는 전문 용어 단위로 붙여 쓸 수 있다.

에 감자찌기와 달걀삶기 / 기구만들기와 기구다루기 / 도면그리기와 도면읽기

유제

02 다음 중 붙여 쓰기가 허용되는 단어가 <u>아닌</u> 것은?

① 두 팔 들어 가슴 벌리기 → 두팔들어가슴벌리기

② 관상 동맥 경화증 → 관상동맥경화증

③ 한국 대학교 사범 대학 → 한국대학교 사범대학

④ 도면 그리기와 도면 읽기 → 도면그리기와 도면읽기

⑤ 아름다운 노래 부르기 → 아름다운노래 부르기

정답 ⑤

해설 ⑤는 '명사가 용언의 관형사형으로 된 관형어의 수식을 받는 경우'이기 때문에 붙여 쓰면 안 된다.

---

6 기타(문장부호 및 활용)

1 문장부호

1988년 「한글맞춤법」규정의 부록으로 처음 선을 보였던 〈문장부호〉가 26년 만에 새 옷을 입었다. 문화체육관광부(장관 김종덕, 이하 문체부)는 2014년 10월 27일 〈문장부호〉 용법을 보완하는 것을 주요 내용으로 하는 「한글 맞춤법」 일부개정안을 고시했다. 시행은 2015년 1월 1일부터다.

※ 아래는 부호별 주요 개정 내용입니다. 문장부호 전문은 554p에 수록되어 있습니다.

1. 마침표(.)

① 용언의 명사형이나 명사로 끝나는 문장, 직접 인용한 문장의 끝에는 마침표를 쓰는 것을 원칙으로 하되, 쓰지 않는 것을 허용함.

에 목적을 이루기 위하여 몸과 마음을 다하여 애를 <u>씀. (○)/씀 (○)</u>

신입 사원 모집을 위한 기업 설명회 <u>개최. (○)/개최 (○)</u>

그는 "지금 바로 <u>떠나자. (○)/떠나자 (○)</u>"라고 말하며 서둘러 짐을 챙겼다.

② 아라비아 숫자만으로 연월일을 표시할 때 마침표를 모두 씀. '일(日)'을 나타내는 마침표를 반드시 써야 함.

> **예** 2014년 10월 27일 – 2014. 10. 27. (○)/2014. 10. 27 (×)

③ 특정한 의미가 있는 날을 표시할 때 월과 일을 나타내는 아라비아 숫자 사이에는 마침표를 쓰거나 가운뎃점을 쓸 수 있음.

> **예** 3.1 운동 (○)/3 · 1 운동 (○)

④ '마침표'가 기본 용어이고, '온점'으로 부를 수도 있음.

2. 물음표(?)

모르거나 불확실한 내용임을 나타낼 때 물음표를 씀.

> **예** 모르는 경우: 최치원(857~?)은 통일 신라 말기에 이름을 떨쳤던 학자이자 문장가이다.
>
> 불확실한 경우: 조선 시대의 시인 강백(1690?~1777?)의 자는 자청이고, 호는 우곡이다.

3. 쉼표(,)

① 문장 중간에 끼어든 어구의 앞뒤에는 쉼표를 쓰거나 줄표를 쓸 수 있음.

> **예** 나는, 솔직히 말하면, 그 말이 별로 탐탁지 않아.
>
> 나는 — 솔직히 말하면 — 그 말이 별로 탐탁지 않아.

② 특별한 효과를 위해 끊어 읽는 곳을 나타내거나 짧게 더듬는 말을 표시할 때 쉼표를 씀.

> **예** 이 전투는 바로 우리가, 우리만이, 승리로 이끌 수 있다.
>
> 선생님, 부, 부정행위라니요? 그런 건 새, 생각조차 하지 않았습니다.

③ 열거할 어구들을 생략할 때 사용하는 줄임표 앞에는 쉼표를 쓰지 않음.

> **예** 광역시: 광주, 대구, 대전…… (○) / 광주, 대구, 대전, …… (×)

④ '쉼표'가 기본 용어이고, '반점'으로 부를 수도 있음.

4. 가운뎃점(·)

짝을 이루는 어구들 사이, 또는 공통 성분을 줄여서 하나의 어구로 묶을 때는 가운뎃점을 쓰거나 쉼표를 쓸 수 있음.

> **예** 하천 수질의 조사 · 분석 (○) / 하천 수질의 조사, 분석 (○)
>
> 상 · 중 · 하위권 (○) / 상, 중, 하위권 (○)

5. 중괄호({ })와 대괄호([ ])

① 열거된 항목 중 어느 하나가 자유롭게 선택될 수 있음을 보일 때는 중괄호를 씀.

> **예** 아이들이 모두 학교{에, 로, 까지} 갔어요.

② 원문에 대한 이해를 돕기 위해 설명이나 논평 등을 덧붙일 때는 대괄호를 씀.

> **예** 그런 일은 결코 있을 수 없다.[원문에는 '업다'임.]

6. 낫표(「 」, 『 』)와 화살괄호(〈 〉, 《 》)

① 소제목, 그림이나 노래와 같은 예술 작품의 제목, 상호, 법률, 규정 등을 나타낼 때는 홑낫표나 홑화살괄호를 쓰는 것이 원칙이며 작은따옴표를 대신 쓸 수 있음.

> **예** 「한강」은 (○)/〈한강〉은 (○)/'한강'은 (○) 사진집 《아름다운 땅》에 실린 작품이다.

② 책의 제목이나 신문 이름 등을 나타낼 때는 겹낫표나 겹화살괄호를 쓰는 것이 원칙이며 큰따옴표를 대신 쓸 수 있음.

> **예** 『훈민정음』은 (○)/《훈민정음》은 (○)/"훈민정음"은 (○) 1997년에 유네스코 세계 기록 유산으로 지정되었다.

7. 줄표(—)

① 제목 다음에 표시하는 부제의 앞뒤에는 줄표를 쓰되, 뒤에 오는 줄표는 생략할 수 있음.

> **예** '환경 보호 — 숲 가꾸기 —'라는 (○) / '환경 보호 — 숲 가꾸기'라는 (○) 제목으로 글짓기를 했다.

8. 붙임표(-)와 물결표(~)

① 차례대로 이어지는 내용을 하나로 묶어 열거할 때 각 어구 사이, 또는 두 개 이상의 어구가 밀접한 관련이 있음을 나타내고자 할 때는 붙임표를 씀.

> **예** 멀리뛰기는 도움닫기-도약-공중 자세-착지의 순서로 이루어진다.
>
> 원-달러 환율

② 기간이나 거리 또는 범위를 나타낼 때는 물결표 또는 붙임표를 씀.

> **예** 9월 15일~9월 25일 (○)/9월 15일-9월 25일 (○)

9. 줄임표(……)

① 할 말을 줄였을 때, 말이 없음을 나타낼 때, 문장이나 글의 일부를 생략할 때, 머뭇거림을 보일 때에는 줄임표를 씀.

> **예** "어디 나하고 한번……." 하고 민수가 나섰다.
>
> "우리는 모두…… 그러니까…… 예외 없이 눈물만…… 흘렸다."

② 줄임표는 점을 가운데에 찍는 대신 아래쪽에 찍을 수도 있으며, 여섯 점을 찍는 대신 세 점을 찍을 수도 있음.

> **예** "어디 나하고 한번…" 하고 민수가 나섰다.
>
> "어디 나하고 한번......" 하고 민수가 나섰다.
>
> "어디 나하고 한번..." 하고 민수가 나섰다.

유제 01

다음 밑줄 친 문장부호의 사용이 올바르지 않은 것은?

① 나는 — 솔직히 말하면 — 그 말이 별로 탐탁지 않아.
② 견과류: 호두, 땅콩, 아몬드, ……
③ 그는 하천 수질의 조사·분석을 맡고 있다.
④ 아이들이 모두 학교{에, 로, 까지} 갔어요.
⑤ 《훈민정음》은 1997년에 유네스코 세계 기록 유산으로 지정되었다.

정답 ②

해설 ① 문장 중간에 끼어든 어구의 앞뒤에는 쉼표를 쓰거나 줄표를 쓸 수 있다.
② 열거할 어구들을 생략할 때 사용하는 줄임표 앞에는 쉼표를 쓰지 않는다.
③ 짝을 이루는 어구들 사이, 또는 공통 성분을 줄여서 하나의 어구로 묶을 때는 가운뎃점을 쓰거나 쉼표를 쓸 수 있다.
④ 열거된 항목 중 어느 하나가 자유롭게 선택될 수 있음을 보일 때는 중괄호를 쓴다.
⑤ 책의 제목이나 신문 이름 등을 나타낼 때는 겹낫표나 겹화살괄호를 쓰는 것이 원칙이며 큰따옴표를 대신 쓸 수 있다.

유제 02

다음은 밑줄 친 문장부호의 용례를 설명한 것이다. 올바르지 않은 것은?

① 학교에서 동료 교사를 부를 때는 '선생(님)' 이라는 말을 덧붙인다. ⇒ (님)은 생략할 수 있는 요소임을 나타낸다.
② 그는 "여러분! '시작이 반이다.' 라는 말 들어 보셨죠?"라고 말하며 강연을 시작했다. ⇒ 여기의 작은따옴표(' ')는 인용한 말 안에 있는 인용한 말을 나타낼 때 쓴 것이다.
③ 나는 "어, 광훈이 아니냐?" 하는 소리에 깜짝 놀랐다. ⇒ 말이나 글을 직접 인용할 때 쓴 큰따옴표이다.
④ (　)이/가 우리나라의 보물 제1호이다. ⇒ 대비되는 두 개 이상의 어구를 묶어 나타낼 때 그 사이에 쓴 빗금이다.
⑤ 청군:백군(청군 대 백군) ⇒ 시와 분, 장과 절 등을 구별할 때 쓴 쌍점이다.

정답 ⑤

해설 ⑤는 의존명사 '대' 가 쓰일 자리에 쓴 것이다.

유제

03 다음 밑줄 친 문장부호의 명칭이 올바르지 <u>않은</u> 것은?

① 중요한 것은 <u>왜</u> 사느냐가 아니라 <u>어떻게</u> 사느냐이다. ⇒ 드러냄표
② 이번 시험의 범위는 3<u>~</u>78쪽입니다. ⇒ 물결표
③ <u>《한성순보》</u>는 우리나라 최초의 근대 신문이다. ⇒ 겹화살괄호
④ 그것<u>[한글]</u>은 이처럼 정보화 시대에 알맞은 과학적인 문자이다. ⇒ 꺾쇠묶음표
⑤ 민수<u>·</u>영희, 선미<u>·</u>준호가 서로 짝이 되어 윷놀이를 하였다. ⇒ 가운뎃점

정답 ④

해설 ④는 대괄호이다.

유제

04 다음 문장부호의 사용이 <u>잘못된</u> 것은?

① ?(모르거나 불확실한 경우) : 조선 시대의 시인 강백(1690?~1777?)의 자는 자청이고, 호는 우곡이다.
② !(놀람이나 항의의 뜻) : 내가 왜 나빠!
③ —(이웃하는 수를 개략적으로 나타낼 때) : 5—6세기 경에 일어난 일
④ 문장부호 생략(제목이나 표어) : 어째서 우리는 항상 부족한 것인가
⑤ /(기본단위당 수량) : 1,000원/개

정답 ③

해설 ③ 이웃하는 수를 개략적으로 나타낼 때는 쉼표를 써야 한다. **예** 5, 6세기 경에 일어난 일

❷ 활용 및 기타

1. 부사의 끝음절이 분명히 '이'로만 나는 것은 '-이'로 적고, '히'로만 나거나 '이'나 '히'로 나는 것은 '-히'로 적는다.

① '이'로 적는 것

㉠ (첩어 또는 준첩어인) 명사 뒤

> 예 간간이 / 겹겹이 / 골골샅샅이 / 곳곳이 / 길길이 / 나날이 / 다달이 / 땀땀이 / 몫몫이 / 번번이 / 샅샅이 / 알알이 / 앞앞이 / 줄줄이 / 짬짬이 / 철철이

㉡ 'ㅅ' 받침 뒤

> 예 기웃이 / 나긋나긋이 / 남짓이 / 뜨뜻이 / 버젓이 / 번듯이 / 빠듯이 / 지긋이

㉢ 'ㅂ' 불규칙 용언의 어간 뒤

> 예 가벼이 / 괴로이 / 기꺼이 / 너그러이 / 부드러이 / 새로이 / 쉬이 / 외로이 / 즐거이

㉣ '-하다'가 붙지 않는 용언 어간 뒤

> 예 같이 / 굳이 / 길이 / 깊이 / 높이 / 많이 / 실없이 / 적이 / 헛되이

㉤ 부사 뒤(제25항 2 참조)

> 예 곰곰이 / 더욱이 / 생긋이 / 오뚝이 / 일찍이 / 히죽이

② '히'로 적는 것

㉠ '-하다'가 붙는 어근 뒤(단, 'ㅅ' 받침 제외)

> 예 간편히 / 고요히 / 공평히 / 과감히 / 극히 / 급급히 / 급히 / 꼼꼼히 / 나른히 / 능히 / 답답히 / 딱히 / 속히 / 엄격히 / 정확히 / 족히

예시된 단어 중, '도저히, 무단히, 열심히' 등은, '-하다'가 결합한 형태가 널리 사용되지는 않지만, '도저(到底)하다, 무단(無斷)하다, 열심(熱心)하다' 등이 사전에서 다루어지고 있는 것이다.

㉡ '-하다'가 붙는 어근에 '-히'가 결합하여 된 부사가 줄어진 형태

> 예 (익숙히 →) 익히 / (특별히 →) 특히

㉢ 어원적으로는 '-하다'가 붙지 않는 어근에 부사화 접미사가 결합한 형태로 분석되더라도, 그 어근 형태소의 본뜻이 유지되고 있지 않은 단어의 경우는 익어진 발음 형태대로 '히'로 적는다.

> 예 작히(어찌 조그만큼만, 오죽이나)

2. 한자어에서 본음으로도 나고 속음으로도 나는 것은 각각 그 소리에 따라 적는다.

본음으로 나는 것	속음으로 나는 것
만난(萬難)	곤란(困難), 논란(論難)
목재(木材)	모과(木瓜)
분노(忿怒)	대로(大怒), 희로애락(喜怒哀樂)
승낙(承諾)	수락(受諾), 쾌락(快諾), 허락(許諾)
십일(十日)	시방정토(十方淨土), 시왕(十王), 시월(十月)

안녕(安寧)	의령(宜寧), 회령(會寧)
오륙십(五六十)	오뉴월, 유월(六月)
토론(討論)	의논(議論)
팔일(八日)	초파일(初八日)

3. 다음과 같은 어미는 예사소리로 적는다.

○	×	○	×
-(으)ㄹ거나	-(으)ㄹ꺼나	-(으)ㄹ걸	-(으)ㄹ껄
-(으)ㄹ게	-(으)ㄹ께	-(으)ㄹ세	-(으)ㄹ쎄
-(으)ㄹ세라	-(으)ㄹ쎄라	-(으)ㄹ수록	-(으)ㄹ쑤록
(으)ㄹ시	-(으)ㄹ씨	-(으)ㄹ지	-(으)ㄹ찌
-(으)ㄹ지니라	-(으)ㄹ찌니라	-(으)ㄹ지라도	-(으)ㄹ찌라도
-(으)ㄹ지어다	-(으)ㄹ찌어다	-(으)ㄹ지언정	-(으)ㄹ찌언정
-(으)ㄹ진대	-(으)ㄹ찐대	-(으)ㄹ진저	-(으)ㄹ찐저
-올시다	-올씨다		

4. '-군/-꾼'은 '꾼'으로 통일하여 적는다.

   예 개평꾼 / 거간꾼 / 곁꾼 / 구경꾼 / 나무꾼 / 낚시꾼 / 난봉꾼 / 내왕꾼 / 노름꾼 / 농사꾼 / 도망꾼 / 땅꾼 / 막벌이꾼 / 만석꾼 / 말썽꾼 / 목도꾼 / 몰이꾼 / 봉죽꾼 / 사냥꾼 / 소리꾼 / 술꾼 / 씨름꾼 / 장타령꾼 / 정탐꾼 / 주정꾼 / 짐꾼 / 투전꾼 / 헤살꾼 / 협잡꾼 / 훼방꾼 / 흥정꾼

5. '-갈/-깔'은 '깔'로 통일하여 적는다.

   예 맛깔 / 태깔(態-)

6. '-대기/-때기'는 '때기'로 적는다.

   예 거적때기 / 나무때기 / 등때기 / 배때기 / 송판때기(松板-) / -판때기(널~) / 팔때기

7. '-배기/-빼기'가 혼동될 수 있는 단어

   ① [배기]로 발음되는 경우는 '배기'로 적는다.

   예 귀퉁배기 / 나이배기 / 대짜배기 / 언덕배기 / 육자배기(六字-) / 주정배기(酒酊-) / 포배기 / 허짤배기

   ② 한 형태소 내부에 있어서, 'ㄱ, ㅂ' 받침 뒤에서 [빼기]로 발음되는 경우는 '배기'로 적는다(제5항 다만 참조).

   예 뚝배기 / 학배기[蜻幼蟲]

   ③ 다른 형태소 뒤에서 [빼기]로 발음되는 것은 모두 '빼기'로 적는다.

   예 고들빼기 / 그루빼기 / 대갈빼기 / 머리빼기 / 재빼기[嶺頂] / 곱빼기 / 과녁빼기 / 밥빼기 / 악착빼기 / 앍둑빼기 / 앍작빼기 / 억척빼기 / 얽둑빼기

8. '−적다/−쩍다'가 혼동될 수 있는 단어

① [적다]로 발음되는 경우는 '적다'로 적는다.

> **예** 괘다리적다 / 괘달머리적다 / 딴기적다 / 열퉁적다

② '적다[少]'의 뜻이 유지되고 있는 합성어의 경우는 '적다'로 적는다.

> **예** 맛적다(맛이 적어 싱겁다)

③ '적다[少]'의 뜻이 없이, [쩍다]로 발음되는 경우는 '쩍다'로 적는다.

> **예** 맥쩍다 / 멋쩍다 / 해망쩍다 / 행망쩍다

9. 두 가지로 구별하여 적던 다음 말들은 한 가지로 적는다.

○	×
맞추다(입을 맞춘다. 양복을 맞춘다.)	마추다
뻗치다(다리를 뻗친다. 멀리 뻗친다.)	뻐치다

유제 01 다음 밑줄 친 단어의 표기가 올바른 것은?

① 몸에 맞는 양복을 <u>마추고</u> 나니 기분이 한결 좋았다.
② 지난번에 소개해 준 그 남자는 <u>행망적어</u> 보이더라.
③ 배가 고프니 자장면을 <u>곱배기</u>로 시켜야겠다.
④ 이번 산행에서 가장 어려웠던 것이 바로 계속되는 <u>언덕빼기</u>에서 내려오는 것이었다.
⑤ 그는 <u>열퉁적은</u> 말을 잘한다.

> **정답** ⑤
>
> **해설** ①은 '맞추다'의 활용인 '맞추고'로 ②는 '행망쩍어'로 ③은 '곱빼기'로 ④는 '언덕배기'로 써야 올바른 표현이다.
>
> **확장** • 행망쩍다 : 주의력이 없고 아둔하다.
>   • 열퉁적다 : 말이나 행동이 조심성이 없고 거칠며 미련스럽다.

유제 02 다음 밑줄 친 단어의 표기가 올바른 것은?

① 서둘러서 <u>갈게</u>.
② 그 말을 듣고 영철이의 부모님은 <u>대노(大怒)</u>해서 얼굴이 시뻘게졌다.
③ 영수는 자신은 절대 그런 적이 없다며 <u>길길히</u> 날뛰었다.
④ 그 사건이 있고 난 뒤에도 <u>버젓히</u> 활개를 치고 다니는 그를 아무도 말릴 수 없었다.
⑤ 그가 이미 <u>협잡군</u>이라는 것을 모두가 알고 있었다.

정답 ①

해설 ② '한자어에서 본음으로도 나고 속음으로도 나는 것은 각각 그 소리에 따라 적는다' 의 규정에 따라 속음
　　　　으로 나는 '대로' 로 적어야 한다.
　　　③ '(첩어 또는 준첩어인) 명사 뒤' 이므로 '이' 로 적어야 한다.
　　　④ 'ㅅ' 받침 뒤는 무조건 '이' 로 적어야 한다.
　　　⑤ ''-군/-꾼' 은 '꾼' 으로 통일하여 적는다' 는 규정에 따라 '협잡꾼' 으로 적어야 한다.

확장 ①의 경우 위 규정의 '3. 다음과 같은 어미는 예사소리로 적는다.' 에 따라 '～게' 로 적어야 하며 이 경우
　　　된소리(ㄲ)는 허용이 되지 않는다.

10. 다음 말들은 각각 구별하여 적는다.

① 가름/갈음

'가름' 은 '가르다' 의 어간에 '-ㅁ' 이 붙은 형태이며, '갈음' 은 '갈다(代替)' 의 어간에 '-음' 이 붙은
형태다. '가름' 은 나누는 것을, '갈음' 은 대신하는 것, 대체하는 것을 뜻한다.

예 가름 : 둘로 가름 / 편을 가름 / 판가름

　　갈음 : 연하장으로 세배를 갈음한다. / 가족 인사로 약혼식을 갈음한다.

② 거름/걸음

'거름' 은 '(땅이) 걸다' 의 어간 '걸-' 에 '-음' 이 붙은 형태로, '걸음' 은 '걷다' 의 어간 '걷-' 에
'-음' 이 붙은 형태로 분석되는 것이지만, '거름' 은 '(땅이) 건 것' 을 뜻하는 게 아니라 비료를 뜻하
므로, 본뜻에서 멀어진 것으로 다루어진다. 그리하여 소리 나는 대로 '거름' 으로 적어서, 시각적으
로 '걸음' 과 구별하는 것이다(제19항 다만 참조).

예 거름 : 밭에 거름을 준다. / 밑거름 / 거름기

　　걸음 : 걸음이 빠르다. / 걸음걸이 / 걸음마

③ 거치다/걷히다

'거치다' 는 '무엇에 걸려서 스치다, 경유하다' 란 뜻을 나타내며, '걷히다' 는 '걷다' 의 피동사다.

예 거치다 : 대전을 거쳐서 논산으로 간다. / 가로거치다.

　　걷히다 : 안개가 걷힌다. / 세금이 잘 걷힌다.

④ 걷잡다/겉잡다

'걷잡다' 는 '쓰러지는 것을 거두어 붙잡다' 란 뜻을 나타내며, '겉잡다' 는 '겉가량하여 먼저 어림치
다' 란 뜻을 나타낸다.

예 걷잡다 : 걷잡을 수 없게 악화한다. / 걷잡지 못할 사태가 발생한다.

　　겉잡다 : 겉잡아서 50만 명 정도는 되겠다.

⑤ 그러므로/그럼으로(써)

'그러므로' 는 '그러하기 때문에, 그렇게 하기 때문에' 란 뜻을 나타내며, '그럼으로(써)' 는 대개 '그
렇게 하는 것으로(써)' 란 뜻을 나타낸다. 곧, '그러므로' 는 '(그러하다 →)그렇다' 의 어간 '그렇 →
그러('ㅎ' 불규칙)' 에 까닭을 나타내는 어미 '-므로' 가 붙은 형태, 또는 '(그렇게 하다 →)그러다' 의

어간 '그러-' 에 까닭을 나타내는 어미 '-므로' 가 결합한 형태이며, '그럼으로' 는 (그렇게 하다 →) 그러다' 의 명사형 '그럼' 에 조사 '-으로(써)' 가 붙은 형태다.

> 예 그러므로 : (그러하기 때문에) 규정이 그러므로, 이를 어길 수 없다.
>
> (그리 하기 때문에) 그가 스스로 그러므로, 만류하기가 어렵다.
>
> (그렇기 때문에) 그는 훌륭한 학자다. 그러므로 존경을 받는다.
>
> 그럼으로(써) : (그렇게 하는 것으로써) 그는 열심히 일한다. 그럼으로써 삶의 보람을 느낀다.

> ※ 조사 '-(으)로써' 가 이유를 표시하기도 한다. 그리하여 '그럼으로(써)' 가 '그렇게 하는 것 때
> 문에' 로 풀이되기도 한다.
>
> 예 (그렇게 하는 것 때문에) 네가 그럼으로(써), 병세가 더 악화하였다.

⑥ 노름/놀음

'노름[賭博]' 도 어원적인 형태는 '놀-' 에 '-음' 이 붙어서 된 것으로 분석되지만, 그 어간의 본뜻에서 멀어진 것이므로, 소리 나는 대로 적는다(제19항 다만 참조). 그리고 '놀음' 은 '놀다' 의 '놀-' 에 '-음' 이 붙은 형태인데, 어간의 본뜻이 유지되는 것이므로, 그 형태를 밝히어 적는다(제19항 2 참조).

> 예 노름 : 노름꾼 / 노름빚 / 노름판(도박판)
>
> 놀음 : 놀음놀이 / 놀음판(← 놀음놀이판)

⑦ 느리다/늘이다/늘리다

'느리다' 는 '속도가 빠르지 못하다' 란 뜻을, '늘이다' 는 '본디보다 길게 하다, 아래로 처지게 하다' 란 뜻을, '늘리다' 는 '크게 하거나 많게 하다' 란 뜻을 나타낸다.

> 예 느리다 : 걸음이 느리다. / 느리광이
>
> 늘이다 : 바지 길이를 늘인다. / (지붕 위에서 아래로) 밧줄을 늘여 놓는다.
>
> 늘리다 : 마당을 늘린다. / 수효를 늘린다.

⑧ 다리다/달이다

'다리다' 는 '다리미로 문지르다' 란 뜻을, '달이다' 는 '끓여서 진하게 하다, 약제에 물을 부어 끓게 하다' 란 뜻을 나타낸다.

> 예 다리다 : 양복을 다린다. / 다리미질
>
> 달이다 : 간장을 달인다. / 한약을 달인다.

⑨ 다치다/닫히다/닫치다

'다치다' 는 '부딪쳐서 상하다, 부상을 입다' 란 뜻을 나타내며, '닫히다' 는 '닫다[閉]' 의 피동사이니, '닫아지다' 에 대응하는 말이다.

> 예 다치다 : 발을 다쳤다. / 허리를 다치었다.
>
> 닫히다 : 문이 닫힌다.
>
> 닫치다 : '닫다' 의 강세어이므로, '문을 닫치다(힘차게 닫다)' 처럼 쓰인다.

⑩ 마치다/맞히다

'마치다' 는 '끝내다' 란 뜻을, '맞히다' 는 '표적(標的)에 맞게 하다, 맞는 답을 내놓다, 침이나 매 따

위를 맞게 하다, 눈·비·서리 따위를 맞게 하다' 란 뜻을 나타낸다.

예 마치다 : 일과(日課)를 마친다. / 끝마치다.

맞히다 : 활로 과녁을 맞힌다. / 답을 (알아)맞힌다. / 침을 맞힌다. / 비를 맞힌다.

⑪ 목거리/목걸이

'목거리' 는 '목이 붓고 아픈 병' 을, '목걸이' 는 '목에 거는 물건(목도리 따위), 또는 여자들이 목에 거는 장식품' 을 이른다.

예 목거리 : 목거리(병)가 잘 낫지 않는다.

목걸이 : 그 여인은 늘 목걸이를 걸고 다닌다.

⑫ 바치다/받치다/받히다/밭치다

'바치다' 는 '신이나 웃어른께 드리다, 마음과 몸을 내놓다, 세금 따위를 내다' 란 뜻을, '받치다' 는 '밑을 괴다, 모음 글자 밑에 자음 글자를 붙여 적다, 위에서 내려오는 것을 아래에서 잡아 들다' 등의 뜻을 나타내며, '받히다' 는 '받다[觸]' 의 피동사, '밭치다' 는 '밭다'(체 따위로 쳐서 액체만 받아 내다)의 강세어이다.

예 바치다 : 재물을 바친다. / 정성을 바친다. / 목숨을 바친다. / 세금을 바친다.

받치다 : 기둥 밑을 돌로 받친다. / '소' 아래 'ㄴ' 을 받쳐 '손' 이라 쓴다. / 우산을 받친다('받다' 의 강세어). / 받침 / 밑받침

받히다 : 소에게 받히었다.

밭치다 : 체로 밭친다. / 술을 밭친다.

⑬ 반드시/반듯이

'반드시' 는 '꼭, 틀림없이' 란 뜻을, '반듯이' 는 '비뚤어지거나 기울거나 굽지 않고 바르게' 란 뜻을 나타낸다.

예 반드시 : 그는 반드시 온다. / 성(盛)한 자는 반드시 쇠할 때가 있다.

반듯이 : 반듯이 서라. / 선을 반듯이 그어라. (반듯이<번듯이)

⑭ 부딪치다/부딪히다

'부딪치다' 는 '부딪다'(물건과 물건이 서로 힘있게 마주 닿다, 또는 그리 되게 하다)의 강세어이고, '부딪히다' 는 '부딪다' 의 피동사다.

예 부딪다 : 뒤의 차가 앞 차에 부딪는다. / 몸을 벽에 부딪는다.

부딪치다 : 자동차에 부딪친다. / 몸을 벽에 부딪친다.

부딪히다(부딪음을 당하다) : 자전거에 부딪혔다.

부딪치이다(부딪침을 당하다) : 자동차에 부딪치이었다.

⑮ 부치다/붙이다

부치다 – 힘이 미치지 못하다.

– 부채 같은 것을 흔들어서 바람을 일으키다.

– 편지 또는 물건을 보내다.

– 논밭을 다루어서 농사를 짓다.

        – 번철에 기름을 바르고 누름적, 저냐 따위를 익혀 만든다.

        – 어떤 문제를 의논 대상으로 내놓다.

        – 원고를 인쇄에 넘기다.

        – 몸이나 식사 따위를 의탁하다.

붙이다 – 붙게 하다.

        – 서로 맞닿게 하다.

        – 두 편의 관계를 맺게 하다.

        – 암컷과 수컷을 교합(交合)시키다.

        – 불이 옮아서 타게 하다.

        – 노름이나 싸움 따위를 어울리게 만들다.

        – 딸려 붙게 하다.

        – 습관이나 취미 등이 익어지게 하다.

        – 이름을 가지게 하다.

        – 뺨이나 볼기를 손으로 때리다.

예 부치다 : 힘에 부치는 일 / 책을 소포로 부친다. / 그 문제를 토의에 부친다. / 부채로 부친다. /
        남의 논을 부친다. / 원고를 인쇄에 부친다. / 편지를 부친다. / 당숙 댁에 몸을 부치고 있다.

붙이다 : 포스터를 붙인다. / 접을 붙인다(→ 접붙인다). / 경호원을 붙인다. / 이름(호, 별명)을 붙인다. /
        찬장을 벽에 붙인다. / 불을 붙인다. / 단서(但書)를 붙인다. / 한 대 올려 붙인다. /
        흥정을 붙인다. / 싸움을 붙인다. / 습관을 붙인다.

부치이다('부치다'의 피동사, 곧 '부치어지다') : 바람에 부치이다. / 풍구로 부치이다.

※ '습관이나 취미 등이 익어지게 하다'의 '부치다'는 '붙이다'로 적던 것을 바꾸었다. 이 단어는
    '기숙(寄宿, 남의 집에 몸을 부쳐 있음)', '기식(寄食, 밥을 남의 집에 부쳐 먹음)'과 상통하는
    말이다. 그리고 '붙이다'가 '부치다'로 바뀜에 따라 '붙여–지내다'도 '부쳐–지내다'로 적게
    된다.

⑯ 시키다/식히다

'시키다'는 '하게 하다'란 뜻을 나타내며, '식히다'는 '식다'의 사동사(식게 하다)이다.

예 시키다 : 공부를 시킨다. / 청소를 시킨다.

※ 다만, '공부–시키다, 청소–시키다'처럼 쓰일 경우는, '시키다'를 사동화 접미사로 다루어 붙
    여 쓴다.

식히다 : 뜨거운 물을 식힌다.

⑰ 아름/알음

'아름'은 '두 팔을 벌려서 껴안은 둘레의 길이'란 뜻을, '알음'은 '아는 것'이란 뜻을 나타낸다.
'알음'은 '알다'의 어간 '알–'에 '–음'이 붙은 형태인데, 그것이 한 음절로 줄어지면 '앎'이 된다
(살음 → 삶).

※ 아름 : 둘레가 한 아름 되는 나무. 밤, 상수리 따위가 저절로 충분히 익은 상태를 이르는 '아람'과
    구별된다(아람–벌다).

예 알음 : 서로 알음이 있는 사이 / 알음알음 / 알음알이

　　앎 : 바로 앎이 중요하다. / 앎의 힘으로 문화를 창조한다.

⑱ 안치다/앉히다

'안치다'는 '끓이거나 찔 물건을 솥이나 시루에 넣다'란 뜻을 나타내며, '앉히다'는 '앉다'의 사동사(앉게 하다)이다. '앉히다'는 또 '버릇을 가르치다, 문서에 무슨 줄거리를 따로 잡아 기록하다'란 뜻으로 풀이되기도 한다.

예 안치다 : 밥을 안치다. / 떡을 안치다.

　　앉히다 : 자리에 앉힌다. / 꿇어앉히다. / 버릇을 앉히다.

⑲ 어름/얼음

'어름'은 '두 물건의 끝이 닿은 데'를 뜻하며, '얼음'은 '물이 얼어서 굳어진 것'을 뜻한다. '얼음'은 '얼다'의 어간 '얼-'에 '-음'이 붙은 형태이므로, 어간의 본 모양을 밝히어 적는다(제19항 2 참조).

예 어름 : 바다와 하늘이 닿은 어름이 수평선이다. / 왼쪽 산과 오른쪽 산 어름에 숯막(-幕)들이 있었다.

　　얼음 : 얼음이 얼다. / 얼음과자 / 얼음물 / 얼음장 / 얼음주머니 / 얼음지치기

⑳ 이따가/있다가

'이따가'는 '조금 지난 뒤에'란 뜻을 나타내는 부사이고, '있다가'는 '있다'의 '있-'에 어떤 동작이나 상태가 끝나고 다른 동작이나 상태로 옮겨지는 뜻을 나타내는 어미 '-다가'가 붙은 형태다. '이따가'도 어원적인 형태는 '있다가'로 분석되는 것이지만, 그 어간의 본뜻에서 멀어진 것이므로 소리 나는 대로 적는다.

예 이따가 : 이따가 가겠다. / 이따가 만나세.

　　있다가 : 여기에 있다가 갔다. / 며칠 더 있다가 가마.

㉑ 저리다/절이다

'저리다'는 '살이나 뼈 마디가 오래 눌리어 피가 잘 돌지 못해서 힘이 없고 감각이 둔하다'처럼 풀이되며, '절이다'는 '절다'의 사동사(염분을 먹여서 절게 하다)이다.

예 저리다 : 발이 저리다. / 손이 저리다.

　　절이다 : 배추를 절이다. / 생선을 절인다.

㉒ 조리다/졸이다

'조리다'는 '어육(魚肉)이나 채소 따위를 양념하여 국물이 바특하게 바짝 끓이다'란 뜻을, '졸이다'는 '속을 태우다시피 마음을 초조하게 먹다'란 뜻을 나타낸다.

예 조리다 : 생선을 조린다. / 장조림 / 통조림

　　졸이다 : 마음을 졸인다.

㉓ 주리다/줄이다

'주리다'는 '먹을 만큼 먹지 못하여 배곯다'란 뜻을 나타내며, '줄이다'는 '줄다'의 사동사(줄게 하다)이다.

예 주리다 : 오래 주리며 살았다. / 주리어 죽을지언정, 고사리를 캐 먹는단 말인가? / 굶주리다.

　　줄이다 : 양을 줄인다. / 수효를 줄인다. / 줄임표(생략부)

㉔ -노라고/-느라고

　‘-노라고’는 말하는 이의 말로, ‘자기 나름으로는 한다고’란 뜻을 표시하며, ‘-느라고’는 ‘하는 일로 인하여’란 뜻을 표시한다.

　　예 -노라고 : 하노라고 하였다. / 쓰노라고 쓴 게 이 모양이다.

　　　　-느라고 : 소설을 읽느라고 밤을 새웠다. / 자느라고 못 갔다.

㉕ -느니보다/-는 이보다

　현행 맞춤법에서는 어미 ‘-느니보다’를 다루지 않기 때문에 ‘-는 이보다’로 적어야 할 것이지만, 현대 국어에서는 의존 명사 ‘이’가 사람을 뜻할 뿐 사물을 뜻하지는 않으므로, 이것을 어미로 처리하여 ‘-느니보다’로 적기로 하였다.

　　예 -느니보다 : 마지못해 하느니보다 안 하는 게 낫다. / 당치 않게 떠드느니보다 잠자코 있어라.

　　　　-는 이보다 : 아는 이보다 모르는 이가 더 많다. / 바른말하는 이보다 아첨하는 이를 가까이 한다.

㉖ (으)리만큼/(으)ㄹ 이만큼

　‘-(으)ㄹ이만큼’으로 적던 것을 ‘-(으)리만큼’으로 바꾸었다. 사람을 뜻하는 경우에만 의존 명사 ‘이’를 밝히어 적도록 한 것이다. ‘-(으)리만큼’은 ‘-ㄹ 정도만큼’이란 뜻을 표시하는 어미로 다루어지며, ‘-ㄹ 이만큼 (세 개 단어)’은 ‘-ㄹ 사람만큼’이란 뜻을 표시한다.

　　예 -(으)리만큼 : 싫증이 나리만큼 잔소리를 들었다. / 배가 터지리만큼 많이 먹었다.

　　　　-(으)ㄹ 이만큼 : 반대할 이는 찬성할 이만큼 많지 않을 것이다.

㉗ -(으)러/-(으)려

　‘-(으)러’는 그 동작의 직접 목적을 표시하는 어미이고, ‘-(으)려(고)’는 그 동작을 하려고 하는 의도를 표시하는 어미다.

　　예 -(으)러 : 친구를 만나러 간다. / 책을 사러 간다.

　　　　-(으)려 : 친구를 만나려(고) 한다. / 무엇을 하려(고) 하느냐?

㉘ -(으)로서/-(으)로써

　‘-(으)로서’는 ‘어떤 지위나 신분이나 자격을 가진 입장에서’란 뜻을 나타내며, ‘-(으)로써’는 ‘재료, 수단, 방법’을 나타내는 조사다.

　　예 (으)로서 : (~가 되어서) 교육자로서, 그런 짓을 할 수 있나? / 사람의 자식으로서, 인류를 어길 수는 없다. / 　　　　　　　　　정치인으로서의 책임과 학자로서의 임무

　　　　　　　(~의 입장에서) 사장으로서 하는 말이다. / 친구로서, 가만히 있을 수가 없다. / 　　　　　　　　　피해자로서 항의한다.

　　　　　　　(~의 자격으로) 주민 대표로서 참석하였다. / 위원의 한 사람으로서 발언한다.

　　　　　　　(~로 인정하고) 그를 친구로서 대하였다. / 그분을 선배로서 예우(禮遇)하였다.

　　　　(으)로써 : (~를 가지고) 톱으로(써) 나무를 자른다. / 꾀로(써) 이긴다. / 동지애로(써) 결속(結束)한다.

　　　　　　　(~ 때문에) 병으로(써) 결근하였다.

㉙ -(으)므로/-(으)ㅁ으로

　‘-(으)므로’는 까닭을 나타내는 어미이며, ‘-(으)ㅁ으로(써)’는 명사형 어미 또는 명사화 접미사

'-(으)ㅁ'에 조사 '-으로(써)'가 붙은 형태다. 어미 '-(으)므로'에 '써'가 붙는 형식은 없다.

예 -(으)므로 : 날씨가 차므로, 나다니는 사람이 적다. / 비가 오므로, 외출하지 않았다. /
　　　　　　책이 없으므로, 공부를 못 한다.

　-(으)ㅁ으로(써) : 그는 늘 웃음으로(써) 대한다. / 책을 읽음으로(써) 시름을 잊는다. /
　　　　　　　　　담배를 끊음으로써 용돈을 줄인다.

유제 **03** 다음 밑줄 친 단어의 표기가 올바른 것은?

① 연하장으로 세배를 <u>갈음한다</u>.
② 위원의 한 <u>사람으로써</u> 발언한다.
③ 배가 <u>터질이만큼</u> 많이 먹었다.
④ 마음을 <u>조린다</u>.
⑤ <u>어름이</u> 얼다.

정답 ①

해설 ②는 자격을 나타내는 '사람으로서', ③은 확정된 규범에 의해 '터지리만큼', ④는 내용과 의미에 따라
'졸인다', ⑤도 규정에 따라 '얼음이'로 써야 올바르다.

확장 '갈음하다'는 '다른 것으로 바꾸어 대신하다'는 순우리말이다.

유제 **04** 다음 밑줄 친 단어의 표기가 올바른 것은?

① 친구를 <u>만나려</u> 간다.
② <u>쓰노라고</u> 쓴 게 이 모양이다.
③ 배추를 <u>저리다</u>.
④ 마지못해 <u>하는 이보다</u> 안 하는 게 낫다.
⑤ 며칠 더 <u>이따가</u> 가마.

정답 ②

해설 ① '동작의 직접 목적을 표시하는 어미'이므로 '만나러'
③ '절다'의 사동사(염분을 먹여서 절게 하다)인 '절이다'
④ '현대 국어에서는 의존 명사 '이'가 사람을 뜻할 뿐 사물을 뜻하지는 않으므로, 이것을 어미로 처리하
여 '-느니보다'로 적기로 하였다.'는 규정에 의해 '하느니보다'
⑤ '이따가'는 '조금 지난 뒤에'란 뜻을 나타내는 부사이고, '있다가'는 '있다'의 '있-'에 어떤 동작이나
상태가 끝나고 다른 동작이나 상태로 옮겨지는 뜻을 나타내는 어미 '-다가'가 붙은 형태이므로 '있다
가'로 써야 올바르다.

확장 위 규정에도 명시되어 있듯이 '-노라고'는 말하는 이의 말로, '자기 나름으로는 한다고'란 뜻을 표시하
며, '-느라고'는 '하는 일로 인하여'란 뜻을 표시한다.

1절 | 예상문제

01 다음 중 맞춤법에 <u>어긋나게</u> 쓴 것을 고르시오.

① 부싯돌   ② 예삿일   ③ 횟수   ④ 장밋빛   ⑤ 촛점

정답 ⑤

해설 ⑤는 '초점'이 바른 표기이다. 한자어 '焦點'은 [초쩜]으로 소리가 나지만 사이시옷을 받쳐 적는 두 음절의 한자어에 해당하는 단어가 아니므로 사이시옷을 붙여 쓰지 않는다.   **관련 규정** 한글 맞춤법 제30항

02 다음 밑줄 친 단어와 같은 뜻을 나타내는 것을 고르시오.

> 마을 사람의 <u>손</u>을 빌리지 않고는 가을걷이를 할 수가 없다.

① 장사꾼의 <u>손</u>에 놀아났다.   ② 농사철에는 <u>손</u>이 부족하다.
③ 집안의 운명은 나의 <u>손</u>에 달려있다.   ④ 우리 집에는 늘 자고 가는 <u>손</u>이 많다.
⑤ 장날에는 조기라도 한 <u>손</u> 사야겠다.

정답 ②

해설 보기의 '손'은 '일손'을 뜻하는 것으로, 같은 뜻을 나타내는 것은 ②이다.
①은 사람의 수단이나 꾀, ③은 영향력, ④는 손님, ⑤는 단위 명사이다.

03 다음 중 '다르다'와 '틀리다'의 쓰임이 적절하지 <u>않은</u> 것을 고르시오.

① 이론과 현실은 달라요.
② 선생님, 제 생각은 선생님과 틀립니다.
③ 고장난 문을 감쪽같이 고치다니 기술자는 역시 달라.
④ 오늘 이 일을 마치기는 틀린 것 같다.
⑤ 철수의 계산이 틀리다.

정답 ②

해설 ②는 '같지 않다' 라는 뜻을 나타내므로 '다르다' 를 씀이 바르다. 따라서 ' ~ 선생님과 다릅니다.' 로 쓴다. '다르다' 는 '비교가 되는 두 대상이 서로 같지 아니하다' 라는 뜻을 나타내고, '틀리다' 는 '셈이나 사실 따위 가 그르게 되거나 어긋나다' 라는 뜻을 나타낸다.

04 다음 중 맞춤법에 어긋나는 것을 고르시오.

① 내 일찍이 너 같은 천재를 본 적이 없어.　　② 아버지께서 내 손을 따뜻이 잡아 주셨다.
③ 아침에 고깃국을 먹었더니 속이 든든하다.　　④ 뜻글자와 소릿글자가 있다.
⑤ 옛일을 어렴풋이 기억해 내다.

정답 ④

해설 ④는 '소리글자' 로 씀이 바르다. '표음문자' 를 가리키는 말은 '소리글자' 가 맞다. 이는 된소리로 발음하지 않 으므로 사이시옷을 붙여 쓰지 않는다.　**관련 규정**　한글 맞춤법 제19항, 20항, 25항, 30항, 51항

05 다음 중 '데' 의 띄어쓰기가 바르지 않은 문장을 고르시오.

① 그를 설득하는 데 며칠이 걸렸다.
② 가까운 데다가 놓다.
③ 여야는 초당적으로 협조한다는 데 의견을 같이했다.
④ 얼굴도 예쁜 데다가 마음씨도 곱다.
⑤ 비가 오는 데 어딜 가니?

정답 ⑤

해설 ⑤는 어미 'ㄴ데' 가 쓰인 것으로 '비가 오는데 ~' 로 붙여 씀이 바르다.
①·②·③·④의 '데' 는 의존 명사이므로 띄어 씀이 바르다.　**관련 규정**　한글 맞춤법 제15항, 42항

06 다음 중 띄어쓰기가 바르게 된 것을 고르시오.

① 올해는 봄 내 가물다가 여름에 들어서면서 장마가 시작되었다.
② 여름 내 가물어서 강이 말랐다.
③ 물건을 교환하시려면 1주일 내에 방문하셔야 합니다.
④ 수일내로 결과를 통보해 드리겠습니다.
⑤ 마침 내 두 사람은 헤어지게 되었다.

정답 ③

해설 ③은 '1주일 내' 로 띄어 쓴 것이 바르다. '내' 가 일부 시간적, 공간적 범위를 나타내는 명사와 함께 쓰여, 일 정한 범위의 안을 의미할 때는 의존 명사이므로 띄어 쓴다. 따라서 ③은 '1주일 내', ④는 '수일 내' 로 띄어

씀이 바르다. 단, '내'가 기간을 나타내는 일부 명사 뒤에 붙어 '그 기간의 처음부터 끝까지', '그때까지'의 뜻을 더할 때는 접미사이므로 ①·②·⑤는 각각 '봄내, 여름내, 마침내'로 붙여 씀이 바르다.

관련 규정 한글 맞춤법 제42항

07 다음 밑줄 친 단어의 쓰임이 적절한 문장을 고르시오.

① 지난 추억을 <u>쫓는</u> 그윽한 눈길. ② 친구에게 함께 일하자는 뜻을 <u>비췄다</u>.
③ 우리는 서로 <u>다르다</u>. ④ 속을 <u>썩히다</u>.
⑤ <u>아뭏든</u> 불행 중 다행이다.

정답 ③

해설 ③은 '비교가 되는 두 대상이 서로 같지 않음'을 뜻하므로 '다르다'로 쓰는 것이 맞다. '틀리다'는 '셈이나 사실 따위가 그르게 되거나 바라는 일이 순조롭게 되지 못함'을 뜻한다.
①은 '좇는', ②는 '비쳤다', ④는 '썩이다', ⑤는 '아무튼'이 바른 표기이다.

08 다음 밑줄 친 부분 중 맞춤법에 <u>어긋나는</u> 것을 고르시오.

① 그들은 사소한 문제를 두고 <u>격렬한</u> 논쟁을 벌였다.
② 조국의 독립을 위하여 <u>결연히</u> 일어서다.
③ 영화의 사전 <u>검렬이</u> 폐지되었다.
④ 독립을 위해 애쓴 <u>선열들의</u> 뜻을 기렸다.
⑤ 얼굴 표정을 보니 <u>실연이라도</u> 당한 모양이다.

정답 ③

해설 ③은 '검열'로 씀이 바르다. '검열(檢閱)'의 한자 '閱'은 본음이 '열'이므로 두음법칙을 적용하지 않는다. 한 자음 '랴, 려, 례, 료, 류, 리'가 단어의 첫머리에 올 적에는 두음법칙에 따라 '야, 여, 예, 요, 유, 이'로 적고, 단어의 첫머리 이외의 경우에는 본음대로 적는다. 단, 모음이나 'ㄴ' 받침 뒤에 이어지는 '렬, 률'은 '열, 율'로 적는다.

관련 규정 한글 맞춤법 제11항

09 본말과 준말의 연결이 <u>잘못된</u> 것을 고르시오.

① 너를 – 널 ② 그것이 – 그게 ③ 개었다 – 갰다
④ 사귀어 – 사겨 ⑤ 견디어 – 견뎌

정답 ④

해설 ④의 '사귀어'는 줄여 쓸 수 없다. 흔히 '사귀다'를 활용할 때 줄여 쓸 수 있다고 생각되지만, 우리말에서 모음 'ㅟ'와 'ㅓ'는 줄일 수 없기 때문에 줄인 표현으로 쓸 수 없다.

관련 규정 한글 맞춤법 제32항, 33항, 34항, 35항

10 다음 밑줄 친 부분이 보조 용언이 <u>아닌</u> 것을 고르시오.

① 영화를 본 후 감상을 적어 <u>둔다</u>.　　　② 백두산에 오르고 <u>싶다</u>.
③ 배에 물이 들어 <u>오다</u>.　　　④ 어머니를 도와 <u>드린다</u>.
⑤ 잘 아는 <u>척한다</u>.

정답 ③

해설 ③의 '들어오다'는 한 단어이다. 보조 용언은 본용언과 연결되어 그것의 뜻을 보충하는 역할을 하는 용언이다.
　　　　　　　　　　　　　　　　　　　　　　　　　관련 규정 ┃ 한글 맞춤법 제47항

11 다음 중 표준어가 <u>아닌</u> 것을 고르시오.

① 낭떠러지　　　② 애닯다　　　③ 오동나무　　　④ 자두　　　⑤ 설거지하다

정답 ②

해설 ②는 '애달프다'가 표준어이고, '애닯다'는 비표준어이다.
　　　　　　　　　　　　　　　　　　　　　　　　　관련 규정 ┃ 표준어 규정 제20항

12 다음 중 맞춤법에 맞는 것을 고르시오.

① 제 이름은 <u>영숙이예요</u>.　　　② 이것이 바로 그 <u>책예요</u>.
③ 올해는 쥐띠 <u>해에요</u>.　　　④ 내일은 <u>일요일이예요</u>.
⑤ 우리나라 국기는 <u>태극기이예요</u>.

정답 ①

해설 ① '영숙이'에 '-이에요'가 결합한 것으로 '이에요'는 받침 없는 말 뒤에서 '-예요'로 줄여 쓰므로 '영숙이예요'가 된다. '-이에요'는 받침 없는 말 뒤에서 '-예요'로 줄여 쓸 수 있으나 받침 있는 말 뒤에서는 줄어들지 않는다.
　　　②는 '책이에요' ③은 '해예요' ④는 '일요일이에요' ⑤는 '태극기예요'로 씀이 바르다.
　　　　　　　　　　　　　　　　　　　　　　　　　관련 규정 ┃ 표준어 규정 제26항

13 "무에 너를 그리 귀찮게 하는가?"의 문장에서 '무에'의 본말로 적절한 것을 고르시오.

① 뭐에　　　　　　② 무엇이　　　　　　③ 무엇에
④ 무엇으로　　　　⑤ 무엇과

정답 ②

해설 '무에'는 '무엇이'가 줄어든 말이므로 ②가 정답이다.
　　　　　　　　　　　　　　　　　　　　　　　　　관련 규정 ┃ 한글 맞춤법 제33항

14 다음 중 띄어쓰기가 바르게 된 것을 고르시오.

① 밥을 먹어야 겠다.
② 그는 화가 못지 않게 그림을 잘 그린다.
③ 이리로 가다 보면 약국이 나올 거야.
④ 그가 나를 본 체 만 체 하며 지나갔다.
⑤ 지붕 위를 올려다 보다.

정답 ③

해설 ③은 '보다' 가 보조 용언으로 쓰였으므로 앞말과 띄어 씀이 바르다.
①은 '먹어야겠다' ②는 '못지않게' ④는 '본체만체하며' ⑤는 '올려다보다' 로 붙여 쓴다. '올려다보다' 는 합성어이므로 붙여 씀이 바르다.

15 다음 중 표준어가 아닌 것을 고르시오.

① 골목쟁이
② 미장이
③ 발목쟁이
④ 멋쟁이
⑤ 소금장이

정답 ⑤

해설 ⑤ '소금쟁이' 가 맞다. 기술자에게는 '-장이', 그 외에는 '-쟁이' 가 붙는 형태를 표준어로 한다.

| 관련 규정 | 표준어 규정 제9항 |

16 다음 밑줄 친 부분의 쓰임이 바르지 않은 것을 고르시오.

① 퇴근하는 길에 포장마차에 들렸다.
② 그 여자는 신이 들린 사람처럼 헛소리를 했다.
③ 철수는 심한 폐렴에 들렸다.
④ 영희는 귓병을 앓아서 귀가 잘 들리지 않는다.
⑤ 손에 짐이 들려 문을 열 수가 없다.

정답 ①

해설 ① '들렀다' 로 씀이 바르다. '들리다' 에 과거를 뜻하는 어미 '었' 을 결합하면 '들리었다' 가 되고, 이를 줄여 쓴 것이 '들렸다' 이다. 그러나 이 예에서는 '지나는 길에 잠깐 들어가 머무르다' 라는 뜻을 나타내는 동사 '들르다' 에 '었' 을 결합한 것으로 이때는 어간의 'ㅡ' 가 탈락하고 '들렀다' 가 된다.

| 관련 규정 | 한글 맞춤법 제18항 |

17 다음 중 자음의 이름이 잘못 연결된 것을 고르시오.

① ㄱ - 기윽
② ㄷ - 디귿
③ ㄹ - 리을
④ ㅅ - 시옷
⑤ ㅍ - 피읖

정답 ①

해설 ① 'ㄱ' 의 이름은 '기역' 이다.

| 관련 규정 | 한글 맞춤법 제4항 |

18 다음 중 띄어쓰기가 잘못된 것을 고르시오.

① 그는 나를 모르는 <u>체하며</u> 지나쳐버렸다.
② 그는 떡을 <u>대중화하기</u> 위해 노력했다.
③ <u>화문석하면</u> 역시 강화도다.
④ 오늘은 내가 바쁘다. <u>하니</u> 너 혼자 가거라.
⑤ 자식이 없었던 노부부는 그 천애 고아를 양자로 <u>했다</u>.

정답 ③

해설 '하다'가 접미사로 쓰여, 한 단어가 된 것은 붙여 쓰고, '하다'가 동사로 쓰인 것은 띄어 쓴다. ③은 동사 '하다'의 활용형으로 '하면'이 쓰여, '이야기의 화제로 삼다'는 뜻을 나타내므로 '화문석 하면'으로 띄어 쓴다. ①의 '체하다', ②의 '대중화하다'는 한 단어이므로 붙여 쓴다. ④의 '하니', ⑤의 '했다'는 '하다'가 동사로 쓰였으므로 띄어 쓴다.

19 다음 중 맞춤법에 어긋나는 것을 고르시오.

① <u>간간이</u> 들려오는 기적 소리
② 신문을 <u>꼼꼼히</u> 읽다.
③ 살림을 <u>번듯이</u> 꾸리다.
④ 산 <u>깊숙이</u> 들어가다.
⑤ 밤이 깊은 거리는 <u>고즈넉히</u> 가라앉은 분위기였다.

정답 ⑤

해설 ⑤ '고즈넉이'가 맞다. 부사를 만드는 접미사에는 '-이'와 '-히'가 있는데, '고즈넉하다'와 같이 일부 'ㄱ' 받침 뒤에는 '-이'를 결합한다.

관련 규정 한글 맞춤법 제51항

2절 활용능력편

① 단수표준어

비슷한 발음의 몇 형태가 쓰일 경우, 그 의미에 아무런 차이가 없고, 그중 하나가 더 널리 쓰이면, 그 한 형태만을 표준어로 삼는다.

○	×	비고
거든–그리다	거둥–그리다	1. 거든하게 거두어 싸다. 2. 작은말은 '가든–그리다'임.
구어–박다	구워–박다	사람이 한 군데에서만 지내다.
귀–고리	귀엣–고리	
귀–띔	귀–틤	
귀–지	귀에–지	
꼭두–각시	꼭둑–각시	
내숭–스럽다	내흉–스럽다	
냠냠–거리다	얌냠–거리다	냠냠–하다.
냠냠–이	얌냠–이	
녀[四]	네	~ 돈, ~ 말, ~ 발, ~ 푼.
넉[四]	너/네	~ 냥, ~ 되, ~ 섬, ~ 자.
댑–싸리	대–싸리	
–던	–든	선택, 무관의 뜻을 나타내는 어미는 '–든'임. 가–든(지) 말–든(지), 보–든(가) 말–든(가).
–던가	–든가	
–던걸	–든걸	
–던고	–든고	
–던데	–든데	
–(으)려고	–(으)ㄹ려고/–(으)ㄹ라고	
–(으)려야	–(으)ㄹ려야/–(으)ㄹ래야	
망가–뜨리다	망그–뜨리다	
멸치	며루치/메리치	

반빗–아치	반비–아치	'반빗' 노릇을 하는 사람. 찬비(饌婢). '반비'는 밥 짓는 일을 맡은 계집종.
보습	보십/보섭	
본새	뽄새	
봉숭아	봉숭화	'봉선화'도 표준어임.
뺨–따귀	뺨–따귀/뺨–따구니	'뺨'의 비속어임.
뻐개다[斫]	뻐기다	두 조각으로 가르다.
뻐기다[誇]	뻐개다	뽐내다.
상–판대기	쌍–판대기	
서[三]	세/석	~ 돈, ~ 말, ~ 발, ~ 푼.
석[三]	세	~ 냥, ~ 되, ~ 섬, ~ 자.
시름–시름	시늠–시늠	
씀벅–씀벅	썸벅–썸벅	
아궁이	아궁지	
오금–팽이	오금–탱이	
–올시다	–올습니다	
옹골–차다	공골–차다	
우두커니	우두머니	작은말은 '오도카니'임.
잠–투정	잠–투세/잠–주정	
재봉–틀	자봉–틀	발~, 손~.
짓–무르다	짓–물다	
쪽	짝	편(便). 이~, 그~, 저~. 다만, '아무–짝'은 '짝'임.
천장(天障)	천정	'천정부지(天井不知)'는 '천정'임.
코–맹맹이	코–맹녕이	

유제

01 다음 밑줄 친 단어의 표기가 올바른 것은?

① 그녀는 어제 마치지 못한 일을 <u>할려고</u> 부지런히 집으로 향했다.

② 이 집은 <u>천정</u>이 높아서 겨울에는 좀 춥겠군.

③ 상처가 난 곳을 소독하지 않고 며칠을 놔두자 그곳이 <u>짓물기</u> 시작했다.

④ 여름이 되자 앞뜰의 <u>봉선화</u>가 붉은 꽃망울을 터뜨리기 시작했다.

⑤ 그 사람은 밥을 잘 <u>먹든가</u>?

정답 ④

해설 ① '하려고' ② '천장' ③ '짓무르기' ⑤ '먹던가'로 표기해야 한다.

② 복수표준어

다음 단어는 ㄱ을 원칙으로 하고, ㄴ도 허용한다.

ㄱ	ㄴ	비고
네	예	
쇠-	소-	-가죽, -고기, -기름, -머리, -뼈.
괴다	고이다	물이 ~, 밑을 ~.
꾀다	꼬이다	어린애를 ~, 벌레가 ~.
쐬다	쏘이다	바람을 ~.
죄다	조이다	나사를 ~.
쬐다	쪼이다	볕을 ~.

어감의 차이를 나타내는 단어 또는 발음이 비슷한 단어들이 다 같이 널리 쓰이는 경우에는, 그 모두를 표준어로 삼는다. (ㄱ, ㄴ을 모두 표준어로 삼음.)

ㄱ	ㄴ	비고
거슴츠레-하다	게슴츠레-하다	
고까	꼬까	~신, ~옷.
고린-내	코린-내	
교기(驕氣)	갸기	교만한 태도.
구린-내	쿠린-내	
꺼림-하다	께름-하다	
나부랭이	너부렁이	

유제

01 다음 밑줄 친 단어의 표기가 올바르지 <u>않은</u> 것은?

① 바람을 <u>쏘이다</u>.
② 양말을 오래 신고 있었더니 <u>코린내</u>가 진동한다.
③ 아기가 신은 <u>꼬까신</u>이 참 예쁘다.
④ 설렁탕의 진짜 맛은 <u>소뼈</u>를 어떻게 고았는가에 달려 있다.
⑤ 태풍이 휩쓸고 지나간 자리에는 온갖 <u>너부랭이</u>가 널려 있었다.

정답 ⑤
해설 ⑤ '나부랭이'나 '너부렁이'가 올바른 표기이다.

③ 준말

준말이 널리 쓰이고 본말이 잘 쓰이지 않는 경우에는, 준말만을 표준어로 삼는다.

○	X	비고
귀찮다	귀치 않다	
김	기음	~매다.
똬리	또아리	
무	무우	~강즙, ~말랭이, ~생채, 가랑~, 갓~, 왜~, 총각~.
미다	무이다	1. 털이 빠져 살이 드러나다. 2. 찢어지다.
뱀	배암	
뱀-장어	배암-장어	
빔	비음	설~, 생일~.
샘	새암	~바르다, ~바리.
생-쥐	새앙-쥐	
솔개	소리개	
온-갖	온-가지	
장사-치	장사-아치	

준말이 쓰이고 있더라도, 본말이 널리 쓰이고 있으면 본말을 표준어로 삼는다.

○	X	비고
경황-없다	경-없다	
궁상-떨다	궁-떨다	
귀이-개	귀-개	
낌새	낌	
돗-자리	돗	
뒤웅-박	뒝-박	
뒷물-대야	뒷-대야	
마구-잡이	막-잡이	
맵자-하다	맵자다	모양이 제격에 어울리다.
모이	모	
벽-돌	벽	
부스럼	부럼	정월 보름에 쓰는 '부럼'은 표준어임.
살얼음-판	살-판	
수두룩-하다	수둑-하다	
죽-살이	죽-살	

준말과 본말이 다 같이 널리 쓰이면서 준말의 효용이 뚜렷이 인정되는 것은, 두 가지를 다 표준어로 삼는다. (ㄱ은 본말이며, ㄴ은 준말임.)

ㄱ	ㄴ	비고
거짓-부리	거짓-불	작은말은 '가짓부리, 가짓불'임.
노을	놀	저녁~.
막대기	막대	
망태기	망태	
머무르다	머물다	
서두르다	서둘다	모음 어미가 연결될 때에는 준말의 활용형을 인정하지 않음.
서투르다	서툴다	
석새-삼베	석새-베	
시-누이	시-뉘/시-누	
오-누이	오-뉘/오-누	
외우다	외다	외우며, 외워 : 외며, 외어.
이기죽-거리다	이죽-거리다	
찌꺼기	찌끼	'찌꺽지'는 비표준어임.

유제

01 **다음 밑줄 친 단어의 표기가 올바른 것은?**

① 숲 속에 들어서자마자 우리는 <u>또아리</u>를 틀고 있는 뱀과 마주쳤다.
② 우리는 조그만 꼬마가 하는 말이 <u>가짓부리</u>임을 쉽게 알 수 있었다.
③ 철수가 들어오는 <u>낌</u>을 눈치 챈 사람이 아무도 없었다.
④ 하늘에서 계속 <u>소리개</u>가 맴돌고 있는 것으로 보아 근처에 병아리가 숨어 있다는 것을 짐작하였다.
⑤ 부엌에 숨어 있던 <u>새앙쥐</u>는 개 짖는 소리가 나자마자 헛간으로 재빨리 도망쳤다.

정답 ②

해설 ① '똬리' ③ '낌새' ④ '솔개' ⑤ '생쥐'가 표준말이다.

④ 받침의 발음

1. 받침소리로는 'ㄱ, ㄴ, ㄷ, ㄹ, ㅁ, ㅂ, ㅇ'의 7개 자음만 발음한다.

음절 말 위치에서 실현되는 자음으로는 'ㄱ, ㄴ, ㄷ, ㄹ, ㅁ, ㅂ, ㅇ'의 7개가 있음을 규정한 것이다. '훈민정음'에서는 'ㅅ'이 하나 더 있어서 8종성(終聲)이었는데, 그 뒤에 'ㅅ'이 'ㄷ'으로 실현됨으로써 현대 국어에서는 7개가 되었다. 이 7개의 자음으로 음절 말 위치에서 실현되는 구체적인 경우는 제9항 이하에서 규정하고 있다.

2. 겹받침 'ㄳ', 'ㄵ', 'ㄼ, ㄽ, ㄾ', 'ㅄ'은 어말 또는 자음 앞에서 각각 [ㄱ, ㄴ, ㄹ, ㅂ]으로 발음한다.

예 넋[넉] / 넋과[넉꽈] / 앉다[안따] / 여덟[여덜] / 넓다[널따] / 외곬[외골] / 핥다[할따] / 값[갑] / 없다[업ː따]

다만, '밟-'은 자음 앞에서 [밥]으로 발음하고, '넓-'은 다음과 같은 경우에 [넙]으로 발음한다.

예 밟다[밥ː따] / 밟소[밥ː쏘] / 밟지[밥ː찌] / 밟는[밥ː는 → 밤ː는] / 밟게[밥ː께] / 밟고[밥ː꼬]
넓-죽하다[넙쭈카다] / 넓-둥글다[넙뚱글다]

두 개의 자음으로 된 겹받침 가운데, 어말 위치에서 또는 자음으로 시작된 조사나 어미 앞에서 'ㄳ'은 [ㄱ]으로, 'ㄵ'은 [ㄴ]으로 발음되고, 'ㄼ, ㄽ, ㄾ'은 [ㄹ]로 발음되며, 'ㅄ'은 [ㅂ]으로 발음됨을 규정한 것이다. 겹받침에서 둘째 받침이 탈락하는 경우이다.

예 몫[목] / 몫도[목또] / 몫까지[목까지] / 얹다[언따] / 얹지[언찌] / 얹고[언꼬] / 얇다[얄ː따] / 얇지[얄ː찌] /
얇고[얄ː꼬] / 훑다[훌따] / 훑지[훌찌] / 훑고[훌꼬]

'ㄽ'은 '한 곬으로[한골쓰로], 외곬으로[외골쓰로]'와 같은 경우에 쓰인다.

다만, 받침 'ㄼ'은 일반적으로 '여덟[여덜], 엷고[열ː꼬]'와 같이 [ㄹ]로 발음하는데, '밟다'만은 '밟다[밥ː따], 밟지[밥ː찌], 밟게[밥ː께]' 등과 같이 [ㅂ]으로 발음되는 예외적인 것이다. 따라서 '밟는'도 [밤ː는]으로 발음하는 것이 표준 발음이 되고, [발ː른]은 표준 발음법에 어긋난 발음이 된다.

'넓다'의 경우에도 [ㄹ]로 발음하여야 하나, 다만 파생어나 합성어의 경우에 '넙'으로 표기된 것은 [넙]으로 발음한다. '넓적하다[넙쩌카다], 넓죽하다[넙쭈카다], 넓둥글다[넙뚱글다]' 등이 그 예들이다. [ㄹ]로 발음되는 경우에는 아예 '널따랗다, 널찍하다, 짤따랗다, 짤막하다, 얄따랗다, 얄찍하다, 얄팍하다' 등과 같이 표기하도록 한글 맞춤법 제21항에서 규정하고 있다.

3. 겹받침 'ㄺ, ㄻ, ㄿ'은 어말 또는 자음 앞에서 각각 [ㄱ, ㅁ, ㅂ]으로 발음한다.

예 늙지[늑찌] / 닭[닥] / 맑다[막따] / 흙과[흑꽈] / 삶[삼ː] / 젊다[점ː따] / 읊고[읍꼬] / 읊다[읍따]

다만, 용언의 어간 말음 'ㄺ'은 'ㄱ' 앞에서 [ㄹ]로 발음한다.

예 맑게[말께] / 묽고[물꼬] / 얽거나[얼꺼나]

어말 위치에서 또는 자음 앞에서 겹받침 'ㄺ, ㄻ, ㄿ'이 'ㄹ'을 탈락시키고 각각 [ㄱ, ㅁ, ㅂ]으로 발음함을 규정한 것이다. 겹받침에서 첫째 받침인 'ㄹ'이 탈락하는 경우다.

예 칡[칙] / 칡도[칙또] / 칡까지[칙까지] / 앎[암ː] / 앎도[암ː도] / 앎과[암ː과] / 닮다[담ː따] / 닮지[담ː찌] /
닮고[담ː꼬] / 읊다[읍따] / 읊지[읍찌] / 읊고[읍꼬]

다만, 'ㄺ'은 위에 예시한 체언의 경우와는 달리 용언의 경우에는 뒤에 오는 자음의 종류에 따라 두 가지로 발음된다. 즉 'ㄷ, ㅈ, ㅅ' 앞에서는 [ㄱ]으로 발음하되(①), 'ㄱ' 앞에서는 이와 동일한 'ㄱ'은 탈락시키고서 [ㄹ]로 발음한다(②).

① [ㄱ]으로 발음하는 경우

> **예** 늙다[늑따] / 늙지[늑찌] / 늙습니다[늑씀니다] / 맑다[막따] / 맑지[막찌] / 맑습니다[막씀니다]

② [ㄹ]로 발음하는 경우

> **예** 늙게[늘께] / 늙고[늘꼬] / 늙거나[늘꺼나] / 맑게[말께] / 맑고[말꼬] / 맑거나[말꺼나]

파생어들인 '갉작갉작하다, 갉작거리다, 굵다랗다, 굵직하다, 굵적거리다, 늙수그레하다, 늙정이, 얽죽얽죽하다' 등의 경우에도 'ㄱ' 앞이 아니므로 역시 [ㄱ]으로 발음한다. [ㄹ]로 발음되는 경우에는 한글맞춤법(제21항)에서 아예 '말끔하다, 말쑥하다, 말짱하다' 등과 같이 'ㄹ'만을 받침으로 적도록 규정하였다.

4. 받침 'ㅎ'의 발음은 다음과 같다.

① 'ㅎ(ㄶ, ㅀ)' 뒤에 'ㄱ, ㄷ, ㅈ'이 결합되는 경우에는, 뒤 음절 첫소리와 합쳐서 [ㅋ, ㅌ, ㅊ]으로 발음한다.

> **예** 놓고[노코] / 좋던[조ː턴] / 쌓지[싸치] / 많고[만ː코] / 않던[안턴] / 닳지[달치]

붙임 1

받침 'ㄱ(ㄺ), ㄷ, ㅂ(ㄼ), ㅈ(ㄵ)'이 뒤 음절 첫소리 'ㅎ'과 결합되는 경우에도, 역시 두 음을 합쳐서 [ㅋ, ㅌ, ㅍ, ㅊ]으로 발음한다.

> **예** 각하[가카] / 먹히다[머키다] / 밝히다[발키다] / 맏형[마텽] / 좁히다[조피다] / 넓히다[널피다] /
> 꽂히다[꼬치다] / 앉히다[안치다]

붙임 2

규정에 따라 'ㄷ'으로 발음되는 'ㅅ, ㅈ, ㅊ, ㅌ'의 경우에도 이에 준한다.

> **예** 옷 한 벌[오탄벌] / 낮 한때[나탄때] / 꽃 한 송이[꼬탄송이] / 숱하다[수타다]

---

② 'ㅎ(ㄶ, ㅀ)' 뒤에 'ㅅ'이 결합되는 경우에는, 'ㅅ'을 [ㅆ]으로 발음한다.

> **예** 닿소[다ː쏘] / 많소[만ː쏘] / 싫소[실쏘]

③ 'ㅎ' 뒤에 'ㄴ'이 결합되는 경우에는, [ㄴ]으로 발음한다.

> **예** 놓는[논는] / 쌓네[싼네]

붙임 3

'ㄶ, ㅀ' 뒤에 'ㄴ'이 결합되는 경우에는, 'ㅎ'을 발음하지 않는다.

> **예** 않네[안네] / 않는[안는] / 뚫네[뚤네 → 뚤레] / 뚫는[뚤는 → 뚤른]

---

④ 'ㅎ(ㄶ, ㅀ)' 뒤에 모음으로 시작된 어미나 접미사가 결합되는 경우에는, 'ㅎ'을 발음하지 않는다.

    예 낳은[나은] / 놓아[노아] / 쌓이다[싸이다] / 많아[마:나] / 않은[아는] / 닳아[다라] / 싫어도[시러도]

5. 홑받침이나 쌍받침이 모음으로 시작된 조사나 어미, 접미사와 결합되는 경우에는, 제 음가대로 뒤 음절 첫소리로 옮겨 발음한다.

    예 깎아[까까] / 옷이[오시] / 있어[이써] / 낮이[나지] / 꽂아[꼬자] / 꽃을[꼬츨] / 쫓아[쪼차] / 밭에[바테] /
    앞으로[아프로] / 덮이다[더피다]

6. 겹받침이 모음으로 시작된 조사나 어미, 접미사와 결합되는 경우에는, 뒤엣것만을 뒤 음절 첫소리로 옮겨 발음한다(이 경우, 'ㅅ'은 된소리로 발음함).

    예 넋이[넉씨] / 앉아[안자] / 닭을[달글] / 젊어[절머] / 곬이[골씨] / 핥아[할타] / 읊어[을퍼] / 값을[갑쓸] /
    없어[업:써]

7. 받침 뒤에 모음 'ㅏ, ㅓ, ㅗ, ㅜ, ㅟ'들로 시작되는 실질형태소가 연결되는 경우에는, 대표음으로 바꾸어서 뒤 음절 첫소리로 옮겨 발음한다.

    예 밭 아래[바다래] / 늪 앞[느밥] / 젖어미[저더미] / 맛없다[마덥따] / 겉옷[거돋] / 헛웃음[허두슴] / 꽃 위[꼬뒤]
    다만, '맛있다, 멋있다'는 [마싣따], [머싣따]로도 발음할 수 있다.

> **붙임**
>
> 겹받침의 경우에는, 그중 하나만을 옮겨 발음한다.
> 예 값어치[가버치] / 값있는[가빈는] / 넋 없다[너겁따] / 닭 앞에[다가페]

8. 한글 자모의 이름은 그 받침소리를 연음하되, 'ㄷ, ㅈ, ㅊ, ㅋ, ㅌ, ㅍ, ㅎ'의 경우에는 특별히 다음과 같이 발음한다.

    예 디귿이[디그시] / 디귿을[디그슬] / 디귿에[디그세]
    지읒이[지으시] / 지읒을[지으슬] / 지읒에[지으세]
    치읓이[치으시] / 치읓을[치으슬] / 치읓에[치으세]
    키읔이[키으기] / 키읔을[키으글] / 키읔에[키으게]
    티읕이[티으시] / 티읕을[티으슬] / 티읕에[티으세]
    피읖이[피으비] / 피읖을[피으블] / 피읖에[피으베]
    히읗이[히으시] / 히읗을[히으슬] / 히읗에[히으세]

한글 자모의 이름은 첫소리와 끝소리 둘을 모두 보이기 위한 방식으로 붙인 것이어서 원칙적으로는 모음 앞에서 '디귿이[디그디], 디귿을[디그들]' 등과 같이 발음하여야 하나, 실제 발음에서는 [디그시], [디그슬] 등과 같아 이 현실 발음을 반영시켜 규정화한 것이다. '꽃이[꼬시], 밤낮으로[밤나스로], 솥은[소슨], 무릎을[무르블], 부엌에[부어게]' 등은 표준 발음으로 인정하지 않은 점에서 보면 이 규정은 예외적인 것이 된다. 따라서 한글 자모의 이름에 대한 발음은 맞춤법과 크게 차이가 생기게 되었고, 나아가서 그 이름을 붙인 근본정신에서도 벗어나게 되었다. 전통성과 합리성에 어긋나면서 실제 발음만을 따른 결과다.

01 다음 단어의 밑줄 친 발음표기가 올바른 것은?

① 티읕을[티으슬]
② 꽃을[꼬슬]
③ 늙지[늘찌]
④ 맏형[맏텽]
⑤ 넓−죽하다[널쭈카다]

정답 ①
해설 위의 규정에 따라 ② [꼬츨] ③ [늑찌] ④ [마텽] ⑤ [넙쭈카다]로 발음해야 한다.

02 다음 단어의 밑줄 친 발음표기가 올바르지 <u>않은</u> 것은?

① 맛있다[마싣따]
② 닭 앞에[다가페]
③ 않은[아는]
④ 싫소[실쏘]
⑤ 닭을[다글]

정답 ⑤
해설 ⑤ 위의 규정에 따라 [달글]로 발음해야 한다.

⑤ 음의 동화

1. 받침 'ㄷ, ㅌ(ㄾ)'이 조사나 접미사의 모음 'ㅣ'와 결합되는 경우에는, [ㅈ, ㅊ]으로 바꾸어서 뒤 음절 첫소리로 옮겨 발음한다.
  예 곧이듣다[고지듣따] / 굳이[구지] / 미닫이[미:다지] / 땀받이[땀바지] / 밭이[바치] / 벼훑이[벼훌치]

> **붙임**
> 'ㄷ' 뒤에 접미사 '히'가 결합되어 '티'를 이루는 것은 [치]로 발음한다.
> **예** 굳히다[구치다] / 닫히다[다치다] / 묻히다[무치다]

이른바 구개음화에 대한 규정으로, 즉 받침 'ㄷ, ㅌ(ㄾ)'이 조사나 접미사의 모음 'ㅣ'와 만나면 연음하여 발음하되 'ㄷ, ㅌ'을 각각 [ㅈ, ㅊ]으로 바꾸어 발음한다. 예컨대 '밭은[바튼], 밭을[바틀], 밭에[바테]'와 같이 모음 앞에서 본음대로 연음시켜 발음하되, 다만 모음 'ㅣ' 앞에서는 밭이[바치] / 밭이다[바치다] / 밭입니다[바침니다]와 같이 받침 'ㅌ'을 구개음 [ㅊ]으로 바꾸어 연음시켜 발음하는 것이다. 해돋이[해도지] / 낱낱이[난:나치] / 훑이다[훌치다] 등도 마찬가지다(한글 맞춤법 제6항 참조).

> **붙임**
>
> 'ㅣ' 이외에 '히'가 결합될 때에도 받침 'ㄷ'과 합하여 [ㅊ]으로 구개음화하여 발음한다.
>
> **예** 걷히다[거치다] / 받히다[바치다]
>
> 구개음화는 조사나 접미사에 의해서만 일어날 수도 있고 합성어에서는 받침 'ㄷ, ㅌ' 다음에 '이'로 시작되는 단어가 결합되어 있을 때에도 구개음화는 일어날 수 없다.
>
> **예** 밭이랑[반니랑] / 홑이불[혼니불] 등과 같이 'ㄴ'에 의해서 'ㅌ'이 [ㄴ]으로 발음된다.

2. 받침 'ㄱ(ㄲ, ㅋ, ㄳ, ㄺ), ㄷ(ㅅ, ㅆ, ㅈ, ㅊ, ㅌ, ㅎ), ㅂ(ㅍ, ㄼ, ㄿ, ㅄ)'은 'ㄴ, ㅁ' 앞에서 [ㅇ, ㄴ, ㅁ]으로 발음한다.

> **예** 먹는[멍는] / 국물[궁물] / 깎는[깡는] / 키읔만[키응만] / 몫몫이[몽목씨] / 긁는[긍는] / 흙만[흥만]
>
> 닫는[단는] / 짓는[진:는] / 옷맵시[온맵씨] / 있는[인는] / 맞는[만는] / 젖멍울[전멍울] / 쫓는[쫀는] /
>
> 꽃망울[꼰망울] / 붙는[분는] / 놓는[논는]
>
> 잡는[잠는] / 밥물[밤물] / 앞마당[암마당] / 밟는[밤:는] / 읊는[음는] / 없는[엄:는]

> **붙임**
>
> 두 단어를 이어서 한 마디로 발음하는 경우에도 이와 같다.
>
> **예** 책 넣는다[챙넌는다] / 흙 말리다[흥말리다] / 옷 맞추다[온맏추다] / 밥 먹는다[밤멍는다] /
>
> 값 매기다[감매기다]

'ㄴ, ㅁ' 등의 비음 앞에서 받침의 소리 [ㄱ, ㄷ, ㅂ]이 각각 [ㅇ, ㄴ, ㅁ]으로 동화되어 발음됨을 규정한 것이다. 예컨대 '값만, 없는'은 우선 'ㅅ'을 탈락시키고서 'ㅁ, ㄴ'에 의하여 'ㅂ'이 [ㅁ]으로 역행 동화되어 [감만], [엄:는]으로 발음된다. [ㄷ]으로 발음되는 'ㅅ, ㅆ, ㅈ, ㅊ, ㄷ, ㅌ' 받침은 'ㄴ, ㅁ' 앞에서 모두 [ㄴ]으로 발음된다.

> **붙임**
>
> 위와 같은 환경만 주어지면 단어와 단어 사이에서도 비음으로 바뀐다.
>
> **예** 국 마시다[궁마시다] / 옷 마르다[온마르다] / 입 놀리다[임놀리다]

3. 받침 'ㅁ, ㅇ' 뒤에 연결되는 'ㄹ'은 [ㄴ]으로 발음한다.

> 예 담력[담:녁] / 침략[침:냑] / 강릉[강능] / 항로[항:노] / 대통령[대:통녕]

> **붙임**
>
> 받침 'ㄱ, ㅂ' 뒤에 연결되는 'ㄹ'도 [ㄴ]으로 발음한다.
>
> 예 막론[막논 → 망논] / 석류[석뉴 → 성뉴] / 협력[협녁 → 혐녁] / 법리[법니 → 범니]

한자어에서 받침 'ㅁ, ㅇ' 뒤에 결합되는 'ㄹ'을 [ㄴ]으로 발음하는 규정이다. 본래 'ㄹ'을 첫소리로 가진 한자는 'ㄴ, ㄹ' 이외의 받침 뒤에서는 언제나 'ㄹ'이 [ㄴ]으로 발음된다.

> **붙임**
>
> 받침 'ㄱ, ㅂ' 뒤에서 'ㄹ'은 [ㄴ]으로 발음되는데, 그 [ㄴ] 때문에 'ㄱ, ㅂ'은 다시 [ㅇ, ㅁ]으로 역행 동화되어 발음된다. 예컨대 '막론(莫論)'은 '[막논] → [망논]'으로 발음되는 것이다.

4. 'ㄴ'은 'ㄹ'의 앞이나 뒤에서 [ㄹ]로 발음한다.

> 예 ① 광한루[광:할루] / 난로[날:로] / 대관령[대:괄령] / 신라[실라] / 천리[철리]
>
> ② 물난리[물랄리] / 줄넘기[줄럼끼] / 칼날[칼랄] / 할는지[할른지]

> **붙임**
>
> 첫소리 'ㄴ'이 'ㅀ', 'ㄾ' 뒤에 연결되는 경우에도 이에 준한다.
>
> 예 닳는[달른] / 뚫는[뚤른] / 핥네[할레]

다만, 다음과 같은 단어들은 'ㄹ'을 [ㄴ]으로 발음한다.

> 예 결단력[결딴녁] / 공권력[공꿘녁] / 구근류[구근뉴] / 동원령[동:원녕] / 상견례[상견녜] / 생산량[생산냥] /
> 의견란[의:견난] / 이원론[이:원논] / 임진란[임:진난] / 입원료[이붠뇨] / 횡단로[횡단노]

'ㄴ'이 'ㄹ'의 앞이나 뒤에서 [ㄹ]로 동화되어 발음되는 경우를 규정한 것이다. ①은 한자어의 경우이고 ②는 합성어 또는 파생어의 경우와 '-(으)ㄹ는지'의 경우이다. 이상의 경우 이외에 다음과 같은 경우에는 'ㄴ'을 [ㄹ]로 발음한다. 물론 이때에는 한 마디로 발음한다.

> 예 갈 놈[갈롬] / 바람 잦을 날[바람자즐랄]

> **붙임**
>
> 'ㅀ, ㄾ'과 같이 자음 앞에서 [ㄹ]이 발음되는 용언 어간 다음에 'ㄴ'으로 시작되는 어미가 결합되면 그 'ㄴ'을 'ㄹ'로 동화시켜 발음한다. 예 앓는[알른] / 훑네[훌레] / 앓네[알레]
>
> 홑받침 'ㄹ' 다음에 'ㄴ'이 올 때에는 '아는, 아나, 아네' 등과 같이 'ㄹ'이 탈락된 대로 표기하도록 맞춤법에 규정되어 있다(한글 맞춤법 제18항 참조).

다만, 한자어에서 'ㄴ'과 'ㄹ'이 결합하면서도 [ㄹㄹ]로 발음되지 않고 [ㄴㄴ]으로 발음되는 예들을 보인 것이다. '권력[궐력]'에 대해서 '공권력[공꿘녁]'인 셈인데, 실제의 발음을 고려하여 정한 것이기에 [ㄴㄴ]으로 발음하는 단어와 [ㄹㄹ]로 발음하는 단어는 개별적으로 정하여 사전에 그 발음을 표시하여야 한다.

5. 위에서 지적한 이외의 자음동화는 인정하지 않는다.

　예 감기[감:기](×[강:기]) / 꽃길[꼳낄](×[꼭낄]) / 꽃밭[꼳빧](×[꼽빧]) / 문법[문뻡](×[뭄뻡]) /
　　옷감[옫깜](×[옥깜]) / 있고[읻꼬](×[익꼬]) / 젖먹이[전머기](×[점머기])

'신문'을 때로는 역행 동화된 [심문]으로 발음하는 경우가 있는데, 이러한 위치 동화를 표준 발음법에서는 허용하지 않는다는 규정이다. '옷감'을 [옫깜, 옥깜, 오깜]으로 발음하기도 하고, '걷습니다'를 [걷:씁니다, 거:씁니다]로 발음하기도 하며, '꽃밭'도 [꼳빧, 꼽빧, 꼬빱]으로 발음하기도 하지만, [옫깜], [걷:씁니다], [꼳빧]만을 표준발음으로 인정하는 것이다. 자음 앞에서 발음되는 받침에 대한 규정(특히 제9항)을 중시한 것이며, 수의적으로 역행 동화된 발음은 표준 발음으로 인정하지 않는 것이다.

6. 다음과 같은 용언의 어미는 [어]로 발음함을 원칙으로 하되, [여]로 발음함도 허용한다.

　예 되어[되어/되여] / 피어[피어/피여]

붙임

'이오, 아니오'도 이에 준하여 [이요, 아니요]로 발음함을 허용한다.
모음으로 끝난 용언 어간에 모음으로 시작된 어미가 결합될 때에 나타나는 모음 충돌에 대한 발음 규정이다. '되+어 → 되어'는 [되어]로 발음함이 원칙이다. 때로 모음 충돌을 피한 발음인 [되여]가 쓰이기도 하여 이를 현실적으로 허용한다는 규정이다. 이 허용에 대하여는 많은 논란이 있었던 것이 사실이다. '이오, 아니오'의 경우에도 마찬가지였다.

 유제

01 다음 단어의 밑줄 친 발음표기가 올바르지 <u>않은</u> 것은?

① 백리[백니 → <u>뱅니</u>]
② 옷감[옫깜 → <u>옥깜</u>]
③ 공권력[공꿘녁]
④ 벼훑이[벼훌치]
⑤ 광한루[광:할루]

정답 ②
해설 ② [옥깜]은 동화로 인정되지 않기 때문에 [옫깜]으로 발음해야 한다.

안심Touch

유제 02 다음 단어의 밑줄 친 발음표기가 올바른 것은?

① 젖먹이[점머기]
② 아니오[아니요]
③ 꽃밭[꼬빱]
④ 이원론[이:원론]
⑤ 할는지[할는지]

정답 ②

해설 위 발음 규정에 따르면 ① [전머기] ③ [꼳빧] ④ [이:원논] ⑤ [할른지]가 표준발음이다.

⑥ 경음화(된소리되기)

1. 어간 받침 'ㄴ(ㄵ), ㅁ(ㄻ)' 뒤에 결합되는 어미의 첫소리 'ㄱ, ㄷ, ㅅ, ㅈ'은 된소리로 발음한다.

   예 신고[신:꼬] / 껴안다[껴안따] / 앉고[안꼬]
   닭고[담:꼬] / 더듬지[더듬찌] / 삼고[삼:꼬] / 얹다[언따] / 젊지[점:찌]

   다만, 피동, 사동의 접미사 '-기-'는 된소리로 발음하지 않는다.

   예 감기다 / 굶기다 / 안기다 / 옮기다

   용언 어간의 받침이 'ㄴ(ㄵ), ㅁ(ㄻ)'일 때에도 뒤에 오는 'ㄱ, ㄷ, ㅅ, ㅈ'을 된소리인 [ㄲ, ㄸ, ㅆ, ㅉ]으로 각각 발음한다. 이는 용언 어간에만 적용되는 규정이다. 체언의 경우에는 '신도[신도], 신과[신과]'라든가 '바람도[바람도], 바람과[바람과]' 등과 같이 된소리로 바꾸어 발음하지 않는다.
   다만, 'ㄴ, ㅁ' 받침을 가진 용언 어간의 피동·사동은 이 규정에 따르지 않아서 '안기다[안기다], 남기다[남기다], 굶기다[굼기다]'와 같이 발음한다. 일종의 활용 형식인 용언의 명사형의 경우에는 '안기[안:끼], 남기[남:끼], 굶기[굼:끼]'와 같이 된소리로 발음한다

2. 한자어에서, 'ㄹ' 받침 뒤에 연결되는 'ㄷ, ㅅ, ㅈ'은 된소리로 발음한다.

   예 갈등[갈뜽] / 발동[발똥] / 절도[절또] / 말살[말쌀] / 몰상식[몰쌍식] / 불세출[불쎄출] / 불소[불쏘](弗素) / 일시[일씨] / 갈증[갈쯩] / 물질[물찔] / 발전[발쩐]

   다만, 같은 한자가 겹쳐진 단어의 경우에는 된소리로 발음하지 않는다.

   예 절절-하다[절절하다](切切-) / 허허실실[허허실실](虛虛實實)

   한자어에서 받침 'ㄹ' 다음에 된소리로 발음되는 것을 규정한 것이다. 그러나 '결과, 물건, 불복, 설계, 열기, 절기, 출고, 팔경, 활보' 등 된소리로 발음되지 않는 예들이 많다. 된소리로 발음되는 경우에는 사전에서 그 발음을 표시하여야 한다.

다만, 같은 한자가 겹친 첩어의 경우에는 된소리로 발음되지 않는다.

> 예 결결[결결](缺缺) / 별별[별별](別別)

3. 관형사형 '-(으)ㄹ' 뒤에 연결되는 'ㄱ, ㄷ, ㅂ, ㅅ, ㅈ'은 된소리로 발음한다.

> 예 갈 곳[갈꼳] / 할 것을[할꺼슬] / 갈 데가[갈떼가] / 할 도리[할또리] / 할 바를[할빠를] /
> 만날 사람[만날싸람] / 할 수는[할쑤는] / 할 적에[할쩌게]

다만, 끊어서 말할 적에는 예사소리로 발음한다.

> **붙임**
>
> '-(으)ㄹ'로 시작되는 어미의 경우에도 이에 준한다.
> 예 할걸[할껄] / 할밖에[할빠께] / 할세라[할쎄라] / 할수록[할쑤록] / 할지라도[할찌라도] /
> 할지언정[할찌언정] / 할진대[할찐대]

관형사형 '-ㄹ, -을' 다음에서는 'ㄱ, ㄷ, ㅂ, ㅅ, ㅈ'을 각각 예외 없이 된소리로 발음한다. '-(으)ㄹ' 다음에 오는 것이 명사가 아니라 보조 용언일 경우에도 역시 그 다음 자음을 된소리로 발음한다.

> 예 할 듯하다[할뜨타다] / 할 법하다[할뻐파다] / 할 성싶다[할썽십따]

> **붙임**
>
> 관형사형 어미와 같은 '-(으)ㄹ'로 시작되는 어미에서도 역시 'ㄹ' 뒤에 오는 자음 'ㄱ, ㄷ, ㅂ, ㅅ,
> ㅈ'을 된소리로 각각 발음한다. 예컨대 '-(으)ㄹ거나, -(으)ㄹ세, -(으)ㄹ수록, -(으)ㄹ지, -(으)
> ㄹ진대' 등이 그 예들이다. '-(으)ㄹ까, -(으)ㄹ꼬, -(으)ㄹ쏘냐'는 아예 된소리로 표기한다.

관형사형 어미 '-(으)ㄴ, -는, -던' 등 'ㄴ' 받침을 가진 어미 뒤에서는 된소리로 발음하지 않는다.

> 예 간 사람[간사(:)람] / 가는 사람[가는사(:)람] / 가던 사람[가던사(:)람] / 입는다[임는다] / 입는데[임는데] /
> 입는지[임는지]

4. 표기상으로는 사이시옷이 없더라도, 관형격 기능을 지니는 사이시옷이 있어야 할(휴지가 성립되는) 합성어의 경우에는, 뒤 단어의 첫소리 'ㄱ, ㄷ, ㅂ, ㅅ, ㅈ'을 된소리로 발음한다.

> 예 문-고리[문꼬리] / 눈-동자[눈똥자] / 신-바람[신빠람] / 산-새[산쌔] / 손-재주[손째주] /
> 길-가[길까] / 물-동이[물똥이] / 발-바닥[발빠닥] / 굴-속[굴:쏙] / 술-잔[술짠] /
> 바람-결[바람껼] / 그믐-달[그믐딸] / 아침-밥[아침빱] / 잠-자리[잠짜리] /
> 강-가[강까] / 초승-달[초승딸] / 등-불[등뿔] / 창-살[창쌀] / 강-줄기[강쭐기]

표기상으로는 사이시옷이 드러나지 않더라도 기능상 사이시옷이 있을 만한 합성어의 경우에 된소리로 발음되는 예들을 제시하고 있다. 사이시옷은 15세기의 경우에 기본적으로는 관형격의 기능을 나타냈던 것이나, 현대 국어로 내려오면서 많은 변화를 겪어서 사이시옷에 의한 된소리의 실현도 일정치 않다. '나뭇집(나무를 파는 집)'과 '나무집(나무로 만든 집)'은 그런대로 관형격의 기능을 보여 주지만 '돌집

[돌:찝](돌로 지은 집)'은 관형격의 기능이 있을 수 없음에도 된소리로 발음한다. 그리하여 사이시옷이 드러나지 않으면서 된소리로 발음되는 경우에는 사전에 그 된소리를 표시하여야 한다(한글 맞춤법 제 30항 참조).

유제 01 다음 단어의 밑줄 친 발음표기가 올바르지 <u>않은</u> 것은?

① 손-재주[손째주]
② 할 법하다[할뻐파다]
③ 별별(別別)[별별]
④ 앉고[안코]
⑤ 불세출[불쎄출]

정답 ④

해설 ④ 위 규정에 따라 된소리인 [안꼬]로 발음해야 한다.

유제 02 다음 단어의 밑줄 친 발음표기가 올바른 것은?

① 발-바닥[발빠탁]
② 가는 사람[가는싸(:)람]
③ 할 것을[할꺼슬]
④ 물질[물질]
⑤ 돌집[돌:칩]

정답 ③

해설 위 규정에 따르면 ① [발빠닥] ② [가는새(:)람] ④ [물찔] ⑤ [돌찝]으로 발음해야 한다.

7 음의 첨가(사잇소리 등)

1. 합성어 및 파생어에서, 앞 단어나 접두사의 끝이 자음이고 뒤 단어나 접미사의 첫음절이 '이, 야, 여, 요, 유'인 경우에는, 'ㄴ'음을 첨가하여 [니, 냐, 녀, 뇨, 뉴]로 발음한다.

예 솜-이불[솜:니불] / 홑-이불[혼니불] / 막-일[망닐] / 삯-일[상닐] / 맨-입[맨닙] / 꽃-잎[꼰닙] / 내복-약[내:봉냑] / 한-여름[한녀름] / 남존-여비[남존녀비] / 신-여성[신녀성] / 색-연필[생년필] / 직행-열차[지캥녈차] / 늑막-염[능망념] / 콩-엿[콩녇] / 담-요[담:뇨] / 눈-요기[눈뇨기] /

영업—용[영엄뇽] / 식용—유[시굥뉴] / 백분—율[백뿐뉼] / 밤—윷[밤:뉻]

다만, 다음과 같은 말들은 'ㄴ' 음을 첨가하여 발음하되, 표기대로 발음할 수 있다.

예 이죽—이죽[이중니죽/이주기죽] / 야금—야금[야금냐금/야그먀금] / 검열[검:녈/거:멸] /
욜랑—욜랑[욜랑뇰랑/욜랑욜랑] / 금융[금늉/그뮹]

붙임 1

'ㄹ' 받침 뒤에 첨가되는 'ㄴ' 음은 [ㄹ]로 발음한다.

예 들—일[들:릴] / 솔—잎[솔립] / 설—익다[설릭따] / 물—약[물략] / 불—여우[불려우] / 서울—역[서울력] /
물—엿[물렫] / 휘발—유[휘발류] / 유들—유들[유들류들]

붙임 2

두 단어를 이어서 한 마디로 발음하는 경우에도 이에 준한다.

예 한 일[한닐] / 옷 입다[온닙따] / 서른여섯[서른녀섣] / 3연대[삼년대] / 먹은 엿[머근녇] / 할 일[할릴] /
잘 입다[잘립따] / 스물여섯[스물려섣]

다만, 다음과 같은 단어에서는 'ㄴ(ㄹ)' 음을 첨가하여 발음하지 않는다.

예 6 · 25[유기오] / 3 · 1절[사밀쩔] / 송별—연[송:벼련] / 등—용문[등용문]

한자어, 합성어 및 접두 파생어에서 앞 단어나 접두사가 자음으로 끝나고 뒤 단어의 첫 음절이 '이, 야, 여, 요, 유'인 경우에 'ㄴ'을 첨가시켜 발음함을 규정하고 있다. 따라서 앞 요소의 받침은 첨가된 'ㄴ' 때문에 비음으로 발음된다. 예컨대 '짓이기다'는 'ㄴ'이 첨가되어 '짓—니기다'와 같이 되고 다시 [ㄴ] 앞에서 '짓'은 [진]이 되어 결국 [진니기다]로 발음하게 된다. '남존여비'는 'ㄴ'이 첨가되고 'ㄴ'에 의한 역행 동화가 더 이상 불필요하여 [남존녀비]로 발음한다.

다만, 어떤 단어들은 위와 같이 'ㄴ'을 첨가하여 발음하기도 하지만, 표기대로 'ㄴ' 첨가 없이 발음하기도 한다. '검열[검:녈/거:멸]' 같은 것이 그것인데, 특히 '이죽이죽, 야금야금, 욜랑욜랑' 등이 그러하다. 그러나 '이기죽이기죽'은 'ㄴ'의 첨가 없이 발음하고, '야옹야옹[야옹냐옹]'은 'ㄴ'을 첨가하여 발음한다. 따라서 'ㄴ'이 첨가된 경우에는 사전에서 그 발음을 표시하여야 한다.

붙임 1

'ㄹ' 받침 뒤에서 첨가되는 'ㄴ'은 [ㄹ]로 동화시켜 발음한다. 예컨대 '수원역'에서는 'ㄴ'을 첨가하여 [수원녁]으로 발음되지만 '서울역'에서는 [ㄹ]로 동화되어 [서울력]으로 발음한다. 만일 이러한 소리의 첨가가 없을 경우에는 자연히 앞의 자음을 연음하여 발음한다.

예 절약[저략] / 월요일[워료일] / 목요일[모교일] / 금요일[그묘일]

'이글이글' 같은 단어는 [이글리글/이그리글]의 두 가지 발음이 모두 가능하나, '유월 유두'는 [유월류두]로 발음한다. 따라서 'ㄹ'의 첨가도 사전에 표시되어야 한다.

붙임 2

위와 같은 환경이지만 두 단어를 한 단어처럼 한 마디로 발음하는 경우에도 위의 규정에 준한다. 예컨대 '한 일[한닐], 할 일[할릴]' 같은 경우다. '잘 입다, 잘 익히다, 못 이기다, 못 잊다' 등의 경우에는 'ㄴ'(또는 'ㄹ')의 첨가 없이도 발음하는데, 이는 두 단어로 인식하고서 발음하는 것이다. 물론 이때에도 '[자립따]'라든가 '[모디기다]'와 같이 연음하여 발음한다. 다만, 'ㄴ, ㄹ'을 첨가하지 않고 발음하는 예들로 '6·25[유기오]' 뿐만 아니라 '8·15[파리로]'도 소리의 첨가 없이 발음한다.

2. 사이시옷이 붙은 단어는 다음과 같이 발음한다.

① 'ㄱ, ㄷ, ㅂ, ㅅ, ㅈ'으로 시작하는 단어 앞에 사이시옷이 올 때는 이들 자음만을 된소리로 발음하는 것을 원칙으로 하되, 사이시옷을 [ㄷ]으로 발음하는 것도 허용한다.
　예 냇가[내ː까/낻ː까] / 샛길[새ː낄/샏ː낄] / 빨랫돌[빨래똘/빨랟똘] / 콧등[코뜽/콛뜽] /
　　깃발[기빨/긷빨] / 대팻밥[대ː패빱/대ː팯빱] / 햇살[해쌀/핻쌀] / 뱃속[배쏙/밷쏙] /
　　뱃전[배쩐/밷쩐] / 고갯짓[고개찓/고갣찓]

② 사이시옷 뒤에 'ㄴ, ㅁ'이 결합되는 경우에는 [ㄴ]으로 발음한다.
　예 콧날[콛날 → 콘날] / 아랫니[아랟니 → 아랜니] /
　　뱃머리[밷머리 → 밴머리] / 툇마루[퇻ː마루 → 퇸ː마루]

③ 사이시옷 뒤에 '이' 음이 결합되는 경우에는 [ㄴㄴ]으로 발음한다.
　예 깻잎[깯닙 → 깬닙] / 나뭇잎[나묻닙 → 나문닙] / 도리깻열[도리깯녈 → 도리깬녈] /
　　뒷윷[뒫ː늋 → 뒨ː늋] / 베갯잇[베갣닏 → 베갠닏]

① 사이시옷이 표기된 경우의 그 발음에 대한 규정이다. 이 발음 규정을 정함에는 논란이 극히 심하였다. 예컨대 '냇가'의 발음을 [낻ː까]로 할 것인가 [내ː까]로 할 것인가, 또 '깃발'의 경우 [긷빨]로 할 것인가 [기빨]로 할 것인가 하는 문제였다. [기빨]은 [긷빨] → [깁빨] → [기빨]과 같은 과정을 거친 것이어서 원칙적으로는 [긷빨]을 표준 발음으로 정하는 것이 합리적이지만, 실제 발음을 고려하여 [기빨]과 [긷빨] 모두를 표준 발음으로 허용하게 하였다. [깁빨]은 제22항의 규정에 따라 표준 발음으로 허용하지 않는다.

② 'ㄴ, ㅁ' 같은 비음 앞에 사이시옷이 들어간 경우에는 'ㅅ → ㄷ → ㄴ'의 과정에 따라 사이시옷을 [ㄴ]으로 발음한다. 즉 '콧날'은 [콛날] → [콘날]의 과정에 따라 [콘날]로 발음된다. '뱃머리'의 경우에는 [밴머리]가 표준 발음이 되고 위치 동화까지 일어난 [뱀머리]는 제22항의 규정에 따라 표준 발음으로 인정하지 않는다.

③ 사이시옷 뒤에 '이' 또는 '야, 여, 요, 유' 등이 결합되는 경우에는 'ㄴ'이 첨가되기 때문에 사이시옷은 자연히 [ㄴ]으로 발음된다.
　예 뒷일[뒨ː닐] / 깻잎[깬닙] / 도리깻열[도리깬녈] / 뒷윷[뒨ː늋]

유제

01 다음 단어의 밑줄 친 발음표기가 올바르지 <u>않은</u> 것은?

① 도리깻열[도리깬녈]
② 깃발[긷빨]
③ 아랫니[아랟니 → 아랜니]
④ 툇마루[퇻:마루 → 퇸:마루]
⑤ 나뭇잎[나묻닙 → 나문닙]

정답 ②
해설 위 규정에 따르면 ②는 [기빨] 또는 [긷빨]로 발음해야 한다.

유제

02 다음 단어의 밑줄 친 발음표기가 올바른 것은?

① 뒷윷[뒨:뉻]
② 월요일[월뇨일]
③ 8·15[팔일로]
④ 야옹야옹[냐옹냐옹]
⑤ 서른여섯[서른여섣]

정답 ①
해설 위 규정에 따라 ②는 [워료일] ③은 [파리로] ④는 [야옹냐옹] ⑤는 [서른녀섣]으로 발음해야 올바르다.

8 음의 길이(장단)

1. 모음의 장단을 구별하여 발음하되, 단어의 첫음절에서만 긴소리가 나타나는 것을 원칙으로 한다.
   예 ① 눈보라[눈:보라] / 말씨[말:씨] / 밤나무[밤:나무] / 많대[만:타] / 멀리[멀:리] / 벌리다[벌:리다]
   ② 첫눈[천눈] / 참말[참말] / 쌍동밤[쌍동밤] / 수많이[수:마니] / 눈멀다[눈멀다] / 떠벌리다[떠벌리다]
   다만, 합성어의 경우에는 둘째 음절 이하에서도 분명한 긴소리를 인정한다.
   예 반신반의[반:신 바:늬/반:신 바:니] / 재삼재사[재:삼 재:사]

> **붙임**
>
> 용언의 단음절 어간에 어미 '-아/-어'가 결합되어 한 음절로 축약되는 경우에도 긴소리로 발음한다.
>
> **예** 보아 → 봐[봐:] / 기어 → 겨[겨:] / 되어 → 돼[돼:] / 두어 → 둬[둬:] / 하여 → 해[해:]
>
> 다만, '오아 → 와, 지어 → 져, 찌어 → 쪄, 치어 → 쳐' 등은 긴소리로 발음하지 않는다.

표준 발음으로 소리의 길이를 규정한 것으로, 긴소리와 짧은소리 두 가지만을 인정하되, 그것도 단어의 제1음절에서만 긴소리를 인정하고 그 이하의 음절은 모두 짧게 발음함을 원칙으로 한 것이다.

복합어에서도 ①은 단어의 첫째 음절에서 긴소리를 가진 경우를 보인 것이다. '눈[눈:][雪], 말[말:][言], 밤[밤:][栗]'은 물론이며 '눈뭉치, 눈보라, 눈사람' 같은 복합어에서의 '눈'도 역시 긴소리로 발음하고, '말동무, 말소리, 말싸움, 말씨, 말장난' 등의 '말'도 모두 긴소리로 발음하며, '밤꽃, 밤나무, 밤밥, 밤송이, 밤알, 밤콩' 등의 '밤'도 모두 긴소리로 발음한다. '멀다' 이외에 파생어인 '멀리'의 '멀'도 그렇고, '벌다' 이외에 '벌리다'의 '벌'도 그렇다.

②의 예들은 본래 긴소리였던 것이 복합어 구성에서 제2 음절 이하에 놓인 것들로서 이 경우에는 단어의 첫음절에서만 긴소리가 나타난다는 원칙에 따라 짧게 발음하는 것들이다. 즉 '눈[눈:]'은 긴소리로 발음하지만, '첫눈'에서는 '눈'이 첫음절에 놓여 있지 않기 때문에 긴소리의 [천눈:]으로 발음하지 않고 짧게 [천눈]으로 발음하는 것이다.

예 눈[눈:] – 눈[눈] (첫, 밤, 진깨비, 싸락, 함박)

말[말:] – 말[말] (참, 거짓, 서울, 시골, 중국)

밤[밤:] – 밤[밤] (군, 찐, 쪽, 꿀)

별[별:] – 별[별] (샛, 저녁, 별똥)

'많이'는 독립적으로 발음할 때에 [마:니]로 발음하지만, '수많이'에서는 짧게 발음한다. '말(이) 많다'의 경우에는 두 단어로 인식할 때에는 [말:만:타]로 발음함이 원칙이나 한 단어로 인식할 때에는(표기상으로도 붙여 쓴다.) [말:만타]로 짧게 발음함이 원칙이다. '낯설다, 눈멀다, 맥없다, 성내다, 침뱉다, 힘세다, 힘없다' 등에서도 마찬가지다. '벌리다'의 첫음절은 긴소리로 발음하지만, '떠벌리다'의 '벌'은 짧게 하는데, '휘몰다, 떠돌다, 비웃다' 등의 '몰-, 돌-, 웃-'도 마찬가지다.

나아가서 합성 동사의 경우에도 마찬가지의 원칙에 따른다. 예컨대 '껴안다, 내뱉다, 빼내다, 뛰어넘다, 갈아대다, 몰아넣다, 죽어지내다' 등의 둘째 동사의 첫음절은 본래의 긴소리에 관계없이 짧게 발음한다. 다만, 이와 같이 긴소리는 단어의 첫음절에서만 인정하는데, 때로 둘째 음절 이하에서도 분명히 긴소리로 발음되는 것만은 그 긴소리를 인정한다. '반신반의[반:신 바:늬/반:신 바:니](半信半疑)', 재삼재사[재:삼 재:사](再三再四)' 등이 그 예들인데, 이때에는 '반신-반의, 재삼-재사'처럼 두 단어와 같이 어느 정도로는 끊어서 발음할 수 있는 첩어의 성격을 지니는 경우이다. 다음의 예도 마찬가지다.

예 반관반민[반:관 반:민](半官半民) / 선남선녀[선:남 선:녀](善男善女) / 전신전화[전:신 전:화](電信電話)

그런데 같은 음절이 반복되어 두 음절이 되어 있는 경우에는 절대로 둘째 음절을 긴소리로 발음하지 않는다.

예 간간(間間)이[간:간–] / 반반(半半)[반:반] / 서서(徐徐)이[서:서–] / 시시비비(是是非非) [시:시비비] /
영영(永永)[영:영]

붙임

용언의 단음절(單音節) 어간에 '–아/–어, –아라/–어라, –았다/–었다' 등이 결합되는 때에 그 두 음절이 다시 한 음절로 축약되는 경우에는 긴소리로 발음한다(한글 맞춤법 제34~38항 참조).

예 ① 이어 → 여[여:] 띠어 → 뗘[뗘:] 시어 → 셔[셔:]
② 주어 → 줘[줘:] 꾸어 → 꿔[꿔:] 쑤어 → 쒀[쒀:]
③ 하여 → 해[해:] 되어 → 돼[돼:] 뵈어 → 봬[봬:]
④ 쇠어 → 쇄[쇄:] 죄어 → 좨[좨:] 괴어 → 괘[괘:]

여기서 ①의 경우에는 흔히 축약된 형태로 표기하는 것을 피하고 있다. 그러나 ②에 준하여 함께 넣는다.

용언 활용의 경우는 아니더라도 피동 · 사동의 경우에 어간과 접미사가 축약된 형태의 경우에도 마찬가지로 긴소리로 발음한다(한글 맞춤법 제37항 참조).

예 누이다 → 뉘다[뉘:다] / 싸이다 → 쌔다[쌔:다] / 쏘이다 → 쐬다[쐬:다] / 트이다 → 틔다[티:다] /
펴이다 → 폐다[폐:다]

다만, '오아 → 와, 지어 → 져, 찌어 → 쪄, 치어 → 쳐'는 예외적으로 짧게 발음한다. 또 '가+아 → 가, 서+어 → 서, 켜+어 → 켜'처럼 같은 모음끼리 만나 모음 하나가 빠진 경우에도 긴소리로 발음하지 않는다(한글 맞춤법 제34항 참조).

 유제

01 다음 단어 중 긴소리가 <u>아닌</u> 것은?

① 눈[눈:][雪]
② 말[말:][言]
③ 밤[밤:][栗]
④ 반[반:](半)
⑤ 시[시:](市)

정답 ⑤

해설 옳을 시(是)는 긴소리이지만 시가지 시(市)는 짧은소리이다.

2절 | 예상문제

01 표준어로만 연결된 것을 고르시오.

① 미쟁이 – 우뢰 – 아지랭이

② 남비 – 풋나기 – 오똑기

③ 멋쟁이 – 우레 – 미루나무

④ 삭월세 – 숫당나귀 – 호로라기

⑤ 골목장이 – 냄비 – 주착

정답 ③

해설 ③ '멋쟁이, 우레, 미루나무'는 표준어이다. 보기의 단어를 표준어로 바꾸면, '미장이, 우레, 아지랑이, 냄비, 풋내기, 오뚝이, 사글세, 수탕나귀, 호루라기, 골목쟁이, 주책'이다.

관련 규정 | 표준어 규정 제5항, 6항, 8항, 9항, 11항, 26항

02 다음 중 맞춤법에 어긋나게 쓴 것을 고르시오.

① 극히   ② 깨끗히   ③ 딱히   ④ 엄격히   ⑤ 정확히

정답 ②

해설 ② '깨끗이'로 씀이 바르다. 부사의 끝음절이 분명히 '이'로만 나는 것은 '이'로 적고 '히'로만 나거나 '이'나 '히'로 나는 것은 '히'로 적는다.

관련 규정 | 한글 맞춤법 제6항, 51항

03 다음 중 단어의 발음이 잘못 연결된 것을 고르시오.

① 의견란 – [의:견난]

② 줄넘기 – [줄넘끼]

③ 동원령 – [동:원녕]

④ 임진란 – [임:진난]

⑤ 결단력 – [결딴녁]

정답 ②

해설 'ㄴ'은 'ㄹ'의 앞이나 뒤에서 [ㄹ]로 발음하므로 ② '줄넘기'는 [줄럼끼]로 발음한다.
단, ① '의견란', ③ '동원령', ④ '임진란', ⑤ '결단력'은 'ㄹ'을 [ㄴ]으로 발음한다.

관련 규정 | 표준어 규정 제20항

04 다음 중 용언의 활용형이 바르지 <u>않은</u> 것을 고르시오.

① 굽다 – 구우니 　　　　② 맵다 – 매우니 　　　　③ 쉽다 – 쉬우니

④ 괴롭다 – 괴로우니 　　　⑤ 깁다 – 깁으니

정답 ⑤

해설 ⑤ '깁다'는 '기우니'로 활용한다. '깁다'처럼 어간의 끝 받침이 'ㅂ'인 단어는 모음 앞에서 '우'로 바뀌어 나타난다. 　　　　관련 규정 ▌한글 맞춤법 제18항

05 다음 중 복수 표준어로 인정되지 <u>않는</u> 것을 고르시오.

① 나부랭이/너부렁이 　　　② 꺼림하다/께름하다 　　　③ 구린내/쿠린내

④ 고까신/꼬까신 　　　　⑤ 댑싸리/대싸리

정답 ⑤

해설 ⑤의 '대싸리'는 '댑싸리'의 잘못이다. '명아줏과의 한해살이풀'을 뜻하는 말인 '댑싸리'만 표준어이다. 　　　　관련 규정 ▌표준어 규정 제17항, 19항

06 다음 중 문장부호의 쓰임이 바르지 <u>않은</u> 것을 고르시오.

① 예로부터 "민심은 천심이다."라고 하였다.

② "여러분! 침착해야 합니다. "하늘이 무너져도 솟아날 구멍이 있다."고 합니다."

③ (마음속으로) '만약 내가 지금 이런 모습으로 돌아간다면 모두들 깜짝 놀라겠지.'

④ 지금 필요한 것은 '지식'이 아니라 '실천'입니다.

⑤ "철수, 휴가 때 피서라도 다녀왔나?"

정답 ②

해설 ②는 따온 말 가운데 다시 따온 말이 들어 있는 경우이므로 작은따옴표를 써서 "여러분! 침착해야 합니다. '하늘이 무너져도 솟아날 구멍이 있다.'고 합니다."로 씀이 바르다. 　　　　관련 규정 ▌문장부호

07 다음 중 표준어가 <u>아닌</u> 것을 고르시오.

① 웃어른 　　　② 웃돈 　　　③ 웃쪽 　　　④ 윗목 　　　⑤ 윗잇몸

정답 ③

해설 ③의 '웃쪽'은 '위쪽'의 잘못이다. '위가 되는 쪽'을 뜻하는 말은 '위쪽'이 표준어이다. 　　　　관련 규정 ▌표준어 규정 제12항

08 다음 중 자음의 이름을 잘못 발음한 것을 고르시오.

① 기역이 – [기여기]   ② 디귿을 – [디그슬]   ③ 피읖이 – [피으피]

④ 시옷에 – [시오세]   ⑤ 니은이 – [니으니]

정답 ③

해설 ③ '피읖이'는 [피으비]로 발음한다.   관련 규정 ┃ 표준 발음법 제16항

09 다음 중 복수 표준어가 아닌 것을 고르시오.

① 옥수수 – 강냉이   ② 고깃간 – 푸줏간   ③ 눈대중 – 눈어림

④ 보조개 – 볼우물   ⑤ 무 – 무우

정답 ⑤

해설 ⑤는 '무'만이 표준어이고 '무우'는 비표준어이다.   관련 규정 ┃ 표준어 규정 제14항, 26항

10 다음 중 밑줄 친 단어의 쓰임이 적절하지 않은 것을 고르시오.

① 그는 나에게 과도한 일을 시킨다.
② 끓인 물을 식혀서 먹도록 하세요.
③ 고향집 뒷산에 낙엽이 차곡차곡 쌓였다.
④ 나는 신문지로 쌓여 있는 것이 무엇인지 무척 궁금했다.
⑤ 어머니가 끼시던 가락지가 꽁꽁 쌔어 있었다.

정답 ④

해설 ④는 '싸여'가 맞다. '싸이다'는 물건을 안에 넣고 보이지 않게 가리거나 둘러 말다는 뜻을 나타내는 '싸다'의 피동사이고, '쌓이다'는 '쌓다'의 피동사로 '여러 개의 물건을 겹겹이 포개어 얹어 놓다'는 뜻을 나타낸다. ⑤ '쌔다'는 '싸이다'의 준말이다.

11 다음 중 밑줄 친 단어의 쓰임이 적절하지 않은 것을 고르시오.

① 살로메는 멋과 요기가 어울어져 다시없이 아름다웠다.
② 술과 옛 얘기로 아우러진 밤이었다.
③ 그의 연설은 대범함과 세심함이 어울려 너무나 멋졌다.
④ 사랑엔 계산서가 필요 없다. 아울러, 영수증도 필요 없다.
⑤ 오직, 영원과 어우러진 두 가닥의 평행선과도 같았다.

정답 ①

해설 ①은 '어우러져' 가 맞다. '여럿이 조화되어 한 덩어리나 한판을 크게 이루게 되다' 는 뜻을 나타내는 말은 '어우러지다', '아우러지다' 가 표준어이며, '어우르다' 의 피동사는 '어울리다' 이다. ④ '동시에 함께' 라는 뜻을 나타내는 부사는 '아울러' 이다.

12 다음 중 구개음화가 일어나지 <u>않는</u> 것을 고르시오.

① 곧이   ② 미닫이   ③ 밭갈이   ④ 해돋이   ⑤ 굳이

정답 ③

해설 구개음화는 'ㄷ', 'ㅌ' 받침 뒤에 조사나 접미사 '-이(-)' 나 '-하-' 가 올 때 'ㄷ', 'ㅌ' 이 'ㅈ', 'ㅊ' 으로 소리 나는 현상을 말한다. 따라서 ① '곧이' 는 [고지], ② '미닫이' 는 [미다지], ④ '해돋이' 는 [해도지], ⑤ '굳이' 는 [구지]로 발음한다. 그러나 ③ '밭갈이' 는 연음하여 [받까리]로 발음하는 단어로 구개음화 현상에 해당하는 것이 아니다.   관련 규정 한글 맞춤법 제6항

13 다음 중 단어의 발음이 <u>잘못</u> 연결된 것을 고르시오.

① 솜이불 – [솜:니불]   ② 콩엿 – [콩넌]
③ 직행열차 – [지캥녈차]   ④ 국민윤리 – [궁민뉼리]
⑤ 이죽이죽 – [이죽니죽]

정답 ⑤

해설 ⑤ '이죽이죽' 은 [이중니죽/이주기죽]으로 발음한다. 합성어 및 파생어에서, 앞 단어나 접두사의 끝이 자음이고 뒤 단어나 접미사의 첫 음절이 '이, 야, 여, 요, 유' 인 경우 'ㄴ' 소리를 첨가하여, [니, 냐, 녀, 뇨, 뉴]로 발음한다.   관련 규정 표준 발음법 제29항

14 다음 밑줄 친 단어의 쓰임이 바르지 <u>않은</u> 것을 고르시오.

① 옆구리를 <u>간지르다</u>.
② 그들은 만장일치로 학생회장 의견을 <u>좇았다</u>.
③ 편지봉투가 너덜너덜하게 <u>해어져</u> 있었다.
④ 열심히 <u>일하므로</u> 잘 산다.
⑤ 분노를 <u>지그시</u> 참아왔다.

정답 ①

해설 ① '간지르다' 는 '간질이다' 의 잘못이다. '살갗을 문지르거나 건드려 간지럽게 하다' 라는 뜻을 나타내는 말은 '간질이다' 가 바르다.   관련 규정 한글 맞춤법 제57항

15 밑줄 친 부분 중 복수 표준어의 짝이 잘못된 것을 고르시오.

① 그는 학교를 빼먹고 놀러 가자고 친구를 꼬였다(꾀었다).

② 그는 졸려서 거슴츠레한(게슴츠레한) 눈을 비비고 있었다.

③ 방 안에는 구린내(쿠린내)가 진동했다.

④ 그는 언제나(노다지) 같은 자리에 앉는다.

⑤ 한꺼번에 가족을 모두 잃은 그 애가 가엾어(가여워) 보인다.

정답 ④

해설 ④는 '언제나'만 표준어이고, '노다지'는 비표준어이다.

관련 규정 표준어 규정 제18항, 19항, 25항, 26항

16 다음 중 단어의 발음이 잘못 연결된 것을 고르시오.

① 계시다 – [게:시다]　　　　　② 각하 – [가카]

③ 낳은 – [나은]　　　　　　　④ 곬이 – [고리]

⑤ 없어 – [업:써]

정답 ④

해설 ④ '곬이'는 [골씨]로 발음한다. 겹받침이 모음으로 시작된 조사나 어미, 접미사와 결합되는 경우에는 뒤엣것만을 뒤 음절 첫소리로 옮겨 발음한다.

관련 규정 표준 발음법 제5항, 12항, 14항

17 다음 중 단어의 발음이 잘못 제시된 것을 고르시오.

① 오늘 저녁에는 납량[나뱡] 특집극을 볼 생각이다.

② 신랑 신부의 상견례[상견녜]가 있었다.

③ 입원료[이붠뇨]를 지불해야 퇴원할 수 있다.

④ 올해는 작년보다 생산량[생산냥]이 증가했다.

⑤ 지대가 낮아서 홍수로 큰 물난리[물랄리]를 겪었다.

정답 ①

해설 ① '납량'은 [남냥]으로 발음함이 표준이다. 한자로는 '納凉'으로 쓰는데, 이때 '凉'은 '량'이지, '양'이 아니므로 [남냥]으로 읽는다.

관련 규정 표준 발음법 제20항

18 단어의 형성 방식이 나머지와 <u>다른</u> 하나를 고르시오.

① 맨주먹　　　② 복스럽다　　　③ 집안　　　④ 설익다　　　⑤ 숫처녀

정답 ③

해설 ③ '집안'은 '집'과 '안'이 결합한 합성어이고, 나머지는 파생어이다.

　①의 '맨주먹'은 접두사 '맨'과 명사 '주먹', ②의 '복스럽다'는 명사 '복'과 접미사 '-스럽다', ④의 '설익다'는 접두사 '설'과 동사 '익다', ⑤의 '숫처녀'는 접두사 '숫'과 명사 '처녀'가 결합한 파생어이다.

19 다음 중 표준어가 <u>아닌</u> 것을 고르시오.

① 존댓말　　　② 인사말　　　③ 예사말　　　④ 혼자말　　　⑤ 노랫말

정답 ④

해설 ④는 '혼잣말'로 씀이 바르다. 이는 순 우리말로 된 합성어로 뒷말의 첫소리 'ㅁ' 앞에서 'ㄴ' 소리가 덧나므로 사이시옷을 붙여 쓴다. **관련 규정** 한글 맞춤법 제30항

20 다음 밑줄 친 단어 중 'ㄹ' 탈락 현상에 해당하지 <u>않는</u> 것을 고르시오.

> 연일 <u>바느질</u>해서 받은 삯으로 <u>싸전</u>에 가서 보리를 팔아올 적에 <u>마되</u>로 푹푹 퍼 담아 오길 기대했지요. 그러나 <u>마대</u> 자루에 반도 안 되는 보리를 보고는 그만 아내는 <u>우짖고</u> 말았지요.

① 바느질　　　② 싸전　　　③ 마되　　　④ 마대　　　⑤ 우짖고

정답 ④

해설 ④는 '마대(麻袋)'로 'ㄹ' 탈락 현상에 해당하지 않는다.

　①은 '바늘-질'에서 'ㄹ'이 탈락하여 '바느질', ②는 '쌀-전'에서 'ㄹ'이 탈락하여 '싸전', ③은 '말-되'에서 'ㄹ'이 탈락하여 '마되', ⑤는 '울-짖다'에서 'ㄹ'이 탈락하여 '우짖다'가 된다. **관련 규정** 한글 맞춤법 제28항

3절 확장편

① 외래어 표기법

❶ 표기의 기본 원칙

① 외래어는 국어의 현용 24 자모만으로 적는다.

② 외래어의 1 음운은 원칙적으로 1 기호로 적는다.

③ 받침에는 'ㄱ, ㄴ, ㄹ, ㅁ, ㅂ, ㅅ, ㅇ'만을 쓴다.

④ 파열음 표기에는 된소리를 쓰지 않는 것을 원칙으로 한다.

⑤ 이미 굳어진 외래어는 관용을 존중하되, 그 범위와 용례는 따로 정한다.

❷ 올바른 외래어 표기

① '→' 표시가 있는 말은 될 수 있으면 '→' 표시 뒤의 우리말로 바꾸어 써야 할 말이다.

② 알파벳 뒤에 '도'는 '도이치어', '라'는 '라틴어', '스'는 '스페인어', '이'는 '이탈리아어', '포'는 '포르투갈어', '프'는 '프랑스어'다. 알파벳 뒤에 아무 표시가 없으면 영어이다.

ㄱ (기역)

- 가드레일(guard rail)
- 가스(gas)
- 가십(gossip)
- 가톨릭(catholic)
- 개런티(guarantee)
- 갤러리(gallery) → 화랑
- 갤런(gallon)
- 게릴라(guerrilla, 스)
- 고흐(Gogh)
- 곤돌라(gondola, 이)
- 그라운드(ground) → 경기장, 운동장

- 그로테스크하다(grotesque하다, 프) → 기괴하다
- 그룹(group) → 집단
- 그리스(grease) → 윤활유
- 글라스(glass) → 유리잔, 유리컵
- 글러브(glove)
- 글로브(globe)
- 글리세린(glycerine)
- 기어(gear)
- 기타(guitar)
- 깁스(gips, 도)
- 껌(gum)

ㄴ (니은)

- 나일론(nylon)
- 나프타(naphtha)
- 난센스(nonsense)
- 내레이션(narration) → 해설, 이야기
- 냅킨(napkin)

- 네트워크(network)
- 노트(note)
- 노하우(know-how) → 비결, 기술
- 논픽션(nonfiction)
- 뉘앙스(nuance, 프)

ㄷ (디귿)

- 다운타운(downtown) → 도심(지)
- 다이내믹(dynamic) → 역동적
- 다이너마이트(dynamite)
- 다이아몬드(diamond)
- 다이얼(dial)
- 다큐멘터리(documentary)
- 대시(dash) → 질주, 달리기
- 데뷔(début, 프)
- 데생(dessin, 프)
- 데이터(data) → 자료

- 도넛(doughnul)
- 도킹하다(docking하다) → 만나다
- 드라마(drama)
- 드라이 클리닝(dry cleaning)
- 드롭스(drops)
- 디스켓(diskette)
- 디스코텍(discotheque)
- 디스크자키(disk jockey)
- 디지털(digital)
- 딜레마(dilemma)

ㄹ (리을)

- 라벨(label) – 네덜란드어 '레테르(letter)'도 인정
- 라이선스(license) → 인가
- 라이터(lighter)
- 라켓(racket)
- 랩소디(rhapsody)
- 랩 타임(lap time)
- 러닝 메이트(running mate)
- 러닝 셔츠(running shirts)
- 러시 아워(rush hour)
- 레스토랑(restaurant, 프) → 식당
- 레이더(radar)
- 레인보(rainbow)
- 레즈비언(lesbian) → 여성 동성애자
- 레커차(wrecker車) → 견인차

- 레코드(record)
- 레크리에이션(recreation)
- 레퍼토리(repertory)
- 렌터카(rent-a-car)
- 로봇(robot)
- 로비스트(lobbyist)
- 로션(lotion)
- 로열 젤리(royal jelly)
- 로열티(royalty)
- 로켓(rocket)
- 로터리(rotary)
- 로프(rope)
- 록(← rock'n'roll)
- 루주(rouge, 프)

◆ 류머티즘(rheumatism)

◆ 륙색(rucksack, 도) → 배낭

◆ 르포(← reportage, 프) → 보고 기사, 현장 보고, 현장 보고서

◆ 리더십(leadership) → 지도력

◆ 리모컨(remote control)

◆ 리어카(rear car) → 손수레

◆ 링거(ringer)

ㅁ (미음)

◆ 마가린(margarine)

◆ 마니아(mania) → 애호가

◆ 마사지(massage)

◆ 마스카라(mascara)

◆ 마스코트(mascot)

◆ 마스크(mask)

◆ 마스터하다(master하다)

◆ 마이실린(mycillin)

◆ 마케팅(marketing)

◆ 매니큐어(manicure)

◆ 매머드(mammoth)

◆ 매스커뮤니케이션(mass communication)

◆ 머플러(muffler)

◆ 메가폰(megaphone)

◆ 메리야스(medias, 스 / meias, 포) → 속옷

◆ 메시지(message)

◆ 메이크업(makeup)

◆ 모라토리엄(moratorium)

◆ 몽타주(montage, 프)

◆ 미라(mirra, 포)

◆ 미스터리(mystery)

◆ 밀리(milli)

◆ 밀크셰이크(milk shake)

◆ 밀크캐러멜(milk caramel)

ㅂ (비읍)

◆ 바리케이드(barricade)

◆ 바비큐(barbecue)

◆ 바텐더(bartender)

◆ 바통(bâton, 프) / 배턴(baton)

◆ 박테리아(bacteria) → 세균(細菌)

◆ 발레(ballet, 프)

◆ 방갈로(bungalow)

◆ 배드민턴(badminton)

◆ 배지(badge)

◆ 배터리(battery)

◆ 배트(bat) → 방망이

◆ 버저(buzzer)

◆ 버클(buckle)

◆ 버킷(bucket)

◆ 베니어(veneer)

◆ 베테랑(vétéran, 프)

◆ 벨로드롬(velodrome)

◆ 벨벳(velvet)

◆ 보이콧(boycott)

◆ 불도그(bulldog)

◆ 부르주아(bourgeois, 프) − 중세의 중산 계급 시민 또는 근대의 자본가

◆ 부르주아지(bourgeoisie, 프) − 중세의 중산 계급 또는 근대의 자본가, 시민 계급

◆ 부츠(boots)

◆ 뷔페(buffet, 프)

◆ 브래지어(brassiere, 프)

◆ 브로치(brooch)

◆ 블라우스(blouse)

◆ 블록(block)

◆ 블루스(blues)

◆ 비닐(vinyl)

◆ 비스킷(biscuit)

◆ 비즈니스(business) → 사업(事業)

ㅅ (시옷)

◆ 사디즘(sadism)

◆ 산타클로스(Santa Claus)

◆ 새시(sash)

◆ 색소폰(saxophone)

◆ 샐비어(salvia)

◆ 샹들리에(chandelier, 프)

◆ 샹송(chanson, 프)

◆ 섀도 캐비닛(shadow cabinet)

◆ 서커스(circus)

◆ 서클(circle) → 동아리, 모임

◆ 서핑(surfing)

◆ 선글라스(sunglass)

◆ 세트 스코어(set score)

◆ 센티멘털하다(sentimental하다) → 감상적이다

◆ 셀룰로오스(cellulose)

◆ 셔벗(sherbet) – 흔히 '샤베트'라고 하는 것

◆ 셔츠(shirts)

◆ 셰르파(sherpa) – 히말라야 등반대의 길 안내나 짐
  운반을 위해 고용하는 티베트계 네팔 사람

◆ 셰이크핸드 그립(shake hand grip)

◆ 소시지(sausage)

◆ 소켓(socket)

◆ 쇼윈도(show window)

◆ 수프(soup)

◆ 슈퍼(← supermarket)

◆ 스노타이어(snow tire)

◆ 스위치(switch)

◆ 스카우트(scout)

◆ 스케줄(schedule) → 일정

◆ 스타디움(stadium, 라)

◆ 스태미나(stamina) → 원기, 힘, 정력

◆ 스태프(staff) → 간부, 참모진, 제작진

◆ 스탠더드(standard) → 표준

◆ 스테인리스(stainless)

◆ 스텝(step) → 걸음걸이

◆ 스토브(stove) → 난로

◆ 스튜디오(studio, 이)

◆ 스튜어디스(stewardess) → 여승무원

◆ 스트라이크(strike)

◆ 스트로(straw) → 빨대

◆ 스티로폼(styrofoam) – 스티로폴(styropor, 독)도 인정

◆ 스파게티(spaghetti, 이)

◆ 스펀지(sponge)

◆ 스폿 뉴스(spot news)

◆ 스프링클러(sprinkler) → 물뿌리개

◆ 슬래브(slab)

◆ 슬롯머신(slot machine)

◆ 시럽(syrup)

◆ 시리즈(series)

◆ 시멘트(cement)

◆ 시스템(system)

◆ 실루엣(silhouette)

◆ 심벌(symbol) → 상징, 기호

◆ 심포지엄(symposium)

ㅇ (이응)

- 아마(← amateur)
- 아마추어(amateur)
- 아방가르드(avant-garde, 프)
- 아이러니(irony) → 반어, 풍자
- 아이로니컬하다(ironical하다) → 역설적이다, 풍자적
  이다, 반어적이다.
- 아키바레(秋晴)(쌀) → 추청(쌀)
- 악센트(accent)
- 알루미늄(aluminium)
- 알칼리(alkali)
- 알코올(alcohol)
- 알파벳(alphabet)
- 앙케트(enquête, 프)
- 애드벌룬(adbaloon)
- 애프터서비스(after+service)
- 앰뷸런스(ambulance) → 구급차

- 에메랄드(emerald)
- 에스컬레이터(escalator)
- 에스코트(escort) → 호위
- 에어컨(← air conditioner)
- 오르가슴(orgasme, 프)
- 오르간(organ) → 풍금(風琴)
- 오버(← overcoat) → 외투(外套)
- 오프셋(offset)
- 옴부즈맨(ombudsman)
- 옵서버(observer)
- 백신(vaccine)
- 왜건(wagon)
- 요구르트(yogurt)
- 워크숍(workshop)
- 이슈(issue) → 쟁점
- 인스턴트(instant) → 즉각, 즉석

ㅈ (지읒)

- 자이로스코프(gyroscope) → 회전의(回轉儀)
- 자이르(Zaire)
- 자이언트(giant)
- 장르(genre, 프)
- 재킷(jacket)
- 잭나이프(jackknife) → 주머니칼
- 잼(jam)
- 점퍼(jumper)

- 제스처(gesture)
- 젤라틴(gelatin)
- 젤리(jelly)
- 주스(juice)
- 쥐라(jura) – 지질 시대에서 중생대를 이루는 기(紀)
- 지터버그(jitterbug) – 사교춤의 일종, 지르박
- 지프(jeep)
- 진저 에일(ginger ale) – 청량음료의 일종

ㅊ (치읓)

- 찬스(chance) → 기회
- 챔피언(champion)

- 체인(chain)
- 초콜릿(chocolate)

ㅋ (키읔)

- 카디건(cardigan)
- 카레(curry)
- 카바레(cabaret, 프)
- 카바이드(carbide)
- 카뷰레터(carburetor)
- 카세트 테이프(cassette tape)
- 카스텔라(castella, 포)
- 카운슬러(counselor)
- 카운슬링(counseling)
- 카운터블로(counterblow)
- 카페(cafe, 프)
- 카페테리아(cafeteria, 스)
- 카펫(carpet) → 양탄자
- 캐러멜(caramel)
- 캐럴(carol)
- 캐리커처(caricature)
- 캐비닛(cabinet)
- 캐시미어(cashmere)
- 캐주얼(casual)
- 캠프파이어(campfire)
- 캡슐(capsule)
- 커닝(cunning)
- 커리큘럼(curriculum) → 교육 과정
- 커미션(commission) → 수수료, 구전(口錢)
- 커트(cut)
- 커튼(curtain)
- 커피 숍(coffee shop) → 찻집
- 컨디션(condition)
- 컨베이어(conveyor)
- 컨소시엄(consortium)
- 컨설턴트(consultant)
- 컨테이너(container)
- 컨트롤(control) → 통제
- 컬러(color) → 색, 색깔
- 컬러 텔레비전(color television)

- 컬러풀(colorful) → 화려한, 다채로운
- 컴퍼스(compass)
- 컴포넌트(component)
- 컴프레서(compressor) → 압축기
- 케이크(cake)
- 케첩(ketchup)
- 코냑(cognac, 프)
- 코르덴(← corded velveteen)
- 코르셋(corset)
- 코뮈니케(communiqué, 프)
- 코미디(comedy)
- 코펠(kocher, 도)
- 콘덴서(condenser)
- 콘도르(condor, 스)
- 콘사이스(concise)
- 콘서트(concert) → 음악회
- 콘체른(konchern, 도)
- 콘크리트(concrete)
- 콜레라(cholera)
- 콤팩트(compact)
- 콩쿠르(concours, 프) → 경연회(競演會)
- 콩트(conte, 프)
- 쿠데타(coup d' État, 프)
- 쿠션(cushion)
- 쿵후(功夫)
- 크래커(cracker)
- 크레디트 카드(credit card) → 신용카드
- 크레용(crayon, 프)
- 크레파스(crapas)
- 크리스천(christian) → 기독교도
- 크리스털(crystal) → 수정
- 크리켓(cricket)
- 클라이맥스(climax) → 절정
- 클랙슨(klaxon) → 경적
- 킬로(kilo)

E (티읕)

- 타깃(target) → 목표, 과녁, 표적
- 타월(towel) → 수건
- 타이츠(tights)
- 탤런트(talent)
- 테이프 리코더(tape recorder)
- 테크놀로지(technology) → 기술
- 텔레비전(television)

- 토너먼트(tournament)
- 토마토(tomato)
- 톱뉴스(top news) → 머리기사
- 트럼펫(trumpet)
- 트롬본(trombone)
- 티켓(ticket) → (입장)권, 표
- 팀워크(teamwork)

ㅍ (피읖)

- 파운데이션(foundation)
- 파일럿(pilot) → 조종사
- 판탈롱(pantalon, 이)
- 패스트 푸드(fast food)
- 팸플릿(pamphlet)
- 페넌트(pennant)
- 페스티벌(festival) → 잔치, 축제
- 펜치(pincers)
- 포마드(pomade)
- 포스터컬러(poster color)
- 포클레인(poclain, 프) → 삽차
- 퓨즈(fuse)
- 프라이(fry)
- 프라이드 치킨(fried chicken)
- 프라이팬(frypan)
- 프런트(front)

- 프런티어(frontier)
- 프로듀서(producer)
- 프로펠러(propeller)
- 프러포즈하다(propose하다) → 청혼하다
- 프롤레타리아(prolétariat, 프) → 임금노동자
- 프리랜서(free-lancer)
- 프리미엄(premium) → 웃돈, 수수료, 할증금
- 플라스틱(plastic)
- 플랑크톤(plankton)
- 플래시(flash)
- 플래카드(placard)
- 플랫폼(platform) → 승강장
- 피날레(finale, 이)
- 피라미드(pyramid)
- 피켓(picket)
- 피톤치드(phytoncide)

ㅎ (히읗)

- 하이라이트(highlight)
- 해트 트릭(hat trick)
- 헤드라이트(headlight)
- 헬멧(helmet)

- 호치키스(hotchkiss)
- 훌라후프(hula-hoop)
- 휘슬(whistle)
- 히프(hip) → 엉덩이

❸ 표기 세칙

1. 영어의 표기

① 무성 파열음([p], [t], [k])

㉠ 짧은 모음 다음의 어말 무성 파열음([p], [t], [k])은 받침으로 적는다.

> 예 gap[gæp] 갭　　　　　　　　cat[kæt] 캣　　　　　　　　book[buk] 북

㉡ 짧은 모음과 유음 · 비음([l], [r], [m], [n]) 이외의 자음 사이에 오는 무성 파열음 ([p], [t], [k])은 받침으로 적는다.

> 예 apt[æpt] 앱트　　　　　　setback[setbæk] 셋백　　　　act[ækt] 액트

㉢ 위 경우 이외의 어말과 자음 앞의 [p], [t], [k]는 '으'를 붙여 적는다.

> 예 stamp[stæmp] 스탬프　　　　　　　cape[keip] 케이프
> nest[nest] 네스트　　　　　　　　part[pɑ:t] 파트
> desk[desk] 데스크　　　　　　　make[meik] 메이크
> apple[æpl] 애플　　　　　　　　mattress[mætris] 매트리스
> chipmunk[tʃipmʌŋk] 치프멍크　　　sickness[siknis] 시크니스

② 유성 파열음([b], [d], [g])

어말과 모든 자음 앞에 오는 유성 파열음은 '으'를 붙여 적는다.

> 예 bulb[bʌlb] 벌브　　　　　　　　land[lænd] 랜드
> zigzag[zigzæg] 지그재그　　　　lobster[lɔbstə] 로브스터
> kidnap[kidnæp] 키드냅　　　　　signal[signəl] 시그널

③ 마찰음([s], [z], [f], [v], [θ], [ð], [ʃ], [ʒ])

㉠ 어말 또는 자음 앞의 [s], [z], [f], [v], [θ], [ð]는 '으'를 붙여 적는다.

> 예 mask[mɑ:sk] 마스크　　　　　　jazz[dʒæz] 재즈
> graph[græf] 그래프　　　　　　olive[ɔliv] 올리브
> thrill[θril] 스릴　　　　　　　　bathe[beið] 베이드

㉡ 어말의 [ʃ]는 '시'로 적고, 자음 앞의 [ʃ]는 '슈'로, 모음 앞의 [ʃ]는 뒤따르는 모음에 따라 '샤', '섀', '셔', '셰', '쇼', '슈', '시'로 적는다.

> 예 flash[flæʃ] 플래시　　　　　　shrub[ʃrʌb] 슈러브
> shark[ʃɑ:k] 샤크　　　　　　　shank[ʃæŋk] 섕크
> fashion[fæʃən] 패션　　　　　　sheriff[ʃerif] 셰리프
> shopping[ʃɔpiŋ] 쇼핑　　　　　shoe[ʃu:] 슈
> shim[ʃim] 심

㉢ 어말 또는 자음 앞의 [ʒ]는 '지'로 적고, 모음 앞의 [ʒ]는 'ㅈ'으로 적는다.

> 예 mirage[mirɑ:ʒ] 미라지　　　　　vision[viʒən] 비전

④ 파찰음([ts], [dz], [tʃ], [dʒ])

ㄱ 어말 또는 자음 앞의 [ts], [dz]는 '츠', '즈'로 적고, [tʃ], [dʒ]는 '치', '지'로 적는다.

> **예** Keats[kiːts] 키츠
> switch[switʃ] 스위치
> Pittsburgh[pitsbəːg] 피츠버그
>
> odds[ɔdz] 오즈
> bridge[bridʒ] 브리지
> hitchhike[hitʃhaik] 히치하이크

ㄴ 모음 앞의 [tʃ], [dʒ]는 '치', '지'으로 적는다.

> **예** chart[tʃɑːt] 차트
> virgin[vəːdʒin] 버진

⑤ 비음([m], [n], [ŋ])

ㄱ 어말 또는 자음 앞의 비음은 모두 받침으로 적는다.

> **예** steam[stiːm] 스팀
> ring[riŋ] 링
> hint[hint] 힌트
>
> corn[kɔːn] 콘
> lamp[læmp] 램프
> ink[iŋk] 잉크

ㄴ 모음과 모음 사이의 [ŋ]은 앞 음절의 받침 'ㅇ'으로 적는다.

> **예** hanging[hæŋiŋ] 행잉
> longing[lɔŋiŋ] 롱잉

⑥ 유음([l])

ㄱ 어말 또는 자음 앞의 [l]은 받침으로 적는다.

> **예** hotel[houtel] 호텔
> pulp[pʌlp] 펄프

ㄴ 어중의 [l]이 모음 앞에 오거나, 모음이 따르지 않는 비음([m], [n]) 앞에 올 때에는 'ㄹㄹ'로 적는다. 다만, 비음([m], [n]) 뒤의 [l]은 모음 앞에 오더라도 'ㄹ'로 적는다.

> **예** slide[slaid] 슬라이드
> helm[helm] 헬름
> Hamlet[hæmlit] 햄릿
>
> film[film] 필름
> swoln[swouln] 스월른
> Henley[henli] 헨리

⑦ 장모음

모음의 장음은 따로 표기하지 않는다.

> **예** team[tiːm] 팀
> route[ruːt] 루트

⑧ 중모음[1]([ai], [au], [ei], [ɔi], [ou], [auə])

중모음은 각 단모음의 음가를 살려서 적되, [ou]는 '오'로, [auə]는 '아워'로 적는다.

> **예** time[taim] 타임
> skate[skeit] 스케이트
> boat[bout] 보트
>
> house[haus] 하우스
> oil[ɔil] 오일
> tower[tauə] 타워

---

1) 이 '중모음(重母音)'은 '이중 모음(二重母音)'으로, '중모음(中母音)'과 혼동하지 않도록 한다.

⑨ 반모음([w], [j])

　　㉠ [w]는 뒤따르는 모음에 따라 [wə], [wɔ], [wou]는 '워', [wɑ]는 '와', [wæ]는 '왜', [we]는 '웨', [wi]는 '위', [wu]는 '우'로 적는다.

　　　　예 word[wəːd] 워드　　　　　　　　want[wɔnt] 원트

　　　　　　woe[wou] 워　　　　　　　　　　wander[wɑndə] 완더

　　　　　　wag[wæg] 왜그　　　　　　　　　west[west] 웨스트

　　　　　　witch[witʃ] 위치　　　　　　　　wool[wul] 울

　　㉡ 자음 뒤에 [w]가 올 때에는 두 음절로 갈라 적되, [gw], [hw], [kw]는 한 음절로 붙여 적는다.

　　　　예 swing[swiŋ] 스윙　　　　　　　　twist[twist] 트위스트

　　　　　　penguin[peŋgwin] 펭귄　　　　　whistle[hwisl] 휘슬

　　　　　　quarter[kwɔːtə] 쿼터

　　㉢ 반모음 [j]는 뒤따르는 모음과 합쳐 '야', '애', '여', '예', '요', '유', '이'로 적는다. 다만, [d], [l], [n] 다음에 [jə]가 올 때에는 각각 '디어', '리어', '니어'로 적는다.

　　　　예 yard[jɑːd] 야드　　　　　　　　yank[jæŋk] 앵크

　　　　　　yearn[jəːn] 연　　　　　　　　　yellow[jelou] 옐로

　　　　　　yawn[jɔːn] 온　　　　　　　　　you[juː] 유

　　　　　　year[jiə] 이어　　　　　　　　　union[juːnjən] 유니언

　　　　　　Indian[indjən] 인디언　　　　　　battalion[bətæljən] 버탤리언

⑩ 복합어[2]

　　㉠ 따로 설 수 있는 말의 합성으로 이루어진 복합어는 그것을 구성하고 있는 말이 단독으로 쓰일 때의 표기대로 적는다.

　　　　예 cuplike[kʌplaik] 컵라이크　　　　bookend[bukend] 북엔드

　　　　　　headlight[hedlait] 헤드라이트　　　touchwood[tʌtʃwud] 터치우드

　　　　　　sit-in[sitin] 싯인　　　　　　　　bookmaker[bukmeikə] 북메이커

　　　　　　flashgun[flæʃgʌn] 플래시건　　　　topknot[tɔpnɔt] 톱놋

　　㉡ 원어에서 띄어 쓴 말은 띄어 쓴 대로 한글 표기를 하되, 붙여 쓸 수도 있다.

　　　　예 Los Alamos[lɔs æləmous] 로스 앨러모스 / 로스앨러모스

　　　　　top class[tɔpklæs] 톱 클래스 / 톱클래스

---

2) 이 '복합어'는 학교 문법 용어에 따르면 '합성어'가 된다. 이하 같다.

❹ 인명, 지명 표기의 원칙

1. 표기 원칙

① 외국의 인명, 지명의 표기는 앞의 규정을 따르는 것을 원칙으로 한다.

② 앞의 규정에 포함되어 있지 않은 언어권의 인명, 지명은 원지음을 따르는 것을 원칙으로 한다.

> **예** Ankara 앙카라 　　　　　　　　　　　　Gandhi 간디

③ 원지음이 아닌 제3국의 발음으로 통용되고 있는 것은 관용을 따른다.

> **예** Hague 헤이그 　　　　　　　　　　　　Caesar 시저

④ 고유 명사의 번역명이 통용되는 경우 관용을 따른다.

> **예** Pacific Ocean 태평양 　　　　　　　　　Black Sea 흑해

2. 동양의 인명, 지명 표기

① 중국 인명은 과거인과 현대인을 구분하여 과거인은 종전의 한자음대로 표기하고, 현대인은 원칙적으로 중국어 표기법에 따라 표기하되, 필요한 경우 한자를 병기한다.

② 중국의 역사 지명으로서 현재 쓰이지 않는 것은 우리 한자음대로 하고, 현재 지명과 동일한 것은 중국어 표기법에 따라 표기하되, 필요한 경우 한자를 병기한다.

③ 일본의 인명과 지명은 과거와 현대의 구분 없이 일본어 표기법에 따라 표기하는 것을 원칙으로 하되, 필요한 경우 한자를 병기한다.

④ 중국 및 일본의 지명 가운데 한국 한자음으로 읽는 관용이 있는 것은 이를 허용한다.

> **예** 東京 도쿄, 동경 　　　　　京都 교토, 경도 　　　　　上海 상하이, 상해
> 　　 臺灣 타이완, 대만 　　　　黃河 황허, 황하

3. 바다, 섬, 강, 산 등의 표기 세칙

① 바다는 '해(海)'로 통일한다.

> **예** 홍해 　　　　　　　　　　발트해 　　　　　　　　　　아라비아해

② 우리나라를 제외하고 섬은 모두 '섬'으로 통일한다.

> **예** 타이완섬 　　　　　　　　코르시카섬 　　　　　　(우리나라 : 제주도, 울릉도)

③ 한자 사용 지역(일본, 중국)의 지명이 하나의 한자로 되어 있을 경우, '강', '산', '호', '섬' 등은 겹쳐 적는다.

> **예** 온타케산(御岳) 　　　　　　주장강(珠江) 　　　　　　도시마섬(利島)
> 　　 하야카와강(早川) 　　　　　위산산(玉山)

④ 지명이 산맥, 산, 강 등의 뜻이 들어 있는 것은 '산맥', '산', '강' 등을 겹쳐 적는다.

> **예** Rio Grande 리오그란데강 　　　　　　Monte Rosa 몬테로사산
> 　　 Mont Blanc 몽블랑산 　　　　　　　Sierra Madre 시에라마드레산맥

※ 「외래어 표기법」 일부 개정에 따라 그동안 '해, 섬, 강, 산, 산맥, 고원, 인, 족, 어……' 등이 외래어에 붙을 때에는 띄어 쓰고 고유어나 한자어에 붙을 때에는 붙여 써 왔던 규정이 삭제되고, '해, 섬, 강, 산, 산맥, 고원, 인, 족, 어……' 등의 앞에 어떤 말이 오느냐에 관계없이 일관되게 띄어쓰기를 적용할 수 있게 되었습니다.

01 다음 밑줄 친 외래어 표기가 올바른 것은?

① coffee ⇒ 코피

② Manhattan ⇒ 맨해튼

③ compile ⇒ 컴화일

④ spot news ⇒ 스팟 뉴스

⑤ chewing gum ⇒ 츄잉 껌

정답 ②

해설 위 규정에 따르면 ①은 '커피' ③은 '컴파일' ④는 '스폿뉴스' ⑤는 '추잉 껌'으로 표기해야 한다.

② 로마자 표기법

❶ 표기의 기본 원칙

① 국어의 로마자 표기는 국어의 표준 발음법에 따라 적는 것을 원칙으로 한다.

② 로마자 이외의 부호는 되도록 사용하지 않는다.

❷ 표기 일람

1. 모음은 다음과 같이 적는다.

① 단모음

ㅏ	ㅓ	ㅗ	ㅜ	ㅡ	ㅣ	ㅐ	ㅔ	ㅚ	ㅟ
a	eo	o	u	eu	i	ae	e	oe	wi

② 이중 모음

ㅑ	ㅕ	ㅛ	ㅠ	ㅒ	ㅖ	ㅘ	ㅙ	ㅝ	ㅞ	ㅢ
ya	yeo	yo	yu	yae	ye	wa	wae	wo	we	ui

> **붙임 1**
>
> 'ㅢ'는 'ㅣ'로 소리 나더라도 'ui'로 적는다.
>
> 예 광희문 → Gwanghuimun
>
> **붙임 2**
>
> 장모음의 표기는 따로 하지 않는다.

2. 자음은 다음과 같이 적는다.

① 파열음

ㄱ	ㄲ	ㅋ	ㄷ	ㄸ	ㅌ	ㅂ	ㅃ	ㅍ
g, k	kk	k	d, t	tt	t	b, p	pp	p

② 파찰음

ㅈ	ㅉ	ㅊ
j	jj	ch

③ 마찰음

ㅅ	ㅆ	ㅎ
s	ss	h

④ 비 음

ㄴ	ㅁ	ㅇ
n	m	ng

⑤ 유 음

ㄹ
r, l

> **붙임** **1**
>
> 'ㄱ, ㄷ, ㅂ'은 모음 앞에서는 'g, d, b'로, 자음 앞이나 어말에서는 'k, t, p'로 적는다.
> ([ ] 안의 발음에 따라 표기함.)
>
> 예 구미 → Gumi / 영동 → Yeongdong / 백암 → Baegam / 옥천 → Okcheon /
> 합덕 → Hapdeok / 호법 → Hobeop / 월곶[월곧] → Wolgot / 벚꽃[벋꼳] → beotkkot /
> 한밭[한받] → hanbat
>
> **붙임** **2**
>
> 'ㄹ'은 모음 앞에서는 'r'로, 자음 앞이나 어말에서는 'l'로 적는다. 단, 'ㄹㄹ'은 'll'로 적는다.
>
> 예 구리 → Guri / 설악 → Seorak / 칠곡 → Chilgok / 임실 → Imsil / 울릉 → Ulleung /
> 대관령[대괄령] → Daegwallyeong

❸ 표기상의 유의점

1. 음운 변화가 일어날 때에는 변화의 결과에 따라 다음과 같이 적는다.

① 자음 사이에서 동화 작용이 일어나는 경우

예 백마[뱅마] → Baengma　　　　신문로[신문노] → Sinmunno　　　종로[종노] → Jongno
왕십리[왕심니] → Wangsimni　　별내[별래] → Byeollae　　　　신라[실라] → Silla

② 'ㄴ, ㄹ'이 덧나는 경우

예 학여울[항녀울] → Hangnyeoul　　　　　　　　알약[알략] → allyak

③ 구개음화가 되는 경우

예 해돋이[해도지] → haedoji　　같이[가치] → gachi　　　　맞히다[마치다] → machida

④ 'ㄱ, ㄷ, ㅂ, ㅈ'이 'ㅎ'과 합하여 거센소리로 소리 나는 경우

예 좋고[조코] → joko   놓다[노타] → nota

  잡혀[자펴] → japyeo   낳지[나치] → nachi

다만, 체언에서 'ㄱ, ㄷ, ㅂ' 뒤에 'ㅎ'이 따를 때에는 'ㅎ'을 밝혀 적는다.

예 묵호 → Mukho   집현전 → Jiphyeonjeon

붙임

된소리되기는 표기에 반영하지 않는다.

예 압구정 → Apgujeong / 낙동강 → Nakdonggang / 죽변 → Jukbyeon / 울산 → Ulsan /
  낙성대 → Nakseongdae / 합정 → Hapjeong / 팔당 → Paldang / 샛별 → saetbyeol

2. 발음상 혼동의 우려가 있을 때에는 음절 사이에 붙임표(-)를 쓸 수 있다.

예 중앙 → Jung-ang   반구대 → Ban-gudae

  세운 → Se-un   해운대 → Hae-undae

3. 고유 명사는 첫 글자를 대문자로 적는다.

예 부산 → Busan   세종 → Sejong

4. 인명은 성과 이름의 순서로 띄어 쓴다. 이름은 붙여 쓰는 것을 원칙으로 하되 음절 사이에 붙임표(-)
  를 쓰는 것을 허용한다. [( ) 안의 표기를 허용함.]

예 민용하 → Min Yongha(Min Yong-ha)   송나리 → Song Nari(Song Na-ri)

① 이름에서 일어나는 음운 변화는 표기에 반영하지 않는다.

예 한복남 → Han Boknam(Han Bok-nam)   홍빛나 → Hong Bitna(Hong Bit-na)

② 성의 표기는 따로 정한다.

5. '도, 시, 군, 구, 읍, 면, 리, 동'의 행정 구역 단위와 '가'는 각각 'do, si, gun, gu, eup, myeon,
  ri, dong, ga'로 적고, 그 앞에는 붙임표(-)를 넣는다. 붙임표(-) 앞뒤에서 일어나는 음운 변화는 표
  기에 반영하지 않는다.

예 제주도 → Jeju-do   의정부시 → Uijeongbu-si   양주군 → Yangju-gun

  도봉구 → Dobong-gu   신창읍 → Sinchang-eup   삼죽면 → Samjuk-myeon

  인왕리 → Inwang-ri   당산동 → Dangsan-dong   봉천 1동 → Bongcheon 1(il)-dong

  종로 2가 → Jongno 2(i)-ga   퇴계로 3가 → Toegyero 3(sam)-ga

붙임

'시, 군, 읍'의 행정 구역 단위는 생략할 수 있다.

예 청주시 → Cheongju / 함평군 → Hampyeong / 순창읍 → Sunchang

6. 자연 지물명, 문화재명, 인공 축조물명은 붙임표(-) 없이 붙여 쓴다.

예 남산 → Namsan   속리산 → Songnisan   금강 → Geumgang

     독도 → Dokdo   경복궁 → Gyeongbokgung   연화교 → Yeonhwagyo

     안압지 → Anapji   남한산성 → Namhansanseong   화랑대 → Hwarangdae

     현충사 → Hyeonchungsa   독립문 → Dongnimmun   오죽헌 → Ojukheon

     촉석루 → Chokseongnu   종묘 → Jongmyo   다보탑 → Dabotap

7. 인명, 회사명, 단체명 등은 그동안 써 온 표기를 쓸 수 있다.

8. 학술 연구 논문 등 특수 분야에서 한글 복원을 전제로 표기할 경우에는 한글 표기를 대상으로 적는다. 이때 글자 대응은 제2장을 따르되 'ㄱ, ㄷ, ㅂ, ㄹ'은 'g, d, b, l'로만 적는다. 음가 없는 'ㅇ'은 붙임표(-)로 표기하되 어두에서는 생략하는 것을 원칙으로 한다. 기타 분절의 필요가 있을 때에도 붙임표(-)를 쓴다.

예 집 → jib   짚 → jip   밖 → bakk   값 → gabs

     붓꽃 → buskkoch   먹는 → meogneun   독립 → doglib   문리 → munli

     물엿 → mul-yeos   굳이 → gud-i   좋다 → johda   가곡 → gagog

     조랑말 → jolangmal   없었습니다 → eobs-eoss-seubnida

유제 01 다음 밑줄 친 단어의 로마자 표기가 올바른 것은?

① 철수는 종로구[Jongnogu]에 산다.
② 봄이 되지 벚꽃[Beojkkoj]이 활짝 피었다.
③ 속리산[Songnisan]으로 수학여행을 다녀왔다.
④ 세종로[Sejong-no]에는 사람들이 가득 찼다.
⑤ 오늘 회의는 구미[Kumi]에서 열릴 예정이다.

정답 ③

해설 위 규정에 따라 ①은 'Jongno-gu'로 ②는 'Beotkkot'으로 ④는 'Sejong-ro'로 ⑤는 'Gumi'로 표기해야 한다.

유제 02 다음 밑줄 친 단어의 로마자 표기가 올바르지 <u>않은</u> 것은?

① 굳이[gud-i]   ② 먹는[meogneun]   ③ 다보탑[Dabotap]
④ 금강[Geumgang]   ⑤ 잡혀[jahyeo]

정답 ⑤

해설 ⑤의 경우는 발음이 [자펴]로 나기 때문에 표기는 [japyeo]로 써야 한다.

3절 예상문제

01 '불국사'를 로마자로 바르게 쓰시오.

정답 Bulguksa

해설 '불국사'를 로마자로 바르게 쓰면 'Bulguksa'이다. 로마자 표기는 표준 발음법에 따라 적되, 'ㅂ'은 'b', 'ㅜ'는 'u', 'ㄹ'은 'l', 'ㄱ'은 'g', 받침 'ㄱ'은 'k', 'ㅅ'은 's', 'ㅏ'는 'a'로 쓰므로 '불국사'는 'Bulguksa'로 쓴다. 이때, 주의할 점은 '불국사' 전체를 한 단어로 보아 전체를 로마자로 적으므로 'Bulguk Temple'로 쓰지 않는다. 다만, 외국인들에게 그 명칭이 나타내는 대상이 무엇인지 알려 주고자 하는 경우 'Bulguksa(Temple)'처럼 해당 내용의 영어 단어를 괄호 안에 표기할 수 있다.

> **관련 규정** 로마자 표기법 제2장 제1항, 제3장 제6항

02 다음 문장의 밑줄 친 외래어를 우리말로 바르게 쓰시오.

> 아까 고속버스 <u>terminal</u>에서 본 남자 정말 잘생겼지?

※ terminal : 항공, 열차, 버스 노선 따위의 맨 끝 지점. 또는 많은 교통 노선이 모여 있는 역.

정답 터미널

해설 우리말 '종점'에 해당하는 'terminal'은 외래어 표기법에 따라 '터미널'로 표기함이 바르다.

> **관련 규정** 외래어 표기법 제2장

03 지명 중 '부산'을 로마자로 바르게 적으시오(단, 첫 글자는 대문자로 쓰시오).

정답 Busan

해설 '부산'을 로마자로 적으면 'Busan'이 된다. 바뀐 로마자 표기법에 따르면 'ㅂ'은 'b'로 표기하므로 '부산'은 'Busan'으로 쓴다.

> **관련 규정** 로마자 표기법 제2장 제1항

04 다음 문장의 괄호 안에 들어갈 말로 알맞은 것을 고르시오.

> 철수는 우유를 사러 (슈퍼마켓/수퍼마켓/슈퍼마켙)에 갔다.

정답 슈퍼마켓

해설 보기의 문장에서는 '슈퍼마켓'으로 씀이 바르다. '슈퍼마켓'은 영어 'supermarket'에서 온 말이다. 외래어 표기법에 따르면, 받침으로는 'ㄱ, ㄴ, ㄹ, ㅁ, ㅂ, ㅅ, ㅇ'만을 쓰므로 '켙'과 같은 표기는 있을 수 없고, '켓'으로 씀이 바르다. **관련 규정** **외래어 표기법 제1장 제3항**

05 다음의 뜻을 참고하여 'gum'을 외래어 표기법에 맞게 쓰시오.

> 'gum'을 질겅질겅 씹다.
>
> ※ gum : 고무에 설탕과 박하 따위의 향료를 섞어서 만든 과자. 입에 넣고 오래 씹으면서 단물을 빼어 먹는다.

정답 껌

해설 외래어의 발음 중 된소리에 가까운 발음은 표기에 반영하지 않음이 원칙이지만, 관용적으로 된소리 표기가 굳어진 단어는 특별히 된소리 표기를 인정한다. 'gum'은 관용적인 표기를 인정하여 '껌'으로 쓴다. **관련 규정** **외래어 표기법 제1장 제5항**

06 다음 중 '신라'의 로마자 표기로 알맞은 것을 고르시오.

① Sinla ② Sinna ③ Silla
④ Silna ⑤ Sila

정답 ③

해설 ③ '신라'의 로마자 표기로 알맞은 것은 'Silla'이다. 로마자 표기는 국어의 표준 발음에 따라 '신라'는 [실라]로 발음되므로 'Silla'로 표기함이 바르다. **관련 규정** **로마자 표기법 제3장 제1항**

07 다음 중 '제주'의 로마자 표기로 알맞은 것을 고르시오.

① Cheju ② Chechu ③ Jeju
④ Geju ⑤ Gegu

정답 ③

해설 '제주'의 로마자 표기는 'Jeju'가 맞다. 바뀐 로마자 표기법에 따르면, '제'는 'Je'로, '주'는 'ju'로 쓴다. 따라서 '제주'는 'Jeju'로 쓴다. 관련 규정 로마자 표기법 제2장 제1항, 2항

08 다음 중 '한복남'이라는 이름의 로마자 표기로 알맞은 것을 고르시오.

① Han Bok nam
② Han Bok-nam
③ Han Bong-nam
④ Han Bong nam
⑤ Han Bong Nam

정답 ②

해설 이름 '한복남'은 'Han Bok-nam'으로 쓴다. 사람 이름을 적을 때에는 우리말 어순에 따라 성을 앞에, 이름을 뒤에 적으며, 성과 이름 사이는 띄어 쓴다. 또한 이름은 한 단어로 보아 붙여 쓰거나, 음절을 구분하고자 하는 경우 사이에 붙임표(-)를 넣을 수 있다. '한복남'이라는 이름은 [한봉남]으로 소리 나지만, 이름의 음절 사이에서 일어나는 음운 변화는 표기에 반영하지 않으므로, 'Han Bok-nam' 또는 'Han Boknam'으로 씀이 바르다. 관련 규정 로마자 표기법 제3장 제4항

09 다음 중 외래어 표기법에 <u>어긋나는</u> 표기를 고르시오.

① 약속 장소는 길 건너 <u>커피숖</u>(coffee shop)이다.
② 철수는 큰 <u>비젼</u>(vision)을 세웠다.
③ 영희는 <u>플래시</u>(flash)가 달린 카메라를 샀다.
④ 오늘 저녁은 <u>로브스터</u>(lobster) 요리이다.
⑤ 생일 <u>케이크</u>(cake)를 자르다.

정답 ①

해설 ① 외래어 표기법 제1장 제3항, 받침에는 'ㄱ, ㄴ, ㄹ, ㅁ, ㅂ, ㅅ, ㅇ'만을 쓴다는 규정에 따라 '커피숍'으로 쓴다. 관련 규정 외래어 표기법 제1장 제3항, 제3장 제1절 제1항, 2항, 3항

10 다음 문장의 괄호 안에 들어갈 말로 알맞은 것을 골라 쓰시오.

> 철수는 선물로 받은 (로보트를/로봇을) 밤새 가지고 놀았다.

정답 로봇을

해설 'robot'은 '로봇'으로 쓴다. 이때 [t]를 '트'로 적지 않고, 받침으로 써서 '로봇'으로 씀이 바르다. 관련 규정 외래어 표기법 제3장 제1절 제1항

첫째 마당
언어 기초 영역

1장 확장문제

01 다음의 ㉠~㉢에 들어갈 말을 바르게 짝지은 것은?

[분석 문장] "어머니, 아버지께서 할아버지께 선물을 드리러 큰댁에 가시었어요."

높임 종류	주체 높임	객체 높임	상대 높임
높임 대상	㉠	㉡	어머니
높임 실현 방법	께서, -시-	께, 드리다	㉢

	㉠	㉡	㉢
①	아버지	할아버지	-요
②	아버지	할아버지	께
③	할아버지	아버지	-시-
④	할아버지	아버지	-요
⑤	할아버지	아버지	께

정답 ①

해설 주체 높임은 문장에서 행동의 주체를 높이는 것이므로 위 문장에서는 큰댁에 간 행동의 주체인 아버지를 높이는 것이고, 객체 높임은 행동 주체의 대상 또는 목적을 높이는 것이므로 여기서는 할아버지가 되며 상대 높임은 듣는 사람을 높이는 것이므로 여기서는 어머니가 해당된다.

02 〈보기 1〉을 참고할 때, 〈보기 2〉에 대한 설명으로 적절하지 않은 것은?

보기 1

서술어의 자릿수 : 문법적으로 문장이 성립하기 위해서 서술어가 요구하는 최소한의 문장 성분의 수

예를 들어, '노래하다'는 '누가'와 같은 성분 하나만 있으면 문장이 성립하므로 한 자리 서술어이고, '굴리다'는 '누가', '무엇을'과 같은 성분을 필요로 하므로 두 자리 서술어이다. '주다'는 '누가', '누구에게', '무엇을'과 같은 성분을 필요로 하므로 세 자리 서술어이다.

보기 2
> ㄱ. 기차가 달린다.
> ㄴ. 철수가 도서관에서 책을 읽는다.
> ㄷ. 어머니가 영희에게 옷을 입혔다.
> ㄹ. 나는 너를 친구로 여긴다.
> ㅁ. 상우는 아버지와 닮았다.

① ㄱ의 '달린다'는 한 자리 서술어이다.
② ㄴ의 '읽는다'는 '철수가'와 '책을'을 필수적으로 요구하므로 두 자리 서술어이다.
③ ㄷ의 '입혔다'는 '영희가 옷을 입었다'의 '입었다'와 서술어의 자릿수가 다르다.
④ ㄹ의 '여긴다'는 '최 진사가 꽃분이를 며느리로 삼았다'의 '삼았다'와 서술어의 자릿수가 같다.
⑤ ㅁ의 '닮았다'는 '아버지와'를 필수적으로 요구하지 않으므로 한 자리 서술어이다.

정답 ⑤

해설 '닮았다'는 '상우는'이라는 주어만으로는 문장이 성립하지 않으며, 반드시 '아버지와'라는 부사어를 필수적으로 요구하므로 두 자리 서술어이다.

③ '입었다'는 두 자리 서술어이며, '입혔다'는 세 자리 서술어가 된다.

④ '여긴다'와 '삼았다'는 '누가', '무엇을', '무엇으로'라는 성분을 필요로 하므로 세 자리 서술어이다.

03 〈보기 1〉을 참고할 때, 〈보기 2〉의 ㄱ~ㅁ 중 '축약'의 사례에 해당하지 <u>않는</u> 것은?

보기 1
> '축약'은 두 음운이 만날 때 두 음운이 합쳐져서 하나의 음운이 되는 현상을 말한다. 축약에는 'ㅂ, ㄷ, ㅈ, ㄱ'과 'ㅎ'이 만나 'ㅍ, ㅌ, ㅊ, ㅋ'이 되는 자음의 축약과 '다니어'가 '다녀'로, '오아서'가 '와서'로 되는 것처럼 두 모음이 축약되어 한 음절로 되는 모음의 축약이 있다.

보기 2

	어간		어미		표기	발음
ㄱ.	끓–	+	–어	→	끓어	[끄러]
ㄴ.	좋–	+	–고	→	좋고	[조코]
ㄷ.	가지–	+	–어	→	가져	[가져]
ㄹ.	미루–	+	–어	→	미뤄	[미뤄]
ㅁ.	보–	+	–아서	→	봐서	[봐서]

① ㄱ   ② ㄴ   ③ ㄷ
④ ㄹ   ⑤ ㅁ

정답 ①

해설 축약은 A+B=AB∪C로 되는 현상이고, 탈락은 A+B=A∪B로 되는 현상이다. [끄러]는 어간 '끓–'에서 'ㅎ'이 탈락하고 'ㄹ'이 연음되어 발음된 것으로, 축약의 사례로 적절하지 않다. ㄴ은 자음 축약, ㄷ·ㄹ·ㅁ은 모음 축약의 사례에 해당한다.

안심Touch

04 다음은 'ㅎ'의 발음에 대해 탐구한 내용이다. 도출한 결과로 적절하지 <u>않은</u> 것은?

탐구 자료	발음	도출 결과
① 전화를 <u>끊는</u>다고 문제가 해결되지는 <u>않는</u>다.	[끈는] [안는]	'ㄴㅎ' 뒤에 'ㄴ'이 결합되는 경우에는 'ㅎ'을 발음하지 않음.
② 그것이 <u>옳은</u> 일이라면 <u>싫어</u>도 해야만 한다.	[오른] [시러]	받침 'ㄹㅎ' 뒤에 모음으로 시작된 어미가 결합되는 경우에는 'ㅎ'을 뒤 음절의 첫소리로 발음함.
③ 장미는 여기에 <u>놓고</u>, 이 <u>국화</u>는 저기에 두어라.	[노코] [구콰]	받침 'ㅎ' 뒤에 'ㄱ'이 오든, 받침 'ㄱ' 뒤에 'ㅎ'이 오든 두 음을 합쳐서 [ㅋ]으로 발음함.
④ 여기에 <u>놓는</u> 것 보다는, 저기에 <u>쌓는</u> 것이 좋겠다.	[논는] [싼는]	받침 'ㅎ' 뒤에 'ㄴ'이 결합되는 경우에는 'ㅎ'을 [ㄴ]으로 발음함.
⑤ 변변히 드릴 것이 <u>밥 한 사발</u>, <u>국 한 대접</u>밖에 없습니다.	[바판사발] [구칸대접]	받침 'ㅂ, ㄱ' 뒤에 'ㅎ'이 결합되는 경우, 둘 이상의 단어를 이어서 한 마디로 발음할 때는 [ㅍ, ㅋ]으로 발음함.

정답 ②

해설 '옳은'은 [오른]으로, '싫어'는 [시러]로 발음됨을 통해 받침 'ㄹㅎ' 뒤에 모음으로 시작된 어미가 결합되는 경우에는 'ㅎ'이 발음되지 않음을 알 수 있다. 따라서 받침 'ㄹㅎ' 뒤에 모음으로 시작된 어미가 결합되는 경우에는 'ㅎ'을 뒤 음절의 첫소리로 발음한다는 것은 적절하지 않다.

05 〈보기〉의 표준어 규정에 대해 이해한 내용으로 적절하지 <u>않은</u> 것은?

보기

제12항 '웃-' 및 '윗-'은 명사 '위'에 맞추어 '윗-'으로 통일한다.
다만 1. 된소리나 거센소리 앞에서는 '위-'로 한다.
다만 2. '아래, 위'의 대립이 없는 단어는 '웃-'으로 발음되는 형태를 표준어로 삼는다.

선생님 설명 : 표준어 규정 제12항은 '웃-'과 '윗-'이 그동안 심각한 혼란을 보여 왔다는 점에서 '윗-'으로 통일하기로 한 규정이에요. 예를 들어 '온돌방에서 아궁이로부터 먼 쪽의 방바닥'을 뜻하는 단어는 '웃목'이 아니라 '윗목'을 표준어로 삼지요. 그런데 '이 층 또는 여러 층 가운데 위에 있는 층'을 가리키는 단어는 '윗-'이 거센소리 앞에 있기 때문에 '윗층'이 아니라 '위층'을 표준어로 삼고, '아래', '위'의 대립이 없는 '어른'과 같은 경우는 '윗어른'이 아니라 '웃어른'을 표준어로 삼는 거예요.

① '맨 겉에 입는 옷'을 의미하는 단어는 '아래', '위' 대립이 없기 때문에 '웃옷'이 표준어가 되겠군.

② 방향을 가리키는 말'인 '쪽'은 된소리로 시작하기 때문에 '윗-'과 결합할 때에는 '위쪽'이 표준어가 되겠군.

③ '어깨에서 팔꿈치까지의 부분'을 뜻하는 말은 명사 '위'에 맞추어 표기해야 하기 때문에 '윗 팔'을 표준어로 삼겠군.

④ '자기보다 지위나 신분이 높은 사람'을 뜻하는 단어는 '아래', '위'의 대립이 있기 때문에 '윗 사람'이 표준어가 되겠군.

⑤ '여러 채로 된 집에서 위에 있는 집채'를 나타내는 낱말은 '윗-' 뒤에 거센소리가 오기 때문 에 '위채'를 표준어로 삼겠군.

정답 ③

해설 표준어 규정 제12항 다만 1의 규정에 의하면, 된소리나 거센소리 앞에서는 '위-'로 표기함을 알 수 있다. 따 라서 어깨에서 팔꿈치까지의 부분을 뜻하는 말인 '윗팔'은 거센소리 'ㅍ' 앞에 '위-'가 결합되므로 '위팔' 로 적는 것이 표준어 규정에 따른 표기이다.

06 다음은 수업의 한 장면이다. 선생님의 물음에 대한 탐구 내용으로 적절한 것은?

선생님 : '국물'은 [궁물]로 발음됩니다. 아래 표를 이용하여 이와 같이 발음되는 현상에 대해 탐 구하여 발표해 봅시다.

조음 방법	조음 위치	두 입술	윗잇몸	센입천장	여린입천장	목청
안울림소리 (장애음)	파열음	ㅂ ㅃ ㅍ	ㄷ ㄸ ㅌ		ㄱ ㄲ ㅋ	
	파찰음			ㅈ ㅉ ㅊ		
	마찰음		ㅅ ㅆ			ㅎ
울림소리	콧소리 (비음)	ㅁ	ㄴ		ㅇ	
	흐름소리 (유음)		ㄹ			

① 'ㄱ'이 'ㅇ'으로 바뀌면서 조음 위치가 바뀌게 됩니다.

② 울림소리 'ㅇ'이 안울림소리인 'ㄱ'으로 변하는 것입니다.

③ 울림소리 'ㅁ'과 'ㅇ'이 만나 안울림소리 'ㄱ'을 울림소리로 만드는 것입니다.

④ 울림소리 'ㅁ'은 안울림소리 'ㄱ'이 울림소리 'ㅇ'으로 발음되도록 만들고 있습니다.

⑤ 파열음 'ㄱ'이 탈락하고 그 자리에 비음 'ㅁ'과 유사한 비음 'ㅇ'이 덧나고 있습니다.

정답 ④

해설 '국물'이 [궁물]로 발음되는 것은 뒤 음절의 첫소리인 울림소리 'ㅁ'이 앞 음절의 끝소리인 안울림소리 'ㄱ' 에 영향을 주어 'ㄱ'을 같은 조음 위치에 있는 'ㅇ'으로 만들기 때문이다.

07 다음의 ㉠과 유사한 사례로 적절한 것은?

어감(語感)이란 말소리나 말투의 차이에 따른 느낌 등을 말한다. 어떤 단어들이 이러한 어감의 차이가 있을 경우, 표준어 규정에 맞으면 이들을 모두 표준어로 인정하는데, 가령 아이들의 옷인 '고까옷'과 '꼬까옷'이 그것이다. 두 단어의 첫소리인 'ㄱ'과 'ㄲ'은 어감의 차이가 있어 엄밀히는 별개의 두 단어이지만, 그 어감의 차이가 미미한 것이어서 이 둘을 모두 복수 표준어로 인정한 것이다. 이 예를 보면 ㉠ '오순도순'과 어감 차이가 나지만 '오손도손'을 표준어로 인정한 것을 들 수 있다.

① 수수깡 / 수숫대   ② 복사뼈 / 복숭아뼈

③ 아웅다웅 / 아옹다옹   ④ 변덕스럽다 / 변덕맞다

⑤ 출렁거리다 / 출렁대다

정답 ③

해설 어감(語感)의 차이를 설명하면서 복수 표준어로 인정한 단어의 사례를 들고 있다. ㉠에서 '오순도순'과 어감 차이가 나는 '오손도손'을 표준어로 인정한 것은 음성상징어에서 양성모음과 음성모음의 어감 차이를 나타낸 단어를 모두 표준어로 인정했기 때문이다. '아웅다웅'과 '아옹다옹'도 같은 경우의 사례이다.

08 〈보기 1〉을 참고하여 〈보기 2〉의 ⓐ~ⓔ 중 유형이 동일한 것을 찾아 바르게 짝지은 것은?

보기 1

체언을 꾸며주는 역할을 하는 관형어는 형성 방법에 따라 다음과 같은 유형으로 나누어 볼 수 있다.
1. 관형사 – <u>첫</u> 서리가 내렸다.
2. 체언 단독 – <u>고향</u> 소식을 들었다.
3. 체언+조사 – <u>바다의</u> 품에 안기고 싶다.
4. 용언의 어간+관형사형 어미 – <u>넓은</u> 들판이 펼쳐진다.

보기 2

아침에 등교하다가 ⓐ <u>초등학교</u> 시절의 친구를 만났다. 오랜만에 ⓑ <u>만난</u> 친구와 길을 걸으며 ⓒ <u>옛</u> 이야기를 나누었다. 함께 지내던 ⓓ <u>때의</u> ⓔ <u>온갖</u> 기억들을 하나씩 떠올리며 이야기하다 보니 등굣길이 지루하지 않았다.

① ⓐ, ⓒ   ② ⓐ, ⓓ   ③ ⓑ, ⓓ

④ ⓒ, ⓓ   ⑤ ⓒ, ⓔ

정답 ⑤

해설 ⓐ는 체언 단독으로 관형어를 형성하는 유형이다. ⓑ는 '만나다'의 어간 '만나-'와 관형사형 어미 '-ㄴ'이 결합하여 관형어를 형성하였다. ⓒ는 관형사가 곧바로 관형어가 된 유형이다. ⓓ는 체언 '때'에 관형격조사 '의'가 결합하여 관형어를 형성하였다. ⓔ는 관형사가 곧바로 관형어가 된 유형이다. 그러므로 정답은 ⑤이다.

09 '선어말어미'에 대해 탐구한 것으로 적절하지 <u>않은</u> 것은?

> 국어의 '선어말어미'는 용언의 어간과 어말어미 사이에 놓이는 어미로 시제와 높임 등의 의미를 부가하는 기능을 한다.
>
> ㄱ. 나는 지금 소설을 읽<u>는</u>다. / 나는 어제 소설을 읽<u>었</u>다.
> ㄴ. 철수는 내일 소설을 읽<u>겠</u>구나.
> ㄷ. 나는 올해 안에 반드시 그 소설을 읽<u>겠</u>다.
> ㄹ. 어제 보니, 철수는 소설을 읽<u>더</u>라.
> ㅁ. 선생님께서는 소설을 읽<u>으셨</u>다.

① ㄱ의 '-는-'은 현재임을, '-었-'은 과거임을 나타내는군.
② ㄴ과 ㄷ의 '-겠-'은 미래임을 나타내는데, ㄴ에서는 추측, ㄷ에서는 의지의 의미를 지니는군.
③ ㄹ의 '-더-'는 과거의 사실을 회상함을 나타내는군.
④ ㅁ을 보니, '-(으)시-'는 문장의 주체를 높이는군.
⑤ ㅁ을 보니, 시제를 나타내는 선어말어미가 높임을 나타내는 선어말어미보다 앞에 나오는군.

정답 ⑤

해설 선어말어미(先語末語尾)란 말 그대로 어미(語尾)의 앞에 오는 겹어미[중첩어미]이다. 이 선어말어미는 시제, 높임이 중심 기능으로 ㅁ의 '-으셨-'은 '-(으)시-'와 '-었-'이 축약된 것이다. '-(으)시-'가 '높임'을, '-었-'이 '시제'를 나타내는데, 둘이 함께 쓰일 때는 '높임 - 시제' 순으로 배열된다. 따라서 정답은 ⑤이다.

10 밑줄 친 단어의 쓰임이 적절하지 <u>않은</u> 것은?

① ┌ 오늘은 구름이 <u>걷혀</u> 하늘이 맑아졌어.
　└ 우리는 시베리아를 <u>거쳐</u> 런던에 도착했어.
② ┌ 그는 쇠뿔에 머리를 <u>받혀</u> 크게 다쳤어.
　└ 책받침을 <u>받쳐</u> 글씨를 쓰면 글씨가 깔끔해.
③ ┌ 생선에 갖은 양념을 넣고 <u>조렸더니</u> 맛있었어.
　└ 한·일 축구 경기를 보느라고 마음을 <u>졸였더니</u> 피곤해.
④ ┌ 여행할 때는 전압을 <u>변환</u>시키는 변압기가 필요해.
　└ 이 사진전은 조선시대 생활상의 <u>변천</u>을 알 수 있어.
⑤ ┌ 우리의 미풍양속을 보면 부부사이에는 <u>식별</u>이 있어.
　└ 현미경은 식중독 균의 종류를 충분히 <u>분별</u>할 수가 있어.

정답 ⑤

해설 "우리의 미풍양속을 보면 부부사이에는 분별이 있어.", "현미경은 식중독 균의 종류를 충분히 식별할 수가 있어."로 고쳐야 한다.

11 다음 중 '낚시'와 '낙지'의 로마자 표기로 올바른 것은?

① nakkssi - nakjji   ② naksi - nakji
③ nakksi - nakji   ④ naggssi - nagjji
⑤ nagsi - nagji

정답 ②

해설 '낚'의 ㄲ은 ㄱ으로 발음되므로 kk가 아닌 k로 적고, 된소리는 발음에 반영하지 않으므로 ss나 jj가 아닌 s 와 j로 표기한다.

12 다음에서 설명하는 외래어를 올바르게 표현한 것은?

• doughnut : 밀가루에 베이킹파우더, 설탕, 달걀 따위를 섞어 이겨서 경단이나 고리 모양으로 만들어 기름에 튀긴 과자
• doughnut現象 : 도심지의 땅값 상승으로 도심지 거주 인구가 적어지고 변두리에 주택이 증가 하여 그 배치 상태가 고리 모양을 이루는 현상

① 도너츠   ② 도우넛
③ 도나쓰   ④ 도넛
⑤ 도너스

정답 ④

해설 doughnut의 우리말 표기는 원음에 충실한 도넛을 표준으로 삼는다.

13 의미를 고려하여 '–던'과 '–든'의 쓰임을 예문에서 탐구하였다. 적절하지 <u>않은</u> 것은?

의미
- –던 지난 일을 돌이켜 생각하거나 일이 완결되지 못함.
- –든 무엇이나 가리지 않음.

예문
ㄱ. 예전에는 (깊던 / 깊든) 물이 얕아졌다.
ㄴ. 네가 (먹던 / 먹든) 밥은 다 먹고 가거라.
ㄷ. 그가 (가던 말던 / 가든 말든) 관심이 없어.
ㄹ. (여기던 저기던 / 여기든 저기든) 같이 가자.
ㅁ. 어제는 (되던 안 되던 / 되든 안 되든) 열심히 일했어.

① ㄱ은 '예전'의 상황을 돌이켜 생각한 것이니 '깊던'이 맞겠군.
② ㄴ은 식사가 완결되지 않았음을 고려하면 '먹던'이 맞겠군.
③ ㄷ은 '그'가 가는 것의 여부를 가리지 않는다는 뜻이니 '가든 말든'이 맞겠군.
④ ㄹ은 장소를 가리지 않는다는 뜻이니 '여기든 저기든'이 맞겠군.
⑤ ㅁ은 '어제'의 일을 돌이켜 생각한 것이니 '되던 안 되던'이 맞겠군.

> 정답 ⑤
> 해설 '–던'과 '–든'의 의미를 따져 적절한 표기를 판단하는 문제이다. ⑤에서는 되는 것과 안 되는 것을 가리지 않는다는 뜻이므로 '되든 안 되든'이 맞다.

14 다음은 발음 기관 단면도이다. 2의 위치에서 소리 나는 자음은?

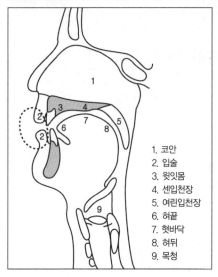

1. 코안
2. 입술
3. 윗잇몸
4. 센입천장
5. 여린입천장
6. 혀끝
7. 혓바닥
8. 혀뒤
9. 목청

① ㅎ

② ㅈ, ㅉ, ㅊ

③ ㄱ, ㄲ, ㅇ, ㅋ

④ ㅁ, ㅂ, ㅃ, ㅍ

⑤ ㄴ, ㄷ, ㄸ, ㄹ, ㅅ, ㅆ, ㅌ

정답 ④

해설 2의 위치는 두 입술이 만나 소리 나는 입술소리로 'ㅁ, ㅂ, ㅃ, ㅍ'이 해당된다.

15 밑줄 친 낱말 중, 맞춤법에 맞지 않은 것은?

① 이 길로 곧바로 가면 <u>되요</u>.

② 점심을 <u>먹으려고</u> 식당에 갔다.

③ 힘든 일이 있으면 내가 <u>도와줄게요</u>.

④ 도서관에 가기 위해 <u>일찍이</u> 집을 나섰다.

⑤ 문제를 풀고 나서는 <u>꼼꼼히</u> 검토해야 한다.

정답 ①

해설 '되요'는 '되어요'의 준말이므로 '돼요'라고 적어야 올바르다. 조금 확장하면 '일찍이'와 '갑자기'의 경우에 '일찍'이라는 단어는 홀로 쓰이므로 어근을 살려 적고 '갑작'이라는 말은 홀로 쓰이지 못하므로 소리 나는 대로 써야 올바르다. 또한 '꼼꼼히'와 '곰곰이'의 경우는 '히'로만 나는 경우는 '꼼꼼히'이며 '곰곰이'는 '히'로 나지 않으므로 발음상에 따라 다르게 적는 것이다.

16 다음 복수표준어가 <u>아닌</u> 것은?

① 이 옷을 입었더니 일하는 데 너무 (걸리적거려 / 거치적거려) 매우 힘들었다.
② 아들놈이 어찌나 전철 속에서 말썽을 피우던지 (남사스러워 / 남우세스러워) 혼났네 그려!
③ 우리 윗집은 식구들끼리 얼마나 (오손도손 / 오순도순) 사는지 정말 부럽다.
④ 옆집 할머니의 (눈꼬리 / 눈초리)가 얼마나 매서운지 눈을 마주치기 싫다.
⑤ 글씨를 이렇게 (끄적거려 / 께적거려) 놓으면 어떻게 읽을 수 있겠니?

정답 ⑤

해설 제시된 단어들은 2011년에 새로 추가된 복수표준어들인데, ⑤의 경우 '끼적거리다'와 같이 '끄적거리다'를 별도의 표준어로 인정하였다.

17 국어 수업 시간에 〈보기〉를 통해 관형어의 특성에 대해 알아보았다. 탐구의 결과로 적절하지 <u>않은</u> 것은?

> **보기**
>
> ㄱ. 내가 <u>가던</u> 바다 / 내가 <u>가는</u> 바다 / 내가 <u>갈</u> 바다
> ㄴ. <u>새로운</u> 제품 / <u>예쁜</u> 누나 / <u>달리는</u> 동생
> ㄷ. <u>대학생인</u> 오빠 / <u>사장인</u> 아빠
> ㄹ. <u>온갖 새</u> 물건들 / <u>저 두</u> 남자

① ㄱ을 보니, 관형어의 어미에는 시간의 의미를 담을 수 있겠군.
② ㄴ을 보니, 품사가 달라도 문장에서 관형어의 역할을 할 수 있군.
③ ㄹ을 보니, 두 관형어가 나열될 때에는 관형어가 관형어를 꾸미기도 하는군.
④ ㄴ과 ㄷ을 보니, 용언과 서술격 조사 '이다'가 변형되어 관형어로 쓰일 수 있군.
⑤ ㄱ~ㄹ을 통해 관형어는 꾸밈을 받는 말 앞에 위치한다는 것을 알 수 있군.

정답 ③

해설 ㄱ의 '-던', '-는', '-ㄹ'은 시간의 의미를 담고 있다. ㄴ은 형용사 '새롭다, 예쁘다, 달리다'의 어간에 관형사형 어미 '-ㄴ, -는'이 결합하여 관형어로 쓰인 것이다. ㄷ은 체언에 결합된 서술격 조사 '이다'가 변형되어 관형어로 쓰인 것이다. ㄹ의 '온갖', '새', '저', '두'는 자체가 관형사인 관형어이다. 즉 두 관형어가 나열된 경우이다. 이때 '온갖'과 '저'는 뒤에 오는 '새'와 '두'를 꾸미는 것이 아니라 체언인 '물건들'과 '남자'를 꾸미는 역할을 한다.

18 다음은 한글 맞춤법 제41항 "조사는 앞말에 붙여 쓴다."를 기준으로 〈보기〉 문장에 대해 토론한 것이다. 판단이 적절하지 <u>않은</u> 것은?

> **보기** 우리는 학교에서 돌아오는 길에 학교 정문 바로 앞에 개업한 분식집에서 떡볶이를 먹어 보았다.

① '먹어 보았다'의 '보았다'는 보조 용언이므로 붙여 쓸 수도 있겠어.

② '정문', '바로'와 같은 경우 자립성이 띄어쓰기 결정의 중요한 기준이 되었음을 알 수 있겠어.

③ '돌아오는'은 '돌다'와 '오다'의 의미 관계가 긴밀하여 중간에 다른 요소가 끼어들 수 없겠군.

④ '학교에서'와 '학교'로 보아, 띄어쓰기의 기준이 '단어'가 될 수 없다는 점을 알 수 있겠어.

⑤ '개업한'의 '-한'은 한글 맞춤법 제41항이 적용되어 붙여 쓴 것이겠군.

정답 ⑤

해설 '개업한'의 '-한'은 접미사 '-하다'가 활용되어 명사인 '개업' 뒤에 붙여 쓴 것이다. 한글 맞춤법 제41항은 '조사는 단어나 앞말에 붙여 쓴다.'의 예외 규정이다. 그러므로 접미사인 '-하다'의 판단기준이 될 수 없다.

19 다음에서 설명하는 발음의 예로 알맞은 것은?

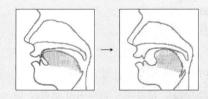

혀끝이 윗잇몸에 닿을 때 나는 소리가 'ㅣ' 모음을 만나서 앞혓바닥이 센입천장에 닿아 발음되는 모습을 보여 주고 있다.

① 입는[임는]   ② 신라[실라]

③ 맏이[마지]   ④ 각하[가카]

⑤ 희망[히망]

정답 ③

해설 구개음화(口蓋音化) 현상에 대한 설명으로 'ㅣ' 모음의 영향으로 'ㄷ, ㅌ'이 'ㅈ, ㅊ'으로 변하는 과정을 보여 주고 있다.

20 〈보기〉를 바탕으로 '용언의 활용형과 준말'에 대해 탐구한 내용으로 적절하지 <u>않은</u> 것은?

> | | 어간 | | 어미 | | 활용형 | 준말 |
> |---|---|---|---|---|---|---|
> | ㄱ. | 흔하- | + | -지 | → | 흔하지 | 흔치 |
> | ㄴ. | 섭섭하- | + | -지 | → | 섭섭하지 | 섭섭지 |
> | ㄷ. | 이러하- | + | -지 | → | 이러하지 | 이렇지 |
> | ㄹ. | 삼가- | + | -지 | → | 삼가지 | × |

① ㄱ의 준말은 활용형의 어간에서 '하'의 'ㅏ'가 탈락하고 'ㅎ'이 어미의 첫소리와 결합한 경우에 해당하는군.

② ㄴ의 준말은 활용형의 어간에서 '하'가 탈락한 경우에 해당하는군.

③ ㄷ의 준말은 활용형의 어간에서 '하'의 'ㅏ'가 탈락하고 'ㅎ'이 앞 음절 끝소리로 붙은 경우이군.

④ ㄱ과 ㄴ의 준말에서 차이가 발생하는 것은 어미의 첫소리와 관련이 깊겠군.

⑤ ㄱ~ㄷ과 달리 ㄹ에 준말이 없는 것은 어간에 '하'가 없기 때문으로 볼 수 있군.

정답 ④

해설 ㄱ에서 '흔하지'가 '흔치'로 준 것은 어간의 끝음절 '하'의 'ㅏ'가 줄고 'ㅎ'이 다음 음절의 첫소리와 어울려 거센소리가 되면 거센소리로 적기 때문이다. ㄴ에서 '섭섭하지'가 '섭섭지'로 준 것은 대체로 무성 폐쇄음(ㄱ, ㄷ, ㅂ, ㅅ, ㅈ) 사이에서 어간의 끝음절 '하'가 아주 줄 적에는 준 대로 적기 때문이다.

21 〈보기〉를 바탕으로 서술어에 나타나는 '-었-, -았-, -였-'에 대해 탐구 학습을 해 보았다. 학습의 결과로 적절하지 <u>않은</u> 것은?

> ㄱ. 어제는 내내 공부를 하<u>였</u>다.
> ㄴ. 나사를 세게 조<u>였</u>다.
> ㄷ. 어머니가 아이에게 우유를 먹<u>였</u>다.
> ㄹ. 나는 도서관에서 책을 보<u>았</u>고, 철수는 휴게실에서 음악을 들<u>었</u>다.
> ㅁ. 그는 학생이<u>었</u>고, 뒤에 오는 부부는 그의 부모<u>였</u>다.

① ㄱ~ㅁ의 서술어에 나타난 '-었-, -았-, -였-' 속에는 모두 과거의 의미가 내포되어 있다.

② ㄴ에서는 서술어의 기본형이 '조이다'이고, ㄷ에서는 '먹이다'이므로 두 경우 모두 '-었-'이 포함되어 있다.

③ ㄱ과 ㄷ의 서술어에 나타난 '-였-'의 형태소를 분석해 보면, 그것을 구성하고 있는 형태소가 다름을 알 수 있다.

안심Touch

④ ㄹ로 보아, 어간 뒤에 '-았-'이 아니라 '-었-'이 쓰일 수 있는 경우는 어간의 마지막 음절에 양성 모음이 쓰이지 않았을 때이다.

⑤ ㅁ으로 보아 '-이었-'의 준말인 '-였-'은 '-이었-'을 쓸 때와는 의미상의 차이를 보인다.

정답 ⑤

해설 ㄱ의 '-였-'은 '-하다'가 붙는 동사 어간 뒤에 붙는 과거 시제 선어말어미이다. ㄴ의 '-였-'은 '조이었다'의 '-이었-'이 줄어든 말이고 ㄷ의 '-였-'은 '먹이었다'의 '-이었-'이 줄어든 말이다. 이때 ㄴ의 '-이-'와 달리, ㄷ의 '-이-'는 사동 접미사이다. ㄹ에서 '-았-'은 양성모음 뒤에, '-었-'은 음성모음 뒤에 사용되었다는 차이가 있다. ㅁ은 체언과 서술격 조사로 된 서술어에 과거 시제 선어말어미가 결합된 경우이다. 이때 체언의 마지막 음절에 받침이 있으면 '-이었-'의 준말이 쓰이지 않는다. 그러나 '-이었-'과 그것의 준말인 '-였-' 사이에 의미상의 차이는 없다.

22 다음 문장이 가지는 발화의 기능을 바르게 연결한 것은?

① 우리, 함께 공원으로 놀러가지 않을래? (질문)

② 그 집을 지날 때에는 개를 조심해야 해. (위로)

③ 이것으로 오늘 회의를 모두 마치겠습니다. (선언)

④ 어서 오십시오. 충효의 고장 경기도입니다. (당부)

⑤ 친구를 따돌리지 않는 것은 큰 용기입니다. (요청)

정답 ③

해설 ① '함께 가자'는 의미가 담긴 청유.

② 조심해야 된다는 주의를 당부한 것.

④ 찾아와 준 것에 대한 환영의 뜻.

⑤ 격려와 환기.

23 다음 글의 ☐에 들어갈 문장 부호로 알맞은 것은?

> '어디 갔을까?'
> 아까부터 순이는 책가방을 이리저리 뒤지고 있다.
> "순이야 ① 아직도 못 찾았어?"
> "응, 아무리 찾아도 없어 ②"
> 순이의 얼굴이 울상이다.
> "혹시 집에다 두고 온 거 아냐 ③"
> "아니야. 아침에 나올 때 분명히 챙겼어 ④"
> "그래?"
> "응, 어제 늦게까지 숙제하고, 가방에⋯⋯."

순간, 책상에 놓여 있는 숙제 공책이 떠올랐다.
'앗 ⑤ 책상에.'
그때, '드르륵' 교실 문 열리는 소리와 함께 1교시 선생님께서 들어오셨다.

① , (쉼표) ② ! (느낌표) ③ . (마침표)
④ ? (물음표) ⑤ …… (줄임표)

정답 ①

해설 ②에는 마침표 ③에는 물음표 ④에는 마침표 ⑤에는 느낌표가 들어가야 알맞다.

24 '보조사'의 의미를 중심으로 ㉠~㉫을 이해할 때, 적절하지 <u>않은</u> 것은?

㉠ 나는 지난 주말도 ○○미술관에 다녀왔다. 같은 동네에 사는 친구와 함께 가려고 했지만, ㉡ 그 친구는 미술에 관심이 없어서 나만 가게 되었다. ㉢ 주변 친구들 중에서 이렇게 미술관에 자주 가는 사람은 나뿐일 것이다. ㉣ ○○미술관에서 버스 정류장은 멀지만 전철역은 가까워서 전철을 타고 갔다. ○○미술관에는 추상화부터 설치미술까지 다양한 작품이 있어서 ㉫ 나는 그곳에 갈 때마다 행복해진다.

① '도'에 주목하면, ㉠에는 '나'가 지난 주말 이전에 ○○미술관에 간 경험이 있다는 의미도 담겨 있음을 알 수 있어.
② '만'에 주목하면, ㉡에는 ○○미술관에 가기로 한 '나'의 결정이 친구들의 결정과 같다는 의미도 담겨 있음을 알 수 있어.
③ '뿐'에 주목하면, ㉢에는 '나' 이외의 친구들은 미술관에 자주 가지 않는다는 의미도 담겨 있음을 알 수 있어.
④ '은'에 주목하면, ㉣에는 ○○미술관에서 전철역까지의 거리와 버스 정류장까지의 거리에는 차이가 있다는 의미도 담겨 있음을 알 수 있어.
⑤ '마다'에 주목하면, ㉫에는 '나'는 ○○미술관에 가 있는 시간이 항상 행복하다는 의미도 담겨 있음을 알 수 있어.

정답 ②

해설 '만'은 '단독' 또는 '한정'의 의미를 더해주므로, '나'의 결정이 친구의 결정과 '같다'라는 의미도 담겨 있다는 진술은 적절하지 않다.

25 다음을 이해한 내용으로 적절하지 <u>않은</u> 것은?

> ㄱ. (철수가 어디에 갔는지 잊어버린 채 한참 찾다가)
>   "맞아, 철수가 병원에 갔<u>지</u>."
> ㄴ. (정원에 새로 핀 꽃을 발견하여 향기를 맡고)
>   "아, 이 꽃 참 향기롭<u>네</u>!"
> ㄷ. (양말에 구멍이 난 것을 알고 있었는데 후배가 지적하자 놀란 척하며)
>   "어, 양말에 구멍이 났<u>네</u>."

① ㄱ에서 '-지'는 철수가 병원에 간 사실을 화자가 이미 알고 있었음을 드러내고 있군.

② ㄴ에서 '-네'는 그 꽃이 향기롭다는 것을 화자가 새롭게 알게 되었음을 드러내고 있군.

③ ㄷ에서 화자는 '-네'를 사용하여 양말에 구멍이 났음을 새롭게 알게 된 것처럼 표현하고 있군.

④ ㄱ과 ㄴ에 사용된 종결 어미를 '-어/-아'로 바꾸면 화자의 심리적 태도가 바꾸기 전과는 다르게 느껴질 수 있겠군.

⑤ ㄱ과 ㄴ을 살펴보면, '-지'를 통해서는 직접 경험했음을 표현하고, '-네'를 통해서는 간접 경험했음을 표현하고 있군.

정답 ⑤

해설 ⑤ ㄴ은 직접 경험을 표현한 것이다.

  ① '-지'는 이미 알고 있는 사실을 표현할 때 사용될 수 있다.

  ② '-네'는 새롭게 알게 된 사실을 표현할 때 사용될 수 있다.

  ③ ㄷ의 화자는 양말에 구멍이 난 것을 알고 있었으나 새롭게 알게 된 사실인 것처럼 표현하기 위해 '-네'라는 종결 어미를 사용했다고 볼 수 있다.

  ④ 종결 어미 '-어'를 사용했을 때와 '-지', '-네' 등을 사용했을 때 문장이 전달하는 느낌이 다르다.

26 다음 중 띄어쓰기가 <u>잘못된</u> 것은?

① 열심히 일했지만 칭찬은커녕 핀잔만 들었다.

② 운동을 매일 하다 보니까 살이 빠졌다.

③ 사랑하는 만큼 상대를 신뢰해야 한다.

④ 나는 될 수 있는 대로 시간에 맞춰 가려고 했다.

⑤ 산길을 따라 얼마 만큼 걷자 외딴 암자가 보였다.

정답 ⑤

해설 ⑤ '만큼'은 앞말과 비슷한 정도나 한도임을 나타내는 격조사이므로 체언이나 조사의 바로 뒤에 붙여 '얼마만큼'이라고 써야 한다.

  ③ '만큼'은 독립성이 없는 의존명사이지만 문장의 각 단어는 띄어 쓴다는 원칙에 따라 띄어 쓴다.

27 〈보기〉를 바탕으로 한글 맞춤법에 대해 탐구한 내용으로 적절하지 <u>않은</u> 것은?

보기

> **제18항** 다음과 같은 용언들은 어미가 바뀔 경우, 그 어간이나 어미가 원칙에 벗어나면 벗어나는 대로 적는다.
>
> ㄱ. 어간의 끝 'ㅅ'이 줄어질 적
> 　예 긋다 : 그어 그으니 그었다
> ㄴ. 어간의 끝 'ㅎ'이 줄어질 적
> 　예 하얗다 : 하야니 하얄 하야면 하야오
> ㄷ. 어간의 끝 'ㅂ'이 'ㅜ'로 바뀔 적
> 　예 깁다 : 기워 기우니 기웠다
>
> **제20항** 명사 뒤에 '-이'가 붙어서 된 말은 그 명사의 원형을 밝히어 적는다.
> ㄹ. 부사로 된 것
> 　예 곳곳이 샅샅이 집집이
> ㅁ. 명사로 된 것
> 　예 삼발이 애꾸눈이 절뚝발이

① '돕다'와 '곱다'의 경우도 ㄷ의 규정이 적용된다.
② 어간 끝에 'ㅎ' 받침을 가진 형용사 중, '좋다'는 ㄴ의 규정에 해당되지 않는다.
③ '씹다, 곱다, 굽다' 등은 'ㅂ' 받침이 '우'로 바뀌지 않는다.
④ '모가치'는 예외적인 형식을 취해 '목사치'로 적지 않은 것이다.
⑤ 명사에 접미사 '-이'가 결합하여 다른 품사로 바뀌어도 명사의 본 모양을 밝히어 적는다.

정답 ①
해설 '돕-', '곱-'과 같은 단음절 어간에 어미 '-아'가 결합되어 '와'로 소리 나는 것은 '-와'로 적어야 한다.

28 밑줄 친 단어의 발음이 잘못된 것은?

① 강강술래는 우리만의 전통 유희[유히]이다.
② 고속도로에서 7중 추돌사고가 발생해 여덟[여덜]명이 사망했다.
③ 풀이나 나무 따위를 얽거나[얼꺼나] 엮어서 울타리를 만들었다.
④ 사람이 지식을 쌓지[싸치] 않으면 덕행을 진취할 수 없다.
⑤ 비바람이 심하게[시마게] 몰아쳐 한낮임에도 불구하고 갑자기 어두워졌다.

정답 ⑤

해설 'ㅎ'은 결합되는 소리에 따라 여러 가지로 발음하는데 '심하다'와 같이, 한자어나 복합어에서 모음과 'ㅎ' 또는 'ㄴ, ㅁ, ㅇ, ㄹ'과 'ㅎ'이 결합된 경우에는 본음대로 발음하는 것이 원칙이다. 그래서 '심하다'는 [심:하다]로 발음해야 한다.

29 다음을 이해한 내용으로 적절하지 않은 것은?

> ㄱ. 밥도 제대로 먹지 못하고 하루 종일 일을 한 탓에 얼굴이 해쓱하다.
> ㄴ. 잔에 술을 담뿍 받아 단번에 들이키니 목구멍이 따가웠다.
> ㄷ. 아침부터 법석을 피우며 대청소를 했더니 온 몸이 나른하다.
> ㄹ. 지난여름 부산 국제 영화제에서 먹었던 납작 만두가 생각난다.
> ㅁ. 입맛 없는 봄에 쌉쌀한 맛이 나는 머위 나물을 자주 먹는다.

① ㄱ과 같이 두 모음 사이에서는 된소리로 표기하는군.
② ㄴ은 울림소리 'ㅁ' 받침이 예사소리를 경음화시키는 필연적인 조건이군.
③ ㄷ은 'ㄱ, ㅂ' 받침 뒤에서 나는 된소리는, 같은 음절이나 비슷한 음절이 겹쳐 나는 경우가 아니면 된소리로 적지 않는다는 규정을 따른 것이군.
④ ㄹ은 한 개 형태소 내부에서 'ㄱ, ㅂ' 받침 뒤에서 경음화 규칙성이 적용되더라도 된소리로 적지 않는군.
⑤ ㅁ은 ㄷ의 규정에서 같은 음절이나 비슷한 음절이 연속되는 경우에 해당하므로 된소리로 적은 것이군.

정답 ②

해설 'ㄴ, ㄹ, ㅁ, ㅇ'의 유성 자음은 뒤의 예사소리를 반드시 된소리로 나게 하지 않는다. ②에서 유성 자음인 'ㅁ' 받침이 예사소리를 경음화시키는 필연적인 조건이라고 하였으므로 된소리 규정을 제대로 이해했다고 볼 수 없다.

30 다음 표현에 대한 설명으로 바르지 <u>않은</u> 것은?

① 싸늘하게 돌아서는 그의 뒷모습을 본 순간 나는 슬픈 감정이었다. → '감정이었다'를 '감정에 사로잡혔다'라고 고쳐야 주어인 '나'와 호응하는 문장이 된다.

② 어눌한 말투 때문에 남에게서 놀림 받는 일이 많았다. → '남에게서'를 '남에게'로 바꿔야 정확한 문장이 된다.

③ 술이 많이 취해 홧김에 살인을 저질렀다. → 무생물이 서술어의 주체가 될 수 없으므로 '술이'를 '술에'로 바꿔야 한다.

④ 〈오감도〉는 이상의 작품으로, 초현실주의 문학의 선구자이다. → '선구자이다'의 주어로 '이상'이 첨가되어야 한다.

⑤ 살을 빼기 위해 주중에는 수영을, 주말에는 테니스를 친다. → 테니스는 치는 것이 맞지만, 수영은 하는 것이기 때문에 '수영을 하고'로 바꿔야 한다.

정답 ②

해설 '에게서'와 '에게' 모두 어떤 행동의 출발점이나 행동을 일으키는 대상임을 나타내는 격조사이다.

31 밑줄 친 부분의 표기가 옳지 <u>않은</u> 것은?

① 서쪽에서 부는 바람은 <u>하늬바람</u>, 남쪽에서 부는 바람은 마파람이라 한다.

② 부처가 자신의 깨달음을 노래한 첫 <u>계송</u>은 법구경이다.

③ 밖에서 아빠 발걸음 소리가 들리자 딸아이가 <u>넝큼</u> 뛰어 나갔다.

④ 어쭙잖은 <u>핑계</u>를 대느니 시원하게 잘못을 인정하는 것이 좋다.

⑤ 간밤에 태풍이 심하게 불어 <u>밭벽</u>이 무너져 내렸다.

정답 ②

해설 한글 맞춤법 제8항에 '계, 례, 몌, 폐, 혜'의 'ㅖ'는 'ㅔ'로 소리 나는 경우가 있더라도 'ㅖ'로 적는다고 하였지만 '게송(偈頌), 게시판(揭示板), 휴게실(休憩室)'은 본음대로 적는다는 예외 규정에 따라 '계송'을 '게송'으로 바꿔야 한다.

32 다음 중 맞춤법에 <u>어긋나는</u> 것은?

① 솔직히 말해서 나는 돈이 좋다.
② 여자는 화장을 하지 않아 모자를 깊숙이 내려 썼다.
③ 남자는 일이 마무리되는 대로 속히 돌아가겠다고 약속했다.
④ 철원 평야에 나지막히 들어선 야산에서 서바이벌 게임을 즐겼다.
⑤ 밤새 비가 왔는지 땅이 촉촉이 젖어 있었다.

> **정답** ④
>
> **해설** 한글 맞춤법 제51항 "부사의 끝음절이 분명히 '이'로만 나는 것은 '-이'로 적고, '히'로만 나거나 '이'나 '히'로 나는 것은 '-히'로 적는다."라는 규정에 따라 '나지막히'는 '나지막이'로 바꿔야 한다.

33 다음의 외래어 표기법에 따를 때 <u>잘못</u> 표기한 것은?

> 제6항 유음([l])
> 1. 어말 또는 자음 앞의 [l]은 받침으로 적는다.
> 2. 어중의 [l]이 모음 앞에 오거나, 모음이 따르지 않는 비음([m], [n]) 앞에 올 때에는 'ㄹㄹ'로 적는다. 다만, 비음([m], [n]) 뒤의 [l]은 모음 앞에 오더라도 'ㄹ'로 적는다.
>
> 제10항 복합어
> 1. 따로 설 수 있는 말의 합성으로 이루어진 복합어는 그것을 구성하고 있는 말이 단독으로 쓰일 때의 표기대로 적는다.
> 2. 원어에서 띄어 쓴 말은 띄어 쓴 대로 한글 표기를 하되, 붙여 쓸 수도 있다.

① highlight[háilàit] → 하일라이트　　② swoln[swouln] → 스월른
③ Hamlet[hǽmlit] → 햄릿　　　　　　④ pulp[pʌlp] → 펄프
⑤ hotel[houtel] → 호텔

> **정답** ①
>
> **해설** 제10항 1.에 따라 'high'와 'light'의 복합어인 'highlight'는 단독으로 쓰일 때의 표기인 '하이'와 '라이트'를 그대로 이어 '하이라이트'로 적는다.

34 밑줄 친 말이 〈보기〉의 ㉠에 해당하지 **않는** 것은?

> 보기
>
> 구개음화는 'ㄷ, ㅌ' 받침 뒤에 종속적 관계를 가진 '-이(-)'나 '-히-'가 올 적에는, 그 'ㄷ, ㅌ'이 'ㅈ, ㅊ'으로 소리 나더라도 'ㄷ, ㅌ'으로 적는다. 여기서 ㉠ 종속적 관계란 형태소 연결에 있어서 실질 형태소인 체언, 어근, 용언 어간 등에 형식 형태소인 조사, 접미사, 어미 등이 결합하는 관계를 말한다.
>
> 예 해남 땅끝 마을에서 본 해돋이[해도지]가 절경이었다.
> 　　별 것도 아닌 일에 굳이[구지] 목을 멜 필요는 없지.

① 나의 대답에 면접관은 얼굴의 표정을 <u>굳혔</u>다.
② 안개가 <u>걷히</u>자 비로소 햇빛이 비치기 시작했다.
③ 여름에는 삼베 <u>홑이불</u>만 한 것이 없다.
④ <u>맏이</u>로 태어난 사람이 당뇨병이나 고혈압에 걸릴 위험이 크다.
⑤ 액자를 좀 더 위로 <u>올려붙이</u>자 균형이 맞았다.

정답 ③

해설 '홑이불'은 접두사에 의한 파생어이다. 뒷말이 어근인 경우는 그것이 종속적 관계가 아니므로 〈보기〉의 예 처럼 구개음화 현상이 일어나지 않으며, 또 하나의 형태소 안에서도 구개음화 현상이 일어나지 않는다.

35 다음 밑줄 친 단어에 대한 설명으로 바르지 **않은** 것은?

① 과거에는 악귀로부터 몸을 보호하려고 봉선화 물을 들이어 손톱을 <u>새빨갛게</u> 하였다. → 된소리나 거센소리 앞의 어간 첫 음절이 양성 계열 모음일 때는 접두사 '새-'를 붙여 적는다.
② 비가 오는지 모르고 창문을 열어놔 <u>빗물</u>이 방 안으로 들어왔다. → 뒷말의 첫소리 'ㄴ, ㅁ' 앞에서 'ㄴ' 소리가 덧날 때, 사이시옷을 받치어 적는다.
③ 밥을 크게 한 <u>숟가락</u> 푹 떠먹었다. → 끝소리가 'ㄹ'인 말과 딴 말이 어울릴 적에 'ㄹ' 소리가 나지 않는 것은 나지 않는 대로 적는다.
④ 붉은 <u>살코기</u>에는 단백질이 많지만 지방도 많다. → 옛말에서 'ㅎ곡용'이었던 '머리[頭], 살[肌], 수[雄], 암[雌], 안[內]' 등에 다른 단어가 결합하여 이루어진 합성어 중에서 'ㅎ'음이 첨가되어 발음되는 단어는 뒤 단어의 첫소리를 거센소리로 적는다.
⑤ 치과에 가서 <u>사랑니</u>를 뽑았다. → '이[齒, 虱]'가 합성어나 이에 준하는 말에서 '니' 또는 '리'로 소리 날 때에는 '니'로 적어야 한다.

정답 ③

해설 '숟가락'의 경우 끝소리가 'ㄹ'인 말과 딴 말이 어울릴 적에 'ㄹ' 소리가 'ㄷ' 소리로 나는 것은 'ㄷ'으로 적는다는 규정을 따른 것이므로 위의 설명은 부합하지 않는다.

2 장

Test of Korean Language

I wish you the best of luck!

㈜시대고시기획
㈜시대교육

www.sidaegosi.com

시험정보·자료실·이벤트
합격을 위한 최고의 선택

시대에듀

www.sdedu.co.kr

자격증·공무원·취업까지
BEST 온라인 강의 제공

어휘 능력

1절 | 필수 순수국어

※ 반대말 – 빤, 비슷한 말 – 비, 본딧말 – 본, 준말 – 준, 센말 – 센, 같은 말 – 같

〈ㄱ〉

◆ **가납사니** : 되잖은 소리로 자꾸 지껄이는 수다스러운 사람.

◆ **가두리** : 물건 가에 둘린 언저리.

◆ **가래다** : ① 맞서서 옳고 그름을 따지다.
② 남의 일을 방해하다.

◆ **가래톳** : 허벅다리의 임파선이 부어서 아프게 된 멍울.

◆ **가루다** : 나란히 함께 하다. 마주 서서 시비를 판단하다.

◆ **가리사니** : 사물을 판단할 수 있는 지각이나 실마리. 중요

◆ **가리새** : 일의 갈피와 조리(條理).

◆ **가린스럽다** : 매우 인색하다.

◆ **가말다** : 일을 맡아 처리하거나 재량(裁量)하다.

◆ **가멸다** : 재산이 많고 살림이 넉넉하다.

◆ **가뭇없다** : ① 눈에 띄지 아니하다.
② 간 곳을 알 수 없다.
③ 소식이 없다.
④ 흔적이 없다.

◆ **가시버시** : 부부(夫婦)의 낮은 말.

◆ **가탈** : ① 일이 수월하게 되지 않도록 방해하는 일.
② 억지 트집을 잡아 까다롭게 구는 일.
※ 센 : 까탈

◆ **각다귀판** : 인정 없이 서로 남의 것만 뜯어 먹으려고 모이어 덤벼드는 판.

◆ **각단** : 사물의 갈피와 단서. 중요

◆ **간나위** : 간사스러운 사람. 중요

◆ **갈가위** : 인색하게 안달을 하며 제 실속만을 차리는 사람.

◆ **갈개꾼** : 남의 일에 훼방을 놓는 사람.

◆ **갈개다** : 남의 일을 훼방하다.

◆ **갈마들다** : 갈음하여 들다. 서로서로 대신하여 번갈아 들다.

◆ **갈바람** : 서풍 또는 서남풍.

◆ **갈피** : ① 일이나 물건의 부분과 부분이 구별되는 어름.
② 겹쳐졌거나 포개어진 물건의 한 장 한 장 사이.

◆ **감바리** : 이익을 노리고 남보다 먼저 약빠르게 달라붙는 사람.
※ 같 : 감발저뀌

◆ **갓밝이** : 막 밝을 무렵.
※ 비 : 어둑새벽, 여명

◆ **강동거리다** : 체신없이 경솔하게 행동하다.

◆ **갖바치** : 지난날, 가죽신 만드는 일을 업으로 삼던 사람.

◆ **개호주** : 범의 새끼. 중요

◆ **객쩍다** : 말이나 하는 짓이 실없고 싱겁다.

◆ **갸기** : 얄미울 만큼 교만한 태도.

◆ **거멀못** : 나무, 그릇 등의 금간 데나 벌어질 염려가 있는 곳에 걸치어 박는 못.

◆ **거푸집** : 주물의 바탕으로 쓰이는 모형.

◆ **겉볼안** : 겉을 보면 속까지도 가히 짐작해서 알 수 있다는 말.

◆ **겨끔내기** : 서로 번갈아 하기.

◆ **계면떡** : 굿 끝에 나누어 주는 떡.

◆ **고깝다** : 섭섭하고 야속하다.

◆ **고샅** : 마을의 좁은 골목길. 〔중요〕

◆ **고즈넉하다** : 고요하고 쓸쓸하다.

◆ **고패** : 높은 곳에 기(旗)나 물건을 달아 올렸다 내렸다 하는 데 줄을 걸치는 작은 바퀴나 고리.

◆ **골무** : 바느질할 때 손가락에 끼는 것.

◆ **곰비임비** : 연거푸. 자꾸자꾸.

◆ **곰삭다** : 옷 같은 것이 오래되어서 올이 삭고 품질이 약하여지다.

◆ **곰살궂다** : 성질이 부드럽고 다정스럽다.

◆ **곰상스럽다** : 성질이나 행동이 잘고 좀스럽다.

◆ **괴괴하다** : 쓸쓸할 정도로 아주 고요하고 잠잠하다.

◆ **괴란쩍다** : 보고 듣기에 창피하여 얼굴이 뜨겁다.

◆ **괴발개발** : 글씨를 함부로 이리저리 갈겨 써 놓은 모양.

◆ **구쁘다** : 먹고 싶어 입맛이 당기다.

◆ **굴대** : 수레바퀴의 한 가운데에 뚫린 구멍에 끼워 수레가 바로 놓이게 하는 긴 나무나 쇠.

◆ **굼슬겁다** : 성질이 겉으로 보기보다 속으로 너그럽다.

◆ **귀살쩍다** : ① 물건이 얽히고 흩어져 뒤숭숭하다.
② 일의 가닥이 얽혀 마음이 산란하다.

◆ **귀얄** : 물감이나 풀을 칠할 때 쓰는 기구.

◆ **길라잡이** : 길을 인도하는 사람.
※ 준 : 길잡이

◆ **길마** : 짐을 싣기 위하여 소의 등에 얹는 틀.

◆ **깁** : 명주실로 바탕을 좀 거칠게 짠 비단. 〔중요〕

◆ **까치놀** : 석양에 멀리 바라다보이는 바다의 수평선에서 희번덕거리는 물결.

◆ **깜냥** : 일을 가늠보아 해낼 만한 능력. 〔중요〕

◆ **꺼펑이** : 어떠한 물건 위에 덧씌워서 덮거나 가린 물건의 통칭.

◆ **꺽지다** : 억세고 꿋꿋하여 과단성이 있다.

◆ **꼬투리** : 사건이나 이야기 따위의 실마리.

◆ **꾀자기** : 잔꾀가 많은 사람. 꾀보. 꾀퉁이.

유제

01 **다음 밑줄 친 단어의 사용이 올바른 것은?**

① 영희는 마음이 원래부터 여려서 주위 사람들에게 항상 <u>꺽진</u> 아이라는 소리를 들었다.

② 철수가 보기에도 희자는 언제나 사람들에게 야멸치며 차갑게 대하기 때문에 희자를 <u>굼슬겁다</u>고 평하는 다른 사람들의 말을 이해할 수 있었다.

③ 그 일은 친척들과 친한 친구들의 수많은 일이 한데 얽혀있었기 때문에 그 사건을 접수한 김 형사는 <u>귀살쩍은</u> 일에 말려들었다는 생각을 했다.

④ 열 길 물속은 알아도 사람의 한 치 맘속을 모른다고 하지 않나? 그것을 보고 바로 <u>겉볼안</u>이라고 하는 게야.

⑤ 경희가 성격이 원래부터 그렇게 나쁜 것은 아니었는데 지금처럼 자네에게 막말로 욕하며 <u>곰살궂게</u> 대하는 것은 아마도 자네가 하는 일에 불만이 많은 모양이야.

〔정답〕 ③

〔해설〕 ①은 '억세고 꿋꿋하다' ②는 '성질이 겉으로 보기보다 속으로 너그럽다' ④는 '겉을 보면 속까지도 가히 짐작해서 알 수 있다' ⑤는 '성질이 부드럽고 다정스럽다'는 뜻이므로 문장과 어울리지 않는 단어이다.

유제 02 다음 밑줄 친 단어의 사용이 올바르지 않은 것은?

① 영수는 어제 저녁에 경희와 싸웠던 일이 <u>곰비임비</u> 떠올라서 마음이 편치 않았다.

② 철수는 자신이 그렇게 많이 떠들거나 수다스럽지 않았는데도 자신을 <u>가납사니</u>로 취급하는 영희가 미웠다.

③ 마을의 가장 넓은 길, 즉 그 마을의 <u>고샅</u>에 들어서는 순간 경수는 모든 시름을 놓을 수 있었다.

④ 수연이는 지금도 호랑이 새끼를 왜 <u>개호주</u>라고 하는지 이해를 할 수 없었다.

⑤ 희자는 동생이 <u>괴발개발</u> 써놓은 편지를 보고 웃음이 절로 났다.

정답 ③

해설 ③의 고샅은 '마을의 좁은 골목길'을 뜻하므로 위 문맥과 어울리지 않는다.

〈ㄴ〉

- **나무거울** : 겉으로는 그럴 듯하나 실제로는 아무 소용도 없는 사람이나 물건을 가리키는 말.
- **나볏하다** : 매우 떳떳하고 의젓하다.
- **나우** : 좀 많게. 정도가 좀 낮게.
- **난달** : 길이 여러 갈래로 통한 곳.
- **난든집** : 손에 익숙한 재주.
  ※ 난든집이라 잠깐이면 끝낸다.
- **난바다** : 육지에서 멀리 떨어진 넓은 바다.
  ※ 비 : 원양
- **낟가리** : 낟알이 붙은 채로 있는 곡식을 많이 쌓은 큰 더미.
- **날포** : 하루 남짓한 동안.
  ※ '-포'는 '동안'을 나타내는 접미사.
- **남상남상하다** : 욕심이 나서 자꾸 기웃거리다. 갸웃갸웃 넘어다보다.
- **남우세** : 남에게서 비웃음과 조롱을 받게 됨.
  ※ 준 : 남세
- **낫잡다** : 좀 넉넉하게 치다. 중요
- **낭창거리다** : 가는 막대기나 줄 같은 것이 튀기

듯 또는 나불거리듯 자꾸 휘어 흔들리다.
  ※ 갤 : 낭창대다.
- **내리사랑** : 자식에 대한 부모의 사랑.
  ※ 반 : 치사랑
- **냅뜨다** : 일에 기운차게 앞질러 쑥 나오다.
- **냇내** : 연기의 냄새. 음식에 밴 연기의 냄새.
- **냉갈령** : 몹시 인정머리 없고 매정스러운 태도.
  ※ 냉갈령부리다.
- **너나들이** : 서로 너니 나니 하고 부르며 터놓고 지내는 사이.
- **너름새** : ① 말이나 일을 떠벌리어서 주선하는 솜씨.
  ② 판소리에서 광대의 연기.
- **너비아니** : 저미어 양념해서 구운 쇠고기. 지금의 불고기.
- **너스레** : 남을 놀리려고 늘어놓는 말솜씨.
- **너울가지** : 남과 잘 사귀는 솜씨. 붙임성. 포용성.
- **넉살** : 비위 좋게 언죽번죽 구는 짓.
- **넌더리** : 소름이 끼칠 정도로 싫은 생각.

◆ 넌출 : 길게 뻗어 나가 너덜너덜 늘어진 식물의 줄기. 등 · 다래 · 칡 같은 것의 줄기.

◆ 넌출지다 : 넝쿨이 치렁치렁하게 늘어지다.

◆ 노구솥 : 놋쇠나 구리쇠로 만든 솥. 자유로 옮기어 따로 걸고 쓰게 되었음. ☆중요

◆ 노느매기 : 물건을 여러 몫으로 나누는 일.

◆ 노루막이 : 산의 막다른 꼭대기.

◆ 노리개 : 여자의 한복 저고리 고름이나 치마허리 따위에 다는 패물의 한 가지.

◆ 노적가리 : 한데에 쌓아 둔 곡식더미.

◆ 놀면하다 : 보기 좋을 만큼 알맞게 노르다.

◆ 놉 : 식사를 제공하고 날삯으로 시키는 품꾼.

◆ 높바람 : 북풍. 된바람.

◆ 높새바람 : 북동풍.

◆ 눅다 : 반죽 따위가 무르다.

◆ 눈비음 : 남의 눈에 들게 겉으로 꾸미는 일.

◆ 눈자라기 : 아직 곧추 앉지 못하는 어린아이.

◆ 눌눌하다 : (털이나 싹 따위가) 누르스름하다.

◆ 눌면하다 : 보기 좋은 만큼 알맞게.

◆ 느껍다 : 어떤 느낌이 사무치게 일어나다.

◆ 느물다 : ① 언행을 음흉하게 하다. ② 뽐내다.

◆ 느즈러지다 : 마음이 풀려 느릿해지다.

◆ 늡늡하다 : 속이 너그럽고 활달하다.

◆ 늦깎이 : ① 사리를 남보다 늦게 깨달은 사람. ② 나이가 들어 중이 된 사람.

유제

01 다음 밑줄 친 단어의 사용이 올바른 것은?

① 영수는 그런 일에는 난든집이라 매우 어설퍼서 제대로 일을 마칠 수가 없었다.

② 원래 경수는 속이 좁고 너그럽지 못한 성격이라서 친구들에게 늡늡한 사람이라는 이야기를 듣는 편이었다.

③ 영희는 칼국수를 하는 반죽이 너무 눅다는 이야기를 듣고는 물을 더 부어 좀 더 질척하게 만들어야만 어머니가 원하는 상태가 되겠다고 생각했다.

④ 어느 정도 시간이 지나자 삼겹살이 제법 놀면해져서 맛있게 익고 있었다.

⑤ 토끼를 산꼭대기부터 아래로 몰고 내려와 노루막이인 들판에 닿았을 때야 겨우 잡을 수 있었다.

정답 ④

해설 ①은 '손에 익숙한 재주' ②는 '속이 너그럽고 활달하다' ③은 '반죽 따위가 무르다' ⑤는 '산의 막다른 꼭대기'를 뜻하므로 문장의 의미와는 모두 상충되는 잘못된 사용이다.

---

02 다음 밑줄 친 단어의 사용이 올바르지 <u>않은</u> 것은?

① 이제 여름철로 접어들기 시작해서 남서풍인 높새바람이 불기 시작하고 있었다.

② 영수는 그곳에 가자 아버지의 사랑이 느꺼워서 그만 소리 내어 울고 말았다.

③ 우리 선조들은 큰일이 닥치면 노느매기를 통해서 그 일을 해결해냈다.

④ 여름이 가까워지자 등나무 줄기들이 넌출지며 담장 아래로 흘러내리기 시작했다.

⑤ 철수는 영희의 솜씨 좋은 너스레가 시작되자 결국 자신이 그 말에 넘어갈 것을 뻔히 알면서도 귀를 기울였다.

정답 ①

해설 ①의 '높새바람'은 북동풍을 말하는 것이므로 잘못 사용한 단어이다.

〈ㄷ〉

- ◆ **다림방** : 고급 음식점.
- ◆ **다복솔** : 가지가 빈틈없게 많이 퍼져 소복하게 된 어린 소나무.
- ◆ **다붓하다** : 떨어진 사이가 멀지 않다.
- ◆ **단작스럽다** : ① 하는 짓이 보기에 매우 치사스럽고 더러운 데가 있다.
  ② 보기에 인색하다.
- ◆ **달구질** : 달구로 집 지을 터를 다지는 일.
- ◆ **달소수** : 한 달이 좀 지나는 동안. 〔중요〕
- ◆ **달포** : 한 달쯤 된 동안.
- ◆ **담빡** : 깊은 생각이 없이 가볍게 행동하는 모양.
- ◆ **닷곱** : 다섯 홉. 곧 한 되의 반.
- ◆ **닷곱장님** : 반 쯤 된 장님이라는 뜻으로 시력이 아주 약한 사람을 이르는 말. 〔중요〕
- ◆ **당지다** : 눌리어 단단히 굳어지다.
- ◆ **더펄이** : 성미가 덥적덥적하고 활발한 사람을 홀하게 이르는 말.
- ◆ **덜께기** : 늙은 장끼. 늙은 수꿩.
- ◆ **덜퍽지다** : 푸지고 탐스럽다.
- ◆ **덤터기 쓰다** : 남의 걱정거리를 넘겨받다.
- ◆ **덧거리** : 사실보다 지나치게 보태서 하는 말.
- ◆ **동곳빼다** : 잘못을 인정하고 굴복하다. 〔중요〕
- ◆ **동티** : 건드리지 말 물건을 이리저리 돌려쓰는 것.
- ◆ **된비알** : 몹시 험한 비탈.
- ◆ **된서리** : 늦가을에 아주 많이 내린 서리.
  ※ 〔반〕 : 무서리

- ◆ **두꺼비씨름** : 졌다 이겼다 하여 승부가 없이 결국에는 피차일반이라는 뜻. 〔중요〕
- ◆ **두남두다** : 자기 맘에 드는 편만 힘을 써주다. 역성들다. 〔중요〕
- ◆ **두동지다** : 앞뒤가 서로 모순이 되어 맞지 아니하다.
- ◆ **두름** : 물고기 스무 마리를 열 마리씩 두 줄로 엮은 것을 단위로 이르는 말.
- ◆ **두억시니** : 사나운 귀신의 하나.
- ◆ **둘치** : 새끼를 낳지 못하는 암컷 짐승. 〔중요〕
- ◆ **뒤넘스럽다** : 되지 못하게 건방지다. 어리석은 것이 주제넘다.
- ◆ **뒤스르다** : 일이나 물건을 가다듬느라고 이리 저리 바꾸거나 변통하다.
- ◆ **드난** : 종과 같이 신체의 구속을 받으며 종살이를 하는 것이 아니고 자유로 드나들며 고용살이를 하는 일. 일반적으로 여자에게 많이 쓰임.
- ◆ **드난살이** : 드나들며 고용살이 하는 일.
- ◆ **드팀전** : 온갖 피륙을 파는 가게.
- ◆ **득보기** : 아주 못난 사람.
- ◆ **들마** : 가게나 상점의 문을 닫을 무렵.
- ◆ **따리** : 아첨. 아첨하는 말.
- ◆ **따지기** : 얼었던 흙이 풀리기 시작하는 이른 봄 무렵.
  ※ 〔비〕 : 해토머리
- ◆ **딱장대** : 부드러운 맛이 없고 딱딱한 사람.
- ◆ **똘기** : 채 익지 아니한 과실. 〔중요〕

유제

01 다음 밑줄 친 단어의 사용이 올바른 것은?

① 오늘 오를 산은 밋밋한 경로로 올라갈 예정이기 때문에 거의 <u>된비알</u> 코스라고 생각하면 된다.

② 분명히 어제는 그 일에 대해 옳다고 했는데 오늘은 그 일을 그른 일이라니 그런 <u>두동진</u> 말이 어디 있나?

③ 철수는 사소한 것을 판단하는 데도 무척 신중한 성격이니 아마 그 일도 <u>담빡</u> 결정을 할 것이다.

④ 김 국장은 언제나 공평하다고 소문이 나있어서 심지어 자기 자식들까지 <u>두남두기</u>를 한다.

⑤ 자신이 책임을 지지 않고 항상 남의 핑계만 대던 박 이사는 이번에도 역시 <u>동곳빼며</u> 남에게 책임을 전가했다.

정답 ②

해설 ①은 '거친 비탈' ③은 '쉽게 행동하거나 결정하는 모양' ④는 '자기 맘에 드는 편만 힘을 써주다' ⑤는 '잘못을 인정하다' 는 뜻이므로 잘못 사용한 예이다.

유제

02 다음 밑줄 친 단어의 사용이 올바르지 <u>않은</u> 것은?

① 영희가 집을 떠난 지가 <u>달포</u> 되었다고 했으니 벌써 거기까지 보름 정도 되어야 도착하는 거리 이니까 이제야 막 그곳에 도착했겠군.

② 이런 사과 <u>똘기</u>를 따먹으면 채 익지 않아서 배탈이 날 수도 있으니까 조심해야 한다.

③ 경희가 결국 친구의 일을 물려받아 마무리 한다던데 <u>덤터기</u> 쓰는 것이 아닌지 몰라!

④ 그 공원은 생긴 지 몇 년 되지 않았지만 어린 소나무가 뿌리를 잘 내려서 모두 <u>다복솔</u>이 되어 있었다.

⑤ 굴비가 두 <u>두름</u>이니 마릿수로는 총 40마리로구나.

정답 ①

해설 ①의 '달포'는 한 달이 조금 지난 기간이다.

〈ㅁ〉

◆ **마들가리** : ① 나무의 가지가 없는 줄기.
② 땔나무의 잔 줄거리.
③ 해진 옷의 남은 솔기. ⭐중요
④ 새끼나 실 같은 것이 홅이어 맺힌 마디. ⭐중요

◆ **마디다** : 써서 없어지는 물건이 오래 지탱하다.

◆ **마뜩하다** : 마음에 마땅하다.

◆ **마름** : 지주의 위임을 받아 소작지를 관리하던 사람.

◆ **마수걸이** : 그날 처음으로 물건을 파는 일.

◆ **마지기** : 논밭의 넓이의 단위(논 150~300평, 밭 100평).

◆ **마투리** : 섬을 단위로 하여 셀 때 남는 몇 말.

◆ **마파람** : 남풍. 〔중요〕

◆ **만무방** : 막되어 먹은 사람. 예의와 염치가 도무지 없는 사람. 〔중요〕

◆ **말미** : 휴가. 겨를.

◆ **말재기** : 쓸데없는 말을 꾸며내는 사람.

◆ **망석중** : 나무로 만든 꼭두각시 인형. 〔중요〕

◆ **매구** : 천년 묵은 여우가 변하여 된다는 괴이한 짐승.

◆ **매끼** : 물건을 묶는 새끼나 끈.

◆ **매지구름** : 비를 실은 검은 조각구름.

◆ **매화틀** : 가지고 다닐 수 있게 된 변기.

◆ **맹문** : 일의 경위.

◆ **머드러기** : 무더기로 있는 생선이나 과일 가운데서 가장 굵거나 큰 것들.

◆ **머츰하다** : 잠깐 그치다.

◆ **먼지잼하다** : 비가 겨우 먼지나 날리지 않을 만큼 오다.

◆ **멍에** : 마소의 목에 얹어 수레나 쟁기를 끌게 하는 둥그렇게 구부러진 막대.

◆ **메지** : 일의 한 가지 한 가지가 끝나는 단락(段落).

◆ **모꼬지** : 여러 사람이 놀이나 잔치 따위로 모이는 일. 〔중요〕

◆ **모들뜨다** : 두 눈의 동자를 안쪽으로 모아 가지고 앞을 바라보다. 〔중요〕

◆ **모르쇠** : 아는 것이나 모르는 것이나 전부 모른다고 잡아떼는 일.

◆ **모주** : 술을 늘 대중없이 많이 먹는 사람.
※ 〔본〕 : 모주망태

◆ **몬** : 물건. 〔중요〕

◆ **몰강스럽다** : 모지락스럽게 못할 짓을 예사로 할 만큼 억세거나 야비하다. 〔중요〕

◆ **몽니** : 음흉하고 심술궂게 욕심을 부리는 성질. 〔중요〕
※ 몽니부리다. 몽니가 사납다. 몽니장이

◆ **무꾸리** : 점치는 일. 무당이나 판수에게 길흉을 점치게 하는 일.

◆ **무녀리** : 짐승이 맨 먼저 낳은 새끼.

◆ **무람없다** : 어른이나 친한 사이에 예의를 지키지 아니함. 스스럼없고 버릇이 없다. 체면 없다.

◆ **무릎맞춤** : 두 사람의 말이 서로 어긋날 때, 제삼자를 앞에 두고 전에 한 말을 되풀이하여 옳고 그름을 따짐.

◆ **무리꾸럭** : 남의 손해나 빚을 물어줌.

◆ **무작하다** : 우악스럽고 무지하다.

◆ **묵정이** : 오래 묵은 물건.

◆ **물신선** : 좋은 말, 궂은 말을 들어도 기뻐하거나 성낼 줄 모르는 사람.

◆ **뭇** : 묶음을 세는 단위.

◆ **뭇방치기** : 주책없이 함부로 남의 일에 간섭하는 짓. 또는 그 무리. 〔중요〕

◆ **뭉때리다** : ① 능청맞게 시치미 떼다.
② 할 일을 일부러 하지 아니하다.

◆ **미늘** : 낚시의 맨 끝 안쪽에 있는, 가시랭이 모양의 작은 갈고리.

◆ **미리내** : 은하수.

◆ **미립** : ① 경험에서 얻은 묘한 이치. 요령.
② 활에 쇠시위를 먹인 뒤에 기함(起陷)한곳을 고르게 누르고 깎는 일.

◆ **미쁘다** : 믿음직하다. 미덥다.

◆ **미세기** : 밀물과 썰물.

◆ **미욱하다** : 어리석고 둔하다.

◆ **미주알고주알** : 아주 사소한 일까지 속속들이.
※ 〔비〕 : 밑두리콧두리. 낱낱이

◆ **미투리** : 삼으로 삼은 신.

◆ **민둥산** : 벌거숭이산.

◆ **밍밍하다** : 음식 맛이 몹시 싱겁다.

◆ **밑절미** : 사물의 기초. 본디부터 있는 바탕.

유제 01 다음 밑줄 친 단어의 사용이 올바른 것은?

① 영수는 친구들과 약속을 하도 지키지 않아서 주위 사람들은 그를 <u>미쁘</u>다고 생각하고 있었다.

② 철수는 그 일을 시작한 지 얼마 되지 않았기 때문에 그 일에 대한 <u>미립</u>이 많은 편이었다.

③ 영희는 얼마나 감정에 민감한지 자신에 대해 조금만 서운하게 대해도 금방 화를 내기 때문에 <u>목신선</u>이라는 별명을 갖고 있었다.

④ 그 집은 신혼집이라 모든 가구를 새로 구입해서 가구들이 모두 <u>묵정이</u>처럼 보였다.

⑤ 그 국회의원은 자신의 잘못에 해당하는 부분은 모두 <u>모르쇠</u>로 일관했다.

정답 ⑤

해설 ①은 '믿음직스럽다' ②는 '경험에서 얻은 이치' ③은 '감정의 변화가 전혀 없는 사람' ④는 '오래된 물건'이라는 뜻이므로 잘못 사용한 예들이다.

유제 02 다음 밑줄 친 단어의 사용이 올바르지 <u>않은</u> 것은?

① 그 사람은 <u>밑절미</u>가 본디 선한 품성이기 때문에 아마 너에게 모질게 대했던 것은 다른 이유가 있을 것이다.

② 아무리 과학이 발달된 지금이라 해도 앞날을 과학적으로 예측한다는 것은 불가능하기 때문에 지금도 <u>무꾸리</u>에 의존하는 사람들이 많은 편은 당연한 일이다.

③ 그 친구가 너에게 <u>무람없이</u> 대하는 것은 너를 진정한 친구로 여기고 있다는 증거이다.

④ 강태공이 <u>미늘</u>이 없는 낚시 바늘을 강에 드리우고 소일했다는 것은 잘 알려진 일이다.

⑤ 경수는 그날 판매를 시작한 상품이 매진되기 직전 <u>마수걸이</u>로 마지막 상품을 샀다는 것이 참으로 행운이라고 생각했다.

정답 ⑤

해설 '마수걸이'는 '그날 처음으로 물건을 파는 일'을 말하므로 잘못 사용한 예이다.

〈ㅂ〉

◆ 바리 : 짐을 세는 단위.

◆ 바이 : 다른 도리 없이. 전연, 아주, 과연.

◆ 바장이다 : 부질없이 같은 길이나 가까운 거리를 오락가락 거닐다.

　　※ 큰말 : 버정이다

◆ 바투 : 거리가 썩 가깝게.

◆ 반지기 : 잡것이 섞이어 순수하지 못한 것을 나타냄.

◆ 발등걸이 : 남이 하려는 일을 먼저 앞질러서 하려는 행동.

◆ 발림 : 판소리에서 소리를 하면서 하는 가벼운 몸짓이나 팔짓 따위.

◆ 발밭다 : 기회를 재빠르게 붙잡아 잘 이용하는 소질이 있다.

◆ 발쇠 : 남의 비밀을 알아내어 다른 사람에게 일러 주는 짓. 중요

◆ 방짜 : 아주 알차고 훌륭한 물건.

◆ 베잠방이 : 베로 만든 옷.

◆ 버금 : 다음 가는 차례.

◆ 버덩 : 잡풀이 많이 난 높고 평평한 거친 들.

◆ 버력 : 하늘이나 신령이 사람의 죄악을 징계하느라고 내린다는 벌.

◆ 버르집다 : 작은 일을 크게 떠벌리다.

◆ 버림치 : 쓰지 못하게 되어 버려 둔 물건.

◆ 벋서다 : 반항하는 언행(言行)으로 맞서서 겨루다.

◆ 벌충 : (손실을 입거나 모자라는 것을) 다른 것으로 대신 보태어 채움.

◆ 벗장이 : 익숙하지 못한 장색이나 무엇을 배우다 그만 둔 사람을 가리키는 말.

◆ 베거리 : 꾀를 써서 남의 속마음을 떠보는 짓.

◆ 벼리 : ① 그물의 위쪽 코를 꿰어 잡아당기게 된 줄. 중요
　　　　② 책의 첫머리에 속 내용을 대강 추려 차례로 벌여놓은 줄거리. 목차(目次).

◆ 변죽 : 그릇 따위의 가장자리. 중요

　　※ 변죽을 울리다 : 바로 집어 말하지 않고 상대가 알아챌 수 있을 정도로 넌지시 빙 둘러서 지적하다.

◆ 보늬 : 밤같이 겉껍질이 있는 과실의 속에 있는 얇은 껍질.

◆ 보름치 : 음력 보름께 눈이나 비가 오는 것.

◆ 보습 : 쟁기의 술바닥에 맞추는 삽 모양의 쇳조각.

◆ 보쟁이다 : 부부가 아닌 남녀가 남몰래 서로 친밀한 관계를 계속 맺다.

◆ 보짱 : 꿋꿋하게 가지는 속마음.

◆ 볼가지다 : 속에 든 것이 둥글게 거죽으로 툭 비어져 나오다.

◆ 볼만장만 : 보기만 하고 참견하지 아니하는 모양.

◆ 볼맞다 : ① 서로 손이 맞다.
　　　　　② 낫고 못함이 없이 비슷하여 서로 걸맞다.

◆ 부라퀴 : ① 야물고도 암팡스러운 사람. 중요
　　　　　② 제게 이로운 일이면 기를 쓰고 덤비는 사람.

◆ 부럼 : 정월 보름날에 까서 먹는 밤, 잣, 호두, 땅콩 따위를 이르는 말.

◆ 부룩소 : 작은 수소.

◆ 부룩송아지 : 길들지 않은 송아지.

◆ 북새 : 많은 사람들이 아주 야단스럽게 부산떠는 일.

◆ 붓날다 : 말이나 하는 짓이 가볍고 들뜨다.

　　※ 반대말 : 든직하다.

◆ 붙박이다 : 한 곳에 박혀있어 움직이지 아니하다.

◆ 비나리치다 : 아첨을 해가며 환심을 사다. 중요

◆ 비다듬다 : 곱게 매만져서 다듬다.

◆ 빌미 : 탈이 생기는 원인.

◆ 빔더서다 : 약속을 어기다.

◆ 빨래말미 : 장마 중에 날이 잠깐 든 사이.

◆ 뻘때추니 : 제멋대로 짤짤거리며 쏘다니는 계집아이.

01 다음 밑줄 친 단어의 사용이 올바른 것은?

① 영수는 숫기가 없어서 마치 <u>부룩송아지</u> 같았다.

② 호두는 겉을 싸고 있는 <u>보늬</u>를 벗겨내야 속에 딱딱한 껍질이 나오는 견과류이다.

③ 희자는 자신에게 조금이라도 득이 될 것 같으면 친한 친구에게도 양보를 하지 않는 <u>부라퀴</u>였다.

④ 이 물건은 이제 쓸모가 아주 없어져서 버려야 하는 <u>방짝</u>이다.

⑤ 그 후보는 자신이 다른 후보에 비해 내세울 것이 없다는 것을 느끼고는 스스로 <u>벋서서</u> 후보 사퇴 의사를 밝혔다.

정답 ③

해설 ①은 '길들이지 않은 송아지'를 말하는 것으로 성격이나 행동이 사납고 제멋대로인 경우를 말하고 ②는 '밤이나 귤 등의 겉껍질 속의 얇은 막'을 의미하며 ④는 '물건 중의 최상품'을 의미하고 ⑤는 '굴복하지 않고 맞서다'의 의미이므로 모두 잘못 사용된 단어들이다.

02 다음 밑줄 친 단어의 사용이 올바르지 않은 것은?

① 경수는 위기가 닥치자 자신의 자존심을 모두 팽개치고 은행간부들에게 <u>비나리치며</u> 대출금 반환시한을 연장해달라고 사정했다.

② 철수와 영수는 10여 년간 같이 일하면서 서로 <u>볼맞다</u>는 것을 재삼 확인했다.

③ 영철이는 그릇을 살 때면 언제나 그릇의 중심인 <u>변죽</u>을 손가락으로 받쳐 들고 빙글 돌려보는 습관이 있다.

④ 이 일에 대한 해결책이 <u>바이</u> 없는 것은 아니지만 그것이 그리 쉽지 않다는 것을 잘 알고 있었다.

⑤ 영수는 흡사 조조처럼 <u>베거리</u>를 잘해서 친구들의 속마음이 무엇인지를 꿰뚫어 보곤 했다.

정답 ③

해설 ③의 변죽은 '그릇 따위의 가장자리'이므로 '그릇의 중심'과 어긋나기 때문에 잘못 사용한 예이다.

〈ㅅ〉

◆ 사레 : 침이나 음식을 잘못 삼키어 숨구멍 쪽으로 들어가게 될 때, 갑자기 재채기처럼 뿜어 나오는 기운.

◆ 사로지다 : 자는 둥 마는 둥하게 자다.

◆ 사리 : 국수나 새끼 따위를 사려서 감은 뭉치.

◆ 사뭇 : ① 내내 끝까지.
     ② 사무칠 정도로 몹시.

◆ 사박스럽다 : 성질이 독살스럽고 당돌하여 함부로 내달아 간섭하기를 좋아하다.

◆ 사부자기 : 힘들이지 아니하고 가만히.

◆ 사북 : ① 쥘부채 아랫머리, 또는 가위다리의 어긋 매겨지는 곳에 못과 같이 꽂아서 돌쩌귀처럼 쓰이는 물건. 〔중요〕
     ② '가장 중요한 부분'의 비유. 〔중요〕

◆ 사위다 : 사그라져 재가 되다.

◆ 사위스럽다 : 어쩐지 불길하고 꺼림칙하다.

◆ 삭정이 : 산 나무에 붙어 있는, 말라 죽은 가지.

◆ 살갑다 : ① 겉으로 보기보다는 속이 너르다.
     ② 마음씨가 부드럽고 다정스럽다.

◆ 살망하다 : ① 아랫도리가 가늘고 길다. 〔중요〕
     ② 옷의 길이가 키보다 좀 짧다. 〔중요〕

◆ 살밑 : 화살촉.

◆ 살바람 : ① 좁은 틈으로 새어드는 찬바람.
     ② 이른 봄에 부는 찬바람.

◆ 살별 : 태양계에 딸리어 이의 인력을 받으며 운동하는 발광 천체.
    ※ 囲 : 꼬리별, 혜성

◆ 살천스럽다 : 쌀쌀하고 매섭다.

◆ 살피 : ① 두 땅의 경계선을 간단히 나타낸 표.
     ② 물건과 물건의 틈새나, 또는 그 사이를 구별 지은 표.

◆ 샘바리 : '샘이 많아서 몹시 안달하는 성질이 있는 사람'을 놀림조로 이르는 말.

◆ 샛바람 : '동풍'을 뱃사람들이 이르는 말.

◆ 생게망게하다 : 터무니가 없어서 이해할 수 없다. 〔중요〕

◆ 서털구털 : 말이나 행동이 침착하고 단정하지 못하여 아무렇게나 하는 모양.

◆ 선드러지다 : 태도가 맵시 있고 경쾌하다.

◆ 선바람 : 지금 차리고 나선 그대로의 차림새.

◆ 선불 걸다 : ① 섣불리 건드리다.
     ② 관계없는 일에 참견하여 해를 입다.

◆ 설명하다 : ① 아랫도리가 가늘고 길어 어울리지 아니하다.
     ② 옷이 몸에 짧아 어울리지 아니하다.

◆ 수여리 : 꿀벌의 암컷.

◆ 시나브로 : ① 알지 못하는 사이에 조금씩 조금씩.
     ② 다른 일을 하는 사이사이에.

◆ 시난고난 : 병이 점점 더 심하여 가는 모양.

◆ 시르죽다 : ① 기운을 못 차리다.
     ② 기를 펴지 못하다.

◆ 시망스럽다 : 몹시 짓궂다.

◆ 시퉁하다 : 주제넘고 건방지다.

◆ 쑥수그레하다 : 여러 개의 물건이 별로 크지도 작지도 않고 거의 고르다.

유제

01 다음 밑줄 친 단어의 사용이 올바른 것은?

① 영수는 자신의 병이 흡연으로 인한 폐암이라는 것을 알고 나서 금연과 운동을 통해 물리치료를 계속하자 병은 <u>시난고난</u> 점차 치료되어갔다.

② 하는 일마다 승승가두를 달리어 기고만장했던 철수는 모든 자금을 투자해서 기획했던 철광업이 부도를 맞자 그만 <u>시르죽어</u> 이제는 남들에게 고개를 들지 못하는 신세가 되었다.

③ 영철이가 어렵게 구해온 원목을 난로 속에 넣고 나니 난로에서 점점 꺼져 가던 불씨가 다시 살아나며 시뻘건 불길로 <u>사위어서</u> 이젠 용광로나 다름없었다.

④ 눈을 붙인 지 30분이나 되었을까 그런 상황에는 어울리지 않는 양복에 넥타이를 맨, 완전히 격식을 차린 <u>서털구털한</u> 병사들이 집 안으로 들이 닥쳤다.

⑤ 결국 우리가 보여준 친절에도 불구하고 그들은 <u>살가운</u> 표정으로 우리에게 총부리를 겨누며 철창 안으로 몰아넣었다.

정답 ②

해설 의미 활용으로 볼 때 ①은 '기를 펴지 못하다' ③은 '사그라져 재가 되다' ④는 '말이나 행동이 침착하고 단정하지 못하여 아무렇게나 하는 모양' ⑤는 '마음씨가 부드럽고 다정스럽다'는 뜻이므로 올바르지 않은 용례이다.

〈ㅇ〉

◆ **아퀴** : 어수선한 일의 갈피를 잡아 마무르는 끝매듭.

◆ **안다미씌우다** : 제가 담당할 책임을 남에게 지우다. (중요)

◆ **앙가발이** : ① 다리가 짧고 굽은 사람.
② 잘 달라붙는 사람.

◆ **애면** : ① 엉뚱하게 딴. ② 애매하게 딴.

◆ **애면글면** : 약한 힘으로 무엇을 이루느라고 온갖 힘을 다하는 모양.

◆ **애오라지** : 마음에 부족하나마 겨우. 넉넉하지는 못하나마 좀.

◆ **애옥살이** : 가난에 쪼들려 고생스럽게 사는 살림살이.

◆ **야당스럽다** : ① 매몰하고 사막스럽다.
② 약빠르고 매몰스럽다.

◆ **야비다리** : 보잘것없는 사람이 제 딴에 가장 만족한 듯이 내는 교만.

◆ **어리눅다** : 일부러 어리석은 체하다.

◆ **어리보기** : 얼뜬 사람. 둔한 사람.

◆ **어이새끼** : 짐승의 어미와 새끼.

◆ **언거번거하다** : 쓸데없는 말이 많고 경망하며 수다스럽다.

◆ **언걸** : ① 남의 일 때문에 당하는 해. ② 큰 고생.

◆ **언걸먹다** : ① 남의 일로 해를 입어 골탕 먹다.
② 큰 고생을 당하다.

◆ **언구럭** : 사특하고 교묘한 말로 남의 속심을 떠보는 등 남을 농락하는 태도. (중요)

◆ 엄펑스럽다 : 음흉하게 남을 속이거나 곯리는 태도가 있다.

◆ 엉너리 : 남의 환심을 사기 위하여 어벌쩡하게 서두르는 짓.

　※ 엉너리 치다.

◆ 엉세판 : 가난하고 궁한 판.

◆ 여들없다 : 하는 짓이 멋없고 미련하다.

◆ 여줄가리 : ① 주된 몸뚱이나 원줄기에 딸린 물건.
　　　　　 ② 종요로운 일에 딸린 그리 중요하지 않은 일. 중요

◆ 연생이 : 잔약한 사람이나 물건. 보잘것없는 사람의 별명. 중요

◆ 열쌔다 : 매우 재빠르고 날래다.

◆ 열없다 : ① 조금 부끄럽다.
　　　　 ② 성질이 묽고 째이지 못하다.
　　　　 ③ 담이 크지 못하고 겁이 많다.

　※ 열없는 색시 달밤에 삿갓 쓴다 : 정신없이 망동함을 이르는 말.

◆ 열쭝이 : ① 겨우 날기 시작한 새 새끼.
　　　　 ② 겁이 많고 나약한 사람.

◆ 염알이꾼 : 몰래 염탐하는 사람.

◆ 오달지다 : 올차고 여무져 실속 있다.

◆ 오도깝스럽다 : 경망하게 나덤비는 태도가 있다.

◆ 오롯이 : 고요하고 쓸쓸하게. 호젓하게.

◆ 오롯하다 : 완전하다. 원만하다.

◆ 올곧다 : ① 마음이 정직하다.
　　　　 ② 줄이 바르고 곧다.

◆ 왜바람 : 이리저리 방향이 없이 함부로 부는 바람. 왜풍.

◆ 왜자하다 : 소문이 굉장하게 퍼지다.

◆ 왜장치다 : 누구라고 맞대지 않고 헛되이 큰 소리를 치다.

◆ 외우 : 외지게.

◆ 외주물집 : 마당이 없고 안이 길 밖에서 들여다보이는 보잘것없는 집.

◆ 왼소리 : 사람이 죽었다는 소문.

◆ 용천하다 : 매우 나쁘다.

◆ 우꾼하다 : 여러 사람이 일시에 소리치며 움직이는 모양이 나타나다.

◆ 우너리 : 가죽신의 운두.

　※ 운두 : 그릇이나 신 따위의 둘레의 높이.

◆ 우두망찰하다 : 갑자기 닥친 일에 정신이 얼떨하여 할 바를 모르다. 중요

◆ 우듬지 : 나무의 맨 꼭대기 줄기.

◆ 우러리 : 얽어 만든 물건의 뚜껑.

◆ 욱대기다 : ① 난폭하게 위협하다.
　　　　　 ② 우락부락하게 우겨대다.
　　　　　 ③ 억지를 부려 마음대로 해 내다.

◆ 울골질 : 지긋지긋하게 으르며 덤비는 일.

◆ 울릉대다 : 힘이나 말로써 남을 위협하다.

◆ 웁쌀 : 잡곡으로 짓는 밥 위에 조금 얹어 안치는 쌀.

◆ 웃비걷다 : 오던 비가 걷다. 중요

유제

01 다음 밑줄 친 단어의 사용이 올바른 것은?

① 김 형사는 그 사건의 핵심인물인 여줄가리를 잡는 데 성공했다.

② 그녀는 오늘만큼은 사람들과 떨어져서 혼자 오롯이 지내고 싶어 했다.

③ 그는 자신이 감당할 수 없는 큰일에 부딪혔지만 호랑이에게 물려가도 정신만 차리면 산다는 속담이 떠올라 우두망찰했다.

④ 영희는 갑작스런 철수의 행동에 깜짝 놀라 소리칠 뻔하다가 자그마한 소리로 외우 나무랐다.

⑤ 잡초를 제거할 때는 아주 작은 속 뿌리, 즉 우듬지까지 뽑아내야 완전히 없어지는 것이라네.

정답 ②

해설 ①은 '종요로운 일에 딸린 그리 중요하지 않은 일'을 뜻하며 ③은 '갑자기 닥친 일에 정신이 얼떨하여 할 바를 모르다' ④는 '외지게, 된통, 세게' ⑤는 '나무의 맨 꼭대기 줄기'를 뜻하는 말이므로 잘못 쓰인 예 들이다.

유제

02 다음 밑줄 친 단어의 사용이 올바르지 <u>않은</u> 것은?

① <u>올곧은</u> 정신을 가져야만 훌륭한 사람이라고 할 수 있다.

② 먼저 벌인 일을 <u>아퀴 지은</u> 다음 다른 일을 해야지 넌 왜 자꾸 일만 벌이는 거니?

③ 공부하기도 힘든데 없는 시간을 쪼개서 봉사활동을 하고 다녔다니 참 <u>용천하구나</u>.

④ 힘도 없고 가진 것도 없는 우리 부모님이 우리를 이렇게 키우는 데 얼마나 <u>애면글면</u> 하셨겠니?

⑤ 철수는 자신이 잘못한 일까지 그 책임을 영수에게 <u>안다미씌웠다</u>.

정답 ③

해설 '용천하다'는 의미는 '매우 나쁘다, 정말로 잘못되었다'이므로 이 문장과는 어울리지 않는다.

〈ㅈ, ㅊ〉

◆ **자늑자늑하다** : 동작이 조용하며 가볍고 부드럽다.

◆ **자리끼** : 밤에 마시려고 잠자리의 머리맡에 두는 물.

◆ **자발없다** : 참을성이 없고 행동이 경솔하다.

※ 자발없는 귀신은 무랍도 못 얻어먹는다 : 너무 경솔한 짓을 하면 얻어먹을 것도 못 얻어먹는다.

◆ **자발없이** : 참을성이 없고 행동이 가볍게.

◆ **작박구리** : 위로 뻗은 뿔.

◆ **작사리** : 대가리를 엇걸어서 동여맨 작대기.

◆ **잔자누룩하다** : 소동 같은 것이 진정되어 고요하고 잔잔하다.

◆ **잔작하다** : 나이에 비하여 늦되고 용렬하다. 🗨중요

◆ **잘널다** : 이로 깨물어 잘게 만들다.

◆ **잘코사니** : 남의 불행이 마음에 고소하여 하는 말.

◆ **쟁개비** : 무쇠나 양은으로 만든 작은 냄비.

◆ **쟁퉁이** : ① 잘난 체하고 거만을 부리는 같잖은 사람. 🗨중요

② 가난에 쪼들리어 마음이 좁고 비꼬인 사람. 🗨중요

◆ **점직하다** : 약간 부끄럽고 미안한 느낌이 있다.

◆ **제겨 차다** : 발등으로 올려 차다.

◆ **제비초리** : 뒤통수나 앞이마에 뾰족이 내민 머리털.

◆ **제비턱** : 밑이 두툼하고 널찍하게 생긴 턱. 또는 그러한 사람의 별명.

◆ **조리차하다** : 아껴서 알뜰히 쓰다.

◆ **조리치다** : 졸음이 올 때 잠깐 졸고 깨다.

◆ **조쌀하다** : 노인의 얼굴이 깨끗하고 조촐하다. 🗨중요

◆ **종요롭다** : 없어서는 안 될 만큼 긴요하다. 사물에 있어서 가장 중추(中樞)의 부분이 될 만하다.

◆ **주니** : 몹시 지루함을 느끼는 싫증.

◆ **줄무지** : 기생이나 장난꾼의 행상(行喪). 친구끼리 상여를 메고서 풍악 치고 춤추며 멋거리 있게 놀면서 나감.

◆ **줌벌다** : 한 줌으로 쥐기에는 너무 부풀다.

◆ **줏대잡이** : 중심이 되는 사람.

◆ **지르되다** : 제때를 지나 더디게 자라다. 늦되다.

◆ **지르신다** : 신이나 버선이 발에 덜 들어가 발꿈치에 뒤축이 뭉개지게 신다.

◆ **지며리** : ① 차분하고 꾸준히. ② 차분히 탐탁하게.

◆ **지멸있다** : 꾸준하고 성실하다. 직심스럽고 참을성이 있다.

◆ **진피아들** : 지지리 못난 사람.

◆ **짓나다** : 흥겨워 멋을 부리다.

◆ **징거두다** : ① 옷이 해지지 않게 듬성듬성 꿰매어두다.
② 할 일을 미리 마련하여 두다.

◆ **짜장** : 참, 과연, 정말로.

◆ **차깔하다** : 문을 굳게 닫아두다.

◆ **채지다** : 염색한 빛이 고루 들지 못하다.

◆ **청처짐하다** : 동작이나 어떤 상태가 좀 느슨하다.

◆ **치룽구니** : 어리석어서 쓸모가 적은 사람.

유제

01 다음 밑줄 친 단어의 사용이 올바른 것은?

① 철수는 사려가 깊고 행동이 침착해서 모든 일에 <u>자발없이</u> 나선다.
② 신발을 오래 신으려면 뒤를 구겨 신지 말고 올바르게 <u>지르신어야</u> 한다.
③ 사춘기에 접어든 영희의 얼굴은 여드름이 나기 시작해서 <u>조쌀하게</u> 보인다.
④ 이제야 생각하니 어머니께서 사람은 신의를 보고 사귀라는 말씀이 <u>짜장</u> 옳았다.
⑤ 네 말은 그 일을 꾸민 핵심인물이 아니고 오직 <u>줏대잡이</u>로 거들기만 했다는 것이냐?

정답 ④

해설 ①은 '참을성이 없고 행동이 가볍게' ②는 '신이나 버선이 발에 덜 들어가 발꿈치에 뒤축이 뭉개지게 신다' ③은 '노인의 얼굴이 깨끗하고 조촐하다' ⑤는 '중심이 되는 사람'을 뜻하므로 문맥과 어울리지 않게 사용된 예들이다.

유제

02 다음 밑줄 친 단어의 사용이 올바르지 <u>않은</u> 것은?

① 영희는 원래 모든 일에 잽싼 애인데 오늘은 <u>청처짐한</u> 것을 보니 어디가 안 좋은 모양이야!
② 철수는 사이가 좋지 않던 경수의 낙방소식을 듣자마자 속으로 <u>잘코사니</u>가 절로 나왔다.
③ 영희는 항상 부모님이 잠자리에 들기 전에 <u>자리끼</u>를 부모님 방에 가져다 놓곤 했다.
④ 경희는 어제 사소한 일로 말다툼을 벌인 희자가 먼저 사과하자 <u>점직해</u> 했다.
⑤ 그 일은 너무나 <u>지며리</u> 일어난 일이라 모두가 당황해서 어쩔 줄을 몰랐다.

정답 ⑤

해설 ⑤ '지며리'는 '차분하고 꾸준히'를 뜻하므로 위 문장과 어울리지 않는 단어 사용이다.

〈ㅋ, ㅌ, ㅍ, ㅎ〉

- **콩노굿** : 콩의 꽃.
- **콩켸팥켸** : 사물이 마구 뒤섞여서 뒤죽박죽된 것을 가리키는 말.

✚

- **텡쇠** : 겉으로는 튼튼한 듯이 보이나 속은 허약한 사람.
- **토리¹** : ① 실을 둥글게 감은 뭉치.
  ② 감아놓은 실 뭉치를 세는 말.
- **토리²** : 화살대의 끝에 씌운 쇠고리.
- **토방** : (지난날 시골집에서 볼 수 있었던 것으로) 흙을 편평하게 쌓아서 마루 대신으로 이용하던 곳.
- **통거리** : 어떤 사물의 전부. 가릴 것을 가리지 않고 그냥 모두.
- **투깔스럽다** : 일이나 물건의 모양새가 투박스럽고 거칠다.
- **투미하다** : 어리석고 둔하다. ⭐중요
- **티석티석** : 환히 트이지 못하거나 번지럽지 못한 모양.

✚

- **파니** : 아무 하는 일 없이 노는 모양.
- **포달스럽다** : 야멸치고 암상스럽다.
- **포달지다** : 악을 쓰고 함부로 욕을 하며 대드는 품이 몹시 사납다.
- **푸네기** : 가까운 제살붙이.
- **푸서리** : 거칠게 잡풀이 무성한 땅.
- **푼더분하다** : ① 얼굴이 두툼하여 탐스럽다.
  ② 약소하지 아니하고 두둑하다.
- **풀치다** : 맺혔던 생각을 돌리어 너그럽게 용서하다.

✚

- **하리놀다** : 윗사람에게 남을 헐뜯어 일러바치다. 참소(讒訴)하다.
- **한사리** : 음력 매달 보름과 그믐날에 조수가 가장 높이 들어오는 때.

※ 춘 : 사리

- **함초롬하다** : 가지런하고 곱다.
- **해망쩍다** : 총명하지 못하고 아둔하다.
- **해미** : 바다 위에 낀 아주 짙은 안개.
- **해찰하다** : 일에는 정신을 두지 아니하고 쓸데없는 다른 짓을 하다.
- **허구리** : 허리의 좌우 쪽 갈비 아래의 잘쏙한 부분.
- **허릅숭이** : 언행이 착실하지 못하여 미덥지 못한 사람.
- **허방** : 움푹 패어 빠지기 쉬운 땅. ⭐중요

※ 허방다리 : 함정

- **헤살** : 짓궂게 일을 훼방함.
- **홀라들이다** : 되는 대로 마구 쑤시거나 훑다.
- **회매하다** : 입은 옷의 매무시나 무엇을 싸서 묶은 모양이 경첩하고 가든하다.
- **후림불** : ① 정신 차릴 사이조차 없이 갑자기 휩쓸리는 서슬. ⭐중요
  ② 남의 옆에 있다가 아무 까닭 없이 걸려드는 일을 일컫는 말. ⭐중요
- **훔훔하다** : 얼굴에 매우 흐뭇한 표정이 나타나 있다.
- **훗훗하다** : 좀 갑갑할 정도로 무더운 기운이 있다.
- **훤칠하다** : ① 길이가 길고 미끈하다.
  ② 탁 트이어 깨끗하고도 시원하다.
- **훨찐** : 들판 따위가 매우 시원스럽게 펼쳐진 모양.
- **휘뚜루** : 닥치는 대로 맞게 쓰일 만하게.
- **휘뚜루마뚜루** : 이것저것 가리지 않고 닥치는 대로 마구 해치우는 모양.
- **휘모리** : 판소리 및 산조(散調) 장단의 한 가지. 가장 빠른 속도로 처음부터 급히 휘몰아 가는 장단.
- **횟손** : ① 남을 휘어잡아 잘 부리는 솜씨.
  ② 일을 잘 처리하는 솜씨.

◆ 흐벅지다 : 탐스럽게 두껍고 부드럽다.

◆ 흐지부지 : 끝을 분명히 맺지 못하고 흐리멍덩하게 넘겨 버리는 모양.

◆ 흑보기 : 눈동자가 한쪽으로 몰려서 늘 흘겨보는 사람을 조롱조로 이르는 말.

◆ 흑죽학죽 : 일을 정성껏 맺지 않고 어름어름 넘기는 모양.

◆ 흘림기둥 : 기둥의 몸이 기둥머리나 기둥뿌리보다 배가 조금 부른 기둥.

◆ 흥감 : 실지보다 지나치게 늘려 떠벌리는 짓.

◆ 희떱다 : ① 속은 비었어도 겉으로는 호화롭다.
② 한 푼 없어도 손이 크고 마음이 넓다.
③ 실지보다 과장이 많다.

◆ 희아리 : 조금 상하여 희끗희끗 얼룩이 진 마른 고추.

◆ 흰소리 : 터무니없이 자랑하거나 희떱게 지껄임. 또는 그 말.

※ 흰소리를 치다 : 기세 좋게 흰소리 하다.

유제

01 다음 밑줄 친 단어의 사용이 올바른 것은?

① 그는 신용을 으뜸으로 치는 사람이라서 절대 <u>흰소리</u> 할 사람이 아니다.

② 그는 영희가 한 일에 대해 못마땅한지 <u>흠흠한</u> 표정으로 영희를 바라보았다.

③ 굵은 돌로 견고하게 쌓아서 놓은 다리를 <u>허방다리</u>라고 한다.

④ 그는 자신이 저질러 놓은 일 때문에 결국 <u>후림불</u>에 휘말렸다.

⑤ 날이 점점 추워지자 땅에는 <u>푸서리</u>가 내리기 시작했다.

정답 ①

해설 ②는 '매우 흐뭇한 표정' ③은 '함정' ④는 '남의 옆에 있다가 아무 까닭 없이 걸려드는 일을 일컫는 말' ⑤는 '거칠게 잡풀이 무성한 땅'을 뜻한다.

유제

02 다음 밑줄 친 단어의 사용이 올바르지 <u>않은</u> 것은?

① 철수는 경수가 자신의 일에 계속 간섭하며 <u>헤살</u>을 부리자 신경질을 냈다.

② 영수는 영희가 가져다 달라는 털실 두 <u>토리</u>를 사러 시장에 갔다.

③ 콩밭에는 벌써 <u>콩노굿</u>이 흐드러지게 피어 있었다.

④ 영희는 철수가 하는 일이 <u>투미하다</u>고 생각하고는 그를 깔보기 시작했다.

⑤ 영희는 결국 자신의 핏줄이 아닌 <u>푸네기</u>들에게 도움을 청하기로 했다.

정답 ⑤

해설 ⑤ '푸네기'는 예문과 상반되는 '자신의 핏줄, 또는 혈육'을 뜻한다.

2절 필수 고사성어

〈ㄱ〉

▶ **가담항설** 街 : 거리 가 談 : 말씀 담 巷 : 거리 항 說 : 말씀 설
길거리나 항간에 떠도는 소문.

▶ **가렴주구** 苛 : 매울 가 斂 : 거둘 렴 誅 : 벨 주 求 : 구할 구
① 가혹하게 착취하고 징수함. ② 조세를 가혹하게 징수함.

▶ **각주구검** 刻 : 새길 각 舟 : 배 주 求 : 구할 구 劍 : 칼 검
시세의 변천도 모르고 낡은 생각만 고집하며 이를 고치지 않는 어리석고 미련한 모습을 비유하는 말.
㉞ 수주대토(守 : 지킬 수 株 : 그루 주 待 : 기다릴 대 兎 : 토끼 토)

▶ **간난신고** 艱 : 어려울 간 難 : 어려울 난 辛 : 매울 신 苦 : 쓸 고
갖은 고초를 겪어 몹시 힘들고 괴로움.

▶ **간담상조** 肝 : 간 간 膽 : 쓸개 담 相 : 서로 상 照 : 비출 조 ⭐중요
서로의 마음이 통하고 알려짐. 서로 마음을 터놓고 진실하게 사귐.

▶ **갈이천정** 渴 : 목마를 갈 而 : 말 이을 이 穿 : 뚫을 천 井 : 우물 정
목이 말라야 우물을 팜.

▶ **감언이설** 甘 : 달 감 言 : 말씀 언 利 : 이로울 이 說 : 말씀 설
남의 비유에 맞도록 꾸민 달콤한 말과 이로운 조건을 붙여 꾀는 말.

▶ **감탄고토** 甘 : 달 감 呑 : 삼킬 탄 苦 : 쓸 고 吐 : 토할 토
사리에 옳고 그름을 돌보지 않고, 자기 비위에 맞으면 좋아하고 맞지 않으면 싫어함.

▶ **갑남을녀** 甲 : 천간 갑 男 : 사내 남 乙 : 새 을 女 : 여자 녀
보통의 평범한 사람들.

▶ **갑론을박** 甲 : 천간 갑 論 : 말할 론 乙 : 새 을 駁 : 그릇될 박
자기의 주장을 세우고 남의 주장을 반박함.

▶ **개과천선** 改 : 고칠 개 過 : 지날 과 遷 : 옮길 천 善 : 착할 선
지나간 허물을 고치고 착하게 됨.

▶ **개세지재** 蓋 : 덮을 개 世 : 세상 세 之 : 어조사 지 才 : 재능 재
세상을 덮을 만한 재주.

▶ **거두절미** 去 : 갈 거 頭 : 머리 두 截 : 끊을 절 尾 : 꼬리 미
앞뒤의 잔사설을 빼놓고 요점만을 말함.

▶ **거안사위** 居 : 있을 거 安 : 편안할 안 思 : 생각 사 危 : 위태로울 위
편안히 살 때 닥쳐올 위태로움을 생각함.

▶ **건곤일척** 乾 : 하늘 건 坤 : 땅 곤 一 : 한 일 擲 : 던질, 노름할 척
승패를 걸고 단판 승부를 겨룸.

▶ **격화소양** 隔 : 사이뜰 격 靴 : 신 화 搔 : 긁을 소 痒 : 가려울 양 ⭐중요
신을 신은 채 가려운 발바닥을 긁음과 같이 일의 효과를 나타내지 못함.

▶ **견강부회** 牽 : 끌 견 强 : 굳셀 강 附 : 붙을 부 會 : 모일 회
억지로 말을 끌어 붙여 자기가 주장하는 조건에 맞도록 함.

▶ **견마지로** 犬 : 개 견 馬 : 말 마 之 : 어조사 지 勞 : 일할 로
① 자기의 노력을 낮추어 하는 말. ② 임금이나 나라에 충성을 다하는 노력.

▶ **견문발검** 見 : 볼 견 蚊 : 모기 문 拔 : 뺄 발 劍 : 칼 검
대단치 않은 일에 쓸데없이 크게 화를 내는 사람을 일컫는 말.

▶ **견위수명** 見 : 볼 견 危 : 위태할 위 授 : 줄 수 命 : 목숨 명
나라가 위태롭게 되면 제 목숨을 나라에 바침.

▶ **결자해지** 結 : 맺을 결 者 : 놈 자 解 : 풀 해 之 : 어조사 지
맺은 사람이 풀어야 한다는 뜻으로, 일을 저지른 사람이 끝을 맺어야 한다는 말.

▶ **결초보은** 結 : 맺을 결 草 : 풀 초 報 : 갚을 보 恩 : 은혜 은
풀을 엮어서 은혜를 갚는다는 의미로, 죽어서도 잊지 않고 은혜를 갚는다는 말.

▶ **경이원지** 敬 : 공경할 경 而 : 말 이을 이 遠 : 멀 원 之 : 갈 지
공경하기는 하되 가까이 하지는 않음.

▶ **계륵** 鷄 : 닭 계 肋 : 갈비 륵 ⭐중요
'닭의 갈비' 라는 뜻으로, 자기에게 별로 요긴한 것은 아니지만 버리기에는 아까운 사물을 일컫는 말.

▶ **경화수월** 鏡 : 거울 경 花 : 꽃 화 水 : 물 수 月 : 달 월
① 거울에 비친 꽃과 물에 비친 달. ② 볼 수만 있고 가질 수 없는 것.

▶ **계란유골** 鷄 : 닭 계 卵 : 알 란 有 : 있을 유 骨 : 뼈 골
달걀 속에도 뼈가 있다는 뜻으로, 뜻밖에 장애물이 생김을 이르는 말.

▶ **고군분투** 孤 : 외로울 고 軍 : 군사 군 奮 : 떨칠 분 鬪 : 싸움 투
수가 적고 도움이 없는 약한 군대가 강한 적과 용감하게 싸움.

▶ **고립무원** 孤 : 외로울 고 立 : 설 립 無 : 없을 무 援 : 당길 원
　고립되어 구원을 받을 데가 없음.

▶ **고복격양** 鼓 : 북 고 腹 : 배 복 擊 : 부딪칠 격 壤 : 흙 양
　배를 두드리면서 땅을 친다는 말로 태평세월임을 표현한 말.

▶ **고식지계** 姑 : 시어미 고 息 : 숨 쉴 식 之 : 갈 지 計 : 꾀 계
　당장에 편한 것만 취하는 계책. 임시변통이나 일시 미봉하는 계책.

▶ **고육지계** 苦 : 쓸 고 肉 : 고기 육 之 : 어조사 지 計 : 꾀 계
　적을 속이기 위해 자신의 희생을 무릅쓰고 꾸미는 계책.

▶ **고장난명** 孤 : 외로울 고 掌 : 손바닥 장 難 : 어려울 난 鳴 : 울 명
　외손바닥은 소리 나지 않는다는 뜻으로, 혼자서는 싸움이 되지 않음.

▶ **고진감래** 苦 : 쓸 고 盡 : 다될 진 甘 : 달 감 來 : 올 래
　고생 끝에 낙이 온다는 말.

▶ **곡학아세** 曲 : 굽을 곡 學 : 배울 학 阿 : 언덕 아 世 : 대 세
　왜곡된 학문을 하여 세속의 인기를 끌고자 함.

▶ **골육상잔** 骨 : 뼈 골 肉 : 고기 육 相 : 서로 상 殘 : 해칠 잔
　같은 혈족끼리 서로 다투고 해하는 것.
　㈜ 골육상쟁(骨 : 뼈 골 肉 : 고기 육 相 : 서로 상 爭 : 다툴 쟁)

▶ **과대망상** 誇 : 자랑할 과 大 : 큰 대 妄 : 허망할 망 想 : 생각할 상
　자신을 너무 과대하게 믿는 망상.

▶ **과여불급** 過 : 지날 과 如 : 같을 여 不 : 아닐 불 及 : 미칠 급
　지나친 것은 미치지 못함과 같음.

▶ **과유불급** 過 : 지날 과 猶 : 오히려 유 不 : 아닐 불 及 : 미칠 급 〔중요〕
　정도를 지나친 것은 도리어 미치지 못한 것과 같다는 말.

▶ **관포지교** 管 : 피리 관 鮑 : 절인 어물 포 之 : 갈 지 交 : 사귈 교
　아주 친한 친구 사이의 사귐.

▶ **괄목상대** 刮 : 깎을 괄 目 : 눈 목 相 : 서로 상 對 : 대할 대
　눈을 비비고 상대방을 본다는 뜻으로, 남의 학식이나 재주가 놀랄 만큼 갑자기 향상됨을 일컫는 말.

▶ **교각살우** 矯 : 바로잡을 교 角 : 뿔 각 殺 : 죽일 살 牛 : 소 우 〔중요〕
　뿔을 고치려다 소를 죽인다는 말로, 곧 작은 일에 힘쓰다가 큰일을 망치는 것.

▶ **교언영색** 巧 : 공교할 교 言 : 말씀 언 令 : 하여금 영 色 : 빛 색
　교묘하게 꾸며대는 말과 아첨하는 얼굴빛.

▶ **구밀복검** 口 : 입 구 蜜 : 꿀 밀 腹 : 배 복 劍 : 칼 검 〔중요〕
　입속에는 꿀을 담고 뱃속에는 칼을 지녔다는 뜻.

▶ **구상유취** 口 : 입 구 尙 : 오히려 상 乳 : 젖 유 臭 : 냄새 취
입에서 아직 젖내가 난다는 뜻으로, 언어와 행동이 매우 유치함을 일컬음.

▶ **구우일모** 九 : 아홉 구 牛 : 소 우 一 : 한 일 毛 : 털 모
썩 많은 가운데 극히 적은 것.

▶ **구절양장** 九 : 아홉 구 折 : 꺾을 절 羊 : 양 양 腸 : 창자 장
① 양의 창자처럼 험하고 꼬불꼬불한 산길. ② 길이 매우 험함.

▶ **군계일학** 群 : 무리 군 鷄 : 닭 계 一 : 한 일 鶴 : 학 학
변변치 못한 여럿 중에서 홀로 뛰어난 사람.

▶ **군웅할거** 群 : 무리 군 雄 : 수컷 웅 割 : 나눌 할 據 : 의거할 거
많은 영웅이 각지에 자리 잡고 서로 세력을 다툼.

▶ **궁여지책** 窮 : 다할 궁 餘 : 남을 여 之 : 어조사 지 策 : 채찍 책
막다른 골목에서 그 국면을 타개하려고 생각다 못해 짜낸 꾀.

▶ **권모술수** 權 : 권세 권 謀 : 꾀할 모 術 : 꾀 술 數 : 셀 수
목적 달성을 위해서는 수단 · 방법을 가리지 않고 때와 형편에 따라 둘러맞추는 모략이나 술책.

▶ **권선징악** 勸 : 권할 권 善 : 착할 선 懲 : 혼날 징 惡 : 악할 악
착한 행실을 권장하고 악한 행실을 징계함.

▶ **권토중래** 捲 : 말 권 土 : 흙 토 重 : 무거울 중 來 : 올 래 ⭐중요
한 번 실패했다가 세력을 회복하여 다시 일어남.

▶ **귤화위지** 橘 : 귤나무 귤 和 : 화할 화 爲 : 할 위 枳 : 탱자나무 지
귤이 화수를 건너면 탱자가 된다. 환경에 따라 사람이나 사물의 성질이 변함을 이르는 말.

▶ **근묵자흑** 近 : 가까울 근 墨 : 먹 묵 者 : 놈 자 黑 : 검을 흑
먹을 가까이 하는 사람은 검어진다. 즉 나쁜 사람과 사귀면 그 버릇에 물들기 쉬움.

▶ **금과옥조** 金 : 쇠 금 科 : 과정 과 玉 : 옥 옥 條 : 가지 조
금이나 옥같이 귀중한 법칙이나 규정.

▶ **금상첨화** 錦 : 비단 금 上 : 위 상 添 : 더할 첨 花 : 꽃 화
좋고 아름다운 것 위에 더 좋은 것을 더함.

▶ **금석지감** 今 : 이제 금 昔 : 예 석 之 : 갈 지 感 : 느낄 감
지금을 옛적과 비교함에 변함이 심하여 저절로 일어나는 느낌.

▶ **금의야행** 錦 : 비단 금 衣 : 옷 의 夜 : 밤 야 行 : 갈 행 ⭐중요
비단 옷 입고 밤길 걷기. 곧 생색이 나지 않는 쓸데없는 일을 자랑삼아 하는 일의 비유.

▶ **금의환향** 錦 : 비단 금 衣 : 옷 의 還 : 돌아올 환 鄕 : 시골 향 ⭐중요
비단 옷을 입고 고향으로 돌아옴, 즉 타향에서 크게 성공하여 자기 집으로 돌아감.

▶ **금지옥엽** 金 : 쇠 금 枝 : 가지 지 玉 : 옥 옥 葉 : 잎 엽

임금의 자손이나 집안 또는 귀여운 자손을 소중히 일컫는 말.

▶ **기우** 杞 : 나무 이름 기 憂 : 근심할 우

옛날 기(杞) 나라의 어떤 사람이 하늘이 무너질까 봐 걱정을 했다는 데서 나온 말로, 쓸데없는 걱정을 함을 이르는 말.

▶ **기호지세** 騎 : 말 탈 기 虎 : 범 호 之 : 갈 지 勢 : 기세 세 ⭐중요

범을 타고 달리는 형세라는 뜻으로, 시작한 것을 중도에서 그만둘 수 없음을 이름.

유제

01 다음 밑줄 친 고사성어의 사용이 올바른 것은?

① 철수는 마침내 입사시험에 합격해 금의야행(錦衣夜行)하는 기분으로 집에 들어섰다.

② 비록 외래문화가 잘못 들어왔다 하더라도 그것을 우리 방식으로 고쳐 발전시킨다면 귤화위지(橘化爲枳)가 될 것이다.

③ 영희가 너에게 지금 듣기 좋은 말만 하는 것을 경계해야 한다. 그녀는 구밀복검(口蜜腹劍)처럼 지금은 너의 비위를 맞추지만 언제라도 널 배신할 수 있는 사람이기 때문이다.

④ 좋은 친구는 곁에 많이 있을수록 좋은 법이라 과유불급(過猶不及)이라고 할 수 있다.

⑤ 영수는 자기가 한 번도 이루지 못한 일등을 해서 권토중래(捲土重來)의 기쁨을 맛 볼 수 있었다.

정답 ③

해설 ①은 '생색이 나지 않는 쓸데없는 일을 자랑삼아 하는 일의 비유' ②는 '좋은 것이 다른 곳으로 건너가면서 나쁘게 변한 것' ④는 '많으면 지나침만 못하다' ⑤는 '한 번 실패했다가 세력을 회복하여 다시 일어남'을 뜻하므로 적절한 사용이 아니다.

유제

02 다음 밑줄 친 고사성어의 사용이 올바르지 <u>않은</u> 것은?

① 철수가 과연 합격을 할 수 있을까 걱정했던 것은 기우(杞憂)에 지나지 않았다. 오히려 차석으로 합격해서 주위를 놀라게 했다.

② 게임을 시작한 지 20분이란 시간이 지나자 한 번도 격돌이 없던 테란과 프로토스는 건곤일척(乾坤一擲)의 싸움을 시작했다.

③ 너 역시 집안에서 귀하게 자랐겠지만 그도 그의 집안에서 금지옥엽(金枝玉葉)으로 자란 애이니만큼 서로를 귀하게 대해야 한다.

④ 지금 큰일을 하는 사람이 이토록 하찮은 일에 신경을 써서야 되겠니? 교각살우(矯角殺牛)라는 말도 있듯이 자고로 큰일을 하는 사람은 작은 일에 신경 써서는 안 돼!

⑤ 이번 사태는 우리의 희생을 무릅쓰고 고식지계(姑息之計)를 써야만 수습할 수 있을 것 같습니다. 종전처럼 미봉책(彌縫策)으로 막으려 했다가는 더 큰일이 날 수 있습니다.

> **정답** ⑤
>
> **해설** ⑤의 고식지계(姑息之計)는 '임시변통이나 일시 미봉하는 계책'의 뜻으로 문맥으로 볼 때 잘못 사용한 것
> 이므로 '고육지계(苦肉之計)'를 사용해야 한다.

〈ㄴ, ㄷ〉

▶ **난상토의** 爛 : 문드러질 난 商 : 헤아릴 상 討 : 칠 토 議 : 의논할 의 ⭐중요
낱낱이 들어 잘 토의함.

▶ **난형난제** 難 : 어려울 난 兄 : 맏 형 難 : 어려울 난 弟 : 아우 제 ⭐중요
누구를 형이라 하고 누구를 동생이라 할지 분간하기 어렵다. 우열을 가리기 어려움.
　㋔ 막상막하(莫 : 없을 막 上 : 위 상 莫 : 없을 막 下 : 아래 하)
　　백중지세(伯 : 맏 백 仲 : 버금 중 之 : 갈 지 勢 : 기세 세)

▶ **남가일몽** 南 : 남녘 남 柯 : 자루 가 一 : 한 일 夢 : 꿈 몽
덧없이 지나간 한때의 헛된 부귀나 행복.
　㋔ 일장춘몽(一 : 한 일 場 : 마당 장 春 : 봄 춘 夢 : 꿈 몽)
　　한단지몽(邯 : 조나라 서울 한 鄲 : 조나라 서울 단 之 : 갈 지 夢 : 꿈 몽)

▶ **남부여대** 男 : 사내 남 負 : 질 부 女 : 계집 녀 戴 : 일 대
남자는 지고 여자는 인다는 뜻으로, 가난에 시달린 사람들이 살 곳을 찾아 떠돌아다니며 사는 것을 말함.

▶ **낭중지추** 囊 : 주머니 낭 中 : 가운데 중 之 : 갈 지 錐 : 송곳 추 ⭐중요
주머니 속의 송곳. 송곳이 주머니 속에 들어 있어도 그 날카로운 끝을 드러내는 것처럼, 재능이 뛰어난
사람은 세상에서 피해 있어도 자연히 사람들에게 알려짐의 비유.

▶ **낭중취물** 囊 : 주머니 낭 中 : 가운데 중 取 : 취할 취 物 : 만물 물
주머니 속의 물건을 꺼내는 것과 같이 매우 용이한 일.

▶ **내우외환** 內 : 안 내 憂 : 근심 우 外 : 바깥 외 患 : 근심 환
나라 안팎의 근심 걱정.

▶ **내유외강** 內 : 안 내 柔 : 부드러울 유 外 : 바깥 외 剛 : 굳셀 강
사실은 마음이 약한데도, 외부에는 강하게 나타남.

▶ **누란지위** 累 : 묶을 누 卵 : 알 란 之 : 갈 지 危 : 위태할 위
달걀을 쌓아 놓은 것과 같이 매우 위태함. 누란지세(累卵之勢).
　㋔ 백척간두(百 : 일백 백 尺 : 자 척 竿 : 낚싯대 간 頭 : 머리 두)
　　풍전등화(風 : 바람 풍 前 : 앞 전 燈 : 등 등 火 : 불 화)

▶ **능소능대** 能 : 능할 능 小 : 작을 소 能 : 능할 능 大 : 큰 대

　모든 일에 두루 능함. 남들과 사귀는 수완이 아주 능함.

▶ **다기망양** 多 : 많을 다 岐 : 갈림길 기 亡 : 망할 망 羊 : 양 양

　길이 여러 갈래여서 양을 잃다. 너무 방침이 많아 갈 바를 모름.

　㊀ 망양지탄(亡 : 망할 망 羊 : 양 양 之 : 갈 지 歎 : 탄식할 탄)

▶ **다다익선** 多 : 많을 다 多 : 많을 다 益 : 더할 익 善 : 착할 선

　많으면 많을수록 좋음.

▶ **단금지교** 斷 : 끊을 단 金 : 쇠 금 之 : 갈 지 交 : 사귈 교

　쇠를 자를 정도로 절친한 친구 사이를 말함.

▶ **단기지교** 斷 : 끊을 단 機 : 틀 기 之 : 갈 지 交 : 사귈 교

　학문을 중도에 그만둠은 짜던 베를 끊는 것이라는 맹자 어머니의 교훈.

▶ **단사표음** 簞 : 대광주리 단 食 : 먹이 사 瓢 : 박 표 飮 : 마실 음 ⭐중요

　변변치 못한 음식을 비유한 말로 매우 가난한 살림을 뜻함.

▶ **단순호치** 丹 : 붉을 단 脣 : 입술 순 皓 : 흴 호 齒 : 이 치

　붉은 입술과 흰 이라는 뜻으로, 곧 여자의 아름다운 얼굴.

▶ **당구풍월** 堂 : 집 당 狗 : 개 구 風 : 바람 풍 月 : 달 월

　서당 개 삼 년에 풍월을 한다. 비록 무식한 사람이라도 유식한 사람들과 오래 사귀게 되면 자연 견문이
　생긴다는 뜻.

▶ **당랑거철** 螳 : 사마귀 당 螂 : 사마귀 랑 拒 : 막을 거 轍 : 바퀴 자국 철 ⭐중요

　제 힘으로 당하지 못할 것을 생각지 않고 대적하려 함을 이르는 말.

▶ **대기만성** 大 : 큰 대 器 : 그릇 기 晩 : 저물 만 成 : 이룰 성

　큰 그릇은 이루어짐이 더디다는 뜻으로, 크게 될 사람은 성공이 늦다는 말.

▶ **도청도설** 道 : 길 도 聽 : 들을 청 塗 : 길 도 說 : 말씀 설

　① 거리에서 들은 것을 남에게 아는 체하며 말함. ② 깊이 생각 않고 예사로 듣고 말함.

▶ **도탄지고** 塗 : 진흙 도 炭 : 숯 탄 之 : 갈 지 苦 : 쓸 고

　진구렁에 빠지고 숯불에 타는 괴로움. 몹시 고생스러움을 말함.

▶ **동량지재** 棟 : 용마루 동 樑 : 들보 량 之 : 갈 지 材 : 재목 재 ⭐중요

　기둥이나 들보가 될 만한 훌륭한 인재, 즉 한 집이나 한 나라의 큰일을 맡을 만한 사람.

▶ **동문서답** 東 : 동녘 동 問 : 물을 문 西 : 서녘 서 答 : 대답할 답

　묻는 말에 대하여 전혀 엉뚱한 대답을 하는 것.

▶ **동병상련** 同 : 한가지 동 病 : 병 병 相 : 서로 상 憐 : 동정할 련

　처지가 서로 비슷한 사람끼리 서로 동정하고 도움.

▶ **동상이몽** 同 : 한가지 동 床 : 평상 상 異 : 다를 이 夢 : 꿈 몽

같은 잠자리에서 꿈을 다르게 꿈. 겉으로는 같이 행동하면서 속으로는 각각 딴 생각을 함.

▶ **두문불출** 杜 : 팥배나무 두 門 : 문 문 不 : 아닐 불 出 : 날 출

세상과 인연을 끊고 출입을 하지 않음.

▶ **득의만면** 得 : 얻을 득 意 : 뜻 의 滿 : 가득할 만 面 : 낯 면

뜻한 바를 이루어 기쁜 표정이 얼굴에 가득함.

▶ **등고자비** 登 : 오를 등 高 : 높을 고 自 : 스스로 자 卑 : 낮을 비 ☆중요

높은 곳에 오르려면 낮은 곳에서부터 시작해야 함. 곧 모든 일은 순서를 밟아야 함.

▶ **등하불명** 燈 : 등잔 등 下 : 아래 하 不 : 아닐 불 明 : 밝을 명

등잔 밑이 어둡다. 즉 가깝게 있는 것을 도리어 잘 모름.

유제

01 **다음 밑줄 친 고사성어의 사용이 올바른 것은?**

① 희자야! 이번 시험 성적이 좋지 않아서 실망이 크겠구나. 나도 너랑 성적이 비슷해 동상이몽 (同床異夢)이라고 너도 내 맘 잘 알지?

② 등고자비(登高自卑)란 우리 속담에 '천릿길도 한 걸음부터'라는 뜻과 같은 거야.

③ 지난번 학급회의는 완전히 아수라장이었지, 한마디로 난상토의(爛商討議)였다고나 할까? 제대로 토론도 하지 못하게 난장판을 만든 것은 사회자 책임이야.

④ 그런 것쯤이야 누워서 떡 먹기지. 뭐 유식하게 말하면 낭중지추(囊中之錐)라고 그 정도 일은 초등학교 애들에게 맡겨도 할 수 있을 것이야.

⑤ 영수야! 너 그렇게 공부를 하지 않고 컴퓨터 게임에만 빠져 있으면 사회에서 아무짝에도 쓸모 없는 동량지재(棟梁之材)가 된단다.

정답 ②

해설 ①은 '겉으로는 같이 행동하면서 속으로는 각각 딴 생각을 함'의 뜻이며 ③은 '낱낱이 들어 잘 토의함' ④는 '재능이 뛰어난 사람은 세상에서 피해 있어도 자연히 사람들에게 알려짐' ⑤는 '한 집이나 한 나라의 큰일을 맡을 만한 사람'의 뜻이므로 잘못 사용한 예들이다.

유제

02 **다음 밑줄 친 고사성어의 사용이 올바르지 않은 것은?**

① 내가 믿었던 박 이사는 내 가장 친한 친구 중 하나여서 모든 일을 맡겼는데 나를 배신하다니 역시 등하불명(燈下不明)이었어!

② 요즘 인터넷으로 떠도는 허위 기사들이 하도 많으니까 사실 여부의 진위를 파악하지 않고 도청도설(道聽塗說) 하는 일을 삼가 주시기 바랍니다.

③ 남들은 송 사장이 부동산 전문가들과 같이 다녀서 <u>당구풍월(堂狗風月)</u>격으로 부동산에 대한 지식이 늘었다고 했지만 실상 그 자신이 나름대로 공부해서 얻은 지식이 더 많았다.

④ 그 집 이제 사업이 되살아나서 또다시 부자가 되었다더군. 아니 전보다 더 크게 재물이 느는 바람에 <u>남부여대(男負女戴)</u> 하고 다닌다네!

⑤ 어제 길을 가는데 <u>당랑거철(螳螂拒轍)</u>과 같은 상황을 보았다네! 20㎝도 안 되는 쬐그만 강아지가 글쎄 1m가 훨씬 넘는 도사견에게 대들며 깽깽 짖어대는데 도사견 주인이 기가 막힌지 가만히 서있더군.

> **정답** ④
>
> **해설** ④는 '가난에 시달린 사람들이 살 곳을 찾아 떠돌아다니며 사는 것'을 의미하므로 올바르지 않은 사용이다.

〈ㅁ〉

▶ **마부위침** 磨 : 갈 마 斧 : 도끼 부 爲 : 할 위 針 : 바늘 침
아무리 이루기 힘든 일도 끊임없는 노력과 끈기 있는 인내로 성공하고야 만다는 뜻.

▶ **마이동풍** 馬 : 말 마 耳 : 귀 이 東 : 동녘 동 風 : 바람 풍
남의 말을 귀담아 듣지 않고 흘려버리는 것을 말함.

▶ **막무가내** 莫 : 없을 막 無 : 없을 무 可 : 옳을 가 奈 : 어찌 내
굳게 고집하여 융통성이 없음. 즉 어찌할 수 없음.

▶ **막상막하** 莫 : 없을 막 上 : 위 상 莫 : 없을 막 下 : 아래 하
실력에 있어 낮고 못함이 없이 비슷함.

▶ **막역지우** 莫 : 없을 막 逆 : 거스를 역 之 : 갈 지 友 : 벗 우 ⭐중요
참된 마음으로 서로 거역할 수 없이 매우 친한 벗을 말함.
㉻ 금란지교(金 : 쇠 금 蘭 : 난초 란 之 : 갈 지 交 : 사귈 교)
단금지교(斷 : 끊을 단 金 : 쇠 금 之 : 갈 지 交 : 사귈 교)
문경지교(刎 : 목 벨 문 頸 : 목 경 之 : 갈 지 交 : 사귈 교)
백아절현(伯 : 맏 백 牙 : 어금니 아 絶 : 끊을 절 鉉 : 줄 현)
수어지교(水 : 물 수 魚 : 물고기 어 之 : 갈 지 交 : 사귈 교)
지란지교(芝 : 지초 지 蘭 : 난초 란 之 : 갈 지 交 : 사귈 교)
지기지우(知 : 알 지 己 : 몸 기 之 : 갈 지 友 : 벗 우)
지음(知 : 알 지 音 : 소리 음)

▶ **만시지탄** 晚 : 저물 만 時 : 때 시 之 : 갈 지 歎 : 읊을 탄 ⭐중요
기회를 잃고 때가 지났음을 한탄함.

▶ **망양보뢰** 亡 : 망할 망 羊 : 양 양 補 : 기울 보 牢 : 우리 뢰 ⭐중요

양을 잃고서 그 우리를 고친다는 뜻으로, 어떤 일이 있고 나서야 뒤늦게 대비함.

※ 유사한 속담 : 소 잃고 외양간 고친다.

▶ **망양지탄** 望 : 바랄 망 洋 : 바다 양 之 : 갈 지 嘆 : 탄식할 탄

바다를 바라보고 하는 탄식. 힘이 미치지 못하여 하는 탄식.

▶ **망운지정** 望 : 바랄 망 雲 : 구름 운 之 : 갈 지 情 : 뜻 정

자식이 부모를 그리는 정.

▶ **맥수지탄** 麥 : 보리 맥 秀 : 빼어날 수 之 : 갈 지 嘆 : 탄식할 탄

나라가 망한 것을 한탄함.

▶ **면종복배** 面 : 낯 면 從 : 좇을 종 腹 : 배 복 背 : 등 배

앞에서는 순종하는 체하고 속으로는 딴 마음을 먹음.

▶ **명약관화** 明 : 밝을 명 若 : 같을 약 觀 : 볼 관 火 : 불 화

불을 보는 것처럼 밝음. 즉 더 말할 나위 없이 명백함.

▶ **명재경각** 命 : 목숨 명 在 : 있을 재 頃 : 이랑 경 刻 : 새길 각

목숨이 경각에 있음. 즉 거의 죽게 되어 숨이 곧 끊어질 지경에 이름.

▶ **모순** 矛 : 창 모 盾 : 방패 순

행동의 앞뒤가 서로 맞지 않음.

▶ **목불식정** 目 : 눈 목 不 : 아닐 불 識 : 알 식 丁 : 고무래 정

낫 놓고 기역자도 모를 만큼 아주 무식함.

▶ **목불인견** 目 : 눈 목 不 : 아닐 불 忍 : 참을 인 見 : 볼 견 ⭐중요

딱한 모양을 눈 뜨고 차마 볼 수 없음.

▶ **묘두현령** 猫 : 고양이 묘 頭 : 머리 두 縣 : 매달 현 鈴 : 방울 령

고양이 목에 방울 달기라는 뜻으로, 실행할 수 없는 헛된 논의를 일컬음.

▶ **무릉도원** 武 : 굳셀 무 陵 : 큰 언덕 릉 桃 : 복숭아 도 源 : 근원 원

신선이 살았다는 전설적인 중국의 명승지를 일컫는 말로 곧 속세를 떠난 별천지.

▶ **무불통지** 無 : 없을 무 不 : 아닐 불 通 : 통할 통 知 : 알 지

무슨 일이든 모르는 것이 없음.

▶ **무소부지** 無 : 없을 무 所 : 바 소 不 : 아닐 부 知 : 알 지

모르는 바가 없음.

▶ **무소불위** 無 : 없을 무 所 : 바 소 不 : 아닐 불 爲 : 할 위 ⭐중요

못할 것이 없음.

▶ **무위도식** 無 : 없을 무 爲 : 할 위 徒 : 무리 도 食 : 밥 식

아무 하는 일없이 먹기만 함.

▶ **묵수** 墨 : 먹 묵 守 : 지킬 수

묵자가 끝까지 성을 지킨다는 말로 자기의 의견 또는 소신을 굽힘이 없이 끝까지 지키는 것.

▶ **묵적지수** 墨 : 먹 묵 翟 : 꿩 적 之 : 갈 지 守 : 지킬 수 ⭐중요

'묵적의 지킴' 이란 뜻. 곧 ① 자기 의견이나 주장을 굽히지 않고 끝까지 지킴. ② 융통성이 없음의 비유.

㉜ 묵수(墨守)

▶ **문경지교** 刎 : 목 벨 문 頸 : 목 경 之 : 갈 지 交 : 사귈 교

목이 잘리는 한이 있어도 마음이 변하지 않고 사귀는 친한 사이.

㉴ 막역지우(莫 : 없을 막 逆 : 거스를 역 之 : 갈 지 友 : 벗 우)

▶ **문방사우** 文 : 글월 문 房 : 방 방 四 : 넉 사 友 : 벗 우 ⭐중요

서재에 꼭 있어야 할 네 벗. 즉 종이, 붓, 벼루, 먹을 말함.

▶ **미생지신** 尾 : 꼬리 미 生 : 날 생 之 : 갈 지 信 : 믿을 신

융통성이 없이 약속만을 굳게 지킴. 또는 우직함의 비유.

▶ **미증유** 未 : 아닐 미 曾 : 일찍 증 有 : 있을 유

지금까지 아직 한 번도 있어 본 일이 없음.

유제

01 **다음 밑줄 친 고사성어의 사용이 올바른 것은?**

① 문명사회에서는 지식이 곧 힘이다. 마부위침(磨斧爲針)이란 말이 그런 뜻으로 우리 속담의 '알아야 면장이다' 와 같은 의미이다.

② 일찍이 융통성에 대해서는 몇 가지 견해가 있지만 상황에 따라 융통성을 잘 발휘해서 위기를 넘긴 것을 묵적지수(墨翟之守)라고 한다.

③ 김 의사의 나라에 대한 마음은 한결 같았다. 그는 항상 국가와 국민 앞에 면종복배(面從腹背)하는 자신의 참뜻을 같이 할 수 있는 동지들을 격려했다.

④ 그 일은 정말로 어려워서 도저히 실현이 불가능한 묘두현령(猫頭縣鈴)과 같은 일이라 누구도 그런 일이 성공하리라는 예측을 하지 못했다.

⑤ 철수는 영수를 그 동아리에서 언젠가 딱 한 번 만난 친구였기 때문에 여자 친구에게 막역지우(莫逆之友)라고 소개했다.

정답 ④

해설 ①은 '도끼를 갈아 바늘을 만든다는 것으로 아무리 이루기 힘든 일도 끊임없는 노력과 끈기 있는 인내로 성공하고야 만다는 뜻' ②는 '융통성이 없음의 비유' ③은 '앞에서는 순종하는 체하고 속으로는 딴 마음을 먹음' ⑤는 '참된 마음으로 서로 거역할 수 없이 매우 친한 벗' 을 의미하는 것으로 모두 잘못 사용된 예이다.

유제

02 다음 밑줄 친 고사성어의 사용이 올바르지 <u>않은</u> 것은?

① 거금을 상속받은 옆집 애완견이 자신의 애완견과 눈이 맞아 자신의 집에서 기거한다며 자신의 애완견에게 상속 재산을 나누어 달라는 소송이 제기되자 법원은 이 사건이 <u>미증유(未曾有)</u>의 사건이라서 어찌할 바를 몰랐다.

② 영수와 철수는 어릴 때부터 가장 친한 사이로 서로를 <u>문경지우(刎頸之友)</u>라고 불렀다.

③ 넓은 바다에 나갈수록 시야가 터지듯이 우리는 학문의 깊이를 느낄수록 세상에 대한 넓은 지혜 곧 <u>망양보뢰(亡羊補牢)</u>를 가질 수 있는 것이다.

④ 항상 부모님의 충고를 <u>마이동풍(馬耳東風)</u>으로 듣고 자란 희자는 누구의 충고나 조언도 모두 간섭으로만 여겼다.

⑤ 마지막 희망을 걸었던 정시 입학시험 합격자 명단에서도 이름을 찾을 수 없자 그는 <u>만사휴의(萬事休矣)</u>를 느끼게 되었다.

정답 ③

해설 ③ 망양보뢰(亡羊補牢)의 뜻은 '어떤 일이 있고 나서야 뒤늦게 대비함'으로 우리 속담의 '소 잃고 외양간 고친다'와 같은 의미이다. 위 문장에서는 타당하지 않으며 특히 '세상에 대한 넓은 지혜'와는 전혀 상통하지 않는다.

⑤ 만사휴의(萬事休矣)의 뜻은 '모든 일이 전혀 가망이 없는 절망과 체념의 상태'이다.

〈ㅂ〉

▶ **박이부정** 博 : 넓을 박 而 : 말 이을 이 不 : 아닐 부 精 : 정할 정
널리 알되 능숙하거나 정밀하지 못함.

▶ **박장대소** 拍 : 칠 박 掌 : 손바닥 장 大 : 큰 대 笑 : 웃을 소
손바닥을 치면서 크게 웃음.

▶ **반목질시** 反 : 되돌릴 반 目 : 눈 목 嫉 : 시기할 질 視 : 볼 시 ☆중요
눈을 흘기면서 밉게 봄.
⊛ 백안시(白 : 흰 백 眼 : 눈 안 視 : 볼 시)

▶ **반포지효** 反 : 되돌릴 반 哺 : 먹을 포 之 : 갈 지 孝 : 효도 효
까마귀 새끼가 자란 뒤에 늙은 어미에게 먹이를 물어다 주는 효성이라는 뜻으로, 자식이 자라서 부모를 봉양함.

▶ **발본색원** 拔 : 뺄 발 本 : 밑 본 塞 : 막힐 색 源 : 근원 원
폐단의 근원을 아주 뽑아 버려 다시 고치려는 것.

▶ **발산개세** 拔 : 뺄 발 山 : 뫼 산 蓋 : 덮을 개 世 : 세상 세

　힘은 산을 뽑고 기상은 세상을 덮음. 곧 기력의 웅대함을 이르는 말.

▶ **방약무인** 傍 : 곁 방 若 : 같을 약 無 : 없을 무 人 : 사람 인 〔중요〕

　언행이 방자하고 제멋대로 행동하는 사람.

▶ **배수지진** 背 : 등 배 水 : 물 수 之 : 갈 지 陣 : 줄 진

　물을 등지고 진을 친다는 뜻으로, 필승을 기하여 목숨을 걸고 싸움.

▶ **배은망덕** 背 : 등 배 恩 : 은혜 은 忘 : 잊을 망 德 : 큰 덕

　은혜를 잊고 도리어 배반함.

▶ **백골난망** 白 : 흰 백 骨 : 뼈 골 難 : 어려울 난 忘 : 잊을 망

　죽어도 잊지 못할 큰 은혜를 입음.

▶ **백년하청** 百 : 일백 백 年 : 해 년 河 : 강 이름 하 淸 : 맑을 청 〔중요〕

　중국의 황하(黃河)가 항상 흐려 맑을 때가 없다는 데서 나온 말로, 아무리 바라고 기다려도 실현될 가능성이 없음을 이르는 말.

▶ **백면서생** 白 : 흰 백 面 : 낯 면 書 : 쓸 서 生 : 날 생

　한갓 글만 읽고 세상일에 어두운 사람.

▶ **백중지간** 伯 : 맏 백 仲 : 버금 중 之 : 갈 지 間 : 사이 간 〔중요〕

　서로 어금버금하여 낫고 못함이 없는 사이.

　㈜ 난형난제(難 : 어려울 난 兄 : 형 형 難 : 어려울 난 弟 : 아우 제)

　　백중지세(伯 : 맏 백 仲 : 버금 중 之 : 갈 지 勢 : 기세 세)

▶ **백척간두** 百 : 일백 백 尺 : 자 척 竿 : 장대 간 頭 : 머리 두

　매우 위태롭고 어려운 지경에 빠짐.

　㈜ 풍전등화(風 : 바람 풍 前 : 앞 전 燈 : 등잔 등 火 : 불 화)

▶ **본말전도** 本 : 밑 본 末 : 끝 말 顚 : 꼭대기 전 倒 : 넘어질 도

　일의 원줄기를 잊고 사소한 부분에만 사로잡힘.

▶ **부위부강** 夫 : 지아비 부 爲 : 할 위 婦 : 며느리 부 綱 : 벼리 강

　아내는 남편을 섬기는 것이 근본임.

▶ **부위자강** 父 : 아비 부 爲 : 할 위 子 : 아들 자 綱 : 벼리 강

　아들은 아버지를 섬기는 것이 근본임.

▶ **부중생어** 釜 : 가마 부 中 : 가운데 중 生 : 날 생 魚 : 고기 어 〔중요〕

　솥 안에서 헤엄치는 물고기란 뜻으로, 오래 계속되지 못할 일을 비유함.

▶ **부창부수** 夫 : 지아비 부 唱 : 노래 창 婦 : 며느리 부 隨 : 따를 수

　남편이 부르면 아내가 이에 따름.

▶ **부화뇌동** 附 : 붙을 부 和 : 화할 화 雷 : 우뢰 뇌 同 : 한가지 동
아무런 주견 없이 남이 하는 대로 덩달아 행동함.

▶ **불립문자** 不 : 아닐 불 立 : 설 립 文 : 글월 문 字 : 글자 자
마음에서 마음으로 전함.
⟁ 이심전심(以 : 써 이 心 : 마음 심 傳 : 전할 전 心 : 마음 심)

▶ **불문가지** 不 : 아닐 불 問 : 물을 문 可 : 옳을 가 知 : 알 지
묻지 않아도 가히 알 수 있음.

▶ **불문곡직** 不 : 아닐 불 問 : 물을 문 曲 : 굽을 곡 直 : 곧을 직
일의 옳고 그름을 묻지 아니하고 다짜고짜로 행동함.

▶ **불요불굴** 不 : 아닐 불 撓 : 어지러울 요 不 : 아닐 불 屈 : 굽을 굴
한번 결심한 마음이 흔들거리거나 굽힘이 없이 억셈.

▶ **불치하문** 不 : 아닐 불 恥 : 부끄러워할 치 下 : 아래 하 問 : 물을 문 ⭐중요
아랫사람에게 묻는 것을 부끄럽게 여기지 않음.

▶ **붕우유신** 朋 : 벗 붕 友 : 벗 우 有 : 있을 유 信 : 믿을 신
벗과 벗은 믿음이 있어야 함.

▶ **붕정만리** 鵬 : 대붕새 붕 程 : 단위 정 萬 : 일만 만 里 : 마을 리
바다가 지극히 넓음을 형용한 말. 또는 사람의 앞길이 극히 넓고도 멀다는 뜻.

▶ **비일비재** 非 : 아닐 비 一 : 한 일 非 : 아닐 비 再 : 두 재
한두 번이 아님.

▶ **빙탄지간** 氷 : 얼음 빙 炭 : 숯 탄 之 : 갈 지 間 : 사이 간 ⭐중요
얼음과 숯불의 사이. 서로 화합될 수 없음.

유제

01 **다음 밑줄 친 고사성어의 사용이 올바른 것은?**

① 그 아비에 아들이라더니 정말로 <u>부창부수(夫唱婦隨)</u>로 부자(父子)간에 소리 하나는 잘하는구나!
② 인생은 <u>붕정만리(鵬程萬里)</u>인지라 눈앞에 일어날 일이 무엇인지도 모르는 것이 바로 우리들의 삶이 아니겠는가?
③ 그는 어쩌면 진정한 <u>백면서생(白面書生)</u>으로 세상 물정을 통달한 뛰어난 현실적인 지략가이자 시장 물가의 사소한 변화까지 가늠할 줄 아는 경제인이라고 할 수 있다.
④ 결국 뿌리 찾기는 우리의 근본적인 터전을 인식하는 길이었으며 우리 <u>비조(鼻祖)</u>들, 즉 선조들의 삶을 이해하는 하나의 길이었다.
⑤ 모든 삶이 그렇듯 앞날을 예견할 수 없을 때는 먼저 느긋하게 <u>백척간두(百尺竿頭)</u>의 자세로 과거를 통해서 미래를 예측해 보는 것이 현명하다고 할 수 있다.

정답 ④

해설 비조(鼻祖)는 '어떤 일을 가장 먼저 시작한 사람'을 뜻하는 말로 '선조'와 부합한다.

① '부부(夫婦)의 화합과 협조'를 뜻하는 것이므로 '부자(父子)간'을 의미하는 것이 아니다.
② '사람의 앞길이 극히 넓고도 멀다'는 뜻이므로 '눈앞에 일어날 일이 무엇인지도 모르는 것'과는 상통하지 않고 이 경우는 '부중생어(釜中生魚)'가 어울리는 성어이다.
③ '세상일에 어두운 사람'을 뜻하는 것이므로 적절하지 않다.
⑤ '매우 위태롭고 어려운 지경에 빠짐'의 뜻이므로 위 문장의 의미와는 어울리지 않는다.

유제 02 다음 밑줄 친 고사성어의 사용이 올바르지 <u>않은</u> 것은?

① 철수와 영희는 서로 사랑하는 사이이지만 두 집안의 내력은 <u>빙탄지간(氷炭之間)</u>이라 두 사람이 사랑의 결실을 이루기는 쉽지 않게 보인다.
② 배움에는 귀천이 없지만 <u>불치하문(不恥下問)</u>이라는 성어로 볼 때 하물며 내가 선생인데 체신 없이 내가 모르는 것이 있다고 해도 나에게 배우는 학생이나 또는 나보다 못한 지위에 있는 사람에게 물어볼 수 있겠는가?
③ 박 의원은 지난 임기 내내 지역 주민들의 의사를 저버리고 정당이 시키는 대로 <u>부화뇌동(附和雷同)</u>했던 태도 때문에 결국 이번에는 낙선하고 말았다.
④ 이미 떠나버린 사람의 마음을 되돌리는 것은 <u>백년하청(百年河淸)</u>이라고 친구들이 나무랐지만 희자는 결코 마음을 돌리지 않고 그를 기다렸다.
⑤ 영수는 아들이 오늘 기말시험을 치른다는 사실을 알고 있어서 아들의 안색이 파리한 것을 보고서는 시험결과가 어땠는지 <u>불문가지(不問可知)</u>였다.

정답 ②

해설 불치하문(不恥下問)은 '아랫사람에게 묻는 것을 부끄럽게 여기지 않음'을 뜻하므로 위의 문장과 배치(排置)된다.

〈ㅅ〉

▶ **사고무친** 四 : 넉 사 顧 : 돌아볼 고 無 : 없을 무 親 : 친할 친
친척이 없어 의지할 곳 없이 외로움.
㉤ 사고무인(四 : 넉 사 顧 : 돌아볼 고 無 : 없을 무 人 : 사람 인)

▶ **사면초가** 四 : 넉 사 面 : 낯 면 楚 : 나라 초 歌 : 노래 가
한 사람도 도우려는 자가 없이 고립되어 곤경에 처해 있음.

▶ **사상누각** 沙 : 모래 사 上 : 위 상 樓 : 다락 누 閣 : 문설주 각

모래 위에 지은 누각이라는 뜻으로, 어떤 사물의 기초가 견고하지 못하여 오래 견디지 못함을 이르는 말.

▶ **사족** 蛇 : 뱀 사 足 : 발 족

안 해도 될 쓸데없는 일을 덧붙여 하다가 도리어 일을 그르침.

▶ **사필귀정** 事 : 일 사 必 : 반드시 필 歸 : 돌아갈 귀 正 : 바를 정

모든 일은 반드시 바른 데로 돌아감.

▶ **사후약방문** 死 : 죽을 사 後 : 뒤 후 藥 : 약 약 方 : 모 방 文 : 무늬 문

시기를 잃어 낭패를 보는 경우를 가리킴.

※ 유사한 속담 : 죽은 뒤에 약방문, 상여 뒤에 약방문, 소 잃고 외양간 고친다.

▶ **삼고초려** 三 : 석 삼 顧 : 돌아볼 고 草 : 풀 초 廬 : 오두막집 려

훌륭한 인물을 얻기 위해서는 많은 수고가 있어야 한다는 비유의 말.

▶ **삼순구식** 三 : 석 삼 旬 : 열흘 순 九 : 아홉 구 食 : 먹을 식

한 달에 아홉 끼를 먹을 정도로 매우 빈궁한 생활.

▶ **삼인성호** 三 : 석 삼 人 : 사람 인 成 : 이룰 성 虎 : 범 호

세 사람이 짜면 범이 거리에 나왔다는 거짓말도 할 수 있다는 뜻으로, 근거 없는 말이라도 여러 사람이 말하면 곧이듣는다는 의미.

▶ **상전벽해** 桑 : 뽕나무 상 田 : 밭 전 碧 : 푸를 벽 海 : 바다 해 ⭐중요

뽕밭이 푸른 바다가 된다는 말로, 세상의 변화가 매우 심한 것을 이름.

▶ **새옹지마** 塞 : 변방 새 翁 : 늙은이 옹 之 : 갈 지 馬 : 말 마

세상일은 복이 될지 화가 될지 예측할 수 없다는 비유.

▶ **설망어검** 舌 : 혀 설 芒 : 까끄라기 망 於 : 어조사 어 劍 : 칼 검

혀는 칼보다 날카로움.

▶ **설상가상** 雪 : 눈 설 上 : 위 상 加 : 더할 가 霜 : 서리 상

눈 위에 또 서리가 덮인다는 뜻으로, 불행이 엎친 데 덮친 격으로 거듭 생김.

▶ **설왕설래** 說 : 말씀 설 往 : 갈 왕 說 : 말씀 설 來 : 올 래

서로 변론(辯論)을 주고받으며 옥신각신함.

▶ **수구초심** 首 : 머리 수 邱 : 땅 이름 구 初 : 처음 초 心 : 마음 심

여우도 죽을 때는 제가 살던 쪽으로 머리를 돌린다는 뜻으로, 근본을 잊지 않음을 가리키는 말.

㊠ 호사수구(狐 : 여우 호 死 : 죽을 사 首 : 머리 수 丘 : 언덕 구)

▶ **수불석권** 手 : 손 수 不 : 아닐 불 釋 : 풀 석 卷 : 책 권

손에서 책을 놓지 않음. 곧 열심히 공부함.

▶ **수서양단** 首 : 머리 수 鼠 : 쥐 서 兩 : 두 양 端 : 바를 단 ⭐중요

구멍에서 머리만 내밀고 이리저리 엿보는 쥐, 즉 어찌할 바를 몰라 머뭇거리며 자기의 행방을 결정짓지 못하고 살피기만 하는 상태.

▶ **수어지교** 水 : 물 수 魚 : 고기 어 之 : 갈 지 交 : 사귈 교

아주 친밀하여 떨어질 수 없는 사이를 가리키는 말.

　　㊀ 지음(知 : 알 지 音 : 소리 음)

▶ **수주대토** 守 : 지킬 수 株 : 그루 주 待 : 기다릴 대 兎 : 토끼 토

그루터기를 지켜 토끼를 기다린다는 뜻으로, 융통성이 없는 행동.

　　㊀ 각주구검(刻 : 새길 각 舟 : 배 주 求 : 구할 구 劍 : 칼 검)

▶ **순망치한** 脣 : 입술 순 亡 : 망할 망 齒 : 이 치 寒 : 찰 한

입술이 없으면 이가 시린 것처럼 서로 돕던 이가 망하면 다른 한쪽도 위험하다는 뜻.

▶ **숙맥불변** 菽 : 콩 숙 麥 : 보리 맥 不 : 아닐 불 辨 : 분별할 변

콩인지 보리인지를 분별하지 못함. 곧, 사물을 잘 분별하지 못하는 어리석은 사람을 가리킴.

▶ **식자우환** 識 : 알 식 字 : 글자 사 憂 : 근심할 우 患 : 근심 환

학식이 있는 것이 도리어 근심을 사게 된다는 말.

▶ **신상필벌** 信 : 믿을 신 賞 : 상줄 상 必 : 반드시 필 罰 : 벌할 벌

공이 있는 사람에게 반드시 상을 주고, 죄가 있는 사람에게는 반드시 벌을 줌.

▶ **신언서판** 身 : 몸 신 言 : 말씀 언 書 : 글 서 判 : 판단할 판 ⭐중요

사람됨을 판단하는 네 가지 기준으로, 곧 신수(身手), 말씨, 문필, 판단력을 일컬음.

▶ **십목소시** 十 : 열 십 目 : 눈 목 所 : 바 소 視 : 볼 시 ⭐중요

여러 사람이 다 같이 보고 있는 것. 즉 세상 사람을 속일 수 없음을 가리키는 말.

▶ **심심상인** 心 : 마음 심 心 : 마음 심 相 : 서로 상 印 : 도장 인

마음에서 마음으로 전함.

　　㊀ 이심전심(以 : 써 이 心 : 마음 심 傳 : 전할 전 心 : 마음 신)

▶ **십벌지목** 十 : 열 십 伐 : 칠 벌 之 : 갈 지 木 : 나무 목

열 번 찍어 안 넘어가는 나무가 없음.

▶ **십시일반** 十 : 열 십 匙 : 숟가락 시 一 : 한 일 飯 : 밥 반

여러 사람이 합심하여 한 사람을 돕는 일을 가리키는 말.

※ 유사한 속담 : 열의 한 술 밥이 그릇 푼푼하다.

▶ **십일지국** 十 : 열 십 日 : 해 일 之 : 갈 지 菊 : 국화 국 ⭐중요

국화는 9월 9일이 절정이므로 이미 때가 늦었다는 말.

유제

01 다음 밑줄 친 고사성어의 사용이 올바른 것은?

① 국민들은 대부분 모르는 일이기 때문에 그냥 덮고 넘어가는 편이 좋습니다. 십목소시(十目所視)라는 말처럼 눈으로 직접 보아도 모르는 일이니까요.

② 십벌지목(十伐之木)은 '열 번 찍어 안 넘어가는 나무가 없다' 는 뜻입니다. 이 일은 이루어지기 힘든 것처럼 보이지만 여러 번 계속하여 끊임없이 노력한다면 우리는 충분히 이루어 낼 수 있습니다.

③ 마음은 팔고 사는 것이 아니지만 예로부터 '이심전심' 이라는 말이 있듯이 우리가 심심상인(心心相印)의 자세로 임한다면 우리의 마음으로 재화를 얻을 수 있을 것이다.

④ 예로부터 말보다 칼이 더 무섭다고 했으며 이를 두고 설망어검(舌芒於劍)이라고 한다.

⑤ 국화는 예로부터 충절을 상징했지만 그 충절은 오래가지 못한다는 것을 쉽게 알 수 있는데 그것이 바로 고사성어인 십일지국(十日之菊)을 예로 들 수 있다. 국화는 열흘을 가기 어렵다, 즉 충절은 열흘을 넘기기 어렵다는 뜻이기 때문이다.

[정답] ②

[해설] ①의 '십목소시(十目所視)' 는 요즘 말로 하면 '날카로운 대중의 눈' 이다. 따라서 잘못된 해석이며 ③은 '마음에서 마음으로 전함' ④는 '말이 칼보다 날카롭다' ⑤는 '이미 때가 늦었다는 말' 이므로 위 용례에서는 모두 잘못 해석한 것들이다.

유제

02 다음 밑줄 친 고사성어의 사용이 올바르지 않은 것은?

① 옛날에는 사람을 판단하는 기준으로 신언서판(身言書判)을 꼽았는데 이는 신수(身手)와 말씨와 문필과 판단력을 일컫는다.

② 공이 있는 사람에게 반드시 상을 주고, 죄가 있는 사람에게는 반드시 벌을 준다는 윤리관이 있었는데 이를 신상필벌(信賞必罰)이라고 한다.

③ 기업체는 내부의 적을 외부의 적보다 경계하는데 이에 부합되는 성어가 바로 순망치한(脣亡齒寒)이라고 할 수 있다.

④ 각주구검(刻舟求劍)과 같은 의미를 가진 단어를 꼽으라 하면 수주대토(守株待兔)를 들 수 있다.

⑤ 사회 어디서든지 발견할 수 있는 이중 인간형을 대표하는 성어는 바로 수서양단(首鼠兩端)이다.

[정답] ③

[해설] ③의 '순망치한(脣亡齒寒)' 은 '입술이 없으면 이가 시린 것처럼 서로 돕던 이가 망하면 다른 한쪽도 위험하다는 뜻' 이므로 위 문맥의 의미와 통하지 않는 성어이다.

〈ㅇ〉

▶ **아전인수** 我 : 나 아 田 : 밭 전 引 : 끌 인 水 : 물 수

자기 논에만 물을 끌어넣는다는 뜻으로, 자기에게만 이롭게 하려는 것.

※ 유사한 속담 : 제 논에 물 대기.

▶ **애이불비** 哀 : 슬플 애 而 : 말 이을 이 不 : 아닐 불 悲 : 슬플 비

속으로는 슬퍼하지만 겉으로는 슬픔을 나타내지 아니함.

▶ **양두구육** 羊 : 양 양 頭 : 머리 두 狗 : 개 구 肉 : 고기 육

양의 머리를 내걸고 실상은 개고기를 팖. 겉과 속이 다름.

㉠ 양질호피(羊 : 양 양 質 : 바탕 질 虎 : 범 호 皮 : 가죽 피)

▶ **양상군자** 梁 : 들보 양 上 : 위 상 君 : 임금 군 子 : 아들 자 (중요)

들보 위에 있는 군자라는 뜻으로, 도둑을 미화(美化)한 말.

▶ **어부지리** 漁 : 고기 잡을 어 父 : 아비 부 之 : 갈 지 利 : 이로울 리

두 사람이 이해관계로 다투는 사이에 엉뚱한 사람이 이익을 봄.

▶ **언중유골** 言 : 말씀 언 中 : 가운데 중 有 : 있을 유 骨 : 뼈 골

예사로운 말 속에 깊은 뜻이 있는 것을 말함.

▶ **여리박빙** 如 : 같을 여 履 : 밟을 리 薄 : 엷을 박 氷 : 얼음 빙 (중요)

살얼음을 밟는 것과 같음. 즉 처세에 극히 조심함을 이르는 말.

▶ **여반장** 如 : 같을 여 反 : 되돌릴 반 掌 : 손바닥 장

손바닥을 뒤집는 것처럼 매우 쉽다는 뜻.

▶ **연목구어** 緣 : 인연 연 木 : 나무 목 求 : 구할 구 魚 : 고기 어

불가능한 일을 하고자 할 때 비유하는 말.

※ 유사한 속담 : 산에서 물고기 잡기.

▶ **염량세태** 炎 : 불탈 염 凉 : 서늘할 량 世 : 세상 세 態 : 모양 태 (중요)

권세가 있을 때는 아첨하여 따르고, 권세가 없어지면 푸대접하는 세속의 인심.

▶ **염화미소** 拈 : 집을 염 華 : 빛날 화 微 : 작을 미 笑 : 웃을 소

마음에서 마음으로 전함.

▶ **오리무중** 五 : 다섯 오 里 : 마을 리 霧 : 안개 무 中 : 가운데 중

짙은 안개 속에서 길을 찾기 어려운 것과 같이, 일의 갈피를 잡기 어려움.

▶ **오비이락** 烏 : 까마귀 오 飛 : 날 비 梨 : 배나무 이 落 : 떨어질 락

우연한 일치로 남의 의심을 받게 됨.

▶ **오상고절** 傲 : 거만할 오 霜 : 서리 상 孤 : 외로울 고 節 : 마디 절 (중요)

서릿발 날리는 추운 때에도 굴하지 않고 피는 국화를 말함.

▶ **오월동주** 吳 : 나라이름 오 越 : 넘을 월 同 : 한가지 동 舟 : 배 주
서로 적대적인 관계에 있는 사람이 같은 경우에 처함.

▶ **온고지신** 溫 : 따뜻할 온 故 : 옛 고 知 : 알 지 新 : 새 신
옛 것을 익혀 새 것을 앎.

▶ **와신상담** 臥 : 엎드릴 와 薪 : 섶나무 신 嘗 : 맛볼 상 膽 : 쓸개 담
원수를 갚고자 고생을 참고 견딤을 비유하는 말.

▶ **용두사미** 龍 : 용 용 頭 : 머리 두 蛇 : 뱀 사 尾 : 꼬리 미
처음 출발은 야단스럽게, 끝은 보잘것없이 흐지부지 되는 것.

▶ **우공이산** 愚 : 어리석을 우 公 : 공변될 공 移 : 옮길 이 山 : 뫼 산 ⭐중요
어리석게 보이는 일도 꾸준하게 끝까지 한다면 아무리 큰일이라도 할 수 있음.

▶ **위편삼절** 韋 : 다룸가죽 위 編 : 엮을 편 三 : 석 삼 絶 : 끊을 절 ⭐중요
공자(孔子)가 주역(周易)을 여러 번 읽어 그 책을 매었던 가죽 끈이 세 번이나 끊어졌다는 데서 온 말로,
책을 많이 읽음을 비유함.
㊤ 수불석권(手 : 손 수 不 : 아닐 불 釋 : 풀 석 卷 : 책 권)

▶ **이관규천** 以 : 써 이 管 : 피리 관 窺 : 엿볼 규 天 : 하늘 천
대롱을 통해 하늘을 봄.
※ 유사한 속담 : 우물 안 개구리.

▶ **이심전심** 以 : 써 이 心 : 마음 심 傳 : 전할 전 心 : 마음 심
말을 하지 않더라도 서로 마음이 통하여 앎.
㊤ 교외별전(敎 : 가르칠 교 外 : 바깥 외 別 : 나눌 별 傳 : 전할 전)
심심상인(心 : 마음 심 心 : 마음 심 相 : 서로 상 印 : 도장 인)
염화미소(拈 : 집을 염 華 : 빛날 화 微 : 작을 미 笑 : 웃을 소)
염화시중(拈 : 집을 염 華 : 빛날 화 示 : 보일 시 衆 : 무리 중)

▶ **이열치열** 以 : 써 이 熱 : 더울 열 治 : 다스릴 치 熱 : 더울 열
열로써 열을 다스림. 곧, 뜨거운 것은 뜨거운 것으로 다스림.

▶ **이율배반** 二 : 두 이 律 : 법 율 背 : 등 배 反 : 되돌릴 반
꼭 같은 근거를 가지고 정당하다고 주장되는 서로 모순되는 두 명제. 또는 그 관계.

▶ **이현령비현령** 耳 : 귀 이 懸 : 매달 현 鈴 : 방울 령 鼻 : 코 비 懸 : 매달 현 鈴 : 방울 령
귀에 걸면 귀걸이, 코에 걸면 코걸이. 즉 이렇게도 저렇게도 될 수 있음.

▶ **일어탁수** 一 : 한 일 魚 : 고기 어 濁 : 흐릴 탁 水 : 물 수
한 사람의 잘못이 여러 사람에게 미침.
㊤ 수어혼수(數 : 셀 수 魚 : 고기 어 混 : 섞을 혼 水 : 물 수)

▶ **일취월장** 日 : 날 일 就 : 이룰 취 月 : 달 월 將 : 장차 장

날로 달로 자라거나 발전함.

㊫ 일신우일신(日 : 날 일 新 : 새 신 又 : 또 우 日 : 날 일 新 : 새 신)

　일장월취(日 : 날 일 將 : 장차 장 月 : 달 월 就 : 이룰 취)

▶ **임갈굴정** 臨 : 임할 임 渴 : 목마를 갈 掘 : 팔 굴 井 : 우물 정

목이 말라서야 우물을 팜. 곧 미리 준비하여 두지 않고 있다가 일이 급해서야 허둥지둥 서둚.

유제

01 다음 밑줄 친 고사성어의 사용이 올바른 것은?

① 영철이는 친구가 죽었다는 소식을 듣고 장례식장으로 달려가서 슬픔을 참지 못해 <u>애이불비(哀而不悲)</u>로 목 놓아 울었다.

② 영현이는 아비가 남긴 마지막 말까지 <u>이현령비현령(耳懸鈴鼻懸鈴)</u>으로 제멋대로 해석해서 남들에게 눈총을 샀다.

③ 사실 그 법안을 상정한 원인을 정확히 지적하자면 자기네 의원들의 권익을 위한 것이기 때문에 기득권을 연장하기 위한 <u>와신상담(臥薪嘗膽)</u>의 한 사례라고 볼 수 있다.

④ 치매에 걸린 할머니의 병세는 나날이 심각해져서 <u>일취월장(日就月將)</u>으로 하나하나 기억을 상실하더니 결국 자신이 가장 아껴했던 큰아들인 우리 아빠까지 몰라보게 되었다.

⑤ 공자도 공부하기는 역시 싫어했는가보다. 옛이야기에 <u>위편삼절(韋編三絕)</u>이라고 공자가 주역을 공부하면서 세 번이나 책을 찢어 버렸다는 얘기가 나오니 말이다.

정답 ②

해설 ①은 '속으로는 슬퍼하지만 겉으로는 슬픔을 나타내지 아니함' ③은 '원수를 갚고자 고생을 참고 견딤을 비유하는 말' ④는 '날로 달로 자라거나 발전함'의 긍정적인 뜻이며 ⑤는 '공자(孔子)가 주역(周易)을 여러 번 읽어 그 책을 매었던 가죽 끈이 세 번이나 끊어졌다는 데서 온 말로, 책을 많이 읽음을 비유함'의 뜻이므로 고사성어를 부정확하게 사용한 예들이다.

유제

02 다음 밑줄 친 고사성어의 사용이 올바르지 <u>않은</u> 것은?

① 영현이는 부모님이 아무 말도 하지 않았지만 부모님의 눈빛만 보아도 그 일에서 손을 떼어야 한다는 것을 직감하고는 <u>이심전심(以心傳心)</u>처럼 고개를 끄덕여 부모님의 뜻에 따르겠다는 무언의 암시를 보냈다.

② 내가 한 사람이 무의식적으로 하는 행동이 결국 많은 사람에게 해가 된다는 것을 스스로 깨닫게 한 것은 <u>일어탁수(一魚濁水)</u>라는 고사(故事)이었다.

③ 혁명을 시도한 그들은 혁명은 특히 구세대에 대한 하나의 저항이므로 처음 마음먹은 대로 이루어 내지 않고 <u>용두사미(龍頭蛇尾)</u>가 되어서는 실패한다는 것을 잘 알고 있었다.

④ 이미 현실로 나와 있는 사실(事實)을 뛰어 넘는 일, 그리고 지금은 필요하지 않지만 미래에 대한 기대로 하는 일, 그것이 바로 임갈굴정(臨渴掘井)의 자세이다.

⑤ 결국 현재는 과거의 연장이며 미래는 현재의 연장이니 온고지신(溫故知新)의 지혜가 역사를 움직이는 힘이라고 할 수 있다.

> **정답** ④
>
> **해설** ④의 '임갈굴정(臨渴掘井)'이란 '미리 준비하여 두지 않고 있다가 일이 급해서야 허둥지둥 서둚'의 뜻이므로 문맥상 어울리지 않는 표현이다.

〈ㅈ, ㅊ, ㅌ〉

▶ **자가당착** 自 : 스스로 자 家 : 집 가 撞 : 칠 당 着 : 붙을 착
자기 언행의 전후가 모순되어 일치하지 않음.

▶ **자강불식** 自 : 스스로 자 强 : 굳셀 강 不 : 아닐 불 息 : 숨 쉴 식 ⭐중요
스스로 최선을 다하여 힘쓰고 가다듬어 쉬지 아니함.

▶ **자승자박** 自 : 스스로 자 繩 : 줄 승 自 : 스스로 자 縛 : 묶을 박
자기가 만든 줄로 제 몸을 옭아 묶는다는 뜻으로, 자신의 언행으로 말미암아 스스로 포박함의 비유.

▶ **자중지란** 自 : 스스로 자 中 : 가운데 중 之 : 갈 지 亂 : 어지러울 란 ⭐중요
같은 패 안에서 일어나는 싸움.

▶ **장삼이사** 張 : 베풀 장 三 : 석 삼 李 : 자두나무 이 四 : 넉 사
특별히 신분을 일컬을 정도가 못 되는 사람. 평범한 사람.

▶ **적반하장** 賊 : 도둑 적 反 : 되돌릴 반 荷 : 책망할 하 杖 : 지팡이 장
도둑이 도리어 매를 든다는 뜻으로, 잘못한 사람이 도리어 잘한 사람을 나무람.

▶ **적수공권** 赤 : 붉을 적 手 : 손 수 空 : 빌 공 拳 : 주먹 권
맨손과 맨주먹. 아무 것도 가진 것이 없다는 뜻.

▶ **전전반측** 輾 : 구를 전 轉 : 구를 전 反 : 되돌릴 반 側 : 곁 측
근심이 있어 뒤척거리며 잠을 못 이룸.

▶ **전화위복** 轉 : 구를 전 禍 : 재화 화 爲 : 할 위 福 : 복 복
언짢은 일이 계기가 되어 오히려 좋은 일이 생김.

▶ **절차탁마** 切 : 끊을 절 磋 : 갈 차 琢 : 쫄 탁 磨 : 갈 마
학문이나 덕행을 힘써 닦음.

▶ **절치부심** 切 : 끊을 절 齒 : 이 치 腐 : 썩을 부 心 : 마음 심

몹시 분하게 여김.

▶ **정문일침** 頂 : 정수리 정 門 : 문 문 一 : 한 일 鍼 : 침 침

정수리에 침을 준다는 말로, 남의 잘못의 급소를 찔러 충고하는 것.

▶ **정저지와** 井 : 우물 정 底 : 밑 저 之 : 갈 지 蛙 : 개구리 와

우물 안 개구리. 보고 들은 견문이 적은 사람을 비유함.

㊥ 좌정관천(坐 : 앉을 좌 井 : 우물 정 觀 : 볼 관 天 : 하늘 천)

▶ **조령모개** 朝 : 아침 조 令 : 하여금 령 暮 : 저물 모 改 : 고칠 개

아침에 내린 영을 저녁에 고침. 곧 법령이나 명령을 자주 뒤바꿈.

▶ **조변석개** 朝 : 아침 조 變 : 변할 변 夕 : 저녁 석 改 : 고칠 개

아침, 저녁으로 뜯어 고침. 일을 자주 뜯어 고침.

▶ **조삼모사** 朝 : 아침 조 三 : 석 삼 暮 : 저물 모 四 : 넉 사

눈앞에 당장 나타나는 차별만을 알고 그 결과가 같음은 모르는 것을 비유하는 말.

▶ **조족지혈** 鳥 : 새 조 足 : 발 족 之 : 갈 지 血 : 피 혈

새 발의 피, 즉 필요한 양에 비해 너무도 적은 보잘것없는 분량.

▶ **좌정관천** 坐 : 앉을 좌 井 : 우물 정 觀 : 볼 관 天 : 하늘 천

우물 속에 앉아 하늘을 쳐다본다는 뜻으로, 세상 물정을 너무 모름.

▶ **주객전도** 主 : 주인 주 客 : 손 객 顚 : 꼭대기 전 倒 : 넘어질 도

주인은 손님처럼, 손님은 주인처럼 행동을 바꾸어 한다는 뜻으로, 입장이 뒤바뀜.

▶ **주마가편** 走 : 달릴 주 馬 : 말 마 加 : 더할 가 鞭 : 채찍 편 ⭐중요

달리는 말에 채찍을 더함. 잘하는 사람에게 더 잘하게 하는 것.

▶ **주마간산** 走 : 달릴 주 馬 : 말 마 看 : 볼 간 山 : 뫼 산

달리는 말 위에서 산천을 구경한다는 뜻으로, 바쁘고 어수선하여 되는 대로 획획 지나쳐 봄을 비유.

▶ **중구난방** 衆 : 무리 중 口 : 입 구 難 : 어려울 난 防 : 둑 방 ⭐중요

여러 사람의 말을 막기 어렵다는 뜻.

▶ **지록위마** 指 : 손가락 지 鹿 : 사슴 록 爲 : 할 위 馬 : 말 마

사슴을 가리켜 말이라고 함. 윗사람을 속여 함부로 권세를 부림.

▶ **지음** 知 : 알 지 音 : 소리 음

자기를 잘 알아주는 친구.

▶ **지호지간** 指 : 손가락 지 呼 : 부를 호 之 : 갈 지 間 : 사이 간

부르면 곧 대답할 만한 가까운 거리.

▶ **진인사대천명** 盡 : 다될 진 人 : 사람 인 事 : 일 사 待 : 기다릴 대 天 : 하늘 천 命 : 목숨 명

사람으로서 할 수 있는 일을 다하고 나서 천명을 기다림.

▶ **진퇴유곡** 進 : 나아갈 진 退 : 물러날 퇴 維 : 바 유 谷 : 골 곡

나아갈 수도 없고 물러설 수도 없음. 어려운 일을 당하여 꼼짝도 못하는 것.

⟮유⟯ 진퇴양난(進 : 나아갈 진 退 : 물러날 퇴 兩 : 두 양 難 : 어려울 난)

▶ **창해상전** 滄 : 찰 창 海 : 바다 해 桑 : 뽕나무 상 田 : 밭 전

푸른 바다가 뽕밭으로 변한다. 곧 덧없는 세상. 또는 세상이 변함.

⟮유⟯ 상전벽해(桑 : 뽕나무 상 田 : 밭 전 碧 : 푸를 벽 海 : 바다 해)

▶ **창해일속** 滄 : 찰 창 海 : 바다 해 一 : 한 일 粟 : 조 속

한없이 넓은 바다에 떠 있는 한 알의 좁쌀. 크고 넓은 것 가운데 있는 아주 작은 것을 비유하는 말.

▶ **천려일실** 千 : 천 천 慮 : 생각할 려 一 : 한 일 失 : 잃을 실

여러 번 생각하여 신중하고 조심스럽게 한 일에도 때로는 실수가 있음.

▶ **천양지판** 天 : 하늘 천 壤 : 흙 양 之 : 갈 지 判 : 판가름할 판

하늘과 땅 사이와 같은 엄청난 차이.

▶ **천우신조** 天 : 하늘 천 佑 : 도울 우 神 : 귀신 신 助 : 도울 조

하늘이 돕고 신이 도움.

▶ **천의무봉** 天 : 하늘 천 衣 : 옷 의 無 : 없을 무 縫 : 꿰맬 봉 ⟮중요⟯

천사의 옷은 솔기나 바느질한 흔적이 없음. 시가나 문장 따위가 매우 자연스럽게 잘 되어 완미함을 이름. 완전무결하여 흠이 없음을 이름.

▶ **천재일우** 千 : 일천 천 載 : 실을 재 一 : 한 일 遇 : 만날 우

천 년에 한 번 만남. 곧 좀처럼 만나기 어려운 좋은 기회.

▶ **청출어람** 靑 : 푸를 청 出 : 날 출 於 : 어조사 어 藍 : 쪽 람

'청출어람이청어람(靑出於藍而靑於藍)'의 준말로, 쪽에서 우러난 푸른빛이 쪽보다 낫다는 뜻. 흔히 제자가 스승보다 더 나아짐을 일컬음.

▶ **초록동색** 草 : 풀 초 綠 : 초록빛 록 同 : 같을 동 色 : 빛 색

서로 같은 처지나 같은 부류의 사람들끼리 함께 함을 이름.

▶ **초미지급** 焦 : 그을릴 초 眉 : 눈썹 미 之 : 갈 지 急 : 급할 급

눈썹에 불이 붙음과 같이 매우 다급한 지경.

▶ **촌철살인** 寸 : 마디 촌 鐵 : 쇠 철 殺 : 죽일 살 人 : 사람 인 ⟮중요⟯

조그만 쇠붙이로 사람을 죽인다는 말. 곧, 간단한 말로 사물의 가장 요긴한 데를 찔러 듣는 사람을 감동하게 하는 것을 이름.

▶ **침소봉대** 針 : 바늘 침 小 : 작을 소 棒 : 몽둥이 봉 大 : 큰 대 ⟮중요⟯

바늘같이 작은 것을 곤봉같이 크게 말하다. 작은 것을 크게 과장해서 말함.

▶ **타산지석** 他 : 다를 타 山 : 뫼 산 之 : 갈 지 石 : 돌 석

다른 산에서 나는 나쁜 돌이라도 옥돌을 가는 데 도움이 된다는 뜻으로, 하찮은 남의 언행일지라도 자신의 수양에 도움이 됨을 비유하는 말.

▶ **탁상공론** 卓 : 높을 탁 上 : 위 상 空 : 빌 공 論 : 말할 론

실현성이 없는 허황된 이론.

▶ **태산북두** 泰 : 클 태 山 : 뫼 산 北 : 북녘 북 斗 : 말 두

태산과 북두칠성을 여러 사람이 우러러보듯이 남에게 존경받는 뛰어난 존재.

유제

01 다음 밑줄 친 고사성어의 사용이 올바른 것은?

① 영수는 영희가 성공한 사례를 <u>타산지석(他山之石)</u>으로 삼아 그대로 따라했다.

② 그 일은 모든 일을 끝내고 해도 전혀 늦지 않는 <u>초미지급(焦眉之急)</u>에 해당하는 일이기 때문에 서두르지 않아도 된다.

③ 참으로 많은 공을 들여서 계획한 일인데도 <u>천려일실(千慮一失)</u>로 아주 중요한 문제를 빠뜨렸다.

④ 영희는 원리나 원칙을 <u>주마가편(走馬加鞭)</u> 격으로 지나쳤기 때문에 실제 응용문제가 나왔을 때 해결하지 못했다.

⑤ 사람들이 <u>중구난방(衆口難防)</u>으로 각자 자신의 견해만 주장했기 때문에 결국 해결 방안에 대해 일치를 볼 수 없었다.

정답 ③

해설 ①은 '다른 사람의 잘못을 교훈으로 삼는다' ②는 '매우 다급하고 위급한 상황' ④는 '달리는 말에 채찍을 하는 것처럼 잘하는 사람에게 더 잘하게 하는 것' ⑤는 '여러 사람의 입은 막을 수 없다는 뜻으로 여론의 무서움'을 말하는 것이기 때문에 문맥과 성어의 의미가 통하지 않는 것들이다.

유제

02 다음 밑줄 친 고사성어의 사용이 올바르지 <u>않은</u> 것은?

① <u>초록동색(草綠同色)</u>이라고 영희는 친구인 경수보다 같은 여자인 숙희의 편을 들어 경수가 잘못했다고 지적했다.

② 계속된 우주선 발사 실패로 우주 강국이 되겠다는 원대한 포부는 <u>탁상공론(卓上空論)</u>에 그치고 말았다.

③ 정말로 위험한 상황인데도 <u>천의무봉(天衣無縫)</u>으로 위기에서 벗어난 것을 보면 아마도 조상들의 보살핌이 있은 것 같다.

④ 그 과학자는 자신의 업적이 대단한 것처럼 자랑하지만 과학계의 다른 공적들과 비교하면 <u>창해일속(滄海一粟)</u>에 지나지 않는다.

⑤ 도대체 우리나라 입시제도는 <u>조변석개(朝變夕改)</u>로 해마다 바뀌니 어떻게 종잡을 수가 없다.

정답 ③

해설 ③의 천의무봉(天衣無縫)은 '하늘의 옷처럼 완전무결하여 흠이 없음'을 의미하기 때문에 이 문장에서는 적절하지 않고 여기에는 '천우신조(天佑神助)'가 적당하다.

〈ㅍ, ㅎ〉

▶ **파란만장** 波 : 물결 파 瀾 : 물결 란 萬 : 일만 만 丈 : 어른 장
일의 진행에 변화가 심함.

▶ **파사현정** 破 : 깨뜨릴 파 邪 : 간사할 사 顯 : 나타날 현 正 : 바를 정 ⭐중요
그릇된 것을 깨뜨리고 올바르게 바로잡음.

▶ **파죽지세** 破 : 깨뜨릴 파 竹 : 대 죽 之 : 갈 지 勢 : 기세 세
막을 수 없을 정도로 맹렬히 적을 치는 기세.

▶ **표리부동** 表 : 겉 표 裏 : 속 리 不 : 아닐 부 同 : 한가지 동
마음이 음충맞아서 겉과 속이 다름.

▶ **풍수지탄** 風 : 바람 풍 樹 : 나무 수 之 : 갈 지 嘆 : 탄식할 탄
효도하고자 하나 이미 부모는 죽고 효행을 다하지 못하는 슬픔.

▶ **풍전등화** 風 : 바람 풍 前 : 앞 전 燈 : 등잔 등 火 : 불 화
바람 앞의 등불처럼 매우 위급한 자리에 놓임.
　㊒ 누란지위(累 : 묶을 누 卵 : 알 란 之 : 갈 지 危 : 위태할 위)
　　초미지급(焦 : 그을릴 초 眉 : 눈썹 미 之 : 갈 지 急 : 급할 급)

▶ **필부필부** 匹 : 짝필 필 夫 : 지아비 부 匹 : 짝필 필 婦 : 며느리 부
평범한 일반 사람들을 일컫는 말.
　㊒ 장삼이사(張 : 베풀 장 三 : 석 삼 李 : 오얏 이 四 : 넉 사)

▶ **하로동선** 夏 : 여름 하 爐 : 화로 로 冬 : 겨울 동 扇 : 부채 선 ⭐중요
여름의 화로와 겨울의 부채라는 뜻으로, 쓸모없는 재능을 말함.

▶ **하석상대** 下 : 아래 하 石 : 돌 석 上 : 위 상 臺 : 돈대 대
아랫돌 빼서 윗돌 괴고 윗돌 빼서 아랫돌 괴기, 즉 임시변통으로 이리 저리 둘러댐.

▶ **한단지몽** 邯 : 조나라 서울 한 鄲 : 조나라 서울 단 之 : 갈 지 夢 : 꿈 몽
세상의 부귀영화가 허황됨을 이르는 말.

▶ **한단지보** 邯 : 조나라 서울 한 鄲 : 조나라 서울 단 之 : 갈 지 步 : 걸음 보
본분을 잊고 억지로 남의 흉내를 내면 실패한다는 뜻.

▶ **한우충동** 汗 : 땀 한 牛 : 소 우 充 : 찰 충 棟 : 용마루 동
소에 실으면 소가 땀을 흘리고, 방에 쌓으면 들보에까지 가득할 정도로 많은 책.

▶ **함흥차사** 咸 : 다 함 興 : 일 흥 差 : 어긋날 차 使 : 하여금 사
심부름을 시킨 뒤에 아무 소식도 없고 돌아오지도 않는 것.

▶ **허심탄회** 虛 : 빌 허 心 : 마음 심 坦 : 평평할 탄 懷 : 품을 회
마음속에 아무런 거리낌 없이 솔직한 태도로 품은 생각을 터놓고 말함.

▶ **허장성세** 虛 : 빌 허 張 : 베풀 장 聲 : 소리 성 勢 : 기세 세
　허세를 부림.

▶ **혈혈단신** 孑 : 외로울 혈 孑 : 외로울 혈 單 : 홑 단 身 : 몸 신
　의지할 곳 없는 외로운 홀몸.

▶ **형설지공** 螢 : 개똥벌레 형 雪 : 눈 설 之 : 갈 지 功 : 공 공
　갖은 고생을 하며 부지런히 학문을 닦아서 성공을 함.

▶ **호가호위** 狐 : 여우 호 假 : 거짓 가 虎 : 범 호 威 : 위엄 위
　여우가 호랑이의 위세를 빌려 호기를 부림. 남의 힘을 빌어서 뽐냄.

▶ **호구지책** 糊 : 풀 호 口 : 입 구 之 : 갈 지 策 : 채찍 책
　① 살아갈 방법. ② 그저 먹고 살아가는 방책.

▶ **호사유피** 虎 : 호랑이 호 死 : 죽을 사 留 : 머무를 유 皮 : 가죽 피
　범이 죽으면 가죽을 남김과 같이 사람도 죽은 뒤 이름을 남겨야 한다는 말.

▶ **호연지기** 浩 : 넓을 호 然 : 그럴 연 之 : 갈 지 氣 : 기운 기
　① 사물에서 해방된 자유로운 마음. ② 하늘과 땅 사이에 가득한 넓고도 큰 원기.

▶ **홍로점설** 紅 : 붉을 홍 爐 : 화로 로 點 : 점 점 雪 : 눈 설 (중요)
　아무런 흔적도 없이 쉽게 없어져 버림을 일컫는 말.

▶ **화룡점정** 畵 : 그림 화 龍 : 용 룡 點 : 점 점 睛 : 눈동자 정
　가장 요긴한 곳에 손을 대어 작품을 완성함.

▶ **화사첨족** 畵 : 그림 화 蛇 : 뱀 사 添 : 더할 첨 足 : 발 족
　쓸데없는 짓을 덧붙여 하다가 도리어 실패함을 가리키는 말.
　⊕ 사족(蛇 : 뱀 사 足 : 발 족)

▶ **화중지병** 畵 : 그림 화 中 : 가운데 중 之 : 갈 지 餠 : 떡 병
　그림 속의 떡이란 뜻으로, 바라만 보았지 소용이 닿지 않음을 비유한 말.

▶ **환골탈태** 換 : 바꿀 환 骨 : 뼈 골 奪 : 빼앗을 탈 胎 : 아이 밸 태
　선인의 시나 문장을 근거로 자신의 글을 짓되, 그 형식을 조금 바꿈.

▶ **호사다마** 好 : 좋을 호 事 : 일 사 多 : 많을 다 魔 : 마귀 마
　좋은 일에는 마귀가 많다. 좋은 일에는 방해되는 것이 많음.

▶ **회자** 膾 : 회 회 炙 : 고기 구울 자 (중요)
　널리 많은 사람의 입에 많이 오름.

▶ **효시** 嚆 : 울릴 효 矢 : 화살 시
　신호로 우는 화살(효시)을 먼저 쏘았다는 데서, 사물의 '맨 처음'을 비유하여 일컫는 말.

▶ **회자정리** 會 : 모일 회 者 : 놈 자 定 : 정할 정 離 : 떼놓을 리
　만나면 반드시 헤어지게 마련임.

▶ **흥진비래** 興 : 일 흥 盡 : 다될 진 悲 : 슬플 비 來 : 올 래

즐거운 일이 다하면 슬픈 일이 온다는 말.

유제

01 다음 밑줄 친 고사성어의 사용이 올바른 것은?

① 양귀비의 모습을 <u>화중지병(畵中之餠)</u>이라고 했다는 것은 아마도 꽃을 꽂아 놓은 화병처럼 예뻤다는 뜻일 것이다.

② 사람의 모든 일은 <u>회자정리(會者定離)</u>이니 좋은 일이 있으면 그 뒤에는 언제나 나쁜 일도 함께 있다는 뜻이다.

③ 영수는 영희가 같은 반이지만 자기보다 한 살이 어리다는 이유로 늘 <u>하석상대(下石上臺)</u>했다.

④ 어떤 일이든 마무리, 즉 <u>효시(嚆矢)</u>를 잘 해야 남들에게 좋은 평을 듣는다.

⑤ 철수는 한식일이 되면 돌아가신 부모에게 불효한 것들이 떠올라서 <u>풍수지탄(風樹之嘆)</u>을 금하지 못한다.

정답 ⑤

해설 ①은 '그림 속의 떡으로, 가질 수 없는 것' ②는 '만나면 언젠가 헤어진다는 불교의 진리' ③은 '임시방편, 미봉책' ④는 '시작을 알리는 것'을 의미하므로 잘못 사용된 성어들이다.

유제

02 다음 밑줄 친 고사성어의 사용이 올바르지 <u>않은</u> 것은?

① 영희는 직장에서 <u>하로동선(夏爐冬扇)</u>과 같은 존재가 되지 않기 위해서 자신의 일을 스스로 찾아서 한다.

② 철수가 물건을 사러 간다더니 얘는 왜 그렇게 <u>함흥차사(咸興差使)</u>가 되어 버렸니?

③ 그때 일어났던 사소한 일은 당시 워낙 큰 사건들이 줄줄이 일어난 바람에 사람들에게서 <u>회자(膾炙)</u>되어 영원히 묻히게 되었다.

④ 우리 속담에 '뱁새가 황새 따라 가다가 가랑이 찢어진다'는 말이 있는데 이와 똑같은 의미의 고사성어가 바로 <u>한단지보(邯鄲之步)</u>이다.

⑤ 혁명이란 <u>파사현정(破邪顯正)</u>의 정신이 나타나야만 잘못된 것들을 깨뜨리고 올바른 것을 내세우는 진정한 혁명이라고 할 수 있다.

정답 ③

해설 ③의 회자(膾炙)는 사람들이 날고기와 구운 고기를 자주 먹는다는 의미가 확장되어 많은 사람들의 입에 오르내림을 뜻하므로 이 문장에서는 잘못 사용되었다.

3절 필수 속담 및 관용어

〈ㄱ〉

▶ **가게 기둥에 입춘**
격에 어울리지 않음을 이르는 말.
㉾ 개 발에 주석 편자.

▶ **가꿀 나무는 밑동을 높이 자른다**
어떠한 일이나 장래의 안목을 생각해서 미리부터 준비를 철저하게 해 두어야 한다는 뜻.

▶ **가는 날이 장날이다**
생각도 않은 일이 우연히 들어맞음을 이르는 말.

▶ **가랑비에 옷 젖는 줄 모른다**
조금씩 젖는 줄도 모르게 가랑비에 젖듯이 재산이 없어지는 줄 모르게 조금씩 줄어든다는 말.

▶ **가랑잎이 솔잎더러 바스락거린다고 한다**
자기 허물이 더 큰 사람이 도리어 허물이 적은 사람을 나무라거나 흉을 본다는 뜻.

▶ **가루는 칠수록 고와지고 말은 할수록 거칠어진다**
말이란 옮아 갈수록 보태어져서 좋지 않게 된다는 뜻으로 말을 삼가야 한다는 말.

▶ **가재는 게 편이다**
모양이 비슷한 같은 족속끼리 한편이 된다는 말.

▶ **개같이 벌어서 정승같이 쓴다**
비천하게 벌어서라도 떳떳이 가장 보람 있게 쓴다는 말.

▶ **개 꼬리 삼년 두어도 황모 못 된다**
본디부터 나쁘게 태어난 사람은 아무리 하여도 그 본디 성질을 바꾸지 못한다는 뜻.

▶ **개구리도 움쳐야 뛴다**
매사에 아무리 급할지라도 준비하고 주선할 동안이 있어야 한다는 말.

▶ **개미가 절구통을 물어 간다**
사람들이 협동하여 일을 하면 불가능한 일이 없다는 뜻.

▶ 개밥에 도토리

따돌림을 당해 함께 섞이지 못하고 고립됨.

▶ 개 보름 쇠듯 한다

명절날 맛 좋은 음식도 해 먹지 못하고 그냥 넘긴다는 뜻.

▶ 개천에서 용 난다

미천한 집안에서 훌륭한 사람이 나옴을 이르는 말.

▶ 건너다보니 절터

얻고자 하나 남의 소유이므로, 도저히 그 뜻을 이룰 수 없음을 이르는 말.

▶ 겨 묻은 개가 똥 묻은 개 나무란다

자신의 결함은 생각지도 않고 남의 약점만 캠.

▶ 고기는 씹어야 맛이요, 말은 해야 맛이다

말도 할 말이면 시원히 해 버려야 한다는 뜻.

▶ 고래 싸움에 새우 등 터진다

힘센 사람끼리 싸우는데 약한 사람이 그 사이에 끼어 아무 관계 없이 피해를 입는다는 말.

▶ 고슴도치도 제 새끼는 함함하다고 한다

고슴도치도 제 새끼의 털이 부드럽고 번지르르하다고 하듯이 누구든 제 자식을 예뻐한다는 말.

▶ 고양이 쥐 생각

마음속으로는 전혀 생각지도 않으면서 겉으로만 누구를 위하여 생각해 주는 척할 때 쓰는 말.

▶ 공든 탑이 무너지랴

정성과 힘을 들여 이룩한 일은 쉽게 헛되이 되지 않는다는 말.

▶ 과물전 망신은 모과가 시킨다

못난 사람이 그가 속해 있는 단체의 여러 사람을 망신시키는 일을 저지름.

▶ 광에서 인심 난다

자기의 살림이 넉넉하고 유복하여져야 비로소 남의 처지를 동정하게 됨.

▶ 구슬이 서 말이라도 꿰어야 보배다

아무리 좋은 것이라도 쓸모 있게 만들어야 가치가 있음.

▶ 굳은 땅에 물이 고인다

헤프지 않고 검소한 사람이 아껴서 재산을 모은다는 말.

▶ 굽은 나무가 선산을 지킨다

쓸모없는 것이 도리어 제 구실을 하게 됨.

▶ 궁하면 통한다

매우 어려운 처지에 놓이면 헤어날 도리가 생긴다는 말.

▶ **긁어 부스럼이다**

공연히 일을 만들어 재앙을 불러들임을 이르는 말.

▶ **기둥을 치면 대들보가 울린다**

직접 말하지 않고 간접으로 넌지시 말해도 알아들을 수가 있다는 뜻.

▶ **깊은 물이라야 큰 고기가 논다**

깊은 물에 큰 고기가 놀듯이 포부가 큰 사람이라야 큰일도 하게 되고 성공을 하게 된다는 뜻.

▶ **까마귀 날자 배 떨어진다**

아무런 관련도 없는 일이 공교롭게도 함께 일어나 억울한 누명을 썼을 때를 두고 이르는 말.

▶ **꿔다 놓은 보릿자루**

아무 말도 없이 우두커니 앉아 있는 사람을 일컫는 말.

▶ **끓는 국에 맛 모른다**

급한 일을 당하면 사리 판단을 옳게 할 수 없다는 말.

유제

01 다음 속담이나 관용어의 의미를 바르게 풀이해 놓은 것은?

① '굳은 땅에 물이 고인다.' – 마음이 모질면 항상 슬픈 일이 생긴다.
② '굽은 나무가 선산을 지킨다.' – 훌륭하게 자라나야만 집안을 지켜나간다.
③ '광에서 인심 난다.' – 부자일수록 남을 돕는 데는 인색하다.
④ '고슴도치도 제 새끼는 함함하다고 한다.' – 나쁜 짓을 일삼으면 부모도 자식을 버리게 된다.
⑤ '고양이 쥐 생각' – 겉으로만 위해 주는 척하다.

정답 ⑤
해설 ①은 '아끼고 절약해야 재물을 모을 수 있다'는 뜻이며 ②는 '못난 자식이 오히려 집안을 지킨다'는 뜻으로 쓸모없는 것이 도리어 소용이 될 때를 이르는 말 ③은 '재물이 넉넉해야 남을 도울 수 있다'는 뜻 ④는 '아무리 못나도 자기 자식은 예뻐보인다'는 뜻이다.

유제

02 다음 속담이나 관용어의 사용이 올바르지 <u>않은</u> 것은?

① 영철이가 겨우 맘 잡고 공부를 시작하려나 본데 괜히 잔소리해서 '긁어 부스럼 만들지 말고' 그냥 참고 기다려 봅시다.
② 그녀는 그곳이 매우 낯설어서 '꿔다 놓은 보릿자루'처럼 한쪽 구석에 우두커니 서 있었다.
③ '개미가 절구통을 물어 간다'는 말이 있듯이 우리 모두 힘을 합쳐서 저 바위를 밀어서 옮겨 봅시다.
④ 이번 달 용돈을 넉넉하게 받았으니까 내가 '개 보름 쇠듯' 근사하고 푸짐하게 한턱내겠다.
⑤ 영수의 성격 때문에 친구들이 그를 따돌려서 '개밥에 도토리' 신세라며?

정답 ④

해설 ④의 '개 보름 쇠듯'은 가난해서 명절이나 생일날까지도 굶거나 좋은 음식을 해먹지 못한다는 뜻이다.

〈ㄴ〉

▶ 나귀는 제 귀 큰 줄을 모른다

누구나 남의 허물은 잘 알아도 자기 자신의 결함은 알기 어렵다는 의미.

▶ 나무에 오르라 하고 흔드는 격

남을 불행한 구렁으로 끌어넣는다는 뜻.

▶ 나중 난 뿔이 우뚝하다

후배가 선배보다 나을 때 하는 말.

▶ 남 떡 먹는데 고물 떨어지는 걱정한다

쓸데없는 걱정을 하는 것.

▶ 남의 잔치에 감 놓아라 배 놓아라 한다

쓸데없이 남의 일에 간섭한다는 뜻.

▶ 남이 장에 간다고 하니 거름 지고 나선다

주관 없이 남의 행동을 따라 한다는 말.

▶ 낮말은 새가 듣고 밤말은 쥐가 듣는다

남이 안 듣는 곳에서도 말을 삼가야 함.

▶ 내 칼도 남의 칼집에 들면 찾기 어렵다

자기의 물건이라도 남의 손에 들어가면 다시 찾기가 어렵다는 뜻.

▶ 내 코가 석자다

자신이 궁지에 몰렸기 때문에 남을 도와 줄 여유를 가지고 있지 않다는 의미.

▶ 냉수 먹고 이 쑤시기

실속은 없으면서 있는 체함.

▶ 노적가리에 불 지르고 싸라기 주워 먹는다

큰 것을 잃고 적은 것을 아끼는 사람을 말함.

▶ 논 끝은 없어도 일한 끝은 있다

일을 하지 않으면 아무 성과가 없지만 일을 꾸준히 하게 되면 끝은 반드시 그 성과가 있다는 뜻.

▶ 높은 가지가 부러지기 쉽다

높은 지위에 있으면 시기하는 사람이 많아 오히려 몰락하기가 쉽다는 뜻.

▶ 누울 자리 봐 가며 발 뻗는다

다가올 일의 경과를 미리 생각해 가면서 시작한다는 뜻.

▶ 눈 가리고 아웅

얕은꾀를 써서 속이려고 함.

▶ 눈으로 우물 메우기

눈으로 우물을 메우면 눈이 녹아서 허사가 되듯이 헛되이 애만 쓴다는 뜻.

▶ 느릿느릿 걸어도 황소걸음

일을 천천히 하는 듯해도 꾸준히 하면은 큰 성과를 얻을 수 있다는 말.

유제

01 다음 속담이나 관용어의 사용이 올바르지 <u>않은</u> 것은?

① 그렇게 중대한 잘못에 대해 '눈 가리고 아웅 하는' 식의 변명으로 국민들을 속이려 했다는 사실에 김 장관은 결국 옷을 벗어야 했다.

② '느릿느릿 걸어도 황소걸음'이라는 말이 있듯이 어학공부는 절대로 서두르지 말고 단어 하나 하나부터 천천히 익혀 나가야 한다.

③ 영수야! 지금 '내 코가 석자'라서 네가 부탁한 숙제를 해주지 못하겠다.

④ 너는 '남 떡 먹는데 고물 떨어지는 걱정 하지 말고' 네 성적 걱정이나 해라.

⑤ 어떤 일이든지 열심히 해 놓고 나서 결과를 살펴봐야 되는 거야. 왜, '눈으로 우물 메우기'라는 말도 있지 않니? 열심히 하면 모든 일은 이루어지는 거야.

정답 ⑤

해설 ⑤는 '눈으로 우물을 메우면 눈이 녹아서 허사가 되듯이 헛되이 애만 쓴다는 뜻'이므로 이 문장에 어울리지 않는 속담이다.

〈ㄷ, ㅁ〉

▶ 다리 아래서 원을 꾸짖는다

직접 말을 못하고 안 들리는 곳에서 불평이나 욕을 하는 것.

▶ 달걀에도 뼈가 있다

안심했던 일에서 오히려 실수하기 쉬우니 항상 신중을 기하라는 뜻.

▶ 달보고 짖는 개

어리석은 사람의 말이나 행동을 비유해서 하는 말.

▶ 달도 차면 기운다

모든 것이 한번 번성하고 가득 차면 다시 쇠퇴한다는 말.

▶ 닭 소 보듯 한다

서로 무관심하게 보기만 하고 아무 말을 않는 것.

▶ 닭 쫓던 개 지붕 쳐다보듯

애써 추구하고 경영해 오던 일을 남에게 가로채어 넋을 잃는 경우를 이름.

▶ 당장 먹기엔 곶감이 달다

당장에 좋은 것은 한순간뿐이고 참으로 좋고 이로운 것이 못 됨.

▶ 도깨비도 수풀이 있어야 모인다

의지할 곳이 있어야 무슨 일이나 이루어짐.

▶ 도끼가 제 자루 못 찍는다

자기 허물을 자기가 알아서 고치기 어렵다는 말.

▶ 도랑 치고 가재 잡는다

한 가지 일에 두 가지의 이득이 생김.

▶ 도마에 오른 고기

이미 피할 수 없는 운명에 부딪혀 있음을 이르는 말.

▶ 도토리 키 재기

서로 별 차이가 없는 처지인데도 불구하고 서로들 제가 잘났다고 떠든다는 의미.

▶ 돌다리도 두들겨 보고 건너라

모든 일에 안전한 길을 택하여 후환이 없도록 한다는 말.

▶ 돌절구도 밑 빠질 날이 있다

아무리 단단한 것도 결딴이 날 때가 있다는 말.

▶ 두꺼비 파리 잡아먹듯 한다

무엇이고 닥치는 대로 음식을 잘 먹어댐을 이름.

▶ 두부 먹다 이 빠진다

방심하는 데서 뜻밖의 실수를 한다는 말.

▶ 등잔 밑이 어둡다

가까운 곳에서 생긴 일을 잘 모름.

▶ 등치고 간 내 먹는다

겉으로는 제법 위하는 척하면서 실상으로는 해를 끼친다는 말.

▶ 똥구멍으로 호박씨 깐다

겉으로는 어수룩해 보이나 속이 음흉하여 딴짓하는 것을 말함.

▶ 똥 싼 놈이 성낸다

잘못은 제가 저질러 놓고 오히려 화를 남에게 낸다는 말.

▶ 똥은 건드릴수록 구린내만 난다

악한 사람하고는 접촉할수록 불쾌한 일이 생김.

▶ 뚝배기보다 장맛이 좋다

겉모양보다 내용이 훨씬 훌륭함.

▶ 마파람에 게 눈 감추듯

음식을 어느 결에 먹었는지 모를 만큼 빨리 먹어 버림을 이름.

▶ 말 타면 경마 잡히고 싶다

사람의 욕심이란 한이 없음.

▶ 망건 쓰자 파장된다

일이 늦어져 소기의 목적을 이루지 못함.

▶ 망둥이가 뛰니까 꼴뚜기도 뛴다

남이 하니까 멋도 모르고 따라서 함.

▶ 머리를 삶으면 귀까지 익는다

제일 중요한 것만 처리하면 다른 것은 자연히 해결된다는 뜻.

▶ 메뚜기도 오뉴월이 한철이다

제때를 만난 듯이 날뛰는 자를 풍자하는 말.

▶ 모난 돌이 정 맞는다

말과 행동에 모가 나면 미움을 받는다. 강직한 사람이 남의 공박을 받는다는 뜻으로도 쓰임.

▶ 목마른 놈이 우물 판다

제가 급해야 서둘러 일을 시작함.

▶ 못된 송아지 엉덩이에 뿔난다

사람답지 못한 사람이 교만한 행동을 함.

▶ 못 먹는 감 찔러나 본다

일이 제게 불리할 때에 심술을 부려 훼방함.

▶ 물동이 이고 하늘 보기

동이를 머리에 이고 하늘을 보면 동이에 가려서 하늘이 보일 리 없듯이 어리석은 행동을 한다는 뜻.

▶ 물방아 물도 서면 언다

물방아가 정지하고 있으면 그 물도 얼듯이 사람도 항상 노력하지 않으면 발전이 없다는 말.

▶ 물 본 기러기 꽃 본 나비

바라던 바를 이루어 득의양양함을 이르는 말.

▶ 물에 빠진 놈 건져 놓으니까 봇짐 내라 한다

남에게 신세를 지고 그것을 갚기는커녕 도리어 그 은인을 원망한다는 말.

▶ 물은 트는 대로 흐른다

사람은 가르치는 대로 되고, 일은 사람이 주선하는 대로 된다는 뜻.

▶ 물이 깊을수록 소리가 없다

덕망이 높고 생각이 깊은 사람일수록 잘난 체하거나 아는 체 떠벌이지 않는다는 말.

▶ 미운 놈 떡 하나 더 준다

미운 사람일수록 더 잘 대우해 주어 호감을 갖도록 한다는 뜻.

▶ 믿는 도끼에 발등 찍힌다

믿고 있던 사람한테 도리어 해를 입었을 때 쓰는 말.

▶ 밑 빠진 독에 물 붓기다

아무리 하여도 한이 없고 한 보람도 보이지 않는 경우에 쓰는 말.

유제 01 다음 속담이나 관용어의 의미를 바르게 풀이해 놓은 것은?

① '물방아 물도 서면 언다.' – 하는 일이 뜻대로 안 될 때는 잠시 쉬어가라.

② '못된 송아지 엉덩이에 뿔난다.' – 사람답지 못한 사람이 교만한 행동을 한다.

③ '두부 먹다 이 빠진다.' – 아무리 연약한 것이라도 서로 뭉치면 강해진다.

④ '뚝배기보다 장맛이 좋다.' – 내용물보다 겉포장이 매우 탐스럽다.

⑤ '두꺼비 파리 잡아먹듯 한다.' – 아무 소리 없이 자기할 일을 묵묵히 한다.

정답 ②

해설 ①은 '물방아가 정지하고 있으면 그 물도 얼듯이 사람도 항상 노력하지 않으면 발전이 없다는 말' 이고 ③은 '쉬워 보이는 일이라도 조심하라' 는 뜻 ④는 '겉은 투박해도 내용물이 좋다' 는 뜻 ⑤는 '무엇이고 닥치는 대로 음식을 잘 먹어댐' 을 말하는 것이므로 잘못 사용한 예들이다.

유제 02 다음 속담이나 관용어의 사용이 올바르지 <u>않은</u> 것은?

① 그는 드디어 자신이 원하는 대학에 합격하자 마치 '물 본 기러기 꽃 본 나비' 처럼 득의양양(得意揚揚)해서 부모님에게 전화를 했다.

② 철수는 자신이 처한 운명이 '도마에 오른 고기' 신세가 되었다는 것을 절실히 느끼고 있었다.

③ 영수의 톡톡 튀는 행동은 결국에는 '모난 돌이 정 맞는다' 는 말처럼 선배들에게 꾸지람을 듣게 되었다.

④ '머리를 삶으면 귀까지 익는다' 는 말처럼 사소한 문제를 하나한 해결해나가자 결국 가장 핵심이 되는 문제까지 수월하게 해결할 수 있었다.

⑤ 그날 희자의 문제 푸는 속도가 워낙 느려서 '망건 쓰자 파장된다' 고 문제의 반도 못 풀었는데 끝을 알리는 종이 울렸다.

정답 ④

해설 ④의 '머리를 삶으면 귀까지 익는다' 는 속담은 중요한 핵심을 해결하면 나머지 사소한 문제들은 자연히 해결된다는 의미이기 때문에 문맥의 의미와는 정반대로 사용되었다.

〈ㅂ, ㅅ〉

▶ 바늘 가는 데 실 간다
서로 밀접한 관계가 있는 것끼리 떨어지지 아니하고 항상 따른다는 뜻.

▶ 배 먹고 이 닦기
한 가지 일의 성과 외에 또 이익이 생긴 것을 이름.

▶ 뱁새가 황새를 따라가면 다리가 찢어진다
분수에 넘치는 짓을 하면 도리어 해만 입는다는 뜻.

▶ 버들가지가 바람에 꺾일까
부드러운 것이 단단한 것보다 더 강하다는 뜻.

▶ 벌거벗고 환도 찬다
그것이 그 격에 어울리지 않음을 두고 이르는 말.

▶ 범은 그려도 뼈다귀는 못 그린다
겉모양은 볼 수 있어도 그 내막은 모른다는 말.

▶ 변죽을 치면 복판이 울린다
슬며시 귀띔만 해 주어도 눈치가 빠른 사람은 곧 알아듣는다는 의미.

▶ 봉사가 개천 나무란다
제 잘못은 모르고 남을 탓한다는 말.

▶ 부뚜막의 소금도 집어넣어야 짜다
쉽고 좋은 기회나 형편도 이용하지 않으면 소용이 없음.

▶ 부엌에서 숟가락을 얻었다
명색 없는 일을 큰일이나 해낸 듯 자랑함을 이름.

▶ 비는 데는 무쇠도 녹는다
자기의 잘못을 뉘우치고 빌면 아무리 완고한 사람이라도 용서해준다는 말.

▶ 비를 드니까 마당 쓸라고 한다

그렇잖아도 하려고 생각하고 있는 일을 남이 시키면 성의가 줄어지고 만다는 뜻.

▶ 비온 뒤에 땅이 굳어진다

풍파를 겪고 나서야 일이 더욱 단단해진다는 뜻.

▶ 빈 수레가 더 요란하다

지식이 없고 교양이 부족한 사람이 더 아는 체하고 떠든다는 말.

▶ 빛 좋은 개살구다

겉만 좋고 실속은 없음을 일컫는 말.

▶ 사공이 많으면 배가 산으로 올라간다

무슨 일을 할 때 간섭하는 사람이 많으면 일이 잘 안 된다는 뜻.

▶ 사나운 개 콧등 아물 때가 없다

남과 싸우기를 좋아하는 사람은 언제나 자기에게도 손해가 따름을 비유한 말.

▶ 사람과 쪽박은 있는 대로 쓴다

살림살이를 하는 데 있어 쪽박이 있는 대로 다 쓰이듯이 사람도 제각기 쓸모 있다는 말.

▶ 사람은 헌 사람이 좋고 옷은 새 옷이 좋다

사람은 사귄 지 오래일수록 좋고 옷은 새 것일수록 좋다는 말.

▶ 산이 높아야 골이 깊다

원인이나 조건이 갖추어져야 일이 이루어진다는 뜻.

▶ 새가 오래 머물면 반드시 화살을 맞는다

편하고 이로운 곳에 오래 있으면 반드시 화를 당함.

▶ 새도 가지를 가려서 앉는다

친구를 사귀거나 사업을 함에 있어 잘 가리고 골라야만 한다는 뜻.

▶ 서울 놈은 비만 오면 풍년이란다

문외한이 일부의 일만 보고 아는 체하여 그릇된 단정을 내리는 것을 비웃는 말.

▶ 소 잃고 외양간 고친다

이미 일을 그르친 뒤에 뉘우쳐도 소용없음.

▶ 손 안 대고 코풀려고 한다

수고는 조금도 하지 않고 큰 소득만 얻으려고 한다는 뜻.

▶ 쇠뿔은 단김에 빼랬다

무슨 일이든 착수한 당시에 끝을 맺어 버려야 한다는 뜻.

▶ 쌀독에 앉은 쥐

부족함이 없고 만족한 처지를 말함.

▶ 썩어도 준치

값있는 물건은 아무리 낡거나 헐어도 제대로의 가치를 지닌다는 뜻.

▶ 썩은 새끼도 잡아 당겨야 끊어진다

아무리 쉬운 일이라도 하지 않고 기다리고 있으면 이루어지지 않는다는 의미.

유제

01 다음 속담의 의미와 유사한 고사성어를 짝지어 놓은 것 중 올바르지 <u>않은</u> 것은?

① '소 잃고 외양간 고친다.' – 망양보뢰(亡羊補牢)

② '쇠뿔은 단김에 빼랬다.' – 일도양단(一刀兩斷)

③ '빈 수레가 더 요란하다.' – 견강부회(牽强附會)

④ '배 먹고 이 닦기' – 일거양득(一擧兩得)

⑤ '벌거벗고 환도 찬다.' – 금의야행(錦衣夜行)

정답 ③

해설 ③의 속담에 어울리는 성어는 '허장성세(虛張聲勢)'이며 견강부회(牽强附會)는 '억지로 끌어다 붙이다'는 뜻이다.

유제

02 다음 속담이나 관용어의 사용이 올바르지 <u>않은</u> 것은?

① 너는 날마다 해야 할 공부를 만날 놀다가 시험이 닥치면 하루에 몰아서 하려고 하니? '새가 오래 머물면 반드시 화살을 맞는 법'이란 속담도 몰라?

② 그저 찍어서 점수 많이 나오는 법이나 알려달라니, '손 안 대고 코풀려고' 하는구나?

③ 쉽게 문제 푸는 방법을 가르쳐줬으면 최소한 그것을 연습이라도 해야 좋은 점수가 나오는 게 아니니? '썩은 새끼도 잡아 당겨야 끊어지는 법이야'

④ 철수와 영희는 심하게 다투고 나서 '비온 뒤에 땅이 굳어진다'고 이제는 서로의 허물을 지적할 정도로 친해졌다.

⑤ 아니, 방 안에서 잃었던 물건을 찾은 것이 무슨 대단한 일이라고 그리 떠벌리니? '부엌에서 숟가락 찾은 것'이나 같은 처지인데!

정답 ①

해설 ①의 속담은 편안한 자리에 오래 있으면 반드시 화를 당한다는 의미이므로 이 문장의 내용과는 일치하지 않는다.

〈ㅇ, ㅈ〉

▶ 아니 땐 굴뚝에 연기 날까

어떤 원인이 없으면 그런 일이 있을 수 없음.

▶ 아닌 밤중에 홍두깨

갑자기 불쑥 내 놓는 것을 비유한 말.

▶ 아랫돌 빼어 윗돌 괴기

임시변통으로 한 곳에서 빼어 다른 곳을 막는다는 말.

▶ 안 되려면 뒤로 넘어져도 코가 깨진다

운수가 사나운 사람은 온갖 일에 마가 끼어 엉뚱한 손해를 본다는 말.

▶ 얌전한 고양이가 부뚜막에 먼저 올라간다

겉으로는 얌전한 척하는 사람이 뒤로는 오히려 더 나쁜 짓만 일삼는다는 뜻.

▶ 어둔 밤에 주먹질하기다

상대방이 보지 않는데서 화를 내는 것은 아무 소용이 없다는 뜻.

▶ 언 발에 오줌 누기

눈앞에 급한 일을 피하기 위해서 하는 임시변통이 결과적으로 더 나쁘게 되었을 때 하는 말.

▶ 업은 아이 삼년 찾는다

가까운 데 있는 것을 모르고 먼 데 가서 여기저기 찾아다닌다는 말.

▶ 열 길 물속은 알아도 한 길 사람 속은 모른다

사람의 마음은 헤아릴 수 없음.

▶ 열 번 찍어 안 넘어가는 나무 없다

아무리 강철 같은 심지를 가진 사람이라도 여러 차례 꾀고 달래면 결국 그 유혹에 넘어가고 만다는 말.

▶ 염불에는 마음이 없고 잿밥에만 마음이 있다

마땅히 할 일에는 정성을 들이지 않고 딴 곳에 마음을 둠.

▶ 옥에도 티가 있다

아무리 훌륭한 물건이나 사람에게도 조그만 흠은 있음.

▶ 우물 안 개구리

견문이 좁아 넓은 세상의 사정을 모름을 비유.

▶ 우물에서 숭늉 찾는다

성미가 아주 급하다는 뜻.

▶ 우물을 파도 한 우물을 파라

무슨 일이든지 한 가지 일을 꾸준히 계속해야 성공할 수 있다는 말.

▶ 울며 겨자 먹기

싫은 일을 억지로 함의 비유.

▶ 윗물이 맑아야 아랫물이 맑다

무슨 일이든지 윗사람의 행동이 깨끗하여야 아랫사람도 따라서 행실이 바름.

▶ 원숭이도 나무에서 떨어질 때가 있다

아무리 익숙하고 잘 하는 사람이라도 실수할 때가 있다는 말.

▶ 자다가 봉창 두드린다

얼토당토않은 딴 소리를 불쑥 내민다는 뜻.

▶ 잔솔밭에서 바늘 찾기

매우 찾아내기 어려움을 나타내는 말.

▶ 잘 집 많은 나그네가 저녁 굶는다

일을 너무 여러 가지로 벌여 놓기만 하면 결국에는 일의 결실을 보지 못하고 실패하게 된다는 뜻.

▶ 장수 나자 용마 난다

일이 잘 되느라, 적합한 조건이 잇달아 생김을 이름.

▶ 절에 가면 중노릇하고 싶다

일정한 주견이 없이 덮어 놓고 남을 따르려 함.

▶ 제 도끼에 제 발등 찍힌다

자기가 한 일이 자기에게 해가 됨.

▶ 제 버릇 개 줄까

나쁜 버릇은 쉽게 고치기가 어려움.

▶ 죽 쑤어서 개 좋은 일 하였다

애써서 이루어 놓은 일이 남에게 유리할 뿐임.

▶ 죽은 자식 나이 세기

이왕 그릇된 일을 생각하여도 쓸데없다는 말.

▶ 쥐구멍에도 볕들 날이 있다

몹시 고생을 하는 사람도 좋은 운수를 만날 적이 있음.

▶ 지렁이도 밟으면 꿈틀한다

아무런 보잘 것 없고 약한 사람이라도 너무 무시하면 반항함.

▶ 지붕 호박도 못 따는 주제에 하늘의 천도 따겠단다

아주 쉬운 일도 못하면서 당치도 않은 어려운 일을 하겠다고 덤빈다는 뜻.

▶ 집에서 새는 바가지는 들에 가도 샌다

타고난 천성이 나쁜 사람은 어디를 가나 그 성품을 고치기 어렵다는 말.

▶ 쪽박 쓰고 벼락 피한다
아무리 애를 써도 피할 수 없음을 두고 비유한 말.

유제 01 다음 속담의 의미와 유사한 고사성어를 짝지어 놓은 것 중 올바르지 <u>않은</u> 것은?

① '절에 가면 중노릇하고 싶다.' – 부화뇌동(附和雷同)
② '제 도끼에 제 발등 찍힌다.' – 자가당착(自家撞着)
③ '잔솔밭에서 바늘 찾기다.' – 구우일모(九牛一毛)
④ '업은 아이 삼년 찾는다.' – 등하불명(燈下不明)
⑤ '쥐구멍에도 볕들 날이 있다.' – 구미속초(狗尾續貂)

정답 ⑤
해설 ⑤의 '쥐구멍에도 볕들 날이 있다.' 는 새옹지마(塞翁之馬)에 빗댈 수 있다. 구미속초(狗尾續貂)는 진나라의 조왕륜(趙王倫)과 관련된 고사로 담비의 꼬리가 모자라 개의 꼬리로 잇는대[초부족구미속(貂不足狗尾續)] 는 데서 유래했으며 '훌륭한 것 뒤에 보잘 것 없는 것이 잇따름'을 말한다.

유제 02 다음 속담이나 관용어의 사용이 올바르지 <u>않은</u> 것은?

① 영수는 자신이 저지른 죄를 숨기기 위해 거짓으로 알리바이를 만들었으나 그것은 '쪽박 쓰고 벼락 피하려는' 발버둥이었다.
② 네가 벌인 수많은 일들이 너에게 도움이 될 수도 있지만 그것이 오히려 '잘 집 많은 나그네가 저녁 굶는다' 는 말처럼 너를 망칠 수도 있다는 것을 명심해야 해.
③ '아랫돌 빼어 윗돌 괴기' 와 동일한 속담이 '언 발에 오줌 누기' 이다.
④ '집에서 새는 바가지는 들에 가도 샌다' 고 일관된 행동을 하는 사람이 나중에 큰 인물이 된다.
⑤ '울며 겨자 먹기' 로 시작한 일이라도 '우물을 파도 한 우물을 파라' 는 속담대로 그 일에 전념을 한다면 반드시 성공할 수 있을 것이다.

정답 ④
해설 '집에서 새는 바가지는 들에 가도 샌다' 는 뜻은 천성(天性) 불변(不變)을 일컫는 말로 부정적인 의미로 사용되기 때문에 위 문장에는 부적절하다.

〈ㅊ, ㅌ, ㅍ, ㅎ〉

▶ 찬물에 기름 돌듯 한다
   서로 화합하지 않고 따로 도는 사람을 보고 하는 말.

▶ 참깨 들깨 노는데 아주까리가 못 놀까
   남들이 다 하는 일을 나라고 못 하겠느냐는 뜻.

▶ 참새가 방앗간을 그냥 지나랴
   욕심이 있는 사람이 솔깃한 것을 보고 그냥 지나쳐 버리지 못함.

▶ 처삼촌 묘 벌초하듯 하다
   일에 정성을 드리지 않고 건성건성 해치워 비리는 것.

▶ 천리마는 늙었어도 천리 가던 생각만 한다
   몸은 비록 늙었어도 마음은 언제나 젊은 시절과 다름없다는 말.

▶ 첫술에 배 부르랴
   어떤 일이든지 단번에 만족할 수는 없음.

▶ 초상술에 권주가 부른다
   때와 장소를 분별하지 못하고 행동함.

▶ 초상집 개 같다
   의지할 데가 없이 이리저리 헤매어 초라함.

▶ 치고 보니 삼촌이라
   매우 실례되는 일을 저질렀음.

▶ 침 뱉은 우물을 다시 먹는다
   다시는 안 볼 듯이 야박하게 행동하더니 어쩌다가 자신의 처지가 아쉬우니까 다시 찾아온다는 뜻.

▶ 콩 볶아 먹다가 가마솥 깨뜨린다
   작은 이익을 탐내다가 도리어 큰 해를 입음.

▶ 콩 심은 데 콩 나고 팥 심은 데 팥 난다
   모든 일은 원인에 따라 결과가 생긴다는 말.

▶ 큰 방축도 개미구멍으로 무너진다
   작은 사물이라도 업신여기다가는 그 때문에 큰 화를 입음.

▶ 큰 북에서 큰 소리 난다
   도량이 커야 훌륭한 일을 한다는 말.

▶ 태산을 넘으면 평지를 본다
   고생을 하게 되면 그 다음에는 즐거움이 온다는 말.

▶ 터진 꽈리 보듯 한다

터져서 쓸데없는 꽈리를 보듯이 어느 누구도 탐탁지 않게 여기고 중요시하지 않는다는 말.

▶ 토끼를 다 잡으면 사냥개를 삶는다

필요할 때는 소중히 여기다가도 필요 없게 되면 천대하고 없애 버림을 비유하는 말.

▶ 팔이 들이굽지 내굽나

친밀한 사이에 있는 사람에게 먼저 동정하게 된다는 말.

▶ 평안감사도 저 싫으면 그만이다

아무리 좋은 일이라도 저 하기 싫다면 억지로 시킬 수 없다는 뜻.

▶ 하늘 보고 주먹질한다

아무 소용없는 일을 한다는 뜻.

▶ 하늘 보고 침 뱉기다

하늘에다 대고 침을 뱉으면 결국 자기 얼굴에 떨어지듯이 남을 해치려다가 자기가 당한다는 뜻.

▶ 하늘이 무너져도 솟아날 구멍이 있다

아무리 큰 재난에 부닥치더라도 그것에서 벗어나 도움을 받을 방법과 꾀가 서게 됨.

▶ 하룻강아지 범 무서운 줄 모른다

철모르고 아무에게나 함부로 힘을 쓰면서 덤비는 사람을 두고 하는 말.

▶ 한강에 돌 던지기

지나치게 작아 전혀 효과가 없다는 말.

▶ 행랑 빌면 안방까지 든다

처음에는 소심하게 발을 들여놓다가 재미를 붙이면 대담해져 정도가 심한 일까지 한다는 뜻.

▶ 호미로 막을 것을 가래로 막는다

적은 힘으로 될 일을 기회를 놓쳐 큰 힘을 들이게 됨.

▶ 황소 뒷걸음치다가 쥐 잡는다

어리석은 사람이 미련한 행동을 하다가 뜻밖에 좋은 성과를 얻었을 때 하는 말.

▶ 흘러가는 물도 떠 주면 공이 된다

쉬운 일이라도 도와주면 은혜가 된다는 뜻.

유제 01 다음 속담의 의미와 유사한 고사성어를 짝지어 놓은 것 중 올바르지 <u>않은</u> 것은?

① '천리마는 늙었어도 천리 가던 생각만 한다.' – 천정부지(天井不知)

② '팔이 들이굽지 내굽나' – 초록동색(草綠同色)

③ '태산을 넘으면 평지를 본다.' – 고진감래(苦盡甘來)

④ '토끼를 다 잡으면 사냥개를 삶는다.' – 토사구팽(兎死狗烹)

⑤ '한강에 돌 던지기' – 창해일속(滄海一粟)

정답 ①

해설 '천리마는 늙었어도 천리 가던 생각만 한다.'는 뜻은 '몸은 비록 늙었어도 마음은 언제나 젊은 시절과 다름없다'는 것이고 천정부지(天井不知)는 '하늘의 우물은 깊이를 알 수 없다, 즉 끝이 없다'는 뜻이므로 서로 통하지 않는다.

유제 02 다음 속담이나 관용어의 사용이 올바르지 <u>않은</u> 것은?

① 우리는 흔히 사소한 것을 무시하는 경향이 있는데 '큰 방축도 개미구멍으로 무너진다'는 속담처럼 큰 문제는 언제나 작은 것에서 시작된다는 것을 알아야 한다.

② 그래도 '호미로 막을 것을 가래로 막는다'는 얘기도 있는데 이는 큰 문제를 해결하면 작은 것은 절로 해결이 된다는 뜻이기 때문에 큰일과 작은 일의 순서를 정해두는 습관이 필요하다.

③ 아무런 대비도 없이 큰일을 당해서 '하늘 보고 주먹질' 해 보아야 무슨 소용이 있겠는가?

④ 명심해 두어야 할 것은 '콩 볶아 먹다가 가마솥 깨뜨린다'는 속담에서 얻을 수 있는 교훈처럼 작은 이익에 연연하다가 큰일을 망치는 경우가 없어야 한다는 점이다.

⑤ 그런 의미에서 대의를 위한 일에 참여하지 않고 '찬 물에 기름 돌 듯' 하는 것은 자신에게 가장 큰 손해라는 것을 염두에 두어야 한다.

정답 ②

해설 '호미로 막을 것을 가래로 막는다'는 뜻은 '적은 힘으로 될 일을 기회를 놓쳐 큰 힘을 들이게 된다'는 것이므로 위 문장에서 제대로 사용하지 못한 예이다.

4절 반드시 익혀야 할 핵심어휘

〈ㄱ, ㄴ〉

◆ 간과(看過) : 깊이 유의하지 않고 예사로 보아 넘김. 예 간과할 수 없는 문제
◆ 간주(看做) : 그렇다고 침. 그런 양으로 여김.
◆ 간파(看破) : 보아서 속내를 알아차림. 예 남의 속셈을 간파하다.
◆ 개선(改善) : 좋게 고침. 예 생활 개선 / 대우 개선
◆ 개악(改惡) : 고쳐서 도리어 나빠지게 함. 반 개선(改善)
◆ 견지(見地) : 사물을 관찰하는 입장. 관점. 예 대국적 견지 / 교육적 견지
◆ 견지(堅持) : 굳게 지님. 예 전통을 견지하다.
◆ 결연(決然) : 태도가 매우 굳세고 결정적이다.
◆ 계발(啓發) : 슬기와 재능을 널리 열어 깨우쳐 줌. 예 기술을 계발해야 한다.
◆ 고무(鼓舞) : 격려하여 기세를 돋움. 예 고무적인 사실
◆ 고수(固守) : 굳게 지킴. 예 생각을 고수하다.
◆ 고조(高調) : 의기(意氣)를 돋움. 어떤 분위기나 감정 같은 것이 한창 높아진 상태.
   예 사기를 고조시키다. / 고조된 분위기
◆ 공생(共生) : 서로 같은 장소에서 생활함.
◆ 관조(觀照) : 대상의 본질을 주관을 떠나서 냉정히 응시함. 예 인생을 관조하다.
◆ 괴리(乖離) : 서로 등져 떨어짐. 예 인심의 괴리
◆ 구연(口演) : 말로 진술함.
◆ 구현(具現 · 具顯) : 구체적으로 나타냄.
◆ 규명(糾明) : 자세히 캐고 따져 사실을 밝힘. 예 책임을 규명하다.
◆ 낙관(樂觀) : 일이 잘 될 것으로 생각됨. 예 일의 성공 여부에 대해서는 낙관하고 있다.
◆ 남상(濫觴) : [(양쯔강)같은 대하(大河)도 근원은 작은 잔을 띄울만한 세류(細流)라는 뜻에서] 사물의 처음,
   시작. 예 우편 제도의 남상

〈ㄷ, ㅁ〉

◆ **단견(斷見)** : ① 세상만사의 단멸을 주장하여 인과응보를 인정하지 않는 견해. 🝏 상견(常見)
　　　　　　② 우주의 진리는 볼 수 없으니 그것이 아주 없다는 견해.

◆ **도래(到來)** : 닥쳐옴.

◆ **도모(圖謀)** : 어떤 일을 이루려고 수단과 방법을 꾀함. 예 친목을 도모하다.

◆ **도야(陶冶)** : 심신을 닦아 기름. 예 인격 도야

◆ **도외시(度外視)** : 가외의 것으로 봄. 안중에 두지 않고 무시. 예 도외시하여 문제로 삼지 않다. 🝏 문제시

◆ **도출(導出)** : (어떤 생각이나 판단, 결론 따위를) 이끌어 냄. 예 주제의 도출

◆ **도출(挑出)** : 시비를 일으키거나 싸움을 돋움.

◆ **마각(馬脚)** : 말의 다리. 간사하게 숨기고 있던 일. 예 마각을 드러내다.

◆ **매진(邁進)** : 씩씩하게 나아감. 예 목표 달성을 위해 매진하다.

◆ **모색(摸索)** : 더듬어 찾음. 예 방법을 모색하다.

◆ **모호(模糊)** : 흐리어 분명하지 못함. 예 모호한 대답

◆ **몰각(沒却)** : 없애 버리거나 무시해 버림. 예 당초의 목적을 몰각하다.

◆ **몽매(蒙昧)** : 어리석고 어두움. 예 무지몽매

◆ **묵과(默過)** : 말없이 지나쳐 버림. 예 부정행위를 보고 묵과할 수는 없다.

◆ **문외한(門外漢)** : 그 일에 전문가가 아닌 사람. 직접 관계가 없는 사람.

◆ **미답(未踏)** : 아직 아무도 밟지 않음. 예 전인(前人) 미답의 땅

◆ **미시(微示)** : 분명히 말하지 않고 눈치만 보임.

〈ㅂ, ㅅ〉

◆ **반의(反意 · 叛意)** : 뜻에 반대함. / 배반하려는 마음.

◆ **반향(反響)** : 어떤 일의 영향을 받아 다른 것에도 이와 같은 사태가 생기는 현상.
　예 대단한 반향을 불러일으키다.

◆ **방관(傍觀)** : 어떤 일에 관계하지 않고 추이(推移)를 보고만 있음. 예 수수방관하다.

◆ **배격(排擊)** : 남의 의견, 사상, 물건 따위를 물리침. 예 기회주의를 배격하다.

◆ **배치(背馳)** : 서로 반대가 되어 어긋남. 예 이론과 실제가 배치되다.

◆ **백안시(白眼視)** : 나쁘게 여기거나 냉대하여 봄. 푸대접함. 예 사람을 백안시하다.

◆ **변색(變色)** : 빛깔이 변함. 성이 나서 얼굴빛이 달라짐.

◆ **본령(本領)** : 가장 본질적이고 근원적인 것. 예 민주 정치의 본령은 주권재민에 있다.

◆ **봉착(逢着)** : 서로 맞닥뜨려 만남. 예 새로운 국면에 봉착하다.

◆ **부각(浮刻)** : 사물의 특징을 두드러지게 나타냄. 예 현대 문명의 위기를 부각시킨 노작(勞作)

◆ **부합(符合)** : 둘이 서로 꼭 들어맞음.

◆ **분란(紛亂)** : 어수선하고 떠들썩함.

◆ **비견(比肩)** : (어깨를 나란히 한다는 뜻으로) 낮고 못함이 없이 서로 비슷함.
예 그와 비견할 만한 사람이 없다.

◆ **비호(庇護)** : 감싸 보호함. 예 특정인을 비호하다.

◆ **사주(使嗾)** : 남을 부추기어 시킴. 사촉(唆囑).

◆ **사장(死藏)** : 활용하지 않고 간직하여 둠. 예 능력을 사장시키다.

◆ **상충(相衝)** : 맞지 않고 서로 어긋남. 예 의견이 서로 상충되다.

◆ **섭렵(涉獵)** : 여러 종류의 책을 널리 읽음. 예 고대사 문헌을 섭렵하다.

◆ **소급(遡及)** : 지나간 일에까지 거슬러 올라가서 미침. 예 월급을 소급 인상하다.

◆ **쇄신(刷新)** : 묵은 나쁜 폐단을 없애고 새롭게 함. 예 관기(官紀) 쇄신

◆ **시사(示唆)** : 미리 암시하여 알려 줌. 예 그 사건이 시사하는 바가 크다.

◆ **십상(十常八九)** : 열 가운데 여덟이나 아홉이 됨. 거의 다 됨을 가리키는 말. 십중팔구.
예 그렇게 급하게 먹다가는 체하기가 십상이다.

〈ㅇ, ㅈ〉

◆ **아집(我執)** : 자기중심의 좁은 생각이나 소견 또는 그것에 사로잡힌 고집.
예 아집이 세다. / 아집을 버리지 못하다.

◆ **야기(惹起)** : 끌어 일으킴. 예 중대 사건을 야기하다.

◆ **양양(洋洋)하다** : 사람의 앞길이 한없이 넓어 발전할 여지가 매우 많고 크다. 예 양양한 앞길

◆ **양양(揚揚)하다** : 득의(得意)하는 빛을 외모와 행동에 나타내는 기색이 있다. 예 의지가 양양하다.

◆ **여담(餘談)** : 용건 밖의 이야기. 잡담.

◆ **역설(逆說)** : 대중의 예기(豫期)에 반하여 일반적으로 진리라고 인정되는 것에 반하는 설. 진리에 반대하고 있는 듯하나, 잘 음미하여 보면 진리인 설. 패러독스.

◆ **예기(豫期)** : 앞으로 닥칠 일을 미리 기대하거나 예상함. 예 예기하지 못한 사건

◆ **오만(傲慢)** : 잘난 체하여 방자함.

◆ **와전(訛傳)** : 그릇되게 전함. 유전(謬傳).

◆ **왜곡(歪曲)** : 비틀어 곱새김.

◆ **외경(畏敬)** : 공경하고 두려워함. 경외(敬畏).

◆ **유리(遊離)** : 다른 것과 떨어져 존재함. 예 대중으로부터 유리된 문학

◆ **유추(類推)** : 유사한 점에 의해 다른 사물을 미루어 추측함.

◆ **인지(認知)** : 어떠한 사실을 분명히 인정함 . 예 실태를 인지하다.

◆ **일가견(一家見)** : 어떤 문제에 대하여 개인이 가지는 일정한 체계의 전문적 견해. 예 일가견을 피력하다.

◆ **잔존(殘存)** : 없어지지 않고 남아서 처져 있음. 살아남음. 예 잔존병력

◆ **전가(轉嫁)** : (자기의 허물이나 책임 따위를) 남에게 덮어씌움. 예 책임을 전가하다.

- ◆ **전도(顚倒)** : 엎어져서 넘어짐. 위와 아래를 바꾸어서 거꾸로 함. **예** 주객(主客)이 전도되다.
- ◆ **전도(前途)** : 앞으로 나아갈 길. **예** 전도가 양양하다. / 장래 전도가 유망한 청년
- ◆ **전락(轉落)** : 나쁜 상태나 처지에 빠짐. **예** 창부(娼婦)로 전락하다.
- ◆ **제재(制裁)** : 도덕·관습 또는 규정에 어그러짐이 있을 때 사회가 금지하기도 하고 도의상 나무라기도 하는 일. **예** 여론(輿論)의 제재를 받다.
- ◆ **조소(嘲笑)** : 비웃는 웃음. 비웃음. **예** 조소의 대상이 되다.
- ◆ **조응(照應)** : 서로 비추어 대응함. 원인에 따라 결과가 생김.
- ◆ **조짐(兆朕)** : 좋거나 나쁜 일이 생길 기미. **예** 심상찮은 조짐이 보인다.
- ◆ **좌시(坐視)** : 옆에 앉아 보기만 하고 참견하지 않음. **예** 좌시할 수 없는 일
- ◆ **지엽(枝葉)** : 중요하지 않은 부분. **예** 지엽적인 문제
- ◆ **지양(止揚)** : 어떤 사물에 관한 모순이나 대접을 부정하면서 도리어 한층 더 높은 단계에서 이것을 살려 가는 일. **예** 이러한 방식은 지양하고 새로운 방식을 살려 보도록 합시다.
- ◆ **지향(指向)** : 정해지거나 작정한 방향으로 나가는 것. 또는 그 방향. **예** 지향 없이 가다.

〈ㅊ, ㅌ〉

- ◆ **초연(超然)하다** : ① 어떤 수준보다 뛰어나다.
  ② 세속(世俗)에서 벗어나 있어 속사(俗事)에 구애되지 않다.
  예 돈 문제에 초연하다. / 초연히 살아가다.
- ◆ **촉진(促進)** : 재촉하여 빨리 나아가게 함.
- ◆ **추세(趨勢)** : 일이나 형편의 전반적인 형세. **예** 시대의 추세에 따르다.
- ◆ **추이(推移)** : 일이나 형편이 변하여 옮김. 또는 그 모습. **예** 일의 추이를 지켜보자.
- ◆ **취지(趣旨)** : 근본이 되는 중요로운 뜻. 취의(趣意).
- ◆ **타개(打開)** : 얽히고 막힌 일을 잘 처리하여 나아갈 길을 엶.
- ◆ **타파(打破)** : 규정이나 관습 같은 것을 깨뜨려 버림. **예** 미신(迷信) 타파 / 악습(惡習)을 타파하다.
- ◆ **토로(吐露)** : 속마음을 모두 드러내어 말함. **예** 심정을 토로하다.

〈ㅍ, ㅎ〉

- ◆ **파급(波及)** : 어떤 일의 여파나 영향이 차차 다른 데로 미침.
- ◆ **피력(披瀝)** : 심중의 생각을 털어 내어 말함. **예** 견해를 피력하다.
- ◆ **함양(涵養)** : 서서히 양성(養成)함. 학문과 식견을 넓혀서 심성을 닦음. **예** 도덕심을 함양하다.
- ◆ **호도(糊塗)** : (근본적인 조처를 하지 않고) 일시적으로 얼버무려 넘김. 어물쩍하게 넘겨 버림.
  예 사건의 진상을 호도하다.

◆ **혼돈(混沌)** : 사물의 구별이 확실하지 않은 상태.

◆ **회의(懷疑)** : 인식이나 지식에 결정적인 근거가 없이 그 확실성을 의심하는 정신 상태.

　　예 지금까지 해 온 일이 과연 옳은 일인지 회의가 느껴진다.

◆ **횡행(橫行)** : 제멋대로 행동함. 예 횡행활보

유제 01 **다음 밑줄 친 단어의 사용이 올바른 것은?**

① 우리가 주의 깊게 살펴보면 가장 친한 사람들의 마음을 헤아리는 일을 <u>간과(看過)</u>해왔다는 것을 알 수 있다.

② 당국에서는 이번에 만연(蔓延)한 전염병의 실체를 국민들에게 정확하게 <u>호도(糊塗)</u>해서 알려 주고 이에 대한 주의를 당부했다.

③ 우리가 <u>지양(止揚)</u>해 나갈 방향은 바로 경제우선 정책입니다.

④ 우리는 그의 주장에 전적으로 동조하며 그가 추진하는 일에 보탬이 되도록 그를 <u>백안시(白眼視)</u>할 것입니다.

⑤ 이 문제는 당초 계획을 <u>몰각(沒却)</u>해서 누구나 그 문제를 정확하게 인식하게 해야만 해결책을 찾을 수 있다.

정답 ①

해설 ②의 호도(糊塗)는 풀을 바르다는 뜻으로 '어물쩍하게 넘겨 버림'을 의미하며 ③은 '어떤 사물에 관한 모순이나 대접을 부정하면서 도리어 한층 더 높은 단계에서 이것을 살려 가는 일'을 말하고 ④는 흰자위로 쳐다본다는 뜻으로 '나쁘게 여기거나 냉대하여 봄'을 의미하며 ⑤는 '없애 버리거나 무시해 버림'의 뜻이므로 위 문장들의 문맥과 일치하지 않는다.

유제 02 **다음 밑줄 친 단어의 사용이 올바르지 않은 것은?**

① 영수는 그동안 우리들에게 서운했던 감정을 모두 <u>토로(吐露)</u>하기 시작했다.

② 그동안 아무 말 없이 우리를 <u>좌시(坐視)</u>하고 있던 선생님이 이의를 제기하고 나섰다.

③ 경희가 모든 일을 털어놓자 책임을 영수에게 <u>전도(顚倒)</u>했던 경희는 그제야 자신의 실수를 인정했다.

④ 자신의 견해를 강하게 <u>피력(披瀝)</u>했던 친구들이 이제는 영수를 위해 한 마디씩 거들기 시작했다.

⑤ 결과적으로 볼 때 그 사건을 <u>야기(惹起)</u>한 것은 영철이였다는 것이 밝혀졌다.

정답 ③

해설 전도(顚倒)는 '위와 아래를 바꾸어서 거꾸로 함'의 뜻이므로 이 문장에는 타당하지 않고 '남에게 덮어씌움'을 뜻하는 '전가(轉嫁)'가 올바르다.

5절 틀리기 쉬운 어휘들 모음

✕	○	✕	○	✕	○
가까와	가까워	널판지	널빤지	반짓고리	반짇고리
가던지 오던지	가든지 오든지	넙적하다	넓적하다	번번히	번번이
가벼히	가벼이	넓다랗다	널따랗다	벼개	베개
간(한 간)	칸(한 칸)	네째	넷째	삭월세	사글세
강남콩	강낭콩	녹슬은	녹슨	생각컨대	생각건대
개이다(날씨가)	개다	높따랗다	높다랗다	서슴치	서슴지
객적다	객쩍다	눈쌀	눈살	솔직이	솔직히
거칠은	거친	늙으막	늘그막	숫가락	숟가락
곰곰히	곰곰이	닥달하다	닦달하다	숫놈	수놈
곱배기	곱빼기	더우기	더욱이	숫닭	수탉
괴로와	괴로워	뒷굼치	뒤꿈치	아지랭이	아지랑이
금새	금세(지금 바로)	딱다구리	딱따구리	옛스럽다	예스럽다
~기 마련이다	~게 마련이다	뚜렷히	뚜렷이	오랫만에	오랜만에
깍둑이	깍두기	말숙하다	말쑥하다	요컨데	요컨대
꺼꾸로	거꾸로	머릿말	머리말	일찌기	일찍이
껍질채	껍질째	멋적다	멋쩍다	조그만하다	조그마하다
꼬깔	고깔	모밀	메밀	집개	집게
꼭둑각시	꼭두각시	몇 일	며칠	찌게	찌개
끔찍히	끔찍이	무우	무	치닥거리	치다꺼리
날자	날짜	미싯가루	미숫가루	통털어	통틀어
넉넉치 않다	넉넉지 않다	바래다	바라다[望]	풋나기	풋내기

01 다음 ( ) 안의 단어 중 바른 것을 고르시오. (둘 다 바른 경우도 있음)

1. 방 한 (칸, 간)을 구하지 못했다.

2. 밑천을 다 (털어, 떨어)먹었다.

3. 그의 유일한 (바램, 바람)은 자식의 성공이었다.

4. 우리의 모임이 벌써 두 (돌, 돐)이 되었다.

5. 그들 둘은 (쌍둥이, 쌍동이)다.

6. 벌써 (자선남비, 자선냄비)가 걸린 것을 보니 한 해가 다 갔구나.

7. 저녁 (노을, 놀)이 붉게 물들었다.

8. 그 (쇠도둑, 소도둑)같이 생긴 사람이 네 애인이라고?

9. 부모님이 없는 (가엾은, 가여운) 아이들이 많다.

10. 소풍을 가려고 하는데 (마침, 공교롭게) 비가 왔다.

11. 상을 받아서 (몹시, 매우, 너무) 기분이 좋다.

12. 그 일이 (행여나, 혹시나) 잘못될까 근심했다.

13. 그들을 교육(하는, 시키는) 것은 생각보다 힘들었다.

14. 외교관의 부정으로 국가 체면이 상당한 (손실, 손상)을 입었다.

15. 그가 남몰래 고아를 도와 온 사실이 (탄로났다, 드러났다).

16. 남북 간의 응원 방법이 서로 (달라, 틀려) 혼란이 생겼다.

17. 노력한 만큼 성적도 많이 (상승했다, 향상됐다).

18. 무질서를 (지향해야, 지양해야) 한다.

19. 승리의 축배를 (들었다, 마셨다).

20. 각자의 소질을 (개발해야, 계발해야) 한다.

21. 그녀는 자신이 세운 기록을 (경신, 갱신)했다.

22. 이제 마음을 (바꿔, 고쳐) 먹었으니 안심하세요.

23. 오늘이 몇 월 (며칠, 몇일)이니?

24. (서, 석, 세) 돈짜리 금반지를 선물했다.

25. (게시판, 계시판)에 올라온 공지사항을 확인해라.

정답 해설

1. 칸(O), 간(×)

'간'은 한자말 '間'에서 왔지만, 현실적으로 [칸]으로 발음하므로 '칸막이, 빈칸'에서처럼 '칸'을 표준어로 정한다. 단, '초가삼간, 뒷간, 마구간'처럼 복합어로 굳어진 것은 그대로 '간'으로 쓴다.

2. 털어(O), 떨어(×)

'털어먹다', '밑천을 털다', '도둑이 빈집을 털다'에서처럼 '털다'를 표준어로 인정한다. 단, '재떨이', '먼지떨이'는 그대로 둔다.

3. 바램(×), 바람(O)

'바라다'의 명사형은 '바람'이다. 굳어진 형태를 표준어로 삼은 것으로는 강낭콩(강남콩×), 사글세(삭월세×), -구려(-구료×), 나무라다(나무래다×), 미숫가루(미싯가루×), 상추(상치×), 주책(주착×), 튀기(트기×)들이 있다.

4. 돌(O), 돐(×)

전에는 '돌'은 생일을, '돐'은 주기를 의미했으나, 지금은 '돌' 하나로 통일되었다. '빌다, 빌리다'의 구분도 없애고 '빌리다'로 통일되고 차례를 가리키는 말도 '둘째, 셋째, 넷째'로 통일되었다.

5. 쌍둥이(O), 쌍동이(×)

현실음을 중시해 모음조화를 인정하지 않는 말. '귀염둥이, 막둥이, 깡충깡충, 오들오들' 등도 마찬가지이다. 그러나 '삼촌, 부조금, 사돈' 등은 아직 어원 의식이 남아 있어서 '삼춘, 부주금, 사둔'으로 쓰지 않는다.

6. 자선남비(×), 자선냄비(O)

'ㅣ모음 역행동화'는 표준어로 인정하지 않지만, '-내기, 냄비'들은 표준어로 인정한다. '아지랭이'는 아직 '아지랑이'가 표준어이다. 또, '괴팍하다'나 '미류나무'는 '괴퍅하다', '미루나무'로 바뀌었다.

7. 노을(O), 놀(O)

'노을/놀', '머무르다/머물다', '시누이/시누', '외우다/외다' 등은 준말과 본디말을 모두 표준어로 인정한다. '무우, 새앙쥐'는 준말인 '무, 생쥐'를 표준어로 삼고, '귀이개'는 본디말을 표준어로 삼아 '귀개'로 쓰지 않는다.

8. 쇠도둑(×), 소도둑(O)

'쇠고기'는 '소의 고기'의 준말로 오랫동안 써왔기 때문에, '소고기'와 함께 복수 표준어이다. '소가죽/쇠가죽', '소기름/쇠기름', '소머리/쇠머리', '소뼈/쇠뼈' 등도 마찬가지이다. 그러나 '소도둑'은 '소의 도둑'으로 해석할 수 없기 때문에 '쇠도둑'이라 쓸 수 없다. '소달구지'(쇠달구지×)도 마찬가지이다.

9. 가엾은(O), 가여운(O)

복수 표준어로 인정되는 말이다. '-뜨리다/-트리다', '서럽다/섧다-서러워/설워', '-세요/-셔요', '여쭈다/여쭙다', '-거리다/-대다' 등도 마찬가지이다.

10. 마침(×), 공교롭게(O)

'공교롭게'는 좋지 않은 일이나 좋은 일 양쪽에 다 쓰지만, '마침'은 '기회에 딱 맞게'의 뜻으로 원하지 않는 일의 경우에는 쓸 수 없다.

11. 몹시(×), 매우(O), 너무(×)

'몹시'나 '매우'는 '상당히 많이'라는 뜻이고, '너무'는 '지나치게'라는 뜻을 가지고 있다. 그러므로 '너무'는 통상 부정적인 의미로만 쓰인다. '몹시'라는 말도 '몹시 화가 났다'에서와 같이 부정적인 경우에 쓰인다.

12. 행여나(×), 혹시나(O)

'행(幸)여나'는 '다행히'라는 뜻을 포함하여 기대하는 상황에 쓰이고, '혹시나'는 '불분명한'의 의미를 포함하여 의심하고 두려워하는 상황에 쓰인다.

13. 하는(O), 시키는(×)

'교육'이라는 말이 '가르치다'라는 뜻이므로 '교육시키다'라고 하면 '누군가에게 다른 사람을 가르치라고 강요하다'라는 뜻이 되고 만다.

14. 손실(×), 손상(O)

'손실'은 '잃어 버리다'의 뜻을 포함하며, '손상'은 '상하게 하다'의 뜻을 포함한다. '체면'은 잃는 것이 아니고 상하는 것이다.

15. 탄로났다(×), 드러났다(○)

'탄로나다'는 감추려고 하는 옳지 못한 어떤 것이 드러날 때만 쓰는 말이고, '드러나다'는 모든 경우에 폭넓게 쓸 수 있는 말이다.

16. 달라(○), 틀려(×)

'다르다'는 '같다'의 반의어로서 주로 '같지 않다'의 뜻으로 쓰이며, '틀리다'는 '맞다'의 반의어로서 '그르다'의 뜻으로 쓰인다.

17. 상승했다(×), 향상됐다(○)

'상승'은 '위로 올라간다'의 뜻이고, '향상'은 '나아지다'의 뜻이다. 그러므로 등수는 상승하고, 성적은 향상된다.

18. 지향해야(×), 지양해야(○)

'지향'은 '향해서 나아가는' 것이고, '지양'은 '물리치는' 것으로 아주 다른 뜻이다.

19. 들었다(○), 마셨다(×)

'축배'는 '축하의 술잔'이기 때문에 마실 수 없다. '박수를 치다×, 축구를 차다×, 환호를 지르다×' 등의 말처럼 그 낱말 속에 동작이 들어 있는 말은 조심해야 한다.

20. 개발해야(×), 계발해야(○)

'개발'은 '개척'의 의미가 담겨 있어서 '물리적인 이룸'과 관련되며, '계발'은 '깨우쳐 연다'의 뜻으로 '지적, 정신적 성취'와 관련된다.

21. 경신(○), 갱신(×)

'경신'은 '고쳐서 새롭게 함'의 뜻이고, '갱신'은 '다시 새롭게 함'의 뜻이다. 그러므로 운전 면허증 재발급은 '운전 면허증 갱신'이고, 신기록 수립은 '기록 경신'이다.

22. 바꿔(×), 고쳐(○)

'바꾸다'는 단순히 '다른 것으로 되게 하다'의 뜻이고, '고치다'는 '잘못된 것을 새롭게 만들다'의 뜻이다.

23. 며칠(○), 몇일(×)

과거에는 기간을 나타낼 때는 '며칠', 특정한 날짜를 가리킬 때 '몇일'이라고 썼으나, 지금은 모든 경우에 '며칠'로 쓰기로 통일하였다.

24. 서(○), 석(×), 세(×)

일부 우리말 단위 명사는 특수한 수관형사를 쓴다. 물론 과거에 없던 어떤 사물을 헤아리는 단위 명사에는 평범하게 '세, 네' 등의 관형사를 붙이면 된다. '석 달'과 '세 달'은 모두 표준어이다.
  • 서, 너 : ~돈, ~말, ~발, ~푼
  • 석, 넉 : ~냥, ~되, ~섬, ~자

25. 게시판(○), 계시판(×)

'게시판'의 '게(揭)'는 본음이 '게'일 뿐만 아니라 현실 발음도 '게'이므로 '게'로 적어야 한다. 따라서 '게시판(揭示板)'은 '게시판'으로 적는다.

어휘 능력

예상문제

01 다음 글을 참고하여 문장을 만들었을 때 적절하지 않은 것은?

> 관용어(慣用語)는 구조적으로 둘 이상의 단어가 결합하여 이루어진 말로 개별 단어의 의미의 결합이 아닌 제3의 의미로 굳어진 말이다. 특히 우리말에는 신체와 관련된 관용어가 많다. 예를 들면, '오금이 저리다.'고 했을 때, '무릎 뒤가 마비된 듯하다.'의 의미가 아닌 '잘못이 들통날까 봐 마음을 졸이다.'는 의미로 사용된다. 이러한 관용어는 문법이나 논리에 따라 분석하기보다는 역사적·사회적·문화적 맥락에서 이해해야 한다.

① 그는 눈이 커서 겁이 많아 보인다.

② 나는 이제 이 일에서 손을 끊겠다.

③ 그는 발이 넓어서 아는 사람이 많다.

④ 그녀는 코가 높아서 그를 거들떠보지도 않는다.

⑤ 범인은 현장에 떨어진 단추 때문에 덜미를 잡혔다.

정답 ①

해설 제시문은 관용적 표현에 대한 설명이다. 관용적 표현은 오랜 세월을 거치면서 언어생활 속에서 굳어진 독특한 의미가 있기 마련이다. 하지만 ①의 '눈이 커서'는 직접적으로 그 의미를 파악할 수 있는 말로 관용적 표현과는 거리가 멀다.
　② '손을 끊겠다.'는 '관계를 끊다.'의 의미로,
　③ '발이 넓어서'는 '인간관계가 넓다.'의 의미로,
　④ '코가 높아서'는 '잘난 체 하는 기세가 있다.'의 의미로,
　⑤ '덜미를 잡혔다.'는 '발각되다.'의 의미로 사용되는 관용적 표현이다. '덜미'는 '목'에 해당하는 우리말이다.

02 아래의 밑줄 친 상황에 가장 가까운 속담은?

> 80년대 초반 소니와 마쓰시타가 각각 '베타 방식'과 'VHS 방식'을 가지고 격돌했던 VCR 기술 표준 전쟁이 그 첫 본보기였다. 우수한 기술의 '베타 방식'보다 더 많은 동조 세력을 얻은 'VHS 방식'이 표준이 되었다. <u>표준으로 채택된 승자에게는 천문학적인 규모의 세계 시장 선점은 물론 막대한 사용료 수입이라는 전리품이 뒤따랐다.</u>

① 누워서 죽 먹기   ② 꿩 먹고 알 먹기

③ 죽 쑤어 개 주기   ④ 벼룩의 간 빼 먹기

⑤ 냉수 먹고 이 쑤시기

정답 ②

해설 밑줄 친 부분은 표준으로 선정되었을 때 세계 시장 선점이라는 이익과 사용료 수입이라는 두 가지 이득, 즉 일거양득(一擧兩得)의 상황이라고 할 수 있다. ②의 '꿩 먹고 알 먹기'가 바로 일거양득이다.
①은 쉬움 ③은 이익이 남에게 돌아감 ④는 조그마한 이익을 당치 않는 곳에서 빼앗으려는 경우 ⑤는 실속은 없으면서 겉으로는 있는 체하는 경우이다.

03 다음 밑줄 친 부분과 관련 있는 사자성어는?

> 내 동생은 <u>귀가 얇다.</u>

① 식자우환(識字憂患)

② 부화뇌동(附和雷同)

③ 안하무인(眼下無人)

④ 침소봉대(針小棒大)

⑤ 우공이산(愚公移山)

정답 ②

해설 ② 부화뇌동(附和雷同) : 줏대 없이 남의 의견에 따라 움직임.
① 식자우환(識字憂患) : 학식이 있는 것이 오히려 근심을 사게 됨.
③ 안하무인(眼下無人) : 눈 아래에 사람이 없다는 뜻으로, 방자하고 교만하여 다른 사람을 업신여김을 이르는 말.
④ 침소봉대(針小棒大) : 작은 일을 크게 불리어 떠벌림.
⑤ 우공이산(愚公移山) : 아무리 어려운 일이라도 조금씩 해나가면 언젠가 이룰 수 있다는 말.

04 다음 관용적 표현의 풀이로 옳지 <u>않은</u> 것은?

① 손을 쓰다 → 문제를 처리하다.
② 손을 씻다 → 복잡한 일은 하지 않는다.
③ 손이 딸리다 → 일손, 품, 노동력이 모자라다.
④ 손이 크다 → 재물을 다루는 품이 깐깐하지 않고 넉넉하다.
⑤ 손을 벌리다 → 도움을 청하다.

정답 ②

해설 손을 씻다 : 나쁜 일 등을 하지 않다.

05 문맥을 고려할 때, (　　　)에 들어갈 말로 적절한 것은?

> 이제 우리 사회는 어디에서나 새로운 특성을 지닌 디지털세대들을 만날 수 있다. 과연 이들이 사회에 주력으로 편입되기 시작하면 어떤 변화가 올까. (　　　　　)라는 격언처럼 새로운 사회는 새로운 인재가 이끌어 갈 수밖에 없다. 중요한 것은 기성세대, 디지털세대 중 어떤 한쪽의 사고 방식이나 행동 양식이 더 우월하다고 믿어서는 안 된다는 것이다. 두 세대는 그저 '다를' 뿐이다.

① 궁하면 통한다
② 새 술은 새 부대에
③ 천리 길도 한 걸음부터
④ 굴러 온 돌이 박힌 돌 빼 낸다
⑤ 국수 잘하는 솜씨가 수제비 못하랴

정답 ②

해설 내용을 보면 '새로운 사회는 새로운 인재가 이끌어 가야 한다.'고 말하고 있으므로 '새로 빚은 술은 새로 만든 포대(그릇)에 담아야 한다.'는 뜻의 ②가 적절하다.
① 아무리 어려운 처지에 놓여도 극복할 길은 있다.
③ 아무리 큰일이라도 작은 것에서부터 시작해야 한다.
④ 외부에서 들어 온 지 얼마 안 되는 사람이 오래 전부터 있던 사람을 밀어 낸다.
⑤ 어떤 한 가지 일을 잘하는 사람은 그와 비슷한 일도 못할 리가 없다.

첫째마당 언어 기초 영역

06 다음 ㉠과 ㉡을 인과적으로 이해한 반응으로 가장 적절한 것은?

> 공장제 자본주의의 토양에서 꽃을 피운 대량생산, 대량소비 시대에는 '규모의 경제'가 그에 맞는 경제 형태였다. 생산 규모가 커지면서 기업들은 원자재를 대량으로 구입하고 제품을 대량으로 판매할 수 있게 되었고, 이에 따라 생산 경비가 절약되고 이익이 늘어나는 긍정적 효과를 누릴 수 있었다.
> 그러나 '규모의 경제'가 극단적으로 확장되면서 규모의 비경제성이 나타났다. 일관된 작업 공정이 연속적으로 이루어지는 컨베이어벨트 시스템이 보편화됨에 따라 일부 공정에서 생긴 사소한 실수로 공장 전체의 생산 공정이 멎는 경우가 생겼다. 또 경제 규모가 커짐에 따라 분업화와 전문화가 ㉠ 지나치게 진행되었고, 인간들이 대체 가능한 부품처럼 취급되면서 인간소외 현상이 심각해지는 ㉡ 폐해가 발생했다.

① 이런 상황이 바로 조족지혈(鳥足之血)에 딱 들어맞는 경우로군.
② 소탐대실(小貪大失)의 교훈을 보여 주는 사례로 사용할 수 있을 거야.
③ 과유불급(過猶不及)이라는 말이 이런 상황에도 적용될 수 있을 것 같아.
④ 초기 자본주의 시대 사람들의 희망은 화중지병(畵中之餠)으로 끝난 거로군.
⑤ 일어날 결과를 충분히 고려하지 않아서 교각살우(矯角殺牛)가 되고 만 경우야.

정답 ③

해설 문맥상 ㉠에는 분업화와 전문화가 과도하게 진행되었다는 정보가, ㉡에는 그로 인해 심각한 폐해가 발생했다는 정보가 제시되고 있다. 이 두 정보를 연결하면 과도한 분업화, 전문화로 오히려 문제점이 나타났다는 사실을 알 수 있다. 이를 가장 잘 평가하는 것은 ③이다. 과유불급(過猶不及)이란 '정도를 지나침은 미치지 못함과 같다는 뜻으로, 중용(中庸)이 중요함을 이르는 말'이다.
① 조족지혈(鳥足之血) : 새 발의 피라는 뜻으로, 매우 적은 분량을 비유적으로 이르는 말.
② 소탐대실(小貪大失) : 작은 것을 탐하다가 큰 것을 잃음.
④ 화중지병(畵中之餠) : 그림의 떡.
⑤ 교각살우(矯角殺牛) : 소의 뿔을 바로잡으려다가 소를 죽인다는 뜻으로, 잘못된 점을 고치려다가 그 방법이나 정도가 지나쳐 오히려 일을 그르침을 이르는 말.

07 문맥상으로 볼 때 다음의 밑줄 친 ㉠의 의미와 가장 가까운 말은?

"종술씨, 그 완장 조깨 나한티 벗어 줘!"
"뭐 헐라고?"
"얼매나 잘생긴 지집이길래 그렇게나 종술 씨를 사죽 못 쓰게 맨들었는가 한번 귀경이나 헐라고."
남자가 못 이기는 척하고 벗어 주는 완장을 그니는 조심스럽게 받아들었다. 한때나마 남자의 넋을 송두리째 사로잡았던 물건이었다. 남자의 욕망과 오기가 그 완장 속에는 체취처럼 짙게 배어 있었다. 그니는 완장에다 살짝 입을 맞춘 다음 남자가 눈치 채지 못하게시리 그것을 시커먼 저수지 위로 집어던졌다. ㉠ 마치 저보다 젊고 잘생긴 시앗이라도 제거해 버린 듯이 온통 가슴이 후련했다.

① 산 넘어 산이다
② 가던 날이 장날
③ 단김에 소뿔 빼듯
④ 열흘 붉은 꽃이 없다
⑤ 앓던 이 빠진 것 같다

정답 ⑤

해설 ㉠은 '종술'의 넋을 한때 송두리째 사로잡았던 완장을 저수지에 집어던진 후 '부월'이 느끼는 시원함을 비유한 표현이다. 이러한 상황을 드러낼 수 있는 속담은 ⑤인데, 이 속담은 '걱정거리가 없어져서 후련함'을 비유적으로 이르는 말이다.

08 다음의 의미를 가장 잘 표현하고 있는 것은?

시어머니는 며느리가 지피는 장작불의 조잡함에서, 며느리가 먹인 시어미 삼베고쟁이의 칼날같이 뻣센 풀에서 며느리의 반항을 통찰할 줄 알아야 한다. 며느리가 업고 있는 아이의 울음의 질과 시간과 때와 경우를 판단하여 며느리가 아이 엉덩이를 꼬집어 울린 건지 아닌지를 통찰로 감식할 줄 알아야 한다.

① 염화시중(拈華示衆)이라고, 마음으로 알아야지.
② 상부상조(相扶相助)라고, 서로 돕고 살면 좋을 것을.
③ 역지사지(易地思之)라고, 상대방의 입장도 생각해야지.
④ 풍수지탄(風樹之嘆)이라고, 후회 없도록 잘해 드려야지.
⑤ 순망치한(脣亡齒寒)이라고, 서로 떨어질 수 없는 관계인 게지.

정답 ①

해설 통찰의 언어를 이해하기 위해서는 시어머니와 며느리가 서로 맘이 통해야 하는 것이다. 이에 해당하는 한자성어는 '이심전심', '염화미소' 등이 있다. 따라서 정답은 ①이다.

09 다음 밑줄 친 ㉠의 의도를 잘 표현한 것은?

> 다른 배들을 모조리 불사르면서,
> "가지 않으면 오는 이도 없으렷다."
> 하고 돈 오십만 냥을 바다 가운데 던지며,
> "바다가 마르면 주워 갈 사람이 있겠지. 백만 냥은 우리나라에도 용납할 곳이 없거늘, 하물며 이런 작은 섬에서랴!"
> 했다. 그리고 글을 아는 자들을 골라 모조리 함께 배에 태우면서,
> ㉠ "이 섬에 화근을 없애야 되지."
> 했다.

① 설상가상(雪上加霜)

② 식자우환(識字憂患)

③ 결자해지(結者解之)

④ 본말전도(本末顚倒)

⑤ 일자무식(一字無識)

정답 ②

해설 '글을 아는 자들을 골라 모조리 함께 배에 태우면서' 라며 화근을 없앤다는 것이므로 쓸데없는 지식을 경계한 것으로 볼 수 있다. 따라서 이 의미를 가지고 있는 식자우환(識字憂患)이다.

　① 설상가상(雪上加霜)은 눈 내린 곳에 서리가 겹쳐 내린다는 것이므로 우리 속담으로 한다면 엎친 데 덮친 격이다.

　③ 결자해지(結者解之)는 매듭을 맨 자가 풀 수 있다는 뜻이므로 어떤 원인을 제공한 사람이 그 해결책을 내놓을 수 있다는 뜻이다.

　④ 본말전도(本末顚倒)는 핵심과 변두리가 뒤집힌 것이므로 중요한 것을 제쳐 두고 쓸 데 없는 일에 매달리는 경우를 말한다.

　⑤ 일자무식(一字無識)은 그야말로 진정한 무식이다.

10 아래에서 이끌어 낼 수 있는 삶의 교훈으로 적절한 것은?

> 돌아온 주인은 방안을 살펴보고 깜짝 놀라며 광문을 노려보고 무엇인가 말하려다가 얼굴빛을 고치고는 말이 없었다. 광문은 무슨 영문인지도 모르고 다만 묵묵히 일할 뿐이었다.
> 며칠이 지난 뒤 그 집주인의 처조카 되는 사람이 돈을 가지고 와서 주인보고 하는 말이,
> "저번에 아저씨한테 돈을 좀 취하고자 찾아 왔었는데 마침 안 계셔서 방에 들어가서 돈을 가져갔는데 아마 아저씨는 모르셨을 것입니다."
> 하는 것이었다. 이 말을 들은 주인은 크게 후회하며 광문에게 사과를 하였다.
> "나는 옹졸한 사람이오. 공연히 그대의 마음을 상하게 해서 이제부터는 그대를 대할 면목조차 없습니다."

① 사필귀정(事必歸正)
② 맹모삼천(孟母三遷)
③ 반포지효(反哺之孝)
④ 형설지공(螢雪之功)
⑤ 유비무환(有備無患)

정답 ①

해설 위 주인공은 성실한 성품으로 결국 오해를 풀고 주인의 사과까지 받아낸다. 이는 결국 모든 일은 바른길로 돌아간다는 뜻의 사필귀정(事必歸正)과 통한다.
② 맹모삼천(孟母三遷) : 맹자의 어머니가 아들의 교육을 위하여 집을 세 번이나 옮긴 일.
③ 반포지효(反哺之孝) : 자식이 자라서 어버이가 길러 준 은혜에 보답하는 효성.
④ 형설지공(螢雪之功) : 고생하면서도 꾸준히 학문을 닦은 보람.
⑤ 유비무환(有備無患) : 준비가 있으면 근심할 것이 없음.

2장 확장문제

01 다음에서 관용구가 사용된 예로 볼 수 <u>없는</u> 것은?

① 그는 나와 그녀 사이에 <u>다리를 놓았다</u>.

② 나는 실내가 너무 추워서 <u>문을 닫았다</u>.

③ 용돈을 모으려고 학교 매점에 <u>발을 끊었다</u>.

④ 난생 처음 외국 여행을 갔다가 <u>바가지를 썼다</u>.

⑤ 안타깝게도 우리 편이 1점 차이로 <u>무릎을 꿇었다</u>.

정답 ②

해설 관용구는 어휘의 사전적 의미 외의 확장된 의미로 사용되는 경우를 말한다. ②는 사전적 의미인 폐(閉)의 뜻 그대로이므로 관용구가 아니다.

① 연결하다는 의미로 확장된 관용구.

③ 단절(斷絕)의 의미로 확장된 관용구.

④ 부당한 가격이나 대우, 덤터기의 뜻으로 확장된 관용구.

⑤ 굴복(屈伏)의 뜻으로 확장된 관용구.

02 다음은 조리 방법과 관련된 어휘의 용례이다. 어휘의 의미 사이에서 찾을 수 있는 공통점을 추출한 것으로 적절한 것은?

ㄱ. 고다 – 할아버지의 건강을 위해 소뼈와 고기를 푹 <u>고아</u> 곰국을 만들어 드렸다.

ㄴ. 데치다 – 채소를 <u>데치면</u> 표면이 살짝 익으면서 아삭한 식감을 유지할 수 있다.

ㄷ. 삶다 – 국수를 <u>삶을</u> 때에는 물이 넉넉해야 가락이 엉겨 붙지 않는다.

ㄹ. 찌다 – 송편을 <u>찔</u> 때에는 끓는 물이 송편에 닿지 않도록 시루의 높이를 조절해야 한다.

① ㄱ, ㄴ – 짧은 시간에 익힌다.

② ㄱ, ㄷ – 물에 재료를 넣어 끓인다.

③ ㄴ, ㄷ – 재료가 무르도록 익힌다.

④ ㄴ, ㄹ – 뜨거운 김을 이용하여 익힌다.

⑤ ㄷ, ㄹ – 국물이 줄어들도록 바짝 끓인다.

정답 ②

해설 ㄱ, ㄷ의 조리 방법은 물에 넣고 끓여서 무르도록 익히는 것이고, ㄴ은 짧은 시간에 살짝 익히는 것, ㄹ은 김을 이용하여 익히는 것이다.

03 〈보기 1〉의 ㉠~㉢에 해당하는 예를 〈보기 2〉의 순화어에서 찾아 바르게 짝지은 것은?

보기 1

　　단어는 그 형성 방법에 따라 단일어와 합성어, 파생어로 나누어진다. 이 중 합성어는 '산길', '뛰놀다'와 같이 ㉠ 어근과 어근이 결합한 단어이다. 이와 달리 파생어는 어근과 접사가 결합한 단어이다. 파생어는 '풋사과'와 같이 ㉡ 접두사와 어근이 결합한 단어와 '잠보'와 같이 ㉢ 어근과 접미사가 결합한 단어로 구분할 수 있다.

보기 2

　　외래어를 순화한 말도 일반적인 단어 형성법에 의해서 만들어지는데, 그 예는 다음과 같다.

외래어	의미	구성 요소	순화어
매치업	서로 맞서서 대결함.	'맞-', '대결'	맞대결
다크서클	눈 아랫부분이 거무스름하게 그늘이 지는 것을 가리킴.	'눈', '그늘'	눈그늘
패셔니스타	맵시 있거나 맵시를 잘 부리는 사람.	'맵시', '-꾼'	맵시꾼

	㉠	㉡	㉢
①	눈그늘	맞대결	맵시꾼
②	눈그늘	맵시꾼	맞대결
③	맞대결	눈그늘	맵시꾼
④	맵시꾼	맞대결	눈그늘
⑤	맵시꾼	눈그늘	맞대결

정답 ①

해설 '눈그늘'은 어근 '눈'과 어근 '그늘'이 결합한 합성어로 ㉠에 해당하고, '맞대결'은 접두사 '맞-'과 어근 '대결'이 결합한 파생어로 ㉡에 해당하며, '맵시꾼'은 어근 '맵시'와 접미사 '-꾼'이 결합하여 이루어진 파생어로 ㉢에 해당한다.

04 다음의 ⓐ와 같은 문맥적 의미로 사용된 것은?

> 공공부조의 재원은 일반 조세를 통해 마련되며, 수급자는 수혜받은 것에 상응하는 의무를 ⓐ 지지 않는다.

① 낡은 초가집이 산을 <u>지고</u> 앉아 있었다.
② 그 선수는 바람을 <u>지고</u> 달리고 있었다.
③ 그는 나무 지게를 <u>지고</u> 터덜터덜 걸어왔다.
④ 아우와 나는 이불과 옷 보따리를 등에 <u>졌다</u>.
⑤ 당신은 당신이 한 말에 책임을 <u>져야</u> 합니다.

정답 ⑤
해설 '의무를 지지 않는다.'에서 사용된 '지다'와 '책임을 져야 합니다.'에서 사용된 '지다'는 모두 '책임이나 의무를 맡다'의 의미로 사용되고 있다.
① · ② '지다'는 '무엇을 뒤쪽에 두다'의 의미이다.
③ · ④ '지다'는 '물건을 짊어서 등에 얹다'의 의미이다.

05 다음 '학습 활동'의 결과로 적절한 것은?

> **학습 활동**
>
> 아래 '관용구'에 대한 설명을 참고하여 예문의 밑줄 친 부분에 공통적으로 들어갈 단어(기본형)를 찾아보자.
>
> ---
>
> **관용구**
> 두 개 이상의 단어로 이루어져 있으면서 그 단어들의 의미만으로는 전체의 의미를 알 수 없는 특수한 의미를 나타내는 어구(語句). '발이 넓다.'는 '사교적이어서 아는 사람이 많다.'를 뜻하는 것 따위이다.
>
> ---
>
> **예문**
> • 눈에 ___ 물건이 없으니 다른 곳으로 가보자.
> • 마음에 ___ 책을 찾기 위해 여러 도서관을 다녔다.
> • 아이는 우유만으로는 성에 ___ 않았는지 계속 울어댔다.

① 들다   ② 남다   ③ 차다
④ 두다   ⑤ 어리다

정답 ③

해설 '눈에 차다'와 '마음에 차다'는 모두 '어떤 대상이 마음에 흡족하다'는 의미를 가지고 있다. '성에 차다'도 이와 비슷한 의미인 '흡족하게 여기다'의 의미를 가지고 있다. 따라서 예문에 공통적으로 들어갈 단어는 '차다'이다.

06 다음의 ⓐ와 문맥적 의미가 가장 유사한 것은?

> 이 연구는 일반적으로 유권자들의 투표 성향, 즉 투표 참여 태도나 동기 등을 조사하여 이것이 투표 결과와 어떤 상관관계가 있는가를 ⓐ <u>밝힌다</u>.

① 그는 돈과 지위를 지나치게 <u>밝힌다</u>.

② 그녀는 경찰에게 이름과 신분을 <u>밝혔다</u>.

③ 동생이 불을 <u>밝혔는지</u> 장지문이 환해졌다.

④ 학계에서는 사태의 진상을 <u>밝히기</u> 위해 애썼다.

⑤ 할머니를 간호하느라 가족 모두 뜬눈으로 밤을 <u>밝혔다</u>.

정답 ④

해설 ⓐ의 '밝히다'는 투표 성향과 투표 결과의 상관관계를 판단하여 드러내 알린다는 의미이다. 마찬가지로 ④의 '밝히다'도 사태의 진상을 판단하여 드러내 알린다는 의미로 사용되었다.

07 다음의 용례를 ㉮와 ㉯로 나누었을 때, 그 결과로 적절한 것은?

> '수줍다'와 '부끄럽다'는 의미가 비슷한 단어로, 혼동해서 쓰는 경우가 있다. 주체가 지니는 특성을 가리킬 때는 ㉮ 두 단어를 모두 사용할 수 있지만, 주어 자신의 잘못이나 과거에 대한 태도를 가리킬 때는 ㉯ '부끄럽다'만 가능하다는 것을 안다면 쉽게 구분하여 사용할 수 있다.
>
> ㄱ. 나는 (수줍음을 / 부끄러움을) 많이 타는 성격이다.
> ㄴ. 그는 거짓말을 하고도 (수줍은 / 부끄러운) 줄을 모른다.
> ㄷ. 아이는 처음 만난 친구 앞에서 몹시 (수줍어했다 / 부끄러워했다).
> ㄹ. (수줍은 / 부끄러운) 일을 반복하지 않기 위해 더 열심히 살고 있다.

	㉮	㉯
①	ㄱ	ㄴ, ㄷ, ㄹ
②	ㄱ, ㄷ	ㄴ, ㄹ
③	ㄱ, ㄹ	ㄴ, ㄷ
④	ㄴ, ㄷ	ㄱ, ㄹ
⑤	ㄱ, ㄷ, ㄹ	ㄴ

정답 ②

해설 ㄱ은 성격을 말하는 것이기에 '수줍다' 와 '부끄럽다'를 모두 사용할 수 있다. ㄷ의 경우에도 '아이'의 태도 상의 특징을 말하는 것이기에 둘 다 사용할 수 있다. 반면 ㄴ은 '거짓말'을 통해 주체의 잘못을, ㄹ은 '일을 반복하지 않기 위해'를 통해 과거에 대한 태도를 드러내므로 '부끄러움'만 사용할 수 있다. 따라서 정답은 ②이다.

08 ⓐ의 의미를 포함하고 있는 말로 볼 수 없는 것은?

단순한 생명체가 세대를 거듭하며 점차 복잡한 생명체로 진화하는 것이 발생과 비슷하다고 ⓐ 생각한 것이다.

① 학생들은 요즘 유행하는 음악을 들었다.
② 그들은 한때 돈벌이에만 관심을 가졌다.
③ 그는 잠시 어머니에 대한 기억을 떠올렸다.
④ 이번에 그녀에게 청혼하려고 마음을 먹었다.
⑤ 나는 문득 그가 보고 싶다는 느낌이 들었다.

정답 ①

해설 '생각'이라는 단어는 '어떤 일을 하고 싶어 하거나 관심을 가지다', '어떤 사람이나 일 따위에 대해 기억하다', '어떤 일을 하려고 마음을 먹다', '어떤 일에 대한 의견이나 느낌을 가지다'라는 의미가 있다. 그러나 '음악을 듣다'라는 의미는 없다. 따라서 정답은 ①이다.

09 다음의 ⓐ에 쓰인 '뒤-'와 의미가 유사한 것은?

대략 생후 6~18개월 정도의 아이는 처음에 거울에 비친 자신의 이미지를 외부 대상과 구별하지 못한다. 모든 것이 카오스처럼 하나로 ⓐ 뒤엉켜 있기 때문이다.

① 흥분으로 뒤끓는 가슴을 진정시켰다.
② 중개인은 다 된 흥정을 뒤틀고 나섰다.
③ 이 책이 나의 세계관을 뒤바꾸어 놓았다.
④ 그가 이야기하면 항상 그 말을 뒤받는 사람이 있었다.
⑤ 물살이 밀어닥쳐 나룻배를 뒤엎는 바람에 사고가 일어났다.

정답 ①

해설 접두사 '뒤-'는 '몹시, 마구, 온통'의 뜻을 더하는 경우와 '뒤집어', '반대로'의 뜻을 더하는 경우로 대별(大別)된다. ⓐ와 ①의 경우는 전자의 의미로, ②·③·④·⑤의 경우는 후자의 의미로 쓰였다. 따라서 정답은 ①이다.

10 밑줄 친 낱말이 둘 이상의 어근으로 결합된 것은?

① 봄에는 <u>햇나물</u>이 시장에 넘쳐난다.
② 어머니는 집에서 <u>바느질</u>에 여념이 없으시다.
③ 집으로 가다가 <u>밤나무</u> 밑에서 동생을 만났다.
④ 식이 요법으로 먹는 <u>날음식</u>은 조심해야 한다.
⑤ 갓 들어온 <u>풋내기</u>가 장기 자랑에서 대상을 받았다.

정답 ③

해설 어근이 둘 이상 합쳐진 말은 합성어로 '밤+나무'가 이에 해당한다. ①의 '햇-' ②의 '-질(바늘+질)' ④의 '날-' ⑤의 '풋-'은 접사이므로 파생어이다.

11 ㉠~㉤ 중 어근들이 하나로 융합하여 새로운 의미를 지니는 낱말로 적절한 것은?

여름 방학이면 시골에 있는 ㉠ <u>작은아버지</u> 댁에 간다. ㉡ <u>벌판</u>에는 벼가 익어 가고, ㉢ <u>산골짜기</u>에는 ㉣ <u>시냇물</u>이 흐른다. 밤에는 ㉤ <u>풀벌레</u> 소리로 가득하다.

① ㉠   ② ㉡
③ ㉢   ④ ㉣
⑤ ㉤

정답 ①

해설 '벌판, 산골짜기, 시냇물, 풀벌레'는 한 어근이 다른 어근을 수식하는 관계에 있는 합성어이다. '작은아버지'는 어근들이 결합하여 새로운 의미를 나타내는 융합합성어이다. '작은아버지'는 어근들의 의미가 그대로 살아 있는 '키가 작은 아버지'라는 뜻이 아니라 '숙부'라는 새로운 뜻을 지닌 낱말이기 때문이다.

12 밑줄 친 두 낱말의 관계와 가장 가까운 것은?

> • 그는 음악에 맞춰 머리를 흔들었다.
> • 내 친구는 머리가 좋아서 일을 효율적으로 한다.

① ┌ 가슴을 활짝 펴고 걸어라.
　 └ 그는 아직도 내 가슴에 남아 있다.
② ┌ 운동을 하면 다리가 튼튼해진다.
　 └ 우리 집에 가려면 다리를 건너야 한다.
③ ┌ 내 손에는 이 장갑이 꼭 맞다.
　 └ 이 집은 손이 귀해서 식구가 적다.
④ ┌ 배가 부르도록 실컷 먹었다.
　 └ 지금보다 두 배 더 노력해야 한다.
⑤ ┌ 눈을 크게 뜨고 바라보았다.
　 └ 봄이 되면 나무의 눈이 파랗게 돋는다.

정답 ①

해설 다의어와 동음이의어의 구별을 묻는 문제이다. 동음이의어란 각 의미들이 서로 관련이 없고 우연히 소리만 일치된 낱말인 데 비하여, 다의어는 하나의 중심적 의미에서 주변적 의미로 확대된 것으로 각 의미 간에 관련이 있는 낱말이다. ①은 다의어, ②·③·④·⑤는 동음이의어이다.

13 다음은 단어의 형성에 대한 설명이다. '밤낮'에 대한 의미 형성과 가장 유사한 것은?

> '밤낮'은 '밤'과 '낮'이 결합하여 형성된 단어이다. 그러나 '밤'과 '낮'의 원래 의미가 아닌 '매일, 항상'이라는 새로운 의미를 갖고 있다.

① 할아버님의 춘추는 올해 여든이시다.
② 책가방이 작아 책을 다 넣을 수 없다.
③ 웃을 때 보이는 친구의 덧니가 귀엽다.
④ 한두 명의 절친한 친구는 꼭 필요하다.
⑤ 백두산의 높이가 한라산보다 조금 더 높다.

정답 ①

해설 '밤낮'은 개별 낱말이 융합하여 새로운 뜻으로 변한 융합합성어이다. 이와 같은 융합합성어는 봄을 뜻하는 '춘(春)'과 가을을 뜻하는 '추(秋)'가 만나서 '나이'라는 뜻으로 변한 것이며 '책가방'은 둘의 의미가 다 살아 있는 병렬합성어, '덧니'는 '덧-'이 '겹'이라는 의미를 가지는 접사이므로 파생어이고 '한두-'도 마찬가지로 병렬합성어, '높이'는 파생어이다.

14 낱말의 짜임과 의미를 분석한 것 중 적절한 것은?

① 햇보리 – 햇(접사)+보리(어근) → 파생어 : 그해에 처음 난 보리

② 풋나물 – 풋(어근)+나물(어근) → 합성어 : 봄철에 새로 난 풀의 연한 싹으로 만든 나물

③ 실마리 – 실(어근)+마리(접사) → 파생어 : 일 또는 사건을 해결하는 첫머리

④ 날고기 – 날(어근)+고기(어근) → 합성어 : 익히거나 가공하지 않은 고기

⑤ 부삽 – 불(어근)+삽(어근) → 합성어 : 모종을 옮길 때 쓰는 작은 삽

> **정답** ①
>
> **해설** ② '풋-'이 접사이므로 파생어이다.
> ③ '마리'는 '단초, 초석'을 뜻하는 어근이므로 합성어이다.
> ④ '날-'은 '익지 않다'는 뜻을 지닌 접사이므로 파생어이다.
> ⑤ 합성어이지만 그 뜻은 '모종을 옮길 때 쓰는 작은 삽'이 아니라 '부엌에서 재나 숯을 옮길 때 쓰는 삽'이다.

15 〈보기〉의 밑줄 친 '쓰다'의 문맥적 의미와 가장 유사한 것은?

> **보기**
>
> 표준어는 나라에서 대표로 정한 말이기 때문에, 각 급 학교의 교과서는 물론이고 신문이나 책에서 이것을 <u>써야</u> 하고, 방송에서도 바르게 사용해야 한다.

① 동네 어른을 만나면 존댓말을 <u>쓴다</u>.

② 익모초는 맛이 <u>쓰지만</u> 몸에는 이롭다.

③ 소녀는 우산을 <u>쓰고</u> 심부름을 다녀왔다.

④ 어린 아이가 일기를 매우 정성껏 <u>쓴다</u>.

⑤ 그는 한때 누명을 <u>썼지만</u> 진실이 밝혀졌다.

> **정답** ①
>
> **해설** 〈보기〉의 '쓰다'는 '사용하다'는 뜻이므로 ①과 가장 유사하다.
> ②는 맛이 쓰다(苦) ③은 가리다(掩) ④는 글씨를 쓰다(書) ⑤는 혐의를 받다(疑)는 뜻으로 사용되었다.

16 동음이의 관계에 있는 낱말로 짝지어진 것은?

① 창문에 <u>김</u>이 서렸다. - 완도는 <u>김</u>이 많이 난다.
② 영수는 <u>발</u>이 크다. - 철수는 <u>발</u>이 매우 빠르다.
③ 순이는 <u>머리</u>를 흔들었다. - 영이는 <u>머리</u>가 참 좋다.
④ <u>손</u>을 씻고 밥을 먹어라. - 나는 그들과 <u>손</u>을 잡겠다.
⑤ <u>길</u> 양쪽에 코스모스가 피었다. - 이것이 우리 민족이 걸어온 <u>길</u>이다.

정답 ①

해설 동음이의어(同音異議語)는 소리는 같지만 뜻이 다른 말을 일컫는 것으로 ①과 같이 소리는 똑같이 '김'이지만 창문에 서리는 김은 수증기를 말하며 완도에서 나는 김은 식용 해태(海苔)를 뜻하는 것이다. 나머지 예항들은 사전적인 의미에 또 다른 뜻이 확장되어 사용되는 다의어들이다.

17 〈보기〉의 '열다'의 뜻과 가장 유사하게 사용된 것은?

보기   쇠라는 20세기 초 입체주의를 비롯한 기하학적 추상 미술의 바탕이 되면서 20세기 미술을 <u>연</u> 인물로 자리매김하게 되었다.

① 수환은 학생들에게 마음을 <u>열었다</u>.
② 경희는 가방을 <u>열고</u> 화장품을 꺼냈다.
③ 진영은 가게 문을 오전 10시에 <u>열었다</u>.
④ 인류는 농경으로 새로운 시대를 <u>열게</u> 되었다.
⑤ 학급회장은 회의를 <u>열고</u> 학급 문제를 의논했다.

정답 ④

해설 〈보기〉의 '열다'는 '20세기 미술의 새로운 기틀을 마련했다'는 의미로 사용되었다. 마찬가지로 ④도 '농경으로 새로운 시대의 기틀을 마련했다'는 의미로 사용되었다.
  ① 자기의 마음을 다른 사람에게 터놓거나 다른 사람의 마음을 받아들이다.
  ② 닫히거나 잠긴 것을 트거나 벗기다.
  ③ 하루의 영업을 시작하다.
  ⑤ 모임이나 회의 따위를 시작하다.

18 다음 밑줄 친 낱말의 의미를 바르게 파악한 것은?

> 철수가 그에 대해 언급한 것 중 지금도 잊히지 않는 것이 바로 '가잠나룻'이었다.

① 남보다 유달리 큰 이마
② 언행이 일치하지 않는 이중 인간의 특성
③ 머리털이 거의 없는 양쪽의 귀밑 무모증(無毛症)
④ 수염이 구레나룻처럼 양쪽으로 갈라진 모습
⑤ 짧고 성기게 난 구레나룻

정답 ⑤
해설 '가잠나룻'은 '짧고 성기게 난 구레나룻'이라는 뜻이다.

19 밑줄 친 단어의 의미에 대응하는 한자어를 연결한 것이다. 적절하지 <u>않은</u> 것은?

단어	문장		대응 한자어
고치다	해진 구두를 <u>고쳐</u> 신었다.	➡	수정(修正) … ①
	잘못된 버릇을 <u>고쳤다.</u>	➡	교정(矯正) … ②
	이 병원은 병을 잘 <u>고친다.</u>	➡	치료(治療) … ③
	계획을 대폭 <u>고쳤다.</u>	➡	변경(變更) … ④
	낡은 제도를 <u>고치기</u>로 했다.	➡	개혁(改革) … ⑤

정답 ①
해설 ① '고치다'는 '낡거나 헌 물건을 고친다'는 의미로 이에 대응하는 한자어는 '수선(修繕)'이다.

20 다음 낱말의 사전적 의미로 적절하지 <u>않은</u> 것은?

① 재현(再現) – 다시 나타냄.
② 변환(變換) – 다르게 하여 바꿈.
③ 구현(具現) – 어떤 내용이 구체적인 사실로 나타나게 함.
④ 도포(塗布) – 약 따위를 겉에 바름.
⑤ 분사(噴射) – 물기나 습기를 말려서 없앰.

정답 ⑤
해설 '분사(噴射)'는 '액체나 기체 따위에 압력을 가하여 세차게 뿜어 내보냄'의 뜻이다.

21 다음의 상황을 나타낸 한자성어로 가장 적당한 것은?

> 가난한 제3세계에서는 곡식이 모자라 어린이를 비롯해서 수백만의 사람들이 굶주려 죽어 가는데, 산업화된 나라에서는 수백만이 넘는 사람들이 동물성 지방을 지나치게 섭취하여 심장병, 뇌졸중, 암과 같은 병으로 죽어 가고 있다.

① 과유불급(過猶不及)　　　　　② 고진감래(苦盡甘來)
③ 설상가상(雪上加霜)　　　　　④ 전화위복(轉禍爲福)
⑤ 일거양득(一擧兩得)

정답 ①

해설 '수백만이 넘는 사람들이 동물성 지방을 지나치게 섭취하여 심장병, 뇌졸중, 암과 같은 병으로 죽어 가고 있다.'는 부분을 보고 '지나치면 모자람만 못하다'는 뜻의 과유불급(過猶不及)을 유추할 수 있다.

22 다음의 내용과 연관이 없는 속담은?

> 평생 시계만을 만들며 살아온 남자가 자기 아들에게 시계를 만들어 주었습니다. 그는 이 시계의 초침을 황금으로, 분침은 은으로, 시침은 동으로 만들어서 아들에게 주었습니다. 아들은 "아버지, 시침을 황금으로 만들고, 분침은 은으로 만들고, 초침은 동으로 만들어야 하지 않을까요?"하고 물었습니다. 그러자 아버지는 "순간순간을 소중히 여기는 것은 황금을 모으는 것과 같단다. 비록 짧은 시간이라도 허비하는 것은 황금을 잃는 것과 마찬가지지. 이것을 잊지 말았으면 좋겠구나."하고 말하였습니다.

① 티끌 모아 태산
② 천릿길도 한 걸음부터
③ 처마 끝 물방울이 주춧돌 뚫는다.
④ 미꾸라지 구멍에 보 무너진다.
⑤ 새 발의 피 [조족지혈(鳥足之血)]

정답 ⑤

해설 ①·②·③·④의 속담은 모두 작은 것의 소중함에 대해 말하고 있으나, ⑤는 아주 하찮은 일이나 극히 적은 분량을 비유적으로 이르는 말이다.

23 다음의 내용과 연관이 없는 한자성어는?

> 도미의 아내는 아름답고 절개가 있었다. 어느 날, 개루왕이 도미를 불러 그의 아내를 남몰래 꾀면 마음이 움직일 것이라고 하자, 도미는 자신의 아내는 그렇지 않을 것이라고 확신한다. 왕은 신하를 자신처럼 꾸며 그의 아내에게 보내, 도미가 내기에 져 후궁이 되어야 한다고 속이자 그녀는 몸종을 단장시켜 대신 보내 이를 모면했다. 자신이 속은 것을 알게 된 왕은 도미를 멀리 보내버리고 그녀를 취하려 했지만 그녀는 가까스로 궁을 탈출했다. 강가에 도착한 그녀가 하늘을 부르며 통곡하자 조각배가 나타났다. 배가 천성도에 이르렀는데, 그곳에서 도미와 아내는 극적으로 만나 고구려에 가서 살았다.

① 지성감천(至誠感天)   ② 감언이설(甘言利說)
③ 불요불굴(不撓不屈)   ④ 고식지계(姑息之計)
⑤ 부창부수(夫唱婦隨)

정답 ②

해설 위 이야기 중 '하늘을 부르며 통곡하자 조각배가 나타났다.'에서 지성감천(至誠感天), '그녀를 취하려 했지만 그녀는 가까스로 궁을 탈출했다.'에서 불요불굴(不撓不屈), '자신의 아내는 그렇지 않을 것이라고 확신한다.'에서 부창부수(夫唱婦隨), '몸종을 단장시켜 보내 이를 모면했다.'에서 고식지계(姑息之計)를 추론할 수 있지만 감언이설(甘言利說)로 볼 수 있는 부분은 없다.

24 다음의 '옆집 할머니'의 말과 행동에 어울리는 속담은?

> 어제 집 앞에서 옆집 할머니를 만났습니다. 할머니께서는 나를 보시자마자 도화지에 연필로 그린 그림을 보여 주셨습니다. 어린아이가 그렸는지 동그란 원에 코는 없고 눈썹, 눈, 입만 매우 엉성하게 그려져 있었습니다. 그리고 입술 옆에는 점 하나가 크게 찍혀 있었습니다.
> "이 그림 좀 봐 주렴. 우리 손자가 이 할머니 얼굴을 그린 건데, 잘 그렸지? 나와 아주 꼭 닮지 않았니? 요 입술 옆에 점까지 그린 것 봐라. 아무래도 우리 손자가 천재 화가인 것 같은데, 그렇지 않니?"
> 나는 어색한 표정을 지으며 고개를 끄덕일 수밖에 없었습니다.
> 오늘 또 옆집 할머니를 만나게 되었습니다. 나를 보시더니 가방 속에서 사진 한 장을 꺼내 굳이 보여 주셨습니다. 그리곤 말씀하셨습니다.
> "우리 손자 사진 좀 보렴. 천사 같은 얼굴, 세상에서 제일 사랑스럽지 않니?"

① 백지장도 맞들면 낫다.
② 남의 떡으로 선심 쓴다.
③ 우물에 가 숭늉 찾는다.
④ 말 한마디에 천 냥 빚도 갚는다.
⑤ 고슴도치도 제 새끼는 함함하다고 한다.

정답 ⑤

해설 '고슴도치도 제 새끼는 함함하다고 한다.'는 털이 바늘같이 꼿꼿한 고슴도치도 제 새끼의 털이 부드럽다고 옹호한다는 뜻으로, '자기 자식의 나쁜 점은 모르고 도리어 자랑으로 삼는다, 어버이 눈에는 제 자식이 다 잘나고 귀여워 보인다'는 말로 자기 혈육에 대한 편애(偏愛)를 의미한다. 여기서 '함함하다'의 뜻은 '털이 보드랍고 반지르르하다'이다.
② '남의 떡으로 선심 쓴다.'는 '남의 것으로 생색을 냄'을 비유적으로 이르는 말이다.

25 밑줄 친 부분의 예로서 올바른 것은?

속담의 구조면에서 먼저 주목할 사실은 복문 형태의 속담에서 의미재와 의미재가 전·후구로 단순 결합을 한 경우에 전·후를 바꾸거나 심지어 둘 중 하나만 써도 속담의 중심 의미가 달라지지 않는 경우가 있다는 것이다. 예를 들어 '술에 술탄 듯 물에 물탄 듯'은 하나만 있어도 의미 전달이 가능하고 앞뒤를 마음대로 바꾸어도 의미는 달라지지 않는다.
반면 <u>속담의 전·후구가 긴밀하게 결합되지 않고는 주제 의미가 표시되지 않아 속담으로서의 자격을 상실하게 되는 경우</u>가 있다. '가는 방망이 오는 홍두깨'라는 속담은 반드시 둘이 함께 있을 때에만 자기가 한 일보다 더 가혹한 갚음을 받는다는 의미를 갖게 된다.

① 내 말은 남이 하고 남 말은 내가 한다.
② 서당 개 삼 년이면 풍월을 읊는다.
③ 가는 말이 고와야 오는 말이 곱다.
④ 초록(草綠)은 동색(同色)이요 가재는 게 편이다.
⑤ 산 입에 거미줄 치랴.

정답 ③

해설 밑줄 친 부분은 두 문장의 긴밀한 연계성이 의미를 확정짓는 경우를 말하기 때문에 앞 문장이나 뒤 문장이 없는 경우 의미 소통이 되지 않는 것을 찾으면 된다. ①은 사실상 독립된 의미를 갖는 문장의 나열이고 ②는 문장 자체가 하나이므로 해당되지 않는다. ④는 병렬 구조의 문장이기 때문에 적절하지 않다. ⑤는 단일 문장이므로 해당되지 않는다.

26 〈보기〉의 밑줄 친 부분과 같은 의미로 사용된 것은?

> **보기**
> 선비는 벼슬길에 나가든 산림에 은거하든 항상 자신을 선비로서 다듬어야 하는 의무를 지닌다. 선비는 조정에서 임금의 정치를 보좌할 때 선비다운 기개를 발휘하여 권세와 지위를 이용한 부당하고 불법적인 태도에 맞서 그 사회를 정의롭게 <u>만들어야</u> 한다.

① 우리는 친구들끼리 독서 동아리를 <u>만들었다</u>.
② 올해 우리 학교는 학교 규칙을 새로 <u>만들었다</u>.
③ 농담 한 마디가 회의 분위기를 부드럽게 <u>만들었다</u>.
④ 아버지께서는 가족들을 위해서 직접 음식을 <u>만드셨다</u>.
⑤ 선생님께서는 우리의 글을 모아 학급 문집을 <u>만들어</u> 주셨다.

정답 ③

해설 〈보기〉의 '만들다'는 '어떤 상태를 이루어 내다'는 의미이므로 정답은 ③이다.
① 설립(設立) ② 설정(設定) ④ 요리(料理) ⑤ 편성(編成)의 의미이다.

27 다음의 ⊙과 ⓒ의 의미 관계와 거리가 <u>먼</u> 것은?

> 우리는 어떤 새로운 기술이나 전혀 예측하지 못했던 일들을 접할 때 그것에 대한 ⊙ 생소함에서 일단 거리를 두게 되지만 그 생소한 새로운 것들이 우리 생활에 많은 편리함을 가져다준다는 사실을 알았을 때는 새로운 기술을 익히고 배우는 데 주저하지 않는다. 하지만 사람 사이의 관계는 그렇게 쉽게 능동적인 입장을 보이기란 매우 어렵다. 예를 들어 생활하던 익숙한 공간에 ⓒ 낯선 인물이 등장했을 때 그 사람의 필요성이나 이로움보다는 먼저 경계심을 가지고 멀리 한다는 점이다.

① 얻다 : 획득하다
② 같다 : 일치하다
③ 바라다 : 지양하다
④ 바꾸다 : 대체하다
⑤ 사람답다 : 인간답다

정답 ③

해설 ⊙과 ⓒ은 유의 관계이다. '바라다 : 지양하다'는 유의 관계가 아니므로 정답은 ③이다.
• 지양(止揚)하다 : 더 높은 단계로 오르기 위하여 어떠한 것을 하지 아니하다.
예 상업주의를 지양하다. 남북 사이의 이질화를 지양하다.

28 다음의 ㉠~㉤과 바꿔 쓸 수 있는 말로 적절하지 않은 것은?

버려진 물건으로 조형물을 ㉠ 만들고 이를 전시해서 수익을 창출하는 A기업의 경우, 그 수익의 70% 정도를 환경 단체에 기부한다. 이를 볼 때, 사회적 기업은 사회적 가치 창출을 위한 공익성과 이를 위한 이윤 추구의 성격을 모두 가지고 있는 혼성 조직이라고 할 수 있다.

취약 계층 사람들을 고용하여 결식 이웃에게 저렴한 가격으로 판매할 도시락을 만들고 배달하는 B기업의 경우, 구성원 모두의 자발적인 참여를 유도하고, 구성원의 의견을 민주적으로 ㉡ 모아서 기업이 운영된다. 이는 조직 운영의 민주성을 보여주는 것이다. 이러한 사회적 기업은 이윤을 사회 또는 지역공동체의 취약 계층에게 ㉢ 되돌려 줘 사회 통합에 기여한다. 악기 연주가 가능한 미취업 장애인들을 고용해서 정기 연주회를 열어 얻은 수익을 장애인 복지 사업에 기부하는 C기업이 있다. 이는 취약 계층이 느끼는 사회적 소외감을 줄여 사회 통합에 ㉣ 보탬이 된 것이라 할 수 있다.

오늘날 취약 계층의 실업률 급증, 사회 복지 서비스의 부족, 환경 문제의 심화 등 다양한 사회적 문제 때문에 이를 극복하기 위한 공동체의 역할이 절실하게 요구된다. 사회적 기업은 이런 역할을 지속적으로 수행할 수 있는 대안으로 ㉤ 떠오르고 있다.

① ㉠ - 제공(提供)하고
② ㉡ - 수렴(收斂)하여
③ ㉢ - 환원(還元)하여
④ ㉣ - 일조(一助)한
⑤ ㉤ - 부상(浮上)하고

정답 ①

해설 ㉠ '만들고'는 한자어 '제작(製作)하고'로 바꿔야 한다. 그러므로 '무엇을 내주거나 갖다 바치다'의 의미인 '제공(提供)하고'는 적절하지 않다.

29 밑줄 친 ㉠의 의미와 같은 한자 성어는?

온갖 생각이 떠올라 서재에 돌아와 처치를 어찌 할고 하며 심사 번뇌하더니 날이 밝았거늘, 내당으로 들어가 왕 부인에게 지난밤 일을 전하고, 석 씨 유모를 불러 석 씨로 하여금 친정으로 빨리 돌아가도록 재촉하니, ㉠ 석 씨 이 일을 당하여 설움이 뼈에 사무치되 조금도 원망함이 없고 다만 하직 인사를 드리고 나오니, 숙혜가 백현을 안고 나와 뵈니, 백현의 나이 사세라. 자못 총명한고로 공의 처치함을 들은지라.

① 각골통한(刻骨痛恨)
② 노심초사(勞心焦思)
③ 동병상련(同病相憐)
④ 수구초심(首丘初心)
⑤ 오매불망(寤寐不忘)

정답 ①

해설 뼈에 사무치는 설움이나 한스러움을 말하는 것은 각골통한(刻骨痛恨)이다.

② 노심초사(勞心焦思) : 몹시 마음을 쓰며 애를 태움.

③ 동병상련(同病相憐) : 같은 병을 앓는 사람끼리 서로 가엾게 여긴다는 뜻으로, 어려운 처지에 있는 사람끼리 서로 가엾게 여김을 이르는 말.

④ 수구초심(首丘初心) : '여우는 죽을 때 구릉을 향(向)해 머리를 두고 초심으로 돌아간다'는 뜻으로, '근본(根本)을 잊지 않음, 또는 죽어서라도 고향(故鄕) 땅에 묻히고 싶어 하는 마음'을 이르는 말.

⑤ 오매불망(寤寐不忘) : 자나 깨나 잊지 못함.

[30~31] 다음 글을 읽고 아래 물음에 답하시오.

> 이날 밤 삼경 즈음에 함성이 대진하거늘 경업이 놀라서 잠을 깨어 보니 무수한 호선(胡船)이 사면으로 에워싸고 큰 소리로, "장군을 기다린 지 오랜지라, 바삐 항복하여 죽기를 면하라." 하거늘 경업이 대노하여 독부를 찾으니, 이미 간 데 없는지라 ㉠ <u>불승분노(不勝忿怒)하여 망지소조(罔知所措)</u>라, 호군이 철통같이 포위하고, 잡으라 하는 소리 진동하거늘 경업이 대노하여 용력을 다하여 대적하고자 하나, ㉡ <u>망망대해에 다만 단검으로 무수한 호병을 어찌 대적하리요.</u> 전선에 뛰어올라 좌충우돌하여 호군을 무수히 죽이고 피코자 하는데 기력이 점점 쇠진하여 아무리 용맹한들 천수를 어찌 도망하리요.

30 밑줄 친 ㉠의 의미를 바르게 풀이한 것은?

① 이기지 못할 것을 알고 어찌할 바를 모르다.
② 이기지 못한다는 것은 생각도 해본 적이 없다.
③ 이길 수 없다는 것을 알고는 도망갈 궁리를 하다.
④ 분을 이기지 못해서 어찌할 바를 모르다.
⑤ 상황을 제대로 알지 못하고 밖으로 뛰어나가다.

정답 ④

해설 • 불승분노(不勝忿怒) : 분을 이기지 못하다.

• 망지소조(罔知所措) : 너무 당황하거나 급하여 어찌할 줄을 모르고 갈팡질팡함.

31 ⓛ의 '임경업'이 처한 상황을 나타내기에 가장 적절한 것은?

① 중과부적(衆寡不敵)

② 점입가경(漸入佳境)

③ 동분서주(東奔西走)

④ 오월동주(吳越同舟)

⑤ 다기망양(多岐亡羊)

정답 ①

해설 ⓛ은 임경업 홀로 무수한 호군에 포위되어 어찌할 수 없는 상황이다. 이 상황에 어울리는 한자성어는 '적은 수효로 많은 수효를 대적하지 못함'을 뜻하는 중과부적(衆寡不敵)이 적당하다.

② 점입가경(漸入佳境) : '들어갈수록 점점 재미가 있음'을 이르는 말.

③ 동분서주(東奔西走) : '사방으로 이리저리 몹시 바쁘게 돌아다님'을 이르는 말.

④ 오월동주(吳越同舟) : '서로 적의를 품은 사람들이 한자리에 있게 된 경우나 서로 협력하여야 하는 상황'을 비유적으로 이르는 말.

⑤ 다기망양(多岐亡羊) : '방침이 많아서 도리어 갈 바를 모름'을 이르는 말.

32 다음의 ㉠~㉢에 들어갈 낱말들을 바르게 나열한 것은?

> 약속은 시간과 장소가 정확해야 한다. 새내기 영업 사원 시절의 일이다. 계약 문제로 고객을 만나기 위해, 많은 차량으로 (㉠)한 회사 부근을 간신히 빠져나와 약속 장소로 갔다. 그러나 고객은 그곳에 없었다. 급히 휴대전화로 연락을 해 보니, 다른 곳에서 기다리고 있다는 것이었다. 큰 실수였다. 약속 장소를 (㉡)하여 고객을 기다리게 한 것이다. 약속을 정할 때 전에 만났던 곳에서 만나자는 말에 별 생각 없이 그렇게 하겠다고 했더니 이런 (㉢)이 빚어졌던 것이다.

	㉠	㉡	㉢
①	혼잡(混雜)	혼란(混亂)	혼돈(混沌)
②	혼란(混亂)	혼돈(混沌)	혼선(混線)
③	혼잡(混雜)	혼동(混同)	혼선(混線)
④	혼잡(混雜)	혼선(混線)	혼동(混同)
⑤	혼란(混亂)	혼돈(混沌)	혼동(混同)

정답 ③

해설 ㉠은 많은 차량이 뒤섞이어 어수선한 상황이므로 '혼잡(混雜)'이 적절하고, ㉡은 약속 장소를 구별하지 못하고 뒤섞어서 생각한 것이므로 '혼동(混同)'이 적절하며, ㉢은 고객과 서술자가 서로 다르게 파악하여 혼란이 생긴 것이므로 '혼선(混線)'이 적절하다.

33 밑줄 친 부분에 대응하는 한자어로 적절하지 <u>않은</u> 것은?

> • 늦잠 자는 습관을 <u>고치기가</u> 어렵다. – 수선(修繕) … ①
> • 국회는 잘못된 법을 <u>고치기로</u> 했다. – 개정(改正) … ②
> • 잘못 기록된 내용을 바르게 <u>고쳤다.</u> – 정정(訂正) … ③
> • 동생의 고장 난 자전거를 <u>고쳤다.</u> – 수리(修理) … ④
> • 이 병원은 위장병을 잘 <u>고친다.</u> – 치료(治療) … ⑤

정답 ①

해설 ①의 '고치다'는 문맥에서 '잘못된 것이나 부족한 것, 나쁜 것 따위를 고쳐 더 좋게 만듦'의 뜻으로 쓰였기 때문에 '수선'이 아니라 '개선'이 되어야 한다.

② '이름, 제도 따위를 바꾸다'로 '개정' ③ '잘못되거나 틀린 것을 바로잡다'로 '정정' ④ '고장이 나거나 못 쓰게 된 물건을 손질하여 제대로 되게 하다'로 '수리' ⑤ '병 따위를 낫게 하다'로 '치료'가 되어야 한다.

34 다음의 밑줄 친 상황에 가장 잘 어울리는 말은?

> "애고 아버지, 눈을 떠서 나를 보옵소서."
> 이 말을 들은 심봉사가 어떻게 반가웠던지 두 눈 번쩍 뜨이니 심봉사 두 손으로 눈을 썩썩 비비며, <u>"으, 이게 웬 말이냐. 내 딸 심청이가 살았단 말이냐? 내 딸 심청이 살았단 말이 웬 말이냐? 내 딸이면 어데 보자."</u>
> 하더니, 백운이 자욱하며 청학, 백학, 난봉, 공작이 구름 속에 왕래하며 심봉사 머리 위에 안개가 자욱 터니 심봉사의 두 눈이 활짝 뜨이니, 천지 일월 밝아 왔구나.

① 기고만장(氣高萬丈)　　　　　② 반신반의(半信半疑)

③ 선우후락(先憂後樂)　　　　　④ 점입가경(漸入佳境)

⑤ 일장춘몽(一場春夢)

정답 ②

해설 딸 심청이 죽은 줄만 알았던 심봉사는 심청이가 아버지라고 부르자 반신반의하고 있다.

① 기고만장(氣高萬丈) : 일이 뜻대로 잘될 때, 우쭐하여 뽐내는 기세가 대단함.
③ 선우후락(先憂後樂) : 세상의 근심할 일은 남보다 먼저 근심하고 즐거워할 일은 남보다 나중에 즐거워한다는 뜻으로, 지사(志士)나 어진 사람의 마음씨를 이르는 말.
④ 점입가경(漸入佳境) : 들어갈수록 점점 재미가 있음.
⑤ 일장춘몽(一場春夢) : 한바탕의 봄꿈이라는 뜻으로, 헛된 영화나 덧없는 일을 비유적으로 이르는 말.

35 아래 글과 관련하여 〈보기〉를 이해한 내용으로 적절하지 <u>않은</u> 것은?

> 단어는 여러 의미 요소의 복합체로 이해할 수 있는데, 한 단어가 가지고 있는 의미 영역을 '단어장'이라고 한다. 어휘 구조는 상위의 장으로 층위가 올라가면서 점점 큰 영역의 장으로 묶이거나 한 층위씩 점점 작은 하위의 장으로 쪼개진다.
>
> 친족 명칭도 특히 많은 관심을 끌어 왔는데, 일례로 형제자매를 가리키는 몇 언어의 단어장을 살펴보면 형제자매를 통틀어 한 단어로 부르는 언어가 있는가 하면, 그것을 성별만 구분하여 두 단어로 쪼갠 언어가 있고, 그 둘을 다시 손위와 손아래로 쪼개어 네 개의 단어로 부르는 언어가 있다. 그런데 우리말에서는 손위의 경우 비록 그 대상은 같지만 화자의 성별에 따라 어휘가 달라진다. 반면 손아래의 경우는 성별을 구분하지 않는다.

보기

	손위	손아래	손위	손아래
한국어	형, 오빠	동생	누나, 언니	동생
영어	brother		sister	

① '오빠'는 '누나'보다 단어장이 넓으므로 상위어다.
② 한국어의 형제자매에서는 손위의 경우만 성별을 구분한다.
③ 형제자매를 뜻하는 영어의 단어장은 성별만 구분하고 있다.
④ '동생'을 영어로 번역할 때 단어장의 차이로 인한 문제가 발생한다.
⑤ 'brother'와 '형, 오빠'의 차이로 어휘 구조의 특징을 파악할 수 있다.

정답 ①

해설 ① '누나'의 단어장은 '오빠'의 단어장에 포함되지 않으므로 '오빠'가 상위어라 할 수 없다.

② 한국어는 '손위'의 경우에만 성(性)에 따라 의미 영역의 차이를 보이고, '손아래'의 경우에는 성(性)에 따라 의미 영역이 분화되어 있지 않다.

③ 'brother'와 'sister'의 단어장은 성별(性別)만 구분하며, '손위'와 '손아래'라는 의미 자질은 없다.

④ 우리말 '동생'의 단어장은 성별에 따른 구분이 없기 때문에 '동생'을 영어로 번역할 때 'brother'와 'sister' 가운데 선택의 문제가 발생할 수 있다.

⑤ 'brother'와 '형, 오빠'의 단어장의 크기를 통해 한국어와 영어의 어휘 구조의 차이와 특징을 파악할 수 있다.

36 〈보기〉는 문학 작품에 나오는 순우리말의 뜻을 조사한 것이다. 〈보기〉의 어휘를 사용해 빈칸을 채울 수 <u>없는</u> 문장은?

보기

- 헌걸찬 – 풍채가 좋고 의기가 당당한
- 성마른 – 참을성이 없고, 성질이 조급한
- 추레한 – 겉모습이 보잘것없고 궁상스러운
- 객쩍은 – 행동이나 말, 생각이 쓸데없고 싱거운
- 심드렁한 – 마음에 탐탁하지 아니하여 관심이 거의 없는

① 달수의 그런 (   ) 꼴을 본 사람들은 경멸에 앞서 동정을 보냈다.

② (   ) 소리 그만두어요. 그따위 실없는 소리를 할 때가 아니에요.

③ 어디서나 그 (   ) 허우대 때문에 그것만으로도 한결 돋보였다.

④ 정 씨까지도 완전히 맥이 탁 풀려 그전처럼 애타하지도 않고 (   ) 낯빛이었다.

⑤ 꽃이 피고 나비가 넘노는 (   ) 봄날이었다. 태후는 잔치를 열고 왕을 청했다.

정답 ⑤

해설 ⑤의 빈칸에는 자연 현상을 표현하는 말이 적절한데 〈보기〉에 제시된 순우리말 중 이에 적합한 말은 없다. 빈칸에 적절한 말은 '흐드러진' 이다.

①에는 '추레한' ②에는 '객쩍은' ③에는 '헌걸찬' ④에는 '심드렁한' 이 어울린다.

37 다음의 빈칸에 들어갈 관용어로 가장 적절한 것은?

> 그들이 북조선에 처가 친척을 만나러 갔을 때 얘기를 했다. 마누라는 준비해 가지고 간 것을 다 털어 주고도 신고 간 신, 입고 간 옷까지 동생의 헌 것하고 바꿔 입고 왔다고 했다. 그럼 그들의 기죽을 줄 모르는 뻔뻔스러움은 부모 의식의 당당함이었단 말인가. 남궁 씨는 어처구니가 없으면서도 그들이 싫어지거나 미워지지 않았다. 체류 기간을 연장하면서까지 그들은 가져온 걸 다 처분하고서야 떠났다. 아내는 앓던 이가 빠진 것보다 더 시원하다고 했다. 그러나 남궁 씨는 이제부터 혼자 뭘로 소일을 하나, (   )처럼 막막했다.

① 꿩 놓친 매   ② 주먹 맞은 감투

③ 꿀 먹은 벙어리   ④ 그물에 걸린 고기

⑤ 끈 떨어진 뒤웅박

정답 ⑤

해설 ⑤는 '의지할 데가 없는 처지' 를 비유적으로 이르는 말로서 '남궁 씨' 의 처지와 가장 유사하다.

① 꿩 놓친 매 : 애써 잡았다가 놓치고 나서 헐떡이며 분해하는 모습을 비유.

② 주먹 맞은 감투 : 잘난 체하다가 핀잔을 맞고 무안하여 말없이 있는 사람을 비유.

③ 꿀 먹은 벙어리 : 속에 있는 생각을 나타내지 못하는 사람을 비유.

④ 그물에 걸린 고기 : 옴짝달싹 할 수 없는 상황을 비유.

38 다음 글의 밑줄 친 부분과 가장 관련이 깊은 속담은?

우리는 일상생활에서 중요한 일을 앞두고 스스로 불리한 조건을 만드는 경우를 흔히 볼 수 있다. 심리학에서는 이를 스스로에게 핸디캡을 준다는 의미로 '셀프 핸디캐핑(self-handicapping)'이라 부른다. 셀프 핸디캐핑이란 일상생활에서 자신의 중요한 어떤 특성이 평가의 대상이 될 가능성이 있고, 동시에 거기에서 좋은 평가를 받을 수 있을지 불확실한 경우, 과제 수행을 방해할 불리한 조건을 스스로 만들어 내어 그 불리한 조건을 다른 사람에게 주장하는 것을 말한다.

하지만 연구 결과 셀프 핸디캐핑이 그렇게 효과적이지는 못한 것으로 나타났다. 셀프 핸디캐핑을 사용함으로써 당장은 자신에 대한 부정적인 평가를 약하게 할 수도 있지만, 계속 사용하다 보면 결국에는 '핑계만 대는 사람'이라고 낙인찍히게 된다는 것이다. 또한 자기 개발을 위한 노력을 덜 하게 되어 결국 자신의 능력을 키울 수 있는 기회를 원천적으로 봉쇄하는 것이 되고 말 수도 있다. 즉, <u>셀프 핸디캐핑이 단기적으로는 이익이 될지 모르지만 장기적으로는 더 큰 손해가 될 수밖에 없는 것이다.</u>

① 빈 수레가 요란하다.　　　　　② 되로 주고 말로 받는다.

③ 당장 먹기에는 곶감이 달다.　　④ 구슬이 서 말이라도 꿰어야 보배다.

⑤ 내 돈 서 푼만 알고 남의 돈 칠 푼은 모른다.

정답 ③

해설 셀프 핸디캐핑은 단기적으로는 이익이 될지는 모르지만 장기적으로는 더 큰 손해가 될 수 있기 때문에 '당장 먹기 좋고 편한 것은 그때 잠시뿐이지 정작 좋고 이로운 것은 못 된다'라는 뜻의 '당장 먹기에는 곶감이 달다.'와 내용상 가장 관련이 깊다.

① 빈 수레가 요란하다 : 실속 없는 사람이 겉으로 더 떠들어 댐을 비유적으로 이르는 말.

② 되로 주고 말로 받는다 : 조금 주고 그 대가를 많이 받는다는 말.

④ 구슬이 서 말이라도 꿰어야 보배다 : 아무리 훌륭하고 좋은 것이라도 다듬고 정리하여 쓸모 있게 만들어 놓아야 값어치가 있음을 비유적으로 이르는 말.

⑤ 내 돈 서 푼만 알고 남의 돈 칠 푼은 모른다 : 제 것은 소중히 여기면서 남의 것은 대수롭지 않게 여기는 이기적인 사람을 비꼬는 말.

39 다음 글의 밑줄 친 말과 바꾸어 쓸 수 있는 말로 적절한 것은?

> 초임계 유체는 특정 성분을 추출하는 일 외에도 건축 단열재, 폐수 정화 시설 등 활용 범위가 넓다. 하지만 물질을 초임계 상태로 만들기 위해 임계압력까지 압력을 올리는 과정은 장비가 복잡하고 비용도 만만치 않다는 점이 문제이다. 따라서 더 간편하고 저렴하게 압력을 높일 수 있는 방법을 찾아야 한다. 또 원하는 물질을 녹여내기에 어떤 용매가 가장 적합한지, 어떤 압력과 온도에서 가장 효율적인지 추론할 수 있는 이론을 <u>세우는</u> 일도 중요하다.

① 정립(定立)하는   ② 성립(成立)하는
③ 설립(設立)하는   ④ 수립(樹立)하는
⑤ 건립(建立)하는

정답 ①

해설 '이론을 세우는 일'에서 '세우다'는 '질서나 체계, 규율 따위가 올바르게 있게 되다'의 의미로 쓰였으므로 '정립(定立)하다'와 바꾸어 쓸 수 있다.
　② '성립(成立)하다'는 '일이나 관계 따위가 제대로 이루어지다'의 뜻.
　③ '설립(設立)하다'는 '기관이나 조직체 따위를 만들어 일으키다'의 뜻.
　④ '수립(樹立)하다'는 '국가나 정부, 제도, 계획 따위를 이룩하여 세우다'의 뜻.
　⑤ '건립(建立)하다'는 '기관, 조직체 따위를 새로 조직하다'의 뜻.

40 다음 밑줄 친 부분에 나타난 황제의 태도와 가장 잘 어울리는 말은?

> 황제가 또 사자에게 명하길, "치원을 불러오도록 해라."
> 하니, 사자가 명을 받들고 낙양의 대궐로 치원을 맞아들였다. 황제가 거짓으로 말하길,
> "경이 밖에 3개월을 머물면서도 어찌 한 번도 꿈에 뵈지 않았소."
> 하고 이어서 말했다.
> <u>"하늘 밑 어느 곳이든 왕토(王土) 아닌 곳 없고, 온 천하 누구든 왕의 신하 아닌 자 없소. 이로 말할 것 같으면 그대는 비록 신라 사람이지만 신라 또한 나의 땅이니 그대 또한 나의 신하인 것이오. 그런데 나의 사자를 꾸짖은 것은 무엇 때문이오?"</u>
> 치원이 한 일자(一字)를 공중에 쓰고 그 위에 뛰어올라 말하길,
> "이곳 또한 폐하의 땅입니까?"
> 하니, 황제가 크게 놀라 용상에서 내려와 머리를 조아리고 사죄하였다.

① 안하무인(眼下無人)   ② 노심초사(勞心焦思)
③ 감탄고토(甘呑苦吐)   ④ 구밀복검(口蜜腹劍)
⑤ 반신반의(半信半疑)

안심Touch

정답 ①

해설 밑줄 친 말은 온 천하가 자신의 발아래 있다는 중국 황제의 발언으로, 최치원을 업신여기는 태도가 나타나 있다. 이렇게 중국 황제의 거만한 태도에 어울리는 말은 '안하무인(眼下無人)'이 적절하다. 이것은 '눈 아래 에 사람이 없다'는 뜻으로, '방자하고 교만하여 다른 사람을 업신여김'을 이르는 말이다.

② 몹시 마음을 쓰며 애를 태움.

③ 달면 삼키고 쓰면 뱉는다는 뜻으로, 자신의 비위에 따라서 사리(事理)의 옳고 그름을 판단함.

④ 입에는 꿀이 있고 뱃속에는 칼이 있다는 뜻으로, 말로는 친한 듯 하나 속으로는 해칠 생각이 있음.

⑤ 얼마쯤 믿으면서도 한편으로는 의심함.

41 다음의 밑줄 친 단어들에 대한 설명으로 적절하지 <u>않은</u> 것은?

> 뒷갈망 – 일의 뒤끝을 맡아서 처리함.
> 뒷바라지 – 뒤에서 보살피며 도와주는 일.
> 뒷시중 – 뒤를 보살피며 옆에서 잔심부름을 하는 일.
> 뒤치다꺼리 – 뒤에서 일을 보살펴서 도와주는 일. 일이 끝난 뒤에 뒤끝을 정리하는 일.
>
> • 이왕 그렇게 되었으니 사태를 ㉠ 뒷갈망할 도리부터 찾자.
> • 엄마 ㉡ 뒷바라지 없인 혼자서 아무 일도 못할 아이로군.
> • 편찮으신 할아버지의 ㉢ 뒷시중에 정성을 다하고 있다.
> • 애들 ㉣ 뒤치다꺼리에 바빠서 하고 싶은 일들을 못하였다.
> • 손님들이 떠나간 뒤 그녀는 방 안을 ㉤ 뒤치다꺼리하였다.

① ㉠은 ㉢과 달리 '마무리하다'의 의미를 담고 있다.

② ㉢은 ㉡과 달리 '잔심부름을 하다'의 의미를 담고 있다.

③ ㉣은 ㉠과 달리 '돕다'의 의미를 담고 있다.

④ ㉠은 ㉤과, ㉡은 ㉣과 각각 비슷한 의미를 담고 있다.

⑤ ㉡, ㉢, ㉤은 모두 '보살피다'의 의미를 담고 있다.

정답 ⑤

해설 ㉡은 '뒤에서 보살피며 도와주는 일', ㉢은 '뒤를 보살피며 옆에서 잔심부름을 하는 일', ㉤은 '일이 끝난 뒤 에 뒤끝을 정리하는 일'을 의미한다. 그러므로 ㉤에는 '보살피다'의 의미가 없다.

① ㉠은 '일의 뒤끝을 맡아서 처리함'으로 '마무리하다'의 의미를 담고 있다.

③ ㉣은 '뒤에서 일을 보살펴서 도와주는 일'이므로 ㉠과 달리 '돕다'의 의미를 담고 있다.

④ ㉤은 '일이 끝난 뒤에 뒤끝을 정리하는 일'이므로 ㉠과 비슷한 의미를 담고 있으며, ㉣은 '뒤에서 일을 보살펴서 도와주는 일'이므로 ㉡과 비슷한 의미를 담고 있다.

42 다음 글의 밑줄 친 '과잉정당화 효과'와 가장 관련이 깊은 속담은?

에드워드 데시가 실시한 실험의 결과는 '과잉정당화 효과'에 의해 나타난 것이다. 과잉정당화 효과란 자기 행동의 동기를 자기 내부에서 찾지 않고 외부에서 주어진 보상 탓으로 돌리는 현상을 말한다. 사실 이러한 과잉정당화 효과는 데시의 실험 이전에도 언급된 적이 있었다. 다릴 벰은 인간은 다른 동물들과는 달리, 자기가 하는 행동을 스스로 관찰할 수 있는 동물이라고 말했다. 인간은 자신이 하는 행동을 관찰하고 자신이 어떤 상태인지를 파악한다는 것이다. 따라서 자신이 보상을 받고 어떤 일을 한다면 자신이 그 일을 하는 것은 보상 때문이라고 생각하게 되고, 보상이 없는데도 어떤 일을 한다면 그것은 정말 좋아서 하는 것이라고 믿게 된다는 것이다.

① 소문난 잔치에 먹을 것 없다.
② 가랑비에 옷 젖는 줄 모른다.
③ 제사보다 젯밥에 정신이 있다.
④ 집에서 새는 바가지는 들에 가도 샌다.
⑤ 미꾸라지 한 마리가 온 웅덩이를 흐려 놓는다.

정답 ③

해설 '제사보다 젯밥에 정신이 있다.'는 제사 자체보다는 제사상에 올려진 음식에 관심이 있다는 뜻으로 정작 중요하게 매달려야 하는 일보다 쓸데 없는, 사사로운 이익에 매달린다는 의미이다. 따라서 자기 행동의 동기를 내부에서 찾지 않고 외부의 요인에서 찾으려 하는 과잉정당화 효과와 관련이 있다고 할 수 있다.

⑤ '미꾸라지 한 마리가 온 웅덩이를 흐려 놓는다.'는 한 사람의 좋지 않은 행동이 그 집단 전체나 여러 사람에게 나쁜 영향을 미침을 비유적으로 이르는 말이다.

43 다음의 ⓐ, ⓑ와 바꾸어 쓸 수 있는 말로 적절한 것은?

고대 유물의 정확한 제작 연대를 측정하는 작업은 고대사를 밝히는 데 매우 중요하다. 과학자들은 방사성탄소동위원소($14C$)의 양을 측정하는 방식으로 유물의 나이를 알아내고 있다.
그런데 측정할 시료를 그대로 측정기에 넣는다고 곧바로 연대가 계산되어 ⓐ 나오는 것은 아니다. 시료는 대부분 많은 불순물을 포함하고 있기 때문이다. 이런 불순물이 포함된 시료로 측정하면 오차가 커지는 것은 당연한 일이다. 그러므로 정확한 연대 측정을 하려면 시료로부터 순수한 탄소를 ⓑ 끄집어내는 고도의 정밀 작업을 먼저 해야만 한다.

	ⓐ	ⓑ
①	산출(算出)하는	추출(抽出)하는
②	발현(發現)하는	선별(選別)하는
③	구현(具現)하는	추인(追認)하는
④	출현(出現)하는	발췌(拔萃)하는
⑤	등장(登場)하는	색출(索出)하는

정답 ①

해설 ⓐ의 '나오다'는 '처리나 결과로 이루어지거나 생기다'의 의미로 쓰여 '계산하여 냄'을 뜻하는 '산출(算出)하다'로 바꿀 수 있고, ⓑ의 '끄집어내다'는 '어떤 판단이나 결론을 찾아내다'의 의미로 쓰여 '전체 속에서 어떤 물건, 생각, 요소 따위를 뽑아냄'을 뜻하는 '추출(抽出)하다'로 대체할 수 있다.

[44~45] 다음 글을 읽고 아래의 물음에 답하시오.

옥포산에 한 노루가 살고 있었다. 어느 날 노루는 산중의 짐승들을 초대하여 잔치를 열었다. 호랑이를 제외한 사슴, 토끼, 원숭이, 여우, 두꺼비, 고슴도치 등 여러 짐승이 잔치에 참석하였다. 이때 토끼 모든 손님을 돌아보며 가로되,

"내 일찍 들으니 ㉠ 조정(朝廷)엔 막여작(莫如爵)이요 향당(鄕黨)엔 막여치(莫如齒)라 하오니 부질없이 다투지 말고 나이에 따라 자리를 정하소서."

참석한 짐승들이 서로 상좌(나이에 따른 윗좌석)를 논하는데

(중 략)

여우가 두꺼비에 상좌를 빼앗기고 억울하여 두꺼비에게 희롱하여 말하기를,

"존장은 하늘도 구경하였소이까?"

"너는 하늘을 구경하였느냐?"

"내 하늘을 구경한 지 오래지 않으니 상세히 말하리다. …(중 략)… 구경을 다한 후에 한 곳에 다다르니 한 노인이 있거늘 동자를 명하여 차 한 그릇과 술 석 잔을 주면서 또 품속에서 붉은 구슬을 주매, 그 구슬을 먹고 그 길로 인간 세계에 내려오게 되었소이다."

두꺼비 말하길

"그때 나도 남극 노인성과 더불어 바둑을 두다가 술이 대취하여 난간에 의지하였더니 문밖에서 들리는 소리에 잠을 깨어 동자더러 물으니 동자가 대답하되, 밖에 어떠한 짐승이 빛은 누르고 주둥이는 뾰죽한 도둑개 같은 것이 똥밭에 왔다갔다 하기에 동자를 시켜 긴장대로 쫓으라 하였더니 그때 네가 왔나 보구나."

여우가 어이없어 물러나 앉았다.

44 밑줄 친 ㉠의 의미로 바른 것은?

① 조정에서만 벼슬을 구별하고 고을에서만 나이를 구별한다.
② 조정에서는 나이를 따지지 않고 고을에서는 벼슬을 따지지 않는 법이다.
③ 조정에서는 벼슬이 으뜸이고 고을에서는 나이가 으뜸이다.
④ 조정의 관직은 서열이 있는 법이니 고을의 자리도 서열이 있는 법이다.
⑤ 조정의 관직은 고을의 관직의 서열과 동일한 것이다.

정답 ③

해설 '조정(朝廷)엔 막여작(莫如爵)이요 향당(鄕黨)엔 막여치(莫如齒)'는 조정에서는 벼슬의 등급만한 것이 없고, 향당(고을)에서는 나이 많은 것이 제일이라는 뜻이다.

45 위 내용을 이해했을 때 보인 반응으로 타당한 것은?

① 상황이 엉망으로 꼬였군, 설상가상(雪上加霜)이야.

② 방약무인(傍若無人)이라더니 눈에 보이는 게 없군.

③ 적반하장(賊反荷杖)도 유분수지, 부끄러운 줄 모르는군.

④ 대범하지 못해 노심초사(勞心焦思)하는 모습이 역력하군.

⑤ 허풍을 떨고 있는 걸 보니, 허장성세(虛張聲勢)가 심하군.

정답 ⑤

해설 위 내용에는 여우와 두꺼비의 허무맹랑하고 과장된 대화 내용이 드러나 있다. 따라서 이를 비판하는 데에는 '실속은 없으면서 큰소리치거나 허세를 부린다'는 의미를 지닌 '허장성세(虛張聲勢)'가 적절하다.

① 설상가상 : 난처한 일이나 불행한 일이 잇달아 일어남.

② 방약무인 : 곁에 사람이 없는 것처럼 아무 거리낌 없이 함부로 말하고 행동함.

③ 적반하장 : 잘못한 사람이 도리어 아무 잘못이 없는 사람을 나무람.

④ 노심초사 : 몹시 마음을 쓰며 애를 태움.

46 다음 상황과 가장 잘 어울리는 한자성어는?

> 올 이른 봄에 겪었던 '잡초' 사건이 기억난다. 마늘밭을 온통 풀밭으로 바꾸어 놓은 그 괘씸한 '잡초'들을 죄다 뽑아 던져 썩혀버린 뒤에야 그 풀들이 '잡초'가 아니라 별꽃나물과 광대나물이었다는 사실을 알고 얼마나 후회하였는지 모른다. 정갈하게 거두어서 나물도 무쳐 먹고 효소 식품으로 바꾸어도 좋은 약이 되는 풀들을, 내 손으로 그 씨앗을 뿌리지 않았는데도 돋아났다는 이유 하나만으로 적대시하여 죄다 수고롭게 땀 흘려가며 뽑아서 버렸으니 어리석기도 하지. 지렁이가 우글거리는 살아 있는 땅에서 저절로 자라는 풀들 대부분은 잡초가 아니다.

① 동병상련(同病相憐) ② 노심초사(勞心焦思)

③ 타산지석(他山之石) ④ 만시지탄(晚時之歎)

⑤ 인과응보(因果應報)

정답 ④

해설 "그 풀들이 '잡초'가 아니라 별꽃나물과 광대나물이었다는 사실을 알고 얼마나 후회하였는지 모른다."에서 때늦게 후회하고 있다는 것을 알 수 있다. 따라서 이 상황에 맞는 한자성어는 시기에 늦어 기회를 놓쳤음을 안타까워하는 뜻을 가진 만시지탄(晚時之歎)이다.

47 다음 밑줄 친 부분의 주장을 보충할 수 있는 한자성어로 가장 적절한 것은?

현대 교육은 화려한 잔칫상이다. 눈을 휘둥그레 뜨고 무엇을 먼저 먹어야 할지 몰라 머뭇거리게 할 정도이다. 그만큼 현대 교육은 다양한 분야를 다양한 방법으로 가르친다. 옛날 서당식의 방법으로는 쫓아갈 수 없는 것들이 많다. 그래서 서당식 교육은 상대적으로 구식이 된다. <u>그러나 구식이라고 못난 것만 있는 게 아니다.</u> 서당 교육은 글을 소리 내어 읽게 한다. 요즘은 거의 모든 이들이 조용히 눈으로만 글을 읽는다. 그러나 서당에서는 소리를 내며 글을 읽게 한다. 그렇게 읽으면 입과 눈 그리고 마음, 그 셋이 일치가 되어 진리가 몸에 익혀지고 탐구될 수 있는 것이다.

① 고진감래(苦盡甘來)　　　　　　② 살신성인(殺身成仁)
③ 온고지신(溫故知新)　　　　　　④ 청출어람(靑出於藍)
⑤ 이심전심(以心傳心)

정답 ③

해설 본문의 밑줄 친 부분은 구식이라고 다 못난 것이 아니라 배울 점이 있다는 것을 주장하고 있으므로 '옛것을 연구해서 새 지식이나 견해를 찾아냄'을 의미하는 '온고지신(溫故知新)'이 가장 적합하다.
　① 고진감래(苦盡甘來) : 고생 끝에 즐거움이 옴.
　② 살신성인(殺身成仁) : 옳은 일을 위해 목숨을 버림.
　④ 청출어람(靑出於藍) : 쪽에서 나온 물감이 쪽보다도 더 푸르다는 뜻으로 제자가 스승보다 뛰어나다는 뜻.
　⑤ 이심전심(以心傳心) : 말이나 글에 의하지 않고, 마음에서 마음으로 전달됨.

48 아래 〈보기〉는 다음 글을 읽은 사람들의 반응이다. 빈칸에 들어가기에 가장 적절한 속담은?

지자체가 주관하는 건설 공사를 할 때는 사전에 그 지역의 문화재 지표 조사를 해야 합니다. 이때 그 지자체와 직접 관련되는 조사 기관 단독으로는 지표 조사를 할 수 없게 한 것이 '문화재 조사 상피 제도'입니다. 이 제도는 조선 시대에 상피 제도를 도입한 것처럼 지표 조사 과정에서 지자체와 조사 기관 간에 유착 관계를 맺을 가능성을 사전에 막으려는 것입니다. 지자체의 자금으로 운용되는 조사 기관이다 보니 지자체가 원하는 방향으로 조사를 진행할 가능성이 많겠지요. 그럴 경우 그 조사 결과는 신뢰하기 어렵습니다. 이 제도는 우리의 귀중한 문화재를 보호하기 위한 최소한의 장치입니다.

보기

　'문화재 조사 상피(相避) 제도'의 취지는 (　　　　　　　　　) 것과 같이, 지자체와 조사 기관 간에 생길 수 있는 문제를 예방하여 궁극적으로는 문화재를 보호하려는 데 있군.

① 팔이 안으로 굽는
② 강 건너 불구경하는
③ 달면 삼키고 쓰면 뱉는
④ 아랫돌 빼서 윗돌 괴는
⑤ 사공이 많으면 배가 산으로 가는

정답 ①

해설 위 글의 내용으로 볼 때, 지자체와 조사 기관 사이에 유착(癒着) 관계가 맺어져 문제가 발생할 수 있다. 이런 문제가 생기면 조사 기관은 지자체가 원하는 방향으로 조사를 진행할 가능성이 많다. 따라서 이런 문제점을 지적하기에 가장 적절한 속담은 '팔이 안으로 굽는다.'이다.

　② 강 건너 불구경한다 : 아무런 관련이 없는 것처럼 행동한다는 말.

　③ 달면 삼키고 쓰면 뱉는다 : 사리의 옳고 그름이나 신의를 돌보지 않고 자신의 이익만 꾀한다는 말.

　④ 아랫돌 빼서 윗돌 괸다 : 임시변통을 의미함.

　⑤ 사공이 많으면 배가 산으로 간다 : 하나로 통일되지 못하고 의견이 분분하거나 각기 행동한다는 뜻.

49　두 단어의 의미 관계가 ㉠ : ㉡과 가장 유사한 것은?

　흔히 사람들은 ㉠ 타악기가 오케스트라 연주에서 현악기와 관악기가 내는 소리 사이의 공백을 메우는 정도의 역할을 한다고 생각한다. 하지만 러시아 태생의 음악가인 스트라빈스키는 타악기를 중요하게 생각하여 혹독한 겨울을 나야 하는 러시아인들에게 생명줄이나 다름없는 중앙난방 장치에 빗대었다.

　사실 타악기야말로 가장 원초적이면서 다양한 색깔을 가진 악기다. 타악기에는 팀파니, 심벌즈, 실로폰, ㉡ 마림바, 차임벨 등 종류가 수없이 많아 그 특징을 일일이 나열하기가 어렵다.

① 집 : 한옥　　　　　　　　　　　② 서점 : 책방
③ 조상 : 후손　　　　　　　　　　④ 안경 : 안경테
⑤ 세모꼴 : 삼각형

정답 ①

해설 ㉠과 ㉡의 관계는 포함 관계에 해당된다. ㉠은 ㉡의 상의어로 ㉡을 포함하고 있는 것이다. ①에서 '집'은 '한옥'의 상의어로, 한옥을 포함하는 개념이다. ②는 동일한 의미를 지닌 단어가 형태만 서로 다른 동의 관계 ③은 반대의 의미를 지닌 반의 관계 ④는 전체와 부분 관계 ⑤는 의미가 닮은 유의 관계이다.

50 다음의 ㉠과 가장 관련이 깊은 한자성어는?

> 내가 젊은 시절에 협사(俠士)들과 친하게 지냈고, ㉠ <u>그와도 해학(諧謔)을 걸 정도로 아주 친하게 지냈다.</u> 그래서 나는 그의 잡기놀이를 모두 구경하였다. 슬프다. 그는 신(神)이었거나 아니면 옛날에 말하던 검선(劍仙)과 같은 부류가 아니랴!

① 어목연석(魚目燕石)　　　　② 단금지계(斷金之契)
③ 난중지난(難中之難)　　　　④ 빙탄지간(氷炭之間)
⑤ 교외별전(教外別傳)

정답 ② 단금지계(斷金之契) : 쇠라도 자를 만큼의 굳은 약속이라는 뜻으로, 매우 두터운 우정을 이르는 말.

해설 ① 어목연석(魚目燕石) : 진짜와 비슷하나 본질은 완전히 다른 것을 이르는 말.
　　③ 난중지난(難中之難) : 어려운 일 가운데서도 가장 어려움.
　　④ 빙탄지간(氷炭之間) : 얼음과 숯 사이란 뜻으로, 둘이 서로 어긋나 맞지 않는 사이.
　　⑤ 교외별전(教外別傳) : 부처의 가르침을 말이나 글에 의하지 않고 바로 마음에서 마음으로 전하여 진리를 깨닫게 하는 법.

51 밑줄 친 단어 중 ㉠의 예로 적절하지 않은 것은?

> 어떤 낱말이 지니고 있는 가장 기본적이고 객관적인 의미를 사전적 의미라고 한다. 즉, '여성'이라는 낱말의 경우, '사람, 남성과 상대되는 말'과 같이 가장 기본적으로 생각할 수 있는 의미가 바로 사전적 의미이다. 그리고 연상이나 관습 등에 의하여 형성되는 의미를 <u>함축적 의미</u>라고 한다.

① 그들의 영혼에 사랑의 <u>불</u>이 붙었다.
② 갓 피어난 연꽃잎에 <u>이슬</u>이 맺혀 있다.
③ 우리는 <u>학생</u>답게 행동해야 한다.
④ 차두리는 한일전에서 <u>그물</u> 수비를 펼쳤다.
⑤ 권력을 <u>무기</u> 삼아 폭력을 휘두르다.

정답 ②

해설 ② 이슬은 '물체의 표면에 붙어 있는 작은 물방울'을 가리키는 사전적 의미로 쓰였다.
　　① '불'은 '사랑'의 보조관념으로 쓰였으므로 함축적 의미의 예이다.
　　③ '학생'은 '학교에서 공부하는 사람'이라는 사전적 의미보다는 자격을 말하는 함축적 의미로 쓰였다.
　　④ '그물'은 '물고기나 새를 잡기 위하여 실 따위로 얽어 만든 물건'이라는 사전적 의미가 아니라 '철저한, 촘촘한, 꼼꼼한'이란 함축적 의미로 쓰였다.
　　⑤ '무기'는 어떤 일을 이루기 위한 수단이나 도구를 비유적으로 이르는 말로 쓰였다.

52 문맥상 ㉠에 가장 가까운 것은?

> '공짜라면 양잿물도 마신다.'라는 말이 있다. 이 말은 공짜를 바라는 사람들의 심리를 익살을 섞어 과장되게 표현한 ㉠ 말이다.

① 잔소리

② 흰소리

③ 볼멘소리

④ 실없는 소리

⑤ 우스갯소리

정답 ⑤

해설 '공짜라면 양잿물도 마신다.'라는 말에 대해 익살 섞어 과장되게 표현한 말이라고 하였다. 이러한 문맥을 통해 볼 때, ㉠은 우스갯소리에 가장 가깝다. ② '흰소리'는 '터무니없이 자랑으로 떠벌리는 말' ③ '볼멘소리'는 '성이 나거나 서운해서 퉁명스럽게 하는 말투'를 의미한다.

53 다음 [   ] 속 단어 중 문맥에 적절한 것을 찾아 바르게 짝지은 것은?

> 교육은 어느 정도의 강제성을 띠면서 개인의 행동을 [통제(統制) / 억제(抑制)]하여 바람직한 방향으로 유도하며, 사회적 통합을 [지양(止揚) / 지향(指向)]하는 태도를 길러준다. 그러나 다양하고 복잡한 현대 사회에서 사회적 통합을 교육의 힘만으로 달성하기는 어렵다. 그래서 현대 사회에서는 다양하게 [분리(分離) / 분화(分化)]된 조직·기능과 이질적인 요소들의 통합을 위하여 법과 공권력을 발동하기도 한다.

① 통제 – 지양 – 분리

② 통제 – 지향 – 분화

③ 통제 – 지향 – 분리

④ 억제 – 지양 – 분화

⑤ 억제 – 지향 – 분화

정답 ②

해설 '통제(統制)'란 '목적을 달성하기 위하여 제약하는 일'이며, '억제(抑制)'란 '억눌러서 그치게 하는 것'이다. 교육은 개인을 바람직한 방향으로 유도하기 위해 행동을 제약하는 것이므로 통제가 적절하다. '지양(止揚)'이란 '높은 단계로 오르기 위하여 어떤 것을 하지 않는 것'이며, '지향(指向)'은 '지정한 방향으로 나아가는 것'이다. 교육을 통해 사회적 통합을 이루려는 것이므로 지향이 적절하다. '분리(分離)'란 '서로 나뉘어 떨어지는 것'이며, '분화(分化)'는 '단순·동질적인 것이 복잡·이질적인 것으로 갈라져 나가는 것'이다. 현대 사회는 복잡하고 이질적으로 나누어지는 것이므로 분화가 적절하다.

54 다음 글의 밑줄 친 상황과 가장 잘 어울리는 한자 성어는?

김생은 곧 자리에서 일어나서 나가려고 하였다. 이때 부인이 술로 인한 김생의 갈증을 염려하여 영영에게 차를 가져오라고 명령하였다. 이로 인해 두 사람은 서로 가까이 하게 되었으나, 말 한 마디도 못하고 단지 눈길만 주고받을 뿐이었다. 영영은 차를 다 올리고 일어나 안으로 들어가면서 품속에서 편지 한 통을 떨어뜨렸다. 이에 김생은 얼른 편지를 주워서 소매 속에 숨기고 나왔다. 말을 타고 집으로 돌아와 뜯어보니, 그 글에 일렀다.

"박명한 첩 영영은 재배하고 낭군께 사룁니다. <u>저는 살아서 낭군을 따를 수 없고, 또 그렇다고 죽을 수도 없었습니다.</u> 그래서 잔해만이 남은 숨을 헐떡이며 아직까지 살아 있습니다. 어찌 제가 성의가 없어서 낭군을 그리워하지 않았겠습니까? 하늘은 얼마나 아득하고, 땅은 얼마나 막막하던지! 복숭아와 자두나무에 부는 봄바람은 첩을 깊은 궁중에 가두고, 오동에 내리는 밤비는 저를 빈방에 묶어 놓았습니다."

① 전호후랑(前虎後狼) ② 자멸지계(自滅之計)

③ 진퇴유곡(進退維谷) ④ 종식지간(終食之間)

⑤ 좌사우고(左思右考)

정답 ③

해설 밑줄 친 부분은 이럴 수도 없고 저럴 수도 없는 곤란한 상황이다. 이에 어울리는 한자어는 '이러지도 저러지도 못하고 꼼짝할 수 없는 궁지'를 뜻하는 '진퇴유곡(進退維谷)'이다.

① 전호후랑(前虎後狼) : 앞문에서 호랑이를 막고 있으려니까 뒷문으로 이리가 들어온다는 뜻으로, 재앙이 끊일 사이 없이 닥침을 비유적으로 이르는 말.

② 자멸지계(自滅之計) : 잘한다는 것이 도리어 잘못되어 망하게 되는 꾀를 이르는 말.

④ 종식지간(終食之間) : 식사를 하는 짧은 시간이라는 뜻으로, 얼마 되지 아니하는 동안을 이르는 말.

⑤ 좌사우고(左思右考) : 이리저리 생각하고 헤아림을 이르는 말.

55 밑줄 친 '찾아낼'과 바꾸어 쓰기에 가장 적절한 것은?

> DNA는 두 가닥이 나선형으로 꼬여 있는 이중 나선 구조로 이루어진 분자이다. 그런데 이 두 가닥에 늘어서 있는 염기들은 임의적으로 배열되어 있는 것이 아니다. 한쪽에 늘어선 염기에 따라, 다른 쪽 가닥에 늘어선 염기들의 배열이 결정되는 것이다. 즉 한쪽에 A염기가 존재하면 거기에 연결되는 반대쪽에는 반드시 T염기가, 그리고 C염기에 대응해서는 반드시 G염기가 존재하게 된다. 염기들이 짝을 지을 때 나타나는 이러한 선택적 특성을 이용하여 유전병을 일으키는 유전자를 <u>찾아낼</u> 수 있다.

① 색출(索出)할   ② 반출(搬出)할

③ 배출(排出)할   ④ 갹출(醵出)할

⑤ 유출(流出)할

정답 ①

해설 밑줄 친 '찾아낼'은 '유전병을 일으키는 유전자를 찾아서 드러내다'는 의미이다. 이에 해당하는 어휘는 '샅샅이 뒤져서 찾아내다'의 의미인 '색출'이다.

② 반출(搬出) : (물품을 있던 곳의 밖으로) 운반(運搬)하여 내가는 것.

③ 배출(排出) : 안에서 밖으로 밀어 내보냄.

④ 갹출(醵出) : 같은 목적을 위하여 여러 사람이 돈을 나누어 냄.

⑤ 유출(流出) : 밖으로 흘러 나가거나 흘려 내보냄.

둘째 마당

언어 기능 영역

1장

Test of Korean Language

I wish you the best of luck!

㈜시대고시기획
㈜시대교육

www.**sidaegosi**.com

시험정보·자료실·이벤트
합격을 위한 최고의 선택

시대에듀

www.**sdedu**.co.kr

자격증·공무원·취업까지
BEST 온라인 강의 제공

담화 능력

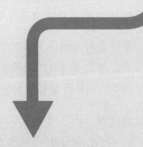

1절 듣고 풀기 (객관식)

① 개요

듣기 문제는 읽기 문제와는 달리 정보를 듣고 수렴하는 것이기 때문에 한 번 지나친 내용은 다시 들을 수 없다. 즉 읽기 문제는 문제를 풀면서 필요한 정보를 제시문에서 다시 찾아서 확인해 가면서 풀 수 있는 데 반해서 듣기 문제는 단 한 번의 들려준 내용을 토대로 문제를 풀어야 한다는 것이다.

따라서 들려 준 정보를 어떻게 하면 문제에 직접 활용하여 필요한 실마리를 얻어내는가가 가장 큰 요건이라고 할 수 있다. 이 정보를 수렴해서 문제풀이의 실마리로 사용하는 방법은 여러 가지가 있는데 그중 가장 표준적이며 안정적인 방법은 듣기 문제가 시작되기 전 배포된 문제지를 보고 예항을 확인한 다음 예항에서 그 핵심 판단 요건이 되는 것을 먼저 표시해 두는 방법이다.

특히 듣기 능력은 들으면서 핵심 내용에 대한 파악 능력과 그 정보의 조합 및 분석능력을 측정하는 데 초점을 두고 출제되기 때문에 먼저 들은 내용에 대한 빠른 분석을 할 수 있는 능력을 길러야 하며 둘째는 들려주는 내용의 핵심을 선별해서 조합한 다음 판단적 근거를 찾아 예항을 선별하는 능력을 길러야 한다.

듣기 제시문은 대략 400~550자 정도이고 시간은 1분 20초~2분 이내이며 단일형(혼자 말하는 유형)은 3~4문단, 복합형(두 사람 이상이 대화하는 유형)은 문단으로 환산하면 4~6문단 정도이다. 여기서 문단별로 분석을 하는 이유는 문단이란 하나의 주제를 가진 글의 덩어리를 말하는 것이기 때문에 4문단이라면 글의 전체 주제는 4개의 주제 덩어리가 조합되어 있다는 것을 의미하기 때문이다. (※ 문단에 대한 정확한 설명은 독해편에서 자세히 다루기로 한다.)

문제는 객관식 13문제와 주관식 2문제가 출제되며 주관식은 주로 비판과 분석 영역으로 쓰기 능력과 결부되어 있다. 따라서 주관식 문제는 비판과 분석, 쓰기 영역에서 자세하게 다루기로 한다.

② 효율적인 학습법

먼저 시험지가 배부된 후 시험지 검사를 위한 약 10분 정도의 여유 시간을 최대한 활용한다. 이때 듣기 문제의 예항을 훑어 본 뒤 예항의 핵심 내용이 무엇인지를 파악해서 그 핵심어에 표시를 한다(가장 좋은 방법은 핵심어에 밑줄을 긋거나 동그라미를 쳐 두는 방법이다. 시험지에 낙서를 하지 말라는 주의 사항이 있으면 준비한 연필로 표시를 했다가 시험지 제출 시 지우면 된다. 따라서 연필과 지우개를 별도로 지참해 가는 것이 좋다).

특히 예항을 보면 특정 단어가 중복되어 나오는 경우가 많은데 이 단어에 반드시 표시를 해두는 것이 좋다. 그리고 예항을 살펴보면 긍정적인 답과 부정적인 답이 있는데 이 부분도 표시를 해 두면 오답을 방지하는 데 도움이 된다(긍정적인 답이란 '올바른 것은? 알맞은 것은?'과 같이 예항 판단에서 올바른 것을 고르라는 것이며, 부정적인 답이란 '올바르지 않은 것은? 틀린 것은?'과 같이 옳지 않은 것을 고르라는 문제 유형이다).

그 다음은 듣기 영역도 문단별 주제가 뚜렷이 구분이 된다는 것을 인식해야 한다. 듣기 문제의 문단은 호흡이나 내용의 변화로 알 수 있지만 듣기에서만 사용하는 문단 구별 방법을 사용한다는 사실을 알아두면 내용의 파악에 도움이 된다. 성우가 혼자 나오는 경우의 문단 구별은 대부분 접속어로 구분한다. 따라서 '결국, 그런데, 그러니까, 한편' 등의 접속어를 사용해서 문단이 바뀜을 표현하는 것이 보편적이기 때문에 들으면서 접속어가 나온다면 앞에서 말한 내용과는 달라진다는 것을 염두에 두고 그 문단의 핵심 내용을 파악하면 된다.

이때 달라진 내용의 핵심을 앞에서와 마찬가지로 최소한의 핵심어만큼은 문제지에 연필로 적어 두는 것이 문제를 정확하게 풀어가는 열쇠가 된다.

③ 난이도 및 범주

듣기 평가의 난이도는 중3~고2의 학력평가 수준과 비슷한 정도이다. 묻는 내용은 객관식 13문항 중 주제 및 핵심 내용 파악이 4~5문제, 비판과 반박이 3~4문제, 사실판단이 3~5문제, 추론판단이 1~3문제 정도이며 이 중 난이도가 비교적 높아서 오답률이 높아 주의를 요하는 문제는 5~6문제 정도이다. 주관식 2문제는 주로 비판 및 종합판단의 유형인데 100자 내외와 60자 내외의 분량으로 채점에 직접 영향을 미치는 분량은 40~80자 정도의 한 개 또는 두 개의 문장이다.

듣기 내용의 형식은 주로 1인 강의형(설명형)과 2인 대화형이 중심을 이루고 있으며 간혹 3인 대화형이 출제되기도 한다. 듣기 분량은 앞서 언급했듯이 400~500자 정도로 약 1분 20초~2분 사이가 많고 발화속도는 대개 200~250자/분로 일상적인 발화 또는 강의 속도이다.

듣기의 중심 내용은 크게 나눠서 시사적이거나 현 사회의 쟁점에 관한 것이 8~10개, 원론적인 것(학술적인 것이나 교양 등)이 5~7개 정도로 시사적인 것이나 현 사회의 쟁점에 관한 것이 보다 많다.

듣기에 사용하는 어휘는 대부분 고1 정도면 충분히 이해할 수 있는 일반적인 것이며 가끔 전문적인 용어나 신조어들이 나올 경우는 곁들여서 설명을 해 주기 때문에 그리 큰 걱정을 할 필요는 없다. 전반적인 문장의 길이도 보통 뉴스 시간에 나오는 정도의 일반적인 길이로 주제나 내용을 파악하는 데 알맞은 분량으로 설정되어 있기 때문에 들을 때 핵심어를 정확하게 이해하며 숙지하면 문제를 해결하는 데 도움이 될 것이다.

④ 실전 연습

듣기 문제를 보다 정확하게 풀기 위해서 기본적인 유형을 가지고 좀 더 자세히 살펴보면서 어떤 방법으로 문제를 접근하는 것이 가장 효율적인지를 알아보겠다.

① 강의형(설명형) 문제

강의형 문제는 발화자가 한 명인 경우로 대부분 어떤 현상을 설명하거나 현상에 대한 문제를 제기하는 경우이다. 이 경우도 시사형과 원론형으로 나누어 볼 수 있는데 듣고 이해하고 문제를 해결하는 방법은 사실상 거의 같기 때문에 함께 설명하기로 한다.
이때 가장 주의해야 할 점은 바로 듣기의 문단 개념인데 대부분 듣기는 눈으로 보이지 않기 때문에 접속어를 통해서 문단의 변환을 나타낸다는 것을 알아야 한다. 일단 문제를 살펴보자.

예시문제 1 **이번에는 요리 강좌의 일부를 들려 드립니다. 잘 듣고 물음에 답하시오.**

여러분, 식은 된장찌개 먹어 보셨죠? 좀 짜고 맛이 없다는 느낌을 받으셨을 겁니다. 그 이유는 단순히 차가운 느낌 때문만은 아닙니다. 그것은 음식의 온도에 따라서 우리가 느끼는 맛에 차이가 생기기 때문입니다.

일반적으로 사람의 혀는 20~40℃에서 가장 민감한데, 음식의 온도에 따라 각각의 맛을 느끼는 정도가 변합니다. 단맛은 사람의 체온과 비슷한 35℃에서 가장 달게 느껴지지만 이 온도보다 높거나 낮으면 그다지 달게 느껴지지 않습니다. 차가운 커피나 뜨거운 커피에 설탕을 넣어도 좀처럼 달콤해지지 않는 것은 이 때문입니다. 짠맛은 온도가 높을 때에는 그다지 강하게 느껴지지 않지만, 온도가 낮을수록 강하게 느껴집니다. 쓴맛도 짠맛과 마찬가지로 온도가 낮을수록 강하게 느껴집니다. 일반적으로 식은 요리가 맛이 없다고 느끼는 이유는 쓴맛이 강하게 느껴지기 때문입니다. 특이하게도 신맛은 온도와는 상관이 없습니다. 온도가 높건 낮건 신맛이 나는 것은 마찬가지입니다.

이처럼 우리의 미각은 온도에 민감하게 반응하기 때문에 정성들여 만든 요리를 더욱 맛있게 먹기 위해서는 요리를 담을 접시나 그릇의 온도를 미리 요리의 온도에 맞추는 것도 좋은 방법입니다.

자, 그렇다면 제가 질문을 하나 드릴게요. 잘 생각해 보세요. 새콤달콤한 귤을 냉장고에 넣어 차게 해서 먹으면, 그냥 먹을 때에 비해 맛이 어떻게 달라질까요?

문제 **강사의 마지막 질문에 대한 답으로 가장 적절한 것은?**

① 쓴맛이 억제되면서 신맛이 강하게 느껴진다.
② 단맛이 약해지면서 신맛이 강하게 느껴진다.
③ 신맛이 사라지면서 단맛이 강하게 느껴진다.
④ 신맛이 강해지면서 단맛이 강하게 느껴진다.
⑤ 새콤달콤한 맛 자체에는 아무런 변화가 없다.

위 문제 유형이 바로 듣기 문제 중 강의형(설명형)의 보편적인 문제이다. 기본적인 처리 방법부터 들어가자면 첫째, 문제지 검토 시간 또는 듣기 시작 전에 먼저 예항을 살펴보면서 다음과 같이 예항의 판단 기준을 먼저 표시를 해 둔다.

> ① 쓴맛이 억제되면서 신맛이 강하게 느껴진다.
> ② 단맛이 약해지면서 신맛이 강하게 느껴진다.
> ③ 신맛이 사라지면서 단맛이 강하게 느껴진다.
> ④ 신맛이 강해지면서 단맛이 강하게 느껴진다.
> ⑤ 새콤달콤한 맛 자체에는 아무런 변화가 없다.

위와 같이 분석을 하면 듣는 내용 중 어떤 것에 주의를 해야 하는지가 분명해지므로 듣는 내용의 핵심을 간파할 수 있다.

이렇게 파악을 한 뒤 위 내용을 들으면 단맛과 신맛의 온도 변화에 대한 추이가 나올 때 그것에 대해 유의하면서 시험지에 간단하게 적어 놓은 것이다. 즉 위 내용 중 '단맛은 사람의 체온과 비슷한 35℃에서 가장 달게 느껴지지만 이 온도보다 높거나 낮으면 그다지 달게 느껴지지 않습니다.' 가 나올 때 '단맛 35도 ↑, 낮거나 높으면 ↓'와 같이 표시하고 또 예항에서 잡은 핵심 판단어인 신맛이 나오는 '특이하게도 신맛은 온도와는 상관이 없습니다. 온도가 높건 낮건 신맛이 나는 것은 마찬가지입니다.' 의 내용을 들으면서 '신맛, 온도 영향×' 처럼 표시하면 위의 답이 ②라고 하는 것을 쉽게 파악하고 다음 문제를 대비할 수 있다.

참고로 전체 내용을 판단하는 문제인 경우는 내용을 정리하기 위해 문단을 구별하는 것이 좋은데 위 듣기 대본에서 보면 '일반적으로', '이처럼', '자' 에서 문단이 바뀌는 것을 볼 수 있다. 이런 점을 활용하면 좀 더 난이도가 높은 종합판단 문제나 전체 주제를 찾는 문제를 보다 쉽게 풀어갈 수 있다.

예시문제를 하나 더 보면서 문제 처리의 열쇠를 찾아보기로 하자.

예시문제 2 | 이번에는 강연의 일부를 들려 드립니다. 잘 듣고 물음에 답하시오.

여러분, '윤리적 소비'에 대해 들어 보신 적이 있나요? '소비'라는 말에 '윤리'라는 무거운 단어가 붙어 있으니 어색하게 느껴지는 분들도 있을 거예요. 윤리적 소비란 인간과 동물, 환경에 해를 끼치지 않는 방식으로 생산된 상품을 구매하는 것을 말하는데, 저개발 국가의 노동자들과 농민들의 노동 착취를 막자는 취지에서 시작된 공정 무역 개념을 근간으로 1990년대 말에 확립된 이념입니다.

공정 무역은 생산국의 농민이나 노동자의 노동에 대해 정당한 대가를 지불하면서 이루어지는 무역 활동을 가리키는데, 윤리적 소비에는 이러한 공정 무역 제품을 구입하는 일 이외에도 여행지의 자연과 문화를 보존하고 그 나라에 이익이 되도록 하자는 책임 여행이라든가, 환경 훼손을 최소화하면서 생산한 제품을 구매하는 일 등이 포함됩니다.

현대 사회는 사람들의 소비 욕구를 지나치게 자극하여 과소비를 조장하는 측면이 많습니다. 광고나 판촉 활동에 현혹되어 단지 싸다는 이유로 굳이 필요하지도 않은 물건을 구매했다가 제대로 쓰지도 않고 버리게 되는 경우를 생각해 보세요. 이렇게 버려진 물건들은 결국 쓰레기가 되어 환경을 훼손하겠지요. 그러니까 불필요한 소비나 과소비를 자제하는 것도 윤리적 소비에 해당한다고 할 수 있습니다.

여러분의 손짓 하나, 발걸음 하나가 주변의 많은 것에 영향을 미칠 수 있습니다. '내 돈 내가 쓰는데 누가 뭐라고 하나'라는 생각에서 벗어나 인간과 동물, 환경을 생각하는 이타적인 소비자가 돼 보는 건 어떨까요?

문제 | 강연의 취지를 이해한 사람의 반응으로 적절하지 <u>않은</u> 것은?

① 멸종 위기에 처한 동물을 재료로 만든 건강 보조 식품은 사지 말아야겠어.
② 되도록이면 화학 비료를 쓰지 않는 유기농 식품을 구매하도록 노력해야겠어.
③ 좀 비싸더라도 원산지 농민들에게 정당한 대가를 지불한 커피를 구입해야겠어.
④ 멋있는 광고를 하는 회사보다는 입소문으로 알려진 회사의 가구를 구매해야겠어.
⑤ 한철 입다가 버리면 그만이라는 생각으로 값싼 옷을 많이 샀는데 그러지 말아야겠어.

듣기 문제의 일차적인 준비인 예항 분석이 첫째이므로 먼저 다음과 같이 예항의 핵심 판단어를 분석한다.

① <u>멸종 위기에 처한 동물</u>을 재료로 만든 <u>건강 보조 식품</u>은 사지 말아야겠어.
② 되도록이면 화학 비료를 쓰지 않는 <u>유기농 식품을 구매하도록 노력해야겠어.</u>
③ 좀 비싸더라도 <u>원산지 농민들에게 정당한 대가를 지불한 커피를 구입해야겠어.</u>
④ 멋있는 광고를 하는 회사보다는 <u>입소문으로 알려진 회사의 가구를 구매해야겠어.</u>
⑤ <u>한철 입다가 버리면 그만</u>이라는 생각으로 <u>값싼 옷을 많이 샀는데 그러지 말아야겠어.</u>

이 예항 판단 분석 자료를 중심으로 내용을 들으면서 문제지에 표시하거나 직접 답인지 아닌지를 판정한다. 이번에는 직접 판단을 하는 경우를 예로 들어 보면 다음과 같다.

- '윤리적 소비란 인간과 동물, 환경에 해를 끼치지 않는 방식으로 생산된 상품을 구매하는 것을 말하는데' ➡ ①과 ②가 이에 해당되므로 제거

- '공정 무역은 생산국의 농민이나 노동자의 노동에 대해 정당한 대가를 지불하면서 이루어지는 무역 활동을 가리키는데' ➡ ③이 올바르기 때문에 제거

- '단지 싸다는 이유로 군이 필요하지도 않은 물건을 구매했다가 제대로 쓰지도 않고 버리게 되는 경우를 생각해 보세요. 이렇게 버려진 물건들은 결국 쓰레기가 되어 환경을 훼손하겠지요.' ➡ ⑤가 해당되므로 제거

- 남는 ④는 위 내용과 관련이 없기 때문에 이것이 답이 된다.

이처럼 듣기 문제에 조금 숙달되면 듣는 내용의 핵심을 일일이 적지 않아도 분석된 예항을 직접 판단해서 쉽게 답을 찾을 수 있다. 동일 유형을 하나 더 들어보자.

예시문제 3 〉〉 이제 여러분은 이야기 한 편을 듣게 됩니다. 잘 듣고 물음에 답하시오. ▶

저는 오늘 여러분에게 어느 백인 선교사와 관련된 일화를 들려 드리려고 합니다.

한 백인 선교사가 인디언 아이들을 데리고 시험을 치르고 있었습니다. 선교사는 자신이 가르친 만큼 아이들도 열심히 시험을 볼 거라고 생각했습니다.

그런데 이게 웬일입니까? 시험지를 받은 아이들은 자기의 시험지를 상대방에게 보여주고, 또 모르는 것은 의논하면서 답안지를 작성하는 것이었습니다. 선교사는 깜짝 놀라 아이들을 꾸짖었습니다.

"시험 볼 때에는 모른다고 남의 답안지를 보거나 남에게 물어서는 절대 안 됩니다. 또한 남을 생각해 준다고 자기의 답안지를 보여 주는 행위도 안 됩니다. 이는 모두 비도덕적인 행위로 반드시 고쳐야 할 나쁜 행동입니다."

그러자 아이들이 깜짝 놀라며 반론을 제기했습니다.

"우리는 조상 대대로 어려운 일이 있을 때에는 서로 의논해 가며 최선의 방법을 찾는 것이 옳다고 배웠습니다. 우리에게 지금 보는 시험은 어려운 일입니다. 우리는 어른들이 가르쳐 주신 대로 최선의 답을 찾기 위해 노력한 것뿐입니다. 어려운 일이 있으면 서로 의논해서 해결해야지, 자기만 시험을 잘 보겠다고 남에게 답을 보여 주지 않는 행위는 옳지 못하다고 생각합니다."

그 말을 들은 백인 선교사는 아무 말도 못했다고 합니다.

- -

문제 이 이야기를 통해 얻을 수 있는 교훈은?

　① 자신의 생각만이 옳은 것은 아니다.

　② 타인의 잘못을 용서할 줄 알아야 한다.

　③ 아무리 힘들더라도 남에게 의지해서는 안 된다.

　④ 어렵더라도 원칙을 지켜나가는 자세가 중요하다.

　⑤ 상황에 따라 대처할 줄 아는 융통성이 필요하다.

① 자신의 생각만이 옳은 것은 아니다.
② 타인의 잘못을 용서할 줄 알아야 한다.
③ 아무리 힘들더라도 남에게 의지해서는 안 된다.
④ 어렵더라도 원칙을 지켜나가는 자세가 중요하다.
⑤ 상황에 따라 대처할 줄 아는 융통성이 필요하다.

위에서 연습한 대로 한다면 위 예항을 분석해서 위와 같이 판단의 핵심 논점을 잡았을 것이므로 이 문제도 역시 직접 판단을 한다고 가정을 하면 다음과 같다.

● '선교사는 깜짝 놀라 아이들을 꾸짖었습니다. "시험 볼 때에는 모른다고 남의 답안지를 보거나 남에게 물어서는 절대 안 됩니다. 또한 남을 생각해 준다고 자기의 답안지를 보여 주는 행위도 안 됩니다. 이는 모두 비도덕적인 행위로 반드시 고쳐야 할 나쁜 행동입니다."'라는 지적에 대해 아이들은

● '조상 대대로 어려운 일이 있을 때에는 서로 의논해 가며 최선의 방법을 찾는 것이 옳다고 배웠습니다. 우리에게 지금 보는 시험은 어려운 일입니다. 우리는 어른들이 가르쳐 주신 대로 최선의 답을 찾기 위해 노력한 것뿐입니다. 어려운 일이 있으면 서로 의논해서 해결해야지, 자기만 시험을 잘 보겠다고 남에게 답을 보여 주지 않는 행위는 옳지 못하다고 생각합니다.'라는 반론을 펼쳤다.

● 결국 전체에 대한 종합적인 판단을 필요로 하는 문제임을 알 수 있다. 마지막에 '그 말을 들은 백인 선교사는 아무 말도 못했다.'는 것이 판단의 핵심이므로 이 일화를 통해 자신의 생각만이 절대적일 수 없다는 교훈을 얻을 수 있는 것이다. 따라서 답은 ①이 된다는 것을 알 수 있다.

예시문제 4 이번에는 교양 강좌의 일부를 들려 드립니다. 잘 듣고 물음에 답하시오.

우리가 무엇을 본다는 것은 사진기처럼 어떤 대상을 있는 그대로 보는 것이 아닙니다. '시각'이란 심리적인 경험에 의해서 보는 것을 말하지요. 여기서 '심리적인 경험'이란, 어떤 물체를 눈으로 보는 것을 말하는 것이 아니라, 우리 머릿속에서 활동을 조정하는 뇌를 통해서 지각하는 것을 의미하는 것입니다. 그러니까 눈으로 본 것을 뇌가 어떻게 받아들이느냐가 바로 시각이라고 할 수 있을 것입니다.

이러한 시각과 관련된 현상에는 여러 가지가 있는데, 그중 '잔상'이라는 현상이 있습니다. 우리가 사물을 인지하는 것은 사물에서 반사되어 나오는 빛이 우리 눈의 망막에 비춰지기 때문인데, 빛의 자극이 제거된 후에도 시각 기관에 어떤 흥분 상태가 계속돼 형체가 잠시 남게 되는 현상을 '잔상'이라고 합니다.

'잔상'에 대한 쉬운 예를 들어 보겠습니다. 두꺼운 도화지 한쪽에는 강아지 사진을 붙여놓고, 다른 한쪽에는 창살 그림을 그려 놓은 다음, 도화지에 수수깡을 부채 자루처럼 연결합니다. 그리고 수수깡을 양손바닥 사이에 끼우고 힘차게 돌려보세요. 그러면 마치 강아지가 우리 안에 갇혀 있는 것처럼 보이게 됩니다. 두 개의 그림을 빠른 속도로 번갈아 보게 되면, 마치 두 그림이 겹쳐서 하나의 그림으로 보이게 되는 것이지요.

정지된 대상이 연속적으로 움직이는 것처럼 보이는 것은 눈을 통해 들어온 한 장면에 대한 자극이 시신경을 흥분시키게 되고, 흥분이 가라앉기도 전에 다음 장면에 의한 자극이 주어지기 때문입니다. 이러한 잔상 현상을 이용하여 만든 것 중에 대표적인 것이 '만화 영화'입니다.

문제 강사가 설명한 사례와 가장 유사한 것은?

① 물속에 반 정도 잠긴 나뭇가지가 휘어져 보인다.
② 몹시 배가 고프면 어떤 사물이 먹을 것으로 보인다.
③ 지평선의 보름달이 중천의 보름달보다 더 커 보인다.
④ 뚱뚱한 사람이 세로줄무늬 옷을 입으면 날씬해 보인다.
⑤ 옥외 간판의 네온사인 글자가 움직이는 것처럼 보인다.

① 물속에 반 정도 잠긴 <u>나뭇가지가 휘어져</u> 보인다.
② 몹시 배가 고프면 어떤 사물이 <u>먹을 것으로</u> 보인다.
③ 지평선의 보름달이 <u>중천의 보름달보다 더 커</u> 보인다.
④ <u>뚱뚱한</u> 사람이 <u>세로줄무늬</u> 옷을 입으면 <u>날씬해</u> 보인다.
⑤ 옥외 간판의 <u>네온사인 글자가 움직이는 것처럼</u> 보인다.

위 유형이 듣기 문제 중 난이도가 높은 상위 문제의 형태인데 이 문제도 해결하는 방법은 앞에서 제시한 문제들과 같다. 즉 위처럼 먼저 예항을 분석해서 판단을 할 수 있는 핵심 기준을 표시해 둔 다음 내용을 주의 깊게 들으면서 관계되는 항을 판단해 낸다.

단, 위의 경우는 문제를 분석해 보면 제거법(예항을 하나하나 지워나가는 법)을 사용할 수 없고 종합적인 판단을 해야 하는 문제임을 알 수 있다. 이때 혹시 놓칠 수 있는 내용이 나올 수 있으므로 시험지에 핵심어를 기록해 가는 방법도 좋은 대비책이다.

따라서 위 듣기 내용을 들으면서

- ''시각'이란 심리적인 경험에 의해서 보는 것을 말하지요. ~ 그러니까 눈으로 본 것을 뇌가 어떻게 받아들이느냐가 바로 시각이라고 할 수 있을 것입니다.' ➡ '보는 것 = 뇌의 심리적 지각'이란 핵심어를 찾아 적고
- '이러한 시각과 관련된 현상에는 여러 가지가 있는데, 그중 '잔상'이라는 현상이 있습니다.' ➡ 위 내용에 '잔상'이라는 핵심어를 '보는 것 = 뇌의 심리적 지각 – 잔상'으로 추가해 놓은 다음
- '그러면 마치 강아지가 우리 안에 갇혀 있는 것처럼 보이게 됩니다. 두 개의 그림을 빠른 속도로 번갈아 보게 되면, 마치 두 그림이 겹쳐서 하나의 그림으로 보이게 되는 것이지요.' ➡ 잔상의 예를 이해한 다음 '보는 것 = 뇌의 심리적 지각 – 잔상 – 예 : 강아지 우리 속 그림'을 추가하고
- '이러한 잔상 현상을 이용하여 만든 것 중에 대표적인 것이 '만화 영화'입니다.' ➡ '보는 것 = 뇌의 심리적 지각 – 잔상 – 예 : 강아지 우리 속 그림 – 활용 : 만화 영화'와 같이 추가해서 표시한 예항을 다시 살펴보면 ⑤의 '네온사인의 글자는 하나씩의 불빛이지만 불빛이 켜지는 시간의 조정에 따라 마치 글자가 움직이는 것처럼 보이는 것'이 답이라는 것을 쉽게 판단할 수 있다.

위와 같은 연습을 조금만 해두면 듣기 문제에서 조금 어렵다고 생각되는 유형도 오답을 내지 않고 정확하게 풀어갈 수 있는 능력이 생긴다.

❷ 대화형 문제

대화형 문제는 대부분 두 명 정도의 대화자가 나와서 관점이 다른 견해를 펼치며 그 문제점이나 핵심 내용 또는 둘 중 어떤 사람의 견해에 대한 반박, 비판, 옹호 등의 논리적 판단이나 추론판단을 요하는 문제들이 많은 편이다.

따라서 일단 예항분석을 통해서 두 사람 이상이 나오는 대화형 지문이라는 것이 파악되면 최소한 논점이 두 개 이상이라는 사실을 염두에 두고 먼저 예항을 통해 찾을 수 있는 논점의 차이 또는 방향을 미리 파악한 다음 듣기를 통해서 두 사람의 논점에 대한 정리를 해 가며 듣는 것이 가장 좋은 방법이다.

다음 예시문제들을 통해서 이 유형에 대한 효율적인 접근방법을 익혀 두기로 한다.

예시문제 1 이번에는 두 사람의 대화를 들려 드립니다. 잘 듣고 물음에 답하시오.

여학생 : 영호야, 뭐해?

남학생 : 응. 신문 읽고 있어.

여학생 : 눈여겨 볼만한 기사가 났니?

남학생 : 우리나라의 대표적인 전통 민속 경기인 씨름이 위기에 처했다지 뭐야.

여학생 : 아, 나도 뉴스에서 그런 얘길 들은 적이 있어.

남학생 : 우리 민속 씨름이 프로 경기로 부활한 지 20여 년 만에 이런 위기에 처했다니, 참 안타까운 일이
야. 우리 씨름은 고구려 벽화에서부터 등장할 정도로 역사가 깊고 오랫동안 많은 사람들의 사랑을
받아온 스포츠인데 말이야.

여학생 : 그러게. 앞으로 더 이상 텔레비전에서 흥겨운 씨름판을 볼 수 없을지도 모르겠어.

남학생 : 기업들은 씨름이 젊은 세대에 인기가 없다며 팀 인수를 꺼린다고 해. 하지만 내 또래 중에도 씨름
을 좋아하는 친구들이 얼마나 많은데. 더구나 축구나 야구 선수들을 스카우트하는 데는 수십억 원
을 쏟아 부으면서 예산이 부족하다는 이유로 프로 씨름단을 해체하는 것은 아무래도 앞뒤가 맞지
않아.

여학생 : 맞아. 우리 전통 문화를 지키는 차원에서라도 씨름에 대한 지원책을 마련해야 하지 않을까? 정부
의 무관심도 문제라는 생각이 들어.

남학생 : 사실 관중을 모으기 위해서는 씨름의 경기 방식을 개선하고 씨름 스타를 발굴할 필요도 있어. 일
본의 스모처럼 자국의 문화를 국제적 관광 상품으로 만들 수 있는데도 우리는 그만큼 노력을 덜했
다고 볼 수 있지. 씨름은 결코 한때 '반짝' 하고 마는 유행 종목이 아닌데 말이야.

문제 이 대화에서 남녀 학생이 비판한 내용이 <u>아닌</u> 것은?

① 기업은 이해타산적인 관행을 버리지 않는다.

② 씨름을 관광 상품화하려는 노력이 부족하다.

③ 씨름 활성화를 위한 정부의 지원이 미흡하다.

④ 젊은 세대는 민속 씨름 경기에 대한 관심이 적다.

⑤ 민속 씨름의 경기 방식이 관중의 흥미를 끌지 못한다.

일단 위 문제는 대화형에서 가장 쉬운 문제 유형이다. 그 이유는 내용을 보면 두 사람이 등장하고 있지만 서로의 논점이나 주장이 일치하고 있어 내용을 쉽게 파악할 수 있기 때문이다.

이 유형의 도입방법도 앞의 강의형과 같기 때문에 다음과 같이 예항을 통해서 먼저 판단의 핵심어를 파악한다.

먼저 물음인 '이 대화에서 남녀 학생이 비판한 내용이 아닌 것은?'을 보면 두 사람은 동일한 논점이라는 것을 파악할 수 있으므로 어려운 문제가 아니라는 것을 알 수 있다. 다음은 예항을 분석해서 판단의 준거를 다음과 같이 준비해 둔다.

① 기업은 이해타산적인 관행을 버리지 않는다.
② 씨름을 관광 상품화하려는 노력이 부족하다.
③ 씨름 활성화를 위한 정부의 지원이 미흡하다.
④ 젊은 세대는 민속 씨름 경기에 대한 관심이 적다.
⑤ 민속 씨름의 경기 방식이 관중의 흥미를 끌지 못한다.

부정질문(아닌 것을 찾는 것)이므로 제거법을 사용하여 정답을 찾는다.

● '하지만 내 또래 중에도 씨름을 좋아하는 친구들이 얼마나 많은데.' ➡ ④를 표시하고 이것이 답이라는 것을 파악한 뒤
● '더구나 축구나 야구 선수들을 스카우트하는 데는 수십억 원을 쏟아 부으면서 예산이 부족하다는 이유로 프로 씨름단을 해체하는 것은 아무래도 앞뒤가 맞지 않아.' ➡ ① 제거
● '정부의 무관심도 문제라는 생각이 들어.' ➡ ③ 제거
● '관중을 모으기 위해서는 씨름의 경기 방식을 개선하고 씨름 스타를 발굴할 필요도 있어.' ➡ ⑤ 제거
● '일본의 스모처럼 자국의 문화를 국제적 관광 상품으로 만들 수 있는 데도 우리는 그만큼 노력을 덜했다고 볼 수 있지.' ➡ ② 제거
● 따라서 첫 부분에서 잡은 답이 옳다는 것을 확인할 수 있다.

예시문제 2 이번에는 대화의 일부를 들려 드립니다. 잘 듣고 물음에 답하시오.

허엽 : 듣건대 이 공(公)이, 지금은 향약을 전국적으로 시행할 때가 아니라고 주상께 주청했다고 하는데, 향약을 전국적으로 시행하는 것이 왜 시기상조란 말이오?

이이 : 의복과 음식이 넉넉한 뒤에라야 예의를 아는 법입니다. 근자에 이르러 백성들의 살림이 그 어느 때보다 어려워졌습니다. 헐벗고 굶주린 백성들에게 억지로 예를 행하게 할 수는 없는 것입니다. 먼저 백성들을 잘 살게 한 연후에 백성들을 가르쳐야 할 것입니다.

허엽 : 백성들의 살림살이가 어렵다는 것은 나도 잘 알고 있소. 허나 고금의 역사로 보건대, 풍속이 어지럽고 인륜 도덕이 땅에 떨어진 나라는 망할 수밖에 없소. 그러니 당장은 백성들의 살림살이가 어렵더라도, 국가의 장래를 위해서는 향약을 시행하여 백성들을 교화해야 하지 않겠소?

이이 : 예로부터 백성들이 도탄에 빠지고도 예의범절을 잘 지키는 아름다운 풍속을 이룬 적은 없었습니다. 도덕 교화라는 것은 쌀밥과 고기반찬 같은 것입니다. 너무 굶주려서 죽도 소화시킬 수 없는 형편이라면, 제 아무리 맛있는 쌀밥과 고기반찬인들 먹을 수 있겠습니까?

허엽 : 허허, 백성들이 살림살이가 아무리 풍족한들, 예의와 도덕을 모른다면 금수와 다를 바가 있겠소? 오히려 백성들의 살림살이가 어려운 이때에 백성들을 교화하여 미풍양속을 진작시켜야 하오. 그러면 백성들의 살림살이는 저절로 넉넉해질 것이오.

이이 : 비록 부자지간이라도, 아들의 굶주림에는 아랑곳하지 않고 날마다 매질이나 하면서 학문을 권한다면 반드시 의가 갈리고야 말 것입니다. 하물며 굶주린 백성들에게 있어서야 오죽하겠습니까?

문제 두 사람의 대화에서 쟁점이 되고 있는 것은?

　　　① 향약이 지향해야 할 이념은 무엇인가?
　　　② 백성들의 빈곤을 어떻게 해결할 것인가?
　　　③ 향약이 백성들에게 필요한 이유는 무엇인가?
　　　④ 민생과 교화 중 어느 것을 우선해야 하는가?
　　　⑤ 백성들의 살림살이가 어려워진 원인은 무엇인가?

위 문제는 대화형 문제에서 가장 많이 출제되는 쟁점이나 논점이 서로 다른 유형의 문제이다. 난이도는 보통 정도이며 이 정도의 난이도를 갖춘 문제가 많이 출제된다. 우선 이 유형에 대해 도입방법을 자세히 알아보자.

먼저 문제인 '두 사람의 대화에서 쟁점이 되고 있는 것은?'을 보면 두 사람의 견해가 다른 것을 알 수 있으므로 문제지에 두 사람의 쟁점이나 이견에 대해 정리를 하기 위해 A, B 또는 1, 2 정도로 구분을 해 놓는다.

다음은 예항을 다음과 같이 분석해서 판단의 준거를 미리 파악해 놓는다.

① 향약이 지향해야 할 <u>이념</u>은 무엇인가?

② 백성들의 <u>빈곤</u>을 어떻게 <u>해결</u>할 것인가?

③ 향약이 백성들에게 <u>필요한 이유</u>는 무엇인가?

④ 민생과 교화 중 어느 것을 <u>우선</u>해야 하는가?

⑤ 백성들의 <u>살림살이</u>가 어려워진 원인은 무엇인가?

위와 같은 분석을 통해서 듣기 내용이 '향약과 민생'에 대한 문제라는 것을 추론할 수 있다. 그리고 긍정 물음이라서 제거법을 사용하기 어려우므로 일단 두 사람의 핵심 주장을 위에서 구분해 놓은 것에 따라 들으면서 다음과 같이 기록해 놓는다.

- '헐벗고 굶주린 백성들에게 억지로 예를 행하게 할 수는 없는 것입니다. 먼저 백성들을 잘 살게 한 연후에 백성들을 가르쳐야 할 것입니다.' ➡ B : 민생우선
- '당장은 백성들의 살림살이가 어렵더라도, 국가의 장래를 위해서는 향약을 시행하여 백성들을 교화해야 하지 않겠소?' ➡ A : 향약 시행 교화 시급
- '예로부터 백성들이 도탄에 빠지고도 예의범절을 잘 지키는 아름다운 풍속을 이룬 적은 없었습니다. 도덕 교화라는 것은 쌀밥과 고기반찬 같은 것입니다.' ➡ B : 민생우선 – 먹고사는 것이 교화보다 시급
- '오히려 백성들의 살림살이가 어려운 이때에 백성들을 교화하여 미풍양속을 진작시켜야 하오. 그러면 백성들의 살림살이는 저절로 넉넉해질 것이오.' ➡ A : 향약 시행 교화 시급 – 교화가 되면 민생은 저절로 해결
- '굶주림에는 아랑곳하지 않고 날마다 매질이나 하면서 학문을 권한다면 반드시 의가 갈리고야 말 것입니다. 하물며 굶주린 백성들에게 있어서야 오죽하겠습니까?' ➡ B : 민생우선 – 먹고사는 것이 교화보다 시급 – 민생이 해결되지 않으면 교화 불가
- 'A : 향약 시행 교화 시급 – 교화가 되면 민생은 저절로 해결'
  'B : 민생우선 – 먹고사는 것이 교화보다 시급 – 민생이 해결되지 않으면 교화 불가'
  두 중심 논점을 비교해 보면 두 사람의 쟁점은 '민생과 교화 중 어느 것이 우선이냐'임을 알 수 있다. 따라서 답은 당연히 ④가 된다는 것을 쉽게 파악할 수 있다.

이처럼 먼저 문제와 예항을 분석하는 것이 듣기를 해결하는 가장 좋은 방법이며 문제 유형에 따라 적절한 방법을 사용하면 그만큼 쉽고 빠르게 답을 찾을 수 있다.

예시문제 3 이번에는 선생님과 학생의 대화를 들려 드립니다. 잘 듣고 물음에 답하시오.

학　생 : 선생님, 여기 개미들 좀 보세요. 개미들이 먹이를 집으로 옮기고 있어요. 그런데 선생님, 개미들은
　　　　 왜 일렬로 이동할까요?

선생님 : 그건, 처음 먹이를 발견한 개미가 집으로 돌아올 때 뿌려놓은 페로몬 냄새를 다른 개미들이 따라
　　　　 가기 때문이란다.

학　생 : 아, 그렇군요. 그런데 선생님, 맨 처음 먹이를 발견한 개미는 페로몬 냄새가 나는 길이 없을 텐데,
　　　　 어떻게 집으로 돌아올 수 있을까요?

선생님 : 태양을 기준으로 방향을 찾는 거지. 집을 나선 개미가 태양을 기준으로 자신의 위치 정보를 기억
　　　　 해 두었다가 돌아올 때 그 정보를 활용하는 거야.

학　생 : 개미가 태양을 이용해서 방향을 찾는다는 것을 어떻게 알죠?

선생님 : 으~음, 20세기 초 이탈리아의 '산치'라는 사람이 개미가 태양을 기준으로 방향을 찾는다는 사실
　　　　 을 처음 발견했는데, 개미가 집으로 돌아오는 길옆에 판자를 놓고 개미가 태양을 볼 수 없게 했단
　　　　 다. 그러자 개미가 우왕좌왕하면서 길을 잃은 듯한 반응을 보였어. 그러다가 판자의 그림자를 벗
　　　　 어나자 다시 태양을 기준으로 방향을 찾아서 집으로 돌아오는 길을 발견한 거야. 선주야, '산치'
　　　　 가 했던 실험을 우리도 해 볼까?

학　생 : 예 선생님, 참 재밌겠는데요.

선생님 : 어디 보자. 먹이를 물고 집으로 돌아오는 개미를 찾아야 하는데. (사이) 어, 여기 있구나. 봐, 개미
　　　　 가 태양을 오른쪽에 둔 채 집으로 돌아오고 있으니까 개미가 돌아오는 길 오른쪽에 판자를 대서
　　　　 태양을 가려 보자. (사이)

학　생 : 선생님, 정말 개미가 우왕좌왕하고 있어요. 길을 잃은 것처럼 말이에요.

선생님 : 그럼 이번엔 판자를 치워 볼까? (사이)

학　생 : 와, 개미가 다시 태양을 오른쪽에 두고 방향을 바꿔 집으로 향하고 있어요. 선생님, 정말 신기해요.

선생님 : 선주야, 만약 판자로 태양을 가린 다음 맞은편에 개미가 태양을 볼 수 있도록 거울을 설치해 놓으
　　　　 면 개미가 어떤 반응을 보일까?

학　생 : 글쎄요. 으~음, 일단 개미들이 거울 속에 비치는 태양을 오른쪽에 두면서 집으로 가려고 할 것 같
　　　　 아요. 그런 다음에 거울을 벗어나 진짜 태양이 보이면 또다시 그 태양을 오른쪽에 두는 방향으로
　　　　 이동할 것 같은데요.

문제 두 사람이 나눈 대화에 대한 설명으로 적절한 것은?

　① 학생은 선생님의 답변을 요약하면서 자신의 생각을 덧붙이고 있다.

　② 학생은 관찰 경험을 말하며 선생님의 설명에 의문을 제기하고 있다.

　③ 선생님은 상반된 여러 사례들을 제시해 가며 학생의 이해를 돕고 있다.

　④ 선생님은 개인적인 일화를 소개해 가며 학생의 흥미와 관심을 끌고 있다.

　⑤ 선생님은 설명한 내용을 학생이 체험을 통해 이해할 수 있도록 이끌고 있다.

위 유형은 내용 전개에 대한 사실판단을 묻는 문제이다. 전체의 흐름을 묻는 긍정질문이므로 제거법과 동시에 전체적인 판단을 하는 것이 보다 정확하다는 것을 알 수 있다.

> ① 학생은 선생님의 답변을 요약하면서 자신의 생각을 덧붙이고 있다.
> ② 학생은 관찰 경험을 말하며 선생님의 설명에 의문을 제기하고 있다.
> ③ 선생님은 상반된 여러 사례들을 제시해 가며 학생의 이해를 돕고 있다.
> ④ 선생님은 개인적인 일화를 소개해 가며 학생의 흥미와 관심을 끌고 있다.
> ⑤ 선생님은 설명한 내용을 학생이 체험을 통해 이해할 수 있도록 이끌고 있다.

듣기에서 내용의 핵심을 정리하기 위한 '선생 : 학생'의 내용 칸을 마련한 다음 위처럼 판단의 준거를 미리 확인한 뒤 듣기에서 다음과 같이 이에 대한 판정을 한다.

- '그런데 선생님, 개미들은 왜 일렬로 이동할까요?' ➡ 학생의 질문
- '뿌려놓은 페로몬 냄새를 다른 개미들이 따라가기 때문이란다.' ➡ 선생의 답변
- '그런데 선생님, 맨 처음 먹이를 발견한 개미는 페로몬 냄새가 나는 길이 없을 텐데, 어떻게 집으로 돌아올 수 있을까요?' ➡ 학생의 질문 추가
- '태양을 기준으로 방향을 찾는 거지.' ➡ 선생의 추가 답변
- '태양을 이용해서 방향을 찾는다는 것을 어떻게 알죠?' ➡ 학생의 의구심 질문
- ''산치'라는 사람이 개미가 태양을 기준으로 방향을 찾는다는 사실을 처음 발견했는데, 개미가 집으로 돌아오는 길옆에 판자를 놓고 개미가 태양을 볼 수 없게 했단다.' ➡ 학생의 의구심에 대한 선생의 답변
- ''산치'가 했던 실험을 우리도 해 볼까?' ➡ 선생의 실험 제안, 학생의 이해를 위한 것
- '개미가 태양을 오른쪽에 둔 채 집으로 돌아오고 있으니까 개미가 돌아오는 길 오른쪽에 판자를 대서 태양을 가려 보자. 정말 개미가 우왕좌왕하고 있어요. 길을 잃은 것처럼 말이에요.' ➡ 이론에 대한 선생과 학생의 실험과 이해
- '만약 판자로 태양을 가린 다음 맞은편에 개미가 태양을 볼 수 있도록 거울을 설치해 놓으면 개미가 어떤 반응을 보일까? 거울 속에 비치는 태양을 오른쪽에 두면서 집으로 가려고 할 것 같아요. 그런 다음에 거울을 벗어나 진짜 태양이 보이면 또다시 그 태양을 오른쪽에 두는 방향으로 이동할 것 같은데요.' ➡ 선생의 문제제기와 학생의 추론에 따른 답변

이상과 같이 구성되어 있기 때문에 들으면서 핵심 내용을 적은 것을 종합해 보면서 예항을 판단해 보면

> ①은 요약과 생각의 덧붙임이 없으므로 올바르지 않고
> ②는 학생의 관찰 경험과 설명에 대한 의문이 없기 때문에 답이 될 수 없으며
> ③은 상반된 사례는 전혀 나오지 않았으므로 역시 부당하고
> ④의 경우도 개인적인 일화가 언급되지 않았으므로 답이 될 수 없다.

따라서 ⑤ 설명한 내용을 학생이 체험을 통해서 이해할 수 있도록 하고 있다는 것이 위 대화에 대한 올바른 분석이다.

예시문제 4 이번에는 '동물 실험'과 관련된 토론의 일부를 들려 드립니다. 잘 듣고 물음에 답하시오.

사 회 자 : 오늘날 여러 의학 분야에서 동물 실험이 이루어지고 있습니다. 동물 실험에 대한 찬반양론이 팽팽한 가운데 오늘은 전문가 두 분을 모시고 이야기를 나누어 보겠습니다. 먼저 이 교수님 말씀해 주시죠.

이 교수 : 우리나라에서는 한 해 4백만 마리 이상의 동물들이 실험에 동원되고 있는 것으로 추정됩니다. 최근에는 실험에 사용되는 동물의 수가 해마다 크게 늘어나고 있습니다. 그 과정에서 동물들은 병이 들게 되고, 결국 죽음에 이르게 됩니다. 우리 사회가 의학 발전이라는 명분하에 동물들의 희생을 당연하게 생각하는 풍토가 문제입니다.

김 교수 : 하지만 이성적으로 한번 생각해 봅시다. 우리는 동물들의 희생으로 의학 발전을 이루었고, 우리를 괴롭혔던 수많은 질병을 극복했습니다. 지금 새로운 질병이 계속 발생하고 있기 때문에 의학도 지속적인 발전이 필요합니다. 따라서 동물 실험은 계속되어야 한다고 생각합니다.

이 교수 : 그렇다고 해서 동물을 실험용으로 쓴다는 것은 인간만의 욕심을 채우기 위한 이기적인 발상입니다. 생명은 다 소중한데, 한 생명체가 다른 생명체의 도구가 되는 것은 정당화될 수 없습니다. 실험의 고통 속에서 울부짖는 동물들을 생각해 보더라도 동물 실험은 사라져야 합니다.

사 회 자 : 네, 두 교수님의 의견을 들어 보았는데요, 그럼 동물 실험을 대체할 만한 방안은 없을까요?

김 교수 : 동물 실험을 금지하면 인간을 실험 대상으로 삼을 수밖에 없는데, 그건 '인간의 존엄성'을 위협하는 것입니다. 현재로서 동물 실험 외에 다른 대안이 없기 때문에 불가피하게 동물 실험을 계속할 수밖에 없습니다.

이 교수 : 의학을 위해 동물 실험이 불가피하더라도 인간과 동물은 모두 생명을 지킬 권리가 있습니다. 그런데 우리가 얼마나 동물에게 몹쓸 짓을 했습니까. 건강을 위해 살아있는 곰의 쓸개즙을 빼고, 재미를 위해 야생 동물을 사냥하고, 심지어는 자신이 기르던 강아지를 귀찮다고 버리는 경우까지 있지 않습니까?

김 교수 : 이 교수님! 지금 말씀하신 사례는 그런 행동을 하는 사람들의 인격 때문이지 동물 실험 때문에 그런 행동을 하는 건 아니지 않습니까? 의도적으로 동물에게 고통을 주는 동물 학대는 동물 실험과 분명히 다릅니다.

이 교수 : 제 말은 학대든 실험이든 동물들에게 더 이상 고통을 주면 안 된다는 겁니다. 동물이 무슨 죄가 있습니까? 그런 맥락에서 볼 때 쇠고기, 돼지고기, 닭고기도 먹지 않아야 합니다. 인간의 육식이 얼마나 많은 동물을 죽게 했는지도 생각해 봐야 합니다.

사 회 자 : 지금까지 동물 실험에 대한 전문가 두 분의 말씀을 들어 봤는데요, 청취자 여러분들은 동물 실험에 대해 어떻게 생각하십니까? 아마 오늘 토론이 여러분들의 생각을 정리하는 데 도움이 되었을 거라 생각합니다.

> **문제** 두 토론자의 말하기 방식에 대한 설명으로 적절하지 <u>않은</u> 것은?
>
> ① 김 교수가 다소 논리적이라면, 이 교수는 다소 감정적이다.
> ② 김 교수가 현상에 대해 우호적이라면, 이 교수는 비판적이다.
> ③ 이 교수는 현상의 결과를 중시하고, 김 교수는 원인을 중시한다.
> ④ 이 교수는 구체적인 사례를 들어 상대의 주장을 반박하고 있다.
> ⑤ 김 교수는 사회적인 통념을 비판하면서 자기주장을 펼치고 있다.

위 유형이 듣기 문제 중에서 상위급에 해당되는 난이도를 가진 문제이다. 객관식 총 13문제 중 1~2문제 정도로 출제되지만 오답률이 상당히 높은 유형이므로 도입방법을 정확히 익혀 두어야 한다.

먼저 물음을 통해서 알 수 있는 것은 두 명의 토론자가 나오고 그 토론자들의 말하기 방식이 서로 다르다는 점이다. 따라서 내용의 핵심 전개보다는 내용을 펼치는 방법에 대해 주의를 기울여야 한다는 것을 알 수 있다.

이는 예항을 통해서 '① 논리적 ↔ 감정적 ② 우호적 ↔ 비판적 ③ 원인 ↔ 결과 ④ 상대주장 반박 ⑤ 사회 통념비판 자기주장'이란 것을 파악했으므로 토론을 들으면서 내용의 전개 특징이 무엇인지를 적어 두는 것이 좋다. 이런 상위 문제 유형은 비슷한 예항 때문에 다시 검토해야 하거나 예항을 검토해가면서 헷갈리는 경우가 많기 때문에 혼동을 방지하기 위해서는 다음과 같이 그 특징을 기록해 가면서 듣는 것이 가장 좋은 방법이다.

● '이성적으로 한번 생각해 봅시다. 우리는 동물들의 희생으로 의학 발전을 이루었고, 우리를 괴롭혔던 수많은 질병을 극복했습니다. 지금 새로운 질병이 계속 발생하고 있기 때문에 의학도 지속적인 발전이 필요합니다.' ➡ 김 교수는 이성적(논리적)이며 우호적인 자세

● '생명은 다 소중한데, 한 생명체가 다른 생명체의 도구가 되는 것은 정당화될 수 없습니다. 실험의 고통 속에서 울부짖는 동물들을 생각해 보더라도 동물 실험은 사라져야 합니다.' ➡ 이 교수는 감정적이며 비판적인 자세   ➡ ①과 ② 제거

● '현재로서 동물 실험 외에 다른 대안이 없기 때문에 불가피하게 동물 실험을 계속할 수밖에 없습니다.' ➡ 김 교수는 원인을 중시

● '의학을 위해 동물 실험이 불가피하더라도 인간과 동물은 모두 생명을 지킬 권리가 있습니다. 그런데 우리가 얼마나 동물에게 몹쓸 짓을 했습니까.' ➡ 이 교수는 결과를 중시   ➡ ③ 제거

● 또한 이어지는 이 교수의 '그런데 우리가 얼마나 동물에게 몹쓸 짓을 했습니까. 건강을 위해 살아 있는 곰의 쓸개즙을 빼고, 재미를 위해 야생 동물을 사냥하고, 심지어는 자신이 기르던 강아지를 귀찮다고 버리는 경우까지 있지 않습니까?' ➡ 구체적인 사례를 들어 김 교수의 말을 반박   ➡ ④ 제거

● 김 교수의 말 중에는 '사회적인 통념-관습이나 굳어진 습성으로 인정하는 것들-에 대한 언급이나 비판'은 찾아볼 수 없으므로 답은 ⑤가 된다.

유제

01 이번에는 강연의 일부를 들려 드립니다. 잘 듣고 물음에 답하시오.

여러분은 장애인 편의 시설을 어떻게 보고 계십니까? 아마 그 시설을 장애인만을 위한 시설이라고 생각할 것입니다. 그래서 저는 여러분에게 장애인 편의 시설에 대한 새로운 시각 하나를 소개하려고 합니다.

우리 주변에서는 신호등 음성 안내기, 휠체어 리프트, 점자 블록 등의 장애인 편의 시설을 많이 볼 수 있습니다. 우리는 이런 편의 시설에 대하여 장애인들이 지니고 있는 국민으로서의 기본 권리를 인정한 것이라는 시각에서 바라보고 있습니다. 장애인의 일상생활 보장이라는 측면에서 이 시각은 당연한 것입니다.

그런데 저는 또 다른 시각이 필요하다고 생각합니다. 그것은 장애인만을 위한 것이 아니라 일상생활에서 활동에 불편을 겪는 모두를 위한 것이라는 시각도 가져야 함을 말씀드리고 싶습니다. 편리하고 안전한 시설은 장애인뿐만 아니라 우리 모두에게도 유용하기 때문입니다. 예를 들어, 건물의 출입구에 설치되어 있는 경사로는 장애인들의 휠체어만 다닐 수 있도록 설치해 놓은 것이 아닙니다. 몸이 불편해서 계단을 오르내릴 수 없는 노인이나 유모차를 끌고 다니는 사람들에게도 편하게 다닐 수 있도록 만들어 놓은 시설입니다. 결국 이 경사로는 우리 모두에게 유용한 시설이 되는 것이지요.

그런 의미에서, 근래 대두되고 있는 '보편적 디자인', 즉 '유니버설 디자인(Universal Design)'이라는 개념은 우리에게 좋은 시사점을 제공해 줍니다. '보편적 디자인'이란 가능한 한 모든 사람이 이용할 수 있도록 제품, 건물, 공간을 디자인한다는 의미를 가지고 있기 때문입니다. 이러한 시각으로 바라본다면 장애인 편의 시설이 우리 모두에게도 편리하고 안전한 시설로 인식될 것입니다.

문제 이 강연의 중심 내용으로 가장 적절한 것은?

① 우리 주변에서는 장애인 편의 시설을 많이 볼 수 있다.
② 보편적 디자인은 근래에 대두되고 있는 중요한 개념이다.
③ 어떤 집단의 사람들이라도 이용할 수 있는 제품을 만들어야 한다.
④ 보편적 디자인이라는 관점에서 장애인 편의 시설들을 바라볼 필요가 있다.
⑤ 장애인들의 기본 권리를 보장하기 위해 장애인 편의 시설들을 확충해야 한다.

정답 ④

해설 강연의 처음에서 연사는 '장애인 편의 시설에 대한 새로운 시각 하나를 소개'하겠다고 밝히고, 중간에서 구체적 사례를 들어 장애인 편의 시설이 '우리 모두에게 유용'한 시설이라는 점을 강조했으며, 끝에서는 보편적 디자인의 시각으로 바라본다면 '장애인 편의 시설이 우리 모두에게도 편리하고 안전한 시설로 인식될 것'이라고 했으므로 ④가 적절하다.
①·②·③·⑤는 부분적인 정보이거나 부분적인 정보에서 추론한 내용이므로 적절하지 않다.

유제 02 이번에는 좌담의 일부를 들려 드립니다. 잘 듣고 물음에 답하시오.

> 사 회 자 : 안녕하십니까? 먼저 이 교수님께서 경제 양극화의 실태를 간단히 짚어 주셨으면 합니다.
>
> 이 교수 : 외환위기 이후 우리 국민들 간에 빈부 격차가 점점 심해지고 있고, 고용의 측면에서도 양극화가 빠른 속도로 진행되고 있습니다. 특히 절대 빈곤층의 숫자가 800만 명에 이를 정도로 심각한 실정인데, 부자들의 소득은 점점 더 늘어나는 추세입니다.
>
> 사 회 자 : 김 교수님, 그럼 이 같은 양극화의 원인이 어디에 있다고 생각하십니까?
>
> 김 교수 : 양극화는 경제가 세계되고 산업 구조가 고도화되면서 나타나는 필연적 현상입니다. 특히 외환위기를 겪으면서 기업과 금융기관들이 대규모 구조 조정을 하는 바람에 실업자가 쏟아져 나온 것이 결정적인 계기가 되었죠.
>
> 사 회 자 : 네, 그럼 김 교수님께서는 이 양극화 현상이 어떤 문제를 야기할 수 있다고 보시나요?
>
> 김 교수 : 양극화 현상이 장기화되거나 심해지면 경제의 기반이 마치 장맛비에 불어버린 토양처럼 약해져서 성장에 걸림돌이 되지 않겠습니까? 거기에 어떻게 성장이라는 건물을 세울 수 있겠어요.
>
> 이 교수 : 양극화가 심해지면 계층 간 위화감이나 사회 불안이 나타날 수도 있습니다. 또 가난한 사람은 자녀의 교육에 신경 쓸 겨를이 없기 때문에 가난의 대물림 현상도 일어날 수 있습니다. 이 같은 일이 지속되면 중산층이 취약해지면서 장기적으로는 성장의 걸림돌로 작용하게 됩니다.
>
> 사 회 자 : 그렇다면, 쉽지는 않겠지만 문제의 해법이 있기는 있습니까? 양극화를 해소한다는 게 이론만 가지고 되지는 않을 것 같은데요.
>
> 김 교수 : 결국 저소득층을 지원하는 데 필요한 재원을 마련하는 것이 문제 해결의 관건이겠죠. 그렇다고 속이 빤히 들여다보이는 서민들의 유리지갑을 털어서는 안 됩니다. 마른 걸레를 짜봤자 물이 나올 리도 없고요.
>
> 이 교수 : 과연 그럴까요? 그러나 그런 임시방편은 더 큰 문제를 야기할 수도 있습니다. 가장 좋은 해법은 일자리를 창출하는 것입니다. 저소득 계층이 지속적으로 적정 수준의 소득을 얻을 수 있는 다양한 일자리를 만드는 것이 분배와 성장을 조화시키는 합리적인 방법이 될 수 있다고 봅니다.

문제 두 교수가 공통적으로 인정하는 내용은?

① 경제적 양극화는 성장의 걸림돌이 될 수 있다.
② 경제의 세계화와 산업의 고도화를 제한해야 한다.
③ 중산층의 붕괴를 막기 위한 정책적 배려가 시급하다.
④ 양극화의 해소는 고소득 계층의 양보가 전제되어야 한다.
⑤ 빈곤층 지원 비용 조달을 위해 탈루 세금을 추징해야 한다.

정답 ①

해설 양극화가 초래할 문제를 묻는 사회자의 질문에 남자 교수(김 교수)는 양극화가 경제 기반을 약화시켜 성장에 걸림돌이 될 것이라고 말하고 있다. 여자 교수(이 교수)도 양극화가 지속되면 중산층이 취약해져 장기적으로는 성장의 걸림돌로 작용하게 된다고 말하고 있다. 따라서 두 사람이 공통적으로 인정하는 것은 ①이다.

2절 듣고 쓰기 (주관식)

① 개요

듣고 쓰기는 객관식 평가에서는 제대로 측정하기 어려운 다양한 이해 방법, 사실판단에 대한 정확한 능력, 추론 능력, 표현 능력, 논리적인 이해력, 사고 능력, 창안 능력을 측정하기 위한 문제이다. 일반적인 쓰기 문제도 5문항이 출제되는데 듣고 쓰기 문제는 일반적인 쓰기 문제에 듣고 이해 · 해석하는 능력을 덧붙여 평가하기 위한 문항이라고 생각하면 된다.

특히 채점에서 가장 중시되는 것은 첫째 내용에 대한 정확한 이해를 했는가, 둘째 이해한 내용을 논리적으로 수렴해서 답안을 작성했는가, 셋째 창안적인 사고를 발휘해서 답을 이끌어냈는가가 중심이며 기타 어법에 맞는가, 표현은 논리적인가, 내용의 전개와 문장은 적절한가, 적절한 어휘를 골라 썼는가 등이 부수적으로 작용한다.

따라서 가장 중요한 것은 들려주는 내용을 올바르게 이해하고 문제를 정확하게 파악해서 요구하는 답을 쓰되 자신의 창안적인 사고가 나타나야 좋은 점수를 받을 수 있다는 것이다.

② 문제 유형

문제 유형은 쓰는 분량에 따라 나누었을 때 100자 내외로 표현하는 것과 60자 내외로 표현하는 두 종류의 문제가 있다. 100자 내외로 표현하는 문제는 주로 사실판단에 준거를 둔 들려준 내용의 연결이나 특정 관점에 대한 비판 또는 옹호, 논리적 모순, 내용의 확장이나 요약 등이 중심이며 60자 내외의 문제는 어떤 사안에 대한 자신의 견해나 주장 또는 비판과 반박 등의 논리판단과 창안적 사고를 요하는 문제이다.

또한 주어지는 대본의 경우는 일반적으로 강의형(설명형) 대본이 주를 이루지만 대화형 대본도 가끔 출제되기 때문에 두 유형 모두 사용된다고 할 수 있다. 내용은 주로 원론적(학술적)인 것과 시사적인 것이 섞여 나오는 편이고 주어지는 대본의 분량은 객관식 듣기 문항과 별다른 차이가 없이 약 400~550자 정도가 표준으로 출제되고 있다.

③ 효율적인 답안지 작성법

● 일반적인 논술이나 작문과는 달리 문단 구성은 그리 신경을 쓰지 않아도 된다. 즉 서론, 본론, 결론의 형식을 갖추어야 한다든지 기승전결의 형식으로 마무리를 해야 한다든지 등의 문형(文型)은 구애가 없다. 따라서 핵심 내용이 정확히 드러나도록 명확한 어휘를 통해서 군더더기를 없애야 하며 문장을 표현할 때도 중언부언하거나 접속사나 대명사를 잘못 써서 내용이 불명확한 경우도 채점 시 불이익을 줄 수 있으므로 조심해야 한다.

● 타고난 필체가 좋지 않기 때문에 불이익을 받지나 않을까 걱정하는 사람이 의외로 많은데 이는 별로 걱정을 하지 않아도 된다. 하지만 자신의 필체가 명필이든 아니면 악필이든 일단 또박또박 써야한다는 점은 꼭 알아두어야 한다. 명필이라고 휘갈겨 쓴다든지 아니면 악필이니까 대충 알아서 읽어주겠거니 하고 제멋대로 생각해서는 안 된다. 글씨란 예쁘고 예쁘지 않고를 떠나서 남이 읽으라고 쓰는 것이므로 일단 글을 보는 상대방이 이게 무슨 글씨인가를 고민을 하지 않게 또박또박 써야 한다.

● 어떤 논제의 경우 정말로 아리송한 경우나 논점의 해결책이 전혀 없거나 또는 양립된 주장에 대해 어떤 쪽도 선택을 할 수 없는 등 정말로 진퇴양난의 경우에 부딪치는 경우가 있다. 이런 경우는 문제의 원점으로 가서 도대체 출제자가 무엇을 요구하는지 그리고 어떤 답을 은연 중 암시하는지를 문제를 통해서 확인할 필요가 있다.

● 이 과정을 통해서도 적절한 방향이 잡히지 않는 경우라면 먼저 자신이 들은 내용을 잘못 해석하지는 않았는지를 문제지에 적어 놓은 핵심어를 살펴서 먼저 검토하고 그 과정에 문제가 없을 경우는 문제에서 요구하는 방향이 무엇인지를 다시 살펴보면 대개 이와 같은 암흑문제의 80% 이상은 해결된다.

● 하지만 이 과정을 통해서도 문제의 논점이나 해결책 또는 대안 등의 문제에서 요구하는 방향에 대한 실마리를 찾지 못할 경우는 억지로 답을 꾸며 내지 말고 '모르겠다'는 답이 더 많은 점수를 얻는다는 것을 알아두어야 한다.

예를 들어 듣기의 종합적인 내용이 '공익을 위한 바람직한 직업 선택의 방향은 어떤 것이냐'는 물음에 대해 아버지는 '의사가 되는 것은 사실 개인적인 이익을 극대화하는 것보다 공익을 우선하는 행동이다'는 주장과 어머니는 '공익을 위해서는 돈이 필요하므로 사업가가 되어서 돈을 먼저 버는 것이 우선이며 돈을 번 다음은 항상 공익을 우선하는 일을 해야 한다'는 주장이 있다. 그리고 '공익을 위해서는 공공의 문제를 항상 먼저 다룰 수 있는 정치인이 되고 싶다'는 주장 중 어느 것이 옳으냐는 판단에 대해 '의사, 사업가, 정치가 모두 공익을 위할 수 있는 직업이지만 그것은 개인의 노력에 달렸으므로 내가 그 직업군의 공익성에 대한 우열을 판단할 수 없다. 즉 제시된 직업군의 공익성에 대한 판단은 알 수 없다'로 결론을 내리는 것이 어느 한쪽의 입장에 서서 무리하게 다른 쪽에 대한 반론을 펼치는 것보다는 더 좋은 점수를 얻을 수 있다는 것이다.

● 어떤 주장을 할 때 반드시 그것을 뒷받침할 수 있는 논거를 들어야 좋은 점수를 얻을 수 있다. 물론 60~100자 정도의 진술에서는 그런 뒷받침 논거를 부술하는 것이 쉽지는 않지만 쉽지 않기 때문에 이런 상황에서 뒷받침 논리로 진술하는 방법을 익혀 두면 그렇지 않은 답보다는 좋은 점수를 받을 수 있을 것이다.

④ 실전 연습

듣고 쓰기 문제는 분량으로 분류해 보았을 때 100자 이내 문제와 60자 이내 문제의 두 종류가 있는데 100자 문제 유형은 사실판단에 기초를 둔 평가 기준이며 60자 이내의 문제 유형은 창안능력과 논리판단에 기반을 둔 문제이므로 범주나 채점의 사안 등이 약간씩 다르다.

따라서 보다 쉬운 사실판단에 기반을 둔 100자 내외 문제를 먼저 살펴보면서 어떤 진술의 방법이 보다 더 많은 점수를 얻을 수 있는 방법인지 탐색해 보고 이를 기반으로 60자 내외의 창안능력과 비판적 사고를 바탕으로 하는 심도 있는 문제로 접근해 보겠다.

❶ 100자 내외의 사실적 판단형 진술 문제

예시문제 1 | 이 대담을 듣고 남자의 핵심 주장을 100자 내외로 쓰시오.

여자 : 우리 국민의 혈중 수은 농도가 일부 선진국에 비해 상당히 높다는 환경부의 보고서가 보도되었는데요, 이 보도와 관련해서 우리 국민들이 유의해야 할 점에 대해 한국대학교 생명과학과 이정원 교수님을 모시고 말씀을 듣겠습니다. 이 교수님, 우리 국민의 혈중 수은 농도는 1리터에 4.34마이크로그램으로 미국이나 독일에 비해 5배에서 7배 정도나 높다고 하던데요, 이번에 보도된 오염 수준은 어느 정도인가요? 수치로는 어느 정도 심각한 것인지 알 수가 없어서요.

남자 : 다행히 한국인의 혈중 수은 농도는 미국과 독일 등 선진국이 제시하는 권고 기준을 넘지는 않았기 때문에 아직은 우려할 만한 수준이 아니라고 할 수 있습니다. 그렇지만 국내에서는 수은 오염에 대한 경각심이 높지 않기 때문에 아직 혈중 수은 농도에 대한 기준은 물론 대기 중 수은 농도에 대한 기준조차 없다는 것이 문제이지요.

여자 : 그런 기준도 마련되어 있지 않다니 큰일이군요. 그러면 수은은 우리 몸에 어떤 해를 끼치나요?

남자 : 수은은 우리 몸에 들어오면 배출이 되지 않고 축적이 되어 심각한 해를 끼칩니다. 수은은 조금만 들이키더라도 폐렴을 유발하고, 신장과 중추신경계에 나쁜 영향을 주며, 오랫동안 수은에 노출되면 언어와 인식 작용에 장애 현상까지 초래하고 생식 기관에도 독성 효과를 일으킵니다.

여자 : 수은 오염이 인체에 매우 심각한 해를 끼치는군요. 그런데 수은은 어떤 과정을 거쳐 체내에 축적이 되나요?

남자 : 우선 일반적으로 수은은 생태계의 먹이 연쇄 과정을 거쳐 체내에 축적될 가능성이 큽니다. 특히 어패류를 많이 먹는 식습관을 가진 사람들의 체내 축적 가능성이 더 높다는 연구 결과가 발표되기도 했습니다. 또 대기 중에 떠도는 수은도 체내로 들어올 가능성이 높습니다. 중국의 경우 석탄 의존도가 높기 때문에 대기 중 수은 배출량이 매우 높습니다. 이렇게 대기에 포함된 수은이 황사처럼 바람을 타고 우리나라와 일본으로 날아드는데, 이때 우리나라 상공의 수은 농도는 평상시의 농도보다 5배 정도나 높다는 측정 결과도 발표되었던 적이 있지요. 이렇게 날아든 수은은 우리의 농·수·축산물에 쌓여 체내로 들어와 축적될 가능성이 큽니다.

분석

위 문제는 사실적 판단형 문제로 진술하는 남자의 발화핵심을 100자 내외로 진술하라는 것이다. 따라서 이 문제에 대한 적합한 답을 진술하기 위해서는 위 대화에서 남자가 진술하고 있는 핵심 내용에 대해 정확하게 판단해야 하며 이를 문맥에 맞게 재배열해서 내용의 흐름이 일목요연하게 드러나게 해야만 좋은 점수를 받을 수 있다.

그러므로 주어진 문제를 먼저 분석하는 것은 물론 '남자의 핵심 주장'을 시험지에 기록하면서 듣는 것은 기본이다. 또한 부수적으로 사회자인 여성의 얘기로부터 남자가 어떤 이야기를 할 것인지에 대해 유추하면서 듣는 것도 기본사항이라고 할 수 있다.

일단 듣기 문제의 기초인 문제 분석은 위에서 누누이 강조했으므로 이 점은 다시 언급하지 않아도 될 것이다. 문제에서 요구하고 있는 것을 확인해 보면 '남자의 핵심 주장'이다. 따라서 듣기 과정에서 다음과 같은 사항이 도출된다.

- '이번에 보도된 오염 수준은 어느 정도인가요? 수치로는 어느 정도 심각한 것인지 알 수가 없어서요.'
  ➡ 문제의 핵심인 오염 수준이 부각된다.
- '한국인의 혈중 수은 농도는 미국과 독일 등 선진국이 제시하는 권고 기준을 넘지는 않았기 때문에 아직은 우려할 만한 수준이 아니라고 할 수 있습니다. 그렇지만 국내에서는 수은 오염에 대한 경각심이 높지 않기 때문에 아직 혈중 수은 농도에 대한 기준은 물론 대기 중 수은 농도에 대한 기준조차 없다는 것이 문제이지요.' ➡ '수은 오염은 우려할 만한 사안이 아니다.'와 '경각심이 높지 않아서 문제'라는 내용을 뽑을 수 있다.
- '그러면 수은은 우리 몸에 어떤 해를 끼치나요?'에 대한 물음에 대해 '폐렴을 유발하고, 신장과 중추신경계에 나쁜 영향을 주며, 오랫동안 수은에 노출되면 언어와 인식 작용에 장애 현상까지 초래하고 생식 기관에도 독성 효과를 일으킵니다.' ➡ 많은 문제점이 있다는 사실을 알 수 있다.
- '그런데 수은은 어떤 과정을 거쳐 체내에 축적이 되나요?'의 물음에 대해 '생태계의 먹이 연쇄 과정을 거쳐 체내에 축적될 가능성이 큽니다. 특히 어패류를 많이 먹는 식습관을 가진 사람들의 체내 축적 가능성이 더 높다는 연구 결과가 발표되기도 했습니다.'와 '중국의 경우 석탄 의존도가 높기 때문에 대기 중 수은 배출량이 매우 높습니다. 이렇게 대기에 포함된 수은이 황사처럼 바람을 타고 우리나라와 일본으로 날아드는데, 이때 우리나라 상공의 수은 농도는 평상시의 농도보다 5배 정도나 높다는 측정 결과도 발표되었던 적이 있지요. 이렇게 날아든 수은은 우리의 농·수·축산물에 쌓여 체내로 들어와 축적될 가능성이 큽니다.' ➡ 식습관뿐만 아니라 호흡을 통해서도 누적될 수 있다는 사실을 말하고 있다.

위와 같은 듣기 내용에 대한 분석을 통해 핵심은 수은중독의 폐해와 그 원인이라는 큰 구획으로 나눌 수 있으며 이를 정확하게 기술해야만 좋은 점수를 얻게 된다.

이를 바탕으로 만점에 가까운 모범답안을 만들어 보면 다음과 같다.

1등급 모범답안

우리나라는 수은에 대한 경각심이 높지 않아서 수은 농도에 대한 기준도 없다. 하지만 수은은 직접적으로 폐렴을 유발하고, 신장과 중추신경계에 나쁜 영향을 주기 때문에 유의해야 한다.

이에 대해서 논점을 정확히 파악하지 못한 답안을 예로 들어 보면 다음과 같다.

2~3등급 예시답안

혈중 수은은 선진국에 비해 매우 높다고 나타났으나 우려할 만한 것은 아니다. 그것은 수은 농도에 대해 기준을 마련하지 않은 당국의 입장에서 분명하게 드러난다.

2~3등급 예시답안 을 **1등급 모범답안** 과 비교해 보면 아마 답안지의 당사자도 스스로 30점을 주면서 부끄러워할 만하다.

4~5등급 예시답안

수은 중독에 대한 것은 오늘날 만에 국한하는 문제가 아니다. 따라서 우리는 수은 중독에 대한 구체적인 수치를 마련해야 한다.

4~5등급 예시답안 은 글의 내용을 제대로 파악하지 못했으므로 앞의 답안에도 못 미치는 10점 정도에 그치는 답이다.

시문제 2 이번에는 '기업 입사 시험에 한자 시험을 채택하는 문제'에 대한 토론의 일부를 듣게 됩니다. 잘 듣고 두 사람의 쟁점에 대해 100자 내외로 요약하시오.

사 회 자 : 안녕하세요, 시사 토론 시간입니다. 오늘은 '기업 입사 시험에서 한자 시험을 치르는 것이 타당한가?'에 대해 전문가 두 분을 모시고 이야기를 나눠보도록 하겠습니다. 먼저 한자 시험이 필요하다고 주장하시는 한국기업 김 이사님의 의견부터 들어보겠습니다.

김 이사 : 최근 많은 기업들이 신입 사원 채용 시험에서 한자 시험을 포함시켰습니다. 그 이유는 무엇보다 기업들이 실제 경제 현장에서 한자 지식이 필요하다고 판단했기 때문일 겁니다. 중국이나 일본은 우리 수출 시장의 절반 가까이를 차지하는 최대 경제 교역국이지요. 또한 중국은 우리나라의 가장 큰 대외 투자국이기도 합니다. 한자를 많이 알면 중국인이나 일본인과의 의사소통에 도움이 되는 것이 사실입니다. 동북아 국가들과의 무역 진흥을 위해서라도 입사 시험에서 한자 능력을 평가하는 것이 필요하다고 생각합니다.

사 회 자 : 그렇군요. 박 교수님의 생각은 어떻습니까?

박 교수 : 네, 저는 생각이 다릅니다. 기업 입사 시험에 한자 능력을 반영하면 취업을 앞둔 사람들에게는 또 하나의 부담이 될 겁니다. 실제로 중국과 일본에서 쓰는 한자는 우리나라에서 쓰는 한자와 많이 다릅니다. 결국 취업을 준비하는 사람들이 새로운 문자를 하나 더 익혀야 하는 셈인 것이지요. 입사 시험을 위해 한자 공부에 열중하다보면 오히려 우리말을 소홀히 할 우려도 있습니다.

김 이사 : 우리말이 중요하다는 사실에는 전적으로 동의합니다. 다만 저는 한자에 대한 관심이 중요하다는 점을 강조하는 것입니다. 우리나라가 동북아 경제의 중심 국가로 우뚝 서기 위해서는 한자 문화권의 중요성을 간과해서는 안 됩니다. 앞서 말씀드린 대로 중국과 일본은 우리 수출 시장의 최대 교역국이자 투자국이기도 합니다. 그뿐인가요. 지난해 우리나라를 찾은 관광객 중 한자 문화권에 사는 사람이 70%를 넘었다는 통계도 있습니다.

박 교수 : 동북아 무역에 실질적으로 도움이 되기 위해서는 더 좋은 방법이 있지 않을까요. 중국이나 일본과의 교역을 담당할 사원을 중심으로 중국어와 일본어를 교육하는 것입니다. 영어 교육을 강화해야 한다면서 영어가 필요 없는 직업군에게까지 영어를 강요할 필요는 없으니까요. 지원자 모두에게 한자 능력을 요구하기보다는 실무를 담당할 사람들에게 집중적으로 중국어나 일본어를 교육하는 것이 효율적이고 국익에도 도움이 되리라고 생각합니다.

분석

김 이사는 '기업들이 신입 사원 채용 시험에서 한자 시험을 포함시킨 이유는 실제 경제 현장에서 한자 지식이 필요하다고 판단했기 때문이며 실제로 중국이나 일본은 최대 경제 교역국이기 때문에 한자를 많이 알면 중국인이나 일본인과의 의사소통에 도움이 되는 것이 사실이기 때문에 무역 진흥을 위해서라도 입사 시험에서 한자 능력을 평가하는 것이 필요하다.'고 주장하고 있다.

박 교수는 '기업 입사 시험에 한자 능력을 반영하면 취업을 앞둔 사람들에게는 또 하나의 부담이 될 것인데 실제로 중국과 일본에서 쓰는 한자는 우리나라에서 쓰는 한자와 많이 다르기 때문에 별 도움이 안 될 것이며 입사 시험을 위해 한자 공부에 열중하다보면 오히려 우리말을 소홀히 할 우려도 있다. 따라서 지원자 모두에게 한자 능력을 요구하기보다는 실무를 담당할 사람들에게 집중적으로 중국어나 일본어를 교육하는 것이 효율적이고 국익에도 도움이 될 것이다.' 고 주장하고 있다.

위의 핵심 쟁점을 정리해서 모범답안을 만들어보면 다음과 같다.

1등급 모범답안

한자 시험을 도입하는 것이 최대교역국인 중국이나 일본인과 의사소통에 도움이 되므로 무역진흥을 위해서라도 필요하다는 것과 중국과 일본에서 사용하는 한자는 우리 한자와 많이 다르기 때문에 도움이 되지 않는다는 것이다.

위의 **1등급 모범답안** 과 유사하거나 '경제적인 필요성, 국익에 도움이 되는 것' 등의 핵심 논점을 정확히 구사하면 채점 규정인 5단계 중 상위권인 1등급을 맞을 수 있으며 다음과 같이 내용은 근접했으나 분량이 초과되었거나 다듬어지지 않은 경우는 2~3등급으로 평가될 수 있다.

2~3등급 예시답안

최대 쟁점은 기업들이 신입 사원 채용 시험에서 한자 시험을 포함시킨 이유는 실제 경제 현장에서 한자 지식이 필요하다고 판단했기 때문이다. 실제로 중국이나 일본은 최대 경제 교역국이기 때문에 한자를 많이 알면 중국인이나 일본인과의 의사소통에 도움이 되는 것이 사실이라는 입장과 기업 입사 시험에 한자 능력을 반영하면 취업을 앞둔 사람들에게는 또 하나의 부담이며 입사 시험을 위해 한자 공부에 열중하다보면 오히려 우리말을 소홀히 할 우려도 있다.

이외에 핵심 내용을 간파하지 못한 경우는 분량을 제대로 맞추었어도 4~5등급이 된다. 예를 들어보면 다음과 같다.

4~5등급 예시답안

동북아 국가들과의 무역 진흥을 위해서라도 입사 시험에서 한자 능력을 평가하는 것이 필요하다는 것과 실무를 담당할 사람들에게 집중적으로 중국어나 일본어를 교육하는 것이 효율적이고 국익에도 도움이 된다는 것이 쟁점의 핵심이다.

특히 **4~5등급 예시답안** 에서 언급한 '실무를 담당할 사람들에게 집중적으로 중국어나 일본어를 교육하는 것이 효율적이고 국익에도 도움이 될 것' 은 쟁점이 아니라 대안의 제시이다. 따라서 이것은 논점에서 벗어난 것으로 보기 때문에 4~5등급의 점수를 주는 것이다.

예시문제 3 이번에는 아버지와 딸의 대화를 들려 드립니다. 잘 듣고 이 대화의 핵심인 물질적 풍요와 행복의 관계에 대해 아빠가 인용한 '생리적 적응현상'으로 설명하시오.

딸　：아빠, 여쭤 볼 것이 있는데요. 혹시 아빠도 부자가 되고 싶으세요?

아빠：왜? 너도 부자가 되고 싶니?

딸　：꼭 그런 것은 아니지만……. 친구들이 부자가 될 궁리만 해서요.

아빠：그래? 그런데 아빠는 좀 생각이 달라. 우선 한 가지만 묻자. 너는 부자가 되면 행복할 거라고 생각하니?

딸　：물론 그렇죠!

아빠：그렇다면 먼저, 물질적 풍요가 우리에게 얼마나 많은 행복을 가져다 줄 수 있는지부터 생각해 봐야겠네. 여기 이 기사를 봐. (신문을 뒤적거리는 소리) 1959년에서 1973년까지 미국인의 소득은 매년 평균 2.7%씩 증가했다고 적혀 있지?

반면, 1973년에서 1991년까지는 평균 0.3%에 그치고. 하지만 이 기간에도 비록 증가율이 0.3%로 아주 낮기는 하지만 여전히 실제 소득은 증가하고 있었던 거지. 즉 생활수준은 1970년대 초반보다 떨어진 것은 아니었지. 그런데도 미국인들의 3분의 2가 '예전과 같이 살고 있냐?'는 질문에 '아니다.'라고 대답했다고 되어 있지?

딸　：정말 그러네요. 그런데 왜 그렇죠?

아빠：이 원인에 대하여 어떤 학자는 '생리적 적응현상' 때문이라고 했어. 우리 감각 기관은 어떤 자극이든지 그것이 계속되면, 그 자극에 차츰 적응하여 '덤덤한 상태'가 된다는 거야. 예를 들어, 처음 먹었을 때 맛있는 음식이라고 해도 그것을 계속해서 먹으면 더 이상 처음에 느꼈던 그 맛을 모르게 되지 않니? 덤덤한 상태란 바로 그걸 말하는 거지!

딸　：아, 그럼, '부'가 계속 증가하고 있더라도 그 증가의 폭이 크지 않으면 곧바로 덤덤한 상태에 빠져 행복을 느끼지 못한다는 거죠?

아빠：야, 우리 딸 이해력 좋은데. (웃음) 그래서 아빠는 '부'란 살아가는 데 어느 정도 기본적인 필요만 충족할 정도면 된다고 생각한단다.

딸　：아, 그렇구나.

분석

아빠는 물질적 풍요가 계속 늘어난다고 행복도 똑같이 계속 늘어나는 것이 아니라 어떤 자극이 반복되면 그 자극에 덤덤해지는 생리적 적응현상 때문에 행복지수는 같거나 아니면 오히려 준다고 설명한다. 즉 딸의 재정리처럼 '부'가 계속 증가하고 있더라도 그 증가의 폭이 크지 않으면 곧바로 덤덤한 상태에 빠져 행복을 느끼지 못한다는 것이다.

따라서 이 핵심 내용을 바탕으로 모범답안을 작성해 보면 다음과 같다.

1등급 모범답안 1

물질적 풍요와 행복의 관계는 어떤 자극이 반복되면 그 자극에 덤덤해지는 생리적 적응현상으로 인해 '부'가 계속 증가하고 있더라도 그 증가의 폭이 크지 않으면 곧바로 덤덤한 상태에 빠져 행복을 느끼지 못한다는 것이다.

위와 같이 내용을 정확하게 표현하면 1등급을 받을 수 있으며 위와 동일하지 않더라도 필수내용이 모두 들어 있는 답안이라면 역시 1등급을 받을 수 있다. 참고로 또 다른 1등급 모범답안 을 제시해 보면 다음과 같다.

1등급 모범답안 2

물질적 풍요가 계속 늘어난다고 행복도 똑같이 계속 늘어나는 것이 아니라 어떤 자극이 반복되면 그 자극에 덤덤해지는 생리적 적응현상 때문에 행복지수는 같거나 아니면 오히려 준다고 느낀다.

위와 같은 내용이 핵심인데 만일 ''부'란 살아가는 데 어느 정도 기본적인 필요만 충족할 정도면 된다.'나 '생리적 적응현상이란 처음 먹었을 때 맛있는 음식이라고 해도 그것을 계속해서 먹으면 더 이상 처음에 느꼈던 그 맛을 모르게 되는 덤덤한 상태를 말한다.'와 같은 투로 진술을 하면 논점일탈로 보고 5등급의 최하점을 얻게 된다.

❷ 60자 내외의 비판적 사고형 진술 문제

예시문제 1

남학생 : 이게 무슨 뜻이야, 나는 도무지 알 수가 없어.

여학생 : "안녕하세요. 오빠는 정말 멋져요"라는 말이잖아. 메일 보낸 이 여학생 누구야? 질투 나는데.

남학생 : 응, 동생 친구야. 그런데 너는 어떻게 이 글을 해석할 수 있니? 특수문자에다가 일본어, 한자, 한글을 섞어 놓은 것이 꼭 외계어 같은데.

여학생 : 그래, 이런 글을 일부 네티즌들은 외계어라고 부르기도 해. 그런데 너는 정말 무식한 것 같아. 같은 10대로서 시대에 뒤떨어진다고 생각하지 않니?

남학생 : 아니, 10대면 이런 외계어를 꼭 알아야 하니? 그런 식으로 억지 부리면 곤란해.
　　　　 너, 지난 중간고사 작문 주관식 답지에 '축하'를 '추카'로, '반가워'를 '방가'로 써서 틀렸잖아. 선생님께 지적 받고, 교실이 한바탕 웃음바다가 된 것 기억나지 않니?

여학생 : 그건 선생님께서 인터넷 언어에 대해 이해가 부족하셔서 그런 거야. 수업 시간에 언어도 변한다고 배우지 않았니? 언어의 역사성 말이야. 너는 공부를 폭넓게 해야 할 필요가 있어.

남학생 : 네가 지금 언어의 역사성을 제대로 이해하고 있다고 생각하니? 참 어이없다.
　　　　 언어의 역사성이란 언어가 시대의 흐름에 따라 신생, 성장, 사멸하는 것을 뜻해. 그러니 10대 청소년의 일부가 인터넷 상에서 우리말을 파괴하면서 사용하는 국적 불명의 신종 언어 발생을 언어의 역사성이라고 할 수는 없지 않을까? 그것은 새로운 언어의 창조가 아니고 우리말을 파괴하는 일이야.

여학생 : (조롱조) 너는 10대의 유행어는 제대로 모르면서 학교에서 배운 것은 잘 알고 있구나. 나는 그것을 우리말 파괴 현상이라고 생각하지 않아. 우리는 우리끼리 비밀을 나눌 수 있는 말이 필요해. 그래서 이런 말들도 만들어지는 것이고. 언젠가 이런 말들이 표준어가 될지 누가 알아?

남학생 : 네 말에 모순이 있는 거, 알고 있지? 우리끼리 비밀을 나누기 위한 말이 어떻게 표준어가 될 수 있겠니? 오히려 그것 때문에 우리말이 점점 파괴되어 가고 있는 것이 현실이잖아.

여학생 : 창조는 파괴에서 오는 것 아니겠어? 말도 예외는 아니라고 생각해.

분석

위 대화에서 남학생은 청소년들이 쓰는 인터넷 언어를 한글 파괴로 인식하는 반면, 여학생은 한글 파괴가 아니라 단순히 10대들의 유행어로 생각하고 있다. 따라서 지지를 하는 글을 쓰기 위해서는 위 핵심 사안에 대한 옹호 또는 지지의 내용을 써야 한다. 이를 바탕으로 두 사람에 대한 지지의 입장을 표현해 보면 다음과 같다.

> **1등급 모범답안** **남학생 지지**
>
> 의사소통을 정확하고 바르게 하기 위한 것이 표준어인데 이를 무시하고 외계어를 남발한다면 우리말이 파괴되고 세대 간 단절을 초래할 것이다.
>
> **1등급 모범답안** **여학생 지지**
>
> 말이란 시대에 따라 변하는 것이므로 외계어도 이를 반영한 것인데 이를 인정하지 않는 것은 우리말의 창조적인 변화를 막는 길이다.

위와 같은 입장에 따라 정확하고 논리적으로 진술을 해야 1등급을 받을 수 있다. 물론 위 모범답안만 1등급을 받을 수 있는 것이 아니라 지지하는 입장을 분명하게 하고 그에 대한 타당한 논거를 들 수 있으면 역시 1등급을 받을 수 있다. 다만 주의할 점은 논점이 흐트러지거나 타당하지 않은 논거를 제시했을 때는 최하 등급을 받을 수 있으므로 주의해야 한다. 참고로 최하 등급을 받는 예를 보이면 다음과 같다.

> **5등급 예시답안** **남학생 지지**
>
> 언어가 변한다는 역사성은 인정하지만 외계어를 사용해야 한다는 것은 좋은 성적을 받지 못하는 거야. 대학을 가기 위해서라도 외계어는 쓰지 말아야 해.
>
> **5등급 예시답안** **여학생 지지**
>
> 10대 유행어는 다른 세대 유행어와 달라야 해. 각 세대는 사고의 차이를 보이니까 말도 달라야 되고 그러다 보면 그것이 표준어가 되는 거겠지.

이와 같이 내용이 논점에서 어긋나거나 또는 논거가 타당하지 않으면 가장 최저점을 받거나 아니면 틀린 답으로 처리될 수도 있기 때문에 기본적인 논점의 유지와 논거의 타당성을 갖춰야 한다. 물론 구태의연한 주장보다 창안적 사고를 나타낼 수 있는 주장을 하는 것이 좋지만 이것도 어느 정도 통념을 벗어나지 않는 범위여야 하지 그렇지 않으면 정말 빵점 처리될 수도 있다는 사실을 알아두어야 한다.

예시문제 2 다음 이야기를 잘 듣고 두 여우 이야기를 통해 얻을 수 있는 교훈과 이를 통한 바람직한 삶의 자세를 60자 내외로 쓰시오.

이솝 우화 중에 '신 포도 비유'라는 것이 있습니다. 어떤 여우가 높은 가지에 매달려 있는 포도를 따려고 시도했다가 실패하자, 그 포도는 신맛이 나기 때문에 따먹지 않는다고 그럴듯하게 변명을 했습니다. 한마디로 '스타일이 구겨진 상황'을 타개하는 여우의 교활함이 돋보이는 이야기입니다. 아마도 그 여우는 자기를 바라보고 있던 다른 동물들의 눈을 대단히 의식했던 모양입니다.

그런데 그 여우보다 더 강적이 있었다는 사실을 아십니까? '캐스트러'라는 작가는 이솝의 이야기를 이렇게 각색하였습니다.

천신만고 끝에 여우가 겨우 그 포도를 따는 데 성공하게 되면서 상황은 반전됩니다. 주변에서 숨죽여 구경하던 다른 동물들이 일제히 탄성을 냅니다. 거기에는 축하와 부러움이 섞여 있습니다. '나도 하나 먹어보면 얼마나 좋을까' 하는 생각을 하지만, 여우는 단 한 알도 나누어주지 않았습니다. 포도 자체가 아까운 것도 있지만, 그보다는 자기 혼자만 먹어야 다른 동물들이 계속 부러워할 것이기 때문이었지요. 여우에게는 그 선망의 시선을 한 몸에 받는 쾌감이 너무나 짜릿했던 것이지요. 그런데 큰일이 났습니다. 먹어보니 포도가 너무 신 것이었습니다. 도저히 입안에서 깨물 수 없고 뱃속으로 삼키기에는 더욱 괴로운 맛이 났습니다. 그러나 여우는 꾹 참고 계속 먹어댔지요. 아무렇지 않다는 표정을 억지로 지으면서 말입니다. 매우 맛있다는 듯 게걸스럽게 먹는 모습을 연출하지 않으면 다른 동물들이 부러워하기는커녕 거꾸로 망신살이 뻗칠 판이니 말입니다. 그래서 꾸역꾸역 깨물어 뱃속으로 집어넣습니다. 그렇게 신 포도를 억지로 먹어대다가 결국 위궤양에 걸려 죽는 것으로 이야기는 막을 내립니다.

분석

앞 이야기의 여우는 다른 동물들의 눈을 지나치게 의식한 결과 변명을 했고 각색된 이야기의 여우도 다른 동물들의 눈을 지나치게 의식하며 살다가 결국은 신포도를 먹고 위궤양에 걸려 죽게 된다는 이야기이다. 따라서 두 이야기의 공통된 교훈은 자신의 주관대로 살지 못하고 주변을 너무 의식하여 자기 의지대로 살아가지 못하면 올바른 삶이 아니라는 것이다.

이를 바탕으로 모범답안을 제시하면 다음과 같다.

1등급 모범답안 1

올바른 삶이란 타인에게 과시하기 위해서나 타인의 눈을 의식해서 위선적으로 사는 것이 아니라 자신의 주관과 의지대로 살아야 하는 것이다.

1등급 모범답안 2

남의 눈을 의식해서 위선적으로 사는 것은 바람직한 삶의 자세가 아니므로 자신의 의지와 주관을 가지고 꼿꼿이 사는 것이 바람직하다.

위와 같은 내용이 정확히 나타나면 1등급을 받을 수 있다. 그러나 다음과 같이 핵심에서 벗어난 엉뚱한 내용이나 잘못 이해한 내용이 나타나면 감점대상이므로 조심해야 한다.

4등급 예시답안

삶의 올바른 자세는 어떤 난관에 부딪혔을 때 그 상황에 맞는 임기응변과 융통성을 발휘해야만 가치 있는 것이라고 할 수 있다.

5등급 예시답안

올바르지 않은 삶의 자세는 주위를 의식하지 않고 제멋대로 살아가는 삶이다. 따라서 우리는 언제나 주위를 의식해 가며 살아야 한다.

위와 같이 높은 점수가 나오지 않는 이유는 논점에서 완전히 벗어났거나 주어진 내용을 잘못 해석해서 정반대로 진술했기 때문이다. 따라서 이 같은 실수를 하지 않기 위해서는 앞에서 말한 대로 듣기 전에 문제를 살펴서 어떤 내용으로 진술할 것인지를 먼저 파악해 두고 그 다음은 들으면서 핵심 내용이나 단어를 기록해 놓고 진술을 하기 전에 다시 한 번 문제의 핵심과 내용을 살펴서 올바른 방향을 잡은 다음 타당한 논거를 통해 통념적으로 인정되는 합리적인 방향으로 진술해야 한다.

01 다음 이야기를 듣고 공통된 핵심 내용을 100자 내외로 간추려 요약하시오.

> 오늘은 여러분께 암사동 선사 취락지, 유구 발굴에 얽힌 이야기를 해 드리겠습니다. 유구란, 옛날 가옥의 구조와 양식을 알게 해 주는 자취를 말하는데요, 암사동 유구의 발굴이 막바지에 접어들어 발굴단이 철수를 앞두고 있었을 때였습니다. 조사가 완료된 원형의 집터에서 기둥자리 흔적을 찾지 못하자, 발굴단은 그저 이 집은 기둥이 세워지지 않은 원형의 주거지였을 것으로 추정하고 있었지요.
>
> 그런데 다음날, 갑자기 한파가 몰아 닥쳤습니다. 발굴단은 단순히, 집터 바닥이 얼마나 두껍게 얼었는지 알아보기 위해 바닥을 파 보게 했습니다. 그런데 신기하게도, 얼어있던 바닥이 마치 시루떡 한 켜가 일어나듯이 떨어져 나오는 것이었습니다. 덕분에 아무리 찾으려고 해도 찾을 수 없었던 집터의 기둥 자리 흔적이 드러났고, 완전한 형태의 빗살무늬토기까지 발견하게 되었죠. 그때까지는 집터의 구멍 흔적을 찾지 못해서, 그저 기둥을 세우지 않은 특이한 형태의 유구였을 것이라고 결론지을 상황이었는데 말입니다. 이는 모두 하루아침의 추위로 모래 바닥이 1cm 두께로 얼어붙은 덕분이었죠.
>
> 이와 비슷한 경우는 꽤 많습니다. 예로, 실험접시에 뚜껑을 덮지 않은 덕에 우연히 페니실린을 발견했던 플레밍의 경우를 들 수 있지요.

해설 유적 발굴에 대한 이야기는 유구의 새로운 비밀이 드러나게 되어 유적 발굴에 있어 중요한 전기를 맞게 된 이유로 갑자기 추워진 날씨를 들고 있다. 마지막 플레밍의 페니실린 발견 역시 우연히 뚜껑을 덮지 않았기 때문에 의외의 결과를 얻을 수 있었던 사례이다. 따라서 화자가 말하고자 하는 중심 내용은 '우연이 행운을 가져올 수 있다' 이다.

1등급 모범답안 1

암사동 유적지 발굴단이 집터의 기둥자리를 찾은 것은 갑자기 추워진 날씨 때문이며 플레밍의 페니실린 발견도 뚜껑을 덮지 않은 우연한 일이 의외의 결과를 얻게 한 것이므로 공통된 핵심은 '우연이 행운을 가져올 수 있다' 이다.

1등급 모범답안 2

첫 번째 이야기는 갑자기 추워진 날씨 덕에 우연히 기둥자리를 찾아낸 것이며 두 번째 이야기는 페니실린의 발견이 뚜껑을 열어놓은 덕이라는 것이므로 두 이야기의 공통은 의도하지 않은 일에서 큰 결과를 얻을 수도 있다는 것이다.

02 다음 대화를 듣고 마지막 남학생의 대화에 이어질 내용을 100자 내외로 쓰시오.

> 남학생 : 철수는 조금만 해도 점수가 잘 나오는데, 나는 열심히 해도 왜 안 될까? 예습도 열심히 하고, 어제는 밤새워 공부도 했는데. 그렇다고 머리가 나쁜 것도 아닌데…….
>
> 여학생 : 혹시 너, 방법에 문제 있는 거 아니니? 저녁형 인간이 맞긴 하니?
>
> 남학생 : 저녁형 인간?
>
> 여학생 : 왜 있잖아. 너처럼 밤에 더 활동을 많이 하는 사람.
>
> 남학생 : 아닌데. 사실 난 아침에 공부가 더 잘 돼. 어제는 그동안 안 본 게 너무 많아서 그랬지만, 그래도 머리가 좋은 편이니까 믿었는데…….
>
> 여학생 : 아, 알았다. 문제가 거기 있었구나. 아무리 머리가 좋아도 평소에 안 하면 다 까먹는 거 너 몰랐구나. 들어봐. 독일의 심리학자 에빙하우스에 의하면 인간은 배운 지 10분이 지나면서 망각이 시작되는데, 1시간이 지나면 절반이 날아가고, 하루가 지나면 70% 정도를 잊어버린대. 그리고 한 달이 지나면 80% 이상이 날아가서 채 20%도 안 남는다는 거야. 그래서 사람들은 잊지 않기 위해 안간힘을 다 쓰잖아. 가령 Bear라는 단어와 무언가를 베어 먹는 곰의 이미지를 연결시키는 방법 같은 거.
>
> 남학생 : 그건 나나 철수도 똑같은 거 아닌가?
>
> 여학생 : 끝까지 들어봐. 그런데 수업 후 바로 복습을 하면 기억이 하루 동안 유지되고, 다음날 다시 복습을 하면 일주일 동안 기억이 유지된대. 거기에 일주일 뒤 다시 복습하면 한 달, 한 달 뒤에 복습하면 무려 6개월 정도 기억이 유지된다는 거야. 그러니 너처럼 몰아서 벼락치기 하는 애는 당연히 고전할 수밖에 없지.
>
> 남학생 : 아, 그렇구나.

해설 대화에서 여학생은 남학생이 성적을 올리지 못하는 이유를 남학생의 학습 습관에 있다고 보고 있다. 즉, 남학생은 배운 내용을 그때그때 반복해 공부하는 것이 아니라 한 번에 몰아서 하고 있는 것이다. 이에 대해서 여학생은 에빙하우스의 이론을 들어 배운 내용은 그때그때 계속 반복하는 것이 중요함을 이야기하고 있다. 이렇게 볼 때, 가장 올바른 답은 배운 내용을 바로 공부하는 것이라고 할 수 있다.

1등급 모범답안 1

네 말을 듣고 보니 나의 학습 습관에 문제가 있는 것이었구나. 앞으로는 배운 것은 바로 공부를 해두고 또 시험 때만 몰아서 공부할 것이 아니라 평소에 계속 반복해서 익혀두어야겠구나.

1등급 모범답안 2

나는 항상 시험 보기 전에 벼락치기로 여태까지 배운 것을 몰아서 한꺼번에 공부해왔는데 그것 때문에 점수가 안 좋았었군. 알았어, 이제부턴 배운 것은 그때그때 익혀두고 반복해서 공부해야겠다.

담화 능력

예상문제

※ 2장 작문 능력(주관식 쓰기)에 앞서 쓰기 영역 객관식 문제입니다.

01 아래 글쓴이가 〈보기〉의 주장에 대해 반박하고자 할 때, 활용할 수 있는 근거로 적절한 것을 고르시오.

> 보기
>
> 과학 지식이 인간의 일에 대해서 가치를 판단하거나 결정을 내린다.

과학이 가치중립적이라는 말은 크게 보아서 다음 두 가지의 의미를 지니고 있다. 첫째는, 자연 현상을 기술(記述)하는 데에 있어서 얻게 되는 과학의 법칙이나 이론으로부터 개인적 취향(趣向)이나 가치관에 따라 결론을 취사선택할 수 없다는 점이고, 둘째는, 과학으로부터 얻은 결론, 즉 과학 지식이 그 자체로서 가치에 관한 판단이나 결정을 내리지 못한다는 점이다.

불치 환자의 예에서도 마찬가지이다. 환자나 가족은 의사로부터 과연 전혀 치료의 가망(可望)이 없는가, 안락사의 과정이 얼마나 걸릴 것인가, 다른 치료법의 경우에는 얼마만큼 생명을 연장시킬 수 있는가, 통증의 정도가 구체적으로 어떤가 등에 대해 구체적인 과학 지식을 얻게 되며, 이런 지식을 바탕으로 하여 결정을 내리게 된다. 이 두 예에서 보는 바와 같이 과학 지식이 없을 경우에 결정을 내리기가 얼마나 힘들고, 그렇게 내리는 결정이 얼마나 위험할 것인가는 쉽게 알 수 있다.

① 상대성 이론과 원자 물리학의 발달이 원자탄의 투하를 가져왔다.

② 진화론 및 유전학이 발달했기 때문에 유대인을 학살하는 일이 생긴 것이다.

③ 진통제의 효과를 높인 의학 지식의 발달이 불치 환자의 안락사 선택을 결정한다.

④ 유전학 지식이 유전병 환자의 출산 여부를 결정하는 것은 아니며 결정에 도움을 준다.

⑤ 여러 가지 의학적 치료법에 대한 과학 지식이 환자들의 생명 연장 기간을 결정하게 한다.

정답 ④

해설 ④는 '과학 지식이 인간의 일에 대해서 가치를 판단하거나 결정하는 것은 아니며, 결정에 도움을 줄 뿐이다.' 라고 하는 글쓴이의 반박에 대한 근거로 적절하다.

①·②·③·⑤는 '과학 지식이 인간의 일에 대해서 가치를 판단하거나 결정을 내린다.' 는 제시문의 주장에 대한 근거로 적절하다.

02 다음 개요를 구체화하기 위한 자료 활용 방안으로 적절하지 <u>않은</u> 것을 고르시오.

〈개요〉

주제 : 고령화 사회의 문제점과 해결 방안
Ⅰ. 서론 : 고령화 사회의 개념
Ⅱ. 본론
    1. 고령화 사회의 원인 및 문제점
       가. 고령화 사회가 된 원인
       나. 고령화 사회의 문제점
    2. 고령화 사회에 대한 대책
       가. 개인적 차원
       나. 국가적 차원
Ⅲ. 결론 : 고령화 사회에 대한 대책이 시급함을 강조

〈자료〉

㉠ 65세 이상의 노인 인구가 전체의 7% 이상을 차지하는 사회를 고령화 사회라 한다.
㉡ 양육비와 교육비에 대한 부담으로 한자녀가정이 증가하고 있다.
㉢ 의료 기술이 발달하여 평균수명이 연장되었다.
㉣ 장기적인 노후 대책을 스스로 마련해야 한다.
㉤ 노인 취업을 확대하고 다자녀 가정을 지원해야 한다.

① 'Ⅰ'을 구체화하는 데 ㉠을 활용한다.
② 'Ⅱ-1-가'에서 ㉡을 활용한다.
③ 'Ⅱ-1-나'에서 ㉢을 활용한다.
④ 'Ⅱ-2-가'에서 ㉣을 활용한다.
⑤ 'Ⅱ-2-나'에서 ㉤을 활용한다.

정답 ③

해설 글의 내용과 구조를 고려하여 항목에 맞는 적절한 자료를 찾는 문제이다. 고령화 사회의 개념은 ㉠, 고령화 사회가 된 원인은 ㉡, 고령화 사회에 대한 개인적 차원의 대책은 ㉣, 국가적 차원의 대책은 ㉤이 적절하다. 그러나 ㉢은 고령화 사회의 원인이지 문제점은 아니다. ㉡의 경우 고령화 사회의 개념이 전체 인구에 대한 노인 인구의 비율이므로 한자녀가정의 증가는 전체 인구에 대한 노인 인구의 비율을 높인다. 따라서 ㉡은 고령화 사회의 원인의 자료로 활용할 수 있다.

03 다음 내용의 흐름에 따라 ㉠, ㉡에 들어갈 접속어를 바르게 짝지어 놓은 것을 고르시오.

> 사람은 혼자 있을 때보다 다른 사람들과 함께 있을 때 30배쯤 더 웃는다. 특히 웃음에는 강한 전염성이 있어서, 남이 웃으면 따라 웃고 다른 사람의 웃음에 내 마음이 덩달아 즐거워진다. 이처럼 인간의 웃음은 사회적인 것이다.
>
> (㉠) 이 부분에서 인간의 웃음은 동물과는 큰 차이를 보인다. 과학자들의 연구에 따르면 침팬지나 쥐들도 웃는다. 쥐들은 간지럼과 같은 특수한 자극을 받을 때 웃음소리를 낸다. 과학자들은 특수 기계를 이용해 쥐들이 간지러울 때 내는 초음파 소리를 감지해 냈는데, 이 소리가 바로 쥐의 웃음소리이다.
>
> (㉡) 인간의 웃음은 뇌 활동에 의한 것이다. 뇌에 웃을 수 있는 회로가 갖춰져 있기 때문이다. 뇌는 우스운 소리만 들어도 웃을 준비를 한다고 한다. 웃음의 실행 단계는 뇌의 '웃음보' 에서 맡고 있다. 1988년 3월 미국 캘리포니아 대학의 이차크 프리트 박사는 고단위 단백질과 도파민으로 형성된 $4cm^2$ 크기의 웃음보를 발견했다. 그 웃음보를 자극하자 우습지 않은 상황인데도 웃음을 터뜨렸다. 또 웃음보가 뺨의 근육을 움직이며 즐거운 생각을 촉발해 웃음 동기를 부여했다.

① 그러나 – 따라서
② 그리고 – 그러므로
③ 왜냐하면 – 그런데
④ 그런데 – 한편
⑤ 물론 – 왜냐하면

정답 ④

해설 문맥의 흐름으로 볼 때 ㉠에 들어가야 할 접속어는 전환관계이므로 '그런데' 가 적절하다. ㉡에는 앞 이론에 대한 변화를 꾀해야 하므로 완전히 화제가 다른 방향으로 흘러간다는 것을 알 수 있다. 따라서 이에 해당하는 접속어 '한편' 이 적절하다.

04 다음은 학생회장 후보의 연설문 초고입니다. 이를 고쳐 쓰기 위한 의견으로 적절하지 <u>않은</u> 것을 고르시오.

> 안녕하십니까? 학생회장 후보 기호 3번 홍길동입니다.
> 저는 앞에 나온 후보들처럼 특별히 공부를 잘하거나, 말솜씨가 뛰어난 것은 아닙니다. 이런 제가 학생회장 후보로 나온 것은 우리학교를 아름다운 문화 학교로 만들고 싶었기 때문입니다. 제가 학생 회장이 된다면 첫째, ㉠ <u>편안한 우리만의 문화 공간을 학교 안에 만들겠습니다.</u> 이곳에서 여러분은 자유롭게 ㉡ <u>음악은 물론 책을 읽을 수 있을 것입니다.</u>
> 둘째, 여러분의 끼와 재능을 마음껏 펼칠 수 있는 예술제를 해마다 개최하겠습니다. ㉢ <u>개인적으로는 체육 대회를 좋아하는 학생들도 많이 있습니다.</u> 이러한 행사를 통해 우리 학교의 문화적 수준이 ㉣ <u>높아지게 될 것입니다.</u>
> ㉤ <u>'가는 말이 고와야 오는 말이 곱다.'</u> 는 말이 있습니다. 제가 학생회장이 된다면 이 공약들이 헛된 외침이 되지 않도록 최선을 다하겠습니다.
> 감사합니다.

① ㉠은 수식 관계가 모호하므로, '편안한'을 '문화 공간' 앞에 넣는 것이 좋겠어.

② ㉡은 주어와 서술어의 호응을 고려하여 '음악뿐만 아니라 책을 읽을 수 있을 것입니다.'로 고치는 것이 좋겠어.

③ ㉢은 글의 통일성을 해치므로 삭제하는 것이 좋겠어.

④ ㉣은 피동 표현이 중복되었으므로 '높아질 것입니다.'로 고치는 것이 좋겠어.

⑤ ㉤은 문맥을 고려하여 '구슬이 서 말이라도 꿰어야 보배다.'로 바꾸는 것이 좋겠어.

정답 ②

해설 ㉡의 '음악은 물론 책을 읽을 수 있을 것입니다.'는 목적어와 서술어의 호응이 제대로 이루어지지 않는 문 장이다. 고쳐 쓴 문장인 '음악뿐만 아니라 책을 읽을 수 있을 것입니다.' 역시 마찬가지이다. 따라서 목적어로 쓰인 '음악'과 '책'이 적절한 서술어와 호응할 수 있도록 '음악을 듣고 책을 읽을 수 있을 것입니다.'로 고쳐야 한다.

05 ㉠과 문맥적 의미가 유사한 것을 고르시오.

> 전기장과 자기장이 서로 유도하여 진행하는 전자기파에는 무선통신이나 라디오 텔레비전 방송에서 사용하는 비교적 파장이 긴 것도 있지만 파장이 매우 짧은 것도 있다. 일반적으로 파장이 0.1mm~30cm의 짧은 전자기파를 마이크로파라고 ㉠ <u>부른다</u>. 전자레인지는 파장이 12.2cm인 마이크로파를 사용한다.

① 그가 갑자기 만세를 <u>부른다</u>.
② 그 가게는 값을 비싸게 <u>부른다</u>.
③ 어머니는 집으로 손님을 <u>부른다</u>.
④ 금강산을 개골산이라고도 <u>부른다</u>.
⑤ 그는 노래방에서 유행가를 <u>부른다</u>.

정답 ④

해설 ㉠은 '일컫다'의 의미로 사용되고 있는데 동일한 의미로 사용된 경우는 ④이다.
①에서는 '소리를 내어 외치다' ②에서는 '물건 값을 말하다' ③에서는 '남을 오라고 하다' ⑤에서는 '노래를 하다'의 의미로 사용되었다.

06 듣는 이의 입장을 고려한 발화로 적절하지 <u>않은</u> 것을 고르시오.

① (약속 시간에 늦은 친구에게)
  너는 왜 자주 늦니?
② (친구에게 무거운 짐을 함께 들어 달라고 말할 때)
  같이 들어 줄 수 있니?
③ (막 닫히려는 승강기를 타고 싶을 때)
  좀 기다려 주시면 안 될까요?
④ (아이들이 차도에서 노는 것을 보았을 때)
  놀이터에 가면 함께 놀 친구들이 많지 않을까?
⑤ (음식점에서 반찬을 더 달라고 할 때)
  반찬이 참 맛있는데, 좀 더 주실 수 있나요?

정답 ①

해설 듣는 이의 입장을 고려하기 위해서는 간접적·우회적으로 말해야 한다. ②·③·④·⑤는 상대에게 요청을 할 때, 상대를 고려하여 우회적인 말하기를 한 경우이다. ①은 직설적인 표현으로 상대를 비난했으므로, 듣는 이의 입장을 고려하지 않은 발화이다.

07 다음 이야기에서 얻을 수 있는 교훈으로 적절한 것을 고르시오.

> 어떤 수행자는 많은 일을 하면서도 한결같은 모습을 유지합니다. 사람들이 어떻게 그럴 수 있느냐고 물으면 이와 같이 대답합니다.
> "나는 서 있을 때는 서 있고, 걸을 때는 걷고, 앉아 있을 때는 앉아 있고, 음식을 먹을 때는 그저 먹는답니다."
> "그건 우리도 하는데요."
> 라고 사람들이 대꾸하자 그는 다시 말을 이었습니다.
> "아니지요. 당신들은 앉아 있을 때는 벌써 서 있고, 서 있을 때는 벌써 걸어갑니다. 걸어갈 때는 이미 목적지에 가 있고요."

① 다른 사람과 보조를 맞추세요.
② 서두르지 말고 여유를 가지세요.
③ 상대방의 말을 귀담아 들으세요.
④ 무엇을 할 때에는 순서를 지키세요.
⑤ 어떤 일에서나 조심스럽게 행동하세요.

정답 ②

해설 수행자는 마지막 말에서 '앉아 있을 때 벌써 서 있고, 서 있을 때 걸어' 가는 '당신들'의 성급함을 지적하고 있으므로 ②가 적절하다.

08 ㉠~㉤을 고쳐 쓰기 위한 방안으로 적절하지 **않은** 것을 고르시오.

> 우리가 학교에서 생활하다 보면 여러 가지 문제들이 발생한다. 그 대부분은 대인 관계에서 발생하는 것들이다. ㉠ 아마도 학교라는 곳은 많은 친구들이 함께 생활하는 곳이기 때문이다. 친구와의 관계에서 힘든 문제가 ㉡ 발생했던 경우, 먼저 나와 친구의 차이점을 인정해야 한다. 항상 나의 생각과 친구의 생각이 ㉢ 일치할수는 없다. 때로는 서로의 생각이 같을 수도 있고, ㉣ 틀릴 수도 있다. 나와 친구의 차이점을 인정하고, 나아가 친구의 입장까지 배려한다면 학교에서의 생활은 훨씬 ㉤ 원만해진다.

① ㉠ – 문장의 호응에 맞게 '이처럼'으로 고친다.
② ㉡ – 시제에 맞게 '발생할'로 고친다.
③ ㉢ – 띄어쓰기에 맞게 '일치할 수는'으로 고친다.
④ ㉣ – 의미상 정확한 표현이 되게 '다를'로 고친다.
⑤ ㉤ – 문맥의 흐름에 맞게 '원만해질 것이다.'로 고친다.

정답 ①

해설 주어진 글을 읽고 단어와 문장 수준에서 잘못된 부분을 찾아 바르게 고쳐 쓴 것을 찾는 문제이다. '아마도'는 뒤에 '나오는 '때문이다'와 호응이 이루어지지 않는다. 따라서 '왜냐하면'으로 고치는 것이 적절하다.

09 입학사정관제로 대학교에 진학하려는 학생이 자기소개서를 쓰기 위해 독자를 분석할 때, 그 분석 내용으로 적절하지 <u>않은</u> 것을 고르시오.

항목	분석 내용
① 나이	입학사정관이 읽을 글이므로 공손하고 정중하게 표현한다.
② 관심사	입학사정관이 궁금해 할 지원 동기와 입학 후 학교생활에 대한 계획을 밝힌다.
③ 바라는 것	실력이 있고 성실한 학생을 선발할 것이므로, 학습에 대한 열의와 성실한 태도를 강조한다.
④ 하는 일	수많은 소개서를 읽을 것이므로 다른 학생과 차별화될 수 있는 내용으로 구성한다.
⑤ 나와의 관계	얼굴도 모르고 친분도 없으므로 자신을 알리기 위해 성격이나 교우 관계를 상세하게 쓴다.

정답 ⑤

해설 이 글은 입학사정관제로 대학교에 진학하기 위한 자기 소개서이다. 입학을 희망하는 학생이 입학사정관에게 보일 자기소개서를 쓸 준비 단계에서 글을 읽게 될 대상인 독자, 즉 입학사정관을 분석한 내용이다. 입학사정관제로 대학교에 진학이 목적인 글이므로 지원 동기나 입학 후 학교생활, 학습에 대한 열의와 성실성을 주된 내용으로 다른 학생과 차별화되는 내용을 기록해야 한다. '나와의 관계'를 분석해 보는 단계에서 자신의 성격이나 교우관계를 상세하게 소개하는 것은 이 글을 쓰는 의도와는 거리가 멀다.

10 어법에 맞고 표현이 자연스러운 문장을 고르시오.

① 선생님, 오후에 시간 좀 계신지요?
② 제가 먼저 화를 냈으니 잘못한 것 같아요.
③ 어제 관람한 연극은 별로 마음에 들었어요.
④ 시골 외할머니 댁에 다녀오느라 숙제를 안 했어요.
⑤ 들판에서 참새를 쫓던 소년의 모습이 인상적이었어요.

정답 ⑤

해설 어법에 맞는 문장을 쓰려면 어순, 문법 요소의 쓰임, 호응 관계 등을 잘 알고 정확하게 써야 한다.
①은 높임법의 적용이 잘못된 예.
②는 주어와 서술어의 호응이 부적절.
③의 '별로'는 부정의 서술어와 호응하는 부사.
④의 '안'은 의지 부정을 표현할 때 사용.

1장 확장문제

01

이번에는 '버스전용차로제'와 관련된 토론의 일부를 들려 드립니다. 잘 듣고 물음에 답하시오.

> 사회자 : 안녕하십니까. 요즘 버스 전용 차로에 택시 통행을 허용할 것인가의 문제를 놓고 많은 논란이 빚어지고 있습니다. 찬성 측과 반대 측 대표를 모시고 의견을 들어보도록 하겠습니다. 버스 전용 차로에 택시 통행을 허용하자는 찬성 측부터 발언해 주십시오.
>
> 찬성 측 : 택시는 버스나 지하철과는 달리 특별할 때 이용하는 교통수단입니다. 위급 상황에 신속하게 이동하거나 급한 볼일이 있을 때에 택시를 이용하는 경우가 많습니다. 그러니 버스 전용 차로에 택시 진입을 허용해야 합니다.
>
> 사회자 : 다음은 반대 측 발언해 주십시오.
>
> 반대 측 : 버스 전용 차로에 택시 통행을 허용한다면 교통량이 집중되어 버스 전용 차로의 기능을 제대로 발휘하지 못할 것입니다. 게다가 도로 중앙의 버스 전용 차선을 달리던 택시가 승객을 내려주기 위해 인도 쪽으로 이동하다가 교통사고가 나는 경우도 많아요. 그러니 택시의 버스 전용 차로 진입을 허용해서는 안 된다고 봅니다.
>
> 사회자 : 다음은 구체적 통계 자료를 근거로 제시하여 상대방 입장에 대해 반론해 주십시오. 먼저 찬성 측 발언해 주십시오.
>
> 찬성 측 : 택시 이용 손님은 목적지에 5분만 늦게 도착해도 택시 이용에 불편을 느낍니다. 버스만 전용 차로를 이용하면 버스의 속도는 빨라지겠지만, 더불어 사는 사회에서 한쪽만 도움이 되는 정책은 문제가 있습니다.
>
> 사회자 : 다음으로 반대 측 발언해 주십시오.
>
> 반대 측 : 버스 전용 차로에 택시 진입을 시범적으로 허용한 적이 있었는데, 버스의 평균 시속이 22km에서 15km로 떨어지고 택시의 속도도 더 느려졌다는 조사 결과가 있어요. 결국, 택시 진입을 허용하면 전체 교통 상황에 도움이 되지 않습니다.
>
> 사회자 : 마지막으로 상대방 입장에 대해 수용 가능한 부분은 인정하면서, 자신의 주장을 강조하는 발언을 해 주시기 바랍니다. 찬성 측 발언해 주십시오.

> 찬성 측 : 제 주장은 버스전용차로제를 실시하되, 출퇴근 시간을 제외한 때에만 택시가 진입할 수 있
>   도록 탄력적으로 운용하자는 것입니다. 택시의 특별한 기능을 살리면서 전체 교통 상황에
>   도움이 되는 방향으로 교통 체계를 개선하자는 것이죠.
> 사회자 : 다음으로 반대 측 발언해 주십시오.
> 반대 측 : 저도 응급 상황과 같은 특별한 경우는 버스 전용 차로에 택시 통행을 허용할 수 있다고
>   생각합니다. 그러나 전면적으로 택시 진입을 허용하게 되면, 오히려 교통 상황은 더 나빠
>   지게 될 것입니다.

토론자들이 공통적으로 인정하고 있는 내용은?

① 도로 교통 정책은 전체 교통 상황을 고려하여 수립되어야 한다.

② 교통사고를 유발할 가능성이 높은 교통정책에 대한 대책 마련이 필요하다.

③ 대중교통 이용의 활성화를 위해서는 버스전용차로제를 전면 실시해야 한다.

④ 버스 전용 차로에 택시의 통행을 허용하면 전반적인 대중교통의 속도가 개선된다.

⑤ 버스 전용 차로에 택시 통행을 허용하기 위해서는 시범 실시 기간을 두어야 한다.

정답 ①

해설 토론자들이 공통적으로 인정하고 있는 내용은 ①이다. '택시의 특별한 기능을 살리면서도 전체 교통 상황에
도움이 되는 방향으로 교통 체계를 개선하자'는 찬성 측 토론자의 마지막 발언과 구체적 통계자료를 근거로
반론을 제기한 반대 측 토론자의 발언에서 알 수 있다.

02

이번에는 대화의 일부를 들려드립니다. 잘 듣고 물음에 답하시오.

> 연우 : 민희야. 어제 공고된 과학 학술 대회 일정 봤어?
> 민희 : 응, 일주일밖에 안 남았더라. 발표 준비를 서둘러야겠어. 뭐 생각해 둔 것 있어?
> 연우 : 발표문에 대해 잠깐 생각해 보긴 했는데, 우리 실험을 친구들에게 잘 알려야 하니까 발표문 앞부분에 실험 목적을 밝히고 그 다음에 실험 과정을 소개해야 할 것 같아.
> 민희 : 좋은 생각이야. 그런데 발표 시간이 20분이니까 원고가 길어지지 않게 실험 과정은 요약해서 정리해야 할 것 같아.
> 연우 : 그리고 실험 결과를 발표할 때는 친구들이 이해하기 쉽게 도표나 그래프를 이용해서 보여 주면 어떨까?
> 민희 : 좋아. 그리고 우리 실험과 관련된 과학적 개념에 대해 잘 모르는 친구들을 위해 어려운 용어는 쉬운 말로 풀어 주도록 하자.

'교내 과학 학술 대회'의 준비를 위해 두 학생이 나눈 대화이다. 이들이 고려하지 <u>않은</u> 것은?

① 목적에 맞게 발표 내용을 조직한다.
② 이해를 돕기 위해 시각 자료를 활용한다.
③ 청중을 고려하여 적절한 어휘를 사용한다.
④ 정해진 시간에 맞게 발표문의 양을 조절한다.
⑤ 발표 연습을 통해 예상되는 문제점을 보완한다.

정답 ⑤

해설 대화 상황에서 발표 연습을 통해 예상되는 문제점을 보완한다는 내용은 확인할 수 없다.

 ① 연우의 두 번째 말에서 목적에 맞게 발표 내용을 조직한다는 것을 확인할 수 있다.

 ② 연우의 세 번째 말에서 도표나 그래프 같은 시각 자료를 활용한다는 것을 확인할 수 있다.

 ③ 민희의 세 번째 말에서 과학적 개념에 대해서 잘 모르는 친구들을 고려하여 적절한 어휘를 사용한다는 것을 확인할 수 있다.

 ④ 민희의 두 번째 말에서 정해진 발표 시간에 맞게 발표문의 양을 조절한다는 것을 확인할 수 있다.

03

이번에는 이야기를 들려 드립니다. 잘 듣고 물음에 답하시오.

> 사랑하는 여러분. 산과 들은 싱그러움을 자랑하고 있는데……. 새벽부터 등교하여 수업을 듣고, 또 저녁 늦게까지 공부하고. 곁에서 지켜보는 선생님은 안쓰럽기만 합니다. 여러분과 함께 이야기할 시간도 별로 없군요. 그래서 며칠 전 산에서 어떤 사람을 만난 이야기를 꼭 해주고 싶군요. 산에 온 사람들은 모두 앞만 보고 정신없이 가고 있었는데, 그 사람은 오히려 나무랑 꽃이랑 이야기하듯이 즐기면서 산을 오르더군요. 선생님도 그 사람과 함께 올라가면서 "다른 사람들은 다 빨리 가는데, 이렇게 천천히 가시면 정상까지 못 갈 수도 있겠는데요?"라고 물어보았답니다. 그랬더니, 그 사람은 "내 나름대로 서두르지 않고 자연을 즐기면서 가면 정상까지 올라가게 되지요."라고 하더군요. 나중에 보니 빨리 갔던 다른 사람들이 오히려 지쳐 중간에 내려오고, 저와 그 사람은 정상까지 가게 되었지요.

다음 이야기에서 얻을 수 있는 교훈을 30자 이내의 한 문장으로 쓰시오.

> ⇨

답안 조급함보다는 여유를 가지고 꾸준히 노력해야 한다.

해설 선생님은 학생들에게 산에서 만난 사람과의 일화를 설명하고 있다. 여유로운 마음으로 경치를 구경하며 산을 오르면 성급하게 산에 올라갔던 사람은 가질 수 없는 소중한 경험을 하게 된다고 말하며 '조급함보다는 여유를 가지고 노력해야 한다.'는 교훈을 전해주고 있다.

04

이번에는 소음이 인간과 동물에게 미치는 영향에 관한 이야기를 들려 드립니다. 잘 듣고 물음에 답하시오.

우리는 소음 속에 살고 있습니다. 자동차 소음, 비행기 소음, 컴퓨터 소음 등이 그렇습니다. 그리고 앞으로도 더욱 많은 소음 속에서 생활할 가능성이 큽니다. 이처럼 일상생활 속에서 너무나 많은 소음에 노출되어 있기 때문에 우리는 소음이 어떤 영향을 미치는지 인식하지 못합니다. 하지만 소음은 인간과 동물에게 매우 심각한 영향을 미칩니다. 그럼 소음이 인간과 동물에게 어떤 영향을 미치고 있을까요?

인간은 소음에 매우 큰 영향을 받는다고 합니다. 예를 들어, 아프리카 수단의 마반족 사람들의 평균 청력은 미국의 20세 청년의 청력과 같다고 합니다. 또한, 소음이 심한 공장에서 일하는 사람들은 같은 나이의 사람들보다 대개 청력이 약하고 신경질적이라고 합니다. 이런 점들은 모두 소음의 영향 때문입니다. 소음은 소리를 귀에서 뇌로 전하는 감각 세포를 손상하는데, 특히 큰 소음은 몇천 개의 감각 세포를 영구히 파괴합니다.

그럼 동물에게는 어떤 영향을 미칠까요? 어떤 실험에 의하면, 종이봉투를 찢을 때 나는 소음을 계속해서 젖소에게 들려주는 자극을 주고 30분 후 젖소의 우유를 채유해 보았는데 젖의 양이 평상시보다 30% 정도 감소했다고 합니다. 또 실험용 쥐에게 6주간 항공모함의 제트기가 도착하는 소리를 들려주었더니 그중 몇 마리는 위궤양에 걸렸다고 합니다.

다음 이야기의 핵심 내용을 30자 이내의 한 문장으로 쓰시오.

⇨

답안 소음은 인간과 동물에게 부정적인 영향을 미친다.

해설 들려준 이야기는 소음이 인간과 동물에게 미치는 악영향을 내용으로 하고 있다. 첫째 단락에서 소음으로 둘러싸인 환경 때문에 소음의 영향을 자각하지 못한다고 지적한 후, 소음이 미치는 영향에 대해 알아보자고 하였다. 둘째 단락과 셋째 단락에서는 소음이 인간과 동물에게 미치는 영향을 구체적으로 언급하고 있다. 이를 종합하여 이야기의 핵심 내용을 한 문장으로 요약하면 '소음은 인간과 동물에게 부정적인 영향을 미친다.' 가 된다.

05

이번에는 '한국 문화와 일본 문화의 차이'에 관한 주제로, 어느 작가와 나눈 대화를 들려 드립니다. 잘 듣고 물음에 답하시오.

> 진행자 : 이번 시간에는 〈한국인과 일본인의 유머〉라는 책으로 인기를 끌고 있는 김영희 작가를 모시고 한국 문화와 일본 문화의 차이에 대해 대화를 나눠보기로 하겠습니다. 김 작가님, 안녕하세요?
>
> 김영희 : 안녕하세요.
>
> 진행자 : 김 작가님은 몇 년이나 일본에 계셨나요?
>
> 김영희 : 15년간 일본 생활을 했습니다.
>
> 진행자 : 한국인과 일본인은 농담을 받아들이는 태도가 다르다고 책에서 말씀하셨는데, 구체적인 사례를 말씀해 주실 수 있는지요?
>
> 김영희 : 네. 몇 해 전에 한국인 교수 한 사람과 같이 소문난 일본 음식점에 간 적이 있었는데요, 그 교수는 일본은 처음이었지만 일본말을 꽤 잘했죠. 요리사가 만들어 준 맛있는 음식을 먹어서인지 그는 몹시 기분이 좋아졌습니다. 그러자 그는 한국식 농담으로 요리사에게 말했습니다. "참말로 별미입니다. 너무 많이 먹어서 배가 아프군요. 제게 약값을 주셔야겠습니다." 그런데 요리사가 어떻게 반응했는지 아세요?
>
> 진행자 : 글쎄요. 우리 같으면 "아, 그렇습니까? 맛있게 드세요."라고 말하면서 맞장구를 쳤을 것 같은데요.
>
> 김영희 : 아닙니다. 그 일본인 요리사는 당황하는 거예요. 그러면서 요리사는 진지하게 "배가 아프시다니 제가 뭐 잘못했나요?"라고 말하더군요. 그 요리사는 무슨 문제가 생겼는가 걱정하는 눈치였습니다. 좋은 것을 나쁜 것에 빗대어 말하는 한국인의 농담을 일본인 요리사는 알아들 수 없었던 것이지요.
>
> 진행자 : 참으로 어색한 상황이었겠네요. 한국에서 장난이나 농담으로 통하는 말을 일본 사람에게 그대로 했다가는 큰 실수를 하겠네요. 우리는 많은 신세를 졌다고 느끼면 "이런, 원수를 어떻게 갚아야 하지!"라고도 말하는데 말입니다.
>
> 김영희 : 네, 이처럼 우리는 반어적 표현을 농담으로 사용하기도 하는데, 일본 사람들은 그런 문화가 없습니다. 일본 사람들은 엄숙한 상황에서는 엄숙한 표현만을 해야 한다고 생각하는 경향이 강합니다. 그래서 일본 문화는 다소 경직되어 있다고 볼 수 있습니다.

김 작가가 지적한 한일 문화 차이에 대해 80자 내외로 쓰시오.

⇨

안심Touch

답안 대화에서 지적한 한일 문화 차이는 농담을 받아들이는 태도에 있다. 반어적 농담을 흔히 하는 한국과 달리 일본은 반어적 농담을 하는 문화가 없다는 것이다.

해설 대화에서 한국과 일본이 농담을 받아들이는 데 근본적으로 차이가 있음을 이야기하며 한일 문화 간 반어적 농담의 존립 여부를 핵심으로 다루고 있으므로 위의 답안과 같이 진술하는 것이 좋다.

06

다음 이야기를 잘 듣고 물음에 답하시오.

> 나그네가 뱃사람에게 물었습니다.
> "그대는 배에서 사는데, 낚싯대가 없어서 고기도 못 잡고, 돈도 없어서 장사도 못하고, 물 가운데 살아서 벼슬아치도 될 수 없고, 비바람이라도 치면 목숨까지 위태롭습니다. 그런데도 안전한 땅 위에서 살지 않고 위험한 물 위에서 사는 이유는 무엇입니까?"
> 뱃사람이 대답했습니다.
> "사람의 마음이란 대체로 안전한 땅 위에서 살면 느긋해지고, 위험한 물 위에서 살면 두려움을 느끼는 법입니다. 안전하다고 생각하면 방심을 하게 되지만, 위험하다고 생각하면 오히려 조심하게 됩니다. 그러므로 차라리 배 위가 훨씬 더 안전하다고 생각합니다. 땅 위 세상은 거대한 물결과 같고, 사람의 마음은 변화가 심하여 항상 위험합니다. 내가 땅 위 세상에 나아가 위험해지는 것보다, 오히려 조각배 위에서 사는 것이 더 낫지 않겠습니까? 그대는 어찌 이러한 사실을 알지 못합니까?"

밑줄 친 부분에 적절한 내용을 쓰시오.

① 나그네가 위험하다고 생각하는 곳 - _____

② 뱃사람이 위험하다고 생각하는 곳 - _____

③ 뱃사람이 가장 경계하는 점 - _____

답안 ① 나그네가 위험하다고 생각하는 곳 - '배' 또는 '물'을 지칭하는 유사한 내용.
② 뱃사람이 위험하다고 생각하는 곳 - '땅' 또는 '육지'를 지칭하는 유사한 내용.
③ 뱃사람이 가장 경계하는 점 - '방심' 또는 '(변하기 쉬운) 사람의 마음'과 유사한 내용.

해설 나그네는 작은 배로 물에 사는 것이 위험하다고 말하고 있고, 뱃사람은 오히려 땅이 더 위험하다고 말하고 있다. 뱃사람이 그렇게 말한 까닭은 어디서든지 방심할 때 더 위험하다고 생각했기 때문이며, 안전한 삶을 위해서는 항상 방심하지 말아야 한다고 강조하고 있다.

07

이번에는 강연의 일부를 들려 드립니다. 잘 듣고 물음에 답하시오.

오늘은 학생 여러분께 '기억의 특성'에 대해 말씀드리려고 합니다.

1962년 미국의 정신과 의사인 다니엘 오퍼는 14세 소년 73명을 모집하고, 가정환경과 성(性) 정체성, 부모에 대한 느낌, 부모의 훈육 방법 등에 대하여 인터뷰를 했습니다. 그리고 인터뷰 대상자들이 48세가 되었을 때, 10대 시절을 기억해 보라고 했죠. 그 결과는 정말 놀라웠습니다. 왜냐하면, 30년 전에 기록된 것과 일치된 회상이 거의 없었기 때문입니다.

그들은 과거의 일을 제대로 기억하지 못하고 엉뚱한 대답을 했습니다. 10대 시절에 외향적인 성격이었다고 회상한 사람은 그 당시에는 자신이 내성적이고 수줍음이 많았다고 대답했습니다. 부모와의 관계가 매우 좋았다고 회상한 사람들 역시 그 당시에는 갈등이 깊다고 대답했다고 합니다.

이렇게 우리가 '사실'이라고 확신하는 기억 가운데 대부분은 '진실'이 아닐 가능성이 높습니다. 인간의 뇌는 현재를 중심으로 과거를 재구성하여 기억하는 신비로운 능력을 가지고 있고, 입맛에 따라 남겨 놓고 싶은 것만 기록하는 '제멋대로 저장 장치'이기 때문입니다.

인간은 진실이야 어찌 되었건 현재의 나를 정당화하기 위하여 과거의 사건을 재구성하곤 합니다. 그래서 만약 시험에서 예상보다 좋은 성적을 받게 되면 '나는 친구들의 방해와 졸음을 떨치고 공부에 집중해서 시험을 잘 보았다'는 식으로 이야기합니다.

반대로 저조한 성적이 나오면, 나는 이런저런 상황의 피해자가 되고, 어쩔 수 없이 나쁜 결과가 나왔다는 식으로 줄거리를 전개합니다. 이런 현상을 '기억의 왜곡 현상'이라고 합니다. 다시 말해서 인간이 기억을 임의로 변경하여 자신에게 유리한 쪽으로 저장하는 경향을 말합니다. 혹시, 여러분 중에도 이러한 현상을 경험한 적이 있지 않나요? 누가, 한번 얘기해 볼까요?

강연자의 질문에 청취자가 떠올릴 수 있는 사례로 적절하지 <u>않은</u> 것은?

① 영희는 지난 중간고사 때 반 평균보다 점수가 떨어져서 성적을 올리려고 열심히 공부하고 있어요.

② 중학교 동창생인 경수와 영철이는 중학교 시절 서로 자기가 더 인기가 많았다고 티격태격 다퉈요.

③ 철수는 자기가 반장이었을 때 학급 분위기가 좋았다고 자랑하는데 실은 그 해 저희 반 분위기는 최악이었어요.

④ 저는 아무리 아파도 꼭 등교했다고 생각했는데, 얼마 전 중학교 성적표에서 결석한 기록을 보게 되었어요.

⑤ 초등학교 때 고민 많기로 유명했던 경희는 요즘 고민이 하나도 없었던 초등학생 시절로 돌아가고 싶다고 해요.

정답 ①

해설 강연에서는 '기억의 왜곡 현상'을 중심 화제로 삼고 있으며, 이러한 현상에 해당하는 주변의 사례를 묻고 있다. ①은 '반 평균보다 떨어진 점수'라는 객관적 근거가 있는 상황이므로 과거의 경험을 잘못 기억할 가능성이 있는 사례로 볼 수 없다.

08

이번에는 토론의 일부를 들려 드립니다. 잘 듣고 물음에 답하시오.

사회자 : 만화 '식객'이 영화로 제작되어 관객 동원에 성공한 사례처럼 최근 '만화의 영화화작업'이 활발하게 진행되고 있습니다. 오늘은 전문가 두 분을 모시고 이에 관한 이야기를 나누어 보겠습니다. 먼저 이 선생님, 영화 제작에서 만화가 갖는 매력적 요소는 무엇입니까?

이 선생 : 네, 만화는 스토리 구성이 탄탄하고, 캐릭터 설정이나 장면 구성 등 영화화될 수 있는 요소를 거의 완벽하게 갖추고 있습니다.

사회자 : 그렇다면 이 선생님은 만화의 영화화를 긍정적으로 보시는군요?

이 선생 : 그렇습니다. 사실 영화계는 소재의 빈곤에 허덕이고 있습니다. 이런 때에 '올드 보이'나 '타짜' 같은 인기 만화는 매력적인 존재가 아닐 수 없습니다. 이런 작품은 고정 관객을 확보하고 있어 영화화될 때 흥행 가능성도 높고, 영화의 홍보 비용까지 줄일 수 있어 경제적입니다. 따라서 만화의 영화화는 지금보다 더욱 적극적으로 시도되어야 할 것입니다.

김 선생 : 영화는 그 자체가 하나의 거대한 산업이라 할 만큼 영향력이 막대합니다. 만약 영리를 목적으로 하는 출판업계가 만화의 영화화를 염두에 두고 작품을 기획한다면, 결국 만화가들은 예술성 있는 작품의 창작을 기피하게 될 것이고, 이것은 만화계 전반의 질적 저하로 이어져 예술 장르로서 만화의 위상에 심각한 문제를 일으킬 수도 있는 것입니다.

사회자 : 김 선생님은 만화의 질적 저하를 우려하여 만화의 영화화를 반대하시는군요.

김 선생 : 그렇습니다. 만화는 만화로서 독자에게 다가가야 의미가 있다고 생각합니다. 영화의 대중성과 상업성은 만화를 독자적 예술이 아니라 영화에 소재만 제공하는 부수적인 존재로 전락시킬 위험이 큽니다. 또한, 두 매체 간의 접목은 서로의 영역을 해체하고 전문성을 약화시키는 요인이 될 것입니다. 결과적으로 상호 발전이 아니라 각 매체의 고유한 특성마저 잃게 될지도 모릅니다.

이 선생 : 하지만 저는 만화의 영화화가 양질의 만화 제작을 더욱 촉진할 것으로 생각합니다. 그리고 만화와 영화 두 매체를 결합하기 위한 다양한 실험과 시도가 이루어질 때, 궁극적으로 만화와 영화의 상호 발전도 가능해질 것입니다.

김 선생 : 저는 만화의 다양한 장르 개발이나 인력 양성 같은 만화 자체의 경쟁력 강화가 전제되지 않은 만화의 영화화는 무의미하다고 봅니다. 앞으로도 두 매체의 결합을 시도하기보다는 각 매체의 독자적 영역을 강화하는 방향으로 발전을 모색해야 할 것입니다.

이 선생 : 그러나 오늘날 컴퓨터 그래픽 같은 첨단 기술의 발달은 만화와 영화의 상호 접목을 더욱 가속화시킬 것입니다. 또한 만화와 영화의 만남이라는 색다른 문화적 체험을 통해 문화 예술의 대중화에도 기여할 수 있어 만화의 영화화 경향은 당분간 불가피할 것으로 보입니다.

사회자 : 네, 두 분 말씀 잘 들었습니다. 만화의 영화화에 대한 서로의 입장이 다른데요. 잠깐 청취자 게시판에 올라온 의견을 확인하고 계속해서 토론을 진행하도록 하겠습니다.

위 토론에서 언급되지 <u>않은</u> 내용은?

① 영화 제작의 최근 경향
② 만화의 영화화가 지닌 장점
③ 만화의 영화화에 대한 전망
④ 만화와 영화의 예술 장르로서의 위상
⑤ 만화의 영화화가 만화에 미치는 영향

정답 ④

해설 ④ 예술 장르로서 만화와 영화가 지닌 위상에 대한 정보에 대해서 이야기하고 있지 않다.

① 최근 만화의 영화화 작업이 활발하게 진행되고 있다는 사회자의 발언을 통해 영화 제작의 최근 경향에 대해 알 수 있다.

② 만화의 영화화가 지닌 장점은 이 선생의 첫 번째 대화에서 확인할 수 있다.

③ 만화의 영화화에 대한 전망은 이 선생과 김 선생의 마지막 발언에서 확인할 수 있다.

⑤ 만화의 영화화가 만화에 미치는 영향은 '만화의 영화화'가 만화 자체의 특성을 사라지게 하고, 만화의 질적 저하로 연결될 가능성이 있음을 지적하고 있는 김 선생의 말을 통해 확인할 수 있다.

09

이번에는 수업의 일부를 들려 드립니다. 잘 듣고 물음에 답하시오.

> 편의점의 음료수 진열장에서 음료수 한 캔을 꺼내볼까요? 이상하게도 캔 음료수 대부분이 원기둥 모양을 하고 있다는 것을 확인할 수 있습니다. 삼각기둥도 있고, 사각기둥도 있는데 굳이 원기둥 모양으로 캔을 만드는 이유는 뭘까요?
>
> 음료수 캔의 바닥이 원모양인 이유를 한번 생각해 보도록 합시다. 삼각, 사각, 원. 각각의 둘레의 길이가 같을 때 이 중 어느 도형이 가장 넓을까요? 삼각, 사각보다 원이 가장 넓습니다. 즉, 같은 높이의 삼각기둥, 사각기둥, 원기둥이 있다면 이 중 원기둥의 부피가 가장 크다는 거죠. 이것은 원기둥이 음료수를 많이 담을 수 있으면서도, 캔을 만들 때 사용되는 재료인 알루미늄이 가장 적게 든다는 것입니다. 물론 이는, 생산 비용을 절감시키는 효과로 이어지겠죠.
>
> 이렇게 효율적인 원기둥 모양의 캔. 그 안에는 또 하나의 과학적인 원리가 숨어 있습니다. 캔의 밑바닥을 한번 볼까요? 예⋯⋯. 그렇죠. 바로, 안으로 오목한 아치형을 이루고 있습니다. 그런데, 참치 통조림의 경우는 어떨까요? 그래요, 밑바닥이 평평하죠. 왜 이 두 캔은 밑면이 서로 다른 것일까요?
>
> 이는 내용물에 '기체가 포함되느냐, 아니냐?'와 관련이 있습니다. 탄산음료의 경우에, 이산화탄소 기체가 팽창하면 캔 속 압력이 커져 폭발할 우려가 있어요. 이 폭발을 막기 위해 반드시 캔의 밑바닥 모양을 아치형으로 만들어야 합니다. 왜냐하면 밑바닥을 오목하게 만드는 것은 위에서 누르는 힘과 밀접한 관계가 있는데요, 바닥이 안쪽으로 오목하게 들어가면 캔 속의 압력을 보다 효과적으로 견딜 수 있거든요.

수업을 들은 학생이 보인 반응 중, 적절하지 <u>않은</u> 것은?

① 다리를 아치형으로 만들면 위에서 누르는 힘에 보다 잘 견딜 수 있겠네.
② 둘레의 길이가 같은 원, 삼각형, 사각형 중 면적이 가장 큰 것은 원이야.
③ 뿌리는 모기약 바닥이 오목하게 안으로 들어간 것에는 다 이유가 있었던 것이군.
④ 활처럼 둥근 모양의 갈비뼈는 외부에서 내장 기관에 가해지는 힘을 분산시켜 주겠군.
⑤ 원기둥 모양의 음료 용기는 과학적 원리를 고려한 것으로, 경제성과는 관련이 없겠네.

정답 ⑤

해설 음료 용기를 원기둥 모양으로 만드는 이유는 삼각, 사각, 원의 둘레의 길이가 각각 같을 때 원의 넓이가 가장 넓어 용기 생산 비용을 절감하는데 도움이 되기 때문이다. 경제성을 고려하여 과학적 원리를 이용한 것이므로 정답은 ⑤이다.

10

이번에는 강연의 일부를 들려 드립니다. 잘 듣고 물음에 답하시오.

> 현대문명의 발전은 곧 '빠르게 하기의 역사' 또는 '시간의 정복사'였다고 할 수 있습니다. 영국에서 처음으로 증기기관차가 만들어졌을 때 일부 사람들은 저렇게 빠른 것을 타고 움직이면 사람이 정신을 잃을 것이라고 걱정을 했다고 하죠. 그렇지만 오늘날 사람은 소리보다 몇 배 빠르게 하늘을 날아다니고 있습니다.
>
> 그러나 이러한 속도는 현대문명의 위력을 증명하는 동시에 현대문명의 어리석음을 증명하는 것이기도 합니다. 우리는 다음과 같은 물음을 제기해 볼 수 있습니다. '문명의 이기 덕분에 작업 속도가 매우 빨라졌다면, 우리 삶의 노동시간은 그만큼 짧아졌는가, 또 자동차나 비행기 덕분에 우리의 삶은 얼마나 이동시간을 줄일 수 있었는가. 현대문명은 모든 면에서 엄청나게 시간을 단축하게 해 주지만 왜 현대인들은 더욱 시간에 쫓기고 있는 것일까?'
>
> 이 문제에 대해 이반 일리치라는 학자는 흥미로운 분석을 한 바 있습니다. 그는 미개사회의 이동시간과 현대사회의 이동시간을 비교했는데요. 미개인들은 대략 시속 4.5km로 이동하며, 이동에 사용되는 시간은 하루 활동 시간의 5% 정도였답니다. 이에 비해 현대인들은 하루 활동 시간 중 약 22%를 이동하는 데 소비하며 대략 시속 6km로 움직인다는 것이 그의 분석입니다.
>
> 이렇게 본다면 인류가 자랑하는 현대문명은 미개문명보다 겨우 시간당 1.5km 더 빨리 움직일 뿐이며, 더욱이 이동하는 데 4배 이상의 시간을 소비하는 셈이지요!
>
> 그러니까 _____

결론에 이어질 내용을 200자 내외로 쓰시오. 단 느린 것이 더 빠를 수 있다는 역설적 논리로 마무리 하시오.

> ⇨

답안 기껏 자동차와 비행기 등을 만들어 이동을 빠르게 만들었지만 결과적으로는 미개인들이 걸어 다니는 것보다 더 많은 시간을 낭비하는 것이 현대인의 삶이라고 할 수 있습니다. 이처럼 더 느리게 살기 위해서 그토록 빠른 비행기와 자동차를 만들었다면 그 얼마나 어리석은 일인가요? 결국 빠른 것보다 더 빠른 것은 느린 것이 아닐까요?

해설 답안을 작성하는 핵심은 먼저 위 내용을 정확하게 이해한 다음 그에 맞는 내용을 진술해야 한다는 점이다. 더욱이 주어진 단서는 역설적 논리로 마무리하라는 것이므로 내용의 흐름에 유념을 해야 한다. 참고로 위의 답안을 살펴서 어떤 식으로 전개해야 하는지를 명확하게 인지해 두기 바란다.

11

이번에는 선생님의 훈화를 들려 드립니다. 잘 듣고 물음에 답하시오.

> 여러분 아침부터 날씨가 참 덥죠? 이렇게 더울 때는 빨리 선선한 가을이 왔으면 하고 바랄 거예요. 여러분은 '가을' 하면 뭐가 떠오르나요? 많은 사람이 '낙엽'을 떠올릴 거예요. 그럼 혹시 '추풍낙엽'이라는 말을 들어본 적이 있나요? '가을바람에 떨어지는 낙엽'이라는 뜻으로 어떤 형세나 세력이 낙엽처럼 시들어 우수수 떨어지고 흩어져 버리는 상황을 비유할 때 쓰는 말입니다. 그런데 옛 시인은 낙엽이 지는 모습을 보고 이렇게도 표현했어요.
>
> 돌아가던 개미가 구멍 찾기 어렵겠고
> 돌아오던 새는 둥지 찾기 쉽겠구나.
>
> 정말 그렇겠지요. 개미의 집은 수북이 내려 쌓인 낙엽에 푹 파묻혔을 겁니다. 어디가 어딘지 도무지 알 수 없을 지경이라 찾기 어려웠지요. 그런데 새의 집은 그 반대입니다. 나무들이 잎을 다 떨어뜨리고 나니까 어디서나 훤히 드러나 보였지요. 새는 집 찾기가 훨씬 쉬워져서 좋겠다고요? 그러나 다시 생각해 보면 꼭 좋은 것만도 아닙니다. 가뜩이나 추운 계절에 새의 집은 훨씬 더 춥겠지요? 반대로 개미는 집 찾기 불편해서 나쁘겠다고요? 그러나 나쁘기만 한 건 아닙니다. 낙엽 이불 덕분에 개미집은 한결 따뜻할 테니까요.

> 보기
>
> 나는 키가 너무 작아서 그게 고민이야. 키 큰 너희가 너무 부러워. 어떤 때는 날 작게 낳아 주신 부모님이 원망스럽기까지 해.

이 이야기의 내용을 참고로 〈보기〉의 친구에게 해줄 수 있는 위로의 말을 80자 이내의 2~3문장으로 쓰시오.

⇨

답안 우리는 오히려 네가 부럽단다. 키 큰 우리들이 당하는 불편함이 얼마나 많은 줄 아니? 키만 크고 실속 없다는 얘기를 들을 때마다 오히려 우리는 네가 부러워 죽겠어.

해설 같은 상황이라도 생각하기에 따라 그 상황에 대한 인식이 달라질 수 있다는 것이 이야기의 중심 내용이다. 따라서 이러한 생각을 반영한 글을 써야 좋은 점수를 받을 수 있다.

12

이번에는 대화의 일부를 들려 드립니다. 잘 듣고 물음에 답하시오.

> 여학생 : 너 요즘 안심하고 먹을 수 있는 농산물을 생산하기 위해 사용한다는 생물적 방제에 대해 들어 봤니?
> 남학생 : 응. 언젠가 들어보기는 했는데, 잘은 몰라.
> 여학생 : 생물적 방제는 농약을 사용하지 않고 해충의 천적들을 이용하여 해충의 숫자를 줄이거나 없애는 친환경적인 방법이야.
> 남학생 : 좋은 방법이네. 그런데 보통 해충의 천적은 농산물이 해충에 의해 어느 정도 피해를 당한 상태에서 나타나는 거잖아. 자연적으로 천적이 나타나 해충을 없애기를 기다렸다가는 많은 농작물이 피해를 볼 텐데?
> 여학생 : 맞아! 효과적인 생물적 방제를 하려면 해충이 나타나는 때에 천적도 같이 있어야 하지. 그래서 천적을 인공적으로 대량 사육해서 해충이 나타난 지역에 풀어 해충을 잡도록 하는 거지. 예를 들면, 배춧잎을 갉아 먹는 진딧물을 잡기 위해 무당벌레를 풀어놓는 거야.
> 남학생 : 아…… 그래? 그런데 혹시 문제점은 없니?
> 여학생 : 음…… 일단 농약보다 그 효과가 나타나는 속도가 느리고, 해충이 나타나는 시기에 항상 신경을 써야 한다는 점 등이 문제가 되겠지!
> 남학생 : 그렇구나……. 부족한 부분이 빨리 개선된다면 농약을 사용하지 않은 농산물을 쉽게 구할 수 있어 좋겠네.

대화 내용을 통해 얻을 수 있는 정보가 <u>아닌</u> 것은?

① 생물적 방제의 정의
② 생물적 방제의 종류
③ 생물적 방제의 장점
④ 생물적 방제의 방법
⑤ 생물적 방제의 단점

정답 ②

해설 생물적 방제의 정의, 방법, 장점, 단점 등은 대화에서 확인할 수 있으나 방제의 종류에 대한 이야기는 없다. 따라서 정답은 ②이다.

13

이번에는 강연의 일부를 들려 드립니다. 잘 듣고 물음에 답하시오.

> 오늘은 면역의 역사에 대해 말씀드리려 합니다. 고대 그리스에서는 페스트가 퍼졌을 때, 이 병에 걸렸다가 나은 사람만이 환자를 간호하였다고 합니다. 치료법을 몰랐지만, 특정 병균에 감염되었다가 회복된 환자는 그 병원체에 대한 저항력, 즉 면역이 생긴다는 것을 안 것이죠.
>
> 18세기 말 영국의 제너는 소젖 짜는 일을 하는 여자들은 천연두에 걸리지 않는다는 속설을 근거로 우두에 감염되었던 사람은 평생 천연두에 걸리지 않을 것이라는 추측을 내놓았습니다. 이런 가설을 입증하기 위해 제임스 피프스라는 소년에게 소의 고름을 접종하여 천연두의 예방법을 발견했습니다. 그러나 당시에 그의 이론은 너무 혁명적이어서 더 많은 증거가 필요하다고 거절당하였으며 세간의 비난을 받았고 19세기 중반까지는 면역의 원리를 규명하는 효과적인 실험 방법을 제대로 마련하지 못했습니다.
>
> 19세기에 인도에서 발생한 콜레라에 대한 백신 개발을 위해 파스퇴르는 콜레라에 걸린 닭으로 실험을 하였고 한 번 콜레라에 걸려 면역력이 생긴 닭들은 더 이상 콜레라를 앓지 않는다는 사실을 알아냈습니다. 약한 병원균이 특정 개체 내에서 면역 반응을 일으킨다는 사실을 밝혀내서 백신 접종으로 전염병을 예방하는 방법을 일반화시킨 거죠. 그렇지만 그도 이러한 반응이 어떠한 원리에 의해 일어나는지 명확하게 규명하지는 못했습니다.
>
> 그러다가 베링은 병에 대한 개체의 면역은 병원균이 생성하는 독소를 중화하는 물질, 즉 항체에 의해 일어난다는 사실을 밝혀냈습니다. 우리 몸속에 들어온 병원체가 만든 독소를 항체가 중화시킨다는 것이죠. 이후 파이퍼는 면역력이 생긴 동물의 혈청과 콜레라균을 동시에 주입하는 실험을 통해 면역항체가 균을 죽이는 역할도 한다는 것을 밝혀냈습니다.

이 강연 내용의 핵심으로 적절한 것은?

① 고대 그리스에서는 페스트에 대한 치료법을 이미 알고 있었다.
② 제너는 면역의 원리를 규명하는 효과적인 실험 방법을 개발했다.
③ 파스퇴르는 면역 반응이 어떠한 원리에 의해 일어나는지 실험을 통해 규명했다.
④ 베링은 항체가 독소를 중화시켜 병에 대한 면역이 이루어진다는 것을 밝혀냈다.
⑤ 파이퍼는 쥐의 몸속에 병원체를 주입하는 실험을 통해 천연두의 예방법을 발견했다.

정답 ④

해설 베링은 개체의 병원체에 대한 면역력은 병원체가 만든 독소를 중화시키는 항체에 의한 것임을 밝혀냈다.

  ① 고대 그리스에서는 페스트에 걸렸다가 나은 사람만이 환자를 간호했다는 사례를 들어 특정 병균에 감염되었다가 회복된 환자는 그 병원체에 대한 면역이 생긴다는 것을 알았지만 치료법을 밝혀내지는 못했다.

  ② 제너가 천연두의 예방법을 발견했지만 19세기 중반까지 면역의 원리를 규명하는 실험 방법을 개발하지는 못했다.

③ 파스퇴르는 약한 병원균이 특정 개체 내에서 면역 반응을 일으킨다는 사실을 밝혀냈지만 그 원리를 명확하게 규명하지는 못했다.

⑤ 파이퍼는 면역이 독소를 중화시킬 뿐만 아니라 균을 죽이는 역할도 한다는 사실을 밝혀냈다.

14

이번에는 라디오 방송의 일부를 듣게 됩니다. 잘 듣고 물음에 답하시오.

사 회 자 : 안녕하세요? '장인과 함께하는 삶의 이야기' 시간입니다. 우리 생활의 주요 도구였던 '방짜 유기'의 맥을 잇고 계신 김 선생님을 모셨습니다. 징이나 꽹과리처럼 지속해서 두드려도 깨지지 않는 타악기도 방짜 기술로 만들어진 것이라 하던데요.

김 선생님 : 네, 유기는 구리와 주석을 일정한 비율로 합금하여 만드는데, 특수한 작업을 거친 '방짜 유기'는 금형 틀에 쇳물을 부어서 한 번에 만든 '주물 유기'보다 단단하죠.

사 회 자 : 원료는 같지만, 강도가 달라진다니, 어떤 과정을 거치는 거죠?

김 선생님 : 먼저 용해로에서 합금한 후 원형 판에 부어 만든 방짜쇠를 여러 명이 망치질을 해 펴고, 이것을 또 가열해서 수없이 두드려 형태를 만듭니다. 그런데 방짜쇠가 덜 가열되었을 때나 식었을 때 두드리면 깨어지게 되니 주의해야 하죠. 이후 뜨거운 불에 달구는 '담금질'과 찬물에 담그는 과정을 여러 번 거치죠. 찬물에 넣으면 모양이 일그러지게 되므로 '벼름질'을 통해 다시 폅니다. 원래 주석은 약하기 때문에 일정 비율 이상 넣으면 깨지기 쉽지만 이런 과정을 거친 방짜 유기는 특수하게 합금 되어 부드러우면서도 강도 높은 재질로 바뀌게 되죠. 이렇게 어려운 과정을 거쳐 특수하게 합금 된 재질로 만들어진 그릇은 살균 작용을 하기도 합니다. 그래서인지 요샌 방짜 유기가 다시 선호되고 있습니다. 제품 표면에 망치 자국만 흉내 낸 '반방짜'가 시중에 나돌고 있기도 한데, 이런 건 얼마간 써 보면 진짜와의 차이점이 드러나죠. 전 이런 것들에서 우리 삶의 의미를 발견하기도 합니다. 바로 _____

마지막 말에 이어질 내용을 40자 이내의 한 문장으로 쓰시오.

⇨

답안 모든 것에는 적절한 시기가 있으므로 때를 놓쳐서는 안 된다는 것입니다.

해설 방짜 유기의 특징과 제작 과정을 설명하는 라디오 방송을 듣고 삶의 의미를 추출하는 문제이다. 장인의 이야기를 통해 추출할 수 있는 삶의 의미는 다음과 같다. 반방짜는 시간이 흐르면 진짜 방짜 유기와 차이가 드러난다고 하는 진술에서 '시간이 흐르면 진실은 밝혀진다.'는 의미를, 방짜쇠가 덜 가열되었을 때나 식었을 때 두드리면 깨어지게 된다는 말에서 '적절한 시기가 중요하다.'는 의미를, 약한 원료였던 방짜쇠가 담금질, 벼름질 등의 일련의 과정을 거쳐 특수한 재질의 방짜 유기로 변화하여 살균 작용을 하기도 한다는 말을 통해 '삶의 어려움을 겪어내면 새로운 능력을 가지는 계기가 될 수 있다.', '단점이 장점으로 개선될 수 있다.'는 의미를 이끌어 낼 수 있다.

15

이번에는 토론의 일부를 들려 드립니다. 잘 듣고 물음에 답하시오.

> 선생님 : 오늘은 지난 시간에 배운 토론 전략을 활용해 '역사 드라마, 사실에 근거해 제작되어야 한다.'라는 주제로 토론해 봅시다. 먼저, 찬성 측부터 입론하세요.
>
> 찬성 측 : 한 시민단체에서 설문 조사 결과를 발표했는데요. 응답자의 60%가 역사 드라마의 내용을 사실로 인식하고 있었어요. 왜 역사 드라마가 사실을 바탕으로 해야 하는지 이것만 봐도 분명히 알 수 있다고 생각합니다.
>
> 반대 측 : 얼마 전 조선 시대 음악가를 소재로 한 드라마가 전통 음악에 관한 관심을 크게 불러일으켰던 적이 있었죠? 이 드라마는 국외에도 수출되어 좋은 반응을 얻었는데, 그 이유가 무엇일까요? 그건 작가가 상상력을 발휘하여 음악가의 일생을 흥미롭게 재구성했기 때문이죠. 그러니 역사적 사실보다는 작가의 상상력이 중시되어야 합니다.
>
> 선생님 : 다음은, 상대방 입론에 대해 반론하십시오.
>
> 찬성 측 : 요새 그런 드라마의 시청률이 높은 건 저도 인정합니다. 하지만 지나치게 흥미를 추구하다 보면 역사를 왜곡할 수 있다는 게 문제죠. 방금 말씀하신 드라마도 멜로드라마처럼 각색하다 보니, 역사적 인물들의 삶이 사실과는 다르게 그려지기도 했고요.
>
> 반대 측 : 앞에서 제시하신 설문 조사 결과는 저도 보았는데요. '드라마 작가가 흥미를 위해 역사를 재구성해도 되는가?'라는 설문에는 긍정적인 의견이 더 많았습니다. 설문 내용 중 본인에게 유리한 항목만 제시하신 건 아닙니까? 역사 드라마도 드라마일 뿐입니다. 시청자들이 역사를 배우려고 역사 드라마를 보는 건 아닙니다.
>
> 선생님 : 자, 이제 최종 발언을 하십시오.
>
> 찬성 측 : 한 미디어 비평가는 한 편의 드라마가 열 권의 역사책보다 더 큰 영향을 미친다고 했습니다. 그러니 역사 드라마도 흥미보다는 역사적 사실을 바탕으로 해야 합니다. 작가의 상상력을 남용하다 보면 결국 역사 왜곡으로까지 이어질 수밖에 없습니다.
>
> 반대 측 : 시청자들이 역사 드라마를 보는 이유는 즐거움을 얻기 위해서입니다. 그 즐거움은 작가의 상상력에서 나옵니다. 그래서 저는 역사적 사실보다는 작가의 상상력이 더 중시되어야 한다고 생각합니다.

발언 내용으로 보아, 토론자들이 공통으로 인정하고 있는 것은?

① 역사적 사실이 작가의 상상력보다 중요하다.
② 역사 드라마는 그릇된 역사 인식을 심어 준다.
③ 역사 드라마는 교훈적인 성격을 지니고 있어야 한다.
④ 역사 드라마의 내용이 역사적 사실에 어긋나는 경우가 있다.
⑤ 역사에 대한 관점의 차이에 따라 드라마를 보는 시각이 달라진다.

정답 ④

해설 찬성 측에서는 지나치게 흥미를 추구하다 보면 역사 드라마에 의해 역사가 왜곡될 수 있다고 말했고, 반대 측에서는 사례로 제시한 드라마의 성공 요인으로 작가의 상상력을 통한 역사적 재구성을 꼽았다. 따라서 토론자들이 공통으로 인정하고 있는 것은 역사 드라마의 내용은 역사적 사실에 어긋나는 경우가 있다는 것이다.

16

이번에는 친구를 소개하는 내용의 일부입니다. 잘 듣고 물음에 답하시오.

> 철수가 우리 학교에 전학 온 것은 지난여름이었어요. 처음에는 말이 별로 없고 무뚝뚝한 인상이라 아이들은 철수에게 관심이 없었어요. 그러나 시간이 흐를수록 철수의 다른 모습이 보이기 시작했어요. 친구들이 어려워하는 숙제를 도와주고, 청소 시간에는 아이들이 귀찮게 여기는 일도 말없이 혼자 했어요. 그뿐만이 아니었어요. 축구할 때는 골키퍼를 맡아 상대편 공을 어찌나 잘 막아내는지요. 친구들 사이에서 철수의 인기가 점점 높아졌어요. 몇 달이 지난 지금, 우리 반 친구들은 누구나 철수와 친하게 지낸답니다.

이 내용과 가장 어울리는 속담은?

① 빈 수레가 요란하다.
② 소 잃고 외양간 고친다.
③ 아니 땐 굴뚝에 연기 나랴.
④ 호랑이 굴에 들어가도 정신만 차리면 산다.
⑤ 물은 건너보아야 알고, 사람은 지내보아야 안다.

정답 ⑤

해설 친구들은 처음에는 철수에게 관심이 없었지만 시간이 지나면서 철수의 장점을 알고 좋아하게 된다. 그러므로 내용과 어울리는 속담은 '첫인상보다 함께 지내보아야만 사람됨을 알 수 있다' 는 뜻의 '물은 건너보아야 알고, 사람은 지내보아야 안다.' 이다.

17

다음은 한 편의 이야기를 들려 드립니다. 잘 듣고 물음에 답하시오.

지리산자락 외진 마을에 한 농사꾼 내외가 살았어. 산비탈에 밭을 일구어 구메농사나 지어 먹으며, 그저 산 입에 거미줄이나 안 치는 걸 고맙게 여기고 살았지. 그렇게 살다가 늘그막에 아기를 하나 낳았는데, 낳고 보니 아기 탯줄이 안 잘라져. 가위로 잘라도 안 되고 낫으로 잘라도 안 되고 작두로 잘라도 안 돼. 별짓을 다 해도 안 되더니 산에 가서 억새풀을 베어다 그걸로 탯줄을 치니까 그제야 잘라지더래.

아기 이름을 '우투리'라고 했는데, 이 우투리가 갓난아기 때부터 하는 짓이 달라. 하루는 아기를 방에 두고 나와서 문구멍으로 들여다봤지. 그랬더니, 아 이런 변이 있나? 글쎄 아기가 방 안에서 포르르포르르 날아다니지 뭐야. 가만히 보니 아기 겨드랑이에 조그마한 날개가, 꼭 얼레빗만한 게 뾰조록하니 붙어 있더란 말이지. 그걸 보고 어머니가 그만 기겁을 해. 겨드랑이에 날개 돋친 아기는 장차 영웅이 될 아기란다. 그런데 이게 참 좋아할 일이 아니라 기겁을 할 일이야. 가난한 백성이 영웅을 낳으면 임금과 벼슬아치들이 가만히 두지를 않거든. 잘못하다가는 온 식구가 다 죽을 판국이지. 그래서 어머니, 아버지가 의논 끝에 우투리를 데리고 지리산 속 아주아주 깊은 골로, 사람 발길이 닿지 않는 곳으로 들어가 숨어 살았어.

그런데 발 없는 말이 천 리 간다더니, 우투리라고 하는 영웅이 지리산에 났다고, 이런 소문이 백성들 사이에 돌고 돌아 임금 귀에까지 들어가게 됐어. 임금이 그 소문을 듣고 가만있을 리 있나. 사납고 힘센 장군(將軍)을 뽑아 우투리를 잡으러 보냈어. 장군이 군사들을 많이 거느리고 우투리네 집에 들이닥쳤지. 우투리는 군사들이 몰려오는 걸 어떻게 알았는지 감쪽같이 사라지고, 장군이 애매한 우투리 어머니 아버지를 잡아갔어. 갖은 문초를 겪은 후 집으로 돌아오니 우투리가 눈물을 줄줄 흘리면서 기다리고 있어.

군사들이 우투리를 잡으러 다시 왔어. 우투리가 갑옷을, 그 왜 볶은 콩으로 지은 갑옷 있잖아. 그걸 입고 집 앞에 떡 버티고 섰으니, 군사들이 겁을 내어 가까이 오지 못하고 멀리서 활을 쏘는데, 뭐 몇백 발을 쏘는지 몇천 발을 쏘는지 몰라. 화살이 참 비 오듯이 쏟아져. 그 많은 화살이 죄다 갑옷에 맞아 부러지는데, 꼭 썩은 겨릅대 부러지듯 툭툭 부러져. 군사들이 화살을 쏘고 딱 한 개가 남았는데, 그 때 갑자기 우투리가 왼팔을 번쩍 들어 겨드랑이를 썩 내놓는 게 아니겠어? 콩 한 알 모자라서 날갯죽지 밑에 맨살이 드러나 있었는데, 거기를 썩 드러내 놓고 가만히 서 있는 거야. 그 때 마지막 한 개 남은 화살이 탁 날아와서 거기를 딱 맞추니 우투리가 풀썩 쓰러져 죽었어.

이 이야기 속에서 우투리의 어머니는 왜 집안 식구들이 모두 죽을 것이라고 걱정을 했는지 그 이유를 추론해서 120자 이내로 쓰시오.

⇨

답안 우투리의 어머니는 임금이 날개 달린 영웅의 출현에 위기감을 느끼고 우투리를 시기하여 군사를 보내서 우투리를 죽이려 하고, 가족들까지 위험에 처하게 될 것이라는 것을 예감했기 때문이다.

해설 답을 쓰기가 좀 어려운 문제이다. 이야기를 듣고 추론을 해서 써야 하기 때문이다. 최근 이런 추론식 문제가 자주 나오는 편이기 때문에 연습을 많이 해두어야 한다.

이야기에서 '가난한 백성이 영웅을 낳으면 임금과 벼슬아치들이 가만히 두지를 않거든. 잘못하다가는 온 식구가 다 죽을 판국이지.'라는 대목과 '장군이 애매한 우투리 어머니 아버지를 잡아갔어. 갖은 문초를 겪은 후 집으로 돌아오니 우투리가 눈물을 줄줄 흘리면서 기다리고 있어.'에서 답을 유추할 수 있다.

18

이번에는 '잠'과 관련된 강연의 일부를 들려 드립니다. 잘 듣고 물음에 답하시오.

동물들은 왜 잠을 잘까요? 동물들이 잠을 자는 이유에 대해서 학자들은 여러 가지 가설(假說)을 제시하고 있습니다. 어떤 학자들은 '회복설'을 주장하는데 생물은 깨어 있는 동안 몸이나 뇌가 손상되며, 이 손상을 회복하기 위해 잠이 필요하다는 것이지요.

이와 달리 '에너지 보존설'을 주장하는 학자들도 있습니다. 동물의 겨울잠이 그러하듯 수면에 에너지를 보존하기 위한 행동이라는 것이지요. 실제로 잠을 자는 동안 우리는 몸의 대사(代謝)를 15퍼센트 정도 낮출 수 있습니다.

그런데 잠도 모든 생물들이 자기가 처한 환경에 맞게 진화해 왔습니다. 병에 걸리면 잠을 오래 자는데, 이는 에너지를 절약하여 우리 몸을 보호하기 위한 행동이라고 할 수 있지요.

잠이 환경에 따라 얼마나 잘 진화해 왔는지를 보여 주는 한 예로 돌고래를 들 수 있습니다. 잠을 자고 있는 돌고래의 뇌파를 검사해 보면, 한쪽 뇌에는 커다란 진폭의 느린 파장(델타파)이 나타나고, 그 반대쪽 뇌에는 빠른 파장(알파파)이 나타납니다. 잠을 자고 있는 동안 돌고래의 양쪽 뇌 모두에서 델타 파장이 나오는 경우는 결코 없다는 사실입니다. 즉, 다른 동물들과 달리 돌고래의 뇌 전체가 잠을 잘 수 없는 이유는, 돌고래는 수면 중에도 호흡을 하기 위해 간혹 수면 위로 떠올라야 하기 때문입니다.

얼룩말이나 기린은 잠을 아주 조금 잡니다. 이들은 졸린 상태에 있거나, 잠을 자더라도 동료를 보초병으로 세운 상태에서 잠을 자지요. 그 이유는 사자처럼 무서운 동물이 공격하면 신속히 피하기 위해서일 것입니다. 이에 비해 적의 공격으로부터 안전한 굴 속 천장에 매달려 사는 박쥐는 하루에 무려 18시간이나 잠을 잡니다.

위에서 설명한 내용과 <u>다른</u> 것은?

① 얼룩말이나 기린은 잠을 적게 자도 무방하다.
② 동물은 에너지를 절약하기 위해 잠을 잔다.
③ 잠도 환경에 맞게 진화했을 것이다.
④ 수면 중에 돌고래의 뇌 전체가 잠을 잔다.
⑤ 동물은 몸의 손상을 회복하기 위해 잠을 필요로 한다.

정답 ④
해설 돌고래는 수면 중에도 호흡을 하기 위해 수면 위로 떠올라야 하기 때문에 돌고래의 뇌 전체는 잠들지 않는다.

19

이번에는 대화의 일부를 들려 드립니다. 잘 듣고 물음에 답하시오.

> 여학생 : 이번 겨울 방학엔 좋은 책을 많이 읽고 싶어. 어떤 게 좋은 책일까?
> 남학생 : 나는 우리들의 이야기를 쓴 책이 좋다고 생각해. 재미도 있고 공감할 수 있는 부분이 많거든.
> 여학생 : 네 말이 맞아. 애들은 재미가 없으면 잘 읽으려고 하지 않잖아. (음…….) 그런데 재미가 있으면서도 유익한 책이 더 좋지 않을까?
> 남학생 : 유익한 책? 그런 책 중에는 너무 어려운 것도 있더라. 유익하면서 우리 수준에도 맞아야 해.
> 여학생 : 그럼, 우리 좋은 책을 한번 골라 볼까?

두 학생이 고를 책은 어떤 책인지 40자 이내로 쓰시오.

⇨

답안 재미있고 유익하면서 자신들의 수준에 맞는 책

해설 대화의 핵심이 '1. 재미있어야 한다 2. 유익해야 한다 3. 우리 수준에 맞아야 한다'이므로 위와 같은 답이 적절하다.

20

이번에는 한 편의 시조를 들려 드립니다. 잘 듣고 물음에 답하시오.

> 춘산(春山)에 눈 노기난 바람 건듯 불고 간 대 없다.
> 져근덧 비러다가 마리 우희 불니고져
> 귀 밋태 해무근 서리랄 녹여 불가 하노라.
>
> 한 손에 막대 잡고 또 한 손에 가시 쥐고
> 늙난 길 가시로 막고 오난 백발 막대로 치려터니
> 백발이 제 몬져 알고 즈럼길로 오더라.

위 시조에서 '서리'의 의미를 찾아 쓰고 이 시조의 주제를 한 문장으로 쓰시오.

• 서리 – _____

• 주제 – _____

답안 서리 – 백발(흰머리)
　　　　주제 – 늙어 가는 것에 대한 한탄(늙음에 대한 한)

해설 위 시조는 고려 말 우탁의 시조로 주제는 늙어가는 것에 대한 한탄이다. 귀 밑에 여러 해 묵은 서리는 늙음, 백발을 상징한다.

2 장

Test of Korean Language

I wish you the best of luck!

㈜시대고시기획
㈜시대교육

www.sidaegosi.com

시험정보·자료실·이벤트
합격을 위한 최고의 선택

시대에듀

www.sdedu.co.kr

자격증·공무원·취업까지
BEST 온라인 강의 제공

작문 능력
(주관식 쓰기)

1절 개 요

읽고 쓰기는 주관식 총 10개 중 듣고 쓰기의 두 문항을 제외한 나머지 8개 문항으로 글쓰기의 조건을 제시해서 그에 부합되게 진술을 요하는 조건형 7문항과 200자 내외로 진술하는 글자 제한형 1문항이다.

묻는 내용은 문장 바꿔 쓰기, 조건에 따른 문장 구성하기, 십자말풀이, 주어진 단어로 문장 구성하기, 예시나 논거를 보충하기, 요약과 압축적 표현, 의미를 재구성하기, 고쳐 쓰기, 이어 쓰기, 제목 찾기, 다른 표현으로 전환하기 등 매우 다양하다.

하지만 공통적인 요소는 주어진 요건에 따른 재구성이나 표현 등이기 때문에 연습을 통해서 일정한 패턴만 익혀 두면 그리 크게 염려를 할 바는 아니다. 또한 문제에서 채점에 대한 암시가 나와 있는 경우가 대부분이기 때문에 문제를 정확하게 파악하고 주어진 조건에 따라 규정된 틀만 잘 지킨다면 좋은 점수를 얻을 수 있을 것이다.

여기서는 먼저 주로 나오는 패턴의 문제를 분석해서 일반적인 쓰기의 방향을 분석한 뒤 좋은 점수를 얻는 것에 초점을 맞추고 해설을 했다. 그 다음은 독특한 문제 유형이 나왔을 때에 어떤 방법으로 대처할 것인가를 분석했고 각 문제에 모범답안과 잘못된 답을 비교하면서 어떻게 써야 좋은 점수를 얻을 수 있는가를 소상하게 해설했으므로 쓰기 문제에 부담을 느끼는 사람들에게 많은 도움이 될 것이다.

2절 조건형 문제

 예시문제 1

실의에 빠진 친구에게 인터넷 편지글을 보내고자 한다. 〈조건〉에 맞게 2~3문장으로 표현하시오.

〈조건〉

1. 용기를 북돋우는 내용을 담을 것

2. 자연물에 빗대어 표현할 것

3. 주제를 우회적으로 드러낼 것

분석

먼저 제시된 〈조건〉을 하나하나 분석해 보면 다음과 같다.

● 용기를 북돋우는 내용을 담을 것 : 이 조건은 큰 문제가 없다.

● 자연물에 빗대어 표현할 것 : 이 조건은 비유법을 사용하되 자연물을 사용하라고 했으므로 은유나 직유 중 하나를 선택하는 것이 좋다. 그중 문제에서 2~3문장으로 표현하라고 했으므로 은유가 들어갈 경우 길어지기 때문에 직유법을 사용하는 것이 선명하고 쉬운 방법이다. 특히 비유법이 들어가지 않으면 1등급을 주지 않겠다는 채점의 암시이므로 반드시 지켜야 한다.

● 주제를 우회적으로 드러낼 것 : 주제를 직접적으로 표현하는 방법은 비유법을 통한 암시적 의미를 사용하라는 것이다. 예를 들면 '영수 너는 반드시 성공할거야'라는 표현은 직설적으로 표현한 것이며 이에 대한 우회적 표현은 '영수 너는 승리의 깃발을 몸에 감을 수 있을거야'라고 표현하는 것이다. 따라서 이 조건은 위의 빗대서 표현하라는 것과 연결되어 있으며 역시 이 점도 채점의 기준으로 삼겠다는 암시이다.

따라서 위 조건에 따라 1등급의 모범답안과 5등급의 잘못된 답을 제시하면 다음과 같다.

1등급 모범답안

대나무가 쓰러지지 않고 잘 자라는 이유는 중간 중간 성장을 멈출 때 생기는 굵은 마디가 있기 때문이래. 지금 너의 어려움도 대나무의 마디와 같은 거야. 이제 곧 쑥쑥 자라게 될 거야.

> ▐ 2~3등급 예시답안 ▌
>
> 친구야, 노력했는데 결과가 안 좋아 실망한 네 모습을 보니 마음이 아프다. 그러나 모진 비바람을 이겨내고 피어난 들꽃처럼 너의 꾸준한 노력은 결코 헛되지 않을 거야.
>
> ▐ 5등급 예시답안 ▌
>
> 누구에게나 고민은 있어. 위인들이 성공하기까지는 남모르는 아픔이 있었던 것처럼 지금은 힘들지만 우리 함께 이 어려움을 이겨나가자.

▐해설▌

▐1등급 모범답안▌은 대나무의 생성 과정을 들어 시련은 성장을 위한 과정이라는 주제를 우회적으로 드러내고 있으며, 실의에 빠진 친구에게 용기를 북돋우고 있다. 그러나 ▐5등급 모범답안▌은 자연물에 빗대지 않고 주제를 직설적으로 표현하고 있으며, ▐2~3등급 예시답안▌은 자연물에 빗대어 표현했으나, '노력은 헛되지 않는다.' 라는 주제를 직설적으로 드러내고 있다.

🌀 예시문제 2

다음 〈조건〉에 맞게 쓰시오.

> 〈상대방의 의견〉
> 인터넷의 발달은 또 다른 세상을 만들어 내고 있다. 아직까지는 정보전달의 매체가 TV와 신문을 통해서 주로 이루어지고 있지만 인터넷이 그 자리를 점점 위협하고 있는 실정이다. 따라서 몇 년 내에 TV의 정보전달 기능이 사라질 것이며 신문은 아예 자취를 감추고 역사적인 유물로 남을 것이다.
>
> 〈조건〉
> 1. 상대방의 의견을 일부 인정하면서 시작한다.
> 2. 상대방의 의견에 반대하는 입장을 밝힌다.
> 3. 인과 관계를 통해 설명한다.
> 4. 두 문장으로 표현한다.

▐분석▌

먼저 제시된 〈조건〉을 하나하나 분석해 보면 다음과 같다.

● 상대방의 의견을 일부 인정하면서 시작한다 : 일단 시작점을 부여했으므로 위 내용에 따라 '몇 년 내에 TV의 정보전달 기능이 사라질 것이며 신문은 아예 자취를 감추고 역사적인 유물로 남을 것이다.' 를 인정하는 내용으로 시작하라는 것이며 역시 이를 지키지 않을 경우 감점하겠다는 의미이다.

- 상대방의 의견에 반대하는 입장을 밝힌다 : 위 분석에서 핵심은 '몇 년 내에 TV의 정보전달 기능이 사라질 것이며 신문은 아예 자취를 감추고 역사적인 유물로 남을 것이다.'는 내용에 반대하는 의미를 중심골자로 삼으라는 것이며 역시 이를 채점 기준으로 삼겠다는 의미이다.
- 인과 관계를 통해 설명한다 : 확실한 인과 관계임을 보여 주기 위해서 '그러므로, 따라서' 등의 인과 관계임을 나타내는 접속어를 사용하는 것이 좋다.
- 두 문장으로 표현한다 : 두 문장이면 앞 문장은 원인, 뒤 문장은 결과로 진술하라는 조건이다.

위의 분석 자료를 토대로 모범답안과 잘못된 답안을 작성하면 다음과 같다.

1등급 모범답안

인터넷의 빠른 정보전달 기능으로 TV의 정보전달 기능은 위축이 되고 신문도 그 기능이 매우 약화될 것이라는 데는 동의하지만 TV와 신문 본연의 기능은 건재할 것이라고 생각한다. 왜냐하면 TV와 신문의 정보전달 기능은 인터넷과는 차이가 있으며 과거 라디오와 TV가 등장하면서 신문이 사장될 것이라는 예측이 있었지만 신문의 고유 기능 때문에 오히려 성장했던 사례가 있기 때문이다.

2~3등급 예시답안

몇 년 내에 TV의 정보전달 기능이 사라질 것이며 신문은 아예 자취를 감추고 역사적인 유물로 남을 것이라는 견해는 어느 정도 타당하다고 볼 수 있다. 그 이유는 요즘 TV의 프로그램 추세만 보더라도 정보전달보다는 오락프로그램에 치중해 있으며 앞으로도 그런 경향이 좀 더 심화될 것으로 보인다. 또한 신문은 구독자 수가 점점 줄어 근래에 폐간하는 지방신문사들이 많다는 것을 보면 확실히 알 수 있다.

5등급 예시답안

몇 년 내에 TV의 정보전달 기능이 사라질 것이며 신문은 아예 자취를 감추고 역사적인 유물로 남을 것이라는 견해는 맞다고 본다. 왜냐하면 나 역시 어떤 정보를 얻기 위해서는 신문이나 TV보다 인터넷을 뒤지는 경우가 많기 때문이며 앞으로 이런 경우는 더욱 심화될 것이기 때문이다.

해설

1등급 모범답안 은 주어진 조건을 모두 충족시켜 몇 년 내에 TV의 정보전달 기능이 사라질 것이며 신문은 아예 자취를 감추고 역사적인 유물로 남을 것이라는 내용에 대해 일부 수긍하면서도 TV와 신문은 고유 기능이 있기 때문에 유지될 것이라는 반대의 이유를 밝히고 있다.

반면 5등급 예시답안 은 주어진 조건을 잘못 이해해서 내용이 완전히 뒤집어져 있고, 2~3등급 예시답안 은 세 문장으로 구성되어 조건을 어겼으며 내용의 정확한 인과 관계로 구성되지 않았기 때문에 감점된 것이다.

예시문제 3

다음 자료를 활용하여 '일회용품 줄이기 캠페인' 공익 광고문을 작성하되 주어진 〈조건〉을 모두 충족시켜 표현하시오.

우리 아이들에게 무엇을 물려주시겠습니까?

〈조건〉
1. 두 그림의 의미를 반영한다.
2. 대구와 대조의 기법을 모두 사용한다.

분석

제시된 그림은 일회용 쓰레기와 국보인 고려청자이므로 당연히 물려줄 것은 고려청자와 같은 보물이다. 〈조건〉을 분석해 보면 다음과 같다.

- 두 그림의 의미를 반영한다 : 일회용 쓰레기와 국보인 고려청자의 의미를 모두 반영하라는 것은 쓰레기 와 보물의 의미로 집약할 수 있다.
- 대구와 대조의 기법을 모두 사용한다 : 채점 기준을 밝힌 것으로 'A이니 B이다'와 같은 대구 구절을 사 용하고 '쓰레기 ↔ 보물'과 같은 대비가 드러나야 한다.

이러한 분석을 토대로 모범답안과 잘못된 답안을 작성하면 다음과 같다.

> **1등급 모범답안**
>
> 쓰레기로 남는 초라한 유산, 자부심으로 남는 위대한 유산
>
> **2~3등급 예시답안**
>
> 일회용품 하나 줄일 때, 깨끗한 미래, 눈부신 예술 정신
>
> **5등급 예시답안**
>
> 진정한 아름다움은 1회용이 아닌 영원히 기억될 도자기 예술

해설

1등급 모범답안 은 쓰레기, 고려청자를 통해 문화유산의 의미를 반영했고, '쓰레기로 남는 초라한 유산'과 '자부심으로 남는 위대한 유산'이 대구와 대조를 이루고 있으므로 위의 조건을 모두 반영하였다. 하지만 **5등급 예시답안** 은 위 조건을 하나도 반영하지 못했으며, **2~3등급 예시답안** 은 대조가 사용되지 않았다.

예시문제 4

다음은 청소년을 대상으로 한 공익 광고문이다. 제시된 〈조건〉에 맞게 빈칸에 들어갈 말을 쓰시오.

제목 : 아버지는 소중한 존재입니다

매일 아침 일찍 출근하셨다가 밤늦게 지친 몸을 이끌고 돌아오시는 아버지. 식사 때마다 비어 있는 아버지의 자리. 그래서 아버지의 얼굴은 점점 낯설어집니다.

때로는 술을 드시고 한숨을 내쉬는 아버지. 여러분의 꿈과 고민을 이해하기보다는 다른 생각 말고 공부나 열심히 하라고 야단치시는 아버지. 그래서 여러분은 아버지에게 등을 돌립니다.

하지만 (   )

오는 휴일엔 아버지에게 아버지의 꿈은 무엇이고, 지금의 고민은 무엇인지부터 여쭈어보는 것이 어떨까요. 아버지는 여러분을 기다리고 있습니다.

- -

〈조건〉

1. 내용 전개의 일관성을 유지할 것
2. 아버지와 청소년의 공통점을 드러낼 것
3. 의문 형식으로 청소년의 태도 변화를 유도할 것

분석

먼저 제시된 〈조건〉을 면밀히 분석해 보면 다음과 같다.

● 내용 전개의 일관성을 유지할 것 : 위 내용의 흐름 중 앞 문단의 핵심 내용은 '때로는 술을 드시고 한숨을 내쉬는 아버지, 공부나 열심히 하라고 야단치시는 아버지'이고 뒤 문단의 핵심 내용은 '아버지의 꿈은 무엇이고, 지금의 고민은 무엇인지부터 여쭈어보는 것이 어떨까요.'이므로 이 내용과 일관성을 유지하라는 조건이다. 여기에 써야 하는 내용이 나와 있으므로 이를 바탕으로 내용을 구성하면 된다.

● 아버지와 청소년의 공통점을 드러낼 것 : 위에서 확인한 대로 '꿈은 무엇이고, 지금의 고민은 무엇인지'가 공통된 내용이므로 이를 중심으로 내용을 구성한다.

● 의문 형식으로 청소년의 태도 변화를 유도할 것 : 의문의 형식으로 유도하는 것을 '설의법'이라고 하는데 이를 사용해서 끝맺음을 하라는 조건이다. 즉 '이 일을 하는 것이 좋다.'는 내용을 설의법으로 '이 일을 하는 것이 보다 좋은 방법이 아닐까?'와 같이 표현하라는 것이다.

이러한 분석을 토대로 모범답안과 잘못된 답안을 작성하면 다음과 같다.

> **1등급 모범답안**
>
> 아버지도 여러분처럼 꿈과 고민이 있는 사람입니다. 이제 닫힌 마음을 열고 여러분이 아버지에게 다가가야 할 때가 아닐까요.
>
> **2~3등급 예시답안**
>
> 아버지도 여러분처럼 좌절하고 고민하는 사람입니다. 이제 아버지에게 의지하지 말고 자신의 일은 스스로 해결해야 하지 않을까요.
>
> **5등급 예시답안**
>
> 여러분처럼 아버지도 나름대로의 삶이 있습니다. 자신의 불만을 내세우기보다는 있는 그대로의 아버지를 받아들이는 것이 필요합니다.

해설

1등급 모범답안 은 위 조건을 모두 만족시켰다. 이에 반해 5등급 예시답안 은 첫 번째와 세 번째 조건을 위배하였고 2~3등급 예시답안 은 첫 번째 조건을 위배하였다. 이와 같이 주어진 조건을 제대로 충족시키지 못하면 감점이 되기 때문에 문제에서 제시한 조건은 곧 평가의 기준이 된다는 사실을 잊지 말아야 한다.

또한 첫 번째와 두 번째 조건에서 어떤 방향으로 답안을 작성해야 할 것인지에 대한 방향을 정립해 주고 그 내용까지 암시를 해주기 때문에 글을 쓰기 전에 반드시 위와 같이 조건을 분석하는 작업을 거친 뒤 그에 맞게 표현해야 좋은 결과를 얻을 수 있다.

예시문제 5

다음은 '건전한 결혼 문화 조성'을 촉구하는 글의 개요이다. 본론 3.의 해결 방안을 조금 더 구체화하기 위해 다음 〈조건〉에 맞게 추가할 내용을 쓰시오.

Ⅰ. 서론 : 우리의 결혼 문화 실태

Ⅱ. 본론

   1. 과소비적인 결혼 문화의 원인

      가. 과소비를 추구하는 개인 심리

      나. 허례허식을 조장하는 사회적인 분위기

   2. 과소비적인 결혼 문화의 문제점

      가. 가정 경제에 부담을 줌

      나. 결혼 본래의 의미 퇴색

   3. 과소비적인 결혼 문화의 해결 방안

      가. 사회지도층 및 공직 사회의 솔선수범

      나. 사회단체가 주도하는 건전 혼례 실천 운동 강화

      다. _____

Ⅲ. 결론 : 건전한 결혼 문화 조성을 위한 노력의 필요성 강조

- -

〈조건〉

1. 언론의 역할을 요구한다.

2. 원인과 문제점에서 다루어진 내용을 포괄하는 해결 방안을 제시한다.

3. 개요의 형식을 갖춘다.

분석

이 개요 문제에서는 암묵적 전제라는 것을 이해할 필요가 있다. 즉 서론과 본론을 압축한 것이 결론이기 때문에 결론을 보고 본론이나 서론에서 빠진 부분을 추론해야 하며 결론이 생략되었을 때는 서론과 본론의 핵심을 압축해서 표현하면 결론이 된다는 사실이다. 따라서 결론에서 사용된 단어는 대부분 서론과 본론에 나와 있으며 이를 다른 용어로 표현할 수는 있지만 동일한 의미이어야 하기 때문에 서론, 본론, 결론의 상관성을 알아두면 보다 쉽게 풀 수 있는 것이 바로 개요 문제이다. 따라서 위 결론의 핵심어는 '건전한 결혼 문화 조성'이므로 이를 이용해서 답을 작성하면 된다. 일단 조건을 분석해 보면 다음과 같다.

● 언론의 역할을 요구한다 : 언론에서 할 수 있는 해결 방안을 찾으라는 단서이다.

● 원인과 문제점에서 다루어진 내용을 포괄하는 해결 방안을 제시한다 : 위에서 제시된 문제의 범주 내에서 문맥을 만들라는 의미이다.

● 개요의 형식을 갖춘다 : 완성된 문장, 즉 '~ 한다.'와 같은 형식이 아닌 위 개요의 각 항과 같은 불완전 문장의 형식으로 진술하라는 의미이다.

이러한 분석을 토대로 모범답안과 잘못된 답안을 작성하면 다음과 같다.

1등급 모범답안 **1**

언론 매체를 통한 건전 혼례 실천 운동 방안

1등급 모범답안 **2**

언론 매체를 통한 건전한 결혼 문화 홍보 및 실천 방안

3~4등급 예시답안 **1**

건전한 결혼식에 대한 언론의 책임 추구

3~4등급 예시답안 **2**

언론 매체가 솔선수범해서 건전한 결혼식 치러 주기

5등급 예시답안

결혼식 축하 화환에 대한 소비자 만족도 조사를 통계로 제시

해설

위의 1등급 모범답안 과 나머지 답안들을 비교해보면 5등급 예시답안 의 경우 아예 조건을 수용하지 않았고, 3~4등급 예시답안 은 조건을 수용했지만 바르게 적용하지 못했기 때문에 감점을 받았다는 것을 알 수 있다.

예시문제 6

다음은 대학에 진학하기 위해 자기소개서를 작성한 것이다. 문제가 있다고 생각되는 부분을 〈조건〉에 맞게 올바르게 교정하시오.

자기소개서

○○고등학교 ○학년 홍길동

전공 선택에 영향을 미친 중요한 경험(인물, 사건, 서적 등)을 구체적으로 기술하십시오.

　제가 가장 존경하는 분은 ○○○ 박사님입니다. ㉠ 그분이 어린 나이에 미국으로 건너가 고학으로 대학을 마치고 그곳에서 기업을 일으켜 자수성가한 기업인입니다. 또한 그분은 일본의 ㉡ 압력 하에 신음하는 동포들을 보고 부강한 국민만이 빼앗긴 나라의 주권을 찾을 수 있다며 조국의 독립을 위해 노력하신 분이기도 합니다. 독립 후 평생 피땀 흘려 일군 부(富)를 사회에 환원한 그는 누가 ㉢ 알아주던 말던 모든 일에 최선을 다한 분이셨습니다. ㉣ 기업은 이윤을 사회에 환원해야 하고, 각종 사업에도 앞장서야 합니다. ㉤ 저는 ○○○ 박사님처럼 사회와 국가를 위해 헌신하고 이바지하는 훌륭한 경영자가 되고 싶습니다.

- - -

〈조건〉

1. 맞춤법이나 어휘가 잘못 사용된 경우는 올바르게 고치시오.
2. 내용 전개상 불필요한 부분은 '삭제'라고 항목에 표시하시오.
3. 밑줄 친 항목만 교정하되 다음의 예와 같이 표시하시오. 예 ㉠ ○○ → ××

분석

고쳐 쓰기에 대한 문제로 대부분 어휘 · 어법에서 측정하지 못한 활용능력을 보기 위한 것이므로 반드시 글 전체의 구조상 맥락에서 검토한 뒤 답을 써야 한다.

1등급 모범답안

㉠ 그분이 → 그분은

㉡ 압력 → 압제(핍박, 박해 등)

㉢ 알아주던 말던 → 알아주든 말든

㉣ 삭제

㉤ 저는 ○○○ 박사님처럼 사회와 국가를 위해 헌신하고 이바지하는 훌륭한 경영자가 되고 싶습니다. → 저는 ○○○ 박사님처럼 사회와 국가를 위해 이바지하는 훌륭한 경영자가 되고 싶습니다.
(저는 ○○○ 박사님처럼 사회와 국가를 위해 헌신하는 훌륭한 경영자가 되고 싶습니다.)

해설

㉠ : 주술 호응 관계로 볼 때 '그분은' 으로 고친다.

㉡ : 의미상 '압제, 또는 핍박, 박해' 로 바꾼다.

㉢ : 선택의 의미이므로 '알아주든 말든' 으로 고친다.

㉣ : 글의 통일성에 어긋나기 때문에 삭제한다.

㉤ : 유사한 의미가 반복되므로 '헌신하고' 나 '아바지하는' 을 삭제한다.

예시문제 7

다음의 글을 완결시키고자 할 때, (   )에 들어갈 내용으로 가장 알맞은 것을 〈조건〉에 맞게 쓰시오.

> 우리 주변에는 소일거리를 찾아 방황하는 노인들이 많다. 가족에게 버림받아 걸식을 하다시피 하는 노인들도 많으며, 심한 경우에는 외로움과 소외감으로 자살하는 노인들도 있다. 이렇게 최소한의 인간적인 삶조차 누리지 못하는 노인들이 빠른 속도로 늘어나고 있는데도 우리 사회는 속수무책이다. 현실적으로 65세 이상의 노령 인구가 전체 인구에서 차지하는 비율이 점점 늘어나고 있는데, 우리 사회에는 이들을 수용할 시설이 턱없이 부족하다. 또한 서구 산업 사회의 영향으로 핵가족화가 가속화되고, 개인주의 문화가 팽배하여 경로 효친의 전통적인 가치관이 붕괴됨으로써 노인들이 가정과 사회에서 소외되고 있다.
>
> 이렇게 볼 때, 노인 문제의 해결을 위해서는 (   )
>
> ----
>
> 〈조건〉
>
> 1. 위 내용의 일관성을 유지하시오.
> 2. 제기된 문제를 원천적으로 해결하기 위한 방안을 제시하시오.
> 3. 한 개의 문장으로 진술하시오.

분석

주어진 조건 1과 2는 사실상 같은 것으로 위 내용을 먼저 파악하라는 것이다. 그런 다음 그 내용의 해결책을 제시하라는 문제이므로 이는 내용 파악 능력과 그 문제를 해결하는 능력, 또 진술 능력까지 전체를 포괄적으로 측정하겠다는 의도이다.

제시된 글에서는 '최소한의 인간적인 삶조차 누리지 못하는 노인들이 빠른 속도로 늘어나고 있는데도 우리 사회는 속수무책이며 65세 이상의 노령 인구가 전체 인구에서 차지하는 비율이 점점 늘어나고 있는데, 우리 사회에는 이들을 수용할 시설이 턱없이 부족하고 핵가족화가 가속화되고, 개인주의 문화가 팽배하여 경로 효친의 전통적인 가치관이 붕괴됨으로써 노인들이 가정과 사회에서 소외되고 있다.' 는 문제를 제기하고 있다.

위와 같은 분석 결과로 볼 때 제시해야 되는 해결책은 '노령 인구의 증가에 대비한 복지 정책 마련과 노인 계층의 소외 문제 해결을 위한 전통적 가치관 회복'이다.

이러한 분석을 토대로 모범답안과 잘못된 답안을 작성하면 다음과 같다.

1등급 모범답안

복지시설의 확충과 함께 전통적 가치관을 회복해야 한다.

2~3등급 예시답안 1

노인 복지 제도부터 현실에 맞게 개선해야 한다.

2~3등급 예시답안 2

노인 복지 정책에 대해 국가가 전면적으로 책임을 져야 한다.

5등급 예시답안

핵가족 제도보다 확대 가족 제도를 장려하여야 한다.

해설

1등급 모범답안은 제시된 두 가지 문제를 모두 해결하는 방안을 제시한 데 비해 **5등급 예시답안**은 아예 논점과 빗나갔으며, **2~3등급 예시답안 1**, **2~3등급 예시답안 2**는 부분에 대한 해결 방안을 제시한 것이므로 감점을 받았다는 것을 알 수 있다.

예시문제 8

다음 글을 읽고 밑줄 친 내용에 대해 설명하되 주어진 〈조건〉에 맞게 진술하시오.

고체나 액체, 기체에 관한 연구는 물리학 분야에서 오랜 역사를 갖고 있지만 알갱이 입자에 관한 연구는 그다지 물리학자들의 관심을 끌지 못했다. 최근 들어 알갱이가 고체나 액체에서는 볼 수 없는 풍부한 특성을 가지고 있다는 것이 알려지면서 알갱이 역학이 물리학 분야에서 새롭게 각광받고 있다.

시카고 대학의 하인리히 재거 교수와 그 동료들은 전자 현미경을 이용해 모래더미의 경사면을 촬영한 결과, 모래더미 속의 알갱이가 위치에 따라 서로 다른 성질을 나타낸다는 사실을 알아냈다. 모래를 계속 쏟아 부으면 모래더미 경사면의 얇은 위층은 마치 액체처럼 흘러내리고 안쪽은 고체처럼 고정된 상태를 유지한다. 이러한 사실은 모래시계의 수수께끼를 푸는 중요한 실마리를 제공해 주었다. 즉, 모래시계가 위에서 누르는 모래의 양에 상관없이 일정한 흐름을 만드는 이유를 재거 교수의 실험에서 찾을 수 있다는 것이다. 모래시계의 경우 유리면에 닿은 경사 부분의 모래는 액체처럼 미끄러져 내려가지만 위에서 누르는 모래는 고체처럼 고정되어 있다. 따라서 밑으로 흘러 내려가는 모래에 압력을 가하지 않기 때문에 모래가 일정한 속도로 내려갈 수 있는 것이다.

그렇다면 만약 모래에 '물'이 첨가되는 경우, 모래의 성질은 어떻게 바뀔까? 미국 노트르담 대학의 혼 베이커 교수와 그의 동료들은 수분을 조금씩 첨가할 경우, 모래더미의 멈춤각이 어떻게 바뀌는지 측정해 보았다. 그들의 실험에 따르면, 아주 적은 양의 수분이 첨가되기만 해도 모래더미의 멈춤각은 기하급수적으로 늘어나고 알갱이들은 서로 응집하게 된다. 미세한 수분이 모래 알갱이들을 서로 고정시켜 주는 접착제 역할을 하는 것이다.

알갱이들의 운동은 모래더미에 대한 물리학자들의 호기심을 충족시키는 데 그치지 않고, 다양한 분야에서 알갱이들의 운동을 분석하는 데 도움을 주고 있다. 그러나 무엇보다 <u>모래 알갱이에 대한 물리학자들의 연구는 과학자들에게 세상을 새롭게 보는 시각을 제공해 주었다.</u>

- -

〈조건〉

1. 위 글의 내용에 따라 밑줄 친 내용의 '<u>세상을 새롭게 보는 시각</u>'이 어떤 것인지를 구체적으로 진술하시오.
2. 위 글의 핵심 단어를 사용하시오.
3. 100자 내외로 진술하시오.

분석

제시문의 전체적인 주제에 대해 이해를 하는가를 묻고 있는 문제로 내용에 대한 이해가 선결되지 않으면 점수를 얻을 수 없는 문제 유형이며 이를 정확하게 파악해서 조건에 맞게 진술해야 하므로 쓰기 영역에서 상위 난이도에 속하는 문제이다.

먼저 내용을 파악해 보면 '알갱이가 고체나 액체에서는 볼 수 없는 풍부한 특성을 가지고 있다. 전자 현미경을 이용해 모래더미의 경사면을 촬영한 결과 모래시계의 수수께끼를 푸는 중요한 실마리를 제공했는데 이는 밑으로 흘러 내려가는 모래에 압력을 가하지 않기 때문에 모래가 일정한 속도로 내려갈 수 있는 것이라는 결과이다. 모래에 '물'이 첨가되는 경우 모래더미의 멈춤각은 기하급수적으로 늘어나고 알갱이들은 서로 응집하게 된다. 미세한 수분이 모래 알갱이들을 서로 고정시켜 주는 접착제 역할을 하는 것이다.' 와 같이 요약된다.

따라서 이 내용을 파악했다면 이 글의 핵심 내용은 첫 문단의 끝에서 제기하고 있는 '알갱이가 고체나 액체에서는 볼 수 없는 풍부한 특성을 가지고 있다'가 중심이 된다는 것을 알 수 있다.

이러한 분석을 토대로 모범답안과 잘못된 답안을 작성하면 다음과 같다.

1등급 모범답안　1

알갱이가 고체나 액체에서는 볼 수 없는 풍부한 특성을 가지고 있다는 것이 알려지면서 지금까지 가지고 있던 물리적인 특성을 새롭게 인식하는 계기가 되었기 때문이다.

1등급 모범답안　2

알갱이의 풍부하고 독특한 특성에 대해서 새롭게 알게 되었기 때문에 기존의 고체나 액체의 특성에 대해 새로운 시각을 가질 수 있었기 때문이다.

2~3등급 예시답안

알갱이 입자에 관한 연구는 그다지 물리학자들의 관심을 끌진 못했는데 수분이 첨가되기만 해도 모래더미의 멈춤각은 기하급수적으로 늘어나고 알갱이들은 서로 응집하게 된다는 것을 발견했기 때문이다.

5등급 예시답안

모래더미 속의 알갱이가 위치에 따라 서로 다른 성질을 나타낸다는 사실을 파악하고는 기존 물리학의 이론을 뒤엎을 수 있는 새로운 이론을 발견했기 때문이다.

해설

위의 조건에서 '핵심 단어를 사용'하는 것이 채점 기준임을 알 수 있는데 두 1등급 모범답안 은 이를 충족시키고 있는 데 반해 5등급 예시답안 은 이에 완전히 빗나간 진술을 하고 있으며, 2~3등급 예시답안 은 내용 파악은 제대로 하고 있지만 핵심어 정립에서 감점을 받았다는 것을 알 수 있다.

예시문제 9

'친환경 농산물 가격 이대로 좋은가?' 라는 글을 쓰기 위해 계획을 수립하였다. 다음의 해결 방안을 주어진 〈조건〉에 맞게 진술하시오.

문제 인식 : 친환경 농산물의 높은 가격으로 구입이 부담스러움

원인 분석 : 친환경 농산물의 생산비 및 유통비가 많이 듦

해결 방안 : 친환경 농업 기술 향상으로 생산비 절감, 유통 구조의 간소화로 유통비 절감

〈글감〉

ㄱ. 인터넷을 통한 친환경 농산물의 실시간 거래 확대

ㄴ. 친환경 농산물의 도시와 농촌 간 직거래 장터 확대

〈조건〉

1. 글감을 사용해서 해결 방안을 제시한다.

2. 제시된 문제와 원인에 대한 해결책을 명확하게 제시한다.

3. 인과 관계로 진술한다.

4. 두 문장으로 진술한다.

분석

문제의 인식은 '높은 가격으로 구입이 부담스러움' 이며 그 원인은 '생산비 및 유통비가 많이 듦' 이므로 이를 해결하기 위한 방안과 글감을 결합하면 '기술 향상으로 생산비 절감, 유통 구조의 간소화로 유통비 절감을 위해 인터넷을 통한 친환경 농산물의 실시간 거래 확대와 직거래 장터 확대' 이다. 이를 조건 3에 따라 인과 관계로 구성하면서 두 문장으로 표현하면 다음과 같은 모범답안이 나오게 된다.

1등급 모범답안

친환경 농산물은 높은 가격으로 부담스러운데 그 이유는 생산비 및 유통비가 너무 많이 든다는 점에 있다. 따라서 이를 해결하기 위해서는 인터넷을 이용해서 실시간 거래 확대를 하고 도시와 농촌 간의 직거래 장터를 확대하면 이 문제를 간단히 해결해서 가격을 낮출 수 있을 것이다.

5등급 예시답안

친환경 농산물의 가격이 비싼 이유는 생산비와 유통비가 많이 들기 때문이다. 그러나 일부 친환경 농산물은 인터넷을 이용해서 실거래하고 있고 직거래 장터를 통해 구입하고 있어서 아주 값싸게 유통되고 있다.

해설

1등급 모범답안 은 조건을 수용하면서 논리적으로 타당하게 진술된 글인 데 비해 5등급 예시답안 의 경우 도입은 1등급 모범답안 보다 좋지만 내용의 흐름이 논리적으로 타당하지 못하고 엉클어졌기 때문에 많은 감점을 받았다고 할 수 있다.

예시문제 10

다음 편지를 읽은 아들이 어머니에게 보내는 답장을 쓰되 제시한 〈조건〉을 모두 반영해서 구성하시오.

사랑하는 아들 준에게

항상 함께 지내는 아들에게 편지를 쓰려니 어색하구나. 하지만 이렇게 편지로 말하면 좀 더 자신을 돌아볼 수 있을 것 같아 이 글을 쓴단다.

네가 고등학생이 된 것이 엊그제 같은데 벌써 1학년을 마무리할 때가 가까워 오는구나. 그 사이 키도 훌쩍 크고 한결 의젓해져서 엄마는 너를 볼 때마다 대견하다는 생각이 든단다. 그런데 요즘 들어 네 표정이 왠지 어두운 것 같더구나. 무슨 말 못할 걱정이라도 있니?

준아! 엄마는 항상 네 편이란다. 너의 미래는 엄마의 미래이기도 하단다. 그런 네가 엄마 앞에서 며칠째 어두운 얼굴을 하고 있는데 걱정하지 않을 수 있겠니? 언제든지 엄마와 의논하자꾸나. 그럼 기다릴게.

○월 ○일
언제나 아들을 믿는 엄마가

〈조건〉
1. 겪고 있는 문제의 원인을 드러내자.
2. 문제 해결을 위해 노력하고 있음을 보여 드리자.
3. 비유적인 표현을 활용해 보자.
4. 엄마의 글을 인용하면서 이에 대해 공감을 표시하자.

분석

조건이 네 개나 되는 상위 문제 유형이다. 먼저 조건 1의 '그런데 요즘 들어 네 표정이 왠지 어두운 것 같더구나. 무슨 말 못할 걱정이라도 있니?'라는 엄마의 걱정에 대해 현실적으로 겪고 있는 문제점을 드러내야 한다. 그 문제에 대해 조건 2에서 요구하는 것처럼 일단 표출된 문제에 대해 어떻게 해결하겠다는 노력을 보여야 하고 조건 3에 따라 이에 대한 것이나 또는 다른 것이라도 한 번 이상은 비유를 사용해야 한다. 조건 4는 종합적인 평가를 위한 것으로 이 조건을 지키지 않으면 많은 감점을 하겠다는 암시이기도 하다.

이러한 분석을 토대로 모범답안과 잘못된 답안을 작성하면 다음과 같다.

1등급 모범답안

　언제나 저를 믿어 주시는 엄마 보세요.

　엄마! 잠시나마 걱정을 끼쳐 드려 죄송해요. 그리고 항상 걱정해 주셔서 고마워요. 몸과 마음이 따로일 수 없듯이 저도 엄마와 따로일 수 없다고 느꼈어요. 엄마의 편지 속에 있는 '너의 미래는 엄마의 미래이기도 하다' 라는 말씀에 대해 많이 생각해 보았거든요. 제가 엄마에게 그렇게 중요한 존재라는 사실을 새삼 깨닫게 되었어요.

　엄마! 사실은 제일 친한 친구인 민우와 다툰 일 때문에 며칠 동안 우울하게 지냈어요. 그 애는 다 좋은데 내 물건을 함부로 가져다 쓰곤 하는 바람에 제가 화를 많이 내서 그렇게 됐어요. 구름장이 하늘을 뒤덮은 장마 때처럼 제 마음도 그렇게 어둡고 무거웠어요. 하지만 사소한 문제라고 생각해서 말씀드리지 않았던 거예요.

　말을 걸고 싶어도 용기가 없어 못하고 있었는데, 제가 먼저 민우에게 악수를 청하기로 했어요. 화해의 마음을 담은 편지도 한 통 써 놓았어요. 앞으로 엄마 기대에 어긋나지 않게, 더 노력하는 아들이 될게요. 엄마, 사랑해요.

○월 ○일
엄마의 사랑을 받는 아들 준 올림

5등급 예시답안

　엄마 보세요.

　엄마! 저는 아무 문제 없어요. 학교생활이나 교우 관계도 원만하고요. 가끔씩 영어를 공부하면서 우리 가족이 해외여행을 갔을 때를 떠올리기는 해요. 엄마가 영어에 젬병이라서 입국수속에 한참 애를 먹은 일이 있잖아요. 회화 공부를 하는데 입출국 내용이 나와서 속으로 남모르게 씩 웃기도 했어요. 역시 공부는 학교 다닐 때 열심히 해 두어야 하는 건가 봐요. 물론 그래서 우리 가족이 정말로 소중한 존재라는 것을 깨닫기도 했지만요. 그리고 또 제가 엄마에게 그렇게 중요한 존재라는 사실을 새삼 깨닫게 되었어요.

　엄마! 이제는 어느 정도 성적도 오르고 친구들과 잘 지내고 있어서 큰 문제는 없는 것 같아요. 다만 키가 다른 친구들보다 작아서 부모님을 원망할 때도 있지만 키는 대학에 들어가서도 부쩍 클 수 있다니까 걱정은 안 해요.

　아빠한테는 미안하지만 아마도 키 작은 아빠 유전자를 닮았나 봐요. 아무튼 앞으로 엄마 기대에 어긋나지 않게, 더 노력하는 아들이 될게요. 엄마, 사랑해요.

○월 ○일
엄마의 사랑을 받는 아들 준 올림

해설

　1등급 모범답안 은 조건에 충실해서 내용을 작성한 데 비해 5등급 예시답안 은 조건에서 완전히 벗어났기 때문에 많은 감점을 받은 것이라고 할 수 있다.

작문 능력(주관식 쓰기) **2장**

3절 │ 제한형 문제

 예시문제 1

다음 글을 읽고 우리와 서양의 '중용'에 대한 의미 차이에 대해 200자 내외로 비교하시오.

> 서양에서는 아리스토텔레스가 중용을 강조했다. 하지만 우리의 중용과는 다르다. 아리스토텔레스가 말하는 중용은 균형을 중시하는 서양인의 수학적 의식에 기초했으며 또한 우주와 천체의 운동을 완벽한 원과 원운동으로 이해한 우주관에 기초한 것이다. 그러므로 그것은 명백한 대칭과 균형의 의미를 갖는다. 팔씨름에 비유해 보면 아리스토텔레스는 똑바로 두 팔이 서 있을 때 중용이라고 본 데 비해 우리는 팔이 한쪽으로 완전히 기울었다 해도 아직 승부가 나지 않았으면 중용이라고 보는 것이다. 그러므로 비대칭도 균형을 이루면 중용을 이룰 수 있다는 생각은 분명 서양의 중용관과는 다르다.
>
> 이러한 정신은 병을 다스리고 약을 쓰는 방법에도 나타난다. 서양의 의학은 병원체와의 전쟁이고 그 대상을 완전히 제압하는 것인 데 반해, 우리 의학은 각 장기 간의 균형을 중시한다. 만약 어떤 이가 간장이 나쁘다면 서양 의학은 그 간장의 능력을 회생시키는 방향으로만 애를 쓴다. 그런데 우리는 만약 더 이상 간장 기능을 강화할 수 없다고 할 때 간장과 대치되는 심장의 기능을 약하게 만드는 방법을 쓰는 것이다. 한쪽의 기능이 치우치면 병이 심해진다고 보기 때문이다. 우리는 의학 처방에 있어서조차 중용관에 기초해서 서양의 그것과는 다른 가치관과 세계관을 적용하면서 살아온 것이다.

분석

먼저 위 내용의 핵심을 정리해서 서양과 우리가 가지고 있는 중용의 의미에 대해 규명해 놓는다.

● 서양 : 균형을 중시하는 수학적 의식과 이를 발전시킨 우주관에 기초해서 완전한 평형 상태만을 중용이라고 보고 의학에서도 주위의 다른 것들과 연관 짓지 않고 병이 난 부분에 대한 평형이나 균형만 생각한다.

● 우리 : 언제나 주위와의 관계를 고려하는 주위 상황을 기초로 한 관점이기 때문에 완벽한 결과가 나타나기 전까지는 중용이라고 본다. 또한 의학에서도 문제가 발생한 부분과 주위 부분과의 관계를 고려해서 한 부분에 문제가 생기면 그것만 치유하는 것이 아니라 전체의 균형을 맞추는 방법을 택한다.

위와 같이 핵심을 간추린 다음 다시 검토하면서 문제에서 요구하는 차이점이 부각될 수 있도록 표현한다.

이러한 분석을 토대로 모범답안과 잘못된 답안을 작성하면 다음과 같다.

1등급 모범답안

중용의 의미를 우리는 주변 환경과의 상관성을 기초로 살피는 관점이므로 종결 직전까지의 상황을 중용이라고 생각하고 의학적으로도 어떤 문제가 발생하면 그 주변 상황과의 조화를 이루게 해주는 것이 바로 중용이다. 이에 비해 서양에서는 수학적 의식과 우주관에 기초를 두고 완벽한 균형을 유지하는 상태만 균형이라고 보며 그렇기 때문에 의학적으로도 문제가 발생한 그 부분만 중시해서 살피는 특징이 있다. 따라서 우리의 중용에 대한 개념이 서양보다 넓다고 할 수 있다.

5등급 예시답안

중용은 균형을 중시하는 서양인의 수학적 의식에 기초했으며 또한 우주와 천체의 운동을 완벽한 원과 원운동으로 이해한 우주관에 기초한 것이다. 그것은 명백한 대칭과 균형의 의미를 갖는다. 이에 비해 우리는 팔이 한쪽으로 완전히 기울었다 해도 아직 승부가 나지 않았으면 중용이라고 보는 것이다. 비대칭도 균형을 이루면 중용을 이룰 수 있다는 생각은 분명 서양의 중용관과는 다르다.

해설

두 답안을 비교해보면 1등급 모범답안 은 내용 전체를 이해해서 그 특징을 정확하게 찾아내 압축 정리를 하고 있는 데 비해 5등급 예시답안 은 위 지문을 그대로 발췌해 연결한 것이므로 좋은 점수를 받지 못하는 것이다.

따라서 이와 같은 문제는 먼저 내용을 정확하게 이해한 다음 그 내용에 따라 문제에서 요구하는 것이 분명하게 드러나도록 새롭게 재편해서 글을 써야 좋은 점수를 받을 수 있다.

예시문제 2

다음 제시된 영희와 재원의 주장을 읽고 물음에 답하시오.

영희 : '구걸할 수 있는 힘이 있는 것도 하느님의 은총입니다.' 우리는 가난한 이웃을 도와야 합니다. 비록 그들이 법을 어기더라도 용서해 주어야 합니다. 한 번이 아니라 두 번이라도 용서를 베풀고 도움을 주어야 합니다.

〈레미제라블〉에서 장발장은 빵 한 조각을 훔친 죄로 감옥에 갇혔습니다. 감옥에서 도망친 죄가 쌓여 무려 17년이나 감옥살이를 하게 됩니다. 장발장은 감옥을 나와서도 훔치는 버릇을 고치지 못했습니다. 그는 자신을 하룻밤 재워준 성당에서 은촛대를 훔쳐가지고 달아나다 붙잡히고 맙니다. 경찰은 장발장의 죄를 확인하기 위해 신부에게 묻습니다. 신부님은 은혜를 도둑질로 갚은 장발장을 용서합니다. "이 촛대는 제가 준 것이랍니다." 라고 말합니다. 장발장은 이후 이름을 숨기고 성공합니다. 그가 이름을 숨긴 것은 물론 전과자를 싫어하는 사람들의 고정관념 때문이었습니다.

비록 지하철이지만 불쌍한 걸인들에게 동냥을 해 주는 일은 착한 일이고 그들에게 희망을 주는 일입니다.

재원 : 지하철은 시민들이 이용하는 공공장소입니다. 공공장소는 시민들이 마음 놓고 편하게 이용할 수 있는 곳이 되어야 합니다. 구걸을 하든 물건을 팔든 무엇이든 시끄럽게 하여 시민들에게 불편을 주는 행위는 금지해야 합니다.

만약 지하철에서 너도나도 구걸을 한다면 좁은 지하철은 걸인들로 꽉 찰 것입니다. 지하철은 냄새 나는 걸인이 다가와도 피해 달아날 수도 없는 곳입니다. 지하철에서 구걸하는 일은 민주시민으로서 지켜야 할 공공질서를 어지럽히는 일이므로 마땅히 금해야 합니다. 지하철에서 걸인에게 돈을 주면, 걸인들이 자꾸 늘어날 것입니다. 그것은 도덕적으로 옳은 일이 아닙니다.

문제 제시문에 나타난 영희와 재원이의 주장을 참고하여 지하철 안에서 걸인이 다가와 구걸을 청했을 때, 동냥을 해야 할지 말아야 할지 타당한 이유를 들어 200자 내외로 주장하시오.

분석

영희는 아무리 공공장소라도 걸인들을 도울 수 있는 한 돕는 것이 그들에게 희망을 주는 일이고 그 자체가 착한 일이라고 주장한다. 반면, 재원이는 공공장소에서 구걸을 하는 일은 법을 어기는 일이므로 마땅히 구걸행위를 금지시켜야 하며 만일 걸인들을 그런 장소에서 공공연하게 돕는다면 그런 사람들이 계속 늘어나게 되어 더욱 공공질서를 어지럽히게 될 것이므로 강력하게 규제해야 한다고 주장하고 있다.

이와 같은 점을 염두에 두고 영희를 지지할 것인가 또는 재원이를 지지할 것인가를 결정해서 자신의 주장을 하면 된다. 물론 어느 편을 선택하든지 선택한 방향은 점수에 영향을 미치지 않지만 그 주장에 대한 논거를 얼마나 타당하고 논리적으로 제시하느냐가 점수를 결정하는 중심요인이 된다는 사실을 잊으면 안 된다. 따라서 어느 한쪽 입장을 선택할 때는 이와 같은 타당한 논거를 들어 주장을 펼칠 수 있는 방향을 선택해야 한다.

1등급 모범답안   **영희의 입장을 지지한 경우**

지하철 같은 공공장소에서 구걸을 하는 걸인들이 불쾌감을 준다든지 심지어는 위협적인 대상으로 인식되는 것은 사실이다. 하지만 그들도 자존심이 있는 인격체들이고 또 최소한의 분별력이 있는 사람들이다. 즉 짐승이 아니라는 점이다. 그리고 그들은 우리의 절실한 도움을 필요로 하는 사람들이다. 따라서 우리가 도울 수 있는 한 그들을 도와야 한다고 생각한다. 그들이 우리의 도움으로 새로운 자기들의 삶을 건설할 수 있다면 우리가 손을 걷어 부치고 나서야 한다고 생각한다.

5등급 예시답안   **재원의 입장을 지지한 경우**

지하철 같은 공공장소에서 구걸을 하는 걸인들이 우리의 기분을 상하게 하거나 더러운 냄새 등으로 우리에게 불쾌감을 준다든지 심지어는 위협적인 대상이 되어 공공질서를 해치고 있다. 따라서 지하철에서 구걸하는 일은 민주시민으로서 지켜야 할 공공질서를 어지럽히는 일이므로 마땅히 금해야 한다. 만일 지하철에서 걸인에게 돈을 주면, 걸인들이 자꾸 늘어날 것이다. 그러므로 그런 걸인은 다 잡아서 감옥에 가두어야 한다.

해설

두 답안 중 **1등급 모범답안**은 왜 그들을 도와야 하는지 그리고 우리는 어떤 자세를 취해야 하는지에 대해 '영희'의 입장을 반영하여 논리적이고 타당한 논거를 들어 진술하였다. 반면 **5등급 예시답안**은 '재원'의 말을 그대로 인용하고, 타당한 논거를 들지 않고 감정에 치우친 자신의 주관적인 견해만 진술했으므로 많은 감점을 받은 것이다.

예시문제 3

아래에 제시된 글 (가)를 바탕으로 하여, (나)에 등장하는 '맹 진사'의 삶의 태도에 대한 자신의 생각을 논술하시오.

(가) 여러 가지 삶의 방식 중에서 어떤 삶을 선택할 것인가 하는 문제는 각자가 추구하는 가치에 따라 달라진다. 어떤 사람은 자신의 출세와 이익을 위해 살고자 하는 데 비해, 다른 어떤 사람은 보람과 성취감 같은 것을 더 중시하기도 한다. 그러면 우리가 참되고 의미 있는 삶을 살고자 한다면 어떻게 해야 할까?

(나) 맹효원 : 그래, 모처럼 애써 찾아간 보람이 있었다지?

맹 진사 : 네, 작은아버지! 곧 택일을 해서 사주를 보내기로 했습니다.

맹효원 : 뭐, 사주? 어느 새 사주라니? 그래 당자가 한눈에 흠뻑 맘에 들었다 그 말이냐?

맹 진사 : 당자요? 당자라굽쇼?

맹효원 : 아니, 네가 정신이 있어 묻는 거냐? 신랑 될 미언이 말이지, 누군 누구야?

맹 진사 : (가볍게) 난 또! 뉘댁 자제인뎁쇼?

　　　　　만나 보나마나죠. 어련하겠습니까? 원, 작은아버지두!

맹효원 : 무슨 소리냐? 경주 돌이면 다 옥돌이라더냐? 혼담을 건네러 가서 신랑 선두 아니 보구 와?

맹 진사 : 아, 뺨을 맞아도 금가락지 낀 손으로 맞으랬다구, 저쪽은 김 판서 대감 댁이 아닙니까?

맹효원 : 뭣이 어째? 아니, 그럼 너는 권문세도*만 믿구 무조건 딸자식을 내주겠다는 거냐? 신랑 성격이 포악하든 괴팍스럽든 말이다.

맹 진사 : (무릎걸음으로 다가앉으며) 작은아버지! 사내란 뜨뜻미지근한 것보다 괴팍스런 게 낫지요!

　　　　　　　　　　*권문세도 : 벼슬이 높고 권세 있는 집안. ㉜ 권가 · 권문.

분석

(가)의 핵심은 '참되고 의미 있는 삶을 살고자 한다면 어떤 삶을 선택할 것인가' 하는 문제로 삶에 대한 가치관의 선택을 다루었고 (나) 이야기의 핵심은 맹 진사의 '아, 뺨을 맞아도 금가락지 낀 손으로 맞으랬다구, 저쪽은 김 판서 대감 댁이 아닙니까?'에서 보듯 사람보다 권문세도가 더 가치 있다는 판단이다. 즉 '뭣이 어째? 아니, 그럼 너는 권문세도만 믿구 무조건 딸자식을 내주겠다는 거냐? 신랑 성격이 포악하든 괴팍스럽든 말이다.'는 맹효원의 말에서 사람이 중요한 혼사라 할지라도 사람은 안 보고 권력만 보는 권력지향적 가치관을 가지고 있음을 알 수 있다.

이러한 분석을 토대로 모범답안과 잘못된 답안을 작성하면 다음과 같다.

1등급 모범답안

자신의 삶의 방향을 결정하는 데는 자신이 가지고 있는 가치관이 가장 큰 요인이라는 내용이 (가)의 주장인데 (나) 글에서 맹진사의 가치관은 신랑 측이 권문세도가라는 사실 하나로 아무것도 따지지 않고 자신의 딸을 결혼시키려 하고 있다. 요즘의 외모만 따지는 풍조와 비슷한 것으로 겉에 드러난 것만 보는 물질주의적 가치관이라고 할 수 있는데 이는 인간소외를 낳을 수 있기 때문에 바람직하지 않다고 본다.

5등급 예시답안

가치 있는 삶이란 자기가 하고 싶은 일을 마음껏 하는 것이다. (가)에서 제시하는 삶의 방향은 각자가 추구하는 방향에 따라 달라진다는 것이다. 따라서 (나)의 맹 진사는 자신이 선택한 권문세가와 혼인하는 것을 매우 흡족해하고 또 만족해한다. 따라서 맹 진사는 자신의 가치관에 따라 훌륭한 삶을 살아가고 있다고 할 수 있으며 이는 개인의 가치관에 따른 방향이므로 누구도 그 가치에 대해 옳고 그름을 따질 수 없는 것이라고 본다.

해설

문제가 (가)의 내용을 참조해서 (나)의 주인공의 삶에 대해 평가하라고 했는데 **5등급 예시답안** 은 너무 주관적인 판단을 하고 있고 또 그에 대한 타당한 논거를 들지 않았기 때문에 감점을 받은 예라고 할 수 있다. 이를 **1등급 모범답안** 과 비교해 보면 어떻게 써야 좋은 결과를 얻을 수 있을 것인지를 쉽게 파악할 수 있다.

🌿 예시문제 4

다음 글을 읽고 (나)에서 (가)의 '수염세'에 해당하는 예를 든 사람이 누군지를 찾고, 왜 그렇게 생각하는지 다른 사람들과 비교해서 200자 내외로 진술하시오.

(가) 러시아의 황제인 표트르 대제는 루이 14세와 마찬가지로 절대주의 왕정을 확립한 사람으로, 다음과 같은 재미있는 일화를 남겼답니다.

당시 러시아는 다른 서구 국가들보다 개발이 늦은 국가였습니다. 황제의 자리에 올라 서구 여러 나라를 순방하고 돌아온 표트르 대제는 근대화를 위해 러시아인들의 생활 풍습부터 바꾸어야겠다고 생각했죠. 그래서 전통적으로 긴 수염을 기르던 러시아인들에게 개인 의사와는 상관없이 서양 사람들처럼 수염을 짧게 자르도록 명령했답니다. 하지만 사람들은 여태까지 전통적으로 길러 왔던 수염을 자르려고 하지 않았지요. 그래서 표트르 대제는 만약 수염을 자르지 않을 거라면 그 대가로 '수염세'를 내라고 했어요.

그 밖에도 표트르 대제는 서양의 다른 나라 여성들처럼 러시아 여성들도 전통 의상 대신 가슴이 깊게 파인 옷을 입고 무도회에 나와 술을 마시게 하기도 했답니다.

(나) 영희: 어제 발표수업 준비 때문에 친구들과 만났는데, 지각하는 바람에 미안해서 떡볶이 값을 내가 냈어.

철수: 침을 뱉거나 동네에서 소란스럽게 하면 경범죄에 걸려서 벌금 내는 거 아니?

기철: 신문에서 읽었는데, 불법게임장이 너무 많아 단속도 어렵고, 단속에 걸려도 영업정지나 취소를 당하는 게 아니라 벌금만 내면 다시 영업을 할 수 있대.

동현: 19세기 무렵 우리나라에 봉이 김선달이라고 있었는데, 그가 대동강 물을 퍼가는 사람들을 속여서 강물 값을 받아먹은 이야기는 대단히 유명하더라.

분석

(가) 글의 표트르의 '수염세'는 벌금만 내면 자신이 공표한 법도 묵과해주는 것을 의미하므로 기철이가 말한 '단속에 걸려도 벌금만 내면 다시 영업을 할 수 있는 경우'와 같다고 할 수 있다. (나)의 다른 경우들을 분석해 보면 영희는 자기의 잘못으로 떡볶이 값을 냈으며, 철수가 말하는 경범죄 벌금은 다른 사람에게 해를 끼치기 때문에 처벌을 받는 것이고, 동현이는 선량한 백성을 속여서 대동강 물을 팔아먹은 김선달 이야기를 하고 있다.

이러한 분석을 토대로 모범답안과 잘못된 답안을 작성하면 다음과 같다.

1등급 모범답안

표트르의 '수염세'는 러시아 근대화를 꾀하기 위해 수염을 자르도록 표트르가 직접 법률을 공표했음에도 불구하고 이를 어길 경우 벌금을 내면 허용해 준다는 것이므로 이것은 기철이가 말한 '단속에 걸려도 벌금만 내면 다시 영업을 할 수 있는 경우'와 같다고 할 수 있다. 이에 비해 영희는 자기의 잘못으로 떡볶이 값을 냈으며 철수가 말하는 경범죄 벌금은 다른 사람에게 해를 끼치기 때문에 부과된 것이고 동현이는 선량한 백성을 속여서 대동강 물을 팔아먹은 사기꾼 이야기이므로 '수염세'와는 다르다.

2~3등급 예시답안

표트르 대제가 만든 '수염세'와 같은 내용의 예를 든 것은 동현이라고 할 수 있다. 왜냐하면 원래부터 그냥 있던 대동강 물을 팔아서 이용자들을 괴롭힌 것과 표트르 대제가 '수염세'를 만들어서 러시아 전통으로 기르던 수염을 못 기르게 백성들을 괴롭힌 것이 같기 때문이다. 이와 달리 영희는 자기의 잘못인 경우, 철수가 말한 것은 공공질서를 해치는 것에 대한 것이며 기철이는 법을 엄정히 집행하지 못해서 불법이 판을 치는 것을 말하고 있다.

5등급 예시답안

표트르의 '수염세'는 나라의 선진화를 위해 강제적인 시행을 목표로 하고 있는 것이므로 철수가 말한 경범죄에 해당한다고 볼 수 있다. 즉, 나라의 공공질서를 바로 잡기 위해서 시행한 규율을 어기면 경범죄 벌금을 물게 되는 것과 나라의 근대화를 위한 법률을 제정했는데 이를 위반해서 물리는 수염세는 같기 때문이다. 다른 사람들은 이와는 다른 방향의 사례들이다.

해설

내용을 분석하고 올바르게 적용한 1등급 모범답안에 비해 2~3등급 예시답안은 분석을 제대로 하지 못했기 때문에 감점을 받았으며, 5등급 예시답안은 내용에 대한 분석도 제대로 못했으며 게다가 중요 논거에 대한 제시를 잘못했기 때문에 가장 많은 감점을 받은 사례이다.

![예시문제 5]

다음 글을 읽고 간디의 입장에서, (가)의 상류 마을 사람들을 효과적으로 잘 설득하기 위한 자신의 주장을 200자 내외로 펼쳐 보시오.

(가) 용준이네 마을은 맑은 강물이 흐르는 자연이 잘 보전된 지역이다. 이곳 사람들은 아름다운 강과 주변의 수려한 경관을 잘 보전하여 관광지로 만들었다. 이곳의 맑은 물과 경치를 보러 주말마다 많은 사람이 찾아와 지방 자치 단체는 관광 수입으로 주민들을 위해 여러 가지 일을 해 왔다.

어느 날, 강의 상류에 사는 마을에서 온천 개발을 시작하면서 두 마을 주민들 간에 갈등이 일어났다. 용준이네 마을에서는, 이제까지 강을 잘 보전하여 관광 자원으로 만들었는데, 온천이 생기면 강이 오염되어 중요한 관광 자원을 잃게 된다고 반발하였다. 반면 강 상류의 마을에서는, 그동안 변변한 수입이 없었는데, 온천을 개발하면 수입이 생겨 고장이 발전할 수 있다며 좋아하였다.

(나) 마하트마 간디는 나중에 인도의 수상이 된 네루와 함께 알라하바드라는 도시에 머문 적이 있다. 당시 그 집에는 수도가 있어 네루는 간디가 쓸 세숫물을 한 주전자 가지고 왔다.

그들이 심각한 논의를 하는 동안, 간디가 세수를 끝내기 전에 물이 떨어졌다.

"잠깐만 기다리십시오. 물 한 주전자를 더 가져오겠습니다."

네루의 말에 간디는 깜짝 놀랐다.

"뭐라고요? 내가 얼굴을 마저 씻기도 전에 주전자에 있는 물을 다 써버렸단 말입니까? 이렇게 낭비를 하다니!"

네루는 간디가 왜 흥분하는지 이해할 수 없었다. 잠시 뒤 네루는 더욱 놀랐다. 간디가 눈물을 흘리고 있었기 때문이다.

"나는 너무 조심성이 없고 낭비가 심합니다. 부끄럽습니다."

"이곳 알라하바드시에는 갠지스 강과 야무나 강이 흐르고 있습니다. 이곳은 당신의 고향인 구자라트의 마른 사막이 아닙니다."

그러자 간디가 말했다.

"이 도시는 물이 풍족하지요. 당신은 도시를 가로지르는 위대한 두 강으로 축복받고 있습니다. 그러나 내 몫은 얼굴을 씻기 위한 한 주전자의 물이 전부입니다. 더 이상은 아닙니다."

분석

문제의 핵심은 간디의 근면 검소 정신과 환경 보호 정신으로 윗마을 사람들이 자신들의 이익을 위해서 온천을 개발하는 것을 만류하는 글을 써보라는 얘기이다. 그렇다면 논지의 방향을 설정하는 것이 가장 중요한 문제인데 방향은 여러 가지가 있다.

먼저 자연 환경을 보호하는 것이 장기적으로 볼 때 훨씬 이익이라는 점을 근거로 드는 방법이다. 이는 개발을 하면 단기간에 아무리 풍족한 이익이 돌아온다 하더라도 조금 더 멀리 보면 환경을 보전해서 얻는 이익보다 못하다는 점을 중심으로 전개하는 방향이다.

그리고 다른 방향도 생각해 볼 수 있는데 간디의 검소한 절약정신을 예로 드는 방법이다. 풍요 속에서 살아가면서도 행복을 느끼지 못하는 것은 바로 자연에 감사할 줄 모르고 낭비를 하기 때문이라는 점을 시작으로 해서 소중한 것을 지키지 못하고 눈앞에 있는 이익만을 탐할 때는 큰 문제가 발생할 수 있다는 점을 강조해서 윗마을을 설득시키는 방법도 있다.

이러한 분석을 토대로 모범답안과 잘못된 답안을 작성하면 다음과 같다.

1등급 모범답안

윗마을 사람들이 하고자 하는 온천 사업은 이익을 위해서인데 간디의 검소한 정신의 바탕은 눈앞에 있는 이익에만 급급하지 말고 먼 안목을 가지라는 것이다. 온천을 개발하면 당장은 이익이 커질지 모르지만 장기적인 안목에서 보았을 때, 환경 파괴의 책임을 져야 하며 더욱이 환경이 파괴된 온천에는 사람들이 오지 않을 것이기 때문에 결국은 손해를 볼 것이다. 또 아랫마을 사람들에게도 막대한 손해를 끼치게 되어 서로 많은 손해를 끼칠 것이다. 그러므로 온천을 개발해서 자연을 파괴하느니보다 지금 상태로 놓아두는 것이 장기적으로 볼 때 서로의 이익이 될 것이다.

5등급 예시답안

간디의 절약 정신으로 보았을 때 윗마을 사람들은 낭비가 심하며 이를 깨닫지 못하고 있다. 더욱이 아랫마을에 해를 끼치면서까지 온천을 개발하여 자신들의 이익을 챙기겠다는 것은 네루가 자신들의 마을은 물이 풍족하므로 아껴 쓸 필요가 없다고 주장하는 것과 마찬가지이다. 따라서 윗마을 사람들은 자신들에게 주어진 환경적인 이점을 네루처럼 낭비하지 말고 간디처럼 아껴서 아랫마을 사람들에게 피해를 주지 않아야 한다.

해설

1등급 모범답안 은 간디의 절약 정신에 담긴 속뜻까지 파악하여 장기적인 안목이라는 관점으로 도입하여 좋은 평가를 받을 수 있었던 데 비해 5등급 예시답안 은 (나) 지문의 네루 이야기를 잘못 해석해서 적용하고 있고 또한 윗마을 사람들을 설득하는 데 조금도 도움이 되지 않는 내용을 전개했기 때문에 많은 감점을 받은 것이다.

유제 **01** 아래 제시문은 '개발과 자연 환경 보존'에 관한 상반된 주장을 담고 있다. 이 중 어느 하나의 주장을 지지하는 견해를 구체적 사례를 들어 진술하시오.

> 우리들은 때로 한 가지 일에 대하여 서로 상반되는 주장을 만나는 경우가 있다. 예를 들어, 산간 지대를 개발해서 골프장이나 스키장을 만들어 지역 주민의 수입을 늘려야 한다는 주장이 있는가 하면, 자연 환경 보전을 위해서는 개발을 하지 말아야 한다는 주장도 있다. 그리고 도시나 관광지 주위 등에 설치한 개발 제한 구역(일명 그린벨트) 등을 그곳에 살고 있는 주민의 재산권 행사와 편익을 위해 개발하자는 주장에 대하여 자연 환경 보전을 위해 개발을 억제하자는 주장이 대립되고 있다.

답안 인간이 과연 자연을 멋대로 이용해도 되는가 하는 것은 많은 문제가 있다고 생각한다. 자연을 이용해서 인간이 돈을 번다는 것은 자연을 파괴해서 그 대가를 챙기는 것과 다름이 없기 때문이다.

해설 문제의 핵심은 '개발과 자연 환경 보존'에 관한 상반된 주장 중 하나를 선택하여 구체적 사례를 제시하라는 것이다. 올바른 어휘와 용어의 사용 여부와 논리적 타당성 여부가 중심 채점 요소이다.

유제 **02** 다음 네 컷 만화를 보고 이 만화의 주제를 200자 내외로 쓰시오.

1. 구직 중인 청년층
2. 마흔 살에 가까워지는 노총각
3. 시댁에 간 며느리
4. 부정부패로 구설수에 오른 정치인들

답안 사람들이 듣기 싫어하는 말의 특징은 그 말 자체는 긍정적인 말이지만 듣는 입장에서 보면 분명히 듣기 싫은 말이다. 왜냐하면 듣는 사람의 입장에 대한 정곡을 찌르는 말이기 때문이다. 이와 같이 정치인들에게도 '도토리 키 재기다'라는 말이 듣기 싫은 것은 그들이 하는 작태가 거의 비슷하기 때문이라고 할 수 있다.

해설 공통적인 주제를 파악하는 것이 핵심인 추론형 진술 문제이다. 따라서 주어진 해설과 각 컷의 내용을 이해해서 핵심 주제를 파악한 다음 그것에 대한 공통적인 주제를 찾아 진술을 하면 최소한 3등급 이상은 받을 수 있는 유형이다.

유제

03 다음 글을 읽고 앞 뒤 문맥의 흐름에 따라 밑줄 안에 알맞은 글을 채워 넣으시오.

시험을 마친 혜영은 엄마와 약속한 대로 찜질방에서 하루를 보내기로 했다. 혜영은 공부에서 해방돼 좋아하는 피자를 먹은 후 엄마와 함께 찜질방에 갔다. 그런데 엄마가 찜질방 주인에게 맡긴 지갑 속의 돈이 없어졌다.

혜영은 당연히 찜질방에서 변상해 줄 것이라고 생각했지만 찜질방 주인은 "지갑만 맡았지, 지갑 속에 얼마가 들어 있는지 모른다. 잃어버린 돈을 갚아줄 수 없다"고 했다.

이 경우 누구의 책임일까.

상법 153조에는 "화폐, 유가증권 기타의 고가물(귀금속 등)에 대하여는 그 종류와 가액을 명시하여 맡기지 아니하면 공중접객업자는 그 물건의 멸실, 훼손으로 인한 손해를 배상할 책임이 없다"고 정해져 있다.

따라서 찜질방 주인은 _____

_____

답안 손님이 지갑을 맡길 때 지갑 속에 돈이 있다고 말하지 않았기 때문에 돈을 갚지 않아도 된다.

해설 이 유형은 앞뒤 문맥의 흐름을 먼저 파악해야 하는 논리적 연결 문제로, 앞문장의 핵심인 "화폐, 유가증권 기타의 고가물(귀금속 등)에 대하여는 그 종류와 가액을 명시하여 맡기지 아니하면 공중접객업자는 그 물건의 멸실, 훼손으로 인한 손해를 배상할 책임이 없다."는 내용을 재해석해야 한다. 따라서 내용만 정확하게 파악하면 2등급 정도는 받을 수 있다.

유제

04 다음 지훈이와 지훈이 엄마와의 대화 내용입니다.

지훈 : 엄마, 부엌 행주가 왜 이렇게 누래? 불결해 보여.
엄마 : 얘가 왜 이래. 깨끗한 행주를 가지고.
지훈 : 행주는 자주 바꿔야 위생적이지요. 박테리아가 얼마나 많은데…….
엄마 : 아유, (한심스럽다는 듯이) 자기만 깨끗한 체하네? 그러는 너는 그 냄새나는 양말이나 제때 벗어놓고 위생 따져라. 행주 탓은 웬…….

문제 위 대화에서 엄마는 지훈의 말에 논리적으로 대응하였다고 볼 수 없습니다. 엄마의 잘못에 대해 지적하시오.

답안 엄마는 지훈이가 지적한 '행주가 더럽다'는 견해에 대한 반론이나 반박을 하는 대신 '네가 더 더럽다'는 식으로 논점을 벗어나서 말을 하고 있다. 이런 잘못의 유형은 상대방이 말하는 핵심 요지 대신에 다른 것을 핑계로 삼는 데서 발생한다. 즉 논점을 벗어난 것이 잘못이라고 할 수 있다.

해설 이 유형은 논리적인 비판력을 묻는 문제로 먼저 내용을 정확하게 파악한 뒤 그 내용상 어떤 문제가 있는지를 분석해내는 논리적인 비판력을 묻는 유형이다. 따라서 문제의 사안인 비판력이 있는지 그리고 그것을 논리적으로 해석했는지가 중심 채점 기준이 된다.

유제

05 (가)의 대법원이 성전환자의 '성별변경'을 허용했다는 것은 (나)의 행복추구권과 어떤 관련이 있는지 자신의 생각을 200자 내외로 적어보시오.

> (가) 지난 ○월 ○일은 국내 성(性) 소수자 인권 역사에 큰 획을 그은 날로 남게 됐다. 이날 대법원 전원합의체는 성전환 수술을 받은 50대 여성 A씨가 호적상 성별을 남성으로 변경해 달라며 낸 호적정정 신청 재항고 사건에 대해 성별 정정을 불허한 원심 결정을 파기하고 사건을 ○○지방법원으로 돌려보냈다.
> 대법원은 결정 요지에서 "성전환자도 인간의 존엄과 가치를 향유하고 행복을 추구할 권리, 인간다운 생활을 할 권리가 있으며 이런 권리들은 질서유지나 공공복리에 반하지 않는 한 마땅히 보호돼야 한다."며 헌법상의 원칙을 강조했다.
> 이번 결정은 성전환자의 호적 정정을 허용하는 기본 원칙을 최초로 천명한 동시에 성전환자의 법률적 의미와 요건에 관한 기준을 제시했다는 점에서 큰 의의를 지닌다는 게 대법원의 자체 평가다. 이 판결의 핵심에는 역시 '차이'를 인정하고 '소수'를 포용하는 성숙된 의식이 전제되어 있다.
>
> (나) 행복추구권이란, 일반적으로 행동자유권과 인격의 자유발현권 및 생존권 등을 뜻한다. 따라서 먹고 싶을 때 먹고, 놀고 싶을 때 놀며, 자기 멋에 살고 멋대로 옷을 입어 몸을 단장하는 등의 자유가 포함되며, 자기설계에 따라 인생을 살아가고, 자기가 추구하는 행복의 개념에 따라 생활함을 말한다. 또한 환경권과 인간다운 주거공간에서 살 권리도 포함된다. 모든 국가기관은 물론, 어떠한 개인도 타인의 행복추구권을 침해하지 못한다.

답안 대법원의 판결은 헌법에 명시된 '인간은 존엄과 가치를 향유하고 행복을 추구할 권리, 인간다운 생활을 할 권리'를 근거로 해서 질서유지나 공공복리에 반하지 않는 한 마땅히 보호돼야 한다는 입장으로 이는 '차이'를 인정하고 '소수'를 포용하는 성숙된 의식에서 나왔다고 할 수 있다.

해설 두 글의 내용의 핵심을 파악한 다음 판결의 주안점이 무엇인지를 파악해야 하는 복합형 문제의 전형(典型)이다. 따라서 (가)의 판결 내용인 "성전환자도 인간의 존엄과 가치를 향유하고 행복을 추구할 권리, 인간다운 생활을 할 권리가 있으며 이런 권리들은 질서유지나 공공복리에 반하지 않는 한 마땅히 보호돼야 한다."가 (나)의 '행복추구권'과 어떤 관계에 있는가를 파악하는 것이 점수와 직결된다고 할 수 있다.

작문 능력

예상문제

01 아래 글을 학교신문에 실으려고 한다. 이 글의 내용에 맞게 표제와 부제를 붙이시오.

> 아파트는 우리나라에서 인기가 좋다. 이는 무척 재미있는 현상이다. 왜냐하면 아파트의 본고향인 유럽에서는 아파트에 대한 인식이 좋지 않기 때문이다. 유럽에서는 아파트를 서민들이 사는 수준 낮은 주거로 인식한다. 반면 우리나라에서는 상류층과 중산층에서 아파트를 선호한다. 서양에서는 아파트가 본디 저소득층을 위한 주거였지만, 우리나라에서는 처음부터 고소득층을 위한 주거였던 것이다. 그렇다고는 해도 아파트가 한국인이 살기에 불편했더라면 인기를 얻지 못했을 것이다. 아파트라는 서양의 주거 양식이 우리나라에서 성공한 것은 토착화를 이루기 위해 노력을 해 왔기 때문이다. 우리나라의 아파트들은 서양의 아파트와 외형적으로는 비슷할지 몰라도 내부는 다르다. 전부 아파트 일색이 되어가는 추세 속에서 이제 전통 주거는 궁궐이나 사찰로만 박제화 되는 것이 아니냐는 우려의 목소리가 들려온다. 그러나 그렇지 않다. 아직도 우리는 바닥 난방을 하고 실내에는 신을 벗고 들어간다. 양지 바른 마당에 꽃을 심고, 그 한켠에 겨울이면 김칫독을 묻었듯이, 남향의 베란다에 화분과 장독을 두기를 좋아하며 김칫독을 묻을 땅이 없어도 여전히 김치 냉장고를 베란다에 둔다. 우리의 전통 주거 문화는 사라지지 않고 여전히 아파트에서 살아 숨 쉬고 있는 것이다.

- 표제 :

- 부제 :

답안
- 표제 : 전통과 현대의 멋진 만남, 아파트
- 부제 : 아파트에서 살아 숨 쉬는 전통 주거 문화

해설 기사문의 표제와 부제의 형식을 통해 글의 내용 파악과 글쓴이의 의도를 묻는 문제이다. 글쓴이는 지문을 통해 우리의 전통 주거 문화가 현대적인 서양의 주거 문화인 아파트에 도입되어 토착화되었기에 아파트는 전통 주거 문화의 단절이 아닌 지속적인 발전이라고 말하고 있다.

02 다음 글을 읽고 〈보기〉에 내포된 의미를 120자 내외로 설명하시오.

> 과학이 가치중립적이라는 말은 크게 보아서 다음 두 가지의 의미를 지니고 있다. 첫째는, 자연 현상을 기술(記述)하는 데에 있어서 얻게 되는 과학의 법칙이나 이론으로부터 개인적 취향(趣向)이나 가치관에 따라 결론을 취사선택할 수 없다는 점이고, 둘째는, 과학으로부터 얻은 결론, 즉 과학 지식이 그 자체로서 가치에 관한 판단이나 결정을 내리지 못한다는 점이다.
>
> 따라서 과학이 가치중립적이라는 명제를 과학 지식이 인간의 가치에 무관(無關)한, 때로는 그에 반(反)하는 방향으로 인간을 몰고 있다는 식으로 확대 해석하는 사람들의 잘못은 뚜렷해진 셈이다. 유전학 및 진화론이 히틀러의 유대인 학살을 낳게 했다거나, 상대성 이론과 원자 물리학이 원자탄의 투하를 가져왔다고 믿는 것은 이러한 오류(誤謬)의 전형적인 예이다.

> **보기**
> 과학자 파스퇴르는 "과학은 국경이 없으나, 과학자는 조국이 있다."고 말하였다.

답안 과학은 학문 자체로는 가치중립적이기 때문에 국가나 민족 또는 집단의 이데올로기를 벗어날 수 있지만 과학자는 과학의 지식을 활용하거나 연구개발하기 때문에 국가나 민족 또는 집단의 이데올로기의 영향을 받는다는 뜻이다.

해설 파스퇴르의 말은 '과학은 보편적인 것으로 가치중립적이지만, 과학자는 가치 판단을 할 수 있는 존재이고 자신이 소속된 집단의 이익에 따라 과학 지식을 이용할 수 있다.'는 의미이므로 이 의미가 정확히 드러나도록 써야 한다.

03 다음 밑줄 친 부분의 의미를 가지고 있는 속담과 한자성어를 쓰시오.

> 그의 아내가 기침으로 쿨룩거리기는 벌써 달포가 넘었다. ㉠ 조밥도 굶기를 먹다시피 하는 형편이니 물론 약 한 첩 써본 일이 없다. 구태여 쓰려면 못 쓸 바도 아니로되, 그는 병이란 놈에게 약을 주어 보내면 재미를 붙여서 자꾸 온다는 자기의 신조에 어디까지 충실하였다.

> • 속담 :
>
> • 한자성어 :

답안 • 속담 : 서 발 막대 내저어도 거칠 것 없다.
　　　• 한자성어 : 삼순구식(三旬九食)

해설 밑줄 친 부분은 매우 가난하다는 뜻이다. 따라서 이를 일컫는 속담으로는 '서 발 막대 내저어도 거칠 것 없다.', 한자성어로는 삼순구식(三旬九食)이 대표적이다.

04 다음 글의 내용에 따라 〈보기〉의 밑줄에 들어갈 말을 한 문장으로 쓰시오.

> 상호간의 조화나 안정을 위해서는 통찰보다 더 좋은 미디어가 없다. 상대를 먼저 배려하고, 거기에 맞는 대화와 행동을 취함으로써 친밀한 인간관계를 형성할 수가 있다. 하지만 현대인의 생활권이 넓어지면서부터 서구식의 정확한 의사소통을 필요로 하고 있는데, 전통적인 통찰의 습성은 이에 부합하지 못하고 많은 실수나 손해, 오해를 빚기도 한다. 따라서 우리는 통찰이라는 의사소통의 문화를 살려 나가되, 때에 따라서는 정확한 의사 전달을 해야 할 필요가 있다.

보기
> 하루 종일 밭에서 일을 하느라 지쳐 돌아온 며느리는 곧바로 저녁밥을 안쳐 놓고 마루에 앉아 잠시 한숨을 돌리고 있다. 시어머니가 업고 있던 갓난아이가 배가 고파 울어대자, 며느리가 아이를 받아 젖을 먹인다. 이때 갑자기 소나기가 쏟아진다. 낮에 널었던 빨래가 다 젖을 형편이다.
>
> 며 느 리 : (난감한 표정으로) 어머님, 소나기가 오네요.
> 시어머니 : _____

답안 너는 젖 먹이렴, 빨래는 내가 걷으마.

해설 위 제시문의 내용이 '통찰'에 바탕을 둔 의사소통이므로 시어머니는 며느리의 '소나기가 오네요.'라는 말에서 '저는 지금 애에게 젖을 먹이고 있으니 소나기에 젖지 않도록 빨래를 걷어주세요.'라는 속뜻을 파악하고 이에 알맞은 대답을 해야 한다.

05 다음 글의 핵심 내용을 50자 내외의 한 문장으로 요약하시오.

> 환경 호르몬이 왜 문제가 될까? 문제가 되는 부분은 생식 능력에 미치는 영향이다. 이것은 동물들의 발생 과정이 워낙 미묘해서 아주 작은 영향에도 크게 달라질 수 있기 때문이다. 대개의 동물의 암컷과 수컷은 유전자의 대부분이 같으며, 단지 성염색체에서 차이가 있을 뿐이다. 처음에 난자와 정자가 수정에 성공해서 발생을 시작할 때에는 성의 분화가 일어나지 않는다. 이 상태에서 그대로 발생이 진행된다면 개체는 정상적인 암컷과 수컷이 된다. 그런데 염색체상으로는 분명한 암컷이라도 이 시기에 남성 호르몬에 지나치게 노출되면, 정상적인 암컷으로 성장하는 데에 장애를 받을 수 있고, 아무리 수컷일지라도 이 시기에 남성 호르몬이 부족하면 불완전한 수컷으로 성장하게 된다. 환경 호르몬이 바로 이 순간에 작용하여, 성 분화를 엉망으로 만들어 놓기 때문에 이들 개체에서는 성 기능에 장애가 생겨 수컷들이 암컷들의 구애에 관심도 없이 빈둥거리는 현상이 발생한다. 혹시 수정이 되더라도 허약한 새끼가 태어나게 되어 어린 개체의 사망률이 빠르게 증가한다.
>
> 이 밖에도 이들은 신경계와 면역계의 이상을 가져와 각종 질병을 증가시키는 원인이 된다는 의심을 받고 있다. 천식과 알레르기의 증가 및 유방암, 전립선암 등의 증가에 있어서 환경 호르몬이 어느 정도 관여하고 있음은 부인할 수 없는 사실이다. 특히, 다이옥신의 경우를 보면, 생물 농축 현상이 극심해서 더욱 문제를 가중시킨다.

답안 환경호르몬이 생체 내에서 생식과 성장, 발육에 영향을 미치고, 각종 암의 원인이 된다.

해설 위 글의 핵심 내용은 환경호르몬이 인체에 미치는 영향이다. 그 영향의 핵심은 생체 내에서 생식과 성장, 발육에 영향을 미친다가 첫 문단이고 둘째 문단은 각종 암의 원인이 된다는 내용이므로 이를 통합해서 글자 수에 맞게 조합해야 한다.

06 다음에서 (가)를 (나)로 표현했을 때 얻을 수 있는 효과를 100자 내외로 서술하시오.

> (가) 낙서금지
>   잡히면 즉시 고발 조치함.
>
> (나) 벽은 마음의 거울입니다.
>   당신의 아름다운 마음이
>   이 벽을 깨끗이 만듭니다.

답안 (가)의 강압적이고 직접적인 말이 (나)에서 부드럽고 완곡하게 표현되어 보는 사람들로 하여금 거부감을 갖지 않게 하고, 공감을 유도하게 하여 낙서금지 효과를 더해주고 있다.

해설 (가)의 특징과 (나)의 특징을 분석해서 이로부터 얻을 수 있는 효과를 글자 수에 맞게 표현하면 된다.

07 밑줄 친 부분을 고쳐 쓰기 할 때 보완해야 할 내용을 쓰시오.

> 요즈음 우리 청소년의 언어생활을 보면 외래어와 외국어의 남용, 습관적인 비속어의 사용 그리고 일상생활에서의 통신어의 사용 등 바람직하지 못한 면이 있다.
> 지나친 외래어와 외국어의 남용은 우리 민족 문화와 나라의 위상을 크게 떨어뜨릴 수 있다. 또한 청소년들이 비속어를 많이 사용하면 올바른 인격을 갖추기 어렵다.
> 통신어의 사용은 더욱 문제가 된다. 통신어는 우리말의 의사소통을 저해하여 사회 갈등을 유발시킬 수 있다.
> 그러므로 우리는 순수한 우리말을 살려 쓰는 것이 우리 모두를 살리는 길임을 알고, 아름다운 우리말을 사용하도록 노력해야 한다.

답안 자신의 주장에 대한 뒷받침 문장이 없기 때문에 글이 불완전하다. 따라서 지나친 외래어와 외국어의 남용이 우리 민족 문화와 나라의 위상을 왜 떨어뜨리는지, 청소년들의 비속어 사용이 인격 형성에 어떤 영향을 주는지, 통신어의 사용이 왜 사회 갈등을 유발시키는지에 대해 설명하는 뒷받침 문장이 보충되어야 한다.

해설 밑줄 친 부분은 지나친 외래어와 외국어의 남용이 우리 민족 문화와 나라의 위상을 왜 떨어뜨리는지, 청소년들의 비속어 사용이 인격 형성에 어떤 영향을 주는지, 통신어의 사용이 왜 사회 갈등을 유발시키는지에 대해 설명하는 뒷받침 문장이 보충되어야 완전한 글이 된다. 이와 같은 내용을 지적하면 좋은 평가를 받을 수 있다.

08 다음은 어떤 시의 한 부분이다. 밑줄 친 부분의 내포적인 의미와 이러한 표현 방법의 특색에 대해 120자 내외로 쓰시오.

> 내 그대를 생각함은 항상 그대가 앉아 있는 배경에서 해가 지고 바람이 부는 일처럼 사소한 일일 것이나 언젠가 그대가 한없이 괴로움 속을 헤매일 때에 오랫동안 전해 오던 그 사소함으로 그대를 불러 보리라.

답안 밑줄 친 부분의 내포적인 의미는 사소한 것의 반대인 '매우 중요한 일' 또는 '아주 깊이 생각함(사모함, 사랑함)'으로 반어법을 사용해서 특정 의미를 훨씬 더 강조하는 방법이다.

해설 반어법의 기본적인 의미를 이해할 수 있어야 하며 이에 따라 의미를 추론해 낼 수 있어야 한다.

09 다음 글의 밑줄 친 부분에 대한 타당한 반론을 이 내용과 연결 지어 한 문장으로 쓰시오.

> 태어날 때부터 텔레비전을 좋아하거나 싫어하는 아이는 없다. 다만, 좋아하도록 습관이 들 뿐이다. 이 사실은 부모가 텔레비전을 시청하는 태도나 시청하는 시간을 잘 선도하면 바람직한 방향으로 습관이 형성될 수도 있다는 점을 시사해 준다. 텔레비전을 많이 보는 아이들보다 적게 보는 아이들이 행실도 바르고, 지능도 높으며, 학업 성적도 좋다는 사실을 밝혀 낸 연구 결과도 있다. 부모의 시청 시간과 아이들의 시청 행위 사이에도 깊은 관계가 있다. 일반적으로, 텔레비전을 장시간 시청하는 가족일수록 가족 간의 대화나 가족끼리 하는 공동 행위가 적다. 결과적으로 텔레비전과 거리가 멀수록 좋은 가정이 된다는 말이다.

답안 텔레비전 프로그램에는 교육적인 요소도 많이 있고 학습을 위한 전문방송도 있다.

해설 밑줄 친 부분의 내용이 텔레비전을 적게 보는 아이들이 행실도 바르고 지능도 높으며 학업성적도 더 좋다는 것이므로 이에 연관되는 것은 텔레비전의 교육적 기능이다. 따라서 이를 반론으로 제기해야 된다.

10 다음 글의 주제를 청유형의 한 문장으로 쓰시오.

무궁화에 대한 국화로서의 시비보다는 무궁화를 아끼고 더욱 아름답게 가꾸려는 마음씨가 소중할 것 같다. 무궁화가 벌레가 많다고 하지만, 벌레는 구제하면 될 것이고, 꽃도 오늘날 발달되어 가는 최신의 육종 기술로 더욱 다채롭게 개량해 가면 될 것이다. 무궁화가 만일 전통을 소중히 여기는 영국이나 프랑스의 국화였더라면, 국화 시비론(國花是非論) 따위는 나올 여지도 없었을 것이다. 그리고 무수한 품종이 육성되어, 오늘의 장미처럼 온 세계로 널리 퍼져 재배되었을 것으로 생각된다.

우리가 항상 역사적인 제 것을 소중히 여기고 간직하면서 끊임없이 새 것을 찾아 소화해 나가는, 보수성(保守性)과 진취성(進取性)의 양면을 다 함께 지니지 않고서는 앞서 가는 문화 민족이 될 수 없다. 국민 각자가 좋은 품종의 무궁화를 곳곳에 심어서 무궁화 동산을 만들어 간다면, 우리나라가 얼마나 아름다울 것이며, 또 우리 국민들의 마음은 얼마나 깨끗하게 순화될 것인가 여러 모로 생각해 본다.

답안 무궁화를 아끼고 아름답게 가꾸려는 마음씨를 가지자.

해설 청유형 문장으로 표현하는 것이므로 이를 지켜야 하며 위 글의 핵심 내용은 첫 번째 줄에 나타나 있으므로 이를 표현하면 된다.

2장 확장문제

01 다음 글을 바탕으로 '바람직한 삶의 태도'에 관한 글을 쓰려고 한다. 밑줄 친 부분의 의미를 강조하는 글을 80자 이내의 한 문장으로 쓰시오.

> 매미는 알을 나무껍질 속에 낳습니다. 이 알은 바로 부화하지 않고 다음 해 여름에 부화합니다. 그리고 애벌레는 땅속으로 들어가게 됩니다. 애벌레는 나무뿌리의 수액(樹液)을 빨아먹으면서 적의 공격 등을 피해 기나긴 땅속 생활을 합니다. 애벌레는 비상을 꿈꾸며 짧게는 2~3년, 길게는 17년 정도를 땅속에서 지낸 후에야 비로소 성충이 됩니다. 보통 매미는 자연 상태에서 약 한 달을 살기 때문에 성충이 된 매미는 한 달 안에 짝짓기를 해야 합니다. 그렇기 때문에 수컷 매미는 암컷 매미를 유혹하기 위해 열심히 우는 것이지요. 짝짓기에 성공하면 암컷 매미는 알을 나무껍질 속에 낳습니다. 이렇게 자손을 퍼뜨리고 매미는 생을 마감하게 됩니다.

⇨

답안 우리가 원하는 성과를 얻기 위해서는 꾸준히 노력하는 자세와 인내하는 자세를 가져야 한다.

해설 애벌레는 성충이 되기 위해 길게 17년 정도 땅속에서 지내야 한다는 문장을 통해 원하는 성과를 얻기 위해서는 꾸준히 노력해야 한다는 삶의 태도를 집어낼 수 있다.

02 다음 자료를 활용하여 '안전벨트 착용'에 대한 공익 광고 문구를 작성하되 주어진 〈보기〉의 조건을 모두 충족시켜 표현하시오.

보기
• 그림의 내용을 충실히 살릴 것
• 비유적 표현을 사용할 것
• 완곡하게 행동을 권유할 것
• 각 50자 이내의 두 문장으로 만들 것 (두 문장 합계 110자 초과 감점)

⇨

답안 뒷좌석이라 안전하다고 생각하십니까? 용수철처럼 튀어나갈 수도 있습니다.

해설 좋은 점수를 받기 위해서는 먼저 이 문제의 핵심을 정확하게 파악해야 하며 〈보기〉의 조건을 충족하는 문장을 작성해야 한다. 〈보기〉의 조건 중 '비유적 표현'을 정확하게 사용했느냐가 채점의 핵심 요건이라고 할 수 있다. 답안의 '용수철처럼'과 같이 간략하면서도 비유적인 표현을 사용하여 조건의 핵심을 잘 살려야만 좋은 점수를 얻을 수 있다.

03 삶의 지침으로 삼을 만한 문구를 〈보기〉의 조건에 맞게 80자 이내의 한 문장으로 표현하시오.

보기
• 올바른 생활 습관에 관한 내용을 담을 것
• 아래의 두 가지 표현 방법을 함께 사용할 것
– 연쇄법 **예** 사과는 맛있다, 맛있는 건 바나나, 바나나는 길다.
– 점층법 **예** 환경보호! 나를, 이웃을, 인류를 위한 것이다.

⇨

답안 하루의 행동이 일상의 습관을 낳고, 일상의 습관이 평생의 운명을 좌우한다.

해설 핵심은 '생활 습관', '연쇄법과 점층법을 사용할 것'이므로 먼저 우리의 일상 생활 습관을 소재(素材)로 삼아서 위 조건에 따라 기술하는 것이 점수를 얻는 최상의 방안이다.

04 다음은 '온라인 상담실'의 '열린 상담 코너' 화면의 일부이다. 제시된 〈조건〉에 맞게 200자 내외의 2~4문장으로 댓글을 쓰시오.

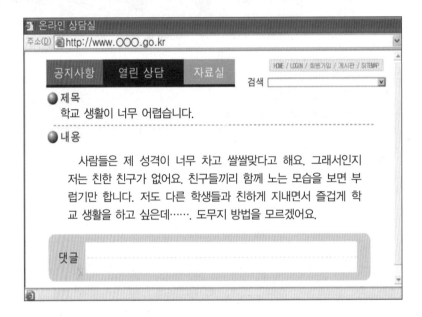

조건
- 고민에 대한 공감을 표시할 것
- 문맥에 맞는 관용적 표현을 활용할 것
- 문제 해결을 위한 구체적 방안을 제시할 것

답안 그동안 참 힘들었겠군요. 하늘은 스스로 돕는 자를 돕는다고 합니다. 용기를 내서 먼저 주변의 학생들에게 다가가 보세요. 마음을 이해하는 친구를 찾을 수 있을 겁니다.

해설 이 문제의 중요한 채점 요건은 조건에 맞게 댓글을 구성했는지의 여부이다. 첫 번째 조건 '고민에 대한 공감을 표시할 것'의 경우 '그동안 참 힘들었겠군요.'와 같이 감정적으로 공감하는 표현으로 시작하는 것이 좋다. 두 번째 문장에서 '하늘은 스스로 돕는 자를 돕는다고 합니다.'와 같이 관용적 표현을 활용하여 두 번째 조건을 만족시키고, 마지막 조건인 '문제 해결을 위한 구체적 방안을 제시할 것'에서 '주변의 학생들에게 다가가 보세요.'와 같이 명료한 방안을 제시하여야 좋은 점수를 받을 수 있다. 넷째 문장처럼 부연(敷衍)이나 추가 설명을 진술하는 경우에는 배가(倍加) 점을 받을 수 있다는 것을 유의해서 연습하기 바란다.

05 '오늘의 속담' 게시판에 자신이 아는 속담을 소개하는 글을 쓰려고 한다. 〈조건〉에 맞게 아래의 〈예시〉와 같이 연계적으로 풀이한 글을 80자 이내의 1~2문장으로 표현하시오.

> **조건**
> • 속담을 통해 얻은 삶의 가치를 드러낼 것
> • 역설적 의미를 살려 표현할 것

> **예시**
> 천릿길도 한걸음부터 → 커다란 목표에 이르기 위해서는 차근차근 그 목표를 향해서 전진해 가야 한다. 따지고 보면 천릿길은 한걸음과 같은 것이니까.

> ⇨

답안 낙숫물이 댓돌을 뚫는다. → 작은 노력이라도 꾸준히 계속하면 큰일을 이룰 수 있어. 작은 것이 결국 큰 것인 셈이지.

해설 채점의 핵심은 속담을 통해서 삶의 가치를 찾아낸 다음 역설적인 의미로 풀이할 수 있느냐이다.

06 다음 이야기가 의미하는 바와 관련하여 자신의 경험을 소개하는 글을 120자 내외로 쓰시오.

> 당나라 시인 이백이 산에서 내려오고 있었다. 마침 한 할머니가 냇가에서 바위에 도끼를 갈고 있었다. 이상하게 생각한 이백이 "할머니, 지금 무엇을 하고 계세요?"라고 물었다. "바늘을 만들고 있다오."라고 할머니가 대답하자, 이백은 깜짝 놀라 "도끼로 바늘을 만든다고요?"라고 말했다. 할머니는 이백을 쳐다보며 "젊은이, 중도에 그만두지만 않는다면 언젠가는 이 도끼로 바늘을 만들 수가 있지 않겠는가."라고 하였다.

> ⇨

답안 위 글의 내용은 '아무리 어려운 일이라도 꾸준히 한다면 이루지 못할 것이 없다'는 교훈을 담고 있다. 이와 비슷한 나의 경험은 지난번 한자 급수 시험 2급에 5번이나 도전한 끝에 합격을 할 수 있었던 것이다.

해설 채점의 핵심은 이야기의 내용을 얼마나 정확하게 이해했는가와 그에 부합되는 경험을 정확하게 기술하고 있는가에 있다.

07 아래에 제시된 글은 건의문을 작성하려는 학생의 생각이다. 이를 바탕으로 건의문을 180자 내외로 표현하시오.

> 우리 시의 공공문화시설은 양적으로 확충되었고 주민들의 이용률이 낮은 편이 아니지만, 부실한 운영으로 인해 주민들의 불만이 많다는 기사를 본 적이 있어. 그래서 나는 부실 운영의 원인과 개선 방안을 담은 건의문을 시청의 담당 부서에 보내어 우리 시의 공공문화시설이 주민들에게 실질적인 문화 체험의 장이 되도록 하려고 해. 그러기 위해서는 관련 자료를 충분히 제시해서 글의 설득력을 높이는 것도 필요하겠지.

답안 우리 시의 공공문화시설은 주민들의 이용이 점차 증가하고 있지만 주최 측의 부실한 운영이 문제되고 있어 이를 개선했으면 하는 바람으로 건의서를 제출합니다. 부실 운영의 근본적인 원인을 분석한 결과 운영상 전문 인력이 부족하기 때문이라는 결론을 내렸으며 이에 따라 전문 운영 위원을 확충해서 주민들이 실질적으로 이용할 수 있는 문화 체험의 장을 만들어 주셨으면 합니다.

해설 제시된 글에 나타난 학생의 생각을 충실히 반영해서 표현하는 것이 채점의 핵심 요소이다. 따라서 '부실 운영', '문화체험의 장'과 같은 핵심어는 반드시 들어가야 하며 주어진 글자 수와 어문 규정을 정확히 지켜 표현하는 것이 중요하다.

08 다음 자료를 분석해서 '귀농 농촌 구성원들의 안정적 정착을 위한 지원 방안 마련'에 대한 글을 140자 이내로 쓰시오.

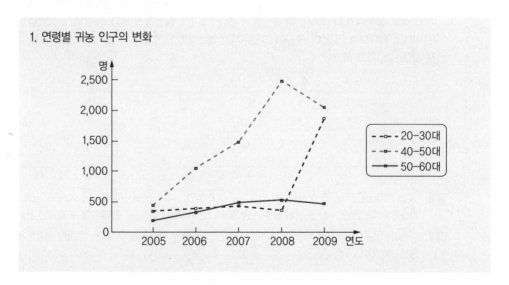

1. 연령별 귀농 인구의 변화

2. 귀농을 하려는 이유에 대한 설문 조사 결과

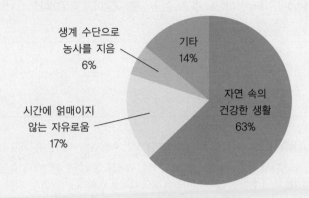

생계 수단으로
농사를 지음
6%

기타
14%

자연 속의
건강한 생활
63%

시간에 얽매이지
않는 자유로움
17%

3. 귀농자 애로 사항 : 현재 귀농한 사람들은 보육 및 자녀 교육의 여건 미비, 의료 시설의 부족 등
으로 인해 불편을 겪고 있음

⇨

답안 2008년 이후 20~30대 귀농지원자가 급격히 늘고 있으므로 이에 대한 지원 정책을 중심적으로 펼쳐야 할
것이다. 그리고 귀농 사유의 대부분이 건강한 생활과 자유로움 추구이므로 이 부분에 대한 지원에 초점을
맞추되 애로 사항인 보육, 교육, 의료 시설을 확충할 수 있는 방안을 강구해야 할 것이다.

해설 채점 기준은 먼저 주어진 자료를 충실히 이해하고 분석했는지의 여부이다. 위의 경우 총 3가지의 자료를 주
었으므로 이 세 가지 모두를 포함하는 글을 써야 한다. 또한 자료들을 서로 묶어서 논리적으로 표현하는 것
도 중요한 평가 항목이다.

09 다음 글의 주제를 60자 이내의 한 문장으로 표현하시오.

예술가는 작품에 하나의 의미만을 부여한다. 그러므로 예술 작품을 감상하는 사람이 한 작품을
두고 둘 이상의 의미로 해석하는 것은 모순이다. 어떤 특정한 시공간과 상황에서 예술 작품이 창작
된다는 점을 전제한다면, 그 예술 작품의 해석은 창작의 과정과 맥락을 모두 종합할 때 가능해진다.
이럴 때 비로소 해석은 유의미해지는 것이다.

달리 말하면, 작품에 대한 해석은 작품의 내재적 요소로만 파악하기 어렵고, 그 작품을 창작한 작
가의 경험과 사상, 시대 상황 등을 종합하여 살펴보아야 완전해진다. 차이코프스키의 '백조의 호수'
와 피카소의 '게르니카'를 예로 들면, 이 작품들을 둘러싸고 있는 창작 맥락을 종합적으로 살펴야
유일한 의미를 찾아낼 수 있는 것이다.

위에서 말한 것처럼, 예술 작품의 해석은 작품의 단일한 의미를 찾아내는 데 목적이 있지만 실제
로 그 목적이 꼭 실현되는 것은 아니다. 그것은 이론적으로 가능할 뿐 실제로 그것이 실현되기는 불

가능해 보인다. 그럴더라도 우리는 모든 예술 작품의 단일한 의미를 찾으려고 노력해야 한다. 예술 작품의 해석이란 그러한 이상을 추구하는 부단한 여정이기 때문이다.

⇨

답안 예술 작품의 의미는 원래가 하나인데 그것을 찾기 위해서는 작품의 배경까지 살펴봐야 한다.

해설 주제문 쓰기에서 가장 중요한 것은 글의 핵심 내용을 정확하게 파악하고, 핵심 소재와 제재를 명확하게 찾아내서 제시해야 한다는 점이다. 따라서 글의 내용을 정확하게 파악하는 것이 가장 중요하다고 할 수 있다. 또 주제문 쓰기는 다른 문제와 달리 글자 수가 한 자라도 초과하면 감점의 폭이 크다는 것을 반드시 숙지해 두고 제한된 글자 수가 넘지 않도록 주의해야 한다.

10 '청소년들에게 용기를 주는 글'을 쓰려고 한다. 다음의 글이 자연스럽게 연결될 수 있도록 〈조건〉에 맞게 80자 내외의 글을 쓰시오.

나는 지금까지 여러 가지 직업을 거쳤다. 처음에는 의사였고, 그 다음은 컴퓨터 바이러스 백신을 개발하는 프로그래머였다. 그리고 회사를 차려 사장이 되었다가 지금은 대학에서 학생들을 가르치고 있다. 그런데 의사로 활동한 경험도, 프로그램 개발 경력도, 회사를 경영한 경험도 학생을 가르치는 데에는 별로 도움이 되지 않았다. 세상 사람들이 효율적으로 사는 것을 성공이라고 한다면, 내 인생은 실패한 것으로도 볼 수 있다.

　　그러나 _____.

――

〈조건〉
1. 비유적 표현을 사용할 것
2. 정서나 감정을 직접적으로 표현할 것

⇨

답안 인생의 성패를 효율성으로만 판단하는 것은 안타깝다. 젊은 시절에 다양한 분야에 도전해서 얻은 경험은 보석 같은 것이다. 우리는 시행착오를 통해 인생을 더 풍부하게 살 수 있다.

해설 위와 같은 조건형 문제에서는 조건을 얼마나 충실히 반영했느냐가 채점의 핵심 요인이다. 위 모범답안의 경우 '안타깝다'라는 말에 감정이 직접적으로 표현되어 있으며, '보석 같은 경험'에 비유적 표현이 나타나 있다.

11 다음은 '나의 각오'를 쓴 것이다. [A]에 넣을 표현을 〈조건〉에 맞게 60자 이내의 두 문장으로 표현하시오.

〈나의 각오〉
직장 : 동료들에게 믿음을 주는 바위 같은 존재가 되겠습니다.
가정 : 따뜻한 말과 온화한 표정으로 가족과 함께 하겠습니다.
나 자신 : _____[A]_____

- -

〈조건〉
1. 비유적 표현을 사용할 것
2. 자기 계발과 관련시킬 것

⇨

답안 지속적인 담금질로 나를 세워가겠습니다. 부족함을 인정하고 배움을 통해 끊임없이 나를 다듬어 나가겠습니다.

해설 조건형 서술 문제이므로 '비유적인 표현'과 '자기 계발' 내용이 들어가야 한다. 두 문장이므로 문장의 내용상 연계성도 채점 대상이 된다.

12 다음 글의 내용을 포괄할 수 있는 제목을 10자 이내로 표현하시오.

　　공장 굴뚝에서 방출된 연기나 자동차의 배기가스 등 대기 오염 물질은 기상이나 지형 조건에 의해 다른 지역으로 이동, 확산되거나 한 지역에 농축된다. 대기권 중 가장 아래층인 대류권 안에서 기온의 일반적인 연직* 분포는 위쪽이 차갑고 아래쪽이 따뜻한 불안정한 상태를 보인다. 이러한 상황에서, 따뜻한 공기는 위로, 차가운 공기는 아래로 이동하는 대류 운동이 일어나게 되고, 이 대류 운동에 의해 대기 오염 물질이 대류권에 확산된다.
　　반면, 아래쪽이 차갑고 위쪽이 따뜻한 경우에는 공기층이 매우 안정되기 때문에 대류 운동이 일어나지 않는다. 이와 같이 대류권의 정상적인 기온 분포와 다른 현상을 '기온 역전 현상'이라 하며, 이로 인해 형성된 공기층을 역전층이라 한다. 기온 역전 현상은 일교차가 큰 계절이나, 지표가 눈으로 덮이는 겨울, 호수나 댐 주변 등에서 많이 발생한다. 또한 역전층 상황에서는 지표의 기온이 낮기 때문에 공기 중의 수증기가 응결하여 안개가 형성되는데, 여기에 오염 물질이 많이 포함되어 있으면 스모그가 된다. 안개는 해가 뜨면 태양의 복사열로 지표가 데워지면서 곧 사라지지만, 스모그는 오염 물질이 포함되어 있어 오래 지속되기도 한다.

*연직 : 수직.

⇨

답안 대류 현상과 스모그

해설 제목을 정할 때는 가장 중심이 되는 핵심어를 먼저 찾아야 한다. 위 글에서는 대류 현상, 오염 물질, 스모그
의 생성 등이 핵심어인데 그중 스모그의 형성을 중점적으로 언급하고 있으므로 포괄적으로 제목을 '대류 현
상과 스모그 형성'으로 잡은 뒤 10자 이내이므로 '형성'을 버리고 쓰면 된다. 주제 찾기 문제와 제목 정하기
문제는 글자 수에 주의해야 한다.

13 다음 자료를 토대로 교통사고를 줄이기 위한 방안을 200자 내외로 쓰시오.

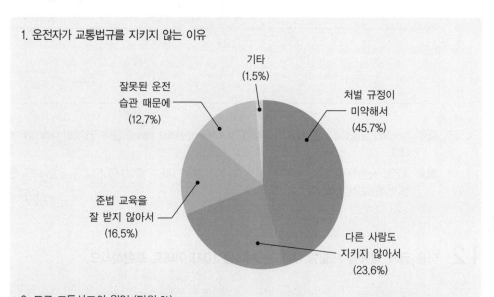

1. 운전자가 교통법규를 지키지 않는 이유

기타
(1.5%)

잘못된 운전
습관 때문에
(12.7%)

처벌 규정이
미약해서
(45.7%)

준법 교육을
잘 받지 않아서
(16.5%)

다른 사람도
지키지 않아서
(23.6%)

2. 도로 교통사고의 원인 (단위 %)

구분	운전자나 보행자의 부주의	교통 신호 체계 잘못 및 교통 안전시설 미비	운전자나 보행자의 질서 의식 부족
운전자	19.9	25.5	54.6
보행자	20.5	25.8	53.7

⇨

답안 도로 교통사고의 원인 중 절반 이상을 차지하는 것이 운전자나 보행자의 질서 의식 부족이다. 따라서 먼저 질서 의식을 바로 잡을 수 있는 계도나 교육을 강화해야 한다. 다음은 운전자가 교통질서를 지키지 않는 가장 큰 이유는 처벌 규정이 미약해서이므로 처벌 규정을 대폭 강화해야 한다.

해설 자료 해석 문제는 주어진 자료의 조건을 정확하게 분석해야 하는 유형이므로 이를 유념해서 자료가 가진 의미를 명확하게 드러낼 수 있도록 써야 좋은 점수를 얻을 수 있다.

14 다음 글의 내용을 포괄할 수 있는 제목을 10자 이내로 표현하시오.

> 영국의 철학자 데이비드 흄(D. Hume)은 우리가 사물들의 관계를 인식할 수 있는 것은 이성이지만, 행동의 원동력은 욕구라고 생각했다. 그는 또 이성은 우리에게 목적을 정해줄 수 없고, 단지 우리가 욕망하고 있는 것을 달성하는 방법만을 가르쳐 줄 수 있기 때문에, 이성을 '감정의 노예'라고 주장했다.
>
> 이성은 무엇이 참이고 거짓인지를 알려줄 뿐, 무엇이 덕이고 악덕인지는 알려주지 못한다는 것이다. 이처럼 그는 우리가 자신에게 스스로 부과하는 명령인 실천이성의 개념을 완전히 부정했으며, 보통 사람들이 일반적으로 인식하고 있는 의미보다 '이성'은 협소하게, 그리고 '감정'은 폭넓게 정의했다.
>
> 이렇듯 인간의 이성을 협소하게 정의함에 따라 도덕의 영역이 가장 커다란 타격을 받았다. 흄은 도덕을 불변의 인간 욕구에 기초했다고 보았으므로, "나의 손가락의 상처보다 전 세계의 파멸을 더 선호하는 것은 이성에 위배되지 않는다."라는 악의에 찬 말을 할 수 있었다. 어떠한 욕구나 선호도 비합리적인 것이라고 매도될 수 없고, 사회적 압력이나 이성에 의해 변화될 수 없다는 것이다. 또한 이성은 주어진 목적에 대한 수단을 모색할 수 있을 뿐, 반드시 해야 하는 당위는 아니라고 흄은 생각했다. 그러나 흄은 이기주의자가 아니다. "인디언이나, 내가 전혀 알지 못하는 사람의 곤경을 최소화하기 위해, 나의 완전한 희생을 선택하는 것 역시 이성에 어긋나지 않는다."라고 하여 다른 사람의 선(善)을 위해 자신을 희생할 수 있음을 인정했기 때문이다.

답안 이성과 도덕의 관계

해설 위 글의 핵심어는 '이성, 감성, 도덕, 인간의 욕망, 욕구' 등이다. 위 글을 잘못 이해한 사람들은 '이성과 감성의 관계'로 파악하기 쉬우나 실제 내용을 잘 살펴보면 '도덕에 있어서 이성의 영향은 어떠한가(얼마만큼인가)?'에 대한 내용이다. 따라서 이 내용을 포괄할 수 있는 제목으로 '이성과 도덕의 관계'가 가장 적당하다.

15 책을 광고하는 문안을 작성하고자 한다. 〈보기〉의 조건에 맞게 광고 문안을 쓰시오.

 보기

> • 희망의 메시지를 담을 것
> • 현재와 미래를 대비할 것
> • 비유와 대구의 표현 방식을 활용할 것
> • 50자 이내 3줄로 구성할 것

> ⇨

답안 작열하는 태양은 견디고, 세찬 바람은 맞서며
하루하루를 감싸 안으면
꽃망울이 손짓하는 날 웃으리라.

해설 1행에서 비유와 대구의 표현 방식이 쓰였다. 또한 시련을 견디는 현재와 꽃망울이 손짓하는 미래의 희망을
대비하여 제시하고 있다.

16 다음 밑줄 친 ㉠~㉤을 고치기 위한 방안으로 적절하지 <u>않은</u> 것은?

요즘 청소년들은 자신의 생각을 거침없이 표현하는 경향이 있으며, 새로운 것을 받아들이는 데에도 적극적이다. 청소년들이 이러한 성향을 갖게 된 밑바탕에는 개방적인 가정 문화와 자녀 교육에 대한 새로운 관점이 자리 잡고 있다. 요즘 부모들은 자녀들이 질문하면 상세히 설명해 주고, 나무랄 일이 있으면 알아듣게 설득하려고 노력한다. ㉠ <u>그 뿐만 아니라</u> 특별한 소질을 ㉡ <u>발견되면</u> 전심전력으로 뒷바라지해 주려고 한다.

전통사회의 가정이 개인의 개성보다 가족 공동체의 화합을 중시하는 선에서 부모를 중심으로 유지되었다면, 현대의 가정은 개인의 개성을 중시하며 자녀를 중심으로 유지되는 경향이 강하게 나타난다. 이런 ㉢ <u>변천은</u> 청소년들의 자신감을 길러 주고, 낯선 세계에 대한 탐색과 도전 의식을 갖게 하는 계기가 된다는 점에서 **긍정적으로 평가**할 수 있다. ㉣ <u>그리고</u> 개인에 대한 사회 구성원의 **공동체** 교육은 점점 약화되고 있다. 개인의 개성을 존중하고 능력을 발휘하게 하는 가정교육도 필요하지만 사회 구성원으로서의 자질을 길러 주고 역할을 가르치는 사회 규범 교육도 절실하다. 자신의 개성을 살리면서도 사회 공동체의 문화를 조화롭게 ㉤ <u>받아들이는</u> 청소년들의 현명한 자세 또한 필요하다.

① ㉠은 띄어쓰기에 어긋나므로 '그뿐만 아니라' 로 고친다.
② ㉡은 문장의 흐름을 고려하여 '발견하면' 으로 고친다.
③ ㉢은 적절한 어휘가 아니므로 '변화는' 으로 고친다.
④ ㉣은 의미가 자연스럽게 연결되도록 '그러나' 로 바꾼다.
⑤ ㉤은 문맥의 의미를 고려하여 '전수하는' 으로 고친다.

정답 ⑤
해설 '전수하다' 의 의미는 '기능이나 기술을 물려주다' 는 뜻으로 위 내용의 흐름에 부합되지 않는다.

17 다음 내용의 핵심 주제를 한 문장으로 표현하시오.

고향과 뭄바이에서 변호사 일을 보던 간디는 하고자 했던 일이 뜻대로 되지 않자, 의욕을 잃고 남아프리카로 가게 되었습니다. 이때부터 간디는 괴롭고 서글픈 일을 많이 겪게 됩니다. 아프리카로 가는 배에 탈 때에는 유색인이라고 하여 침대에서 잘 수가 없었으며, 아프리카에 도착한 뒤에는 1등 칸의 열차표를 가졌음에도 불구하고 경관에게 모욕을 당하면서 백인들이 타는 찻간에서 쫓겨나야 했습니다. 간디는 그런 모욕을 당하면서 어렵게 목적지까지 갔습니다.

⇨ 간디는 _____

답안 간디는 <u>유색인이라고 많은 모욕을 당했다.</u>

해설 위 글의 핵심 내용은 '간디가 남아프리카로 가는 도중 배와 기차에서 많은 모욕을 당하며 목적지까지 갔다.' 이다. 따라서 핵심 주제는 간디가 유색인이라는 이유로 모욕을 당했다는 것이다.

18 다음 글의 흐름에 따라 밑줄 친 부분에 들어갈 내용을 50자 이내의 한 문장으로 쓰시오.

과학이 사회에서 점점 중요한 위치를 차지해 오는 동안 과학의 내용은 점점 전문화(專門化)되고 어려워졌다. 특히, 복잡한 수식(數式)이 도입된 과학 분야들은 일반 지식인들로서는 전혀 이해할 수 없을 정도로 전문화되었고, 많은 과학자들까지도 자기 분야 이외의 다른 분야의 과학 내용을 이해할 수가 없게 되었다. 결국, 사회에서 과학이 가지는 중요성은 높아지면서 그러한 사회를 이끌어 갈 일반 지식인이 과학의 내용을 이해하는 것은 거의 불가능해졌다.

이것은 퍽 우려할 일이다. 즉, 위에서 말한 현대 사회의 중요한 문제들에 관해 많은 선택과 결정을 내려야 할 사람들이, 이들 문제의 바탕이 되는 과학의 내용을 이해하기는커녕 접근하기조차 힘들 정도로 과학이 일반 지식인들로부터 유리(遊離)되었다. 더구나 이런 실정이 쉽게 해결되기가 힘든 뚜렷한 이유, 즉 _____

그리고 이러한 과학의 유리 상태를 심화시키는 데에 과학 내용의 어려움보다도 더 크게 작용하는 것은 과학에 관해 널리 퍼져 있는 잘못된 생각이다.

➡

답안 과학의 내용 자체가 가지는 어려움은 계속 존재하거나 심해질 것이기 때문에 문제는 더욱 심각하다.

해설 '즉'이라는 접속사는 앞말에 대한 부연 설명을 하는 것이기 때문에 앞에서 설명하고 있는 내용을 종합해서 기술해야 한다. 위 내용을 보면 '중요한 문제들에 관해 많은 선택과 결정을 내려야 할 사람들이, 이들 문제의 바탕이 되는 과학의 내용을 이해하기는커녕 접근하기조차 힘들 정도로 과학이 일반 지식인들로부터 유리(遊離)되었다.'라고 했으므로 이는 어려움이 계속 되거나 더욱 심해질 것을 우려하고 있는 것으로 파악할 수 있다. 이를 핵심으로 작성하면 모범답안과 같은 문장이 나온다.

19 다음 내용의 흐름에 따라 밑줄 친 부분에 들어갈 알맞은 속담을 쓰시오.

동맹을 맺어, 틈 사이로 기어드는 싱싱 청과물을 제거하는 데 성공했으므로, 남은 일은 김포와 형제가 어떤 방침으로 돌아서느냐 하는 것뿐이었다. 말하자면, 휴전 협정의 효력은 다한 셈이니 이제는 어떤 일이 벌어지겠느냐 하는 이야기였다.

"아이구, 새삼스레 뭘 또 싸우리라구. 이왕지사 그리 된 것, 서로 타협해서 좋도록 해야지."

이것은 고흥댁의 타협안인데, 아무래도 시내 엄마를 염두에 둔 말인 듯싶었다.

"어머나 김 반장이 가만 있겠어요? 그리고 이 바닥에서 똑같은 장사를 벌여 놓았다가는 결국 두 집 다 망하고 말걸요."

시내 엄마의 발언 내용이 잠깐 사이에 극과 극으로 달라진 것을 모를 리 없는 여자들은 모두 입을 조심하였다. 섣불리 잘못 말하였다간 이웃 사이에 금만 갈 뿐이다.

"우리야 뭐 _____"

소라 엄마의 심드렁한 말에, "고래 싸움에 새우들 배부르는 재미 말이제?" 하고 고흥댁이 예의 그 옛말풀이를 들고 나왔다.

⇨

답안 굿이나 보고 떡이나 먹어야지.

해설 서로 으르렁대던 '김포'와 '형제'가 '싱싱 청과물'이라는 공동의 적을 협동해서 제거하는 데 성공한 후의 추세(趨勢)가 어떻게 될 것인지 내용의 흐름을 파악하고 답을 작성해야 한다. 밑줄 친 부분은 제3자인 시내 엄마와 소라 엄마의 대화로 자신들은 멀리 떨어져서 구경이나 하면 된다는 의미가 들어가는 것이 좋다. 이를 확실하게 알 수 있는 부분은 고흥댁의 "고래 싸움에 새우들 배부르는 재미 말이제?"에서 확인할 수 있다.

20 다음의 공모전에 응모하기 위해 〈보기〉와 같이 개요를 작성하였다. 개요의 수정 및 보완 방안으로 적절하지 <u>않은</u> 것은?

> **"재능을 나눕시다."**
> **청소년 재능 기부의 필요성과 활성화 방안을 알리는 원고 공모**
> **주최 : ○○ 지역 신문사**
>
> 재능 기부란 도움을 필요로 하는 우리의 이웃들을 위해 개인이 가지고 있는 재능을 적극적으로 활용하여 사회에 기여하는 기부의 한 방식을 말합니다. 여러분의 적극적인 참여 바랍니다.

보기

제목 - 청소년 재능 기부 활성화 방안
Ⅰ. 서론
　1. 청소년의 재능 기부 현황과 인식의 실태
　2. 청소년 재능 계발의 방법 ·· ㉠
　3. 청소년 재능 계발의 필요성 ··· ㉡
Ⅱ. 본론
　1. 청소년 재능 기부의 장애 요인
　　가. 재능 기부에 대한 홍보 및 청소년의 참여 의식 부족
　　나. 청소년 재능 기부 프로그램의 영역 편중 심화 ················· ㉢
　　다. 청소년 재능 기부자와 수혜자의 연계 미비
　2. 청소년 재능 기부 활성화 방안 ······································ ㉣
　　가. 재능 기부에 대한 홍보 강화 및 청소년의 공감대 형성
　　나. 청소년 재능 기부 프로그램의 영역 다양화
Ⅲ. 결론
　- 청소년 재능 기부를 위한 사회적 인식 제고의 촉구 ············· ㉤

① ㉠은 공모의 취지를 고려하여, '청소년 재능 기부의 의의와 필요성'으로 수정한다.

② ㉡은 글의 주제에서 벗어나므로 삭제한다.

③ ㉢은 'Ⅱ-2-나'를 고려하여, '재능 기부 프로그램에 대한 청소년의 만족도 저조'로 수정한다.

④ ㉣에는 'Ⅱ-1-다'를 고려하여, '청소년 재능 기부를 위한 학교 및 지역공동체의 연결망 구축'을 하위 항목으로 추가한다.

⑤ ㉤은 글의 논지를 정리하여, '청소년 재능 기부의 활성화 방안 마련 촉구'로 수정한다.

정답 ③

해설 글의 일관성을 고려할 때, 'Ⅱ-2-나'의 '청소년 재능 기부 프로그램 영역 다양화'라는 활성화 방안에 대응하는 '청소년 재능 기부 장애 요인'은 ⓒ의 '청소년 재능 기부 프로그램 영역 편중 심화'가 적절하다. 그러므로 수정하는 것은 적절하지 않다.

④ 'Ⅱ-1-다'의 '청소년 재능 기부자와 수혜자의 연계 미비'를 고려하면, '청소년 재능 기부를 위한 학교 및 지역공동체의 연결망 구축'이라는 하위 항목이 추가되어야 한다.

⑤ 서론과 본론을 포괄하는 '청소년 재능 기부의 활성화 방안 마련 촉구'로 수정하는 것이 바람직하다.

3장

장

Test of Korean Language

I wish you the best of luck!

㈜시대고시기획
㈜시대교육

www.**sidaegosi**.com

시험정보·자료실·이벤트
합격을 위한 최고의 선택

시대에듀

www.**sdedu**.co.kr

자격증·공무원·취업까지
BEST 온라인 강의 제공

독해 능력

1절 │ 문학 지문의 독해

① 개요

문학 지문은 한 회당 보통 2~3개의 지문이 출제되며 문제의 수는 일반적으로 5~8문제 사이이다. 문학 지문은 대개 장지문(지문의 길이가 긴 것)의 형태로 출제되기 때문에 비문학의 장지문처럼 한 지문에 2~3문제가 복수로 출제된다. 주로 나오는 부류는 시와 소설과 수필이다.

문제 유형으로는 소설과 수필에서는 '지시어에 대한 정서판단', '전체적인 주제', '지시어의 문맥적 의미', '전체적인 설명과 개요', '중심 사건에 대한 이해', '정황에 대한 추론' 등이 나오며 시에서는 '정서적 판단', '전체 주제', '이미지와 정서', '함축적 의미' 등 일반적인 언어영역이나 국어 문제와 유사하다.

출제에 사용되는 지문의 종류는 주로 현대문을 사용하고 이미 고전화가 되어 있는 작품보다는 주로 덜 알려진 작가의 작품이 많이 나오는 편이다. 그렇다고 완전한 현대적인 것, 즉 현재성이 있는 근시일에 발표된 작품보다는 10~20년 전쯤의 작품부터 해방 후의 작품이 많이 인용되는 편이고 1930~40년대 작품도 가끔 사용되기도 한다.

따라서 교과서에서 배우지 않은 작품이 대부분이라는 점은 알아두어야 하며 그렇다고 작품이나 작가를 알 수 없으면 풀 때 어렵지 않을까 하는 염려는 하지 않아도 된다. 즉 시대나 작가의 측면에 초점을 두는 것이 아니고 주로 내용의 해석과 이해, 감상에 초점을 두고 출제되는 문제들이기 때문에 지문의 이해와 감상에 초점을 맞추어서 공부해 두면 푸는 데 아무 걸림돌이 없다. 그리고 난이도의 범주는 중3~고3 정도이며 표준 난이도는 고2 정도이다.

여기서는 문제를 효율적으로 풀기 위한 이해와 감상에 초점을 두고 연습해 갈 수 있도록 꾸며 놓았다. 문제는 문학의 종류에 대한 독해법을 이해한다면 다른 지문보다 좀 길게 나오는 문학 지문의 독해를 보다 수월하게 할 수 있으며 문제를 풀 때도 많은 도움이 된다는 사실이다. 시, 소설, 수필은 문학작품이라는 동일한 범주에 들지만 서로 표현하는 방법이 다르고 대상에 대한 인지와 표출도 다르므로 각 영역에 대한 독해 방법을 익혀 두면 많은 도움이 될 것이다.

특히 문학 문제에 대해 평소에 좀 어렵다고 생각하는 사람들은 여기에서 해설해 놓은 이해와 독해 방법을 익혀 두면 학교 시험이나 입시, 취업 시험 등에서 많은 활용을 할 수 있을 것이다.

② 시문학의 이해와 감상

🌸 시란?

시는 이미 잘 알고 있다시피 어떤 대상에 대한 전체적인 정서의 내용을 일정한 율격을 가진 운문으로 표현한 것이다. 그러면 산문시도 있지 않느냐는 의구심이 들겠지만 산문시란 형태적인 것이 산문에 가깝다는 것을 의미하고 그 속에는 일정한 율격(주로 내재율)을 갖춘 산문처럼 쓰인 시를 말하는 것이다.

🌸 소재란? 주제란? 제재란?

위에서 말한 부분을 좀 더 세밀하게 정리하면 '어떤 대상'이란 소재(素材)를 말하는 것이며 '전체적인 정서'가 바로 주제(主題)이다. 또 '제재(題材)'란 소재에 대한 여러 가지 유형의 나누어진 재료들을 말한다.

🌸 김소월의 진달래꽃

구체적인 예를 들어 설명하면 우리가 잘 알고 있는 김소월의 〈진달래꽃〉에서 그 '어떤 대상'인 소재가 바로 '진달래꽃'이며 이를 의미하는 제재가 바로 '이별'이다. 이를 통해서 서정적 자아는 '이별에 대한 애이불비(哀而不悲)의 정'을 나타내는데 그것이 바로 어떤 대상에 대해 느끼는 전체적인 정서인 주제이다.

여기서 '서정적 자아'라는 용어를 사용했는데 작가는 김정식(소월)이지만 〈진달래꽃〉에서 이별을 하는 주인공은 시인이 아니라 시인이 내세운 주인공인 '전통적인 한국적 여인'이다. 바로 시인이 내세운 시 속의 주인공을 바로 '서정적 자아'라고 하는 것이다. 이는 마치 소설가가 자신이 주인공이 아니라 소설 속의 주인공을 내세워 사건을 전개해 나가는 것과 동일하다고 생각하면 된다.

🌸 시어(詩語)

시어는 비문학이나 또는 문학의 산문보다 많은 의미를 함축하는 경우가 많은데 그 이유는 시 속에 담긴 많은 정서나 이야기 또는 사건을 최대한 짧고 간결하게 표현해야 하기 때문에 대부분 많은 의미를 동시에 가지게 되어 함축적인 의미를 띠는 경우가 대부분이다. 이 때문에 시를 어렵다고 생각하는 사람들이 상당히 있는데 사실 독자의 입장에서 볼 때, 시는 정말로 쉽다. 왜냐하면 작가가 보여주는 대로 그 속에 빠져들어 그 정서와 느낌을 감상하면 되기 때문이다. 정말로 시가 어려운 사람은 시인이라고 생각하면 된다. 비유를 하자면 우리가 아름다운 한 편의 음악이나 그림을 감상한다고 생각할 때 우리는 그 음악이나 그림 속에 빠져들어서 들려주는 또는 보여주는 정서나 느낌만 제대로 감상하면 되니까 말이다.

🌸 감상방법

그런데도 시가 어렵다고 생각하는 사람들은 처음부터 시를 감상하는 법을 익히지 않고 시를 분석하는 법을 배웠기 때문이다. 즉 시인이 되는 방법을 배웠기 때문에 시를 어렵다고 생각하는 것이다.

따라서 그런 사람들은 지금부터라도 시를 분석하고 분해하는 방법을 버리고 시 속에 빠져서 그저 그 시가 보여주고 들려주는 대로 느낌을 잡는 방법, 즉 감상하는 방법을 익히면 된다. 그리고 이미지나 비유적인 의미를 많이 사용했기 때문에 시어가 어렵다고 생각하는 사람이 있는데 이는 정말로 잘못 생각하고 있는 것이다. 위에서 서정적 자아를 소설의 주인공에 빗댄 것도 비유인데 이 비유를 든 것은 어렵게 표현하고자 하는 것이 아니라 좀 더 쉽게 나타내기 위해서 사용한 방법이다.

시의 비유도 마찬가지이다. 정서적으로 그려내기 어려운 것을 보다 쉽고 선명하게 드러내기 위해서 이미지를 사용하고 그 이미지를 구체적으로 보여주고자 비유를 하는 것이다. 따라서 어떤 정서나 감정, 또는 말로 표현하기 어려운 상황 등을 보다 구체적이고 쉽게 드러내기 위해 비유를 사용한다는 원칙과 목적을 이해한다면 비유나 이미지에 대해 새로운 시각을 가지게 될 것이다.

따라서 시를 이해하고 감상하기 위해서는 시 속으로 빠져들어서 시인이 형상해낸 서정적 자아가 보여주고 있는 그대로 느끼고 감상하면 된다. 그러면 이에 대한 실체를 보면서 문제와 적용시켜 시 문제에 대한 연습을 해보자.

예시문제 1

다음 글을 읽고 물음에 답하시오.

> (가) 징이 울린다 막이 내렸다.
> 　　오동나무 가지에 매어달린 가설무대
> 　　구경꾼이 돌아가고 난 텅 빈 ⊙ 운동장
> 　　우리는 분이 얼룩진 얼굴로
> 　　학교앞 소주집에 몰려 술을 마신다.
> 　　답답하고 고달프게 사는 것이 원통하다.
> 　　꽹과리를 앞장세워 장거리로 나서면
> 　　따라붙어 악을 쓰는 건 쪼무래기들뿐
> 　　처녀애들은 기름집 담벽에 붙어 서서
> 　　철없이 킬킬대는구나.
>
> 　　ⓛ 보름달은 밝아 어떤 녀석은
> 　　꺽정이처럼 울부짖고 또 어떤 녀석은
> 　　서림이처럼 해해대지만 이까짓
> 　　산구석에 처박혀 발버둥친들 무엇하랴.
> 　　비료값도 안나오는 농사 따위야
> 　　아예 여편네에게나 맡겨두고
> 　　쇠전을 거쳐 도수장 앞에 와 돌 때
> 　　우리는 점점 신명이 난다.

한 다리를 들고 날라리를 불꺼나.
고갯짓을 하고 어깨를 흔들꺼나.

(나) 내 가슴에 독(毒)을 찬 지 오래로다.
아직 아무도 해(害)한 일 없는 새로 뽑은 독
벗은 그 무서운 독 그만 흩어 버리라 한다.
나는 그 독이 선뜻 벗도 해할지 모른다고 위협하고
독 안 차고 살아도 머지 않아 너 나마저 가 버리면
억만 세대(億萬世代)가 그 뒤로 잠자코 흘러가고
나중에 땅덩이 모지라져 ⓒ 모래알이 될 것임을
'허무(虛無)한듸!' 독은 차서 무엇하느냐고?

아! 내 세상에 태어났음을 원망 않고 보낸
어느 하루가 있었던가. '허무한듸!' 허나
앞뒤로 덤비는 이리 승냥이 바야흐로 내 마음을 노리매
내 산 채 짐승의 밥이 되어 찢기우고 할퀴우라 내맡긴 신세임을

나는 독을 차고 선선히 가리라.
막음 날 내 외로운 혼(魂) 건지기 위하여

(다) 여승은 합장하고 절을 했다.
가지취의 내음새가 났다.
쓸쓸한 낯이 옛날같이 늙었다.
나는 불경처럼 서러워졌다.

평안도의 어느 산 깊은 금점판
나는 파리한 여인에게서 옥수수를 샀다.
여인은 나어린 딸아이를 때리며 가을밤같이 차게 울었다.

섶벌같이 나아간 지아비 기다려 십 년이 갔다.
지아비는 돌아오지 않고
어린 딸은 ⓔ 도라지꽃이 좋아 돌무덤으로 갔다.

ⓜ 산꿩도 섧게 울은 슬픈 날이 있었다.
산절의 마당귀에 여인의 머리오리가 눈물방울과 같이 떨어진 날이 있었다.

1 (가)~(다)의 공통점에 대한 설명으로 적절한 것은?

① 미래에 대한 밝은 소망이 드러나 있다.

② 인간 존재의 근원적 슬픔이 나타나 있다.

③ 내면의 갈등을 종교적 믿음으로 극복하고 있다.

④ 부정적인 현실에 대한 인식을 바탕으로 하고 있다.

⑤ 구체적 사물을 통해 화자의 의지를 표출하고 있다.

2 ㉠~㉢ 중 다음 설명과 가장 관계가 깊은 것은?

> 문학 작품에서는 무정물을 대상으로 하여 그것을 유정물로 만들기도 하는데, 이는 자신의 감정을 대상 속에 이입시켜 마치 대상이 그렇게 느끼고 생각하는 것처럼 표현하는 방식이다.

① ㉠   ② ㉡   ③ ㉢   ④ ㉣   ⑤ ㉤

3 다음 글의 화자가 (나)의 벗에게 할 수 있는 말로 가장 타당한 것은?

> 이 몸이 주거 가서 무어시 될고 하니
> 봉래산 제일봉에 낙락장송(落落長松) 되야 이셔
> 백설이 만건곤(滿乾坤)할 제 독야청청(獨也靑靑) 하리라.

① 삶을 긍정적으로 수용하면서 슬픔을 극복하려는 자세가 필요합니다.

② 현실에 순응하기보다는 가치 있는 삶이 무엇인지를 생각해보십시오.

③ 시간이 약이겠지요. 좀 더 여유롭게 생각하며 대처하는 것이 좋을 것입니다.

④ 비록 적일지라도 그들과 아름답게 동행할 수 있는 마음의 자세가 중요합니다.

⑤ 우리네 삶은 일장춘몽이라던데, 세상사에 늘 고민하는 것은 어리석은 짓이라 생각합니다.

정답 1④ 2⑤ 3②

출전 (가) 신경림, 〈농무〉 / (나) 김영랑, 〈독을 차고〉 / (다) 백석, 〈여승〉

해설

(가)는 산업화의 거센 물결로 인해 급속도로 와해되어 가던 1970년대 초반의 농촌을 배경으로 농민들의 한과 고뇌를 노래하고 있다.

(나)는 1930년대 말 일제 하 시대적 상황에 대한 시적 자아의 분노와 현실에 정면으로 대응하고자 하는 결연한 의지를 보이고 있다.

(다)는 여승이 되기까지 한 여인의 기구한 삶의 행적을 역순행적으로 구성하여, 가족 공동체가 붕괴된 일제 강점 하의 우리 민족의 삶의 모습을 그린다.

1 시의 공통점을 묻는 문제로 (가)는 산업화로 인해 무너지는 농촌 공동체의 삶의 현실에 대한 부정적 인식을, (나)는 일제 치하의 부정적 현실에 대응하는 화자를, (다)는 가족 공동체가 붕괴된 일제 강점 하의 우리 민족의 삶의 모습을 그리고 있다. 따라서 이들의 공통점은 당대 현실에 대한 부정적 인식이므로 정답은 ④이다.

2 감정이입에 관계되는 내용이다. 이는 같은 대상을 보고도 각기 다른 해석을 내려 그것이 마치 자신과 같은 감정을 가지고 있는 듯이 느끼는 것으로 〈여승〉에서는 '산꿩'을 자신의 슬픈 감정에 이입하고 있다.

3 화자의 태도를 파악할 수 있는지의 능력을 묻는 문제로 일편단심이 주제인 성삼문의 시조를 (나) 시의 화자에게 적용해 보는 문제이다. 시조의 화자는 현실에 타협하는 (나)의 벗에게 가치 있는 삶을 살라고 충고할 수 있다. 따라서 정답은 ②이다.

예시문제 2

다음 글을 읽고 물음에 답하시오.

> (가) 나는 북관(北關)에 혼자 앓아 누워서
> 어느 아침 의원(醫員)을 뵈이었다.
> 의원은 여래(如來) 같은 상을 하고 관공(關公)의 수염을 드리워서
> 먼 옛적 어느 나라 신선 같은데
> 새끼손톱 길게 돋은 손을 내어
> 묵묵하니 한참 맥을 짚더니
> 문득 물어 고향이 어데냐 한다.
> 평안도 정주라는 곳이라 한즉
> 그러면 아무개 씨 고향이란다.
> 그러면 아무개 씰 아느냐 한즉
> 의원은 빙긋이 웃음을 띠고
> 막역지간(莫逆之間)이라며 수염을 쓴다.
> 나는 아버지로 섬기는 이라 한즉
> 의원은 또다시 넌즈시 웃고
> 말없이 팔을 잡아 맥을 보는데
> 손길은 따스하고 부드러워
> 고향도 아버지도 아버지의 친구도 다 있었다.

(나) 보리피리 불며
　　봄 언덕
　　고향 그리워
　　㉠ <u>피 – ㄹ 닐니리.</u>

　　보리피리 불며
　　꽃 청산(靑山)
　　어린 때 그리워
　　피 – ㄹ 닐니리.

　　보리피리 불며
　　인환(人寰)의 거리
　　인간사(人間事) 그리워
　　피 – ㄹ 닐니리.

　　보리피리 불며
　　방랑의 기산하(幾山河)
　　눈물의 언덕을 지나
　　피 – ㄹ 닐니리.

(다) 눈을 감으면
　　어린 때 선생님이 걸어 오신다.
　　회초리를 드시고

　　선생님은 낙타처럼 늙으셨다.
　　늦은 봄 햇살을 등에 지고
　　낙타는 항상 추억한다.
　　–옛날에 옛날에–

　　낙타는 어린 시절 선생님처럼 늙었다.
　　나도 따뜻한 봄볕을 등에 지고
　　금잔디 위에서 낙타를 본다.

　　내가 여읜 동심의 옛 이야기가
　　여기저기
　　떨어져 있음직한 동물원 오후.

1 (가)~(다)의 공통점으로 적절한 것은?

① 화자는 자신의 과거를 반성하고 있다.
② 매개체를 통해 대상을 떠올리고 있다.
③ 심리의 변화에 따라 시상을 전개하고 있다.
④ 자연 친화적인 삶의 태도가 나타나고 있다.
⑤ 대조적인 이미지를 통해 상황을 부각시키고 있다.

2 (가)의 표현상의 특징과 거리가 먼 것은?

① 차분하고 담담한 어조를 구사하고 있다.
② 의원의 모습을 인상적으로 묘사하고 있다.
③ 대화의 장면을 간접적으로 처리하고 있다.
④ 화자의 체험을 서사적으로 전개하고 있다.
⑤ 주관적 감정을 배제하고 정황만 제시하고 있다.

3 ㉠의 기능에 대한 설명으로 적절하지 않은 것은?

① 애상적인 정조를 심화시킨다.
② 연과 연의 관계를 분명히 한다.
③ 시 전체가 통일감을 갖도록 한다.
④ 화자의 정서를 집약적으로 드러낸다.
⑤ 특정 음운을 반복하여 음악적 효과를 얻는다.

정답 1② 2⑤ 3④

출전 (가) 백석, 〈고향〉 / (나) 한하운, 〈보리피리〉 / (다) 이한직, 〈낙타〉

해설

1 (가)는 '의원'을 매개체로 하여 화자가 '고향과 가족에 대한 따스함'을 느낀다는 주제를 형상화하고 있으며, (나)는 '보리피리'를 매개체로 하여 어린 시절의 고향과 인간 세계를 그리워하고 있으며, (다)는 '낙타'를 매개로 하여 '어린 시절에 대한 추억과 그리움'을 나타내었다. 그러므로 정답은 ②이다.

2 ⑤ '손길은 따스하고 부드러워'는 화자의 주관적 감정을 토로하고 있는 부분이므로 주관적 감정을 배제한 것이라고 볼 수 없다.

3 ④ 특정 음운을 반복한 '피— ㄹ 닐리리'는 고향과 인간에 대한 그리움과 애틋한 정조를 심화시키고, 연과 연을 나누고 시 전체가 통일감을 갖도록 하는 기능이 있다. 그러나 화자의 정서를 집약적으로 드러내고 있다고 볼 수 없다.

예시문제 3

다음 글을 읽고 물음에 답하시오.

(가) 나는 떠난다. 청동(青銅)의 표면에서
　　　일제히 날아가는 진폭(振幅)의 새가 되어,
　　　광막한 하나의 울음이 되어,
　　　하나의 소리가 되어.

　　　인종(忍從)은 끝이 났는가.
　　　청동의 벽에
　　　'역사' 를 가두어 놓은
　　　칠흑의 감방에서.

　　　나는 바람을 타고
　　　들에서는 푸름이 된다.
　　　꽃에서는 웃음이 되고,
　　　천상에서는 악기가 된다.

　　　㉠ 먹구름이 깔리면
　　　하늘의 꼭지에서 터지는
　　　뇌성(雷聲)이 되어,
　　　가루 가루 가루의 음향(音響)이 된다.

(나) 당신이 가신 뒤로 나는 당신을 잊을 수가 없습니다.
　　　까닭은 당신을 위하느니보다 나를 위함이 많습니다.

　　　나는 갈고 심을 땅이 없음으로 추수(秋收)가 없습니다.
　　　저녁거리가 없어서 조나 감자를 꾸러 이웃집에 갔더니, 주인(主人)은 "ⓐ 거지는 인격(人格)이 없다.
　　　인격이 없는 사람은 생명(生命)이 없다. 너를 도와 주는 것은 죄악(罪惡)이다."고 말하였습니다.
　　　그 말을 듣고 돌아 나올 때에, 쏟아지는 눈물 속에서 ⓑ 당신을 보았습니다.

　　　나는 집도 없고 다른 까닭을 겸하여 민적(民籍)이 없습니다.
　　　"민적 없는 자(者)는 인권(人權)이 없다. 인권이 없는 너에게 무슨 정조(貞操)냐." 하고 능욕(凌辱)하려
　　　는 장군(將軍)이 있었습니다.
　　　그를 항거한 뒤에, 남에게 대한 격분이 스스로의 슬픔으로 화(化)하는 찰나에 당신을 보았습니다.

아아, 온갖 윤리(倫理), 도덕(道德), 법률(法律)은 ⓒ 칼과 황금을 제사 지내는 연기(烟氣)인 줄을 알았습니다.

영원(永遠)의 사랑을 받을까, ⓓ 인간 역사(人間歷史)의 첫 페이지에 잉크칠을 할까, ⓔ 술을 마실까 망설일 때에 당신을 보았습니다.

1 두 시의 공통적인 내용으로 가장 적절한 것은?

① 부끄러운 자아에 대한 성찰의 자세가 돋보인다.
② 종교적인 자세로 현실의 고통을 극복하고자 한다.
③ 자연물에 감정을 의탁하여 내면 정서를 드러내고 있다.
④ 부정적 현실에 대한 인식이 시상 전개의 바탕이 되었다.
⑤ 타성에 젖은 소시민적 삶에 대한 비판적 자세가 형상화되었다.

2 ㉠과 함축적 의미가 유사한 시어를 다음의 시에서 찾은 것으로 적절한 것은?

폭포는 곧은 절벽을 무서운 기색도 없이 떨어진다.

규정할 수 없는 물결이
무엇을 향하여 떨어진다는 의미도 없이
계절과 주야를 가리지 않고
고매(高邁)한 정신처럼 쉴 사이 없이 떨어진다.

금잔화도 인가도 보이지 않는 밤이 되면
폭포는 곧은 소리를 내며 떨어진다.

곧은 소리는 곧은 소리이다.
곧은 소리는 곧은
소리를 부른다.

번개와 같이 떨어지는 물방울은
취할 순간조차 마음에 주지 않고
나타(懶惰)와 안정을 뒤집어 놓은 듯이
높이도 폭도 없이 떨어진다.

① 폭포
③ 밤
⑤ 물방울

② 고매한 정신
④ 곧은 소리

3 ⓐ~ⓔ에 담긴 시적 의미로 적절하지 <u>않은</u> 것은?

① ⓐ – 인권을 유린당하는 화자
② ⓑ – 화자의 원망과 체념적 자세
③ ⓒ – 권력과 금력을 유지하기 위한 헛된 징표
④ ⓓ – 역사에 대한 근본적인 부정 의식
⑤ ⓔ – 몽롱한 상태로 현실과의 영합

정답 1④ 2③ 3②

출전 (가) 박남수, 〈종소리〉 / (나) 한용운, 〈당신을 보았습니다〉

해설

1 (가)는 억압과 구속의 부정적인 현실을 박차고 나가고자 하는 자유를 향한 의지가, (나)는 일제 강점기 굴욕적인 삶의 절망을 극복하고 진정한 가치를 추구하고자 하는 태도가 형상화되어 있다.

2 (가)에서 먹구름은 부정적 의미를 함축하고 있다. 제시된 시에서 이에 대응하는 시어는 ③의 '밤'이다. '밤'은 부조리한 현실이라는 의미를 함축하고 있다. 나머지는 모두 '폭포'와 관련된 긍정적인 의미를 지니고 있다.

3 ⓑ의 '당신을 보았습니다'에서 '당신'은 불행을 겪고 있는 화자에게 구원과 희망의 표상이요, 불의와 폭력에 항거할 수 있는 원동력이 되고 있다.

예시문제 4

다음 글을 읽고 물음에 답하시오.

> (가) 아무도 그에게 수심(水深)을 일러 준 일이 없기에
> ㉠ 흰 나비는 도무지 바다가 무섭지 않다.
>
> 청(靑)무우밭인가 해서 내려갔다가는
> 어린 날개가 물결에 절어서
> 공주(公主)처럼 지쳐서 돌아온다.
>
> 삼월(三月)달 바다가 꽃이 피지 않아서 서글픈
> 나비 허리에 새파란 초생달이 시리다.

(나) 언제부턴가 ⓒ 갈대는 속으로
조용히 울고 있었다.

그런 어느 밤 이었을 것이다. 갈대는
그의 온몸이 흔들리고 있는 것을 알았다.

바람 도 달빛도 아닌 것,
ⓒ 갈대는 저를 흔드는 것이 제 조용한 울음인 것을
까맣게 몰랐다.

— 산다는 것은 속으로 이렇게
조용히 울고 있는 것이란 것을
그는 몰랐다.

(다) ⓔ 바람 부는 대숲에 가서
대나무에 귀를 대보라.

둘째딸 인혜는 그 소리를 대나무 속으로 흐르는 물소리 라 했다.
언젠가 청진기를 대고 들었더니 정말
물 흐르는 소리가 들렸다고 우긴다.

나는 저 위 댓가지가 바람에 흔들리면서 나는 소리가
대나무 텅 빈 속을 울려 물소리처럼 들리는 거라고 설명했다.
그 뒤로 아이는 대나무에 귀를 대지 않는다.

내가 대숲에 흐르는 수천 개의 작은 강물들을
아이에게서 빼앗아버렸다.
저 지하 깊은 곳에서 하늘 푸른 곳으로 다시
아이의 작은 실핏줄에까지 이어져 흐르는
세상에 다시없는 가장 길고 맑은 실개천 을 빼앗아버린 것이다.

바람 부는 대숲에 가서
대나무에 귀를 대고 들어보라.

ⓜ 그 푸른 물소리에 귀를 씻고 입을 헹구고
푸른 댓가지가 후려치는 회초리 도 몇 대 아프게 맞으며.

1 (가)~(다)에 대한 설명으로 적절한 것은?

① (가), (나)에는 화자의 일상적 경험이 드러나 있다.

② (가), (다)에는 순수를 동경하는 마음이 드러나 있다.

③ (나), (다)에는 삶에 대한 새로운 인식이 드러나 있다.

④ (가)~(다)에는 선명한 색채의 대비가 드러나 있다.

⑤ (가)~(다)에는 슬픔의 정서와 그 원인이 드러나 있다.

2 (나)와 (다)에 쓰인 시어들에 대한 설명으로 적절하지 않은 것은?

① (나)의 '밤'은 갈대가 흔들림의 이유를 깨달은 시간을 나타낸다.

② (나)의 '바람'은 갈대에게 영향을 끼칠 수 있는 외부적 요인을 말한다.

③ (다)의 '물소리'는 어린아이의 순수한 마음을 표현하고 있다.

④ (다)의 '실개천'은 아이들의 끊임없는 지적 탐구심을 가리킨다.

⑤ (다)의 '회초리'는 화자의 삶에 대한 반성을 담고 있다.

3 ㉠~㉤ 중 다음 밑줄 친 부분과 가장 관련이 깊은 것은?

> 시인은 사물을 인식하는 인간의 감각을 언어로 재현하여 보여줌으로써 독자들이 시의 의미를 효과적으로 파악하게 한다. 특히 '금으로 타는 태양의 즐거운 울림'처럼 한 종류의 감각을 다른 종류의 감각으로 전이시켜 나타낸 표현은 감각적 이미지를 효과적으로 드러내는 방법이라고 할 수 있다.

① ㉠   ② ㉡   ③ ㉢   ④ ㉣   ⑤ ㉤

정답 1 ③ 2 ④ 3 ⑤

출전 (가) 김기림, 〈바다와 나비〉 / (나) 신경림, 〈갈대〉 / (다) 복효근, 〈대숲에서 뉘우치다〉

해설

(가)는 새로운 세계에 대한 동경과 좌절, 또는 순진한 낭만적 꿈의 좌절과 냉혹한 현실에 대한 인식이 드러난 시이다. 이 시는 넓은 바다와 작은 나비, 두려운 바다와 연약한 나비의 속성을 대조적으로 제시하고 있으며, 흰색과 푸른색의 대비를 통해 선명한 시각적 이미지를 제시하고 있다.

(나)는 인간이 갈등을 일으키게 되는 원인은 외부적인 것이 아니라 내부적인 것이며, 또한 사회 현실의 문제가 아니라 인간 자신의 존재 문제로 파악한 시이다.

(다)는 어린 시절의 순수를 잃어버린 것에 대한 반성을 드러낸 시이다.

1 (나)에서 '갈대'는 자기를 흔든 것은 '바람', '달빛' 등의 외재적 조건이 아닌 스스로의 '울음'인 내재적 조건이었다는 것을 알지 못하다가, 제 삶이 제 몸을 흔드는 그런 울음으로 지탱되고 있으며, 울음은 곧, 삶의 의미라는 것을 깨닫게 되었다고 진술하고 있다. (다)는 둘째딸 인혜의 순수함을 빼앗아 버린 화자가 대숲에서 깨닫고 자신의 행동을 뉘우치고 있음을 드러내고 있다. 따라서 (나)와 (다)에는 삶에 대한 새로운 인식이 드러나 있다고 할 수 있다.

⑤ (가)에는 '서글픈', (나)에는 '울음' 등의 시어를 통해 슬픔을 정서를 제시하고 있으나, (다)는 슬픔과 관련되어 있다고 볼 수 없다.

2 (나)는 둘째딸 인혜가 대숲에서 나는 소리를 '대나무 속으로 흐르는 물소리'라고 한 데서 출발하여 '수천 개의 작은 강물들', '하늘 푸른 곳', '실핏줄', '실개천'으로 이어지고 있다. 이 시어들은 결국 어린 시절의 순수를 상징적으로 표현한 시어들로 보아야 하며, 지적 탐구심과 연결될 수 없다.

3 제시된 글은 공감각적 심상에 대한 설명이다. ㉤에서 '푸른 물소리'는 청각적 심상을 시각적 심상으로 전이시켜 나타낸 공감각적 심상이 드러난 표현이다.

① 시각적 심상 ② 청각적 심상 ③ 청각적 심상 ④ 촉각적 심상

🎵 예시문제 5

다음 글을 읽고 물음에 답하시오.

> (가) 하늘에 깔아 논
>   바람의 여울터에서나
>   속삭이듯 서걱이는
>   나무의 그늘에서나, 새는
>   노래한다. 그것이 노래인 줄도 모르면서
>   새는 그것이 사랑인 줄도 모르면서
>   두 놈이 부리를
>   서로의 죽지에 파묻고
>   따스한 체온을 나누어 가진다.
>
>   새는 울어
>   뜻을 만들지 않고,
>   지어서 교태로
>   사랑을 가식하지 않는다.

― 포수는 ㉠ 한 덩이 납으로
그 순수를 겨냥하지만,
매양 쏘는 것은
피에 젖은 한 마리 상한 새에 지나지 않는다.

(나) 오렌지에 아무도 손을 댈 순 없다.
오렌지는 여기 있는 이대로의 오렌지다.
더도 덜도 아닌 오렌지다.
내가 보는 오렌지가 나를 보고 있다.

마음만 낸다면 나도
오렌지의 포들한 껍질을 벗길 수 있다.
마땅히 그런 오렌지
만이 문제가 된다.

마음만 낸다면 나도
오렌지의 찹잘한 속살을 깔 수 있다.
마땅히 그런 오렌지
만이 문제가 된다.

그러나 오렌지에 아무도 손을 댈 수 없다.
대는 순간
오렌지는 이미 오렌지가 아니고 만다.
내가 보는 오렌지가 나를 보고 있다.

나는 지금 위험한 상태다.
오렌지도 마찬가지 위험한 상태다.
시간이 똘똘
배암의 또아리를 틀고 있다.

그러나 다음 순간,
오렌지의 포들한 껍질에
한없이 어진 ㉡ 그림자가 비치고 있다.
누구인지 잘은 아직 몰라도.

(다) 그는 그리움에 산다.
　　그리움은 익어서
　　스스로도 견디기 어려운
　　빛깔이 되고 향기가 된다.
　　그리움은 마침내
　　스스로의 무게로
　　떨어져 온다.
　　떨어져 와서 우리들 손바닥에
　　눈부신 ⓐ 축제의
　　비할 바 없이 그윽한
　　ⓑ 여운을 새긴다.

　　이미 가 버린 그 날과
　　아직 오지 않은 그 날에 머문
　　이 아쉬운 자리에는 시시각각의 그의 충실만이
　　익어간다.
　　보라.
　　높고 맑은 곳에서
　　ⓒ 가을이 그에게
　　한결같은 애무의 눈짓을 보낸다.

　　놓칠 듯 놓칠 듯 숨가쁘게
　　그의 꽃다운 미소를 따라가면은
　　ⓓ 세월도 알 수 없는 거기
　　푸르게만 고인
　　깊고 넓은 감정의 바다가 있다.
　　우리들 두 눈에
　　그득히 물결치는
　　시작도 끝도 없는
　　ⓔ 바다가 있다.

1 (가)~(다)의 공통점에 대한 설명으로 적절한 것은?

① 철학적인 사색에서 얻은 깨달음이 담겨 있다.
② 대상의 내적 생명력이 외부로 발산되는 것을 포착하고 있다.
③ 사물의 특성을 구체적 심상을 통해 간결하게 묘사하고 있다.
④ 대상을 객관적으로 묘사하여 내면 정서를 드러내고 있다.
⑤ 부정적 현실에서 벗어나려는 욕구가 표현되어 있다.

2 (다)의 표현상 특징에 관한 설명으로 적절하지 <u>않은</u> 것은?

① 단계적으로 고조되는 감정을 드러내고 있다.
② 함축적 의미가 풍부한 시어를 구사하고 있다.
③ 차분한 어조로 존재의 신비를 표현하고 있다.
④ 율격이 겉으로 드러나지 않고 내면화되어 있다.
⑤ 시각적 심상으로 추상적 세계를 객관화시키고 있다.

3 ㉠의 상징적 의미로 적절한 것은?

① 자연 회귀의 본능
② 인간의 속된 노력
③ 자연에 대한 도전
④ 인간의 이상 추구
⑤ 물질문명의 폐해

4 ⓐ~ⓔ 중 ㉡ '그림자'의 함축적 의미와 가장 유사한 시어는?

① ⓐ   ② ⓑ   ③ ⓒ   ④ ⓓ   ⑤ ⓔ

정답 1 ① 2 ① 3 ② 4 ②

출전 (가) 박남수, 〈새〉 / (나) 신동집, 〈오렌지〉 / (다) 김춘수, 〈능금〉

해설

1 (가)는 '새'를 통해 순수미를 추구하고 있고, (나)는 존재의 본질 자체에 대한 물음을 '오렌지'라는 사물을 통해 던지고 있으며, (다)는 존재의 비밀과 경이로움을 드러내기 위해 '능금'이라는 소재를 사용하고 있다. 이런 점에서 (가)·(나)·(다)는 공통적으로 소재가 하나의 구체적 대상으로 작용하는 것이 아니라 관념을 구체화하는 기능을 하고 있다. 즉, 철학적인 사색에서 얻은 깨달음을 구체적 소재를 통해 드러내고 있는 것이다.

2 (다)의 표현상의 특징으로는 시각적 심상을 이용한 추상적 세계의 객관화, 감성과 지성의 조화, 그리고 간결 담백하면서도 함축성 짙은 시상의 표현을 들 수 있다. ① (다)에서 감정이 단계적으로 고조되고 있는 부분은 보이지 않는다. 오히려 차분한 어조로 익어 가는 능금에 대한 경이로움을 읊고 있다.

3 (가)의 3연에서 포수는 새의 순수를 자기 것으로 만들기 위해 새를 겨냥해 한 덩이 납을 날려 보지만 매번 쏘아 잡는 것은 그 순수가 아니라 한 마리 피묻어 상한 새에 지나지 않는다. 여기서 포수는 삶의 순수성을 파괴하는 인간을 상징하며, 포수가 순수를 잡기 위한 수단으로 사용하는 '한 덩이 납'은 순수를 향한 인간의 속된 노력을 상징한다.

4 (나)는 우리가 어떤 사물을 이해한다는 것은 불가능하지 않은가라는 회의에서 시작되고 있으며 그 회의를 깨끗이 없애지 못함을 말하고 있다. 그러나 마지막 연에서 '한 없이 어진 그림자' 같은 구원이 있을 수도 있다는 가능성을 열어 놓고 있다. 여기서 '한 없이 어진 그림자'는 그 사물의 의미를 깨닫게 해 줄 것 같은 무엇을 말한다. (다)에서의 @~ⓔ 중, ⓑ '여운'이 능금이라는 존재의 숨은 의미가 손안에 오래도록 괴어 있음을 표현한 말로, (나)의 '그림자'와 유사한 의미를 지닌다.

③ 수필문학의 이해와 감상

🌸 수필이란?

수필을 흔히 붓 가는 대로 쓰는 글이라고 한다. 여기서 붓 가는 대로란 모든 소재나 제재를 자신의 마음이 닿는 대로 쓰는 아주 자유스럽고 매우 주관적이라는 의미이다. 따라서 수필은 주관적이기 때문에 먼저 작가의 의도가 무엇인지, 그리고 무엇에 대해 쓴 글이며 그것을 어떻게 생각하고 있는지를 파악해야만 글을 정확하게 이해할 수 있다.

🌸 감상방법

그렇기 때문에 수필을 공부하는 방법은 먼저 글 속에서 다루고 있는 대상이 무엇인지를 파악해야 하고 그것을 작가는 어떤 관점으로 보고 있으며 어떤 방식을 통해서 표현하고 있는가를 아는 것이다.

수필에서 주로 나오는 문제가 주제, 인생관, 작가의 관점, 표현 방법, 어구나 문맥의 의미, 단어의 활용 등인데 이것들을 파악하는 방법의 가장 우선적인 과제는 무엇을 어떻게 보고 있는가를 찾는 것이다. 즉 소재와 관점을 명확하게 찾아내야 한다.

🌸 이양하의 신록예찬

잘 알려져 있는 이양하의 〈신록예찬〉이라는 수필을 들어서 이를 살펴보자. 이 글의 대상, 즉 소재는 '신록'이며 그에 대한 관점은 바로 제목에서 그대로 보여주고 있는 '예찬'이다. 그 다음은 대상인 신록을 예찬하는데 어떤 부분이 그렇게 마음에 들었는지, 그리고 무엇이 작가의 맘을 끌어 당겼는지, 그리고 작가는 그 태도를 어떻게 표현하고 있는지를 파악하면 일반적인 내용 파악은 거의 끝났다고 보면 된다. 이와 같이 수필은 제목이 내포하고 있는 내용도 많기 때문에 만일 제목을 안다면 글을 파악하는 데 많은 도움을 받을 수 있다.

하지만 국어능력인증시험에서는 일반적으로 작가와 작품을 알리지 않기 때문에 그런 기대는 할 수 없지만 만일 다른 종류의 시험에서 작가와 제목을 밝히는 것이 있다면 참조를 해야 한다.

그러면 실전으로 들어가서 문제를 직접 풀어 보자.

예시문제 1

다음 글을 읽고 물음에 답하시오.

> 어떤 사람이 내게 말했다.
> "어제 저녁, 어떤 사람이 몽둥이로 개를 때려죽이는 것을 보았네. 그 모습이 불쌍해 마음이 너무 아팠네. 그래서 이제부터는 개고기나 돼지고기를 먹지 않을 생각이네."
> 그 말을 듣고 내가 말했다.
> "어제 저녁, 어떤 사람이 화로 옆에서 이[虱]를 잡아 태워 죽이는 것을 보고 마음이 무척 아팠네. 그래서 다시는 이를 잡지 않겠다고 맹세를 하였네."
> 그러자 그 사람은 화를 내며 말했다.
> "이는 하찮은 존재가 아닌가? 나는 큰 동물이 죽는 것을 보고 불쌍한 생각이 들어 말한 것인데, 그대는 어찌 그런 사소한 것이 죽는 것과 비교하는가? 그대는 지금 나를 놀리는 것인가?"
> 나는 좀 구체적으로 설명할 필요를 느꼈다.
>
> [A] "무릇 살아 있는 것은 사람으로부터 소, 말, 돼지, 양, 곤충, 개미에 이르기까지 모두 사는 것을 원하고 죽는 것을 싫어한다네. 어찌 큰 것만 죽음을 싫어하고 작은 것은 싫어하지 않겠는가? 그렇다면 개와 이의 죽음은 같은 것이겠지. 그래서 이를 들어 말한 것이지, 어찌 그대를 놀리려는 뜻이 있었겠는가? 내 말을 믿지 못하거든, 그대의 열 손가락을 깨물어 보게나. 엄지손가락만 아프고 나머지 손가락은 안 아프겠는가? 우리 몸에 있는 것은 크고 작은 마디를 막론하고 그 아픔은 모두 같은 것일세. 더구나 개나 이나 각기 생명을 받아 태어났는데, 어찌 하나는 죽음을 싫어하고 하나는 좋아하겠는가? 그대는 눈을 감고 조용히 생각해 보게. 그리하여 달팽이의 뿔을 소의 뿔과 같이 보고, 메추리를 큰 붕새와 동일하게 보도록 노력하게나. 그런 뒤에야 내가 그대와 더불어 도(道)를 말할 수 있을 걸세."

1 글쓴이가 말하고자 하는 바로 적절한 것은?

① 예의를 지켜 말하자.
② 상황에 맞게 행동하자.
③ 대상에 대한 편견을 버리자.
④ 다른 사람의 의견을 존중하자.
⑤ 아는 것을 생활 속에 실천하자.

2 [A]에서 쓰인 말하기 방식으로 적절한 것은?

① 유사한 질문을 반복하여 자신의 의견을 부각하고 있다.
② 하고자 하는 말을 반대로 표현하여 의도를 강조하고 있다.
③ 상대방의 처지를 깊이 이해하여 공감을 불러일으키고 있다.
④ 상대의 생각을 먼저 인정하고 자신의 생각을 드러내고 있다.
⑤ 개인적인 체험을 소개하여 상대방의 흥미를 불러일으키고 있다.

정답 1 ③ 2 ①

해설

1 글쓴이는 대상의 크기에 따라 그 중요성을 다르게 평가하는 편견을 버리라고 말하고 있으므로 ③이 적절하다.

2 [A]에서는 '어찌 큰 것만 ~ 싫어하지 않겠는가?', '엄지손가락만 아프고 ~ 안 아프겠는가?', '어찌 하나는 ~ 하나는 좋아하겠는가?'와 같은 유사한 질문을 반복하여 자신의 의견을 강화하고 있으므로 ①이 적절하다.

예시문제 2

다음 글을 읽고 물음에 답하시오.

상상력은 인간만이 지닌 독특한 힘이다. 꿀벌이 아무리 정교하게 자신들의 집을 지어도 가장 서투른 목수에게조차 미치지 못함은 물론이다. 꿀벌에게는 상상력이 없기 때문이다. 목수는 개집을 짓기 전에도 그 개집을 먼저 머릿속에 그려 본다. 지붕은 어떤 모양으로, 문은 또 어떤 모양으로 만들 것인지, 전체는 또 어떤 색으로 칠할 것인지를 미리 그려 봄으로써 자신의 작업을 시작한다. 노동의 과정에서도 그 상상력은 끊임없이 작동한다. 끊임없이 목수는 자신의 머릿속에 그려진 집과 ㉠ 조응시켜 나가면서 실제의 개집을 만드는 것이다. 연애를 할 때에도 상상력은 필요하다. 이 남자가 결혼을 하면 과연 얼마나 폭군이 될 것이며, 이 여자는 또 얼마나 ㉡ 데데부데한 아줌마로 변화할 것인지 상상력을 발동해 보아야 한다. 사랑하는 이를 앞에 두고 ㉢ 포달을 부릴, 간 큰 남자, 여자는 이 세상 어디에도 없다. 지극히 신경질적인 나도 연애를 할 때에는 한 번도 그녀를 향해 얼굴을 찌푸린 적이 없다. 늘 온화한 낯빛으로 아름다운 꽃을 보듯 그녀를 향해 몰두해 있었다. 적어도 상상력을 발동시킬 최소한의 근거를 마련하기 위해서라도 단 둘만이 있을 때의, 침이 잔뜩 발린 말이나 한껏 위선을 떠는 몸짓은 잊어버려야 한다. 이 늑대 같은 남자를, 이 알랑방구 떠는 여우 같은 여자를 사회적 관계 속에 던져 넣어 봐야 한다. 그 관계 속에서, 친구와 만나고, 가족과 만나고, 일을 처리하는 방식에서 언뜻언뜻 드러나는 ㉣ 객관적인 몸짓과 말투를 근거로 상상해 보아야 하는 것이다. 적어도 나의 결론은 이렇다. 연애를 할 때, 결코 둘만 만나서는 안 된다. 그 남자가, 그 여자가 속해 있는 세계로 성큼 발을 들여놓고, 그 세계 안에서 엄밀한 잣대로 가늠해 보아야 한다. 이 남자가 코앞에 재떨이를 두고 '야, 재떨이!' 라고 소리칠 남자인지, 이 여자가 빠듯한 살림은 아랑곳하지 않고 그 ㉤ 잘난 옷가지 하나에 몇 십만 원의 신용 카드 영수증을 들이밀 여자인지를. 아, 이 절박한 상상력의 현실적 필요성!

1 위 글의 핵심 내용을 반영하여 '상상력'의 개념을 정리할 때 가장 적절한 것은?

① 상상력은 인간관계의 폭을 넓혀 준다.
② 상상력은 인간을 탁월하게 만드는 힘이다.
③ 상상력은 대상을 깊이 있게 통찰하게 만든다.
④ 상상력은 개인적 차원에서 매우 필요한 것이다.
⑤ 상상력은 인간을 더욱 현실적으로 만들어 준다.

2 ㉠~㉤ 중 문맥상 뜻풀이로 바르지 못한 것은?

① ㉠ 조응시켜 - 서로 맞추어
② ㉡ 데데부데한 - 아주 변변치 못한
③ ㉢ 포달 - 함부로 악을 쓰고 덤빔
④ ㉣ 객관적인 - 자기 혼자만의
⑤ ㉤ 잘난 - 대수롭지 않은

정답 1 ③ 2 ④

해설

1 위 글에서 상상력은 우리 인간의 눈앞에 보이는 현상에 급급함을 막고 사물과 대상의 본질을 꿰뚫어 볼 수 있는 힘을 준다고 말하고 있다.

2 ② 객관적인 : 누구나 보아서 알 수 있는, 주관에 좌우되지 않는

예시문제 3

다음 글을 읽고 물음에 답하시오.

구두 수선(修繕)을 주었더니, 뒤축에다가 어지간히 큰 징을 한 개씩 박아 놓았다. 보기가 흉해서 빼어 버리라고 하였더니, 그런 징이래야 한동안 신게 되구, 무엇이 어쩌구 하며 수다를 피는 소리가 듣기 싫어 그대로 신기는 신었으나, 점잖지 못하게 저벅저벅, 그 징이 땅바닥에 부딪히는 소리가 심히 귀맛에 역(逆)했다. 더욱이, 시멘트 포도(鋪道)의 딴딴한 바닥에 부딪혀 낼 때의 그 음향(音響)이란 정말 질색이었다. 또그닥또그닥, 이건 흡사 사람은 아닌 말발굽 소리다.

어느 날 초으스름이었다. 좀 바쁜 일이 있어 창경원(昌慶苑) 곁담을 끼고 걸어 내려오노라니까, 앞에서 걸어가던 이십 내외의 어떤 한 젊은 여자가 이 이상히 또그닥거리는 구두 소리에 안심이 되지 않는 모양으로, 슬쩍 고개를 돌려 또그닥 소리의 주인공을 물색하고 나더니, 별안간 걸음이 빨라진다.

그러는 걸 나는 그저 그러는가 보다 하고, 내가 걸어야 할 길만 그대로 걷고 있었더니, 얼마쯤 가다가 이 여자는 또 뒤를 힐끗 돌아다본다. 그리고 자기와 나와의 거리가 불과 지척(咫尺)임을 알고는 빨라지는 걸음이 보통이 아니었다. 뛰다 싶은 걸음으로 치맛귀가 옹이하게 내닫는다. 나의 그 또그닥거리는 구두 소리는 분명 자기를 위협하느라고 일부러 그렇게 따악딱 땅바닥을 박아 내며 걷는 줄로만 아는 모양이다.

그러나 이 여자더러, 내 구두 소리는 그건 자연(自然)이요, 인위(人爲)가 아니니 안심하라고 일러 드릴 수도 없는 일이고 해서, 나는 그 순간 좀 더 걸음을 빨리하여 이 여자를 뒤로 떨어뜨림으로 공포(恐怖)에의 안심을 주려고 한층 더 걸음에 박차를 가했더니, 그럴 게 아니었다. 도리어, 이것이 이 여자로 하여금 위협이 되는 것이었다. 내 구두 소리가 또그닥또그닥, 좀더 재어지자 이에 호응하여 또각또각, 굽 높은 뒤축이 어쩔 바를 모르고 걸음과 싸우며 유난히도 몸을 일어 내는 그 분주함이란, 있는 마력(馬力)은 다 내보는 동작에 틀림없었다. 그리하여 한참 석양 놀이 내려 퍼지기 시작하는 인적 드문 포도(鋪道) 위에서 또그닥또그닥, 또각또각 하는 ㉠이 두 음향의 속 모르는 싸움은 자못 그 절정에 달하고 있었다. 나는 이 여자의 뒤를 거의 다 따랐던 것이다. 2, 3보(步)만 더 내어디디면 앞으로 나서게 될 그런 계제였다. 그러나 이 여자 역시 힘을 다하는 걸음이었다. 그 2, 3보라는 것도 그리 용이히 따라지지 않았다. 한참 내 발부리에도 풍진(風塵)이 일었는데, 거기서 이 여자는 뚫어진 옆골목으로 살짝 빠져 들어선다. 다행한 일이었다. ㉡한숨이 나간다. 이 여자도 ㉢한숨이 나갔을 것이다. 기웃해 보니, 기다랗게 내뚫린 골목으로 이 여자는 횡하니 내닫는다. 이 골목 안이 저의 집인지, 그것은 알 바 없으나, 나로선 이 여자가 나를 불량배로 영원히 알고 있을 것임이 서글픈 일이다.

1 위 글에 대한 설명으로 적절하지 <u>않은</u> 것은?

① 사건을 주관적으로 해석하여 하나의 깨달음을 얻고 있다.
② 사소한 일상생활의 체험 내용을 서사적으로 전개하고 있다.
③ 냉철한 이성을 바탕으로 사건의 본질적 의미를 분석하고 있다.
④ 상황에 적절한 의성어 표현을 통해 긴장감을 고조시키고 있다.
⑤ 상황 판단이나 심리 분석이 작가의 시각에서 이루어지고 있다.

2 위 글을 통해 얻을 수 있는 교훈으로 알맞은 것은?

① 사람은 항상 자신이 한 일에 책임을 져야 한다.
② 무슨 일이든 조급하게 서두르면 실패하기 쉽다.
③ 사소한 실수는 용서할 줄 아는 아량이 필요하다.
④ 위급한 상황에서도 정신만 차리면 살아날 수 있다.
⑤ 남이 오해할 만한 행동은 가급적 안 하는 것이 좋다.

3 밑줄 친 ㉠에 들어 있는 '나'와 '여자'의 의도로 알맞은 것은?

① 추격(追擊)과 도주(逃走)
② 추월(追越)과 도피(逃避)
③ 추종(追從)과 배척(排斥)
④ 추돌(追突)과 피신(避身)
⑤ 추궁(追窮)과 회피(回避)

4 밑줄 친 ㉡과 ㉢의 차이점을 바르게 지적한 것은?

	㉡	㉢
①	사건 종결에 따른 안도	위협에서 벗어났다는 안도
②	오해 받은 것에 대한 탄식	빠른 걸음으로 인한 숨가쁨
③	오해 받은 것에 대한 탄식	위협에서 벗어났다는 안도
④	오해의 해소에서 오는 안도	빠른 걸음으로 인한 숨가쁨
⑤	오해의 해소에서 오는 안도	위협에서 벗어났다는 안도

정답 1 ③   2 ⑤   3 ②   4 ①

해설

1 이 글은 일상생활에서 체험한 사소한 사건을 서사적(소설적)으로 전개한 수필이다. 상황에 적절한 의성

어의 반복을 통해 긴장감을 고조시키고 있으며 작가인 '나' 가 서술자이기 때문에 상황의 판단이나 심리 분석은 자연히 작가의 주관에 의해서 이루어진다.

2 이 글에서 작가가 전달하고자 하는 중심 생각은 마지막에 '나로선 이 여자가 ~ 서글픈 일이다.' 이다. 따라서 여기서 얻을 수 있는 교훈은 ⑤이다.

3 '나' 는 '여자' 를 빨리 추월하고자 하는 의도에서 발걸음을 빨리 한 것이지만, '여자' 는 '나' 의 이러한 의도를 오해하여 어떻게든 이 낯선 위협으로부터 벗어나려고 안간힘을 쓰고 있다. 결국 '나' 의 의도는 '추월', '여자' 의 의도는 '도피' 이다.

4 '나' 의 '한숨' 속에는 어찌되었든 숨 가쁜 사건이 끝나게 되었다는 안도감이 내포되어 있으며, 여자의 '한숨' 속에는 치한(癡漢)의 위협으로부터 벗어났다는 안도감이 내포되어 있음을 추리할 수 있다.

🌀 예시문제 4

다음 글을 읽고 물음에 답하시오.

스트레스는 만병의 근원이란 말이 나돌고 있다. 정말로 스트레스는 의학적인 만병의 근원으로, 우리에게 신체적 해가 되는 일 자체보다도 이를 극복해 나가는 고통스런 과정이 더 문제인 것 같다. 허나 살아가면서 아무리 큰 스트레스를 겪더라도 시간이 경과함에 따라 점차로 망각의 세계로 흘러 보내게 되는 것은 천만 다행스런 일이 아닐 수 없다. 개인적 차이야 있겠지만 고독한 개별 존재로 살아가면서 겪는 삶의 갈등에서 '세월이 약이다.' 라는 우리 속담의 역할은 우리에게 참으로 큰 위안을 준다. 과거 기억의 집착에서 빨리 벗어나는 것은 진정으로 필요한 일이며, 이러한 자각의 과정이야 말로 결국 혼자인 자신을 성찰할 좋은 기회가 된다. 그러니 이런 의미의 건망증이야 하느님이 우리에게 주신 좋은 선물 가운데 하나가 아니겠는가.

이와 같은 공리적인 건망증과는 달리, 우리 속담에 [㉠   ]는 말과 같이 순간적인 건망증은 우리 생활에 웃음을 주는 활력소가 된다. 주부가 손에 물장갑을 끼고 장갑을 찾는다든가, 안경을 쓴 채 안경을 찾으러 이리저리 다니는 일 따위의 일이야 주변에서 흔히 목격할 수 있는 일이다. 영국의 명재상이면서 끽연가인 처칠이 파이프를 물고 파이프를 찾았다든가, 혹은 18세기 영국의 문명 비평가였던 사무엘 존슨이 자신의 결혼식 날을 잊고 그 시간에 서재에서 집필하고 있었다는 일화도 정말로 우리를 웃음 짓게 하는 유쾌한 건망증이다.

의학적으로 대충 50대를 전후하여 기억 세포의 사멸로 기억력이 점차로 쇠퇴하여지기 시작한다고 한다. 이제 이순(耳順)의 나이를 넘어서다 보니, 주변 친구들을 만나면 늙는다는 타령과 함께 건망증을 소재로 한담(閑談)의 공간을 채우는 경우가 많아지게 되었다. 한번은 건망증을 화제로 한 자리에서, 지우(知友)가 이젠 하도 잊어버리는 일이 많더니 급기야 잊지 않으려 적어 놓은 메모까지도 잊어 못 찾게 되었노라고 한숨을 짓는 것을 보고 ㉡ 나는 빙그레 웃어 주었다. 그리고 이 말을 해 주었다. 그 자체가 바로 자연이고 순리인 것이라고. 잊지 않으려고 억지로 노력하는 일도 하나의 집착인 것이라고.

1 위 글에서 이끌어 낼 수 있는 삶의 지혜와 가장 적절히 연결되는 것은?

① 소유의 본능은 인간의 본성의 기초다. – H. 제임스

② 손아귀의 참새가 멀리 나는 두루미보다 낫다. – M. 세르반 테스

③ 내가 아는 모든 것은 아무 것도 모른다는 것이다. – 소크라테스

④ 보다 적게 소유하는 자는 보다 적게 지배당한다. – F.W. 니체

⑤ 그대 마음속에서 얻은 것이 진정 그대의 소유물이다. – H.D. 소로

2 문맥상 ㉠에 적절한 것은?

① 우물에 가 숭늉 찾는다.

② 장님 코끼리 말하듯 한다.

③ 업은 아이 삼 년을 찾는다.

④ 소문 난 잔치에 먹을 것 없다.

⑤ 소경이 개천 나무란다.

3 ㉡의 '웃음'에 내포된 의미는?

① 지우(知友)의 한숨에 대한 공감

② 기억력의 쇠퇴에 대한 자조적 체념

③ 인생의 무상함에서 느끼는 허탈감

④ 삶에 대한 관조를 통해 얻은 여유

⑤ 건망증이 심한 지우에 대한 연민

정답 1④ 2③ 3④

해설

1 위 글에서는 건망증을 관조적인 입장에서 다루면서 자아 성찰을 통해 과거의 기억에 대한 집착에서 벗어나야 함을 전달하고 있으므로 집착에서 벗어나는 것이 삶의 순리라는 교훈을 도출해 낼 수 있다.

2 문맥의 흐름으로 볼 때 ㉠에는 '유쾌한 건망증'의 예가 될 만한 속담이 들어가야 한다. '주부가 손에 ~ 집필하고 있었다는'에서 소개되고 있는 일화와 비슷한 성격의 내용이 담긴 속담을 찾는다.

3 ㉡에서 글쓴이가 빙그레 웃어 준 것은 먼저 깨달은 자의 여유 정도로 이해할 수 있다. 과거의 기억에 대한 집착에서 이미 벗어난 글쓴이로서는 지우(知友)가 건망증 때문에 짓는 한숨이 얼마나 부질없는 것인가를 잘 알고 있을 것이고, 따라서 여유 있게 웃어 줄 수 있었던 것이다.

예시문제 5

다음 글을 읽고 물음에 답하시오.

해가 저문 어느 날, 오막살이 토굴에 사는 노승(老僧) 앞에 더벅머리 학생이 하나 찾아왔다. 아버지가 써준 편지를 꺼내면서 그는 사뭇 불안한 표정이었다. 사연인즉, 이 망나니를 학교에서고 집에서고 더 이상 손댈 수 없으니, 스님이 알아서 사람을 만들어 달라는 것이었다. 물론 노승과 그의 아버지는 친분이 있는 사이였다. 편지를 보고 난 노승은 아무런 말도 없이 몸소 후원에 나가 늦은 저녁을 지어 왔다. 저녁을 먹인 뒤 발을 씻으라고 대야에 가득 더운 물을 떠다 주는 것이었다. 이때 더벅머리의 눈에서는 주르륵 눈물이 흘러내렸다. 그는 아까부터 훈계가 있으리라 은근히 기다려지기까지 했지만 스님은 한 마디 말도 없이 시중만을 들어주는 데에 크게 감동한 섯이었다. 훈계라면 진저리가 났을 것이다. 그에게는 백천 마디 좋은 말보다는 다사로운 손길이 그리웠던 것이다. 지금은 돌아가시고 안 계신 한 노사(老師)로부터 들은 이야기다. 내게는 생생하게 살아 있는 노사의 상(像)이다.

산에서 살아보면 누구나 다 아는 일이지만, 겨울철이면 나무들이 많이 꺾이고 만다. 모진 비바람에도 끄떡 않던 아름드리 나무들이, 꿋꿋하게 고집스럽기만 하던 그 소나무들이 눈이 내려 덮이면 꺾이게 된다. 가지 끝에 사뿐사뿐 내려 쌓이는 그 하얀 눈에 꺾이고 마는 것이다. 깊은 밤, 이 골짝 저 골짝에서 나무들이 꺾이는 메아리가 울려올 때, 우리들은 잠을 이룰 수가 없다. 정정한 나무들이 부드러운 것에 넘어지는 그 의미 때문일까. 산은 한겨울이 지나면 앓고 난 얼굴처럼 수척하다.

사아밧티이의 온 시민들을 공포에 떨게 하던 살인귀(殺人鬼) 앙굴리마알라를 귀의시킨 것도 부처님의 불가사의한 신통력이 아니었다. 위엄도 권위도 아니었다. 그것은 오로지 자비였다. 아무리 흉악무도한 살인귀라 할지라도 차별 없는 훈훈한 사랑 앞에서는 돌아오지 않을 수 없었던 것이다.

길가는 나그네의 옷을 벗게 만든 것도 세찬 바람이 아니라, 따스하게 내려 쬐는 햇살이 아니었던가! 바닷가의 조약돌을 그토록 둥글고 예쁘게 만든 것은 무쇠로 된 정이 아니라, 부드럽게 쓰다듬는 물결인 것을.

1 위 글에 대한 학생들의 감상으로 적절하지 **않은** 것은?

① 사랑의 힘으로 사람을 변화시킬 수 있겠군.
② 부드러움이 강함을 이길 수도 있다는 말이로군.
③ 어떤 시련에도 꺾이지 않는 용기를 가져야겠어.
④ 백 마디 말보다 한 번의 행동이 더 영향력이 큰 것 같아.
⑤ 구태의연한 방법만으로는 근본적인 문제 해결이 어렵겠군.

2 위 글에 나오는 낱말 사이의 관계를 정리해 보았다. 적절하지 **않은** 것은?

① 노승 – 손길 – 학생
② 산 – 눈 – 나무
③ 부처 – 자비 – 살인귀
④ 해 – 햇살 – 나그네
⑤ 바다 – 물결 – 조약돌

정답 1 ③ 2 ②

해설

1 위 글에서 겨울에 쌓인 눈으로 가지가 꺾이는 나무의 이야기를 통해 강함보다는 부드러움과 사랑이 소중함을 말하였다. 그러나 이 이야기를 통해 어떤 시련에도 꺾이지 않는 용기를 가져야 한다고 말하려는 것은 아니다.

④ 백천 마디의 좋은 말에도 변화를 보이지 않던 학생이 노승의 다사로운 손길에는 눈물을 흘린다.

⑤ 망나니 같은 학생은 구태의연한 훈계의 방법으로는 바로 잡을 수 없었다.

2 첫 번째 낱말들은 '변화시킨 주체'이며, 두 번째 낱말들은 '변화시킨 방법'이고, 세 번째 낱말들은 '변화시킬 대상'인데, ②에서 '산'은 나무를 변화시킨 주체가 될 수 없다. 나무가 꺾이게 변화시킨 주체는 '자연' 또는 '조물주'라고 볼 수 있다.

유제

01 다음 글을 읽고 물음에 답하시오.

화초로 잘 꾸며진 정원 길에서 삶의 재미를 느끼며, 시골 샘터로 가는 들꽃 무리진 길에서 소박하나 알뜰하고 따뜻함을 감각한다. 산과 들을 일직선으로 뚫은 고속도로에서 인간의 승리감을 느낀다면, 들로, 산골짜기로 꼬부라지는 철로에서 삶의 끈기를 맛본다. 봄꽃 필 무렵, 산을 넘는 길은 마치 미소와도 같이 밝다. 이처럼 길들이 삶의 긍정적 밝은 면을 채색한 화폭일 수도 있지만, 거기에는 또 고통과 슬픔이란 삶의 그늘이 져 있다. 한여름 뙤약볕에 소를 몰고 읍내로 가는 길은 너무나도 멀고, 일손을 마치고 무거운 지게를 지고 집으로 돌아오는 농부에게는 그가 가야 하는 험한 산골짜기 저녁 길은 너무나도 고달픈 언덕길이다. 고향을 떠나 서울로 일을 찾아가는 젊은이들에게는 그가 밟고 가야 할 신작로가 너무도 거칠고 불안하다. 그리하여, 가지가지 길들은 그것대로 삶의 희로애락(喜怒愛樂), 희망과 좌절, 활기와 실의(失意)의 각양각색의 삶의 자국을 남긴다.

두꺼운 돌을 깔아 만든 넓은 로마 제국의 길은 세계 정복의 힘의 자국을 내고 있는가 하면, 설악산 암자로 올라가는 좁은 길은 세상을 떠나 명상에 잠기려는 마음씨의 자국이다. 이미 잡초에 파묻혀 버린 오솔길에서 삶의 무상함을 볼 수 있는가 하면, 험한 산의 절벽을 따라 새로 난 길은 삶의 의욕을 상징한다. 높은 돌의 층계를 한 발자국 두 발자국 디디고 올라가면서 우리는 삶의 어려움에 새삼 젖는가 하면, 눈 덮인 들길을 헤쳐 가면서 우리는 고독한 명상에 잠기기도 한다. 어떤 길은 꿈이 배어 있고, 어떤 길은 사색적이고, 어떤 길은 황량하고, 어떤 길은 쾌활하다. 길은 인간의 꿈, 생각, 의지, 느낌을 통틀어 함께 반영한다. 길은 삶이 남기는 자국에 대한 인간의 문학적 기술이다. 인간에 의해 쓰인 이 길이라는 언어에 의해서 자연은 침묵을 깨드리고 의미를 가지게 되며, 문화라는 꽃을 피우게 된다. 자연의, 아니 우주의 고독이 ㉠ <u>노래나 시</u>로 바뀐다.

한 사회에 따라, 한 문화에 따라 그리고 한 시대에 따라 길은 애절한 노래일 수도 있고, 길이라는 시는 서정시가 될 수도 있고, 서사시가 될 수도 있다. 로마로 통하는 돌을 깐 길들이나 미국 대륙을 그물처럼 누비고 있는 고속도로에서 크나큰 서사시를 읽을 수 있다면, 미루나무에 그늘진 한국의 논길 혹은 산 너머 이웃 마을로 통하는 한국의 산길에서 따뜻한 서정시를 들을 수 있다.

문제1 위 글에 대한 설명으로 가장 적절한 것은?

① 대상을 논리적으로 분석하여 그 특징을 드러내고 있다.
② 이야기체의 서사적인 구조를 취하여 친근감을 더해 주고 있다.
③ 객관적이면서도 치밀한 묘사로 생생한 이미지를 전달하고 있다.
④ 글쓴이의 구체적인 체험을 바탕으로 하여 사실감을 더해 주고 있다.
⑤ 서정적이고 감각적인 필치를 구사하여 내용의 추상성을 극복하고 있다.

문제2 위 글에서 필자가 궁극적으로 말하고자 하는 바는?

① 길에는 인류 문명의 성장 과정이 드러나 있다.
② 길은 개인을 사회와 연결시켜 주는 통로이다.
③ 길은 이상 세계를 지향하는 인간의 꿈을 상징한다.
④ 길은 그 위를 살아가는 인간의 삶의 모습을 반영한다.
⑤ 인간은 길을 통해 잃어버린 옛날에 대한 향수를 느낀다.

문제3 ㉠의 문맥적 의미로 가장 적절한 것은?

① 즐겁고 행복한 것
② 아름답고 고귀한 것
③ 인간의 삶과 관련된 것
④ 현실 세계를 초월하는 것
⑤ 고통과 시련의 과정을 거치는 것

정답 1⑤ 2④ 3③

해설 1 이 글은 '길에는 인간의 삶이 반영되어 있다.'라는 추상적이고 관념적인 내용을 주제로 하고 있으면서도 구체적이고 감각적인 소재를 열거식으로 예를 들고 있으며, 비유적이고 서정적인 표현으로 그러한 추상성을 극복하고 있다.

2 이 글은 '길에는 인간의 삶의 모습이 반영되어 있다.'는 내용을 여러 가지 길의 경우를 들어 서술하고 있다.

3 바로 앞 문장 '인간에 의해 쓰인 이 길이라는 언어에 의해서 자연은 침묵을 깨뜨리고 의미를 가지게 되며, 문화라는 꽃을 피우게 된다.'라는 진술로 볼 때, '자연의, 아니 우주의 고독이 노래나 시로 바뀐다.'라는 문장은 인간의 손길이 닿지 않은 원시적인 상태의 자연이 길을 통해서 인간의 삶과 관련되는 문명의 상태로 바뀌게 된다는 의미로 해석될 수 있다.

02 다음 글을 읽고 물음에 답하시오.

사람이 일상생활(生活) 속에서 보고 듣고 만나면서 자연스러운 일을 받아들이지 않고 자꾸 생각으로만 재거나 선입견이나 고정 관념으로 인해 있는 그대로 보지 못하고 자기중심적 판단을 자꾸만 하려는 것을 분별성(分別性)이라고 한다. 또, 그 분별성을 끝까지 밀고 나가거나 합리화하려는 마음은 주착심(住着心)이라고 한다. 이 분별성과 주착심을 가지게 되면 사람이나 일을 대하려 할 때,

| ㉠ |

이것이야말로 자신과 타인을 구속하게 하는 가장 근본적인 원인이다. 그래서 누구라도 한번쯤 이 복잡한 상황을 벗어나 어디 조용한 장소에 가서 정신 수양을 하거나 한번 큰 진리를 깨쳐 일시에 번뇌를 해결해야겠다고 마음먹게도 되고, 또 '그렇다면 이 분별성과 주착심은 나쁜 것이니 그냥 없애 버리면 될 것이 아니냐.'고 생각하기도 쉽다. 그러나 없애려 하면 할수록 결코 없어지지 않고, 오히려 십중팔구 머리만 더 어지럽게 된다. 때문에, 정신 수양을 하려면 수양이 되는 원리와 방법을 알고 공부해야 한다. 소태사 대종사님은 "정신이라 함은 마음이 두렷하고 고요하여 분별성과 주착심이 없는 경지를 이름이요, 수양이라 함은 안으로 분별성과 주착심을 없이 하며 밖으로 산란하게 하는 경계에 끌리지 아니하여 두렷하고 고요한 정신을 양성함을 이름이니라."라고 하셨다.

여기서 단적으로 말하고 싶은 것은, 이 분별성과 주착심이 생겨날 때야말로 절호의 정신 수양 기회라는 것이다. 참된 수양의 힘은 마음이 요란해지는 상황 속에서 길러지는 것이다. 마음의 요란함 속에서 어떻게 수양하는가? 우선 화가 나거나 욕심이 발동할 때 이것을 빨리 알아차리는 것이다. 그래서 '아! 내가 화를 내고 있구나. 또 이런 저런 마음이 나는구나!' 하고 알아채면 벌써 화와 내가 분리돼 보다 차분한 마음으로 벌어진 상황을 보고 판단할 수 있게 된다. 그래서 옛 선사는 "생각이 일어나는 것을 두려워 말고 오직 깨침이 더딤을 두려워하라."고 했던 것이다. 물론 이런 일이 단숨에 되는 것은 아니다. 챙기고 또 챙기다 보면 공부가 깊어져 어떤 상황 속에서도 마음이 편해져 가는 것을 확연히 느낄 수 있고 정신의 지주력을 쌓게 된다.

문제1 위 글에서 필자가 궁극적으로 강조하는 내용은?

① 복잡한 생활에서의 탈출
② 사물에 대한 집중력 제고
③ 일상생활 속의 정신 수양
④ 사물에 대한 객관적인 판단
⑤ 선입견이나 고정 관념의 탈피

문제2 ㉠에 들어갈 말로 가장 적절한 것은?

① 상대를 배려하는 행동을 보이게 한다.
② 자기에게 유리하도록 행동을 하게 된다.
③ 자신의 행동에 대한 회의가 나타나게 된다.
④ 상대방에 대한 민감한 반응을 나타내게 된다.
⑤ 판단이 흐려지고, 당황하는 태도를 보이게 된다.

정답 1 ③ 2 ②

해설 1 이 글은 분별성과 주착심을 버려야 하는데, 그러기 위해서는 그 원리와 방법을 알아야 한다(일상생활에서의 정신 수양)는 데 초점을 두고 있다. 곧, 혼란스럽고 복잡한 현대를 살아가면서 조용히 정신 수양을 하기란 결코 쉬운 일이 아니다. 그런데 다행히도 분별심과 주착심을 빨리 알아차리는 데는 오히려 혼란스러운 상황이 효과적이므로 일상생활 속에서 정신 수양에 힘써 마음의 편안함을 갖고 살아야 한다는 것이 핵심이다.

2 자기중심적 판단(불별심)과 자기 합리화(주착심)란, 결국 자신에게 유리하도록 사고하고 문제를 해결하는 것이다. 다시 말해, 아전인수(我田引水)격의 행동이다.

유제

03 다음 글을 읽고 물음에 답하시오.

산다는 것이 얼마나 힘들고 괴로운 일인가를 우리는 잘 알고 있다. 때로는 흥겨운 일도 생기고 영광스러운 축복에 파묻히기도 하지만, 보다 많은 경우에 우리는 어려움과 싸워야 하고 외로움을 견디어야 한다. 늙음을 면할 수 없고 죽음을 면할 수 없을 뿐 아니라, 사랑하는 사람과의 헤어짐까지 당해야 하는 것이 우리들의 삶이다. 이토록 엄청난 제약을 짊어지고 우리의 삶은 시작되었던 것이며, 이토록 무거운 부담을 안고 있음을 알면서도 우리는 운명을 사랑하며 최선을 다하여 열심히 살아가는 것이다. 길가의 민들레가 행인들의 발길에 밟히면서도 굴하지 않고 일어서며 꽃을 피우듯이, 그렇게 열심히 살아야 한다. 보람을 찾아서 성실하게 살아야 하는 것이다.

해바라기나 모란처럼 크고 화려한 꽃만이 아름다운 것은 아니며, 박이나 수박처럼 큰 열매만이 값진 것은 아니다. 작은 꽃에는 작은 꽃 나름의 아름다움이 있고, 작은 열매에는 작은 열매 나름의 값어치가 있다. 삶의 보람도 반드시 크고 화려한 것에만 있는 것이 아니다. ㉠눈이 밝은 사람은 산과 들, 가는 곳마다 작고 아름다운 꽃을 발견할 수 있듯이, 지혜로운 사람은 인간 도처의 일상적인 생활 속에서 보석 같은 보람을 창조할 수 있다.

작은 꽃 또는 작은 열매는 여럿이 한데 모였을 때 놀랍도록 큰 가치를 갖는다. 코스모스꽃은 한 송이만 따로 떨어져 있을 때는 크게 아름다울 것이 없으나, 무리를 지어 들판을 메우고 피었을 때는 보는 사람에게 형언하기 어려운 감동을 준다. 한 알의 쌀이나 밀은 그것만으로는 큰 가치를 인정받기 어렵지만, 한 섬 두 섬 모이게 되면 막대한 가치를 획득한다. 삶의 가치의 경우에도 비슷한 ㉡논리가 성립할 것이다.

문제 1 이 글의 내용과 가장 관련이 깊은 물음은?

① 삶이란 무엇인가?
② 삶의 불행은 왜 생기는가?
③ 삶의 궁극적인 목적은 무엇인가?
④ 삶의 가치를 어디서 찾을 것인가?
⑤ 삶의 주체로 어떻게 설 수 있는가?

문제 2 ㉠의 의미와 동일한 것은?

① 요즘 들어 눈이 나빠진 것 같다.
② 그 사람은 역시 보는 눈이 남다르다.
③ 엊그제 뿌린 씨앗에서 벌써 눈이 텄다.
④ 사람들이 그를 부러운 눈으로 바라본다.
⑤ 티가 눈에 들어갔는지 눈물이 자꾸 난다.

문제 3 ⓛ에 가장 가까운 속담은?

① 티끌 모아 태산

② 가랑비에 옷 젖는다

③ 천릿길도 한 걸음부터

④ 무쇠도 갈면 바늘이 된다

⑤ 우물을 파도 한 우물을 파라

정답 1 ④ 2 ② 3 ①

해설 1 삶이 비록 괴롭더라도 그것을 견디며 열심히 그리고 성실하게 살아야 한다고 말하고 있으며, 전체적으로 자신에게 주어진 삶에 충실하여야 한다는 교훈적인 내용으로 이루어져 있다고 볼 수 있다. 이 같은 교훈과 가장 잘 어울리는 물음이 바로 '삶의 가치(보람)를 어디서 찾을 것인가'이다.

2 ㉠은 '사물을 인식·판단하는 힘'이라는 뜻으로 ②의 '눈'이 이의 용례에 해당한다.
①은 '시력' ③은 '새로 막 터져 돋아나려는 초목의 싹' ④는 '무엇을 보는 모양이나 태도' ⑤는 '보는 기능을 맡은 감각기의 하나' 로서의 '눈'에 각각 해당한다.

3 ⓛ은 작은 보람이 모여서 큰 가치를 만드는 것을 말한다. 따라서 작은 것이 모여 큰 것이 된다는 ①이 이에 가장 잘 어울리는 속담이다.
② 조금씩이라도 지속적으로 손해를 입게 되면 나중에는 큰 손해가 된다는 뜻으로 부정적인 상황에 어울린다.
③ 아무리 큰일이라도 처음 시작은 작은 것이니 착실히 해야 한다는 뜻이다.
④ 불가능한 일처럼 보이는 것도 계속 노력하면 이룰 수 있다는 뜻으로 노력의 지속성이 중요함을 말하고 있다.
⑤ 한 가지 일을 꾸준히 하는 것이 성공의 지름길이라는 뜻으로 이것저것에 노력을 분산시키지 말고 하나에만 매달리라는 교훈성을 지니고 있다.

04 다음 글을 읽고 물음에 답하시오.

지성인은 고인(古人)이 이른 바, 식자인(識者人) 또는 독서인(讀書人)이요 우리말로는 선비다. 을사조약(乙巳條約) 이후 많은 지사(志士)가 순국할 때 번민하다가 마침내 합방의 소식을 듣고 음약자결(飮藥自決)한 황매천(黃梅泉) 선생은 그 사세시(辭世詩)에 진실로 인간에 선비 노릇하기 어렵다는 뼈아픈 진실을 토로하였다.

지성인 — 오늘의 식자인들은 어떤가. 지식인으로서의 명분과 긍지까지도 포기해 버린 느낌이 아닌가. 선비의 사명을 반성하고 자각할 성의조차 잃은 것이 아니던가. 지성인은 침체하고, 현실은 혼란하고, 정신은 격동하는 것이 오늘 우리 사회의 현상이다. 침체한 것에는 활기를 불어넣고 고무해야 할 것이요, 혼란한 것은 가다듬고 정리해야 할 것이며, 격동하는 것은 수습하고 계통지어야 할 것이다. 과연 오늘의 지성인이 이 중의 어느 한 가지에나마 자기의 사명감을 자각하고 있는 것일까. 격동기의 지성인의 자세는 먼저 냉철하고 확고하고 준열해야 한다. 그러한 마음의 자세에서만 무위(無爲)와 나약(懦弱)은 극복되고 지성인의 사명인 지도성의 자각이 체득될 것이다.

지성인 곧 선비는 나라의 기강(紀綱)이요 사회 정의의 지표이다. 그러므로 한 나라의 기강을 바로잡고 사회 정의의 지표를 확립하자면 무엇보다도 먼저 선비가 기절(氣節)을 숭상함으로써 선비의 명분을 세우지 않으면 안 된다. 선비가 만일 시류(時流)에 부침(浮沈)하거나 권세에 추종하는 것만을 일삼는다면, 선비의 명분이 땅에 떨어질 뿐 아니라 선비의 그러한 자모(自侮)는 마침내 간악한 소인으로 하여금 폭력으로써 선비의 바른 언론을 봉쇄하고 선비의 밝은 도(道)를 억압하게 하는 지경에 이를 것이다. 선비의 성충(誠衷)이 짓밟힌 곳에 어찌 나라의 기강이 바로잡히며 선비의 지성이 무찔린 곳에 어찌 사회 정의의 지표가 설 수 있을 것인가. 고래(古來)로 선비가 기절(氣節)을 숭상하여 목숨까지 바쳐서 지켜 온 것은 진실로 부정과 불의에 대한 항거로써 선비의 명분을 삼기 때문이다.

오늘날처럼 나라의 기강이 어지럽고 사회 정의의 지표를 잃은 적은 일찍이 우리의 역사에는 없었을 것이다. 불행한 역사에 누적된 악소(惡素)로서 이제 고질이 된 세상은 마음 있는 사람의 가슴을 아프게 하거니와 무엇보다도 더 한심한 것은 이에 대한 우리 지성인의 무관심과 무성의다. 선비의 기절은 헌신짝처럼 저자거리에 던져져 있고 선비의 명분은 꼭두각시처럼 소인배의 손아귀에 농락되고 있다는 사실이다. 한 때의 명리만을 계산하여 악에 추종하는 타락하는 선비는 늘어 가고 ㉠ 지성인의 양심을 팔아 권력에 붙어서 무소불위(無所不爲)의 억지를 쓰는 기증한 무리들이 백일(白日) 아래 부끄럼 없이 얼굴을 들고 다니는 세상이 되고 말았다는 말이다. 이 어찌 통탄할 일이 아니겠는가?

선비가 다시 기절을 세우고 부정과 불의에 항거하지 않으면 안 될 때가 왔다. 타락한 시속(時俗)의 못된 선비들을 징계하지 않으면 안 될 때에 우리는 봉착한 것이다. 정(正)과 사(邪)가, 의(義)와 불의(不義)가 뒤죽박죽이 된 세상을 백성 앞에 분명히 흑백(黑白)을 가려 줄 사람이 누군가. 지성인을 두고 이 일을 능히 할 사람이 없을 것이다. ㉡ 난세에 구차히 성명(性命)이나 보전한다는 이른바 명철보신(明哲保身)의 태도나, 내 아니라도 남이 할 터이지 하는 수수방관의 태도나, 내 힘으로는 어쩔 수 없다는 자포자기의 태도는 이제 백성의 이름으로 규탄될 것이다. 나라의 힘으로 길러지고 백성의 신망을 짊어진 식자인(識字人)의 의무를 저버릴 수 없고 남의 희생만을 요구할 수도 없으며 애국성충(愛國誠衷)을 바치기 전에 앉아서 자멸을 기다릴 수는 더구나 없는 것이다.

문제1 위 글에 대한 설명으로 적절하지 않은 것은?

① 지성인의 명리적인 삶을 다양한 시각에서 비판하고 있다.

② 비유적 표현보다는 직설적 언어로 지성인을 엄하게 꾸짖고 있다.

③ 가치관과 도덕이 혼돈에 빠진 현실을 나라 흥망의 고비로 보고 있다.

④ 순국하신 선인의 예를 들어 은둔하는 지성인을 높이 평가하고 있다.

⑤ 기절과 명분, 사명감을 지성인이 지켜야 할 삶의 자세로 보고 있다.

문제2 위 글에서 글쓴이가 지성인에게 구체적으로 직접 요구하고 있는 것은?

① 냉철하고 확고한 신념

② 명분과 긍지가 있는 생활

③ 기절을 숭상하고 도를 실현하는 일

④ 기강을 세우고 정의를 실현하는 일

⑤ 부정과 불의에 직언하고 저항하는 일

문제3 ㉠과 가장 관계가 깊은 것은?

① 곡학아세(曲學阿世)

② 면종복배(面從腹背)

③ 감탄고토(甘呑苦吐)

④ 왈리왈시(曰梨曰柿)

⑤ 후안무치(厚顔無恥)

문제4 다음 중 ㉡과 가장 가까운 것은?

① 〈꺼삐딴 리〉의 이인국 박사는 일제 강점기에는 친일파로서 잠꼬대까지 일본어로 할 정도이며, 소련군 점령 시대에는 소련군에게 아첨하여 위기를 면하고, 다시 월남해서는 미국 대사관에 아첨하는 등 변신의 명수였다.

② 〈수난 이대〉의 박만도는 순박한 시골 사람으로 일제 강점기에 징용으로 끌려가 팔 한쪽을 잃은 불구자이지만, 어려운 생활과 역사적 수난에 좌절하지 않고 극복해 나가려는 의지를 지닌 인물이다.

③ 〈운수 좋은 날〉의 김 첨지는 병든 아내의 상태에 대한 불안감으로 바로 집에 들어가지 않고 술을 마시며 돈을 뿌리고 횡설수설하는 인물로, 내일에 대한 희망이 없이 그날그날을 지탱하는 삶을 살아간다.

④ 〈춘향전〉의 성춘향은 기생의 딸로 정조를 지키지 않아도 비판받지 않는 계층이었지만, 이 몽룡과의 사랑을 지키기 위해 권력의 억압과 부귀영화의 꾐에도 넘어가지 않은 절개의 인물이다.

⑤ 〈양반전〉의 부자는 신분 상승을 위해 많은 돈을 주고 양반을 사지만, 증서 내용에서 양반은 무위도식하며 부당한 특권을 남용해도 된다는 말을 듣고는 양반되기를 포기하는 용기 있는 인물이다.

정답 1④ 2⑤ 3① 4①

해설 1 이 글에서 필자는 옛 선비들의 기절을 다시 세우고 시대의 부정과 불의에 항거해야 함을 역설하고 있다. 구차하게 성명(性命)이나 보전하는 명철보신의 태도나 수수방관하거나 자포자기하는 것은 지성인의 태도가 아니라는 것이다. 따라서 필자는 은둔하는 지성인을 비판하고 있는 것이므로 ④는 적절한 설명이 될 수 없다.

2 나라가 혼란스럽고 어두울 때 지성인(선비)들의 삶은 여러 형태로 나타난다. 이 글은 지성인답게 살지 못하는 지성인을 비판하고 마지막 단락에서 나라가 흥망의 고비에 있을 때 마땅히 지성인이 해야 할 일(부정과 불의에 직언하고 항거)을 해야 한다고 주장하고 있다.

3 ㉠은 지식인의 양심을 저버리고 권력에 붙어서 세상을 어지럽히는 무리를 가리킨다.
　① 바른 길에서 학문으로 세상 사람에게 아첨함을 이르는 말.
　② 겉으로는 복종하는 체하면서 속으로는 배반함을 이르는 말.
　③ 사리에 옳고 그름을 돌보지 않고, 자기의 비위에 맞으면 좋아하고 맞지 않으면 싫어한다는 뜻.
　④ 쓸데없이 남의 일에 간섭한다는 뜻.
　⑤ 얼굴이 두꺼워 부끄러움을 모른다는 뜻.

4 ㉡의 '명철보신' 의 본래의 뜻은 총명하고 사리에 밝아서, 이치에 맞게 일을 처리하며 자신을 잘 보전한다는 말이었는데, 의미가 변하여 여기에서는 혼란스러운 세상을 살아감에 있어 안전함을 제일로 삼아 요령 있게 처세한다는 뜻으로 ①과 같다.

4 소설문학의 이해와 감상

🌸 소설이란?

소설은 줄거리를 가지고 있는 이야기이다. 즉 서사적인 구조를 가지고 있기 때문에 서사적 구조의 3요소를 이해하면 보다 쉽게 내용을 파악할 수 있다.

서사적 구조의 3요소는 '인물, 사건, 배경'으로 이 세 가지가 이야기를 만들어내고 주제와 인물의 성격을 형성해 내며 어떤 배경(시대적, 공간적)을 중심으로 하느냐에 따라 그 시대의 문제점이나 그 공간의 사안을 드러내주는 구실을 한다.

따라서 전체적으로 본다면 이런 이야기 구조를 가지고 있는 글의 파악은 먼저 인물이 중심이 되며 그 다음은 그 인물들이 어떤 사건을 만들어내는가에 초점이 맞춰진다. 물론 이때 전체적인 내용의 흐름을 관장하는 것은 배경이다. 즉, 같은 사건이라도 어떤 시대에 일어났는지 그리고 그 사건이 어떤 공간에서 일어났는지가 전체적인 의미를 규정하는 데 매우 중요한 요소로 등장하기 때문이다.

🌸 감상방법

시험에서는 사건의 한 부분만 인용되기 때문에 전체적인 배경이 문제되기는 어렵다. 하지만 배경에 대한 요소도 다루어지는 경우가 간혹 있기 때문에 이를 파악하는 방법도 익혀 두어야 한다.

이렇게 본다면 시험에서 가장 중요한 것은 어떤 인물이 등장하고 그 인물은 어떤 인물인가를 파악하는 것과 그 인물이 만들어내는 사건은 무엇이며 그것이 어떤 의미를 띠고 있는가를 파악하는 것이라고 볼 수 있다. 그렇다고 국어시험이나 언어영역처럼 인물의 종류, 즉 반동인물인지 주동인물인지 아니면 주변인물인지 또 등장하는 인물과 사건의 비중 등을 묻지는 않는다. 그러므로 이 시험에서 가장 중요한 것은 어떤 인물이 등장하고 또 그 인물이 만들어 내는 사건의 의미는 무엇인가에 초점을 맞추면 소설 문제는 거의 다 풀 수 있다.

또한 출제되는 지문은 대부분 1920년대 이후부터 1990년대 후반까지의 작품이 많이 다루어지고 있으며 고전이 나온 경우는 거의 없다. 그리고 사용되는 지문 전체에 대해 출전이나 작가, 제목을 밝히지 않기 때문에 미리 어떤 작품을 읽어 두면 도움이 된다는 것도 특정 지을 수 없다.

따라서 소설 독해의 일반적인 원칙에 따라 어떤 인물이 등장하고 그 인물이 만들어내는 사건은 무엇이며 그 사건의 의미는 어떻게 해석할 것인가에 초점을 맞추고 공부를 해두면 소설 문제에서 나오는 3~4문제를 무난하게 풀 수 있을 것이다.

일단 다음의 표준 난이도를 맞춘 문제들을 통해서 앞으로 나올 문제들에 대한 대비를 하기로 한다.

예시문제 1

다음 글을 읽고 물음에 답하시오.

(가) 형은 손에서 원고 뭉치를 떨어뜨리고 나의 귀를 잡아 끌었다. 술 냄새가 호흡을 타고 내장까지 스며들 것 같았다. 형은 아주머니까지도 들어서는 안 될 이야기나 된 것처럼 귀에다 입을 대고 가만히 속삭였다.

"넌 내가 소설을 불태우는 이유를 묻지 않는군……."

너무나 정색을 한 목소리여서 형의 얼굴을 보려고 했으나 형의 손이 귀를 놓아 주지 않았다.

"그런데 너도 읽었겠지만, 거 내가 죽인 관모놈 있지 않아. 오늘 밤 나 그놈을 만났단 말야."

그러고는 잠시 말을 끊고 나를 찬찬히 살펴보고 있었다.

그 눈은 술에 젖어 있었으나, 생각이 멀리 있는 것처럼 보이는 것은 결코 술 때문만은 아닌 것 같았다.

그러나 이제 형은 안심이라는 듯 큰 소리로,

"그래 이건 쓸데없는 게 되어 버렸지……이 머저리 새끼야!"

하고는 나의 귀를 쭉 밀어 버렸다.

다시 원고를 들어 사그라드는 불집에 집어 넣었다.

"한데 이상하거든……새끼가 날 잘 알아보질 못한단 말이야……일부러 그런 것 같지도 않았는데……?"

불을 보면서 형은 계속 중얼거렸다.

"내가 이제 놈을 아주 죽여 없앴으니 내일부턴……일을 하리라고 생각하고 자리를 일어서서 흙을 나오려는데……그렇지 바로 문에서 두 걸음쯤 남았을 때였어. 여어, 너 살아 있었구나 하고 누가 등을 탁 치지 않나 말야."

형은 나를 의식하고 이야기하는 것 같기도 하고 혼자 중얼거리는 것 같기도 했다.

"놀라 돌아보니 아 그게 관모놈이 아니냔 말야. 한데 놈이 그래 놓고는 또 영 시치밀 떼지 않아. 이거 미안하게 됐다구……두려워서 비실비실 물러나면서……내가 그 사이 무서워진 걸까……하긴 놈은 내가 무섭기도 하겠지. 어쨌든 나는 유유히 문까지는 걸어 나왔어. 그러나……문을 나서서는 도망을 했어……놈이 살아 있는데 이게 무슨 소용이냔 말야."

형은 나머지 원고 뭉치를 마저 불집에 집어 넣고 나서 힐끗 나를 보았다.

(나) 비로소 몸 전체가 까지는 듯한 아픔이 전해 왔다. 그것은 아마 형의 아픔이었을 것이다. 형은 그 아픔 속에서 이를 악물고 살아왔다. 그는 그 아픔이 오는 곳을 알고 있는 것이다. 그리하여 그것을 견딜 수 있었고, 그것을 견디는 힘은 오히려 형을 살아 있게 했고 자기를 주장할 수 있게 했다. 그러던 형의 내부는 검고 무거운 것에 부딪쳐 지금 산산조각이 나 버린 것이다. 형은 자기를 솔직하게 시인할 용기를 가지고, 마지막에는 관모의 출현이 착각이든 아니든, 사실로서 오는 것에 보다 순종하여, 관념을 파괴해 버릴 수 있는 힘이 있었다. 어쨌든 형을 지금까지 지켜 온 그 아픈 관념의 성은 무너지고 말았지만, 그만한 용기는 계속해서 형에게 메스를 휘두르게 할 것이다. 그것은 무서운 창조력일 수도 있었다. 그러나 나는 멍하니 드러누워 생각을 모으려고 애를 썼다. 나의 아픔은 어디서 온 것인가. 혜인의 말처럼 형은 육이오의 전상자이지만, 아픔만이 있고 그 아픔이 오는 곳이 없는 나의 환부는 어디인가. 혜

인은 아픔이 오는 곳이 없으면 아픔도 없어야 할 것처럼 말했지만 그렇다면 지금 나는 엄살을 부리고 있다는 것인가.

1 (나)의 내용으로 볼 때, (가)에 나타나는 사건 전개의 양상은?

① 갈등의 실마리 발생
② 갈등과 분규의 시작
③ 갈등의 점진적 심화
④ 갈등의 최고조
⑤ 갈등의 해소

2 '형'이 '소설을 불태우는 행위'가 함축하는 바를 추론한 것으로 올바른 것은?

① 깨달음의 실천
② 불안 요소의 제거
③ 일상으로부터의 탈출
④ 새로운 삶으로의 전환
⑤ 작가로서의 삶의 포기

3 (가)에서 '형'이 보이고 있는 태도와 가장 가까운 것은?

① 불가항력적인 상황에 저항하고 있다.
② 상대방의 잘못을 집요하게 추궁하고 있다.
③ 자신의 불만을 동생을 상대로 해소하고 있다.
④ 자신이 겪고 있는 아픔에서 벗어날 수 없음을 인정하고 있다.
⑤ 자신이 살인을 했다는 사실 때문에 죄책감을 느껴 의기소침해 있다.

정답 1 ⑤ 2 ④ 3 ④

출전 이청준, 〈병신과 머저리〉

이 소설은 전쟁 체험 세대인 형과 미체험 세대인 동생을 내세워 두 인물 모두가 지니고 있는 아픔을 형상화한 작품이다. 형은 6 · 25의 체험을 생생한 아픔으로 지니고 있는 '병신'이다. 이에 반해 동생은 그러한 체험이 없으면서도 무기력하게 자신을 포기한 '머저리'이다. 극한 상황의 비인간성 속에서 자신에 대한 극도의 환멸을 맛보았던, 그리고 그 환멸에 대한 분출구로서 소설 쓰기를 택한 '병신'과 혜인을 붙잡지 못하고 그림으로 자신의 억눌린 욕구를 표현하고자 하는 '머저리'가 대면하면서 서로의 아픔을 확인하고 있다. 이로써 둘은 서로에게 반성적 계기가 되고, 그 아픔을 바탕으로 새로운 삶을 시작할 수 있는 힘을 얻는다. 즉, 자기에 대한 비판적 계기가 생에 대한 긍정적 힘으로 순화되는 것이다.

██ 해설 ██

1 (나)에서 '나'는 (가)에 나타난 '형'의 언행에 대해 설명하고 있다. '나'는 '형'이 자신을 억누르고 있던 '관념'으로부터 벗어나 새로운 삶을 시작하려 한다고 설명했다. 따라서 (가)에서 '형'이 보이는 언행은 갈등이 해소되는 상황을 암시한 것으로 해석해야 한다.

2 (가)의 내용으로 볼 때, '형'은 자신이 겪는 아픔을 극복하기 위해 소설을 썼으나, 그 소설을 쓴 것으로 자신의 아픔이 치유될 수 없음을 깨닫고 소설을 불태우고 있다. 즉, 아픔의 원인이라 할 수 있는, 소설 속에 '관모'라는 인물로 설정된 어떤 존재를 지워 버리기 위해 소설 속에서 '관모'를 죽여 버렸지만, 자신의 머릿속에는 여전히 그가 살아 있음을 알고 소설을 불태워 버리는 것이다. 그래서 (나) 부분에서 보듯이, '나'는 '형'이 자신을 솔직하게 시인하고 그러한 용기를 가지고 메스를 휘두르는 일(의사로서의 일)을 계속하게 될 거라고 생각하는 것이다. 즉, '소설을 불태우는 행위'는 '관념에 사로잡혀 있던 삶'을 청산하고 '새로운 삶'을 시작하는 분기점이 된다.

3 (가)에서 '형'이 소설을 불태우면서 한 대화 내용으로 볼 때, '형'은 자신이 소설 속에서 '관모'라는 존재를 죽여 없앴으나, 자신의 의식 속에는 여전히 살아 있어서, 그 행위가 소용없음을 인정하고 있다. 그 '관모와 같은 존재'가 의식 속에 살아 있다는 것은 곧 '형'이 겪고 있는 아픔이므로, (가)에서 '형'이 보이고 있는 태도는 ④로 보아야 한다.

🌀 예시문제 2

다음 글을 읽고 물음에 답하시오.

별안간 또 한 줄기 쏟아지는 비도 피할 겸 윤춘삼 씨는 나를 다릿목 어떤 가겟집으로 안내했다. 언젠가 하단서 같이 들렀던 집과 거의 비슷한 차림의 주막집이었다.

둘 사이에는 한참 동안 말이 없었다. 너무나 다급하고 또 수다한 말들이 두 사람의 입을 한꺼번에 봉해 버렸다 할까!

"건우네 가족도 무사히 피난했겠지요?"

먼저 내 입에서 아까부터 미뤄 오던 말이 나왔다.

"아⋯⋯."

해 놓고도 어쩐지 말끝이 석연치 않았다.

"집들은 물론 결단이 났겠지만, 사람은 더러 상하진 않았던가요?"

나는 이런 질문을 해 놓고, 이내 후회했다. 으레 하는 빈걱정 같아서.

"집이고 농사고 머 있능교. 다행히 목숨들만은 건졌지만, 그 바람에 갈밭새 영감이 또 안 끌려갔능기요."

윤춘삼 씨는 가슴이 내려앉는 듯한 무거운 한숨을 내쉬었다.

"건우 할아버지가?"

나는 하단서 그 접낫패에게 얼핏 들은 애기를 상기했다.

"그래서 내가 지금 경찰서꺼정 갔다 오는 길인데, 마침 잘 만냈임더. 글 안 해도⋯⋯."

기진맥진한 탓인지, 그는 내가 권하는 술잔도 들지 않고 하던 이야기만 계속했다.

바로 어제 있은 일이었다. 하단서 들은 대로 소위 배짱들이 만들어 둔 엉터리 둑을 허물어 버린 얘기였다.

비는 연 사흘 억수로 쏟아지지, 실하지도 않은 둑을 그대로 두었다가 물이 더 불었을 때 갑자기 터진다면 영락없이 온 섬이 떼죽음을 했을 텐데, 마침 배에서 돌아온 갈밭새 영감이 설두를 해서 미리 무너뜨렸기 때문에 다행히 인명에는 피해가 없었다는 것이다.

"그런데 와 건우 할아버진 끌고 갔느냐고요?"

윤춘삼 씨는 그제야 소주를 한 잔 훅 들이키고 다음을 계속했다. ― 섬 사람들이 한창 둑을 파헤치고 있을 무렵이었다. 좀더 똑똑히 말한다면, 조마이섬 서쪽 강 둑길에 검정 지프차가 한 대 와 닿은 뒤라 한다. 웬 깡패같이 생긴 청년 두 명이 불쑥 현장에 나타나더니, 둑을 허물어뜨리는 광경을 보자, 이내 노발대발 방해를 하기 시작하더라고. 엉터리 둑을 막아 놓고 섬을 통째로 집어삼키려던 소위 유력자의 앞잡인지 뭔지는 모르되, 아무리 타일러도, '여보, 당신들도 보다시피 물이 안팎으로 이렇게 불어나는데 섬 사람들은 어떻게 하란 말이오?' 해 봐도, 들어 주긴커녕 그 중 힘깨나 있어 보이는, 눈이 약간 치째진 친구가 되레 갈밭새 영감의 팽이를 와락 뺏더니 물 속으로 핑 집어 던졌다는 거다. 그리곤 누굴 믿고 하는 수작일 테지만 후욕 패설을 함부로 뇌까리자, 순간 화가 머리끝까지 치밀었을 갈밭새 영감도,

"이 개 같은 놈아, 사람의 목숨이 중하냐, 네 놈들의 욕심이 중하냐?"

말도 채 끝내기 전에 덜렁 그 자를 들어 물속에 태질을 해 버렸다는 것이다. 상대방은 '아이고' 소리도 못해 보고 탁류에 휘말려 가고, 지레 달아난 녀석의 고자질에 의해선지 이내 경찰이 둘이나 달려왔더라고.

"내가 그랬소!"

갈밭새 영감은 서슴지 않고 두 손을 내밀었다는 거다. 다행히도 벌써 그때는 둑이 완전히 뭉거지고, 섬을 치덮던 탁류도 빙 에워 돌며 뭉그적뭉그적 빠져 나가고 있었다는 것이다.

"정말 우리 조마이섬을 지키다시피 해 온 영감인데⋯⋯, 살인죄라니 우짜문 좋겠능기요?"

게까지 말하고 나를 쳐다보는 윤춘삼 씨의 벌건 눈에서는 어느덧 닭똥 같은 눈물이 뚝뚝 떨어지기 시작했다.

법과 유력자의 배짱과 선량한 다수의 목숨⋯⋯. 나는 이방인(異邦人)처럼 윤춘삼 씨의 캉캉한 얼굴을 건너다보았다.

---

1 위 글의 서술상의 특징과 효과를 정리한 것으로 가장 적절한 것은?

① '나'를 통해 현실을 객관적, 사실적으로 서술하고 있다.
② '나'와 주인공(갈밭새 영감)을 대비하여 독자와 가까워지고 있다.
③ '나'의 눈을 통해 조마이섬을 대표하는 인물과 권력과의 대결을 실감나게 그리고 있다.
④ '나'의 눈을 통해 현실을 실감 있게 그리고 있다.
⑤ '나'의 눈을 통해 바라본 시대 상황을, 여러 각도에서 바라보기에 적합하다.

2 갈밭새 영감에 대한 인물을 평가한다고 할 때 적절한 것은?

① 입심 센 노익장이군!

② 물불을 가리지 않는 다혈질이군!

③ 배짱 좋은 할아버지군!

④ 사람을 죽이고도 반성할 줄 모르는 할아버지군!

⑤ 불의에 항거해서 자신을 희생하는 할아버지군!

3 위 글에 대한 작품 감상으로 옳지 <u>않은</u> 것은?

① "이 작품은 역사 속에 흐르는 민중의 한 맺힌 부르짖음을 형상화하였다고 생각해."

② "작가는 민중의 외침을 외면하는 위정자들을 비판하고 있다고 생각해."

③ "이 작품은 모순투성이 현실에서 삶을 긍정하며 부조리에 저항하는 하나의 생존 양식을 제시하고 있다고 생각해."

④ "갈밭새 영감은 비록 사람을 죽였지만 영감의 저항은 부당하게 수탈당하고 억울하게 짓눌린 삶을 되찾으려는 행위로 볼 수가 있어."

⑤ "불의를 보면 싸워야 한다는 생각을 일깨워 주고 있는 갈밭새 영감의 행위는 오늘의 청소년들에게 매우 가치가 있다고 생각해."

4 '나'에 대한 인물평으로 가장 옳은 것은?

① 안일무사주의자(安逸無事主義者)다.

② 미래낙관주의자(未來樂觀主義者)다.

③ 애국애족주의자(愛國愛族主義者)다.

④ 현실만족주의자(現實滿足主義者)다.

⑤ 의식행동불일치자(意識行動不一致者)다.

정답 1① 2⑤ 3⑤ 4⑤

출전 김정한, 〈모래톱 이야기〉

시간적 배경은 일제 강점기부터 1960년까지이며, 공간적 배경은 낙동강 하류의 '조마이섬'이라는 외진 모래톱으로 제한된 공간이다. 낙동강 하류의 어느 외진 모래톱을 배경으로 전개하는 이야기로, 소외 지대 인간의 비참한 생활과 갈밭새 영감의 삶을 통해서 사회의 부조리를 고발하고 저항을 묘사하는 작품으로 농촌의 현실을 조명하고 증언하고 있다.

해설

1 1인칭 관찰자 시점으로, '나'가 보고 들은 이야기를 객관적이고 사실적으로 서술하여 현실을 직시하고 있다.

2 섬 주민을 위해 살인을 하고 투옥되는 희생적인 모습이 나타나 있다.

3 갈밭새 영감이 불의를 보고 싸운 것은 사실이지만 이 소설이 청소년들에게 불의에 맞서 싸워야 한다는 점을 심어 주기 위한 것은 아니다.

4 '나'는 사건을 바라보고 관찰하는 관찰자로, 갈밭새 영감이 감옥살이를 하게 된 것에 비판적 어조를 지니고 있지만, 구체적인 행동은 하지 못한다.

예시문제 3

다음 글을 읽고 물음에 답하시오.

이번에도 점순이가 쌈을 붙여 났을 것이다. 바짝바짝 내 기를 올리느라고 그랬음에 틀림없을 것이다. 고놈의 계집애가 요새로 접어들어서 왜 나를 못 먹겠다고 고렇게 아르릉거리는지 모른다.

나흘 전 감자 쪼간만 하더라도 나는 저에게 조금도 잘못한 것은 없다. 계집애가 나물을 캐러 가면 갔지 남 울타리 엮는 데 쌩이질을 하는 것은 다 뭐냐. 그것도 발소리를 죽여 가지고 등 뒤로 살며시 와서, "얘! 너 혼자만 일하니?" 하고 긴치 않은 수작을 하는 것이었다.

어제까지도 저와 나는 이야기도 잘 않고 서로 만나도 본척만척하고 이렇게 점잖게 지내던 터이련만, 오늘도 갑작스레 대견해졌음은 웬일인가. 항차 망아지만한 계집애가 남 일하는 놈 보구…….

"그럼 혼자 하지 떼루 하디?"

내가 이렇게 내배알는 소리를 하니까

"너, 일하기 좋니?"

또는

"한여름이나 되거든 하지 벌써 울타리를 하니?"

잔소리를 두루 늘어놓다가 남이 들을까 봐 손으로 입을 틀어막고는 그 속에서 깔깔 대인다. 별로 우스울 것도 없는데, 날씨가 풀리더니 이놈의 계집애가 미쳤나 하고 의심하였다. 게다가 조금 뒤에는 제 집께를 할끔할끔 돌아보더니 행주치마의 속으로 꼈던 바른손을 뽑아서 나의 턱밑으로 불쑥 내미는 것이다. 언제 구웠는지 아직도 더운김이 홱 끼치는 굵은 감자 세 개가 손에 뿌듯이 쥐였다.

"느 집엔 이거 없지?"

하고 생색 있는 큰소리를 하고는, 제가 준 것을 남이 알면 큰일날 테니 여기서 얼른 먹어 버리란다. 그리고 또 하는 소리가,

"너, 봄감자가 맛있단다."

"난 감자 안 먹는다, 니나 먹어라."

나는 고개도 돌리려지 않고 일하던 손으로 그 감자를 도로 어깨 너머로 쑥 밀어 버렸다. 그랬더니 그래도 가는 기색이 없고, 뿐만 아니라 쌔근쌔근하고 심상치 않게 숨소리가 점점 거칠어진다. 이건 또 뭐야 싶어서 그때에야 비로소 돌아다보니 나는 참으로 놀랐다. 우리가 이 동리에 들어온 것은 근 삼 년째 되어 오지만 여지껏 가무잡잡한 점순이의 얼굴이 이렇게까지 홍당무처럼 새빨개진 법이 없었다. 게다 눈에 독을 올리고 한참 나를 요렇게 쏘아보더니 나중에는 눈물까지 어리는 것이 아니냐. 그리고 바구니를 다시 집어들더니 이를 꼭 악물고는 엎어질 듯 자빠질 듯 논둑으로 힝하게 달아나는 것이다.

그런데 고약한 그 꼴을 하고 가더니 그 뒤로는 나를 보면 잡아먹으려고 기를 복복 쓰는 것이다. 설혹 주는 감자를 안 받아 먹은 것이 실례라 하면, 주면 그냥 주었지 "느 집엔 이거 없지?"는 다 뭐냐. 그렇잖아도 저희는 마름이고 우리는 그 손에서 배재를 얻어 땅을 부치므로 일상 굽실거린다. 우리가 이 마을에 처음 들어와 집이 없어서 곤란으로 지낼 제, 집터를 빌리고 그 위에 집을 또 짓도록 마련해 준 것도 점순네의 호의였다. 그리고 우리 어머니 아버지도 농사 때 양식이 딸리면 점순네한테 가서 부지런히 꾸어다 먹으면서, 인품 그런 집은 다시 없으리라고 침이 마르도록 칭찬하곤 하는 것이다. 그러면서도 열일곱씩이나 된 것들이 수군수군하고 붙어 다니면 동리의 소문이 사납다고 주의를 시켜 준 것도 또 어머니였다. 왜냐하면, 내가 점순이하고 일을 저질렀다가는 점순네가 노할 것이고, 그러면 우리는 땅도 떨어지고 집도 내쫓기고 하지 않으면 안 되는 까닭이었다. 그런데 이놈의 계집애가 까닭 없이 기를 복복 쓰며 나를 말려 죽이려고 드는 것이다.

1 위 글의 내용과 일치하지 <u>않는</u> 것은?

① 점순네는 작중 화자의 집안에 많은 도움을 주고 있다.
② 작중 화자의 어머니는 마름인 점순네를 어려워하고 있다.
③ 점순이는 어머니에게 자신의 심중을 들킬까봐 두려워하고 있다.
④ 작중 화자는 마름의 딸인 점순이를 은근히 좋아하나 처음부터 멀리 하고 있다.
⑤ 작중 화자의 어머니는 자기 아들과 점순이 사이에 무슨 일이 생길까 걱정하고 있다.

2 위 글의 표현상 특징으로 알맞지 <u>않은</u> 것은?

① 사투리를 사용하여 토속적인 분위기를 잘 살려 내고 있다.
② 어리숙한 인물을 등장시켜 해학적인 분위기를 만들고 있다.
③ 소작인들의 궁핍한 생활을 비판적인 안목에서 그려 내고 있다.
④ 간결하고 압축적인 대화를 사용하여 사춘기 남녀의 감정을 잘 드러내고 있다.
⑤ 해학적인 어투를 사용하여 인간애를 부각했다.

3 인물의 심리를 표현하는 과정에서 위 글과 〈보기〉가 가지는 공통점은?

> 집에 오니 어머니는 문간에서 기다리고 있다가 나를 안고 들어왔습니다.
> "그 꽃은 어디서 났니? 퍽 곱구나."
> 하고 어머니가 말씀하셨습니다. 그러나 나는 갑자기 말문이 막혔습니다. '이걸 엄마 드릴라구 유치원서 가져왔
> 어.' 하고 말하기가 어째 몹시 부끄러운 생각이 들었습니다. 그래 잠깐 말설이다가,
> "응, 이 꽃! 저 사랑 아저씨가 엄마 갖다 주라고 줘!"
> 하고 불쑥 말했습니다. 그런 거짓말이 어디서 그렇게 툭 튀어 나왔는지 나도 모르지요.
> 꽃을 들고 냄새를 맡고 있던 어머니는 내 말이 끝나기가 무섭게 무엇에 몹시 놀란 사람처럼 화닥닥하였습
> 니다. 그리고는 금시에 어머니 얼굴이 그 꽃보다 더 빨갛게 되었습니다. 그 꽃을 든 어머니 손가락이 파르르
> 떠는 것을 나는 보았습니다. 어머니는 무슨 무서운 것을 생각하는 듯이 방 안을 한 번 둘러보시더니,
> "옥희야 그런 걸 받아 오문 안 돼."
> 하고 말하는 목소리는 몹시 떨렸습니다.

① 서술자가 대상 인물의 심리를 꿰뚫어 보고 있다.
② 서술자는 자신의 심리를 객관적인 태도로 기술하고 있다.
③ 서술자가 자신의 내면 심리를 제시하는 데 주력하고 있다.
④ 작가는 서술자의 관찰을 통해 상대방의 심리를 드러내고 있다.
⑤ 작가는 사건의 진행 방향이나 등장인물의 심리를 모두 알고 있다.

정답 1 ④ 2 ③ 3 ④

출전 김유정, 〈동백꽃〉

해설

1 작중 화자는 점순이에 대해 특별한 감정을 가지고 있지 않아서 점순이가 자신에게 관심을 보이는 이유
를 전혀 이해하지 못하고 있다.

2 이 글에서 소작인의 생활이 궁핍한 것은 알 수 있지만 내용의 초점이 소작인의 궁핍한 생활에 있지 않
으며, 나아가 그들의 생활을 해학적으로 그리고 있어 비판적 안목으로 보는 내용은 발견할 수 없다.

3 이 글과 〈보기〉는 모두 1인칭의 서술자가 등장하여 내용을 기술하고 있다. 따라서 자신의 내면은 직접
적으로 기술할 수 있다. 그러나 상대방의 내면 심리는 직접 드러나지 않고 서술자의 관찰을 통해 짐작
할 수 있도록 기술되고 있다.

예시문제 4

다음 글을 읽고 물음에 답하시오.

그때 이모부가 어깨를 늘어뜨린 채 절룩거리며 지서 정문으로 나온다. 나는 달려가 이모부의 두루마기 자락에 매달린다. 그리고 소리친다.

"이모부요, 정말로 ㉠ 우리 아부지가 벌써 총살되어 뿌렀능교?"

나의 울음 섞인 고함에 이모부는 아무 대답이 없다. 내 손만 꼭 쥔다.

"갑해야, 니 아부지는 이제 이 세상 사람이 아니다. 먼데로, 아주 먼데로 가 버렸다."

이모부는 침착한 목소리로 말한다.

"정말로 마 죽었능교? 순사가 총으로 콱 쏘아죽여 뿌렀능교……"

"갑해야"

이모부가 조용히 나를 부른다. 나의 눈물 젖은 눈에 이모부의 침통한 표정이 흔들린다. 이모부는 뿌드득 이빨을 간다. 그러더니 무엇인가 결심한 듯 빠르게 말한다.

"가자. 니 아부지 보여주꾸마"

이모부는 내 손을 끌고 지서 뒷마당으로 간다. 다리를 절며 이모부는 성큼성큼 걸어 들어간다. 이모부는 말이 없다. 어둠 속에서 나는 무엇인가를 찾으려고 두리번거린다. 가슴 속이 마구 방망이질을 한다. 찝질한 눈을 닦고 아버지의 모습을 죽은 아버지의 몸뚱이를 찾기 위해 이곳저곳을 더듬어 본다.

느릅나무 밑, 거기에 가마니에 덮인 것이 눈에 들어온다. 이모부가 걸음을 멈춘다.

"이거다. 이게 니 아부지의 시체다. 똑똑히 보았제? 앞으로는 절대 아부지를 찾아서는 안 된다. 알겠제?"

이모부는 말한다. 그리고는 내 손을 놓고 가마니를 훌쩍 뒤집는다.

아, 나는 볼 수 있었다. 턱은 퉁퉁 부어 있고, 입은 커다랗게 벌려지고 있었다. 아버지가 저렇게 되다니. 나는 믿을 수가 없다. 아버지가 아닌, 다른 사람인 것만 같았다. 낡고 검은 국방복의 저고리 단추가 풀어진 사이로 보이는 아버지의 가슴, 나는 어릴 때 그 가슴에 안겨 얼마나 재롱을 떨었던가! 그런데 이제 아버지의 가슴은 그 무서운 보라빛으로 변하고 말았다. 축 늘어진 어깨와 아무렇게나 내던져진 두 팔, 아버지는 분명 잠을 자고 있는 것이 아니다.

나는 그 자리에 서 있을 수 없다.

"죽다니, 저렇게 죽고 말다니!"

나는 흐느낀다. 이모부가 내 팔을 잡는다. 나는 사납게 뿌리친다. 그리고 내닫기 시작한다. 나의 눈에는 이모부도, 보초를 선 순경도 보이지 않는다. 아버진 거짓부렁이야. 거짓말만 하다 죽고 말았어. 아니야, 아니야. 죽지 않았어. 거짓말처럼 죽은 체하고 있을 따름이야. 달빛을 받은 강물이 잉어 비늘처럼 번뜩인다. 강 건너 장승처럼 서 있는 키 큰 포플러가 아버지 같다. 나를 오라고 손짓하는 것 같다. 어릴 적 아버지와 나는 강둑을 거닐며 많은 이야기를 했다. 쉬지 않고 흐르는 이 강처럼 너도 쉬지 않고 자라야 한다. 아버지는 이런 말도 했다. 그러자 아버지가 죽었다는 실감이 비로소 나의 가슴에 소름을 일으키며 아프게 파고 든다. 나는 갑자기 오들오들 떨기 시작한다. 서른일곱으로 연기처럼 사라져 버린 아버지. 이제 내가 죽기 전 영원히 만날 수 없게 된 아버지. 어린 나에게 너무나 큰 수수께끼를 남기고 죽어 버린 아버지의 일생을 더듬을 때 나는 알 수 없는 두려움 때문에 사시나무처럼 떤다. 그와 더불어 나는 무엇인가 깨달은 듯한 느낌을 가지게 되었다. 그 느낌을 꼬집어 내어 설명할 수는 없었으나, 이를테면 (ⓛ   )는 그런 내용의 것이었다. 모든 것이 안개 속 같은 신기한 세상, 내가 알아야 할 수수께끼가 너무나 많은 이 세상을 건너갈 때, 나는 이제 집안을 떠맡은 기둥으로서 힘차게 버티어 나가지 않으면 안 된다. 이런 굳은 결심이 나의 가슴속을 뜨겁게 적시며 뒤채이는 눈물을 달래고 있음을 느꼈던 것이다.

아버지가 죽은 그 해, 초여름에 육이오 사변이 터졌다. 그리고 이모부는 그 전쟁이 소강 상태로 들어갔을 때 이미 땅 위에 계시지 않았다. 그래서 나는 성년이 된 후까지 이모부가 왜 아버지의 시체를 어린 나에게 구태여 확인시켜 주었느냐에 대해서는 여쭈어 볼 수도 없게 되고 말았다.

1 위 글에 대한 평가로 가장 적합한 것은?

① 논리적인 분석을 통해 이데올로기의 모순을 냉철하게 비판한 작품이다.
② 아버지와 아들의 갈등을 통해 이데올로기의 허구성을 고발한 작품이다.
③ 객관적인 사실 묘사를 통해 이데올로기의 대립 양상을 잘 보여 준 작품이다.
④ 이데올로기의 대립에 의한 비극을 극복하기 위한 새로운 이념을 제시하고 있는 작품이다.
⑤ 유년기 화자의 순진한 시각을 통해 이데올로기의 대립이 가져온 비정함을 효과적으로 드러낸 작품이다.

2 위 글에 대한 분석 내용으로 적절하지 <u>않은</u> 것은?

① 사건의 내용이 회상 구조로 이루어져 있다.
② 현재 시제의 사용으로 현장감을 살리고 있다.
③ 서술자가 작품 속의 등장인물로 참여하고 있다.
④ 사투리를 사용함으로써 사실적 효과를 높이고 있다.
⑤ 요약적인 진술로 일관하여 사건을 빠르게 전개시키고 있다.

3 밑줄 친 ㉠의 성격을 나타내는 말로 가장 알맞은 것은?

① 현실 도피자
② 현실을 거부한 자
③ 부정적 현실에 영합한 자
④ 현실에 참여하다 패배한 자
⑤ 사회보다 개인을 중시한 자

4 내용 전개상 ⓛ에 들어갈 말로 볼 수 있는 것은?

① 사람에게 결코 이유 없이 시련이 주어지지는 않는다.
② 이 세상 사람 어느 누구든 죽음에서 자유로울 수는 없다.
③ 나는 이제부터 아버지를 영원히 그리워하며 살아갈 수밖에 없다.
④ 아버지가 나에게 남겨 준 수수께끼는 시간이 흐르면 풀릴 것이다.
⑤ 살아가는 데 용기를 가져야 하고 어떤 어려움도 슬픔도 이겨 내야 한다.

정답 1 ⑤ 2 ⑤ 3 ④ 4 ⑤

출전 김원일, 〈어둠의 혼〉

해설

1 해방 공간의 이데올로기 대립이라는 경직된 제재를 어린 화자의 시각으로 형상화함으로써, 직접적인 이데올로기 비판에서 벗어나게 하고 있다. 그리고 화자의 순진성이 사건의 비극성과 대조되어 이데올로기 대립의 비정함을 간접적으로 드러내는 데 효과적으로 기여하고 있다.

2 어릴 적 아버지의 죽음이 주된 사건 내용이며, 전체적으로 현재법을 사용함으로써 현장감을 살리고 있다. 그리고 1인칭 시점을 택하고 있으며, 방언을 사용하여 인물의 사실적 성격과 부합시키고 있다. 마지막 부분에 요약적 진술이 나타나고는 있으나 전체적으로는 '보여주기'와 '말하기'의 적절한 조화 속에 사건을 진행시키고 있다.

3 제시된 내용으로 보아 '아버지'는 해방 공간에서 좌익으로 활동하다 총살된 사람이라는 것을 알 수 있다. 그리고 그 '좌익 참여'는 '쉬지 않고 흐르는 이 강처럼 너도 쉬지 않고 자라야 한다.'는 아버지의 말로 미루어 적극적으로 역사적 현실에 참여하는 방식이었음을 알 수 있다.

4 이어지는 내용으로 볼 때, 서술자는 아버지의 죽음에만 얽매이지 않고 있다는 것을 알 수 있다. 가장으로서 집안의 생계를 책임져야 할 자기의 위치를 확인하고 있다는 점에서 그것을 알 수 있다. 따라서 생략된 부분에는 그러한 인식을 가능하게 한 진술이 와야 한다.

예시문제 5

다음 글을 읽고 물음에 답하시오.

아내는 안팎으로 문단속을 착실히 하고, 그래도 미심쩍어서였는지 주인집 마누라에게 부탁까지 했다. 그것은 부탁이라기보다는 차라리 시위였다.

"저희들 말예요, 비우고 어디 좀 다녀올 텐데, 잘 좀 부탁드리겠어요."

"아니 어디를 가시게?"

"참한 집이 있다고 해서요. 집도 구경할 겸 아이들 어린이 대공원 구경도 시켜 줄 겸 해서요."

아내는 ⊙ 기세 좋게 이렇게 말했다. 그렇게 보아서 그런지는 몰라도 주인집 마누라는 좀 샐쭉하는 눈치였다. 그러거나 말거나 우리 가족 일행 여섯 명은 집을 나섰다.

버스에서 내리자 바로 정류장 앞에 그 복덕방이 있었다. 나는 식구들을 밖에 세워 두고 복덕방 안으로 들어갔다. 전날의 그 복덕방 영감이 나를 맞았다.

"어서 오슈. 어제 그거 가까스로 이백 육십에 끊었소. 계약금 가지고 나오셨소?"

"계약금이야 지금이라도 당장 뛰어가서 가지고 올 수 있습니다만, 그래 그 이하로는 안 되겠습니까?"

"그렇게만 사도 잘 사는 줄 아쇼."

복덕방 영감은 ⓛ 더 말해 볼 건덕지도 없다는 투로 잘라 말했다.

부족한 돈 때문에 나는 좀 난감한 기분이었지만 못 사게 될 때는 못 사더라도 가오*가 죽을 필요는 없었다. 내가 말했다.

"계약은 그럼 이따라도 곧 하기로 하고요, 지금 내 가족들하고 함께 왔는데 다시 한번 집 구경을 시켜줄 수 있겠습니까?"

"그거야 여부가 있겠소?"

복덕방을 나와 영감이 앞장서 걷기 시작하였다. 나는 저쪽 공터에 옹기종기 서 있는 가족들에게 눈짓하여 함께 복덕방 영감의 뒤를 따랐다. 아내가 내 옆에 바짝 붙어 서서 귓속말로 말했다.

"뭐래요? 얼마나 깎을 수 있대요?"

"음, 이백 육십까지는 되는 모양이야."

나는 좀 자신 없는 목소리로 이렇게 말했다.

시내버스가 달리는 간선도로에서 팔 미터짜리 좁은 길로 우리 일행은 꺾어져 들어갔다. 그리고 담배 가게를 겸한 세탁소 앞에서 다시 사 미터짜리 골목으로 꺾어져 들어갔고, 십오 도 정도의 비탈길을 거슬러 오르기 시작했다. 그리고 또 한 번 오른쪽으로 골목길의 커브를 돌면서 저만큼 문제의 집이 한쪽 귀퉁이부터 보이기 시작했다.

그때였다. 무심결에 언뜻 고개를 들었는데 그만 그것을 보고야 말았다. 그것은 바로 고압선이었다.

나는 섬뜩한 마음으로 뒤를 돌아보았다. 역시 그 고압선은 반대 방향으로도 치달리고 있어서 우리가 버스를 내린 간선도로를 열십자로 가로질렀고, 중랑천 제방의 철탑 전주를 거쳐 중랑천을 건너고 있었다. 그리하여 중랑천 저쪽 배봉산 위에 세워진 철탑 전주 하나가 그 늘어진 고압선을 받아 답십리 쪽으로 넘겨주고 있었다.

그제서야 나는 전날 복덕방 영감이 뒷밑을 구려 하며 무언가 숨기고 있었던 듯한 태도를 깨달을 수가 있었다. 전날 내가 그것을 발견하지 못했듯이 보는 각도에 따라서는 얼핏 그것을 간과해 버리기가 십상이었다. 그러나 그 고압선은 엄연히 존재하여 우리가 사고자 하는 그 집의 바로 머리 위를 지나고 있는 것이었다.

그러나 아내는 그것을 조금도 눈치 채지 못하는 모양이었다. 나는 차마 가련해서 ⓒ 선뜻 아내에게 그것을 알려 줄 수가 없었다. 아내는 그저 턱없이 즐거워서 재잘거리며 걷고 있는 아이들을 사랑스러운 눈으로 내려다보면서 걷고 있었다.

목적했던 집에 이르러서는, 복덕방 영감의 안내로 모두 그 비좁은 마당 안으로 들어섰다. 마당 안으로 들어서서 나는 우선 고개를 발딱 젖혀 손바닥만 한 하늘을 우러러 보았다. 그러나 그 하늘은 예닐곱 가닥의 고압선으로 갈기갈기 찢기어 있었다. 나는 그만 아주 비참한 마음이 되어 버렸다.

그러나 아내와 아이들은 나의 수상쩍은 행동이나 표정을 눈여겨 보려고도 하지 않았다. 그들은 모두 복덕방 영감을 따라 성큼 댓돌 위로 올라가서 마루와 방과 다락을 구경하고 부엌과 지하실을 들여다보았다. 장남 기욱이 녀석은 ⓔ 마루 뒷방을 열어 보고는 나를 향해 이렇게 소리쳤다.

"아빠 아빠, 이 방은 내 공부방 했으면 좋겠지?"

ⓜ 나는 그대로 마당 한가운데 멍청이 서서 기욱이 녀석에게 고개만 조금 끄덕여 주었다. 아내는 집 안팎을 마치 이 잡듯이 샅샅이 뒤지는 모양이었다. 그러면서 이 집이 우리 푼수로 얼마나 알맞추 그럴듯한 집인가를 거듭거듭 확인하는 듯한 눈치였다. 그리고는 만족한 미소를 띠며 내게 돌아왔다.

*가오[일본어] : 기세, 체면.

1 위 글의 서술상 특징으로 가장 적절한 것은?

① 회상 형식을 통해 갈등의 원인을 드러내고 있다.

② 빠른 장면 전환을 통하여 긴장감을 고조시키고 있다.

③ 시간적 배경을 부각시켜 주제를 효과적으로 드러내고 있다.

④ 대화와 서술을 균형 있게 배치하여 상황을 생동감 있게 전달하고 있다.

⑤ 서술 시점에 변화를 주어 인물의 내면세계를 심층적으로 보여주고 있다.

2 ㉠~㉤에 담긴 인물의 심리를 표현했을 때, 적절하지 <u>않은</u> 것은?

① ㉠ – 그동안은 셋방살이 하느라고 당신한테 기가 죽어지냈지. 하지만 이젠 우리도 꿀릴 게 없어. 곧 집을 살 거니까.

② ㉡ – 일단은 세게 나가야지. 그나저나 고압선이 있다는 걸 눈치 채지 못해야 할 텐데.

③ ㉢ – 사실대로 말하면 아내가 무척 실망할 텐데, 이를 어쩌나. 정말 난감하군.

④ ㉣ – 야! 집도 넓고 방도 많구나. 이제 내 방도 가질 수 있겠는 걸. 너무 신난다.

⑤ ㉤ – 저렇게 좋아하니 어쩔 도리가 없군. 이제라도 가장 노릇을 하려면 서둘러 계약을 해야겠어.

3 〈보기〉를 참고하여 위 글을 감상한 내용으로 적절하지 <u>않은</u> 것은?

> **보기**
> 복덕방 영감은 고압선과 함께 피뢰침이 있어 오히려 안전하다고 둘러대며, 아내도 빨리 이사를 가자고 재촉한다. 그러다 살고 있는 셋집이 나가버리는 바람에 어쩔 도리 없이 그 집을 사게 된다. 이사 간 집에서 가족들은 내 집이라는 만족감을 느끼며 행복해 하지만 나는 께름칙한 기분을 떨치지 못하고 밤마다 잠을 설치곤 한다.
> 몇 달 뒤 아들의 친구였던 동네 아이가 건물 옥상에서 장대를 휘두르다 감전사하고, 식구들은 그제야 집에 대해 불만을 드러낸다. 나는 결국 집을 내놓으려고 복덕방에 가는데 복덕방 영감은 고압선 때문에 제값을 받을 수 없다고 한다. 나는 그의 뻔뻔한 말에 화를 낼 기력도 없이 그저 우울해진다.

① '나'가 고압선을 처음 보는 순간 충격을 받은 이유는 계층 간에 존재하는 경제적 차이를 깨달았기 때문이야.

② '나'는 결국 집을 사서 께름칙한 기분으로 살아가게 되는데, 이 께름칙함은 가족의 행복이 깨어질까 염려하는 소시민들의 불안 심리라고 볼 수 있어.

③ 이사를 한 후 벌어진 사건을 고려할 때 고압선은 '나'와 같은 소시민들의 삶을 위협하는 존재를 상징한다고 생각해.

④ 복덕방 영감의 행동은 집을 갖고 싶은 소망을 지닌 소시민들을 기만하여 이득을 취하는 이기적인 세태를 보여주고 있어.

⑤ 작가는 현실 속에서 소시민들이 겪는 삶의 아픔을 보여 주면서 그들의 삶의 방식에 대해 연민을 드러내고 있어.

정답 1④ 2⑤ 3①

출전 조선작, 〈고압선〉

해설

1 도시 소시민의 '내 집 마련'이라는 소재를 통해 소시민의 삶의 애환을 그려낸 소설이다. 제시문은 대화와 서술을 고루 사용하여 인물의 성격 및 작중 상황을 생동감 넘치게 보여 주고 있다. 제시문에는 회상 형식이 쓰이지 않았으며(①), '집 보러가기'라는 통일된 장면이므로 빠른 장면 전환은 아니다(②). 또한 이 장면은 시간적 배경이 큰 의미가 없으며(③) 서술 시점은 1인칭 시점으로 일관되고 있다(⑤).

2 ㉤에서 '나'는, 앞뒤 상황을 감안하여 볼 때, 기욱이가 신이 나서 소리치는 말을 듣지만 고압선 때문에 집을 산다는 결정은 내리지 못한 채 그저 아이의 말에 고개만 끄덕이고 있다고 봐야 한다.

㉠을 보면 아내는 집을 보러 가면서 주인집 마누라에게 일부러 그 사실을 강조하고 있다. 그때 아내는 셋방살이를 벗어나 집을 사게 되는 상황이므로 주인집 마누라에게 그 사실을 자랑하고 싶어 하며, 이제 더 이상은 위축되지 않고 당당해진다.

㉡에 담긴 심리는 집값을 비싸게 받아내기 위해 일단은 강하게 나가면서도 '나'가 그 집 위로 고압선이 흐른다는 것을 계속 몰랐으면 하고 바라는 것이다.

㉢에서 '나'는 구경 가는 집에 대하여 아내가 너무나 기대에 차 있기 때문에 고압선이 있다는 사실을 차마 밝히지 못하고 있다.

㉣에서 기욱이는 행동이나 대화의 내용으로 볼 때 구경하는 집에 대하여 만족해하며 자기 방이 생기리라고 기대하고 있다.

3 '나'가 '고압선'을 보는 순간 크게 충격을 받은 것은 자신들이 보러 가는 집이 기대했던 '좋은 집'이 아니었음을 알았기 때문이지, 계층 간에 존재하는 경제적 차이를 깨달았기 때문은 아니다. 제시문에는 계층 간의 경제적 차이나 대립은 뚜렷이 드러나지 않는다.

② '나'는 집을 사서 집주인으로서의 행복을 만끽하면서도 '고압선' 때문에 께름칙하고 불안한 마음으로 살아가는데, 이 께름칙한 기분은 소시민들이 늘 가족의 행복을 추구하지만 행복이 깨어질까 봐 전전긍긍하며 불안해하는 심리를 의미한다고 할 수 있다.

③ 이사한 후 결국 동네에서 '고압선'으로 인한 감전 사고를 목격하게 되는데 이를 보면 '고압선'은 소시민들의 삶을 위협하는 존재를 의미한다고 해석할 수 있다.

④ '나'를 속여서 비싼 값에 집을 팔려고 하고, 집을 되팔러 오는 '나'에게는 야박하게 대하는 복덕방 영감의 행동은 힘없고 가난한 사람들을 기만하여 이득만을 추구하는 세태를 반영하고 있다.

⑤ 결국 작가는 가난한 도시민의 '내 집 마련'이라는 소재를 통하여 소시민들이 겪는 삶의 아픔을 보여 주면서 그들의 삶에 대해서 동정과 연민의 시선을 담아내고 있는 것이다.

01 다음 글을 읽고 물음에 답하시오.

이튿날 걸은 아침 일찍이 시장으로 나갔다. 삼촌이 차려놓은 라디오 수선 가게의 문을 열고 차분차분 물건을 늘어놓았다. 전부 꾸리면 혼자서도 쉽사리 메고 성큼성큼 걸을 수 있는 정도의 물건이지만 그것이 삼촌네 네 식구와 걸을 먹여 살리는 밑천이었다.

조금 더 있으면 열네 살 난 조카 옥순이가 그 앞에 양담배 같은 물건을 늘어놓게 된다. 그것도 적 잖은 수입이었다. 가게를 벌인 사람들이 차츰 모여 오고 평북 사투리가 터져 나오면서 이 시장 한 구석에는 늠름한 활기가 떠돌기 시작했다.

걸은 손재간이 없어서 라디오 수선을 거들 엄두도 못 냈다. 그러나 가끔 이 구석에 어깨들이 수작을 걸어올 때면 걸은 그들 앞에 턱 나서서 벌어진 가슴을 내밀었다. 그러면 그만이었다. 걸의 날파람은 대단한 것이었고 특히 그 대갈받침(헤딩)은 정평이 있었다.

그런데 걸은 이즈음에 와서 기가 죽은 사람처럼 생기를 잃어갔다. 냅뜰성이 없어지고 꿍꿍 안으로 감아들기만 했다. 삼촌이 걱정하여 어디 몸이 편찮으냐 하였으나 걸 자신도 그렇게 ㉠ 맥이 풀리는 연류를 알아 낼 수 없었다. 옆에 약방을 내고 있는 삼촌 친구가 그것은 비타민 부족일 것이라고 약을 주었으나 한 병을 다 먹어도 전연 효과가 없었다.

오정 가까이 걸은 이리저리 시장터를 헤매었다. 물감 장사를 하는 삼봉이도 만나고 양복 장사를 하는 택일이도 만났다. 경기는 괜찮은 모양이었다. 모두 땀을 뻑뻑 흘리면서 일하고 있는 것이 기특했다. 삼봉이는 제법 색시도 얻고 딸자식까지 보고는 성격마저 아주 달라진 것 같았다. 우는 어린 것을 안고 달래는 것을 보면 아무래도 이 친구가 전에 기관구 파업 선동자들 소굴을 선두에서 들이치던 친구같이 생각되질 않았다.

가게에 돌아온 것을 보고 삼촌이 눈짓을 했다. 옥순이가 양담배를 몽땅 떼우고 순경을 따라가면서 울고불고 야단이라는 것이다. 걸은 사람들을 헤치며 순경 일행을 따랐다. 가까이 다가서며 걸은 비스듬히 순경 얼굴을 들여다보았다. 그리고 빙긋이 웃었다. 정복에 정모를 눌러 쓴 순경은 바로 한때 같이 쏘다니며 주먹을 휘두르던 다름 아닌 덕배였다. 걸은 덕배의 옆구리를 쿡 찔렀다. 휙 돌아보는 사나이의 얼굴이 금방 흩어지면서 옛 친구 그대로의 얼굴로 변했다.

저녁에 학구와 걸은 덕배를 ㉡ 털었다. 길주는 어디 갔는지 찾을 수가 없었다. 순대국을 놓고 소주를 부어넣으면 순경도 다를 것이 없었다.

"덕배야, 너 뭐 그랑 거 하구 댕기네? 양담배 당수거틍거 얼마나 된다구 떼구 야단이가."

"할 수 있네? 하라문 하야디. 근데 그를 땐 좀 헹펜 살피구 감추두룩 하람."

"요댐엔 좀 알레 달라우. 거 어디, 옥순이넨 보간, 고고 고래두 이북에선 없능 거 없이 크디 않안? 근데 지금은 녀학교두 못 가디 않네."

학구가 한마디 했다.

"덕배야, 너 잡을래문 좀 큰 거나 잡으람. 겨우 먹구 살라구 피난민 당수하는 거나 떼구 없덴."

"나두 모드디. 경제덕으로 그르카야 된대디 않니."

"경제구 뭐이구 먹구 살아야 되디 않네."

"……"

"너 수지 맞디?"

"무슨 수지야?"

"거 뭐 그르디 마. 다 알구 있능걸."

"이 새끼, 아직두 넌 아가리가 티껍구나(더럽구나).

덕배는 일이 있다고 하면서 먼저 일어나 계산을 끝내고는 오백 환을 더 내놓고 나갔다.

문제 1 위 글의 서술상의 특징으로 가장 적절한 것은?

① 시간적 흐름에 역행하여 사건을 서술하고 있다.
② 짧은 문장으로 사건을 긴박하게 전개시키고 있다.
③ 사건의 설명은 작중 인물이 아닌 서술자에 의해 이루어지고 있다.
④ 등장인물의 내면적 갈등을 배경을 통하여 암시적으로 처리하고 있다.
⑤ 배경 묘사에 치중하여 사건 내용보다는 분위기 전달에 초점을 맞추고 있다.

문제 2 '걸'이 한국 전쟁을 전후로 공산주의를 피하여 월남한 사람이라고 할 때, ㉠에 대한 설명으로 가장 올바른 것은?

① 월남 이후 건강이 나빠졌다.
② 경제적으로 독립하지 못했다.
③ 남한 사회에 대한 불만이 많다.
④ 월남 이후 남한 사회에 적응하지 못했다.
⑤ 남한 사회에서 싸울 상대를 발견하지 못했다.

문제 3 얼굴에 나타난 표정의 변화로 가장 적절한 것은?

① 불쾌함 → 유쾌함
② 당당함 → 당황함
③ 의젓함 → 싹싹함
④ 근엄함 → 친근함
⑤ 떳떳함 → 비굴함

문제 4 ㉡이 반영하는 의미 요소는?

① 일회성
② 급박성
③ 순수성
④ 강제성
⑤ 무계획성

정답 1③ 2④ 3④ 4④

출전 선우휘, 〈테러리스트〉
이 글은 서북 청년단 이야기를 다루고 있다. '걸'과 '학구' 등은 서북 청년단의 일원으로 월남 이후 할 일을 찾지 못하고 방황한다. 그들은 남한 사회에 적응하지 못한 채, 고향에 대한 그리움과 그들의 귀향을 막는 빨갱이에 대한 저주를 간직하고 있는데, 작가는 그들에 대하여 깊은 애정을 갖고 우직하고 순박한 모습으로 그리고 있다.

해설 1 지문의 마지막에 등장하는 대화를 제외하면 전체적으로 서술자가 개입하여 서술 내용을 요약 설명하고 있다. 지문이 짧은 문장으로 서술되고 있기는 하나, 사건의 전개에 긴박감이 느껴지지는 않는다.

2 ㉠에 대해서 '걸' 자신은 모른다고 말하고 있다. 그러나 약을 먹어도 호전되지 않았다는 사실을 통하여 그것이 육체 때문에 생긴 병이 아님을 알 수 있다. 또한 그 다음에 이어지는 문단의 내용을 보면 '걸'의 친구인 '삼봉이'가 남한 사회에 적응하는 데에 성공하고 있다. 따라서 '걸'이 맥이 풀리는 이유는 월남 이후 남한 사회에 제대로 적응하는 데 실패하였기 때문이라고 볼 수 있다. 이와 같은 판단은 지문의 세 번째 문단에 나오는 '걸은 손재간이 없어서 라디오 수선을 거들을 엄두도 못냈다.'라는 문장을 통해서도 확인할 수 있다.

3 첫 번째 얼굴 은 '옥순이'를 잡아가는, 공무를 수행하고 있는 순경으로서의 '근엄한 표정'이고, 두 번째 얼굴 은 옛 동지인 '걸'을 알아 본 뒤의 옛 친구로서의 '친근한 표정'이다.

4 '도둑이 남의 재물을 모조리 가져가다'의 뜻인 '털다'는 사전적으로도 '강제성'이라는 의미 요소를 반영하고 있다. 여기서는 '걸'과 '학구'가 가난한 사람들을 터는 순경이 된 '덕배'를 오히려 털었다는 반어적 의미가 강하게 나타난다. 이를 상황적으로 이해하면, '걸'과 '학구'는 친구(동지)로서의 옛 의리에 기대어 '덕배'로 하여금 술을 살 수밖에 없도록 만들었다는 뜻이 되므로 결국 '강제성'이라는 의미 요소를 갖는다고 볼 수 있을 것이다.

유제

02 다음 글을 읽고 물음에 답하시오.

"그놈의 건넛마을에는 밤낮 뭐하러 다니니? 두삼이가 네 뭐나 되느냐?"

아버지의 언성은 점점 높아졌다. 그러나 태호는 역시 아무 말도 없이, 그저 시무룩한 표정을 지은 채 잠실 안으로 들어왔다. 물론, 두호를 보고 영애를 보고도 말이 없다. 오히려 영애가 거기 있었기 때문에 더욱 창피를 느끼는 듯한 그런 표정이었다. 아버지의 성화는 계속되었다.

"집안 형편을 빤히 알면서…… 에이 소 같은 놈! 나이 스물다섯이나 되는 놈이 ㉠ 소견머리가 온 그뿐이란 말인가?"

아버지는 욱하는 ㉡ 불뚱이를 참지 못하고 마루 끝에 나앉는 기색이다.

㉮ "일자리를 구해 보라고 그렇게 입이 닳도록 타일러도 도무지 그럴 생각은 않지. 그렇다고 ㉢ 국으로 집안 일이나 거드느냐 하면 그것도 싫다 하고 밤낮 펀둥펀둥 자빠져 놀면서, 그저 남보기가 부끄러우니 괜히 두삼이나 찾아다니며 무슨 주의니 뭐니 하고 시시덕거리는 그게 어디 될 말인가? 애닯지 애닯아. 괜히 두삼이 본을 받아가지고…… 이놈아 그래 두삼이가 무슨 사회주의를 하더냐? 술이나 처먹고, 한숨이나 쉬고, 네 말마따나 기생집에 누워서 축음기 소리에 눈물이나 흘리는 그게 사회주의가? 개 오줌 같은 눈물이지! 그냥 놀고 지내려니 남 부끄러워서 하는 부잣집 자식들의 그 엄청난 잠꼬대…… 어느 놈이 그런 것을 사회주의라고 하더냐? 정말 사회주의자가 들으면 배를 안고 나자빠질 거다."

박첨지는 아니꼽다는 듯이 가래침을 탁 뱉는다. 태호는 침 먹은 지네처럼 아무 말이 없다.

박첨지의 불뚱이는 계속되었다.

"다시는 인제 두삼이에게 가지 말아라. 그리고 기어이 사회주의를 하고 싶거든 우리집에서부터 해보자꾸나. 노는 놈은 먹지 말라는 그 좋은 말을 다른 데 가서만 하지 말고 우리집에서도 더러 해봐. 왜 하필 늙은 부모하고 네 동생만을 그렇게 부려먹으려 드니? 너는 왜 그 좋은 걸 하지 않고 병든 놈처럼 밤낮 자빠져 놀기만 하느냐 말이다. 그게 소위 너희들의 사회주의라는 거냐? 콜록콜록……"

박첨지는 잇달아 나오는 쇠기침 바람에 말이 뚝 끊긴다. 그 틈을 타서 어머니의 목소리가 들린다.

"인제 그만 진정해요. 저도 이담부터는 무슨 셈이 안 들겠어요?"

속으로 겁을 내면서도 하는 말눈치 같았다.

"뭐 셈이 들어?"

박첨지는 마누라에게로 화살을 돌린다.

"그래, 셈 들 놈이 저러고 있겠소? 그놈이 지금 내가 하는 말을 한 마디나 귀담아 듣고 있는 줄 아요? 천만에! 허위대는 아주 씻은 배추 줄기 같지만 속은 딴판이라오. 아무리 내가 빌 듯이 타일러도 쇠가죽 무릅쓴 놈같이 그저 똥구멍으로만 숨을 쉬었지, 듣긴 뭘 들어! 할멈이 들어서 저 자식을 저렇게 만들었잖소? 공연히 그놈의 복에 없는 전문학교는 보내 가지고…… 글쎄, 저 놈 공부시키느라고 즈 아저씨 댁을 찾아다니면서 갖은 눈총을 무릅쓰고 애걸복걸한 보람이 뭐란 말요? 어쨌든 자식 말이라면 너무 달게 듣거든!"

남편의 성깔을 알았음인지 어머니는 더 말이 없다.

박첨지는 다시 잠실 쪽을 향하여,

④ "너도 사람 자식이거든 좀 생각을 해보려무나. 나도 같은 말을 몇 번이나 되풀이하려니 사람만 괜히 실없어질 뿐만 아니라, 인제 그만 진저리가 난다. 줄곧 이러고서야 어떻게 부자의 윤기인들 남을 것이며, 또 한 울타리 안에 살 수가 있겠니? 차라리 그만둘 일이지."

그는 이렇게 한심한 말을 남겨 두고는 그만 어디로 핑 나가 버린다.

주먹 맞은 감투같이 쑥 들어가 찍 소리도 못하고 ㉣ 지르퉁하고만 서 있던 태호는 그제야 겨우 숨을 내쉬며 입을 삐쭉한다.

"아이 골 아퍼."

그러나 영애나 두호가 모두 누에 가리기에만 정신이 팔리고, 자긴 본체만체하니까 새삼 굴욕을 느끼는 듯이,

"농민이란 건 원래 짬도 없이 고집통이만 세거든!"

하고 혼자서 투덜거린다.

"그래도 태호씨는 아주 수양이 대단하신데요."

다행히 영애가 한 마디 받아주니까, 겨우 상을 펴면서,

"그럼, 그만 걸 못 참아 가지고서야 어떻게요? 강철의 신경을 가져야죠!"

또, 레닌의 말을 들먹이려 든다.

"왜 취직은 안 하세요?"

영애의 말이 떨어지기가 바쁘게,

"취직, 흥?"

태호는 콧방귀를 뀌면서,

"먹기 위해서 살아야 되나요, 일을 위해서 살아야 되나요?"

"그런 게야 우리가 압니까마는."

하고, 영애는 약간 샐쭉해지며,

"취직을 해가지고는 일을 못 하나요?"

"뭐 못할 건 없지만, 사람이란 건 누구나 다 편한 생활에 취하기가 쉽고 헐한 상식에 빠지기가 쉬우니까요……. 그리고 또 적당한 자리가 쉽게 있어야죠."

태호는 길게 처진 머리카락을 손으로 한 번 쓸어 올리고는 담배를 한 개비 꺼내 문다. 머리털을 거추장스럽게 기르는 것이 소위 '주의자'들의 ㉤ 틀거지였다.

문제 1 위 글에 대한 설명으로 적절하지 **않은** 것은?

① 관용적 표현을 사용하여 인물의 심리를 적절하게 제시하고 있다.

② 두 인물이 상황을 자기 나름으로 해석하여 한 인물을 비난하고 있다.

③ 대화를 통해 인물 간의 첨예한 갈등 관계를 효과적으로 표현하고 있다.

④ 자기 고백적인 어조를 통해 주인공의 부끄러움과 죄의식을 형상화하고 있다.

⑤ 서술자가 인물에 대해 평가하지 않고 독자로 하여금 스스로 판단하게 만들고 있다.

문제 2 위 글을 통해 짐작할 수 있는 것은?

① 태호와 두삼이는 과거에 전문학교를 같이 다녔다.

② 박첨지 부부는 태호 · 두호 · 영애 삼 남매를 두고 있다.

③ 태호는 관공서에 취직할 수 있는 기회를 포기한 적이 있다.

④ 태호는 아저씨의 경제적 도움으로 전문학교를 다닐 수 있었다.

⑤ 박첨지는 자식들 간의 갈등을 나무라고 화해하기를 원하고 있다.

문제 3 '사회주의'에 대한 인식이 ㉮의 박첨지와 가장 유사한 것은?

① 이런 태평천하에 태어난 부잣집놈의 자식이 더군다나 왜 지가 땅땅거리구 편안허게 살 것이지, 어찌서 지가 세상 망쳐놀 부랑당패에 참섭을 헌덤 말이여, 으응?…… 이 태평천하에! 이 태평천하……. 그 놈이 만석꾼의 집 자식이, 세상 망쳐놀 사회주의 부랑당패에 참섭을 히여? 으응, 죽일 놈! 죽일 놈!

② 우리 아저씨 말이지요. 아따 저 거시키 한참 당년에 무엇이냐 그놈의 것, 사회주의라더냐, 막걸리라더냐, 그걸 하다 징역 살고 나와서 폐병으로 시방 앓고 누웠는 우리 오촌 고모부(姑母夫) 그 양반……. 머, 말두 마시오. 대체 사람이 어쩌면 글쎄……. 내 원!

③ 성운은 고향 마을로 돌아와 '사회주의 혁명가는 생무쪽 같은 시퍼런 의지의 마음씨를 가져야 한다! 이것이 생활의 지표이어야 한다.'고 생각했다. 그래서 먼저 농촌 야학을 실시하여 가지고 농민 교양에 힘을 썼다. 고향 사람과 감정을 같이 하고 덤비어 그네들 틈에 끼어 생일을 하고, 사랑방에서, 야학 시간에 기회 있을 때마다 그들을 교화시키기로 다짐했다.

④ 머리 덥수룩한 청년이 친구들과 와서 일본말로 저희끼리 떠드는 소리를 귓결에 들을 때도 소위 '마르크스 보이'로구나 하고 반은 비웃음 섞인 친근한 감정을 느꼈기 때문에 지금 보는 덕기도 한 종류니 하고 생각하였다.

⑤ 로자는 '사회주의자는 최하층에서 터져 나오는 폭발탄 같아야 합니다. 가정에 대하여, 사회에 대해서, 여성 · 남성에 대해서 모든 것에 대해서 반항하여야 합니다. 그리고 또 당신 자신에 대해서도 반항하여야 합니다.' 라는 그 사람의 충고를 잊을 수가 없다고 여겼다.

문제 4 ㉯에 나타난 박첨지의 심리로 가장 알맞은 것은?

① 자식의 불쌍한 처지를 동정하고 있다.
② 자식의 허물을 자신의 탓으로 돌리고 있다.
③ 자식의 잘못을 바로잡을 수 없다고 탄식하고 있다.
④ 가장으로서의 권위를 지켜야겠다고 다짐하고 있다.
⑤ 자신의 말을 전혀 듣지 않는 자식에게 분노하고 있다.

문제 5 ▨▨▨에 나타난 '영애'의 태도를 가장 잘 설명한 것은?

① 태호가 지닌 인내심을 배우려 한다.
② 불성실한 태호의 모습을 이죽거린다.
③ 참을성 있는 태호의 성격을 높이 평가한다.
④ 부모님께 구박받는 태호의 모습에 동정심을 느낀다.
⑤ 인간적으로 성숙한 모습을 보이는 태호에게 호감을 가진다.

문제 6 ㉠~㉰ 중 뜻풀이가 잘못된 것은?

① ㉠ 소견머리 – 사물을 보고 판단하는 능력
② ㉡ 불뚱이 – 걸핏하면 불끈 성을 내는 성질
③ ㉢ 국으로 – 제 분수에 맞게
④ ㉣ 지르퉁하고만 – 못마땅해하고만
⑤ ㉤ 틀거지 – 틀린 행동거지

정답 1④ 2④ 3③ 4③ 5② 6⑤

출전 김정한, 〈항진기〉

해설 1 이 작품은 전지적 작가 시점으로, 서술자는 작품 외부에서 인물의 대화와 행동을 제시하고 해설을 통해 사건 진행을 돕기도 한다. ④ 인물들의 대화가 상대방에 대한 비난과 이죽거림으로 이루어져 자기 고백적인 어조라고 볼 수 없고, 중심인물이 죄의식이나 수치감을 드러내지도 않는다.
① '주먹 맞은 감투'와 같은 관용적 표현으로 인물의 심리를 제시하려고 노력하고 있다.
② 박첨지와 영애가 각각의 관점에 입각하여 태호를 비난하고 있다.
③ 박첨지와 태호, 태호와 영애의 갈등 관계는 대화를 통해 이루어지고 있다.
⑤ 박첨지나 태호의 사람됨을 직접 제시하지 않고 대화나 행동을 통해 독자가 이를 판단할 여지를 넓혀 주고 있다.

2 ④ 어머니를 탓하는 아버지의 질책 내용 중에서 확인할 수 있는 정보이다.
① 확인할 수 없는 근거이다. 즉, 태호는 두삼이와 같이 어울려 다니고 있지만 그들이 같은 전문학교를 다녔는지는 알 수 없다.
② 잘못된 진술이다. 영애와 태호의 대화를 참고하면 이들이 오누이 사이라고는 할 수 없다.
③ 영애와의 대화로 보아 태호는 취직하는 것을 부정적으로 본다.
⑤ 박첨지가 아들 간의 갈등을 화해시키려고 하는 행동을 찾아볼 수가 없다.

3 ㉮에서 박첨지는 아들인 태호가 사회주의 운동을 한답시고 집안일을 도외시하고 기생집에서 술이나 마시는 생활을 하는 것을 비난하고 있다. 태호의 행동을 진짜 사회주의자가 보면 웃을 것이라고 하고, '노는 놈은 먹지 말라'는 사회주의의 구호를 긍정적으로 이해하고 있다. 그리고 태호에게 구호만 거창하게 부르짖지 말고 실제로 농사일에 힘쓰라고 한다. 이는 사회주의 운동은 대중의 생활 속에서 이루어져야 하는 것이라는 인식을 나타낸다. 이를 가장 구체적으로 제시한 것은 ③이다. ①·②·④는 사회주의에 대한 부정적 인식을, ⑤는 사회주의를 폭탄에 비유하는 과격한 인식을 나타낸다.

4 박첨지는 태호를 심하게 나무란 다음, 태호를 나무라는 것조차 넌더리를 내면서 '차라리 그만둘 일이다'라고 한다. 따라서 ㉯는 박첨지가 아들[윤기]과의 관계가 악화된 것을 안타까워하면서 자식의 잘못을 바로잡는 것이 불가능하다고 탄식하는 내용이다.

5 영애는 두호와 함께 잠실에서 누에를 보살피면서 박첨지의 질책을 모두 듣고 있었다. 그리고 태호가 잠실 안으로 들어오자 이를 진술한다. 이에 태호는 영애가 자신을 위하여 그런 말을 한 줄 알고 기뻐한다. 하지만 영애의 다음 진술로 보아, 이 말은 태호를 위로하는 것이 아니라 이죽거리는 것이라 할 수 있다. 왜냐하면, 첫째, 영애가 태호의 말에 샐쭉해지고, 둘째, 빈둥빈둥 놀기만 한다는 박첨지의 질책을 받은 태호에게 건넨 말이기 때문이다. 그렇지만 태호는 이를 이죽거림으로 이해하지 못하고 있다.

6 ㉰은 "머리를 기르는 것이 소위 '주의자'들의 틀거지였다."는 문맥으로 보아, '자기 집단을 과시하는 치장이나 장식'이라는 의미이다.

유제

03 다음 글을 읽고 물음에 답하시오.

그날 밤 노인은 옛날과 똑같이 저녁을 지어내왔고, 그날 밤을 거기서 함께 지냈다. 그리고 이튿날 새벽 일찍 K시로 나를 다시 되돌려 보냈다. 나중에야 안 일이었지만 노인은 그렇게 나에게 저녁 밥 한 끼를 지어 먹이고 마지막 밤을 지내게 해주고 싶어, 새 주인의 양해를 얻어 그렇게 혼자서 나를 기다리고 있었다는 것이었다.

한데도 노인은 그때까지 그 빈집을 매일같이 드나들며 먼지를 떨고 걸레질을 해온 것이었다. 그리고 그때 노인은 아직 집을 지켜온 흔적으로 안방 한쪽에다 이불 한 채와 옷 궤 하나를 예대로 그냥 남겨두고 있었다.

이튿날 새벽 K시로 다시 길을 나설 때서야 비로소 집이 팔린 사실을 분명히 해온 노인의 심정으로는 그날 밤 그 옷궤 한 가지로나마 옛집의 분위기를 되살려 나의 괴로운 잠자리를 위로하고 싶었음이 분명한 것이었다.

그러한 내력이 숨겨져 온 옷궤였다.

노인에게 빚이 없음을 몇 번씩 스스로 다짐하고 있다가도 그 옷궤만 보면 무슨 액면가 없는 빚문서를 만난 듯 몹시 기분이 꺼림칙스러워지곤 하던 물건이었다.

(중   략)

노인은 여전히 옛 얘기를 하듯 하는 차분하고 아득한 음성으로 그 날의 기억을 더듬어 나갔다.

"한참 그러고 서 있다 보니 찬바람에 정신이 좀 되살아오더구나. 정신이 들어 보니 갈 길이 새삼 허망스럽지 않았겠냐. 지금까지 그래도 저하고 나하고 둘이서 헤쳐 온 길인데 늙은 것 혼자서 그 길을 되돌아서려니……. 거기다 아직도 날은 어둡지야……. 그대로는 암만해도 길을 되돌아설 수 없어 차부를 찾아 들어갔더니라. 한식경이나 차부 안 나무 걸상에 웅크리고 앉아 있으려니 그제사 동녘 하늘이 훤해져 오더구나……. 그래서 또 혼자 서두를 것도 없는 길을 서둘러 나섰는데, 그때 일만은 언제까지도 잊혀질 수가 없을 것 같구나."

"길을 돌아가시던 그때 일을 말씀이세요?"

"㉠ 눈길을 혼자 돌아가다 보니 그 길엔 아직도 우리 둘 말고는 아무도 지나간 사람이 없지 않았겠냐. 눈발이 그친 그 신작로 눈 위에 저하고 나하고 둘이 걸어온 발자국만 나란히 이어져 있더구나."

"그래서 어머님은 그 발자국 때문에 아들 생각이 더 간절하셨겠네요."

"간절하다 뿐이었겠냐. 신작로를 지나고 산길을 들어서도 굽이굽이 돌아 온 그 몹쓸 발자국들에 아직도 도란도란 저 아그의 목소리나 따뜻한 온기가 남아 있는 듯만 싶었제. 산비둘기만 푸드득 날아가도 저 아그 넋이 새가 되어 다시 되돌아오는 듯 놀라지고, 나무들이 눈을 쓰고 서 있는 것만 보아도 뒤에서 금새 저 아그 모습이 뛰어나올 것만 싶어졌지야. 그래서 나는 굽이굽이 외지기만 한 그 길을 저 아그 발자국만 따라 밟고 왔더니라. 내 자석아, 내 자석아, 너하고 나하고 둘이 온 길을 이제는 이 늙은 것 혼자서 너를 돌아가고 있구나!"

"어머님 그때 우시지 않았어요?"

"울기만 했겠냐. 오목오목 딛어 온 그 아그 발자국마다 한도 없는 눈물을 뿌리며 돌아왔제. 내 자석아, 내 자석아, 부디 몸이나 성하게 지내거라. 부디부디 너라도 좋은 운 타서 복받고 살거라……. 눈앞이 가리도록 눈물을 떨구면서 눈물로 저 아그 앞길을 빌고 왔제……."

노인의 이야기는 이제 거의 끝이 나 가고 있는 것 같았다. 아내는 이제 할 말을 잊은 듯 입을 조용히 다물고 있었다.

"그런데 그 서두를 것도 없는 길이라 그렁저렁 시름없이 걸어온 발걸음이 그래도 어느 참에 동네 뒷산을 당도해 있었구나. 하지만 나는 그 길로는 차마 동네를 바로 들어 설가 없어 잿등 위에 눈을 쓸고 아직도 한참이나 시간을 기다리고 앉아 있었을 게다……."

"어머님도 이제 돌아가실 거처가 없으셨던 거지요."

한동안 조용히 입을 다물고 있던 아내가 이제 더 이상 참을 수가 없어진 듯 갑자기 노인을 추궁하고 나섰다. 그녀의 목소리는 이제 울먹음 때문에 떨리고 있었다.

㉡ 나는 아직도 눈을 뜰 수가 없었다. 불빛 아래 눈을 뜨고 일어날 수가 없었다. 사지가 마비된 듯 가라앉아 있는 때문만이 아니었다. 졸음기가 아직 아쉬워서도 아니었다. 눈꺼풀 밑으로 뜨겁게 차오르는 것을 아내와 노인 앞에 보일 수가 없었다.

문제 1 **위 글의 내용을 바탕으로 독자가 상상할 수 <u>없는</u> 장면은?**

① 모자가 새벽녘에 눈길을 헤치고 찻길로 나오는 모습

② 어머니가 떠나지 못한 아들과 산길에서 해후하는 장면

③ 어머니가 며느리에게 옛 이야기를 차분하게 들려주는 장면

④ 자식을 타관으로 떠나보내면서 앞날을 걱정하는 어머니의 모습

⑤ 어머니가 뒷산 고개에서 바로 동네로 들어서지 못하고 머뭇거리는 장면

문제 2 **위 글의 서술상의 특징에 대한 설명으로 가장 적절한 것은?**

① 인물 간의 갈등이 대화를 통해 점점 고조되고 있다.

② 유사한 내용을 반복 진술함으로써 글의 주제를 부각하고 있다.

③ 어머니를 '노인'으로 지칭하여 '나'의 이야기를 객관화하고 있다.

④ 사투리의 적절한 사용으로 토속적이고 해학적인 분위기를 조성하고 있다.

⑤ 사실적인 배경 묘사 속에서 당시의 시대 상황이 생생하게 드러나고 있다.

문제 3 ㉠을 통해 궁극적으로 드러내고자 하는 의미는?

① 세상살이의 험난함과 고달픔
② 한없이 넓고 큰 어머니의 사랑
③ 낭만적 정감을 불러일으키는 고향
④ 기쁨과 슬픔이 교차하는 삶의 여정
⑤ 삶의 진실을 깨닫게 해 주는 대자연

문제 4 ㉡의 이유로 적절한 것은?

① 삶의 소중함을 깨달았기 때문에
② 자신의 미래에 대한 기대감 때문에
③ 어머니에 대한 자신의 부끄러움 때문에
④ 자신의 능력에 대해 한계를 느꼈기 때문에
⑤ 과거의 아름다운 추억이 되살아났기 때문에

정답 1② 2③ 3② 4③

출전 이청준, 〈눈길〉

해설 1 글의 뒷부분은 '나'와 아내가 고향으로 내려와 어머니와 하룻밤을 묵으면서, 어머니가 아내에게 옛날에 있었던 일을 이야기해 주는 장면이다. 집안이 망한 뒤 어느 날 새벽녘에 눈길을 헤치며 큰 길까지 걸어와 아들을 차에 태워 보낸 뒤 집으로 돌아가는 어머니의 모습과 자식의 앞날을 걱정하며 눈물을 흘리는 어머니의 모습을 상상할 수 있다. 그러나 아들을 떠나보내고 돌아오는 길이므로 다시 만난다는 것은 사리에 맞지 않는다.

2 '나'가 어머니와 자신이 겪었던 옛날이야기를 1인칭 시점에서 서술하고 있다. 그런데 서술자는 어머니를 '어머니'라 칭하지 않고 '노인'으로 지칭함으로서 자신의 이야기를 남의 이야기인 양 객관화시키고 있다.

3 '눈길'은 어머니의 자식에 대한 사랑을 '나' 스스로 확인하게 되는 상징물로 작용하므로, 어머니의 따스한 사랑을 의미한다고 할 수 있다.

4 ㉡은 어머니에 대한 '나'의 생각에 변화가 있음을 보여주는 간접적인 서술로, 이전까지 '나'가 어머니에 대해 쓸데없는 빚을 지고 있다고 생각했던 것이 잘못임을 깨닫고 느끼는 부끄러움 때문에 그런 행동을 하게 된 것이다.

04 다음 글을 읽고 물음에 답하시오.

동향인의 결혼식도 잦았지만 장례식도 잦아졌다. 동향인이 모인 자리에도 세대교체 현상이 나타나 나잇살이나 먹은 이들이 점점 줄었다. 너우네 아저씨의 ⓐ <u>자랑을 들어 주고 칭송할 사람도 그만큼 줄었다.</u> 자신의 내력이 더 이상 자신을 빛내 줄 수 없다는 걸 알았는지 너우네 아저씨는 눈에 띄게 풀이 죽어갔다. 나는 그런 허점을 놓칠세라 젊은 사람들한테 그가 한 짓을 풍겼다. 젊은이들의 반응은 노인들의 반응과 판이했다. ⓑ <u>우린 이미 너우네 아저씨가 신봉하던 케케묵은 도덕과는 상관 없는 세대였다.</u> 그건 한낱 웃음거리에 지나지 않았다. 그게 웃음거리라면 너우네 아저씨는 더 큰 웃음거리였다. 좀더 생각이 깊은 젊은이라면 너우네 아저씨가 자기 처자식에게 저지른 비인간적인 처사에 분개해 마지않았고, 그를 숫제 징그러운 괴물 취급을 하려 들었다.

ⓒ <u>그 무렵부터 성표 형이 삼촌과 동행해서 나타나는 일은 거의 없었고,</u> 삼촌의 행색은 어딘지 자꾸만 초라해졌다. 성표 형이 돈 잘 번다는 소문 때문에 그의 초라함은 더욱 눈에 띄었고 악의에 찬 놀림감이 되기도 했다.

"언제부터 이 지경이 되셨습니까?"

"내가 돌봐 드린 지가 석 달이 넘는데 그전부터 그랬나 봐요. 나 같은 사람이 수없이 갈렸다니까……."

"가만히 좀 계셔 보세요. 뭐라고 말씀을 하실려고 하는데요."

나는 노인이 입을 쭝긋대는 것 같아 이렇게 아주머니의 말을 가로막았다.

"글쎄, 알아듣지도 못하고 말도 못한다니까요. ⓓ <u>인기척이 나니까 먹을 걸 줄 알고 그러는 거예요. 사람 목숨이 뭔지,</u> 저 지경이 되고도 먹는 거라면 저렇게 상성이에요. 사람 그림자만 얼씬대도 입 먼저 내둘르는 걸 보면 불쌍하기도 하고 징그럽기도 하고."

"그런 줄 아시면 얼른 잡술 걸 좀 해다 드리세요."

나는 벌컥 화를 냈다.

아주머니가 멀건 죽남비를 갖고 들어와 노인의 쭝긋대는 입에 퍼넣으려고 했다. 그러나 ⓔ <u>뜻밖에 그는 이를 악물면서 도리질을 했다.</u>

"에그머니, 이제 죽을 날이 정말 가까웠나 봐. 곡기 끊으면 죽는다는데……."

아주머니가 경망스럽게 숟갈을 내던지며 놀랐다. 그러나 나는 그가 무슨 말을 하고 싶어서 그런다는 확신을 얻고, 그의 경련치는 손을 잡고 애타게 외쳤다.

"아저씨, 너우네 아저씨, 저를 알아보시겠어요? 네, 너우네 아저씨, 뭐라고 말씀 좀 해 보세요."

이윽고 아저씨의 손에 힘이 쥐어지는 듯하더니 입놀림이 확실해졌다. 나는 그의 멍청하던 눈에 그윽한 환희가 어리는 걸 똑똑히 보았고 그의 입이 말하는 소리를 분명히 들었다.

㉠ <u>"은표야, 아아, 은표야."</u>

아저씨는 그렇게 말하고 있었다. 나는 아저씨가 그의 아들을 뿌리치고 대신 조카를 데리고 피난 내려온 뒤 한 번도 아들의 이름을 입에 올리는 걸 들은 적이 없었다. 은표의 단짝이었던 나를 보면 은표도 어느 하늘 밑에 죽지 않고 살았으면 저만할 텐데 하고 비감하는 눈치라도 보일 법한데, 한 번도 그런 적조차 없었다.

그가 처음으로 입에 올린 은표 소리는 나만 겨우 알아들을 만큼 희미했다. 그러나 내 귀엔 억장이 무너지는 소리를 내고 있었다. 아아, 삼십여 년 전 은표 어머니의 억장이 무너지는 소리는 이제서야 앙갚음을 완수한 것이다.

나는 그렇게 되길 오랫동안 바라고 기다려 왔을 터인데도 쾌감보다는 허망감에 소스라쳤다.

다시 열쇠 고리 장수가 늘어선 거리로 나왔을 땐 해가 뉘엿뉘엿했다. 해가 뉘엿뉘엿할 무렵이면 가슴에 하나 가득 갖가지 자물쇠를 늘인 채 봉지 쌀과 자반 고등어를 사들고 뒤뚱뒤뚱 걸어오던 너우네 아저씨의 모습이 떠올랐다. 봉지 쌀과 자반 고등어 때문인지 자물쇠가 훈장으로 보이는 엉뚱한 착각은 일어나지 않았다. ㉡ <u>그는 외롭고 초라한 자물쇠 장수에 지나지 않았다.</u>

내가 그를 직시(直視)할 수 있기까지 자그만치 서른 두 해가 걸렸던 것이다.

문제1 위 글의 서술상 특성으로 적절한 것은?

① 등장인물의 심리 변화를 그려내는 데에 주안점을 두고 있다.
② 회상의 방식으로 서술자 자신의 삶의 과정을 술회하고 있다.
③ 구체적인 배경을 묘사하여 이어질 사건을 암시하고 있다.
④ 대화를 통해 인물 간의 갈등을 효과적으로 드러내고 있다.
⑤ 동일한 사건을 인물의 입장에 따라 재해석하고 있다.

문제2 위 글을 읽고 떠올린 장면으로 적절하지 <u>않은</u> 것은?

① 아저씨가 소중하게 보살폈던 조카에게 외면당하는 모습
② 아저씨가 결혼식장에서 자기 삶의 내력을 자랑하는 모습
③ 아저씨가 동향인의 모임에서 젊은 사람들과 다투는 모습
④ 아저씨가 통곡하는 아내를 뒤로하고 피난길을 떠나는 모습
⑤ 아저씨가 동향인의 모임에 성표와 동행하여 자랑하던 모습

문제3 ㉠에 담긴 의미로 볼 수 <u>없는</u> 것은?

① 전통적 가치관에의 집착이 드러나 있다.
② 지나온 삶에 대한 회한이 드러나 있다.
③ 한국 전쟁이 낳은 아픔이 나타나 있다.
④ 혈육에 대한 그리움이 나타나 있다.
⑤ 내면적 고통이 드러나 있다.

문제4 ⓐ~ⓔ 중에서 ㉡과 같은 판단의 근거로 거리가 <u>먼</u> 것은?

① ⓐ　　　　　　② ⓑ
③ ⓒ　　　　　　④ ⓓ
⑤ ⓔ

정답 1① 2③ 3① 4⑤

출전 박완서, 〈아저씨의 훈장〉

해설 **1** 화자가 병문안 갔을 때, '나'를 은표로 착각하고 '은표야, 아아, 은표야' 부르는 부분에서 평소 장
조카만을 생각하고 전통적 가치관에 젖어 있던 너우네 아저씨가 북에 있는 아들을 그리워하고 있
다는 것이 확인된다. 이 부분에서 너우네 아저씨의 심리 변화가 나타난다. 따라서 이 소설은 인물
의 심리 변화를 그려내는 데 주안점을 두고 있다.

2 아저씨가 동향인의 모임에서 젊은 사람과 다투었는지의 여부는 위 글의 내용으로는 알 수가 없다.
아저씨가 전통적 가치관에 젖어 사는 인물이므로 젊은이와 다투기보다는 훈계하려고 했을 것이다.

3 피난을 내려올 때 자신의 아들보다도 장조카를 데리고 올 정도로 전통적 가치를 신봉했던 아저씨
가 자신의 아들을 간절히 불렀다는 것은 인간 본연의 모습을 찾았다는 것이다. 그만큼 두고 온 아
들을 그리워하고 있으며, 지나온 삶에 대하여 회한의 정서를 느끼고 있는 아저씨의 심정을 읽어낼
수 있다. 그러나 이를 통해 아저씨가 전통적 가치에 집착하고 있다는 것은 옳은 판단이 아니다.

4 너우네 아저씨는 자식보다도 장조카를 중시한다. 장조카를 공부시키고 키운다는 도덕적 우월감에
젖어 거만하고 당당하던 아저씨는 결국 조카에게 버림받은 외롭고 쓸쓸한 아저씨로 변한다. 그러
나 ⓒ는 외롭고 쓸쓸한 아저씨의 모습을 부각시킨다기보다는 아저씨가 무언가를 말하려고 하는 의
지를 나타낸다.

2절 | 비문학 지문의 독해

① 인문 분야의 이해와 감상

인문 분야를 세분하면 인문, 사회, 예술 분야로 나뉘지만 국어능력시험에서는 이 분야별 문제의 특징이나 유형별 특징이 거의 같으므로 세분을 하지 않고 통합해서 설명하기로 한다.

글의 형식적 종류는 설명문과 논설문으로 나뉘는데 대부분 출제되는 지문의 종류는 설명문이고 논설문은 간혹 나오는 편이므로 설명문의 독해 방법에 초점을 맞추고 연습하는 것이 좋다.

문제의 난이도는 앞 단원의 문학 문제와 흡사해서 중3~고3 정도의 수준이며 가장 많이 출제되는 문제는 고1 국어 문제 정도의 난이도이다.

문제의 종류는 '주제', '설명 대상에 대한 이해', '핵심 내용', '내용의 전개방법', '어휘의 활용' 등이고 지문당 문제 수는 1~3문제이다. 출제문항 수는 20~30문항 정도이며 지문의 길이는 장지문인 경우 5개 문단 1,200자 정도로 학력평가의 장지문과 거의 동일한 수준이다.

지문의 내용은 어느 한편에 치우침이 없이 인문, 사회, 예술의 분야가 고루 다루어지지만 그중 사회 지문이 조금 더 비중을 차지하고 있다.

독해연습에서 신경을 써두어야 할 것은 보다 빠르고 정확하게 내용을 파악하는 방법인데 이는 문단의 개념을 통해서 내용을 파악하는 것이 좋다. 문단이란 대상에 대한 동일한 내용, 즉 하나의 주제로 묶어 놓은 글의 단위이기 때문에 지문을 대하면 먼저 그 글에서 다루는 대상을 먼저 잡은 뒤 그것을 어떻게 말하고 있는지의 핵심어를 중심으로 엮어 가면 쉽게 문단의 주제를 파악할 수 있고 그 문단들의 주제를 통합해보면 전체적인 주제를 파악할 수 있다.

예를 하나 들어 보자.

문단별 독해의 예시

(가) 원시인에게는 낯익은 것과 낯선 것, 내부 세계와 외부 세계, 삶과 죽음, 혼령과 신체 등을 엄격히 분리하는 도식이 존재하지 않았다. 그에게는 영혼이나 몸이나 모두 분명한 경계선을 가진 어떤 특정한 영역으로 보이지 않았다. 원시인은 자기 자신과 자기 주변에서 낯선 다른 힘의 세계를 경험했다. 괴상하게 생긴 바위나 사람의 발길이 닿아본 적이 없는 대초원의 삭막함 등 예외적이고 놀라운 것은 모두 그와 같은 힘의 현존을 뜻할 수 있었다. 영혼 자체도 그런 힘으로 경험되었다. 호흡도 인간이 이해할 수 없는 어떤 신비스러운 힘의 존재를 보게 한다. 상처받은 몸에서 나오는 검붉은 피, 머리카락, 아무런 표정이 없는 가면의 신비, 소름이 끼칠 정도로 뻣뻣한 시체 등을 모두 낯선 힘의 현존으로 여겼다.

(중　략)

원시사회 속에서 인간은 자기 홀로 있는 것만으로는 아직 '완성된 존재'가 아니었다. 인간은 그가 살고 있는 사회 구조와 뗄 수 없고, 비로소 그 안에서 자기 자신이 된다. 만일 사회의 구성원 중 한 사람이 죽을 때, 애곡하는 것은 그의 죽음을 슬퍼하기 때문이 아니라, 그의 죽음으로 사회 구조가 혼란을 받게 된 것을 슬퍼하기 때문일 수도 있다. 사실 '나'라는 말은 어떤 관계(가령 가족 관계)에서만 사용되기 때문에 단지 '나—아버지', '나—삼촌' 등의 형식으로만 나타난다. 개인은 친족 관계와 집단 관계에서 비로소 자기 자신을 발견하게 된다. 그러므로 한 인격은 여기저기 확산되고, 보다 넓은 관계의 장에서 그가 담당해야 하는 역할과 떨어질 수 없다. 이 관계가 없이, 곧 개인으로서는 아무 것도 아니다. 그의 행동거지는 사회적 · 신화적 공간 안에서 결정된다. 그러므로 여기서는 내부 세계와 외부 세계, 몸과 영혼을 그렇게 엄격하게 구별해 놓을 수 없다.

— 반 퍼슨, 『몸 · 영혼 · 정신』

(나) 나는 오직 진리 탐구에 전념하려고 하므로, 조금이라도 의심할 수 있는 것은 모두 전적으로 거짓된 것으로 던져 버리고, 이렇게 한 후에도 전혀 의심할 수 없는 것이 내 신념 속에 남아 있는지를 살펴보아야 한다고 생각했다. 그러므로 우리 감각은 종종 우리를 기만하므로, 감각이 우리 마음속에 그리는 대로 있는 것은 아무것도 없다고 가정했다. 그리고 아주 단순한 기하학적 문제에 있어서조차 추리를 잘못하여 오류 추리를 범하는 사람이 있으므로, 나 역시 다른 사람들과 마찬가지로 잘못을 저지를 수 있다고 판단하고, 전에 증명으로 인정했던 모든 근거를 거짓된 것으로 던져 버렸다. 끝으로, 우리가 깨어 있을 때에 갖고 있는 모든 생각은 잠들어 있을 때에도 그대로 나타날 수 있고, 이때 참된 것은 아무것도 없음을 알았기 때문에, 지금까지 정신 속에 들어온 것 중에서 내 꿈의 환영보다 더 참된 것은 아무것도 없다고 생각하기로 결심했다. 그러나 이런 식으로 모든 것이 거짓이라고 생각하고 있는 동안에도, 이렇게 생각하는 나는 반드시 어떤 것이어야 한다는 것을 알게 되었다. 그리고 '나는 생각한다. 그러므로 나는 존재한다'라는 이 진리는 아주 확고하고 확실한 것이고, 회의론자들이 제기하는 가당치 않은 억측으로도 흔들리지 않는 것임을 주목하고서, 이것을 내가 찾고 있던 철학의 제1원리로 거리낌 없이 받아들일 수 있다고 판단했다. 그런 다음에, 내가 무엇인지를 주의 깊게 고찰했으며, 이때 다음과 같은 것을 알게 되었다. 즉, 나는 신체를 갖고 있지 않으며, 세계도 없으며, 내가 있는 장소도 없다고 상상할 수 있지만, 그렇다고 해서 내가 전혀 존재하지 않는다고 생각할 수는 없고, 오히려 반대로 내가 다른 것의 진리성

을 의심하려고 생각하고 있다는 사실 자체에서 내가 존재한다는 것이 아주 명백하고 확실하게 귀결되고 있음을 알게 되었다. 그러나 내가 그때까지 상상했던 나머지 다른 것들이 설령 참이라고 하더라도, 내가 단지 생각하는 것만 중단한다면, 내가 존재하고 있었다는 것을 믿게 할 만한 아무런 근거도 없음을 알았다. 이로부터 나는 하나의 실체이고, 그 본질 혹은 본성은 오직 생각하는 것이며, 존재하기 위해 하등의 장소도 필요 없고, 어떠한 물질적 사물에도 의존하지 않는 것임을 알게 되었다. 그래서 이 나, 즉 나를 나이게끔 해 주는 정신은 물체와는 전적으로 다른 것이며, 심지어 물체보다 더 쉽게 인식되고, 설령 물체가 존재하지 않는다고 하더라도 정신은 스스로 중단 없이 존재하는 것이다.

— 르네 데카르트, 『방법서설』

(다) 접속의 시대는 새로운 유형의 인간을 몰고 온다. 바다의 신이자 변화무쌍한 모습을 가졌던 그리스 신화의 프로테우스처럼 새로운 '프로테우스' 세대의 젊은이들은 전자 상거래와 사이버스페이스 세계에서 이루어지는 사업에 아무런 거부감이 없으며 그 속에서 펼쳐지는 사교 활동에도 적극적으로 참여한다. 그들은 문화경제를 구성하는 수많은 시뮬레이션 세계에 척척 적응한다. 그들에게 익숙한 세계는 이념적 세계가 아니라 연극적 세계이다. 그들의 의식은 노동 정신보다는 유희 정신에 기울어 있다. 그들에게 접속은 이미 생활의 일부가 되었다. 재산도 중요하지만 연결된다는 것이 훨씬 더 중요하다. 21세기의 인간은 관심을 공유하는 사람들로 이루어진 네트워크의 접속점이라는 의식으로 살아갈 것이고, 다윈이 말한 적자생존의 경쟁이 치열하게 벌어지는 세계에서 자율적으로 살아가는 주체라고 스스로를 생각할 것이다. 그들이 생각하는 개인적 자유의 의미는 소유권이라든지 남들의 간섭에서 벗어나는 능력과는 점점 거리가 멀어질 것이다. 대신 상호 관계의 그물에 포함될 수 있는 권리로서의 의미가 점점 부각될 것이다. 그들은 접속의 시대를 살아가는 첫 번째 세대이다.

인쇄기가 지난 수백 년 동안 인간의 의식을 바꾸어놓았던 것처럼 컴퓨터는 앞으로 두 세기 동안 인간의 의식에 커다란 영향을 미칠 것이다. 심리학자와 사회학자들은 이른바 '닷컴' 세대에 속하는 젊은이들의 정신 발달 과정에서 일어나는 변화에 벌써 주목하고 있다. 컴퓨터 화면 앞에서 자라면서 많은 시간을 채팅과 전자오락에 쏟아 붓는, 아직은 소수이지만 점점 그 수가 늘어나고 있는 젊은이들은 심리학에서 말하는 '다중 인격자'에 가까워지고 있다. 그들의 의식은, 특정한 시간에 자신이 몸담았던 가상 세계나 네트워크와 어울리기 위해 이용했던 짧은 토막의 파편들로 이루어져 있다. 일각에서는 이 닷컴 세대가 현실을 수시로 바꿀 수 있는 한낱 이야기들에 불과한 것으로 인식하기 시작했다고 우려한다. 주위 세계에 적응하고 주변 사람을 이해하려면 일관된 참조의 틀이 있어야 하는데 이 틀을 형성하는 데 필요한 끈끈한 인간관계의 경험과 참을성 있는 주의력이 이들에게는 부족하다는 지적도 나오고 있다.

이것을 오히려 긍정적으로 해석하는 시각도 있다. 사람들이 실제로 접하는 현실 세계는 빠르게 움직이고 정신없이 바뀌는데, 이런 현실을 제대로 수용하려면 사람의 의식도 협소한 굴레에서 벗어나 좀 더 발랄하고 유연하고 심지어는 찰나적으로 변할 필요가 있지 않느냐는 것이다.

— 제러미 리프킨, 『소유의 종말』

물론 위와 같은 정도의 길이는 나오지 않지만 연습이므로 좀 긴 지문과 국어능력시험에서 가장 상위내용을 가상해서 조금 어려운 지문을 골랐다.

먼저 지문을 접하면 그 대상을 파악하고 대상에 대한 핵심어에 따라 내용을 표시하는데 이를 바탕잡기라고 한다. 위 지문에 대한 바탕을 잡아보면

(가) 원시인에게는 낯익은 것과 낯선 것, 내부 세계와 외부 세계, 삶과 죽음, 혼령과 신체 등을 엄격히 분리하는 도식이 존재하지 않았다. 그에게는 영혼이나 몸이나 모두 분명한 경계선을 가진 어떤 특정한 영역으로 보이지 않았다. 원시인은 자기 자신과 자기 주변에서 낯선 다른 힘의 세계를 경험했다. 괴상하게 생긴 바위나 사람의 발길이 닿아본 적이 없는 대초원의 삭막함 등 예외적이고 놀라운 것은 모두 그와 같은 힘의 현존을 뜻할 수 있었다. 영혼 자체도 그런 힘으로 경험되었다. 호흡도 인간이 이해할 수 없는 어떤 신비스러운 힘의 존재를 보게 한다. 상처받은 몸에서 나오는 검붉은 피, 머리카락, 아무런 표정이 없는 가면의 신비, 소름이 끼칠 정도로 뻣뻣한 시체 등을 모두 낯선 힘의 현존으로 여겼다.

(중 략)

원시사회 속에서 인간은 자기 홀로 있는 것만으로는 아직 '완성된 존재'가 아니었다. 인간은 그가 살고 있는 사회 구조와 뗄 수 없고, 비로소 그 안에서 자기 자신이 된다. 만일 사회의 구성원 중 한 사람이 죽을 때, 애곡하는 것은 그의 죽음을 슬퍼하기 때문이 아니라, 그의 죽음으로 사회 구조가 혼란을 받게 된 것을 슬퍼하기 때문일 수도 있다. 사실 '나'라는 말은 어떤 관계(가령 가족 관계)에서만 사용되기 때문에 단지 '나—아버지', '나—삼촌' 등의 형식으로만 나타난다. 개인은 친족 관계와 집단 관계에서 비로소 자기 자신을 발견하게 된다. 그러므로 한 인격은 여기저기 확산되고, 보다 넓은 관계의 장에서 그가 담당해야 하는 역할과 떨어질 수 없다. 이 관계가 없이, 곧 개인으로서는 아무 것도 아니다. 그의 행동거지는 사회적 · 신화적 공간 안에서 결정된다. 그러므로 여기서는 내부 세계와 외부 세계, 몸과 영혼을 그렇게 엄격하게 구별해 놓을 수 없다.

— 반 퍼슨, 『몸 · 영혼 · 정신』

(나) 나는 오직 진리 탐구에 전념하려고 하므로, 조금이라도 의심할 수 있는 것은 모두 전적으로 거짓된 것으로 던져 버리고, 이렇게 한 후에도 전혀 의심할 수 없는 것이 내 신념 속에 남아 있는지를 살펴보아야 한다고 생각했다. 그러므로 우리 감각은 종종 우리를 기만하므로, 감각이 우리 마음속에 그리는 대로 있는 것은 아무것도 없다고 가정했다. 그리고 아주 단순한 기하학적 문제에 있어서조차 추리를 잘못하여 오류 추리를 범하는 사람이 있으므로, 나 역시 다른 사람들과 마찬가지로 잘못을 저지를 수 있다고 판단하고, 전에 증명으로 인정했던 모든 근거를 거짓된 것으로 던져 버렸다. 끝으로, 우리가 깨어 있을 때에 갖고 있는 모든 생각은 잠들어 있을 때에도 그대로 나타날 수 있고, 이때 참된 것은 아무것도 없음을 알았기 때문에, 지금까지 정신 속에 들어온 것 중에서 내 꿈의 환영보다 더 참된 것은 아무것도 없다고 생각하기로 결심했다. 그러나 이런 식으로 모든 것이 거짓이라고 생각하고 있는 동안에도, 이렇게 생각하는 나는 반드시 어떤 것이어야 한다는 것을 알게 되었다. 그리고 '나는 생각한다. 그러므로 나는 존재한다'라는 이 진리는 아주 확고하고 확실한 것이고, 회의론자들이 제기하는 가당치 않은 억측으로도 흔들리지 않는 것임을 주목하고서, 이것을 내가 찾고 있던 철학의 제1원리로 거리낌 없이 받아들일

수 있다고 판단했다. 그런 다음에, 내가 무엇인지를 주의 깊게 고찰했으며, 이때 다음과 같은 것을 알게 되었다. 즉, 나는 신체를 갖고 있지 않으며, 세계도 없으며, 내가 있는 장소도 없다고 상상할 수 있지만, 그렇다고 해서 내가 전혀 존재하지 않는다고 생각할 수는 없고, 오히려 반대로 내가 다른 것의 진리성을 의심하려고 생각하고 있다는 사실 자체에서 내가 존재한다는 것이 아주 명백하고 확실하게 귀결되고 있음을 알게 되었다. 그러나 내가 그때까지 상상했던 나머지 다른 것들이 설령 참이라고 하더라도, 내가 단지 생각하는 것만 중단한다면, 내가 존재하고 있었다는 것을 믿게 할 만한 아무런 근거도 없음을 알았다. 이로부터 나는 하나의 실체이고, 그 본질 혹은 본성은 오직 생각하는 것이며, 존재하기 위해 하등의 장소도 필요 없고, 어떠한 물질적 사물에도 의존하지 않는 것임을 알게 되었다. 그래서 이 나, 즉 나를 나이게끔 해 주는 정신은 물체와는 전적으로 다른 것이며, 심지어 물체보다 더 쉽게 인식되고, 설령 물체가 존재하지 않는다고 하더라도 정신은 스스로 중단 없이 존재하는 것이다.

— 르네 데카르트, 『방법서설』

(다) 접속의 시대는 새로운 유형의 인간을 몰고 온다. 바다의 신이자 변화무쌍한 모습을 가졌던 그리스 신화의 프로테우스처럼 새로운 '프로테우스' 세대의 젊은이들은 전자 상거래와 사이버스페이스 세계에서 이루어지는 사업에 아무런 거부감이 없으며 그 속에서 펼쳐지는 사교 활동에도 적극적으로 참여한다. 그들은 문화경제를 구성하는 수많은 시뮬레이션 세계에 척척 적응한다. 그들에게 익숙한 세계는 이념적 세계가 아니라 연극적 세계이다. 그들의 의식은 노동 정신보다는 유희 정신에 기울어 있다. 그들에게 접속은 이미 생활의 일부가 되었다. 재산도 중요하지만 연결된다는 것이 훨씬 더 중요하다. 21세기의 인간은 관심을 공유하는 사람들로 이루어진 네트워크의 접속점이라는 의식으로 살아갈 것이고, 다윈이 말한 적자생존의 경쟁이 치열하게 벌어지는 세계에서 자율적으로 살아가는 주체라고 스스로를 생각할 것이다. 그들이 생각하는 개인적 자유의 의미는 소유권이라든지 남들의 간섭에서 벗어나는 능력과는 점점 거리가 멀어질 것이다. 대신 상호 관계의 그물에 포함될 수 있는 권리로서의 의미가 점점 부각될 것이다. 그들은 접속의 시대를 살아가는 첫 번째 세대이다.

인쇄기가 지난 수백 년 동안 인간의 의식을 바꾸어놓았던 것처럼 컴퓨터는 앞으로 두 세기 동안 인간의 의식에 커다란 영향을 미칠 것이다. 심리학자와 사회학자들은 이른바 '닷컴' 세대에 속하는 젊은이들의 정신 발달 과정에서 일어나는 변화에 벌써 주목하고 있다. 컴퓨터 화면 앞에서 자라면서 많은 시간을 채팅과 전자오락에 쏟아 붓는, 아직은 소수이지만 점점 그 수가 늘어나고 있는 젊은이들은 심리학에서 말하는 '다중 인격자'에 가까워지고 있다. 그들의 의식은, 특정한 시간에 자신이 몸담았던 가상 세계나 네트워크와 어울리기 위해 이용했던 짧은 토막의 파편들로 이루어져 있다. 일각에서는 이 닷컴 세대가 현실을 수시로 바꿀 수 있는 한낱 이야기들에 불과한 것으로 인식하기 시작했다고 우려한다. 주위 세계에 적응하고 주변 사람을 이해하려면 일관된 참조의 틀이 있어야 하는데 이 틀을 형성하는 데 필요한 끈끈한 인간관계의 경험과 참을성 있는 주의력이 이들에게는 부족하다는 지적도 나오고 있다.

이것을 오히려 긍정적으로 해석하는 시각도 있다. 사람들이 실제로 접하는 현실 세계는 빠르게 움직이고 정신없이 바뀌는데, 이런 현실을 제대로 수용하려면 사람의 의식도 협소한 굴레에서 벗어나 좀 더 발랄하고 유연하고 심지어는 찰나적으로 변할 필요가 있지 않느냐는 것이다.

— 제러미 리프킨, 『소유의 종말』

위와 같이 구성되어 있다는 것을 알 수 있다. 이 핵심 바탕을 구성해서 내용을 파악하면 다음과 같다.

(가) 원시인에게는 낯익은 것과 낯선 것, 내부 세계와 외부 세계, 삶과 죽음, 혼령과 신체 등을 엄격히 분리하는 도식이 존재하지 않았다. 원시사회 속에서 인간은 그가 살고 있는 사회 구조와 뗄 수 없고, 비로소 그 안에서 자기 자신이 된다. 개인은 친족 관계와 집단 관계에서 비로소 자기 자신을 발견하게 된다. 그러므로 그의 행동거지는 사회적·신화적 공간 안에서 결정된다. 여기서는 내부 세계와 외부 세계, 몸과 영혼을 그렇게 엄격하게 구별해 놓을 수 없다.

➡ 원시 사회에서 개인은 독립된 가치로 존재할 수 없었으며 모든 것은 집단 관계에서 이루어졌다.

(나) 나는 오직 진리 탐구에 전념하려고 하므로, 조금이라도 의심할 수 있는 것은 모두 전적으로 거짓된 것으로 던져 버리고, 전에 증명으로 인정했던 모든 근거를 거짓된 것으로 던져 버렸다. 지금까지 정신 속에 들어온 것 중에서 내 꿈의 환영보다 더 참된 것은 아무것도 없다고 생각하기로 결심했다. 이렇게 생각하는 나는 반드시 어떤 것이어야 한다는 것을 알게 되었다. 그리고 '나는 생각한다. 그러므로 나는 존재한다'라는 이 진리는 아주 확고하고 확실한 것이고, 이것을 내가 찾고 있던 철학의 제1원리로 거리낌 없이 받아들일 수 있다고 판단했다. 내가 다른 것의 진리성을 의심하려고 생각하고 있다는 사실 자체에서 내가 존재한다는 것이 아주 명백하고 확실하게 귀결되고 있음을 알게 되었다. 이로부터 나는 하나의 실체이고, 그 본질 혹은 본성은 오직 생각하는 것이며, 존재하기 위해 하등의 장소도 필요 없고, 어떠한 물질적 사물에도 의존하지 않는 것임을 알게 되었다.

➡ 내가 나의 주변에 있을 모든 것을 의심하고 나의 실체를 찾으려고 노력을 하니까 내가 생각하는 만큼은 내가 존재한다는 사실을 깨닫게 되었다.

(다) 21세기의 인간은 관심을 공유하는 사람들로 이루어진 네트워크의 접속점이라는 의식으로 살아갈 것이고, 자율적으로 살아가는 주체라고 스스로를 생각할 것이다. 상호 관계의 그물에 포함될 수 있는 권리로서의 의미가 점점 부각될 것이다. 그들은 접속의 시대를 살아가는 첫 번째 세대이다.

컴퓨터는 앞으로 두 세기 동안 인간의 의식에 커다란 영향을 미칠 것이다. '닷컴' 세대에 속하는 젊은 이들의 정신 발달 과정 '다중 인격자'에 가까워지고 있다. 이 닷컴 세대가 현실을 수시로 바꿀 수 있는 한낱 이야기들에 불과한 것으로 인식하기 시작했다고 우려하며 경험과 참을성 있는 주의력이 부족하다는 지적도 나오고 있다.

이것을 오히려 긍정적으로 해석해서 현실을 제대로 수용하려면 좀 더 발랄하고 유연하고 심지어는 찰나적으로 변할 필요가 있지 않느냐는 견해를 내놓기도 한다.

➡ 21C는 컴퓨터로 인해서 많은 변화를 겪게 될 것이다. 특히 인간 의식에 영향을 주어 경험과 참을성이 부족하며 일관을 가지지 못하는 문제점을 안겨줄 것이나 이렇게 살아야 급변하는 시대적 상황을 따라갈 수 있지 않느냐는 긍정적 시각도 나오고 있다.

위처럼 정확한 주제를 파악할 수 있다. 만약 긴 글을 읽는데 내용 파악이 안 되거나 자꾸 혼동이 되는 경우는 위의 방법처럼 바탕잡기를 통해서 내용을 파악하는 방법을 익혀두면 빠르고 정확하게 내용을 파악하는 데 많은 도움이 될 것이다.

예시문제 1

다음 글을 읽고 물음에 답하시오.

㉠ 임꺽정은 16세기 중엽 명종 때에 활동한 인물로 홍길동, 장길산과 더불어 조선 시대 3대 의적이라 불린다. 의적이라 함은 단순한 무법자와는 달리 민중에게 칭송을 받고, 지지를 받고, 원조를 받는 영웅 내지 투사를 말한다. 이들은 민중의 염원, 희망의 대상이 되어 당대의 죽음과는 관계없이 불사설(不死說)로 전설이 될 만한 인물이다.

임꺽정은 양주 백정 출신으로서 지혜가 있고 용감하며 날쌨다. 임꺽정 부대의 주력은 가난에 쪼들린 자, 침탈을 견디지 못한 자, 죄가 두렵고 부역을 피하기 위한 자, 위협이 두려워 무리에 합류한 자들이다. ㉡ 이들은 몰락 농민, 도망 노비, 백정, 장인(匠人), 역자(驛子) 등 당시 사회에서 각종 천대와 수탈을 받는 최하층민들이었다. 이밖에 각종 기밀을 제공해 준 아전과 약탈한 물건을 내다 판 상인들이 합세했는데, 이들은 임꺽정 부대의 보조 세력이었다.

이들이 도적 활동을 하게 된 원인은 먼저 잇따른 흉년과 기근이다. 도적 활동은 사회적 불평등이 심화되고 경제적 위기가 닥쳐오는 시기에 만연하다. 자연 재해로 인한 기근과 흉작은 농민의 생활 상태를 약화시키고 도적 활동을 부추긴다.

다음은 과중한 세금 부담이다. 나라에 바치는 각종 공물이 너무 많아 백성들이 감당할 수가 없었으며, 군역과 관련된 폐단이 심했다. ㉢ 당시 황해도는 서울의 번상*과, 도내 방비 외에도 국경 경비까지 담당해야 했다. 고을 수령의 침탈 역시 농민의 생활을 궁핍하게 했다. 재상들은 벼슬을 팔고, 벼슬을 산 수령들은 자신의 배와 그 재상들의 탐욕을 채우기 위해 백성의 고혈을 다 짜냈다.

임꺽정은 관군과의 3년에 걸치는 전투 끝에 생포되어 1562년초에 최후를 마쳤다. 이런 임꺽정 부대의 활동은 봉건 국가의 권위에 정면으로 도전한 것이었다. ㉣ 이들은 관리들을 서슴없이 살해하였으며, 재상·관료·양반 등 봉건 지배층을 적으로 삼았다. 이 때문에 봉건 정부는 이들을 단지 물자를 약탈하는 도적이 아니라 국가 기틀을 뒤흔드는 반적(反賊)으로 여겨, 많은 반대와 희생을 무릅쓰고 군사를 동원하여 처벌하지 않을 수 없었다.

임꺽정의 반란은 훈구파와 사림파의 교체를 촉진하였다. 기존의 지배 세력을 역사의 무대에서 끌어내리고, 새로운 사회 세력을 전면에 등장시키는 데 중요한 역할을 한 것이다. 그러나 정작 임꺽정 자신의 문제인 천민층의 신분 해방은 해결하지 못했다. ㉤ 그가 이러한 문제를 해결하려는 의식을 지니고 있었는지도 사실은 의문이다.

봉건 사회의 변혁 운동은 생산 현장에서 유리된 사회 주변부 세력이 주도하는 산발적이고 일시적인 저항으로부터, 생산 활동에 뿌리를 내린 농민 대중의 지속적이며 견실한 저항으로 발전해 간다. 이런 의미에서 볼 때, 16세기 임꺽정의 활동은 봉건 사회 변혁 운동의 초기적인 형태로서 역사적 의의가 있다.

*번상(番上) : 시골의 군사를 골라 뽑아서 서울의 군영(軍營)으로 보내던 일.

1 위 글에서 다루지 <u>않은</u> 것은?

① 임꺽정 반란의 의의
② 조선 중기 도적의 발생 원인
③ 임꺽정 무리를 구성하는 계층
④ 임꺽정 무리의 활약상과 궤멸 과정
⑤ 임꺽정의 난으로 인한 사회상의 변화

2 다음 중 당시 농민이 도적이 되면서 했을 말이 <u>아닌</u> 것은?

① 목구멍이 포도청이야.
② 도적에 무슨 씨가 따로 있냐.
③ 산 입에 거미줄 칠 수야 있나.
④ 도둑맞고 사립 고쳐야 한다니.
⑤ 가혹한 정치는 호랑이보다 더 무서워.

3 위 글에서 필자가 생각하는 바람직한 사회 변혁 운동의 성격은?

① 도적 활동을 통한 게릴라 전술
② 백성들의 무력에 의한 왕권 쟁취
③ 세력 교체를 가져올 수 있는 강력한 도전
④ 신분의 철폐를 전제로 하는 천민층의 저항
⑤ 생산 대중에 의한 계속적이고 견실한 저항

4 ㉠~㉤ 중 글쓴이의 주관이 개입된 것은?

① ㉠   ② ㉡   ③ ㉢   ④ ㉣   ⑤ ㉤

정답 1 ④ 2 ④ 3 ⑤ 4 ⑤

해설

1 임꺽정 무리의 계층 구성은 두 번째 문단에서 다루고 있다. 조선 중기 도적의 발생 원인은 세 번째 단락에, 사회상의 변화나 의의와 한계 등은 그 다음에 다루고 있다. 그러나 구체적인 활약상이나 궤멸의 과정은 다루고 있지 않다.

2 농민들이 도적이 되는 것은 그들의 심성이나 게으름 때문이 아니라 현실에서 살 수 없는 상황 때문이다. 그들은 생활상의 궁핍이나 수탈을 견디다 못해 어쩔 수 없이 도적이 되고 말았다. ④는 소 잃고 외양간 고친다는 뜻이다.

3 마지막 문단을 보면 임꺽정난의 한계와 의의를 이야기하면서 바람직한 사회 변혁 운동의 성격을 진술하고 있다. 그것은 생산 활동에 뿌리를 내린 대중의 지속적이고 견실한 저항이다.

4 ㉠~㉣은 모두 객관적인 사실을 쓴 것임에 비해 ㉤은 글쓴이 자신의 평가가 들어가 있어 주관적이라 할 수 있다.

예시문제 2

다음 글을 읽고 물음에 답하시오.

미술가가 얻어 내려고 하는 효과가 어떤 것인지는 결코 예견할 수 없기 때문에 이러한 종류의 규칙을 설정하기는 불가능하며, 또한 이것이 진리이다. 미술가는 일단 옳다는 생각이 들면 전혀 조화되지 않는 것까지 시도하기를 원할지 모른다. 하나의 그림이나 조각이 어떻게 되어 있어야 제대로 된 것인지 말해 줄 수 있는 규칙이 없기 때문에 우리가 어떤 작품을 걸작품이라고 느끼더라도 그 이유를 정확한 말로 표현한다는 것은 거의 불가능하다.

그러나 그렇다고 어느 작품이나 다 마찬가지라거나 사람들이 취미에 대해 논할 수 없다는 뜻은 아니다. 만일 그러한 논의가 별 의미가 없는 것이라 하더라도 그러한 논의들은 우리에게 그림을 더 보도록 만들고, 우리가 그림을 더 많이 볼수록 전에는 발견하지 못했던 점들을 깨달을 수 있게 된다. 그림을 보면서 각 시대의 미술가들이 이룩하려 했던 조화에 대한 감각을 발전시키고, 이러한 조화들에 의해 우리의 느낌이 풍부해질수록 우리는 더욱 그림 감상을 즐기게 될 것이다. 취미에 관한 문제는 논의의 여지가 없다는 오래된 경구는 진실이겠지만, 이로 인해 '취미는 개발될 수 있다'는 사실이 숨겨져서는 안 된다. 예컨대 ㉠ 차를 마셔 버릇하지 않은 사람들은 여러 가지 차를 혼합해서 만드는 차와 다른 종류의 차가 똑같은 맛을 낸다고 느낄지 모른다. 그러나 만일 그들이 여가(餘暇)와 기회가 있어 그러한 맛의 차이를 찾아내려 한다면 그들은 자기가 좋아하는 혼합된 차의 종류를 정확하게 식별해 낼 수 있는 진정한 감식가가 될 수 있을 것이다.

미술에 대해 배운다는 자세에는 결코 끝이 있을 수 없다. 미술 작품에서는 항상 새로운 것을 발견하게 된다. 위대한 미술 작품은 대할 때마다 달리 보인다. 미술품들은 각각 제 나름대로 불가사의한 법칙과 모험을 지닌 신비한 세계이다. 어느 누구도 미술 작품에 대해서 모든 것을 알고 있다고 생각해서는 안 되며, 사실상 다 알고 있는 사람은 아무도 없다. 따라서 미술 작품들을 감상하기 위해서 우리는 모든 암시를 파악하고 모든 숨겨진 조화에 감응하려고 하는 참신한 마음가짐을 가져야 한다는 것이다. 사람을 속물근성에 젖게 만드는 어정쩡한 지식을 갖고 있는 것보다는 미술에 관해 전혀 모르는 것이 낫다. 이러한 위험은 현실적으로 나타난다. 아름다운 표현이나 정확한 소묘 같은 성질을 지니지 않은 작품 가운데 위대한 미술 작품이 있다. 그런데 사람들은 이와 같은 자신의 지식에 자만한 나머지, 아름답게도 정확하게도 그려지지 않은 작품만을 좋아하는 체하게 되어 버린다. 그들은 결국 미술을 감상하는 진정한 즐거움을 잊어버리거나, 진정으로는 다소 싫은 작품을 보고도 매우 '흥미 있는' 작품이라고 말하는 속물이 되어 버린다.

1 위 글의 집필 의도를 바르게 제시한 것은?

① 미의 표현 방식을 설명하기 위해

② 미술에 대한 관심을 불러일으키기 위해

③ 미술 교육이 나아갈 방향을 제시하기 위해

④ 미술을 통해 얻는 효과를 이해시키기 위해

⑤ 미술 작품 감상의 올바른 태도를 제시하기 위해

2 위 글의 내용과 일치하지 <u>않는</u> 것은?

① 현학적 태도는 미의 본질을 이해하는 데 장애가 된다.

② 미술 작품에서 느낀 감동을 그대로 언어로 표현하기는 쉽지 않다.

③ 미술가는 작품을 창작할 때, 사회, 윤리적 가치를 중시할 수밖에 없다.

④ 미술 작품은 보는 사람의 관점에 따라 얼마든지 달리 해석될 수 있다.

⑤ 미술에 대한 취미는 감상자의 노력에 의하여 얼마든지 개발될 수 있다.

3 위 글을 읽고 나타낼 수 있는 반응으로 가장 적절한 것은?

① 미의 본질을 이해할 때 기존의 전통적 가치 기준을 간과하면 안 돼.

② 미술 작품을 올바로 이해하려면 나름대로의 참신한 안목을 지녀야겠군.

③ 미술 작품 감상 시 주관적 태도보다는 보편적 입장도 고려하는 것이 중요해.

④ 미술에 대해 깊이 이해하기 위해 그 분야의 전문가에게 도움을 받아야겠군.

⑤ 미술 작품을 감상하는 데에는 미술사에 대한 올바른 이해가 바탕이 되어야 해.

4 ㉠이 의미하는 바는?

① 미술에 대해 편견을 갖고 있는 사람

② 미술 작품을 소장하고 있지 않은 사람

③ 미술 작품을 자주 접할 기회가 없는 사람

④ 그림을 그리는 방법을 잘 알지 못하는 사람

⑤ 미술 작품 감상을 시간 낭비라고 생각하는 사람

정답 1⑤ 2③ 3② 4③

해설

1 이 글은 미술 작품을 올바르게 감상하기 위해 우리들이 지녀야 할 태도에 대해 언급하고 있다. 작품을 올바르게 이해하기 위해서는 어떤 작품이나 종류에 대해 고정되어 있는 기준의 편협한 사고방식이나 태도에 얽매이지 말고 나름대로의 날카로운 안목과 감수성을 길러야 함을 강조한다.

2 ① 미술에 대해 모든 것을 알고 있다고 현학적 태도를 보이는 것은 미술의 본질을 이해하는 데 장애 요 인이 된다.

② 우리가 어떤 미술 작품에서 얻은 감동을 말로 표현하기 어려운 것은 걸작품에 대한 규칙과 기준이 없기 때문이다.

④ 미술 작품은 감상자가 기존의 관념이나 선입견에 빠지지 않고 보면 얼마든지 새로운 관점에서 해석 할 수 있다.

⑤ 미술 작품을 자주 감상하면 미술에 대한 취미가 얼마든지 길러질 수 있다.

3 미술 작품에는 미술가 나름대로의 의도와 안목이 내재되어 있지만 그것을 모두 정확히 파악하기는 어 렵다. 그럼에도 작품 속에 숨겨진 암시와 조화의 미를 제대로 이해하기 위해서는 기존의 인습적 사고에 서 벗어나 나름대로의 참신한 안목을 지니는 것이 중요하다.

4 차를 자주 마셔 보지 않은 사람은 여러 종류의 차가 지닌 독특한 맛을 구분할 수 없다. 마찬가지로 미술 작품을 자주 접할 기회가 없는 사람은 미의 본질에 대한 이해가 부족하여 여러 종류의 미술 작품에 대 한 안목과 감상 능력이 부족하다.

예시문제 3

다음 글을 읽고 물음에 답하시오.

(가) 오늘날과 같이 자본주의가 꽃을 피우게 된 가장 결정적인 이유는 생산력의 증가에 있었다. 그 시초는 16세기에서 18세기까지 지속된 영국의 섬유 공업의 발달이었다. 그 시기에 영국 섬유 공업은 비약적으로 생산력이 발달하여 소비를 빼고 남은 생산 잉여가 과거와는 비교할 수 없을 만큼 엄청난 양으로 증가되었다. 생산량이 증대했음에도 불구하고 소비는 과거 시절과 비슷한 정도였으므로 생산 잉여는 당연한 것이었다.

(나) 물론 그 이전에도 이따금 생산 잉여가 발생했지만 그렇게 남은 이득은 대개 경제적으로 비생산적인 분야에 사용되었다. 이를테면 고대에는 이집트의 피라미드를 짓는 데에, 그리고 중세에는 유럽의 대성당을 건축하는 데에 그것을 쏟아 부었던 것이다. 그러나 자본주의 시대의 서막을 올린 영국의 섬유 공업의 생산 잉여는 종전과는 달리 공업 생산을 더욱 확장하는 데 재투자되었다.

(다) 더구나 새로이 부상한 시민 계급의 요구에 맞춰 성립된 국민 국가의 정책은 경제 발전에 필수적인 단일 통화 제도와 법률 제도 등의 사회적 조건을 만들어 주었다. ㉠ 자본주의가 점차 사회적으로 공인되어 감에 따라 그에 맞게 화폐 제도나 경제와 관련된 법률 제도도 자본주의적 요건에 맞게 정비되었던 것이다.

(라) 이러한 경제적, 사회적 측면 이외에 정신적인 측면에서 자본주의를 가능하게 한 계기는 종교 개혁이었다. 잘 알다시피 16세기 독일의 루터(M. Luther)가 교회의 면죄부 판매에 대해 85개 조 반박문을 교회 벽에 내걸고 교회에 맞서 싸우면서 시작된 종교 개혁의 결과, 구교에서부터 신교가 분리되기에 이르렀다. 가톨릭의 교리에서는 현실적인 부, 즉 재산을 많이 가지는 것을 금기시하고 현세에서보다 내세에서의 행복을 강조했다. 그러면서도 막상 내세와 하느님의 사도인 교회와 성직자들은 온갖 부정한 방법으로 축재하고 농민들을 착취했으니 실로 아이러니가 아닐 수 없었다.

(마) 당시의 타락한 가톨릭교회에 대항하여 청교도라 불린 신교 세력의 이념은 기도와 같은 종교적 활동 외에 현실에서의 세속적 활동도 하느님의 뜻에 어긋나는 것이 아니라고 가르쳤다. 특히 정당한 방법으로 재산을 모은 것은 근면하고 부지런하게 살았다는 증표이며, 오히려 하느님의 영광을 나타내 보인다는 것이었다. 기업의 이윤 추구는 하느님이 '소명' 하신 것이며, 돈을 빌려주고 이자를 받는 일도 부도덕한 것이 아니었다. 재산은 중요한 미덕이므로 경제적 불평등은 정당화될 수 있었다. 근면한 사람은 부자인 것이 당연하고 게으른 사람은 가난뱅이일 수밖에 없다고 생각했던 것이다. 이러한 이념은 도시의 상공업적 경제 질서를 옹호해 주었으므로 한창 떠오르고 있는 시민 계급의 적극적인 호응을 받았다.

1 위 글의 중심 화제를 바르게 말한 것은?

① 자본주의의 발달 요인
② 자본주의의 근본 개념
③ 자본주의와 경제 활동
④ 자본주의와 종교 개혁
⑤ 자본주의의 구성 원리

2 위 글을 내용에 따라 세 부분으로 적절하게 나눈 것은?

① (가) / (나)(다) / (라)(마)
② (가) / (나)(다)(라) / (마)
③ (가)(나) / (다) / (라)(마)
④ (가)(나) / (다)(라) / (마)
⑤ (가)(나)(다) / (라) / (마)

3 (마)의 내용에 대한 독자의 반응으로 적절하지 <u>않은</u> 것은?

① 당시 사회의 청교도들은 근면을 최대의 덕목으로 강조했겠군.
② 청교도들은 내세에서의 삶뿐만 아니라 현세에서의 성공도 중시했겠군.
③ 종교 개혁 당시 가난한 사람들은 게으르다는 비난을 받기 십상이었겠군.
④ 자본주의하에서 자본가들은 자신의 이윤 추구를 위해 최대한의 노력을 경주했겠군.
⑤ 자본주의하에서 모든 사람은 어느 정도의 부를 누리는 평등함을 가질 수 있겠군.

4 ㉠의 상황을 비유적으로 적절하게 표현한 것은?

① 기관사도 없는데 열차가 움직이기를 바라는 격이다.
② 부쩍 자란 몸에 예전의 옷을 억지로 꿰맞춰 입을 수는 없는 법이다.
③ 칼로 쪼갠다고 물이 산소와 수소로 나뉠 수는 없는 것 아닌가.
④ 대세가 된 의견에 그 외 사람들의 의견도 따라가야 하는 법이 아닌가.
⑤ 지금까지 교통사고가 나지 않았으니 앞으로도 나지 않을 거라고 믿는 격이다.

정답 1① 2③ 3⑤ 4②

해설

1 필자는 자본주의가 발달하게 된 이유로 경제적 측면에서의 생산력의 발달, 사회적 측면에의 단일 통화 제도와 법률 제도의 정비, 정신적 측면에서의 종교 개혁을 들고 있다.

2 이 글은 자본주의의 발달 요인으로 (가)·(나)에서는 경제적 측면을, (다)에서는 사회적 측면을, (라)·(마)에서는 종교적 측면을 이야기하고 있다.

3 자본주의에서는 경제적 불평등은 정당화된다고 하였으므로 ⑤와 같은 반응은 잘못된 것이다.

4 ㉠은 자본주의가 사회적으로 성숙해졌으므로, 이에 걸맞게 법률이나 제도가 고쳐질 수밖에 없다는 내용이다. 내용이 변화하면 형식도 그에 맞게 변해야 한다는 의미를 담고 있다.

예시문제 4

다음 글을 읽고 물음에 답하시오.

인간은 이야기하는 동물이다. 끊임없이 이야기를 지어 내고 듣고 퍼뜨리고 전해 주는 능력만큼 인간을 인간답게 하는 능력도 없다. 신화(myth)라는 말의 기원이 된 그리스어 뮈토스(muthos)는 이야기를 의미한다. 신화는 민담, 설화, 전설 등과 함께 이야기를 지어 내려는 인간 욕망의 산물이며, 서사 문화의 초기 양식들 가운데 하나이다. 그러나 무엇보다도 신화는 인간이 세계와 관계 맺는 양식이라는 점에서 다른 서사 양식들과 구분된다.

신화는 상상적 이야기의 방식으로 세계를 해석한다. 창조 신화는 세계(우주)가 어떻게 만들어졌는가를 이야기하고, 기원 신화는 인간, 부족, 죽음 등의 기원을 이야기한다. 신들의 이야기로서의 신화는 자연 현상의 뒤에 초자연적 조종 세력들을 설정하고 이 세력들에 갖가지 신의 이름을 갖다 붙임으로써 자연을 (㉠) 공간으로 바꾼다. 즉 인간은 신화를 통하여 해는 어째서 매일 동쪽에서 뜨고, 파도는 왜 치며, 여름과 겨울은 왜 있는가와 같은 질문의 해답을 얻게 되는 것이다. ㉡인간은 이야기의 그물로 세계를 낚아 올림으로써 그 세계에 동기, 목적, 의미를 부여하고 생존의 조건들과 화해한다. 인간은 이야기로 세계를 인간화한다.

상상에 의해 인간과 세계를 연결한다는 점 때문에 신화는 고전 철학 시대에는 세계에 대한 합리적·이성적 설명인 로고스(logos)와 충돌하고 근대에 들어와서는 과학에 밀려난다. 근대는 신화가 빛을 잃었던 시대다. 그러나 인간의 생각하는 방식이 근원적으로 신화적이라는 점, 세계에 대한 인간의 관계짓기가 근본적으로 상상적이라는 점, 역사 자체가 신화의 범주에 속한다는 점 등이 인식되면서 신화는 현대에 들어와 관심을 끌게 되었다.

이렇게 볼 때 신화는 결코 황당한 이야기가 아니며 과학 이전 시대의 순진한 세계 이해 방식으로 그치는 것도 아니다. 그것은 인간 세계의 제도, 풍속, 관행, 가치, 사회적 위계 구조, 현상, 질서 등을 정당화하고 현실의 모순을 상상적으로 해소하는 강력한 사고방식이다. 또한 신화는 그 상상의 배후에 고도의 논리적, 합리적 문법을 갖추고 있는 위장의 언어인 것이다.

세계의 주요 종족, 부족, 민족 치고 자체 신화를 갖지 않은 집단이 없지만, 오랜 기간에 걸쳐 계속해서 예술 창조의 바탕이 되고 있는가, 아닌가라는 기준으로 볼 때 그리스 신화, 힌두 신화, 중앙아프리카 신화 등이 주요 신화 체계로 인정되고 있다. 시, 소설, 영화 등의 서사 문화의 현대적 양식들은 여전히 이러한 신화적 전통의 연장선상에 있다.

1 위 글은 어떤 질문에 대한 답이라고 볼 수 있는가?

① 신화는 상상인가, 실제인가?
② 신화는 어떻게 형성되었는가?
③ 현대 사회에서 신화는 존재하는가?
④ 신화는 어떤 특성을 가지고 있는가?
⑤ 과학과 신화의 다른 점은 무엇인가?

2 위 글을 바탕으로 '신화'의 개념을 가장 잘 정리한 것은?

① 신화는 인간의 상상력에 의해 꾸며낸 이야기이다.
② 신화에는 창조 신화, 기원 신화, 건국 신화가 있다.
③ 신화는 시, 소설, 영화 등의 다양한 예술 영역을 창조하는 바탕이 된다.
④ 신화는 인간과 세계의 관계를 상상의 방법으로 설명한 이야기이다.
⑤ 신화는 민담, 전설과 같은 이야기를 지어 내려는 인간 욕망의 소산이다.

3 ㉠에 들어갈 내용으로 적절한 것은?

① 신비스러운
② 불가사의한
③ 이해 가능한
④ 통제 불능의
⑤ 접근할 수 없는

4 다음 중 ㉡의 예가 될 수 <u>없는</u> 것은?

① 라크슈미는 힌두 신화의 연꽃의 여신이다. 그녀는 농업을 주관하며, 초월적인 삶과 죽음 이후의 세계로 이끌어 주는 지혜의 상징이기도 하다.
② 신농은 농업 기술을 가르치고, 식물들의 약효를 발견한 중국의 왕이다. 인신우두(人身牛頭)의 형상이었으며 내장을 파열시키는 풀을 조사하다가 죽었다.
③ 로키는 게르만의 장난꾸러기 신이다. 거짓말의 아버지이기도 한 그는 숲을 파괴하는 불의 화신이다. 고대인들이 무서워한 변덕쟁이였기에 그렇게 통용된 것이다.
④ 누트는 이집트의 하늘의 여신이다. 태양은 저녁에는 누트의 입으로 들어가서 밤 동안에 누트의 몸을 통과한 뒤에 아침이면 누트의 자궁에서 아이처럼 다시 태어난다.
⑤ 아타엔시크는 북아메리카 동북부의 신으로 천계의 여성이며 지모신(地母神)이다. 그녀는 하그웨디유를 낳았는데, 이 하그웨디유가 어머니의 유해로부터 세계를 창조했다.

정답 1④ 2④ 3③ 4②

해설

1 신화의 발생과 그 역사적인 과정, 신화의 본질과 의의 그리고 현대 사회에서 신화의 가치 등이 다루어 지고 있다. 이를 포괄할 수 있는 제목으로는 신화의 특성이 적절하다.

2 이 글은 신화를 다른 서사 양식과 달리 인간이 세계와 관계 맺는 양식이라고 정의하고 있다. 특히 두 번 째 문단과 네 번째 문단을 보면 신화는 상상적 이야기의 방법으로 세계와 관계를 맺고 있다는 내용이 계속 반복되고 있다.

3 인간의 힘으로 어쩔 수 없는 자연 현상의 뒤에 초자연적 세력을 설정해 신의 이름을 갖다 붙임으로써 신화는 세계(자연)을 두려움이 아닌 친숙하고 이해 가능한 공간으로 만든다. 이는 '신화를 통해 여러 자 연 현상의 해답을 얻게 된다' 는 뒤의 문장을 보면 더 잘 알 수 있다.

4 ⓛ은 인간이 상상적인 이야기의 방식으로 자연을 인간화한다는 것이다. 즉, 자연에 대한 그들의 관심이 신이라는 존재를 상상하여 그들이 자연을 만드는 과정을 상상의 이야기로 만든 것이 신화이다. 신농은 의약의 신이기는 하나 자연물의 창조와는 무관하다.

예시문제 5

다음 글을 읽고 물음에 답하시오.

가족주의란 어떤 이론 체계의 이름이 아니라, 가족을 아끼고 사랑하는 마음이 다른 의욕 또는 동기를 압도할 정도로 강한 생활 태도를 가리키는 말이다. 가족주의적 생활 태도는 가족의 번영 또는 가문의 영예를 무엇보다도 소중히 여긴다. 따라서 ⊙ 그것은 한편으로는 개인주의와 대립하게 되며, 다른 한편으로는 민족주의 내지 국가주의와 대조를 이룬다.

가족주의적 사고나 행동의 경향은 가족 또는 친족의 문제와 관련해서만 남아 있는 것이 아니라, 그 밖의 사회생활에 있어서도 여러 가지 형태로 나타나고 있다. 예컨대, 같은 동창, 같은 고향, 또는 같은 단체에 속하는 사람들끼리 함께 뭉치고 서로 돕는 기풍도 가족주의적 경향의 한 변형이라고 볼 수 있을 것이다. 작은 규모의 집단을 통하여 인연을 가진 사람들이 뭉치고 돕는 경향은, 가까이 접촉하는 사람들과의 친목을 가져오고 상부상조(相扶相助)의 기풍을 조장하는 이점이 있는 반면에, 부당한 의뢰심을 정당화하고, 보다 큰 규모의 대동단결을 저해하는 요인이 될 수도 있다는 약점도 보인다.

가족주의의 또 하나의 특색은 온정주의적(溫情主義的) 태도 속에서 찾아볼 수가 있다. 가족이란 본래 어떤 편이나 이익을 위해서 계획적으로 결성한 집단이 아니라, 성(姓)이나 유대(紐帶)를 통하여 자연적으로 발생한 공동체이다. 따라서 가족 내부의 질서는 법이나 규칙으로 유지되는 것이 아니라, 온정과 사랑으로 유지되는 것이 원칙이다. 가족 내부에 어떤 알력이 생겼을 경우에는 경위를 밝혀 시비곡직(是非曲直)을 따지는 것보다도 덕과 감화로써 문제를 해결한다. ⓒ 집안에 도덕이나 법에 어긋나는 행동을 한 사람이 생겨도 이를 숨기고 감싸주는 것을 당연하다고 생각하며, 물질의 소유권에 구애됨이 없이 네 것과 내 것을 따지지 않고 서로 융통해 쓰는 것을 미덕으로 삼는다.

이러한 온정주의는 너그럽고 따뜻한 인간 정신의 표현이며 동양적 미풍양속의 바탕이라고 보아도 좋을 것이다. 그러나 오늘날과 같은 복잡한 사회생활에서 만사를 온정주의로써 처리한다면, 도리어 질서를 어지럽힐 염려가 크다.

우리나라에는 지금도 온정주의적 사고 내지 행동의 경향이 강하게 남아 있다. '봐 달라' 또는 '봐 준다'는 말이 일상생활 속에서 쓰이는 빈도가 높다는 사실은 이 점을 상징적으로 밝혀 준다. '봐 달라'는 말은 사리에 어긋나는 일을 온정으로 처리해 줄 것을 부탁하는 경우에 쓰이는 말이거니와, 예사로운 심정으로 이 말을 끄집어내거나 들을 수 있다는 사실은, 우리들의 사고방식이 가족주의적 유습(遺習)에 젖어 있는 증거라고 보아도 좋을 것이다.

가족주의의 세 번째 특색으로 지적할 것은, 종적(縱的) 인간관계 및 권위주의적 경향이다. 우리나라의 가족주의는 본래 봉건적 가족 제도를 바탕으로 하여 형성된 것인 까닭에 사람과 사람의 사이를 평등한 횡적(橫的) 관계로서보다도 상하의 지위로 나누는 종적 관계로서 이해하는 경향을 가지게 되었으며, 따라서 윗사람들에게 권위주의적 태도가 몸에 배게 되었다.

근래 '민주주의'의 새로운 물결을 타고 사람과 사람의 사이를 평등한 횡적 관계로서 이해하는 관념이 보급되기에 이르러 가부장적(家父長的) 권위주의도 차차 수그러지는 경향을 보이고 있는 것은 사실이나, 아직도 일부에는 그 인습의 뿌리가 깊은 까닭에, 사회생활에 적지 않은 ⓒ 알력을 일으키는 근원이 된다. 이와 같은 체질적 대립은 가족 내부에만 있는 것이 아니라, 직장과 학교 및 그 밖의 집단에도 있고, 관료들과 일반 국민 사이에도 있으니, 전환기에 놓인 사회의 심각한 문제가 아닐 수 없다.

1 위 글에 나타나지 <u>않은</u> 것은?

① 가족주의적 태도의 장점
② 가족주의적 사고의 극복 방안
③ 가족주의적 사고나 행동의 특성
④ 가족주의적 사고나 행동의 문제점
⑤ 가족주의적 사고나 행동의 구체적 사례

2 위 글에서 지적한 가족주의적 태도와 거리가 <u>먼</u> 것은?

① 민수는 병원에 아는 사람이 있어서 쉽게 병실을 얻어 입원할 수 있었다.
② 고3 수험생인 주연이는 대학과 전공 선택을 부모가 강요한 대로 결정하였다.
③ 박 상무는 회사의 진급 심사에서 고등학교 후배에게 특별히 높은 점수를 주었다.
④ 현진이는 배일(排日) 감정이 강하여 중국과 일본의 축구 경기에서 중국을 응원하였다.
⑤ 우리 동네 김 씨는 대통령 선거에서 같은 고향 출신 후보에게 표를 던지기로 결심하였다.

3 밑줄 친 ㉠의 이유를 바르게 말한 것은?

① 가족주의는 민족 화합에 방해가 되기 때문에
② 개인주의는 가족에 대한 부당한 의뢰심을 조장하므로
③ 개인주의는 가족·민족·국가의 화합에 방해가 되므로
④ 가족에서 한 개인의 성공은 가문의 영예가 될 수 없기 때문에
⑤ 가족주의는 평등한 횡적 관계보다는 상하의 종적인 인간관계를 중시하기 때문에

4 밑줄 친 ㉡의 경우에 쓰일 수 있는 말로 가장 알맞은 것은?

① 핑계 없는 무덤이 없다.
② 친구 따라 강남 간다.
③ 같은 값이면 다홍치마
④ 팔이 안으로 굽지 밖으로 굽으랴.
⑤ 귀에 걸면 귀걸이 코에 걸면 코걸이

5 문맥상 밑줄 친 ㉢을 대신할 수 있는 말로 적절하지 <u>않은</u> 것은?

① 갈등   ② 불화
③ 마찰   ④ 반목
⑤ 반발

정답 1② 2④ 3⑤ 4④ 5⑤

해설

1 ① 가족주의가 친목 도모, 상부상조 등의 이점을 가져올 수 있다고 보고 있다.

③ 가족주의적 사고나 행동의 특성을 세 가지로 밝히고 있다.

④ 가족주의적 사고나 행동이 부당한 의뢰심을 정당화하거나, 보다 큰 규모의 대동단결을 저해하는 요인이 될 수도 있다고 하였다. 또 온정주의와 권위주의적 태도의 문제점도 지적하고 있다.

⑤ 온정주의적 태도의 사례를 들고 있다. 특히 '봐 달라'는 말이 많이 쓰이는 것을 예증 사례로 들고 있다.

2 학연, 지연, 혈연에 얽혀 온정주의적 태도를 보이는가 따져 본다.

①은 조금이라도 아는 사람이면 '잘 봐 달라'는 부당한 의뢰심이 표출된 경우이다.

②는 종적 인간 관계 및 권위주의적 경향에서 나온 사례이다.

③은 학연(學緣)에 ⑤는 지연(地緣)에 의존하는 경우이다.

④는 특정 국가에 대한 개인의 호감도를 표현한 것이므로 가족주의적 태도와는 거리가 멀다.

3 가족주의는 무엇보다도 가족의 번영과 영예를 개인이나 민족의 발전보다 우선시하므로 가족 구성원의 인격적 자율성을 인정하지 않는 경우가 많다. 가문을 중시하는 집안에서 자녀들의 자발적 · 창의적 의사가 존중되지 않는 경우가 많음을 쉽게 떠올릴 수 있다. 이것은 가족주의가 사람과 사람의 사이를 평등한 횡적 관계로서보다 상하 지위로 나누는 종적 관계로서 이해하는 경향을 지니며, 이로 인해 윗사람들에게 권위주의적 태도를 몸에 배게 하였기 때문이다.

4 ㉡에서는 법이나 규칙, 이성으로 시비곡직을 따지지 않고 내 편이니까 어떤 허물도 용서될 수 있다는 온정주의적 태도를 보이고 있다. ④는 자기와 가까운 사람에게 정이 더 쏠림은 어쩔 수 없는 일이라는 말이다. 온정주의적 태도를 빗댄 속담이라고 볼 수 있다.

5 '알력(軋轢)'은 원래 수레바퀴가 삐걱거린다는 뜻으로, 의견이 맞지 않아서 서로 충돌할 때 쓰이는 말이다. 집단, 세대 간의 불화나 갈등, 마찰, 반목 등이 동의어로 쓰일 수 있다. 이 단어들은 모두 둘 또는 그 이상의 상호 감정을 나타낼 때 쓰이는데, '반발'은 한쪽이 다른 한쪽에 대해서 느끼는 일방 관계이므로 이 문맥에서는 부자연스럽다.

예시문제 6

다음 글을 읽고 물음에 답하시오.

(가) 문화란 말은 그 의미가 매우 다양해서 정확하게 개념을 규정한다는 것이 거의 불가능하다. 즉, 우리가 이 개념을 정확하게 규정하려는 노력을 하면 할수록 우리는 더 큰 어려움에 봉착한다. 무엇보다도 한편에서는 인간의 정신적 활동에 의해 창조된 최고의 가치를 ㉠ 문화라고 정의하고 있는 데 반하여, 다른 한편에서는 자연에 대한 인간의 기술적 · 물질적 적응까지를 ㉡ 문화라는 개념에 포함시키고 있다. 즉 후자는 문명이라는 개념으로 이해하는 부분까지도 문화라는 개념 속에 수용함으로써 문화와 문명을 구분하지 않고 있다. 전자는 독일적인 문화 개념의 전통에 따른 것이고, 후자는 영미 계통의 문화 개념에 따른 문화에 대한 이해이다. 여기에서 우리는 문화라는 개념이 주관적으로 채색되기가 쉽다는 것을 인식하게 된다. 19세기 중엽까지만 해도 우리 조상들은 서양인들을 양이(洋夷)라고 해서 야만시했다. 마찬가지로, 우리는 한 민족이 다른 민족의 문화적 업적을 열등시하며, 이것을 야만인의 우스꽝스러운 관습으로 무시해 버리는 것을 역사를 통해 잘 알고 있다.

(나) 문화란 말은 일반적으로 두 가지로 사용된다. 한편으로 우리는 '교양 있는' 사람을 문화인이라고 한다. 즉, 창조적 정신의 소산인 문학 작품, 예술 작품, 철학과 종교를 이해하고 사회의 관습을 품위 있게 지켜 나가는 사람을 교양인 또는 문화인이라고 한다. 그런가 하면 다른 한편으로 '문화' 라는 말은 한 국민의 '보다 훌륭한' 업적과 그 유산을 지칭한다. 특히 철학, 과학, 예술에 있어서의 업적이 높이 평가된다. 그러나 우리는 여기에서 이미 문화에 대한 우리의 관점이 달라질 수 있는 소지를 발견한다. 즉, 어떤 민족이 이룩한 업적을 '훌륭한 것' 으로서 또는 '창조적인 것' 으로서 평가할 때, 그 시점은 어느 때이며, 기준은 무엇인가? 왜냐하면, 우리는 오늘날 선진국들에 의해 문화적으로 열등하다고 평가받는 많은 나라들이 한때는 이들 선진국보다 월등한 문화 수준을 향유했다는 것을 역사적 사실을 통해 잘 알고 있기 때문이다. 그리고 또한 ㉢ 비록 창조적인 업적이라고 할지라도 만약 그것이 부정적인 내용을 가졌다면, 그래도 우리는 그것을 '창조적' 인 의미에서의 문화라고 할 수 있을까? 조직적 재능은 문화적 재능보다 덜 창조적인가? 기지가 풍부한 정치가는 독창력이 없는 과학자보다 덜 창조적이란 말인가? 볼테르 같은 사람의 문화적 업적을 그의 저서가 끼친 실천적 영향으로부터 분리할 수 있단 말인가? 인간이 이룩한 상이한 업적 영역, 즉 철학, 음악, 시, 과학, 정치 이론, 조형 미술 등에 대해서 문화적 서열이 적용된다는 것인가?

1 위 글의 내용과 일치하지 <u>않는</u> 것은?

① 문화라는 말은 다양한 의미로 사용된다.

② 문화의 개념은 정확하게 규정하기 어렵다.

③ 문화에 대한 관점은 시대에 따라 다를 수 있다.

④ 문화는 일반적으로 창조적 정신의 소산으로 여겨진다.

⑤ 문화는 교양 있는 사람이 이해하고 지켜 나가는 것이다.

2 문맥상 (가)의 밑줄 친 ㉠ : ㉡의 관계를 바르게 지적한 것은?

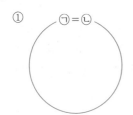
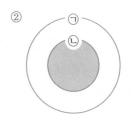

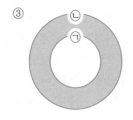
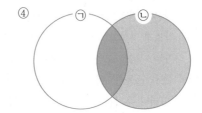

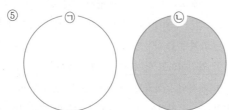

3 (나)를 통해 글쓴이가 제기하고자 하는 것은?

① 전통 문화의 보존은 가능한가?

② 문화의 개념 정의는 가능한가?

③ 민족과 문화는 불가분의 관계에 있는가?

④ 물질문명도 문화에 포함시킬 수 있는가?

⑤ 문화의 우열(優劣)을 나누는 것이 가능한가?

4 (나)에서 밑줄 친 ㉢의 예로 들 수 있는 것은?

① 상업주의적 퇴폐 문화의 횡행

② 체제 비판적 저항 세력의 대두

③ 환경 파괴적 유흥 시설의 증가

④ 인명 살상용 원자 폭탄의 개발

⑤ 현실 도피적 사이비 종교의 기승

정답 1⑤ 2③ 3⑤ 4④

해설

1 '교양 있는' 사람을 문화인이라고 사용하는 예를 들기는 하였지만, 문화 자체가 교양 있는 사람이 이해하고 지켜 나가는 것으로 좁게 규정하지는 않았다.

2 ㉠의 '문화'는 정신 활동에 한정된 좁은 의미의 문화이고, ㉡의 '문화'는 자연에 대한 인간의 기술적, 물질적 적응까지를 포함하는 넓은 의미의 문화이다. 즉, ㉠은 '문화', ㉡은 '문화+문명'이다. 따라서 ㉠은 ㉡의 부분 집합이라 할 수 있다.

3 (나)의 뒷부분에서 글쓴이는 문화의 상이한 업적에 대해 문화적 서열을 적용할 수 있는가를 묻고 있다. 이는 곧 '문화의 우열을 나누는 것이 가능한가?' 하는 물음이다.

4 '창조적'이지만 '부정적' 내용을 지닌 것을 찾아본다. ④의 경우 과학의 진보로 인한 창조적 업적으로 볼 수 있으나, 인명 살상의 부정적 내용을 가졌으므로 ㉢에서 지적하는 사례에 부합된다.

예시문제 7

다음 글을 읽고 물음에 답하시오.

(가) 질서란 무엇인가? 질서란 어떻게 생겨나는 것인가? 사전적인 의미에서 본 질서는 '사물 또는 사회가 올바른 상태를 유지하기 위해서 지켜야 할 일정한 차례나 규칙'을 말한다. 여기서 질서는 이상적인 상태나 상황을 가정하고 이것을 달성하기 위한 행동 규율이나 규범을 뜻한다.

(나) 이 같은 의미에서 질서에 가장 적합한 사례로 교통질서를 들 수 있다. 교통질서에는 모든 사람이 이루고 싶어 하는 바람직하고 이상적인 상태나 상황이 존재한다. 교통질서의 바람직한 상태란 보행자나 운전자가 교통 법규를 잘 지켜 교통사고가 없고, 교통 흐름이 원활하게 이루어지는 상태를 말한다. 바람직한 교통질서를 이루기 위해 우리는 무엇을 하는가? 사람들은 바람직한 교통질서를 이루기 위해 여러 가지 제도나 규칙을 만든다. 그리고 정해진 법규를 지키도록 유도하거나 공권력을 동원해 이를 지키도록 강요한다.

(다) 시장질서도 교통질서와 비슷한 것일까? 시장질서가 목표로 하는 바람직하고 이상적인 상태나 상황이 존재하는 것일까? 시장 경제의 참여자가 지켜야 할 규칙은 존재하는 것일까? 만약 규칙이 존재한다면, 이것은 인간들이 인위적으로 만들어 낸 것일까? 시장질서는 시장에 참여하고 있는 사람들이 자신이 할 수 없는 행동 영역을 제외한 범위 내에서 가장 유리한 행동을 선택한 결과 자연스럽게 이루어진 질서이다. 따라서 시장질서는 흔히 자발적이고 자연스럽게 만들어진 질서라는 의미에서 '자생적 혹은 자발적 질서'라고 부른다.

(라) 교통질서와 시장질서는 몇 가지 점에서 뚜렷하게 구분된다. 우선 교통질서에는 대부분의 사람들이 합의하는 바람직한 상태나 상황이 존재한다. 하지만 시장 질서는 바람직한 상태나 상황을 정확하게 정의하기에는 너무나 복잡하다. 시장질서는 시장에 참여한 수많은 사람들의 상호 작용의 결과로 생겨나는 것이기 때문에 우리의 한정된 이성(理性)으로 이상적인 상태나 상황을 가정하기에는 너무 복잡하다.

(마) 교통질서와 시장질서는 공통점도 가지고 있다. 시장에 참여한 사람들은 무한한 자유를 가질 수 없다. 그들 역시 교통질서를 이루는 데 참여한 사람들처럼 일정한 규칙을 준수해야 한다. 따라서 시장 경제에 참여한 사람들이 누리는 자유는 '절제된 자유' 혹은 '규율이 있는 자유'라 할 수 있으며, 이는 ㉠ 존재하는 규칙을 준수하는 범위 내에서의 자유라 할 수 있다. 교통질서나 시장 질서에 참여한 모든 사람들의 자유는 일정한 규칙을 준수한다는 의미에서 비슷하다.

1 위 글의 서술 방법을 바르게 설명한 것은?

① 사물이 지닌 양면성을 부각시키고 있다.

② 상반되는 주장을 절충하여 종합하고 있다.

③ 대상을 일정한 기준에 따라 분류하고 있다.

④ 비교와 대조를 통하여 대상의 특성을 밝히고 있다.

⑤ 경험적 사실을 종합하여 교훈적 결론을 내리고 있다.

2 위 글을 읽고 '교통질서－시장질서－언어'의 관계에서 각각의 공통점을 찾아내고자 한다. 다음의 ⓐ, ⓑ에 들어갈 내용을 바르게 지적한 것은?

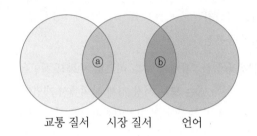

교통 질서   시장 질서   언어

	ⓐ	ⓑ			ⓐ	ⓑ
①	자생적 질서	인위적 규칙		②	절제된 자유	자생적 질서
③	인위적 규칙	절제된 자유		④	절제된 자유	인위적 규칙
⑤	인위적 규칙	자생적 질서				

3 위 글의 (가)~(마)의 중심 내용을 바르게 말한 것은?

① (가) – 질서의 개념

② (나) – 교통질서의 한계

③ (다) – 시장질서의 장점

④ (라) – 교통질서의 특성

⑤ (마) – 시장질서의 형성 과정

4 위 글에 전개된 내용으로 보아, 다음 중 밑줄 친 ㉠에서 벗어난 것은?

① 월급쟁이 김 씨가 목돈이 생겨 증권 투자를 하였다.

② 백화점에서 매상을 올리기 위하여 가격 파괴 코너를 만들었다.

③ 노동자가 일이 고되고 임금이 적다고 자신의 직업을 바꾸었다.

④ 기업이 부동산 투기나 매점 매석 등을 통하여 재물을 축적하였다.

⑤ 프로 야구 선수들이 높은 연봉을 받기 위하여 구단과 실랑이 중이다.

정답 1④ 2② 3① 4④

해설

1 교통질서와 시장질서, 시장질서와 언어의 공통점과 차이점을 들어 시장질서의 특성을 밝히고 있다. 공통점과 차이점을 견주는 것이 각각 비교와 대조의 방법이다.

2 시장 경제에 참여한 사람들은 교통질서를 이루는 데 참여한 사람들처럼 일정한 규칙을 준수해야 한다고 하였으므로 교통질서와 시상 질서의 공통점은 '절제된 자유' 혹은 '규율이 있는 자유'라고 할 수 있다. 언어와 마찬가지로 시장 경제와 여기에 바탕을 둔 시장질서가 인위적으로 창조될 수는 없다.

3 (나) 교통질서의 형성 과정
(다) 시장질서의 형성 과정과 성격
(라) 교통질서와 시장질서의 차이점
(마) 교통질서와 시장질서의 공통점

4 ㉡은 시장 경제 사회에서 지켜야 할 '절제된 자유'이므로 사회적 책임을 고려하지 않는 비윤리적 행태는 용납되지 않는다. ①·②·③·⑤는 모두 시장 경제 사회에서 개인이 갖는 자유에 근거한 이윤 추구 행동이다. 그러나 ④의 경우 기업이 부동산 투기나 매점매석을 하여 재물을 축적하는 것은 기업 윤리에 어긋나므로 지탄의 대상이 된다. 비록 성문화된 규정은 없다 할지라도 시장질서를 어지럽히는 행위이기 때문에 규칙을 어기는 것과 같다고 할 수 있다.

예시문제 8

다음 글을 읽고 물음에 답하시오.

한국미의 본질을 이해하고 우리 선조들이 지은 예술품의 배경이 된 정신문화를 이해하기 위해서는 이를 한국 고유의 것으로만 보기보다 우선 동양의 한 유형 속에서 파악하는 것이 도움이 될 듯하다. 동양 문화는 서양 문화와는 원천적으로 다른 방법으로 실체에 접근한다. (㉠) 서양 문화가 이성 중심적인 데 비해 동양 문화는 감성 중심의 문화이고, 지적 논리보다 감성적 직관에 의한 총체적, 경험적 실체 파악에 초점을 두고 있다. 우리 한국에서도 '정(情)'과 억압된 감정인 '한(恨)'이 중요한 어휘인데, 두 개념 모두가 '마음 심(心)'자를 끼고 있다.

우리는 요즘도 전화나 편지로 일을 처리하거나 인사하는 것보다 직접 찾아가서 얼굴을 보이는 것을 중요하게 생각한다. 동양의 어휘에서 명사, 추상적 개념보다 형용사, 부사가 더 풍부한 것도, 서양이 물체, 결과에 관심을 두는 반면 동양은 감정, 사건의 과정에 더 관심을 많이 두는 데 따른 현상이다. (㉡) 서양 문화가 실증주의를 강조할 때 동양 문화는 간결하게 본질을 꿰뚫는 것을 추구한다. 선(禪)이란 '단순하게 보는 것'에 해당한다. 실증주의, 과학주의 사고는 객관적 증거를 중요시하고 주관적, 심증적 판단을 억누르게 함으로써 자연 과학의 발전, 기술 문명의 개발에는 크게 기여하였지만, 주(主)와 객(客)의 이중성을 낳았고, 개념에 입각한 논리 구조를 실체에 의한 진리보다 더 중요하게 보고 무엇보다 과학, 물질 문화의 발전 속에 사회와 환경으로부터 인간의 가치를 괴리시키고 실존의 불안을 야기했다. (㉢)

동양의 무(無)의 사고는 주와 객 사이의 인위적 구분을 거부하고 주·객 구분이 없는 상태에서 실체, 진리를 경험하는 데 초점을 두었다. 따라서 실체를 관념화하고 말로 논리를 전개하는 것에 대해 회의적으로 본다. (㉣) 무(無)의 사상은 주와 객, 감성과 이성의 불가분적 음양 관계를 전제로 한 것이다. 따라서 서양 문화가 시간과 공간을 이분적으로 개념화하여 각자를 선형화하고 고정적인 것으로 여긴 반면, 동양에서는 시간과 공간보다 그 사이에 있는 상태를 먼저 중요시하였다. 동양의 공간은 '공간으로 이루어진 시간'이고 시간은 '시간으로 이루어진 공간'인 것이다. 동양의 미술과 건축은 외부적 형태가 그 속의 빈자리를 아름답게 하는 것이고, 동양 음악은 침묵을 듣게 하는 것이다.

한국 건축은 '사이[間]'의 개념을 중요시한다. '사이'의 크기는 기능과 사회적 위계에 영향을 받는 탄성이 있다. 또 공간, 시간, 인간 모두 사이의 한 동류이다. 서양의 과학적 사고가 물체를 부분들로 구성되었다고 보고 불변하는 요소들을 분석함으로써 본질 파악을 추구하였다면, 동양은 사이, 즉 요소들 간의 관련성에 초점을 두고, 거기에서 가치와 의미의 원천을 찾았던 것이다. (㉤) 서양의 건축이 내적 구성, 폐쇄적 조직을 강조한 객체의 형태를 추구했다면, 동양의 건축은 그보다 객체의 형태와 그것이 놓이는 상황 및 자연 환경과의 어울림을 통해 미를 추구하였던 것이다.

1 ㉠~㉤ 중 다음 글이 놓일 자리로 적절한 곳은?

> 예컨대, 말로 표현할 수 있는 것은 참다운 도(道)가 아니라고 생각하여 무언의 경지, 말로 표현할 수 없는 진리를 석가의 제자는 단지 미소로만 전달, 표현할 수 있었던 것이다.

① ㉠   ② ㉡   ③ ㉢   ④ ㉣   ⑤ ㉤

2 위 글에 쓰인 주된 내용 전개 방식이 사용된 것은?

① 영화는 스크린이라는 일정한 공간 위에 시간적으로 흐르는 예술이며, 연극 또한 무대라는 제한된 공간 위에서 시간적으로 형상화되는 예술이다.

② 인가가 끝난 비탈 저 아래에 가로질러 흐르는 개천물이 눈이 부시게 빛나고, 그 제방을 따라 개나리가 샛노랗다.

③ 소녀가 물속에서 무엇을 하나 집어낸다. 하얀 조약돌이었다. 그리고는 벌떡 일어나 팔짝팔짝 징검다리를 뛰어 건너갔다.

④ 우리 속담에 '아' 다르고, '어' 다르다는 말이 있거니와 말은 말하는 사람의 감정을 발음의 높낮이와 길고 짧음으로 나타낼 수 있다.

⑤ 중국의 담벽은 집보다도 높다. 아무리 발돋움하여도 그 내부를 들여다볼 수 없다. 그러나 일본의 초가집에는 숫제 담이란 것이 없다.

3 위 글의 내용과 일치하지 않는 것은?

① 동양의 무(無)의 사고는 대상을 관념화하여 이해한다.

② 한국의 건축은 자연과의 공생적 어울림에 관심을 둔다.

③ 서양 문화의 실증적 태도는 자연 과학의 발전에 이바지했다.

④ 동양 건축의 아름다움은 건물 그 자체에 있는 것이 아니다.

⑤ 동양 문화는 과정을 중시하는 데 비해 서양 문화는 결과를 중요시한다.

4 '동양 문화'와 '서양 문화'의 차이를 잘못 지적한 것은?

	동양 문화	서양 문화
①	감성(感性) 중심	이성(理性) 중심
②	직관적	실증적
③	개방적	폐쇄적
④	논리적	경험적
⑤	자연적	인위적

5 위 글에 나타난 한국 건축의 특성을 가장 잘 보여 주는 것은?

① 전통적인 한옥은 방문에 창호지를 발라 온도와 습도를 적절히 조절하고 있다.

② 세종로에서 바라본 경복궁은 그 뒤의 삼각산의 축을 살짝 비껴 서 있어 자연과 어울린 조화의 미를 보여 주고 있다.

③ 농촌의 초가집들은 지붕을 짚으로 엮어 얹음으로써 방음과 보온 효과가 뛰어났다.

④ 우리의 전통 가옥이 남향으로 되어 있는 것은 햇빛의 이용을 극대화하기 위해서였다.

⑤ 기와집의 지붕에 곡선미를 중시하고 있는 것은 빗물이 잘 흘러내리게 하기 위해서이다.

정답 1④ 2⑤ 3① 4④ 5②

해설

1 제시문의 '예컨대, 말로 표현할 수 있는 것은 참다운 도가 아니라고 ~'와 논리적으로 자연스럽게 연결되는 것은 ㉣의 앞 문장 중, '~ 말로 논리를 전개하는 것에 대해 회의적으로 본다.' 이다.

2 이 글은 동양 문화 및 한국 건축 양식의 특성을 서양의 것과 대조하여 구체화하고 있다.
①은 비교 ②는 묘사 ③은 서사 ④는 예시가 각각 쓰였다.

3 셋째 문단의 둘째 문장 '따라서 ~ 본다.'에서 알 수 있듯이 동양 문화는 감성적 직관에 의해 대상을 총체적, 실체적으로 파악하고자 했지 관념화하여 이해하고자 하지 않았다.

4 동양 문화는 감성을 중시하고, 직관적, 개방적, 종합적이며, 주와 객 사이의 인위적 구분을 거부하고 주객의 구분이 없는 자연적 상태에서 실체, 진리를 경험하는 데 초점을 둔다. 이에 반해 서양 문화는 이성 중심이며, 실증적, 폐쇄적, 분석적이고, 시간 공간을 이분법적으로 개념화하여 고정적인 것으로 이해한다.

5 동양의 건축물은 객체의 형태와 그것이 놓이는 상황 및 자연 환경과의 어울림을 통해 미를 추구했음을 보여 준다. ②는 경복궁이 주위 자연 환경, 즉 삼각산과 조화를 이루도록 설계되었다는 점에서 예로 들기에 적절하다.

예시문제 9

다음 글을 읽고 물음에 답하시오.

(가) 조선 후기에 접어들어 부(富)의 축적이 이루어지고 엄격했던 신분 제도가 ㉠ 무너져 감에 따라 지금까지 양반 계층의 그늘에서 생산과 수탈의 악순환을 겪어 왔던 일반 평민들이 생활의 여유를 가지게 되면서 그림의 새로운 수요층으로 부각되기 시작하였다. 이러한 사회, 경제적 분위기 속에서 조선 후기의 정통 회화도 대체로 일반과 가까워지고, 또 생활 주변에서 접할 수 있는 소재를 택하게 되어 한국적인 회화를 형성하기 시작하였다. 이러한 현상은 종래에 주로 선비 계층이 선호하였던 관념적이며 사의적(寫意的)인 그림들이 한국 회화의 주류를 이루고 있었던 것과 비교하면 가히 획기적인 변화라 아니할 수 없다.

(나) 조선 후기의 한국 회화를 대표하는 것은 진경산수(眞景山水)와 속화(俗畵)라 해도 무리가 없을 것이다. 특히 속화는 조선 후기에 전례 없이 성행하기 시작하였는데, 이렇게 화풍과 화의(畵意)에 있어 새로운 경향의 회화가 출현하게 된 것은 물론 김홍도(金弘道)나 신윤복(申潤福)과 같은 천재적인 화가의 출현으로 촉진된 것이기도 하지만, 무엇보다도 이런 경향을 요구하는 수요층의 확대에서 연유한 것이었다. 다시 말하자면 수요층의 감상안과 취향의 변화에 따라 그와 같은 그림의 수요가 발생하였고, 그에 응하여 그림이 제작, 공급되었다고 볼 수 있는 것이다. 실로 그림은 한 시대나 수요층의 감상안만큼 그려지는 것이다.

(다) 조선 후기의 수요층의 변화라는 것은 두 가지 측면에서 생각해 볼 수 있는데, 첫째는 기존의 수요층의 취향과 감상안이 어떤 이유로 새롭게 변화하는 경우이며, 둘째는 종전과는 다른 취향과 감상안을 가진 수요층이 새롭게 대두되는 경우이다. 그런데 민화의 경우는 전자보다 후자와 관련이 깊은 것으로 생각되는데, 그것은 지금까지 왕공 귀족이나 사대부 계층만이 독점적으로 향유하던 문화생활에 대한 욕구가 새로운 수요층으로 부상한 평민 계층에게까지 확산되어 그들의 취향과 요구에 맞는 그림이 그려지게 된 것으로 볼 수 있기 때문이다.

(라) ㉡ 그런데 새로운 수요가 생기면 공급 또한 그에 상응하여 나타나야 하는데, 그 수요가 갑자기 많아지면 기존의 소수 전문 화가들만으로는 그 수요를 충당할 수 없게 된다. 따라서 정식으로 화업(畵業)을 닦지 못한 사람이라도 그림에 타고난 재주를 가진 사람이면 직업적으로 그 방면에 종사할 기회를 가질 수 있게 된다.

(마) 조선 후기의 새로운 신분 질서 속에서 평민 화가들의 소재에 대한 태도나 소재의 선택 그 자체가 기존의 선비 화가나 그들의 영향하에 있었던 직업 화가의 그것과 차이를 보이는 것은 당연하다 할 것이며, 또한 새롭게 등장한 수요 계층의 성격도 이와 다를 바 없었기 때문에, 수요자와 공급자는 상호 유기적인 관계를 유지하게 되었고, 바로 이것이 민화의 성장과 발전의 기틀이 된 것이다. 다만 수요층이 불특정 다수이고 또 많은 수요가 생겨났을 때 대량으로 공급되는 그림은 필연적으로 화격(畵格)의 저하를 가져오게 되고 또 유형화(類型化)의 길을 걷게 되는데, 이러한 추이가 민화의 양식적인 특성의 형성과 밀접한 관계가 있는 것이다.

1 위 글의 내용과 일치하지 <u>않는</u> 것은?

① 조선 전기의 회화는 대체로 관념적인 경향을 띠고 있었다.
② 조선 후기의 민화는 대체로 틀에 박힌 양식으로 그려졌다.
③ 신윤복은 조선 후기의 회화 양식이 바뀌는 데 많은 영향을 끼쳤다.
④ 조선 후기 평민들의 지위 향상으로 회화의 양식도 크게 달라졌다.
⑤ 조선 후기에도 민화의 주된 수요자는 어디까지나 사대부들이었다.

2 위 글로 미루어 알 수 <u>없는</u> 것은?

① 예술에 대한 개인적인 취향도 바뀔 수 있다.
② 표현의 자유가 보장되어야 예술이 발전될 수 있다.
③ 경제적인 여유가 예술을 즐길 여건을 마련해 준다.
④ 대량으로 생산된 예술품은 질적으로 저하되게 마련이다.
⑤ 조선 후기 평민들은 관념적 예술 작품을 선호하지 않았다.

3 (가)~(마) 중 다음의 내용으로 보완해야 할 것은?

> 실제로 당대의 속화들을 볼 때 그 수요층이 사대부나 선비들이라고는 도저히 생각할 수 없는 그림들이 많다.

① (가)   ② (나)
③ (다)   ④ (라)
⑤ (마)

4 ㉠과 바꾸어 쓰기 <u>어려운</u> 것은?

① 도산(倒産)됨   ② 붕괴(崩壞)됨
③ 와해(瓦解)됨   ④ 해체(解體)됨
⑤ 문란(紊亂)해짐

5 ㉡의 논리 전개에서 생략된 내용으로 가장 적절한 것은?

① 수요는 공급을 창출하는 법이다.
② 그림에 대한 사대부의 취향이 바뀌었다.
③ 그림의 질이 예전보다 떨어져서는 안 된다.
④ 한 사람이 그릴 수 있는 그림의 양에는 한계가 있다.
⑤ 사람에 따라 그림에 대한 취향은 모두 다르게 마련이다.

정답 1 ⑤ 2 ② 3 ③ 4 ① 5 ④

해설

1 ⑤는 분명하게 언급되지 않은 내용이다. 다만 글 전체의 내용으로 미루어 보아 조선 후기 민화의 주된 수요자는 일반 평민들로 볼 수도 있다.

2 ①은 (다)의 첫 문장에서 ③은 (가)의 첫 문장에서 ④는 (마)의 마지막 문장에서 ⑤는 (가)의 마지막 문장에서 각각 유추해 낼 수 있다.
②는 내용 자체는 옳은 진술일 수 있지만, 그와 관련된 내용은 언급되지 않았으므로 그렇게 유추할 수 없다.

3 제시문의 내용은 속화의 수요층이 사대부나 선비가 아니라는 것이므로 그와 관련된 내용(사대부나 선비가 아닌 계층이 새로운 수요자로 등장했다는 것)이 언급된 부분을 찾는다.

4 ⑦의 '도산(倒産)'은 '파산(破産)'과 비슷한 뜻을 지닌 어휘인데, '가정이나 기업에서 재산을 다 써서 망함'을 뜻하는 말이다.

5 ⓛ의 논리 전개를 간추리면 다음과 같다. '수요가 늘면 공급이 따라 늘어야 한다. 그런데 수요가 갑자기 늘었다. 따라서 공급도 크게 늘어야 한다. 그런데 (   ) 따라서 기존의 소수 전문 화가들만으로는 그 수요를 충당할 수 없게 된다.' 이상으로 정리했다면 (   ) 안에 들어가야 할 내용이 무엇인지 쉽게 알 수 있을 것이다.

예시문제 10

다음 글을 읽고 물음에 답하시오.

우리는 언어를 사용하여 문자 그대로 무한(無限)에 가까운 생각들을 표현할 수가 있다. 우리는 조금만 노력하면 다음과 같은 말을 쉽게 지어 낼 수 있는데, 이 말은 끝내지 않고 마냥 이어 갈 수가 있다.

"노을이 물든 하늘 아래에, 푸른 솔들이 자라고, 길게 누운 산맥의 등성이마다에는 이른 잠을 깬 산새들이 지저귀는 소리와……."

이때, 이러한 말을 우리가 암기해서 표현하거나 이해하는 것이 아니라는 점이 중요하다. 말하는 사람은 이와 똑같은 문장을 어디선가 들어 본 적이 없는데도 새로이 만들어 낼 수 있으며, 듣는 사람 역시 그 의미를 금방 이해해 낼 수가 있다. 이러한 점에서 언어를 개방적 체계라고 부른다.

언어의 개방성은 위에 든 예처럼 문장의 길이에 제한이 없다는 것만을 의미하는 것은 아니다. 개방성이라는 의미 속에는 언어로 말미암아 우리의 사고가 미치는 범위에 제한이 사라지게 되었다는 사실까지가 포함된다. 가령, 말이나 글이 없다고 했을 때, 다음과 같이 간단한 내용을 전달하는 것도 얼마나 고역스런 일일까 생각해 보자.

"나는 투명 인간을 보았다."
"투명 인간은 보이지 않는 인간이라는 뜻인데, 그것을 보았다니 말도 안 되는 소리."
"누구든지 자신의 미래를 예측하고 싶어 한다."
"조국은 여러 젊은이들의 어깨에 모든 희망을 걸고 있다."

언어는 개방적이고 무한한 체계이기 때문에 우리는 언어를 통해서 반드시 보았거나 들은 것, 존재하는 것만을 이야기하는 데 그치지 않고, '용, 봉황새, 손오공, 유토피아,……' 등과 같이 현실에 존재하지 않는 상상의 산물이나, 나아가서는 '희망, 불행, 평화, 위기,……'라든가, '의문, 제시, 제한, 효과, 실효성,……' 등과 같은 ㉠ 관념적이고 추상적인 개념까지를 거의 무한에 가깝게 표현할 수가 있다.

우리는 언어를 사용하여 상상이나 추상의 세계같이 실제로는 존재하지 않는 세계에 대해서까지 사고할 수 있지만, 사실상 언어는 가장 간단한 것조차도 그것이 가리키는 외부 세계를 있는 그대로 반영하는 것이 아니다. 언어는 연속적으로 이루어져 있는 세계를 불연속적인 것으로 끊어서 표현한다. 언어의 이러한 특성을 분절성(分節性)이라고 한다. 예를 들어, 무지개의 색깔이 단지 '빨강, 주황, 노랑, 초록, 파랑, 남색, 보라' 일곱 가지 색으로 이루어져 있는 것만은 아니며, 어떤 얼음이나 눈도 똑같은 '하얀' 색깔은 아니다. 뺨, 턱, 이마 사이에도 정확한 구획이 정해져 있는 것은 아니다.

언어에 의해서 분절(分節)이 이루어져 형성된 한 덩어리의 생각을 개념(槪念)이라고 한다. 언어는 대부분의 경우에 이 개념을 단위로 하여 운용된다. 언어의 본질을 정확히 이해하려면 이 '개념'이라는 것에 대하여 정확히 인식해야 한다.

우리가 사용하는 명사 하나를 예로 들어 보자. 가령, '꽃'과 같이 매우 쉬운 단어라 할지라도 이는 상당한 수준의 추상화 과정을 거친 후에야 형성된 개념이다. 우리가 '꽃'이라고 부르는 대상들은 실제로는 '무궁화, 진달래, 개나리, 목련,……' 등의 다양한 모양으로 존재하고 있는 것으로서, 그 구체적인 실체를 가리키는 것이 아니다. 바꿔 말해서, '꽃'이라는 말의 의미 내용은 우리가 수많은 종류의 꽃들로부터 공통 속성만을 뽑아내는 과정, 즉 추상화의 과정을 통해서 형성된 것이다. 이러한 수많은 ㉡ 하위어(下位語)들을 묶어 표현하는 말들을 ㉢ 총칭어(總稱語)라고 하는데, 그 개념은 인간의 머릿속에만 존재하는 것이다. 이런 식으로 생각해 나간다면, 사실 하위어인 '무궁화'라는 단어 자체도 또한 추상화된 개념에 해당한다. 무궁화의 종류도 많을 뿐만 아니라, 하나하나의 모양도 제각기 다르기 때문이다.

1 위 글의 내용과 일치하지 <u>않는</u> 것은?

① 언어는 외부 세계를 실제 그대로 표현하는 것이 아니다.
② 언어의 분절성으로 인하여 문장의 길이는 제한을 받는다.
③ 인간은 언어를 통해 자기 생각을 제한 없이 표현할 수 있다.
④ 언어가 없이는 상상이나 추상의 세계에 대하여 사고하기 어렵다.
⑤ 일상 언어생활에서는 언어의 추상성을 자각하지 못하는 것이 보통이다.

2 위 글에서 설명하고 있는 언어의 본질을 정리하려고 한다. 반드시 포함되어야 할 특성끼리 묶인 것은?

① 분절성(分節性), 추상성(抽象性), 개방성(開放性)

② 연속성(連續性), 표현성(表現性), 분절성(分節性)

③ 표현성(表現性), 분절성(分節性), 추상성(抽象性)

④ 무한성(無限性), 연속성(連續性), 표현성(表現性)

⑤ 추상성(抽象性), 개방성(開放性), 무한성(無限性)

3 ㉠에 속하는 어휘들로만 열거된 것은?

① 꽃향기, 산들바람, 생각

② 사랑, 더위, 용서(容恕)

③ 게으름, 원자(原子), 기수(騎手)

④ 아름다움, 질서(秩序), 실수(失手)

⑤ 교단(敎壇), 지진(地震), 기대(期待)

4 '㉡ : ㉢'의 관계로 짝지어진 것은?

① 길 : 도리   ② 낙엽 : 가을

③ 벌레 : 해충   ④ 사람 : 인간

⑤ 형광등 : 전등

- -

정답 1 ② 2 ① 3 ④ 4 ⑤

해설

1 언어는 개방성을 가지고 있기 때문에 문장의 길이에 제한을 받지 않는다는 내용이 나오는데, 이는 분절성과는 관련이 없는 사항이다.

2 이 글에서 개방성(開放性), 분절성(分節性), 추상성(抽象性)을 언어의 본질로 설명하고 있으므로, 이 세 가지를 반드시 포함시켜야 할 것이다.

3 ①의 '꽃향기 산들바람' ②의 '더위' ③의 '원자(原子) 기수(騎手)' ⑤의 '교단(敎壇), 지진(地震)' 등은 관념적이고 추상적, 개념적인 어휘들이 아니라 구체적인 사물을 나타내는 어휘들이다.

4 전등에는 형광등, 백열등 따위의 종류가 있다. 따라서 형광등, 백열등 따위는 전등에 대하여 하위어들이고, 전등은 총칭어가 된다.

01 다음 글을 읽고 물음에 답하시오.

(가) 홉스(T. Hobbes)나 18세기 프랑스 계몽주의자들은 사회나 역사도 물질적 사물과 같은 것으로 생각하여, 결국 그 당시에 발견된 기계적 자연 법칙이 적용될 수 있다고 믿었다. 그러나 인간 사회와 역사는 인간의 의식과 의지를 매개로 해서만 성립될 수 있다. 자연과 사회가 구별되는 것은, 자연이 무의식적 물질의 기계적 운동을 통해 변화한다면, 사회는 의식과 의지를 지닌 인간의 자유로운 선택과 실천에 의해 변화한다는 것이다. 물론 이때의 법칙은 자연 법칙과는 구별되는 구조적 필연성, 혹은 역사적 필연성을 의미한다. 이와 같이 역사적 필연성을 옹호하는 이론을 'ⓐ 결정론'이라고 한다.

(나) 역사에 필연적 법칙이 있다는 생각은, 많은 사람을 진보적 방향으로 실천하도록 이끌어 가기 위해서는 매우 효과적이라 할 수 있다. 대표적으로 ⓑ 마르크스주의는 역사적 필연성에 따라 자본주의 사회가 노동 계급에 의해 사회주의 사회로 이행한다고 주장했고, 그의 이와 같은 역사 법칙은 많은 국가에서 노동 계급에게 실천의 지침이 되기도 했다.

(다) 그러나 역사적 필연성을 강조하는 것이 꼭 진보적인 역사 발전을 가능하게 하는 것일까? 그렇지 않다. 역사적 필연성만을 일면적으로 강조하게 되면 역사가 필연적 법칙에 의해 발전하는 만큼 인간은 아무런 실천을 할 필요가 없게 되며, 인간의 실천이 없는 역사의 발전이라는 모순적인 결론이 나올 수 있기 때문이다. 그래서 포퍼(K. Popper)는 '역사에 필연적 법칙이 있다고 주장하는 이론은 틀림없이 전체주의에 귀결될 수밖에 없다'고 주장한다. 포퍼는 『열린 사회와 그 적들』에서 역사가 필연적 법칙에 의해 발전한다는 역사주의는 '닫힌 사회'를 옹호하는 ⓒ 전체주의 이론이라 비판한다.

(라) 그리고 최근에는 포스트모더니즘에서도 역사적 필연성을 강조하는 ㉠ 역사주의가 역사에 일정한 목적이 있고 역사는 그 목적을 향해 발전한다는 ⓓ 형이상학적인 목적론이 될 수밖에 없다고 비판한다. 역사 과정에는 일정한 목적을 향한 법칙적 필연성은 존재하지 않으며, 보다 중요한 것은 개인들의 자율적이고 다양한 선택이라는 점을 강조하는 것이다. 이처럼 개인의 자율적 선택을 강조하는 경향을 '자유주의'라고 부른다.

(마) 오늘날 이와 같은 ⓔ 자유주의를 거부한다는 것은 명분상 쉬운 일은 아니다. 그러나 이론적으로 보면 자유주의는 결정적인 약점을 지니고 있다. 한마디로 말하면 자유주의는 역사가 진보하는 방향을 제시할 수 없다는 약점을 지닌다. 왜냐하면, 개인의 자율적 선택만을 강조할 때 무정부적인 자유에 따른 혼돈이 야기될 뿐 사회 전체의 변화에 대한 합의를 이끌어낼 수 없기 때문이다.

문제 1 글쓴이가 역사를 바라보는 관점과 유사한 것은?

① 역사는 위인들의 전기이다.
② 역사는 민중들의 삶의 내력이다.
③ 역사는 과거 사실의 객관적 기록이다.
④ 역사는 현재를 비추어 보는 거울과 같다.
⑤ 역사는 창조를 위한 인간의 삶의 과정이다.

문제 2 위 글로 미루어 ㉠의 내용으로 적절한 것은?

① 역사도 자연 법칙의 적용을 받는다.
② 역사는 인간의 선택에 의해 발전한다.
③ 역사는 필연적 법칙에 의해 발전한다.
④ 역사는 사회 전체의 합의를 거쳐 발전한다.
⑤ 역사는 인간의 자유로운 선택과 실천에 의해 변화한다.

문제 3 ⓐ~ⓔ 중 그 성격이 가장 <u>이질적인</u> 것은?

① ⓐ   ② ⓑ
③ ⓒ   ④ ⓓ
⑤ ⓔ

정답 1⑤ 2③ 3⑤

해설 1 글쓴이는 역사를 진보의 관점에서 파악하려고 하는데, 이는 (다)의 첫째 문장과 (마)의 셋째 문장을 통해 알 수 있다. 즉, 글쓴이는 '결정론'이 지니고 있는 약점을 지적하는 논거로써 '진보적인 역사 발전을 부정하게 된다.'를 들고 있으며, '자유주의' 이론의 약점을 지적하는 논거로는 '역사가 진보하는 방향을 제시할 수 없다.'는 점을 들고 있는 데에서 추리할 수가 있다. 이러한 관점과 유사한 것은 ⑤이다.

2 ㉠은 역사적 필연성을 옹호하는 이론이므로, 그 내용으로는 ③이 적절하다.

3 ⓐ~ⓔ는 모두 역사나 사회를 바라보는 시각인데, 그중에서 ⓐ~ⓓ는 '역사에는 필연적인 법칙이 있고, 역사는 그 목적을 향해 발전한다'고 보는 시각이며, ⓔ는 '개인들의 자율적이고 다양한 의지나 선택'을 중시하는 시각이다.

유제

02 다음 글을 읽고 아래 물음에 답하시오.

세상에서는, 흔히 학문밖에 모르는 상아탑(象牙塔) 속의 연구 생활이 현실을 도피한 짓이라고 비난하기가 일쑤지만, 상아탑의 덕택이 큰 것임을 알아야 한다. 모든 점에서 편리해진 생활을 향락하고 있는 소위 현대인이 있기 전에, 그런 것이 가능하기 위해서도 오히려 그런 향락과는 담을 쌓고 진리 탐구에 몰두한 학자들의 상아탑 속에서의 노고가 앞서 있었던 것이다. 그렇다고 남의 향락을 위하여 스스로는 고난의 길을 일부러 걷는 것이 학자도 아니다. 학자는 그저 진리를 탐구하기 위하여 학문을 하는 것뿐이다. 상아탑이 나쁜 것이 아니라, 진리를 탐구해야 할 상아탑이 제 구실을 옳게 다하지 못하는 것이 탈이다. 학문에 진리 탐구 이외의 다른 목적이 섣불리 앞장을 설 때, 그 학문은 자유를 잃고 왜곡(歪曲)될 염려조차 있다. 학문을 악용하기 때문에 오히려 좋지 못한 일을 하는 경우가 얼마나 많은가? 진리 이외의 것을 목적으로 할 때, 그 학문은 한때의 신기루와도 같아, 우선은 찬연함을 자랑할 수 있을지 모르나, 과연 학문이라고 할 수 있을까부터가 문제다.

㉠ 진리의 탐구가 학문의 유일한 목적일 때, 그리고 그 길로 매진(邁進)할 때, 그 무엇에도 속박(束縛)됨이 없는 숭고한 학적인 정신이 만난(萬難)을 극복하는 기백(氣魄)을 길러 줄 것이요, 또 그것대로 우리의 인격 완성의 길로 통하게도 되는 것이다.

문제 1 글쓴이의 견해와 일치하지 <u>않는</u> 것은?

① 진리를 탐구하다 보면 생활에 유용한 것도 얻을 수 있다.

② 진리 탐구를 위해 학문을 하면 인격 완성에도 이를 수 있다.

③ 학문이 진리 탐구 이외의 것을 목적으로 하면 왜곡될 위험이 있다.

④ 학자들은 인간의 생활을 향상시킨다는 목적의식을 가져야 한다.

⑤ 학문하는 사람은 사명감으로 괴로움을 참고 나가야 하는 경우가 많다.

문제 2 ㉠과 가장 거리가 먼 것은?

① 철수는 더하기밖에 못했는데, 구구단을 외우고 나니 곱셈의 이치를 알게 되었다. 그리하여 요즘에는 수학적 원리를 좀더 깨닫기 위해 열심히 공부한다.

② 김 박사는 깃발의 움직임, 파도의 높낮이 등 자연 속에 나타나는 무질서한 현상에 어떤 법칙이 있지 않을까 하는 생각을 가지고서, 그 법칙을 찾고자 연구하고 있다.

③ 철호는 한국 건축의 미를 살펴보기 위해 우선 우리나라의 유명 사찰을 돌아보기로 했다. 그리고 나서 중국, 일본 사찰의 건축미와 비교해서 그 특징을 알아보고자 한다.

④ 동옥이는 판소리가 왜 전라도 지역에서만 성행했는지, 왜 그곳에서는 탈춤이 공연되지 않았는지에 대해 매우 궁금하게 생각하고, 전라도 지방을 방문하여 그것을 알아보기로 했다.

⑤ 형은 앞으로 승용차를 구입하게 될 것을 대비해, 운전면허를 따기로 했다. 그래서 요즘 필기 시험을 잘 치르려고 책을 구입해 공부하고 있으며, 운전 학원에서 실기도 연습하고 있다.

정답 1④ 2⑤

해설 1 ④에 제시된 학자는 필자가 주장하는 '순수한 태도로 진리를 탐구하는 학자'와는 거리가 멀다.

2 ⑤에서 운전면허를 따기 위해 공부하는 것이, 앞으로 승용차를 구하여 편리한 생활을 하기 위한 것이므로 실용적 차원에서 학문을 하는 것이다. 이것은 순수한 목적을 가지고 진리를 탐구하는 것과는 거리가 멀다.

유제 03 다음 글을 읽고 물음에 답하시오.

춤놀이의 중요한 구성 요소인 연희자 간의 무용, 노래, 재담 등은 원래 원시 시대의 굿에서는 주신(주무)과 배신(소무) 사이, 또는 주신, 배신, 무 사이의 대무(對舞), 대화 속에서 그 기원을 찾을 수 있다. 이러한 제사권이 소수의 사제들에게 독점되어 있었던 고대 사회에서 그것은 비의(秘義)로서 신비화되고, 그 주술성의 효과도 널리 집단에 의해 믿어졌기 때문에 굿은 집단 전체에게 있어 언제나 종교적 외포(畏怖)의 대상이 되었다. 그러나 역사의 경과와 더불어 중세적 사회에서는 비교적 단수의 재산권 참여가 이루어져 종래의 제사 독점에서 오는 의례의 신비성도 차차 희박해지고 생산력의 상승으로 자연의 불규칙성도 어느 정도 극복되어 가면서, 의례가 가지는 주술적 효과에 대한 믿음도 흔들리게 된다. 그리고 집단의 의례 자체를 종교적 외포의 대상으로서가 아니라, 예술적 감상과 오락의 대상으로 바라보는 여유가 생기게 된다. 이 시점에서 종래의 주신, 배신, 무 사이의 대화와 대무는 종교적 의미를 서서히 잃고 구경거리 혹은 예능, 더 나아가 연극으로 전화(轉化)하기에 따른다.

이리하여 봄과 가을의 마을굿에서 맞이하는 주신을 나타내는 탈을 무당이나 마을 사람들이 쓰고 주신과 배신간의 대무, 대창을 하게 되고, 별신굿 탈놀이 및 마을의 농악대가 풍작을 기원하기 위한 모의 농경을 하고, 집단의 생명력을 구가하는 성장 의례인 청소년에 의한 씨름이나 줄다리기나 편싸움, 또는 풍년과 자손 번창을 위한 신사 의례(儀禮)가 행해졌으나, 신앙심의 감퇴와 더불어 이들 향연 의례는 주술성을 잃고 축제성과 예술성이 우세한 것으로 되어 가면서, 신과 무격 사이의 대무나 대창은 축복을 위한 춤이나 놀이가 되고, 씨름 등은 잡기나 희극으로 전화되어 간다.

문제 위 글에서 제의(祭衣)가 연희(演戲)로 변화하게 된 가장 근본적인 원인을 찾으면?

① 대중의 신앙심 쇠퇴
② 주술로서의 효력 감소
③ 생산력의 급진적인 발전
④ 사회 내 인간 관계의 변화
⑤ 제의에 내재된 예술성의 강화

정답 ③

해설 제의 절차가 소수의 사제들에 의해 장악되었을 때 그 주술성이 다수 집단에게 인정되었음을 알 수 있다. 그리고 제의의 종교적 성격은 인간의 지식이 축적되지 않았을 때일수록 강화되었음을 짐작할 수 있다. 그런데 농업 기술이 발전되면서 자연 재해가 극복되자 사람들은 자연에 대한 두려움을 어느 정도 잊게 되었고 이에 따라 제의의 종교성도 약화되었다. 소수의 사제에 의해 독점되었던 제의에 다수의 참여가 허락되자 제의는 연희로 성격이 바뀌게 되었다. 결국 모든 원인은 생산력의 급속한 발전에 있음을 알 수 있다.

유
제

04 다음 글을 읽고 아래 물음에 답하시오.

(가) 인권이란 제퍼슨의 표현을 빌리자면 인간으로서 '박탈당할 수 없는 권리'이다. 근대 정치 철학의 선각자 로크에 의하면 인권은 사유, 행동, 소유의 자유이며, 미국 독립 선언문을 작성한 제퍼슨에 의하면 생명, 언론, 집회, 종교 등의 자유 및 행복의 추구이다. 여러 가지 철학적 입장에 따라 '평등한 대우'일 수 있고 각 개인의 '이익 추구'일 수 있고, '복지와 자유'일 수도 있다. 유엔의 '세계 인권 선언'의 입장도 기본적으로 동일하다.

(나) 어쨌든 오늘날 인권을 반대하거나 시비를 걸고 나설 만큼 어리석은 정치가는 물론 일반 시민을 만나기란 쉽지 않다. 그런데도 현재 인권은, 이른바 미개 사회는 물론 첨단 문명을 자랑하는 사회에서조차 인권을 누구보다도 크게 주장하는 정치가나 자본가나 지식인이나 일반 민중들에 의해서 다 같이 유린되고 짓밟히고 있다. 이러한 사실은 인권의 개념이 근대 이후의 정치 사회 운동을 지배해온 이념이었음에도 그 토대가 견고하지 않음을 암시한다. 그렇다면 인권은 정확히 무엇을 의미하는가? 인권이 일종의 권리라면 권리란 무엇인가?

(다) 권리는 법적 개념이며 ㉠법은 인위적 약속에 따라 설정한 일종의 제도이다. 제도적으로 정해진 법의 틀 속에서만 권리가 생긴다. 내가 태어난 국가에서 나의 재산권, 저작권, 투표권 혹은 내가 속한 한 조직 안에서 나의 발언권, 결정권은 내가 소속한 국가의 법률, 그리고 내가 속한 집단의 규칙·규정에 의해서만 부여되고 의미를 갖는다. 인간 사회를 벗어난 곳에 법률 규칙 등의 제도를 생각할 수 없는 만큼 권리는 동물의 세계에서는 존재하지 않는다. 고양이가 쥐의 생명을 없애고, 호랑이는 약빠른 치타가 잡은 들소를 약탈하고, 독수리는 참새들의 노래할 자유를 빼앗고, 힘센 숫늑대는 힘이 약한 숫늑대한테서 암늑대를 약탈해도 쥐, 치타, 참새들, 그리고 힘이 약한 숫늑대는 그들의 삶·행복·자유에 대한 권리를 주장하지 않는다.

(라) 그러나 인격적 신의 존재가 확인되지 않는 한 ㉡자연법이란 모순된 개념이며 전혀 무의미하다. 법은 필연적으로 제도적, 즉 인위적 장치이다. 과학에서 말하는 이른바, '자연의 법칙'은 제도가 아니라 문자 그대로 자연 현상의 한 형태에 불과하다. 인간의 세계에만 법이 존재한다. 자연에 속하는 동물의 세계에는 법도 권리도 있을 수 없다. 동물계의 자유, 소유, 약탈, 평등 등은 법과 권리로써가 아니라 자연 법칙과 물리적 힘으로써만 설명할 수 있다.

(마) 그렇다면 인권은 난센스이며 인권의 존중, 인권을 위한 투쟁은 포기해야 하는가. 결코 그렇지 않다. 인권은 법률의 문제가 아니라 법률에 의미를 부여하고 정당화할 수 있는 인간의 원천적 이상이며 가치다. 그것은 자기의 초월성과 존엄성과 긍지를 잃지 않겠다는 인간의 영원한 부르짖음이기 때문이다. 그러기에 인권을 위한 투쟁이 더욱 요청된다.

문제 1 위 글을 바탕으로 인권을 정의한 것으로 가장 알맞은 것은?

① 인권이란 인위적 장치인 법의 테두리 안에서 보호받을 수 있는 자연법의 하나이다.

② 인권이란 제도적으로 정해진 법의 틀 속에서 인간이 행사할 수 있는 가장 숭고한 권리이다.

③ 인권이란 자연적 법칙과 인위적 법칙 모두에 의해 정당성이 확보되는 인간의 궁극적 이상이다.

④ 인권이란 생명과 자유와 행복에 대한 평등한 대우요, 이익 추구이며, 복지와 자유에 대한 권리이다.

⑤ 인권이란 인간이 자기 존엄성을 보존하기 위해 법률에 의미를 부여하고 정당화할 수 있는 원천적 가치이다.

문제 2 다음 내용이 들어가기에 적절한 곳은?

> 그렇기 때문에 민중을 마음대로 지배, 억압, 약탈할 권리를 가졌다고 자처한 과거의 왕과 제후들은 신권 혹은 천명이란 이름의 자연법으로 자신들의 권력을 정당화해야 했고 그들에 항거할 권리를 확신한 민중들은 도리 혹은 인륜이란 이름의 자연법으로 자신을 정당화해야 했다.

① (가)의 뒤   ② (나)의 뒤

③ (다)의 뒤   ④ (라)의 뒤

⑤ (마)의 뒤

문제 3 ㉠ '법'과 ㉡ '자연법'의 차이를 바르게 정리한 것은?

법	자연법
① 권리	부여권리 박탈
② 인위적 약속	자연 현상
③ 본능의 소산	이성의 소산
④ 자연적으로 부여됨	제도적으로 정해짐
⑤ 인간의 세계에만 존재	동물의 세계에만 존재

정답 1⑤ 2③ 3②

해설 **1** (가)에서 정의한 인권의 개념은 일반적으로 통용되는 개념이다. 필자는 이를 부정하지 않으면서도 (마)에서 인권을 인간의 원천적 이상이며 가치이고, 인간의 자기 초월성과 존엄성과 긍지를 잃지 않겠다는 부르짖음이라고 규정하고 있다.

2 (다)에서 들고 있는 비유가 제시된 글의 왕과 제후, 민중의 관계에 대한 것이라고 볼 수 있으며, (라)의 자연법에 대한 논의가 자연스럽게 이어지려면 제시된 글의 내용이 보충되어야 한다.

3 이 글에서 말하는 '자연법'은 자연 현상의 한 형태에 불과하다. 그것을 제도적으로 정해진 이성의 소산으로 볼 수는 없으며, 자연법이 동물의 세계에만 존재한다는 것도 본문의 내용과 거리가 멀다.

05 다음 글을 읽고 물음에 답하시오.

(가) 휴머니즘은 명확한 윤곽을 가진 하나의 사상 체계라기보다도 인간 정신의 기본적 자세이다. 휴머니즘은 인간에 대한 하나의 근본적인 태도를 의미한다. 휴머니즘을 이렇게 해석하는 것이 휴머니즘에 대한 정당하고도 실증적인 해석이라고 하겠다. 우리는 어떤 눈으로 인간을 보고, 어떤 태도로 인간의 문제를 생각하고, 어떤 심정으로 인간을 다루고, 또 어떤 이념과 방향으로 인간의 생과 역사를 이끌고 나아갈 것이냐? 이러한 인간의 근본 문제에 대한 하나의 기본적인 정신적 자세와 태도가 곧 휴머니즘의 내용을 구성한다.

(나) 어느 시대에나 그 시대가 해결하지 않으면 아니 되는 역사적 과제를 갖는다. 휴머니즘은 이 역사적 과제를 스스로의 ㉠ 문제로서 명확하게 자각하고, 그것을 선과 정의와 진보의 방향으로 해결하려는 하나의 사상운동으로 전개되었다. 휴머니즘의 역사적 발전은 다채로운 코스를 걸어왔지만 우리는 거기서 하나의 공통적인 공약수를 찾아낼 수 있다. 이를테면 그것은 휴머니즘의 사상적 항수(恒數)라고 하겠다. 즉, 인간에 대한 커다란 긍정의 정신이다. 인간을 불신하고 모멸하고 부정하는 것은 휴머니즘의 태도가 아니다.

(다) 인간에 대한 커다란 긍정의 정신, 이것이 휴머니즘의 근간적 요소이다. 인간에 대해서 커다란 긍정의 정신을 가지려면 인간에 대한 깊은 애정이 필요하고, 인간에 대한 깊은 애정은 인간에 대한 따뜻한 이해를 전제한다. 이해는 애정을 낳고, 또 애정은 이해를 깊게 한다. 사랑에서 인식이 생기고 인식에서 사랑이 생긴다. 지(知)와 애(愛), 애(愛)와 지(知)는 불가분한 관계에 있다. 그러므로 인간에 대한 깊은 사랑과 이해가 없이 우리는 진정한 휴머니스트가 될 수 없다. 휴머니즘은 머리의 문제라기보다도 오히려 심정의 문제다. "나는 인간이다. 그러므로 인간적인 것은 무엇이든지 나와 무관하다고 할 수 없다."고 말한 로마의 희극 시인(트렌투스-Trentus)의 말은 휴머니즘의 기본적 태도를 천명한 것이다.

(라) 휴머니즘은 인간성에 대한 깊은 신뢰 위에 선다. 만일 우리가 인간과 인간성에 대한 불신과 회의를 품는다면 우리는 참된 의미의 휴머니즘의 신봉자가 될 수 없다. 인간을 억압하는 모든 사상과 세력과 제도와 편견과 질곡(桎梏)에서 인간을 해방하여 인간성을 옹호하고 인간의 자유와 존엄성을 확립하고, 인간의 정당한 가치와 품위와 권리를 드러내려고 하는 것이 휴머니즘의 기본적 자세이다.

문제 1 위 글에서 엿볼 수 있는 글쓴이의 태도로 알맞은 것은?

① 인간은 근본적으로 누구나 휴머니스트라고 여기고 있다.
② 휴머니즘이 인류의 역사를 발전시켜 왔다고 생각하고 있다.
③ 현대의 위기 상황은 물질 만능주의의 당연한 귀결로 보고 있다.
④ 휴머니즘을 인류 문화가 지향해야 할 방향이라고 믿고 있다.
⑤ 인간은 도덕적이나 인간이 만든 제도는 비도덕적이라고 판단하고 있다.

문제 2 **위 글은 어떤 물음에 대한 답변으로 볼 수 있는가?**

① 휴머니스트의 시대적 사명은 무엇인가?
② 인간은 어떤 삶의 자세를 높이 평가하는가?
③ 인간이란 과연 어떤 본성을 지닌 존재일까?
④ 현대의 혼란 상황은 어디에서 비롯되었을까?
⑤ 휴머니즘은 어떤 역사적 과정을 밟아 왔을까?

문제 3 **다음 중 '문제'의 의미가 (나)의 밑줄 친 ㉠과 같이 쓰인 것은?**

① 죽느냐, 사느냐, 이것이 문제로다.
② 시험 문제를 대할 때는 늘 신중한 자세가 필요하다.
③ 당면 문제를 원만히 해결하기 위해 중지를 모아야겠다.
④ 문제의 사실은 그 전말이 밝혀지지 않은 채 묻히고 말았다.
⑤ 제발, 문제를 일으키지 말고 이쯤에서 그만 두는 게 좋겠다.

정답 1 ④ 2 ① 3 ③

해설 **1** 휴머니즘이 역사적 과제를 선과 정의와 진보의 방향으로 해결해 왔다는 사실과, 위기에 처한 현대의 문제를 해결하기 위한 진정한 휴머니스트의 요건을 말하고 있는 것으로 보아, 글쓴이는 우리가 지향해야 할 것이 휴머니즘이라는 믿음을 갖고 있음을 알 수 있다.
①은 휴머니스트의 요건을 제시한 점에서
②는 인류 역사를 발전시킨 것이 휴머니즘만으로 한정지을 수 없다는 점에서
③은 위기 상황의 핵심을 폭압과 빈곤 쪽에 두고 있다는 점에서
⑤는 인간을 도덕적이라고만 보지 않고 있다는 점에서 부적절하다.

2 휴머니즘의 성격, 역할, 근본 바탕을 설명한 뒤, 휴머니스트의 시대적 사명을 논하고 있다.

3 ㉠은 '해결해야 할 과제'의 의미로 쓰이고 있다. ①은 답하기 어려운 의문 ②는 해답을 필요로 하는 물음 ③은 해결할 과제 ④는 세상의 이목이 집중되는 것 ⑤는 성가신 일이나 말썽이 될 만한 일의 의미이다.

② 과학 분야의 이해와 감상

과학 분야에 대한 문제는 대략 6~15지문 정도로 문항 수는 대략 13~25문제 정도가 출제된다. 난이도는 위의 인문 분야와 비슷하며 특이한 문제는 별로 출제되지 않는다. 따라서 특정 분야의 과학적 지식을 묻는 문제는 거의 없으므로 제시문의 내용 파악에만 중점을 두고 훈련하면 별 문제가 없다.

영역도 인문 분야와 마찬가지로 대부분 설명문이 출제되며 제시문당 문항 수도 인문 분야와 거의 동일한 편이며 내용의 구성도 고전 과학부터 현대 첨단 과학까지 두루 출제되는 편이다. 따라서 앞의 인문 분야의 연습과 동일하게 진행하면 되기 때문에 별도의 개요서를 제시하지는 않겠다.

일단 과학 지문에서도 바탕잡기를 통해 보다 정밀한 내용파악 방법을 다시 한번 연습하고 들어가자.

 문단별 독해의 예시

과거에는 동물의 세계에서 각 개체의 이익추구가 사회행동 진화의 원동력인 것으로 생각되었다. 그렇지만 동물이 자신의 이익을 포기하거나 희생하고 협력하는 행동이 그 개체에는 손해일지라도 혈족을 보존하는 데는 큰 도움이 되기도 한다.

꿀벌이나 개미와 같은 사회적 동물에서 이러한 행동의 예를 찾을 수 있다. 꿀벌사회에서는 여왕벌과 수벌이 생식기능을 담당하고 암컷이지만 생식능력이 없는 일벌은 동족을 먹여 살리기 위해서 평생토록 일만 한다. 여왕벌이 낳은 알 중에서 수정이 되지 않은 알에서는 수벌이 태어나고 수정이 된 알에서는 암컷이 태어난다. 태어난 암컷은 여왕벌이 분비하는 페로몬에 의해 난소 발달이 억제되어 생식능력이 없는 일벌이 된다. 만약에 일벌이 생식이 가능하여 자손을 본다고 하는 경우 자손에게는 자신의 유전자가 반만 전달되는 데 비해 한 여왕벌에게서 태어난 일벌 자매는 유전자의 4분의 3이 같다. 그렇기 때문에 일벌은 자기 자손보다도 일벌 자매와 혈연적으로 더 가깝다고 할 수 있다. 그래서 일벌은 자신이 직접 생식을 하기보다는 여왕벌이 낳은 자매를 열심히 키우고 동족을 먹여 살리기 위해서 평생 동안 일하는 편이 자신의 유전자와 동일한 유전자를 후손들에게 더 많이 전할 수 있다는 것이다. 즉 일벌과 여왕벌의 분업조직이 꿀벌의 혈족 보존에 더 유리하고 효율적이라는 것이다.

한편 설치류에 속하는 프레리도그라는 동물은 집단으로 굴속에 서식하는데 그 집단 내에서 하위에 속하는 동물이 굴 밖에서 보초를 선다. 그러다가 포식자나 침입자가 나타나면 자신이 큰 위험을 당할 수 있음에도 불구하고 다른 프레리도그들에게 경계신호를 보내 위험을 피하게 한다. 프레리도그는 이런 방법으로 자신의 가족을 보호함으로써 그들이 공유하는 유전자가 그 개체군에서 영속되도록 하는 것이다.

즉 동물의 이러한 이타행동도 자신과 같은 유전자를 많이 갖는 근연(近緣)개체들을 남기고 그 개체들을 통해서 자신의 유전자와 동일한 유전자를 다음 세대에 전하기 위한 행동으로 볼 수 있다.

또 다른 예로 미국 텍사스 동남부에 서식하는 야생 칠면조는 짝짓기 상대를 찾는 치열한 경쟁과정에서 한 배에서 태어난 형제들끼리 서로 돕는다. 한 형제집단에 속하는 칠면조들은 일련의 싸움을 통해 순위를 결정한다. 짝짓기를 할 때가 되어 암수 칠면조들이 모여들면 칠면조 형제들은 암컷을 향하여 다함께 동시에 꽁지를 펴고 소리를 지르는 과시 행동을 한다. 암컷이 응하면 순위가 가장 높은 칠면조만이 교미를 한다. 여기서 가장 우세한 칠면조를 돕기만 하고 자신은 교미를 하지 못한 수컷들은 얻는 것이 없는 것처럼 보인다. 그러나 혈족보존이라는 관점에서 보면 한 배에서 태어나 많은 유전자를 공유하고 있는 우세한 형제를 도움으로써 결국 자신과 같은 유전자를 간접적으로 자손에게 전달할 수 있게 하는 것이다.

또한 어미 메추리는 자신의 위험을 무릅쓰고 위험에 처한 새끼들을 구한다. 어미 메추리는 새끼들이 있는 둥지에 여우가 다가오면 여우 앞에서 상처를 입은 듯이 다리를 절뚝거리면서 여우를 유인하여 새끼로부터 멀리 떼어 놓는다. 어미 메추리의 이러한 행동이나, 논란의 여지가 있지만, 자식에 대한 어머니의 사랑과 희생도 결국은 자신의 유전자가 후세에 전해질 수 있도록 하는 보장장치의 일종이라고 해석하는 학자도 있다.

사회생물학에서는 이러한 희생이나 이타행동·협력·모성행동 등을 자신의 근연개체와 무리를 구하는 집단선택기제라고 설명한다. 즉 자신의 유전자를 더 많이 복제하여 효율적으로 혈족을 보존하는 적응행동의 일종이라는 것이다. 그리고 동물의 이러한 행동들은 각 개체의 의지로 선택되기보다 유전적으로 그렇게 하도록 되어 있으며 심지어 개체는 유전자 증식을 위한 기계나 운반자에 불과하다고 한다.

위 지문을 핵심어에 따라 그 내용의 줄거리를 표시하면 다음과 같다.

과거에는 동물의 세계에서 각 개체의 이익추구가 사회행동 진화의 원동력인 것으로 생각되었다. 그렇지만 동물이 자신의 이익을 포기하거나 희생하고 협력하는 행동이 그 개체에는 손해일지라도 혈족을 보존하는 데는 큰 도움이 되기도 한다.

꿀벌이나 개미와 같은 사회적 동물에서 이러한 행동의 예를 찾을 수 있다. 꿀벌사회에서는 여왕벌과 수벌이 생식기능을 담당하고 암컷이지만 생식능력이 없는 일벌은 동족을 먹여 살리기 위해서 평생토록 일만 한다. 여왕벌이 낳은 알 중에서 수정이 되지 않은 알에서는 수벌이 태어나고 수정이 된 알에서는 암컷이 태어난다. 태어난 암컷은 여왕벌이 분비하는 페로몬에 의해 난소 발달이 억제되어 생식능력이 없는 일벌이 된다. 만약에 일벌이 생식이 가능하여 자손을 본다고 하는 경우 자손에게는 자신의 유전자가 반만 전달되는 데 비해 한 여왕벌에게서 태어난 일벌 자매는 유전자의 4분의 3이 같다. 그렇기 때문에 일벌은 자기 자손보다도 일벌 자매와 혈연적으로 더 가깝다고 할 수 있다. 그래서 일벌은 자신이 직접 생식을 하기보다는 여왕벌이 낳은 자매를 열심히 키우고 동족을 먹여 살리기 위해서 평생 동안 일하는 편이 자신의 유전자와 동일한 유전자를 후손들에게 더 많이 전할 수 있다는 것이다. 즉 일벌과 여왕벌의 분업조직이 꿀벌의 혈족 보존에 더 유리하고 효율적이라는 것이다.

한편 설치류에 속하는 프레리도그라는 동물은 집단으로 굴속에 서식하는데 그 집단 내에서 하위에 속하는 동물이 굴 밖에서 보초를 선다. 그러다가 포식자나 침입자가 나타나면 자신이 큰 위험을 당할 수 있음에도 불구하고 다른 프레리도그들에게 경계신호를 보내 위험을 피하게 한다. 프레리도그는 이런 방법으로 자신의 가족을 보호함으로써 그들이 공유하는 유전자가 그 개체군에서 영속되도록 하는 것이다.

즉 동물의 이러한 이타행동도 자신과 같은 유전자를 많이 갖는 근연(近緣)개체들을 남기고 그 개체들을 통해서 자신의 유전자와 동일한 유전자를 다음 세대에 전하기 위한 행동으로 볼 수 있다.

또 다른 예로 미국 텍사스 동남부에 서식하는 야생 칠면조는 짝짓기 상대를 찾는 치열한 경쟁과정에서 한 배에서 태어난 형제들끼리 서로 돕는다. 한 형제집단에 속하는 칠면조들은 일련의 싸움을 통해 순위를 결정한다. 짝짓기를 할 때가 되어 암수 칠면조들이 모여들면 칠면조 형제들은 암컷을 향하여 다함께 동시에 꽁지를 펴고 소리를 지르는 과시 행동을 한다. 암컷이 응하면 순위가 가장 높은 칠면조만이 교미를 한다. 여기서 가장 우세한 칠면조를 돕기만 하고 자신은 교미를 하지 못한 수컷들은 얻는 것이 없는 것처럼 보인다. 그러나 혈족보존이라는 관점에서 보면 한 배에서 태어나 많은 유전자를 공유하고 있는 우세한 형제를 도움으로써 결국 자신과 같은 유전자를 간접적으로 자손에게 전달할 수 있게 하는 것이다.

또한 어미 메추리는 자신의 위험을 무릅쓰고 위험에 처한 새끼들을 구한다. 어미 메추리는 새끼들이 있는 둥지에 여우가 다가오면 여우 앞에서 상처를 입은 듯이 다리를 절뚝거리면서 여우를 유인하여 새끼로부터 멀리 떼어 놓는다. 어미 메추리의 이러한 행동이나, 논란의 여지가 있지만, 자식에 대한 어머니의 사랑과 희생도 결국은 자신의 유전자가 후세에 전해질 수 있도록 하는 보장장치의 일종이라고 해석하는 학자도 있다.

사회생물학에서는 이러한 희생이나 이타행동·협력·모성행동 등을 자신의 근연개체와 무리를 구하는 집단선택기제라고 설명한다. 즉 자신의 유전자를 더 많이 복제하여 효율적으로 혈족을 보존하는 적응행동의 일종이라는 것이다. 그리고 동물의 이러한 행동들은 각 개체의 의지로 선택되기보다 유전적으로 그렇게 하도록 되어 있으며 심지어 개체는 유전자 증식을 위한 기계나 운반자에 불과하다고 한다.

위 핵심어를 간추리면 다음과 같은 내용으로 압축된다.

과거에는 각 개체의 이익추구가 사회행동 진화의 원동력인 것으로 생각되었다. 그렇지만 희생하고 협력하는 행동이 그 개체에는 손해일지라도 혈족을 보존하는 데는 큰 도움이 되기도 한다.

꿀벌이나 개미와 같은 사회적 동물에서 예를 찾을 수 있다. 꿀벌사회에서는 여왕벌과 수벌이 생식기능을 담당하고 암컷이지만 생식능력이 없는 일벌은 동족을 먹여 살리기 위해서 평생토록 일만 한다. 일벌은 자신이 직접 생식을 하기보다는 여왕벌이 낳은 자매를 열심히 키우고 동족을 먹여 살리기 위해서 평생 동안 일하는 편이 자신의 유전자와 동일한 유전자를 후손들에게 더 많이 전할 수 있다는 것이다.

한편 설치류에 속하는 프레리도그라는 동물은 하위에 속하는 동물이 굴 밖에서 보초를 선다. 자신이 큰 위험을 당할 수 있음에도 불구하고 다른 프레리도그들에게 경계신호를 보내 위험을 피하게 한다. 이러한 이타행동도 자신과 같은 유전자를 많이 갖는 근연(近緣)개체들을 남기고 그 개체들을 통해서 자신의 유전자와 동일한 유전자를 다음 세대에 전하기 위한 행동으로 볼 수 있다.

야생 칠면조는 짝짓기 상대를 찾는 치열한 경쟁과정에서 한 배에서 태어난 형제들끼리 서로 돕는다. 혈족보존이라는 관점에서 보면 한 배에서 태어나 많은 유전자를 공유하고 있는 우세한 형제를 도움으로써 결국 자신과 같은 유전자를 간접적으로 자손에게 전달할 수 있게 하는 것이다.

또한 어미 메추리는 자신의 위험을 무릅쓰고 위험에 처한 새끼들을 구한다. 자식에 대한 어머니의 사랑과 희생도 결국은 자신의 유전자가 후세에 전해질 수 있도록 하는 보장장치의 일종이라고 해석하는 학자도 있다.

사회생물학에서는 이러한 희생이나 이타행동·협력·모성행동 등을 자신의 근연개체와 무리를 구하는 집단선택기제라고 설명한다. 이러한 행동들은 각 개체의 의지로 선택되기보다 유전적으로 그렇게 하도록 되어 있으며 심지어 개체는 유전자 증식을 위한 기계나 운반자에 불과하다고 한다.

이 압축된 내용에서 주제를 다시 간추리면 다음과 같다.

> 　동물들은 각 개체의 이익 추구가 본능인줄 알았으나 자신을 희생하거나 집단에 봉사하고 협력하는 행동을 한다는 것을 알았다. 이는 개체로서는 손해이지만 자신의 종족보전에는 더 큰 도움이 되기 때문에 행하는 행동으로 사회심리학에서는 이를 집단선택기제라고 설명하는데 이는 의지라기보다 유전적으로 그렇게 행동하도록 설정되어 있다는 것이다.

위와 같은 과정은 일일이 보여주기 위해서 아주 길고 번잡하게 되었지만 몇 번만 연습하면 주어진 지문 자체에서 모든 것을 처리할 수 있기 때문에 이는 의외로 쉽고 정확하고 빠른 내용 파악 방법이다. 긴 지문이나 내용 파악이 잘 안 되는 지문은 위의 방법으로 풀면 많은 도움이 될 것이다. 그러면 이제 과학 지문의 실전연습으로 들어가 본다.

예시문제 1

다음 글을 읽고 물음에 답하시오.

> (가) 피상적인 관찰에 의하면, 과학과 예술은 스펙트럼의 반대편에 위치한 것처럼 보인다. 그러나 과학과 예술 모두 무질서한 것처럼 보이는 자연 세계와 인간의 내면세계로부터 질서와 아름다움을 발견하고자 한다는 공통의 목표를 추구한다는 점에서 어쩌면 상이점보다는 유사점이 더 많을 수도 있다. 단지 과학이 인간의 이성에 의존하여 전개되고 주관적인 감성을 가급적 배제하는 반면, 예술은 인간의 이성뿐 아니라 감성을 예술 활동의 근간으로 삼는다는 방법론적 차이가 나타난다고 하겠다.
>
> (나) 과학 기술이 예술에 영향을 끼친 사례는 무수히 많다. 우선 과학의 신이론이나 새로운 발견은 예술가의 이성과 감성에 영향을 준다. 물론 이 영향은 예술가의 작품에 반영되고 새로운 예술 풍조, 더 나아가서 새로운 예술 사상이 창조되는 원동력으로서 작용되기도 한다. 그리고 과학 기술의 발전은 예술가로 하여금 변화하기를 강요한다. 예를 들어 수세기 동안 회화는 2차원의 캔버스에 3차원의 환영을 나타내는 것을 궁극적인 목표로 삼아 왔으나 사진 기술의 발달은 직·간접적으로 사실적인 회화 기법의 입지를 약화시키는 역할을 했다. 또 과학 기술의 발전은 예술가에게 새로운 연장, 그리고 재료를 제공함으로써 예술가는 자신의 표현 영역을 넓힐 수 있게 되고 한 걸음 더 나아가서 새로운 기법, 새로운 예술 양식의 출현을 가져온다.

(다) 과학 기술 중에서 컴퓨터의 발달은 주목할 만하다. 1940년대의 수학자인 튜링은 이른바 '튜링 테스트'라 불리는 문답 형식의 테스트를 제안해 컴퓨터가 지능을 보유하고 있는지의 판단을 내리기 위한 척도로 사용했다. 그 후 지난 30여 년 간의 인공 지능의 발전은 사고와 추론 능력에 관한 한 컴퓨터가 어느 정도 인간의 능력에 접근하고 있음을 실험적으로 증명하였다. 예술 행위는 자아와 의식, 추론과 사고, 감정, 그리고 물리적 행동의 산물이라 볼 수 있다. 따라서 이러한 인간의 특성들을 컴퓨터가 가진다면, 바꾸어 말해 컴퓨터가 인간에 ⊙ 필적하는 이성과 감성을 소유할 수 있다면 당연히 예술 행위에 필요한 창의력도 자동적으로 표출될 것이다.

(라) 그러나 아직은 예술 활동에 컴퓨터를 이용하는 것은 예술 양식 그 자체를 변화시키지는 않고 예술가의 창조력을 극대화시키거나 생산성을 향상시킬 뿐이다. 예를 들어, 컴퓨터를 이용한 작곡, 편곡은 새로운 유형의 음악을 창조하지는 않고 단순히 음악가로 하여금 창작 활동을 효율적으로 하게끔 도울 뿐이다. 또 컴퓨터가 예술 활동의 중심에 자리잡음으로써 예술의 유형이 컴퓨터에 의해 정의되는 경우도 있다. 활동사진 기술에 의해 영화라는 새로운 예술 형태가 발생했고, 비디오 기술에 의해 영화라는 비디오 예술이 생겨났듯이 컴퓨터 없이는 불가능한 새로운 예술 형태를 발생시킨다.

(마) 예술과 과학은 공존해 왔고 앞으로도 공존할 것이다. 이 둘은 각각의 발전 과정 중에 간헐적인 만남을 통해 상호 도움을 받아 왔다. 예술과 과학 사이에 교류가 빈번하면 할수록 서로를 발전시킬 수 있는 기회는 증가하게 된다. 이때 컴퓨터는 상호 교류와 이해를 증진시키는 데 가장 좋은 매체 역할을 하게 될 것이다. 따라서 컴퓨터 과학자는 다른 분야의 과학자에 비해 예술가와의 접촉이나 협력 기회를 많이 가지게 될 것이며 이로 인해 그 영향력은 더욱 커질 것이다.

1 각 단락의 중심 내용으로 적절하지 <u>않은</u> 것은?

① (가) 과학과 예술의 공통점과 차이점
② (나) 과학 기술이 예술에 미친 영향
③ (다) 컴퓨터의 예술 행위 가능성
④ (라) 컴퓨터가 예술에 미치는 영향
⑤ (마) 컴퓨터 발달에 따른 예술의 다양성

2 글쓴이가 궁극적으로 말하고자 하는 바는 무엇인가?

① 과학과 예술은 상호 불가분의 관계이다.
② 시대를 거듭할수록 예술은 발전해 왔다.
③ 컴퓨터가 예술 활동에 큰 영향을 미치게 된다.
④ 인공 지능의 발전은 컴퓨터의 성능을 검증해 준다.
⑤ 컴퓨터는 예술 행위자로서의 가능성이 점점 커지고 있다.

3 (가)에 쓰인 글의 전개 방식이 사용된 것은?

① 항상 무리를 지어 생활하는 대표적인 집단 조류인 백로는 소백로, 중백로, 중대백로, 대백로, 노랑부리 백로 등 다섯 종류가 있다.

② 붉은 해가 혓바닥 내밀 듯이 쑤욱 솟아올라온다. 반쯤 솟아오른 것을 보니, 마치 해가 바닷물 속에서 솟아 나오는 것 같고, 해면과 접한 부분은 황금빛으로 빛난다.

③ 입력 장치를 통해서 컴퓨터에 입력된 프로그램 자료는 기억 장치 속에서 기억된다. 이렇게 기억된 자료에 연산을 가해서 우리는 원하는 결과를 출력 장치를 통해 얻게 된다.

④ 연극과 영화는 여러 부문의 예술이 종합되어 완성되는 예술이다. 그러나 연극은 기원이 아득하고 그 발생이 종교 의식과 관련이 있으나 영화는 19C 말에 과학의 힘으로 나타났다.

⑤ 인간과 원숭이는 여러 가지 면에서 닮았다. 직립 보행을 하고 도구를 사용할 줄 알며 가족을 이루어 생활한다는 면이 그렇다. 그러므로 인간이 언어를 지니고 있다는 사실로 보아 원숭이도 언어를 가지고 있을 것이다.

4 ㉠의 의미로 적절한 것은?

① 훨씬 능가하는
② 조금 모자라는
③ 따라잡을 수 있는
④ 적합한 능력을 지닌
⑤ 비슷하여 서로 견줄 만한

정답 1 ⑤ 2 ③ 3 ④ 4 ⑤

해설

1 (마)는 예술과 과학의 협력 관계에서 컴퓨터가 가장 좋은 매체 역할을 하게 되어 그 영향이 커질 것이라는 내용이다.

2 이 글은 먼저 과학 기술과 예술의 관계를 전제한 후 범위를 축소시켜 과학 기술 중에서도 컴퓨터가 예술에 커다란 역할을 하게 될 것이라는 내용으로 결론을 맺고 있다.

3 (가)는 과학과 예술의 공통점과 차이점을 대조, 비교하고 있다.
① 구분 ② 묘사 ③ 과정 ⑤ 유추

4 '필적하는'은 재주나 힘 따위가 엇비슷하여 서로 견줄 만하다는 뜻이다.

예시문제 2

다음 글을 읽고 물음에 답하시오.

현대 물리학의 확장 과정을 고려해 볼 때 우리는 현대 물리학의 발전 과정을 산업이나 공학, 그리고 다른 자연 과학, 나아가서는 현대 문화 전반에 걸친 영역에서의 발전 과정과 분리해서 생각할 수 없다. 현대 물리학은 베이컨, 갈릴레이 그리고 케플러의 업적, 또한 17, 18세기에 걸쳐 이루어진 자연 과학의 실제적인 응용 과정에서부터 형성된 일련의 과학 발전의 맥락을 타고 탄생된 결과이다. 또한 ⊙ 산업 과학의 진보, 새로운 산업계 장치의 발명과 증진은 자연에 대한 첨예한 지식을 촉구하는 결과를 낳았다. 그리고 자연에 대한 이해력의 성숙과 자연 법칙에 대한 수학적 표현의 정교함은 산업 과학의 급격한 진전을 이루게 하였다.

자연 과학과 산업 과학의 성공적인 결합은 인간 생활의 폭을 넓히게 되는 결과를 낳았다. 교통과 통신망의 발전으로 인해 기술 문화의 확장 과정이 더욱 촉진되었고, 의심할 바 없이 지구상의 생활 조건은 근본에서부터 변화를 가져왔다. 우리들이 그 변화를 긍정적으로 보든 부정적으로 보든, 또한 그 변화가 진정으로 인류의 행복에 기여하는 것인지 저해하는 것인지는 모르지만, 어쨌든 우리는 그 변화가 인간의 통제 능력 밖으로 자꾸 치닫고 있음을 인정할 수밖에 없는 상황에 놓여 있다.

새로운 무기, 특히 핵무기의 발명은 이 세계의 정치적 판도를 근본적으로 바꾸어 놓은 것이 사실이다. 핵무기를 갖지 않은 모든 국가는 어떤 방식으로든지, 핵무기 소유국에 의존하고 있는 것이 현실이므로, 독립 국가라는 의미조차도 다시 생각해 보아야 할 것이다. 또한 핵무기를 수단으로 해서 전쟁을 일으키려는 것은 실제로 자멸의 길을 스스로 택하는 격이 된다. 그 역으로 이런 위험 때문에 전쟁은 결코 일어나지 않는다는 낙관론도 많이 있지만, 이 입장은 자칫 잘못하면 그 낙관론 자체에만 빠질 우려가 있다.

핵무기의 발명은 과학자에게 새로운 방향으로의 문제 전환을 가져다주었다. 과학의 정치적 영향력은 제2차 세계 대전 이전보다 비약적으로 증대되어 왔다. 이 사실은 과학자, 특히 원자 물리학자들에게 이중의 책임감을 지워 주게 되었다. 그는 우선 그가 속한 사회에 대하여 과학의 중요성을 인식시켜야 하는 책임감을 갖고 있다. 어떤 경우에, 그는 대학 연구실의 굴레에서 벗어나야만 하는 일도 생긴다. 두 번째 그의 부담은 과학에 의해서 생긴 결과에 대한 책임감이다. 과학자들은 정치적인 문제에 나서기를 꺼려한다. 그리고 위정자들은 자신의 무지 때문에 과학의 소산물을 잘못 이용할 수가 있다. 그러므로 과학자는 항상 과학의 소산물이 잘못 이용될 때에 생기는 예기치 못한 위험 상황을 위정자들에게 자세히 알려 줄 의무가 있다. 또한 과학자는 사회 참여를 자주 요청받고 있다. 특히, 세계 평화를 위한 결의안에의 참여 등이 그것이다. 동시에 과학자는 자신의 분야에 있어서 국제적인 공동 작업의 조성을 위하여 최선을 다해야만 한다. 오늘날 많은 국가의 과학자들이 모여 핵물리학에 대한 탐구를 하고 있는 것은 아주 중요한 일로 평가된다.

1 위 글의 내용과 일치하는 것은?

① 한 국가의 자주성은 새로운 무기의 개발에 달려 있다.
② 과학이 발달할수록 그 정치적 영향력은 확대되고 있다.
③ 가공할 핵무기가 존재하는 한 전쟁은 일어나지 않는다.
④ 과학의 발달은 인간성 상실을 초래하는 결과를 낳았다.
⑤ 산업 과학은 자연 법칙에 관한 연구를 주목적으로 한다.

2 위 글의 핵심 내용을 가장 잘 파악한 반응은?

① "현대 물리학의 발전에 공헌한 베이컨, 갈릴레이 그리고 케플러의 지대한 업적은 아무리 높게 평가해도 지나치지 않아."
② "과학의 진보에 의해 인간 생활의 폭이 넓혀졌다고 했으니, 나도 과학 연구에 매진하여 인류 문명 발전에 이바지하고 싶어."
③ "핵무기를 소유하고 있어야만 진정한 독립 국가로 대접받을 수 있다고 생각하니, 우리나라도 하루빨리 핵무기를 개발해야 할 것 같아."
④ "과학이 가치중립적이라고들 하지만 잘못 쓰일 때는 가공할 만한 재앙을 가져올 수도 있으므로 과학자의 역할이 그 어느 때보다 중요한 것 같아."
⑤ "현대 사회의 위기는 과학의 소산물을 잘못 이용하는 위정자들에 의해 초래된 것인데, 그 책임을 과학자들에게 전가하는 것은 주객이 전도된 것 같아."

3 위 글의 내용으로 볼 때, 과학자의 역할로 보기 어려운 것은?

① 그가 속한 사회에 대해 과학의 중요성을 인식시켜야 한다.
② 과학에 의해 생긴 결과에 대해 책임을 져야 한다.
③ 위정자들의 잘못된 가치관을 바로잡아 줄 수가 있어야 한다.
④ 세계 평화를 위한 과학자의 책무를 외면해서는 안 된다.
⑤ 과학의 분야에서 국제적인 공동 작업의 조성을 위해 최선을 다해야 한다.

4 밑줄 친 ㉠에 나타난 '자연 과학'과 '산업 과학'의 관계로 가장 적절한 것은?

① 상보적   ② 배타적
③ 동질적   ④ 경쟁적
⑤ 의존적

정답 1 ② 2 ④ 3 ③ 4 ①

해설

1 ② 마지막 문단의 '과학의 정치적 영향력은 ~ 증대되어 왔다.'에서 알 수 있다.

① 핵무기가 없는 국가는 핵무기가 있는 국가에 의해 어느 정도 영향을 받는다고 했으나 그렇다고 그것이 자주성이 없다고 보기는 어렵다.

③ 셋째 문단에서 오히려 이와 같은 낙관론의 위험을 경계하고 있다.

④ 이와 같은 언급은 보이지 않는다.

⑤ 산업 과학이 아니라 자연 과학이다.

2 학생들의 반응 중, 이 글이 핵심에 가장 가까운 것을 찾으라는 점에 유의한다. 필자의 의도와 관련지어 볼 때, 이 글의 핵심은 결국 과학자의 역할 강조이다.

3 과학자는 과학의 소산물이 잘못 이용될 때에 생기는 예기치 못한 위험 상황을 위정자들에게 자세히 알려 줄 의무가 있다고 했지, 위정자들의 정치관을 바로 잡아야 한다는 내용은 없다.

4 자연 과학의 발달이 산업 과학의 발달을 촉진하고, 또 산업 과학의 발달로 인해 자연 과학적 지식을 첨예화하는 결과를 가져오는 관계에 적절한 것은 '상호 보완적 관계'이다.

예시문제 3

다음 글을 읽고 물음에 답하시오.

(가) 흔히들 ⊙ '과학이냐 아니냐' 하는 것은 그 주장하는 내용이 진실이냐 아니냐에 따라 구별하는 것으로
판단하고 있다. 다시 말해 주장하는 바가 진실이면 과학이고, 주장하는 바가 거짓이면 비과학이라고
생각하는 것이다. 이러한 구분은 매우 설득력이 있어 보인다. 그러나 과학에 대한 이러한 정의가 의미
를 가지기 위해서는 어떤 것이 참이고, 어떤 것이 거짓인지를 가려 낼 수 있는 능력이 선행되어야 한
다. 무엇이 궁극적으로 진리인지를 가려내는 능력과 방법이 없다면, 과학이냐 아니냐 하는 것을 결론
이 참이냐 거짓이냐에 의해 결정할 수는 없다. 따라서 과학이냐 아니냐 하는 것은 결론에 의해서가 아
니라, 그 결론을 이끌어 내는 과정에 의해서 구분해야 한다.

(나) 과학이란 인간이 인간의 이성을 이용해서 합리적으로 진실을 추구해 가는 사고 체계이다. 따라서 어떤
결론이 과학적이기 위해서는 그 결론이 유도되는 과정이 합리적이어야 한다. 합리적이라는 것은 정상
적인 이성을 가진 사람을 납득시킬 수 있는 것이어야 한다는 뜻이다. 과학을 결론의 학문이 아니라 과
정의 학문이라고 하는 것은 이 때문이다. 어떤 운동선수가 경기에 이기기 위해 시합 전에 머리를 깎지
않는다고 하면 그런 생각은 지극히 비과학적이고 미신적이라고 단정하기 쉽다. 그러나 그 선수의 그런
결론이 오랫동안의 통계를 근거로 하고 있다면 그가 얻은 결론을 비과학적이라고는 할 수 없을 것이
다. 왜 머리를 깎지 않으면 승률이 올라가는지를 밝히는 것은 과학에게 맡겨진 ⓛ <u>실타래</u>일 것이다.

(다) 어떤 결론이 과학적이기 위해서는 그 결론을 도출해 내는 과정이 올바른 과학적 방법에 의해 이루어져
야 한다. 과학 방법은 기본적으로 귀납법과 연역법이라고 하는 큰 틀을 기본으로 하고 있다. 따라서 귀
납법은 실험, 관찰, 통계와 같은 방법으로 개별적 사실로부터 일반 원리를 발견해 가는 과정이다. 반면
에 연역법은 우리가 확연히 알 수 있는 공리에서부터 논리적 추론에 의해 결론을 이끌어 내는 방법이
다. 그러나 실제 과학 연구에 적용되는 구체적인 과학 방법은 연구 대상과 목적, 그리고 여러 가지 현
실적인 제약에 따라 달라진다. 그렇기 때문에 어떤 분야에서는 일반적으로 받아들여지는 과학 방법이
다른 분야에서는 그렇지 못한 경우도 있다. 사회학, 생물학, 의학 같은 분야에서는 수학적 연역보다는
관찰과 통계에 의한 귀납적인 방법이 많이 쓰인다. 그러나 물리학이나 화학 같은 분야에서는 수학에
의한 연역에 의해 결론이 도출되고, 이 결론은 실험적으로 검증을 거쳐야 한다.

(라) 문학이나 종교와 인간 내면의 문제를 다루는 분야는 과학적이지 않은 대표적인 분야이다. 문학이나 종
교에서 다루는 문제는 지극히 개인적이고 주관적인 경험에 관한 것을 다룬다. 따라서 결론을 이끌어
내는 과정을 객관화할 수 없을 뿐만 아니라 객관화할 필요도 없다. 반면에 심리학, 교육학 등은 과학적
인 면과 비과학적인 면을 모두 포괄하고 있는 분야라 할 수 있다. 이런 분야에서는 과학에서 사용하는
관찰과 통계를 이용해서 결론에 이르지만, 이러한 결론이 도출되게 된 원인의 설명은 매우 주관적일
때가 많다.

(마) 과학을 이야기할 때 꼭 언급하고 지나가야 할 문제는 과학적인 방법으로 얻어진 결과를 어느 정도 신뢰할 수 있느냐 하는 문제이다. 앞에서 이야기한 것처럼 과학은 인간의 이성으로 진리를 추구해 가는 가장 합리적인 방법이다. 따라서 과학적인 방법으로 도출해 낸 결론은 우리가 얻을 수 있는 가장 신뢰할 수 있는 결론이라고 해야 할 것이다. 그러나 인간의 이성으로 얻은 결론이므로 인간이라는 한계를 뛰어넘을 수는 없다. 인간의 지식이나 이성이 완벽하지 못하다는 것은 누구나 인정하고 있는 사실이다. 그러므로 (ⓒ   )

1 글쓴이의 집필 의도에 대한 설명으로 적절한 것은?

① 시사적 현안이 되고 있는 과학의 문제에 대해 독자의 관심을 유도하고자 하였다.
② 자기 주관은 배제하고 과학에 대한 객관적인 정보만을 전달하고자 하였다.
③ 과학의 역사적 변천 양상을 설명하여 독자의 교양을 넓혀 주고자 하였다.
④ 과거와 현재를 토대로 바람직한 미래 과학의 모습을 제시하고자 하였다.
⑤ 과학에 대한 일반적 통념의 잘못을 바르게 고쳐 주고자 하였다.

2 다음의 글을 덧붙일 위치로 가장 적당한 곳은?

> 어떤 자극에 대해 어린이들이 어떻게 반응하는가는 통계적으로 분석하고 결론을 이끌어 내지만, 그렇게 반응하게 되는 원인은 어린이들의 이기심, 경쟁심과 같은 가장 비과학적인 인간의 심리에서 찾는 것이 그런 예이다.

① (가)   ② (나)
③ (다)   ④ (라)
⑤ (마)

3 ⓖ에 전제된 생각으로 볼 수 있는 것은?

① 과학은 누구에게나 유익하다.
② 과학은 끝없이 발전할 것이다.
③ 과학은 항상 완전하고 정확하다.
④ 과학은 진리 탐구를 목적으로 한다.
⑤ 과학은 인간의 한계를 극복하게 해 준다.

4 ⓛ이 뜻하는 바로 알맞은 것은?

① 해결해야 할 과제

② 멀고 험한 과정

③ 의미 있는 작업

④ 흥미로운 업무

⑤ 사소하지만 어려운 과업

5 ⓒ에 들어갈 말로 가장 적절한 것은?

① 과학에 대하여 보다 더 적극적인 관심을 가질 필요가 있다.

② 과학적인 방법으로 얻어진 결론도 완벽하다고 할 수는 없다.

③ 과학으로써 인간의 지식이나 이성의 한계를 넘어서야 할 것이다.

④ 과학 탐구에 있어서도 결국 그 주체는 인간임을 잊어서는 안 된다.

⑤ 과학의 산물이 인간에게 유용한 것만은 아니라고 보아야 한다.

정답 1 ⑤ 2 ④ 3 ③ 4 ① 5 ②

해설

1 글의 처음에서 '흔히들 ~ 판단하고 있다.'로 시작하면서 과학에 대한 일반적 통념을 문제로 제기하고 그것이 잘못임을 밝히고 있다. 따라서 이 글은 글쓴이가 과학에 대한 일반적 통념의 잘못을 바르게 고쳐 주려는 의도로 쓴 것으로 볼 수 있다.

2 제시문은 (라)의 뒷부분에 나오는 '반면에 심리학, 교육학 등은 ~ 매우 주관적인 때가 많다.'는 내용을 뒷받침하는 구체적 사례에 해당한다.

3 '과학이냐 아니냐' 하는 것을 그 주장하는 내용이 진실이냐 아니냐에 따라 구별하려면, 과학은 항상 완전하고 정확하다는 전제하에서만 가능하다.

4 왜 머리를 깎지 않으면 승률이 올라가는지를 밝히는 것이 과학에게 맡겨졌다고 했으므로, 이때의 실타래는 과학이 해결해야 할 과제를 의미하는 것으로 볼 수 있다.

5 (마)의 '그러나 인간의 이성으로 얻은 ~' 이하는 그 앞의 '과학적인 방법으로 도출해 낸 결론은 우리가 얻을 수 있는 가장 신뢰할 수 있는 결론이라고 해야 할 것이다.'라는 진술에 대한 반론으로, 인간에게 한계가 있는 이상 인간에 의해 얻어진 과학적 지식도 완벽하다고는 할 수 없다는 점을 연역적으로 추론한 것이다.

예시문제 4

다음 글을 읽고 물음에 답하시오.

(가) 우주의 성질에 대해서 이야기하고 우주의 시작이나 종말에 관해서 논의하기 위해서 우리는 과학적 이론이 무엇인지를 분명히 알아야 한다. 이론이란 우주, 또는 그 한정된 일부분에 대한 <u>모델</u>, 그리고 모델 속의 여러 양(量)과 우리의 <u>관측</u> 결과를 연결짓는 규칙들에 지나지 않는다. 이론은 우리 마음속에 존재할 뿐이고 그 이외의 실재성(實在性)은 없다. 어떠한 이론이 다음의 두 요구 조건을 만족시킬 때 좋은 이론이라고 한다. 첫째로 몇 개 안 되는 임의(任意)적 요소를 포함한 모델로서 넓은 범위의 관측을 정확하게 <u>기술(記述)</u>할 수 있고, 둘째로 미래의 관측 결과에 대해서 명백한 예언을 할 수 있어야 한다.

(나) 어느 물리적 이론이건, 그것은 <u>가설</u>에 지나지 않는다는 뜻에서 언제나 일시적인 것이다. <u>실험</u> 결과가 어떤 이론과 아무리 자주 맞는다 하더라도 다음번 실험에서 이론과 어긋나지 않으리라고 우리는 확신할 수 없다. 그 반면에 우리는 이론의 예언과 어긋나는 단 한 번의 관측으로 그 이론을 배척할 수 없다. 이론은 새로운 실험이 그 예언과 일치할 때마다 살아남으며, 따라서 이론에 대한 우리의 신뢰도는 늘어나게 된다. 그러나 일단 새 관측이 이론과 어긋나는 날에는 그 이론은 폐기되거나 수정되어야 한다. 그러나 우리는 ㉠<u>한 사람의 능력</u>을 언제든지 의심할 수는 있다.

(다) 실제로 흔히 일어나는 경우는 새로운 이론이 그 전의 이론의 확장으로 만들어지는 경우다. 예를 들면 극히 정확한 수성에 대한 관측으로부터, 수성의 운동이 뉴턴의 중력 이론과 미소(微少)한 차이가 있음이 알려졌다. 아인슈타인의 일반 상대성 이론은 뉴턴의 이론과 미소한 차이를 가진 운동을 예언하였다. 아인슈타인의 예언은 관측과 맞고, 뉴턴의 예언은 맞지 않았으므로 이것은 새 이론의 결정적 확인의 기회가 되었다. 그러나 우리는 모든 실용 면에서 여전히 뉴턴의 이론을 쓰고 있다. 그것은 우리가 보통 다루는 경우에서 뉴턴의 예언과 일반 상대성 이론의 예언의 차이가 극히 미소하며 뉴턴의 이론이 훨씬 다루기 쉽기 때문이다.

(라) 과학의 궁극적 목적은 [　　ⓐ　　] 데에 있다. 그러나 대다수의 과학자가 실제로 따르는 방법은 문제를 두 부분으로 나누는 것이다. 첫째로, ㉡<u>우주가 시간이 지남에 따라 어떻게 변하는지를 알려 주는 법칙</u>이 있다. 둘째로는, 우주의 시초 상태의 문제가 있다. 어떤 사람들은 과학이 첫째 문제만을 다루어야 하며, 우주의 시초에 관한 문제는 형이상학이나 종교의 문제라고 생각한다. 즉, 신은 전능하기 때문에 원하는 대로 우주를 시작할 수 있다는 것이다. 그러나 관측된 우주는 어떤 법칙에 따라 극히 규칙적으로 팽창하고 있는 것이다. 그러므로 우주의 시초를 지배하는 법칙이 있음직한 것이다.

(마) 그러나 ⓒ <u>우주를 단번에 잘 기술하는 이론을 만드는 일은 극히 어려운 것으로 판명되었다. 그래서 우리는 문제를 잘게 쪼개서 부분적 이론 여러 개를 만들기로 한다.</u> 개개의 부분적 이론은 한정된 범위의 관측을 기술하고 예언한다. 만약에 우주의 모든 것이 다른 모든 것과 깊이 관련되어 있다면, 문제의 각 부분을 따로따로 조사해서 완전한 해답에 접근한다는 일은 불가능할 것이다. 그렇지만 우리가 아직까지 진전을 본 방법이 바로 이 방법이었던 것은 사실이다. 그 좋은 본보기는 역시 뉴턴의 중력 이론이다. 즉, 두 물체 사이의 중력은 각 물체에 관련된 하나의 숫자 — 그 질량 — 에만 의존하나, 물체가 무엇으로 이루어졌는지에는 무관하다. 그러므로 태양이나 행성의 궤도를 계산하는 데 그들의 구조나 화학 성분에 관한 이론은 필요치 않다.

1 글쓴이의 생각과 부합하지 <u>않는</u> 것은?

① 새로운 이론은 수정될 수 있다.
② 완벽한 이론을 만들어 내는 것은 힘든 작업이다.
③ 우주의 시초에 관한 문제는 과학의 대상이 될 수 있다.
④ 정확한 이론보다는 다루기 쉬운 이론이 선호되기도 한다.
⑤ 우주 전체를 기술하는 하나의 이론을 마련하는 것은 불가능하다.

2 (가)~(나)의 밑줄 친 말 중, ㉠을 대신할 수 있는 말로 가장 적절한 것은?

① 모델　　　　　　　　　　② 관측
③ 기술(記述)　　　　　　　④ 가설
⑤ 실험

3 ⓛ을 밝혀냈을 때의 효과를 바르게 정리한 것은?

① 우주를 창조한 신의 의도를 알 수 있게 된다.
② 종교와 과학의 불필요한 다툼을 막을 수 있다.
③ 우주의 시작이나 종말에 관하여 완전히 알 수 있게 된다.
④ 우주의 시초 상태를 보다 정밀하게 파악할 수 있게 된다.
⑤ 한 시기의 모습을 안다면 그 후의 어떤 시기의 모습도 알 수 있게 된다.

4 ⓒ과 같은 형태의 오류를 범하고 있는 것은?

① 친일 행각을 한 적이 있는 이광수의 작품이 뛰어날 리가 없다.
② 이 음식은 맛있는 재료들을 엄선해서 만들었으니 틀림없이 맛이 좋을 거야.
③ 오래된 술일수록 맛이 빼어나듯이, 지식도 오래 된 지식이라야 더 가치가 있다.
④ 영호는 시험 백 일 전에 백일주를 마셨기 때문에 운전면허 시험에 합격하였다.
⑤ 이 창으로 뚫지 못할 것은 이 세상에 없고, 또 이 방패를 뚫을 것도 이 세상에 없다.

5 ⓐ에 들어가기에 적절한 것은?

① 우주의 미래를 예언하는
② 우주의 시초나 종말을 밝혀내는
③ 우주 전체를 기술하는 하나의 이론을 확립하는
④ 우주를 관측한 결과를 이론으로 쉽게 만들어 내는
⑤ 우주의 변화를 정확하게 관측하고 기술하는 방법을 마련하는

정답 1 ⑤ 2 ④ 3 ⑤ 4 ② 5 ③

해설

1 (마)의 첫째 문장에서 우주 전체를 기술하는 하나의 이론을 만들어 내는 것은 힘든 일이라고 하고 있지만, 이것이 곧 그 이론을 마련하는 것이 불가능하다는 의미는 아니므로 ⑤는 글쓴이의 생각과 부합하지 않는다.
①은 (나)에서 ②는 (마)에서 ③은 (라)에서 ④는 (다)에서 확인할 수 있다.

2 ㉠은 '한 사람이 힘들여 이루어낸 모든 것'을 의미하는데, 문맥에 비추어 볼 때 가설이나 이론의 의미를 지니므로 ④가 적절하다.

3 ㉡은 우주의 모든 영역에서 예외 없이 적용되는 법칙일 것이므로, 만일 우리가 특정한 어떠한 시기의 모습을 올바르게 파악했거나 기술(記述)할 수 있다면 그것을 바탕으로 또 다른 어떤 미래의 시기의 모습도 예측할 수 있게 되는 효과를 발휘할 것이다. 그래서 과학자들은 이러한 법칙의 확립을 통하여 우주를 기술하는 완벽한 하나의 이론을 만들려고 노력하는 것이다.

4 ㉢은 여러 개의 부분들의 속성이 그것들을 합한 경우에도 여전히 동일할 것이라고 보고 있으므로 '결합의 오류'를 범하고 있는 예이다. ②도 재료들이 모두 좋으니까 그것을 합하여 만들어낸 음식도 그러할 것이라고 보고 있지만 조리 방법, 솜씨, 그 외의 여러 조건들에 의해 음식의 맛은 달라질 수 있는 것에서 알 수 있듯이 오류를 범하고 있다.
①은 인신공격의 오류 ③은 부당한 유추의 오류 ④는 원인 오판의 오류 ⑤는 자가당착의 오류이다.

5 ⓐ는 이어지는 다음 문장의 내용을 통해 볼 때, '하나의'라는 내용과, 그것이 과학의 궁극적 목적이 될 수 있어야 하므로 '이론이나 법칙을 마련하는'이라는 내용이 반드시 포함되어야 한다.

예시문제 5

다음 글을 읽고 물음에 답하시오.

지구를 제외한 태양계 어딘가에 생명체가 존재하고 있을까? 만약 그렇다면 ⓐ 과학자들은 태양계 9개 행성(태양에 가까운 순서로 수성·금성·지구·화성·목성·토성·천왕성·해왕성·명왕성) 가운데 화성을 가장 유력한 후보로 꼽는다. 지구를 가장 많이 닮은 행성이기 때문이다. 지구를 침략하는 외계인으로 공상 과학 소설이나 영화에 화성인이 자주 등장하는 것도 같은 맥락이다.

과학자들은 생성 직후의 화성은 생명체 존재를 가능케 해주는 필수 조건인 대기, 물, 열 등이 풍부했을 것으로 추정하고 있다. 이후 화성은 차츰 차가워지고, 물과 대기도 희박해지면서 생명체가 살 수 없는 불모의 '붉은 별'로 변했을 것으로 추측하고 있다.

오래 전부터 많은 사람들은 화성을 바라보며 "저 별에 생명체가 존재하지는 않을까?"하고 생각했다. 지난 1877년엔 이탈리아 천문학자 지오바니 스키아파렐리가 화성 표면에서 ㉠ 인공 구조물로 보이는 라인을 발견했다고 보고하자 사람들은 그것을 어떤 지적(知的) 존재가 건설한 운하일지도 모른다고 추측하기도 했다.

오늘날 과학자들 대부분은 화성엔 생명체가 존재하지 않는다고 여기고 있다. 그 증거로 내세우는 것 중 하나가 화성 대기 관측 결과이다. 영국 과학자 제임스 러브록은 화성 대기는 '살아 있는' 행성이라기보다는 '죽은' 행성 대기 쪽에 훨씬 가깝다는 사실을 발견했다. 지구와 같은 '살아 있는' 행성은 대기에서 서로 반응하는 가스들로 가득 차 있다. 식물 광합성 결과 발생하는 산소나, 박테리아가 생성하는 메탄 등이 대표적인 예이다. 이처럼 살아 있는 유기체로부터 지속적인 보충을 받지 못하는 가스들은 자동적으로 서로 결합, 반응하지 않는 안정된 가스로 변하게 된다. ㉡ 화성 대기에서 발견한 가스는 바로 이런 가스들이라는 설명이다. 미 항공 우주국(NASA)은 화성 생명체 존재 여부를 조사하기 위해 몇 차례 탐사선을 화성으로 보낸 적이 있다. 이 가운데 '마리너 4호'는 지난 65년 최초로 화성 표면을 근접 촬영한 사진들을 지구로 전송해 왔다. 메마른 불모의 사막처럼 보이는 이 화성 사진은 화성엔 생명체가 존재하지 않는다는 생각을 더욱 확고하게 하는 데 기여했다.

그러나 지난 72년 '마리너 4호'는 화성 표면에서 ㉢ 말라붙은 수로(水路)를 발견했다. 이 발견은 화성에 한때 생명체가 존재했을지도 모른다는 의구심을 다시 불러일으키는 도화선이 됐으며, 지난 8월 7일 NASA와 스탠퍼드 대학 과학자들이 "약 36억 년 전 초기 화성에 원시 형태 미생물이 존재했다는 증거를 발견했다."고 발표함으로써 이 도화선은 마침내 대규모 폭발로 이어진 것이다.

이번 NASA 발표 요지를 간단히 재구성하면 다음과 같다.

"약 1천 5백만 년 전에 커다란 소행성 하나가 화성과 충돌했다. 그 충격으로 떨어져 나온 화성 표면의 파편 덩어리 하나가 운석이 되어 우주 공간을 떠돌아다니다 약 1만 3천년 전에 지구 남극으로 떨어졌다. 이 운석을 84년 남극 '앨런힐스' 빙원(氷原)에서 운석을 연구하는 과학자들이 발견해 '앨런힐스(ALH 84001)'라고 명명했다.

이 운석은 화학 구조가 지난 76년 NASA가 발사한 화성 탐사선 '바이킹호'가 보내 온 결과와 비슷해 화성에서 온 운석으로 분류됐다. '바이킹 프로젝트'는 탐사 로봇 2대를 직접 화성 표면에 착륙시켜 화성 토양 화학 분석을 통해 미생물체 흔적을 찾으려고 한 프로젝트인데, 생명체 존재 증거를 찾아내지는 못했다.

NASA 존슨 우주 센터와 스탠퍼드 대학 과학자들은 이 운석을 분석하기 시작했다. 2년에 걸친 분석 결과 화성에서 생긴 것으로 생각되는 ⓔ 탄소를 기반으로 하는 유기물 분자, 생물학적 활동 특징을 보여주는 몇 가지 무기물 흔적, 박테리아를 닮은 미세한 ⓜ 원시 유기체 같은 화석 등이 ALH 84001에서 발견됐다. 이 같은 일련의 발견들은 약 36억 년 전 화성에 생명체가 존재했다는 간접 증거가 아닐 수 없다."

이번 NASA 발표가 사실로 판명될 경우 그 파급 효과는 엄청날 것으로 보인다. 우선 화성에 생명체가 존재할지도 모른다는 관심의 증폭이다. NASA 과학자들은 현재 화성에 생명체가 존재할 것이라는 점에 대해 회의적이기는 하지만 그럴 가능성을 완전히 배제하지는 않고 있다.

1 위 글의 내용과 일치하지 <u>않는</u> 것은?

① 화성을 연구하기 위해 몇 개의 탐사선이 만들어지고 화성에 보내졌다.
② 모든 과학자들이 화성에 생명체가 존재했을 가능성을 부정하지는 않는다.
③ 화성을 둘러싸고 있는 대기는 서로 결합, 반응하지 않는 안정된 가스이다.
④ 지구 외에 생명체가 있다는 사실이 사람들을 몹시 혼란스럽게 만들 수 있다.
⑤ 화성은 지구와 비슷한 상태이기 때문에 생명체의 존재 가능성이 크다고 보기도 한다.

2 위 글에 대해 제기할 수 있는 비판으로 적절하지 <u>않은</u> 것은?

① 화성에 생물체가 존재했을 간접적인 증거만을 발견했을 뿐, 그것이 생명체 존재를 증명하는 결정적인 것은 아니다.
② NASA의 학자들이 다른 어떤 연구 기관보다 화성에 관한 연구에 대해 권위가 있는지 검증이 되어 있지 않아 발표 내용을 확실하게 믿을 수 없다.
③ NASA가 분석한 ALH 84001은 화성에서 온 것으로 추정되는 것이지 화성에서 직접 채취해 온 운석이 아니기 때문에 NASA의 결론은 타당성이 없다.
④ ALH 84001의 화학 구조가 바이킹호가 보낸 화성 토양의 화학 구조와 비슷하다고 해서 ALH 84001을 화성에서 온 것이라고 추리하는 데에는 무리가 있다.
⑤ '앨런힐스' 빙원에서 운석을 발견했을 당시 이미 그 운석이 오염되었을 가능성과, 학자들의 분석 과정에서 지구의 물질에 노출되어 순수한 화성의 물질 상태가 훼손되었을 가능성이 있다.

3 다음 중 ⓐ에서 사용된 추론 방식으로 논리가 전개된 것은?

① 생선을 많이 먹는 사람은 오래 사는데, 일본 사람들이 오래 사는 것을 보면 알 수 있다.
② 대한이 든 날은 날씨가 추울 확률이 높은데, 내일이 대한이니까 날씨가 추울 확률이 높다.
③ 소크라테스도 죽었고, 세종대왕도 죽었다. 그리고 옆집 아저씨도 죽었다. 결국 인간은 죽을 수밖에 없다.
④ 어떤 병에 걸린 실험용 흰쥐에게 몇 가지 약물을 투여했더니 그중 현저한 효과를 발휘한 약물이 있었다. 따라서 같은 병에 걸린 인간에게도 그 약물이 효과적일 것이다.
⑤ 교통 법규를 위반하는 사람은 시민 정신이 결여된 사람이다. 교통 법규를 위반하는 사람은 질서 의식이 없는 사람이고, 이런 사람은 시민 정신이 없다고 보아야 하기 때문이다.

4 ㉠~㉤ 중 화성에 생명체가 존재했을 가능성에 대한 근거로만 묶인 것은?

① ㉠, ㉡, ㉢, ㉣, ㉤　　　　　　② ㉡, ㉢, ㉣, ㉤

③ ㉢, ㉣, ㉤　　　　　　④ ㉡, ㉣, ㉤

⑤ ㉠, ㉡

정답 1 ④ 2 ② 3 ④ 4 ③

해설

1 지구 외에 생명체가 있다는 사실은 파급 효과가 크다고는 했지만 그것 때문에 혼란이 초래될 것이라고 보고 있지는 않다.

2 이 글에서는 NASA의 권위에 대해 언급하고 있지 않으므로 이에 대해 비판을 제기하는 것은 타당하지 않다.

3 '지구와 같은 조건을 갖추면 생명체가 있다'는 가정 하에 '이러한 조건을 화성이 갖추었다면 화성에도 생명체가 있다'고 추론하고 있다. 비슷한 조건을 가진 두 사물을 비교하여 새로운 사실을 추론하는 유비 초론, 즉 유추의 방법을 취하고 있다.
①·③은 귀납적 일반화 ②·⑤는 연역에 의한 추론 방식이다.

4 ㉠은 20세기 후반에 와서 완전히 불식된 것이므로 증거로 볼 수 없고, ㉡은 화성이 죽은 행성이라는 증거로 내세울 만한 것이다.

예시문제 6

다음 글을 읽고 물음에 답하시오.

ⓐ 과학자 자신이나 그 밖의 대부분의 사람들이 공통적으로 믿고 있는 바와는 달리 과학과 예술은 사실상 대립되지 않는다. 이 두 가지 분야를 대립시켜 보는 이유는 과학적 지식의 성격에 대한 그릇된 소박한 믿음에 근거를 두기 때문이다. 이러한 믿음에 의하면 과학적 지식만이 자연을 가장 객관적이고 근본적으로 표상해 주는 진리이다. 그러나 과학이 보여주는 자연, 과학이 표상하는 존재는 구체적으로 존재하는 자연 그 자체, 존재 그 자체가 아니다. 과학은 사실상 사물 현상에 대한 형이상학적이고 본질적인 문제에 대해서 겸허하게 입을 다문다. 그러므로 과학적 지식은 가장 좋은 의미에서 자연 자체, 존재 자체의 한 측면을 보여줄 뿐이다. 그리고 우리가 그러한 과학적 자연에 대한 지식을 존중하는 이유는 그것이 형이상학적인 측면에서 자연과 존재 일반에 대한 진리를 발굴해 주어서가 아니라 과학적 지식이 인간의 욕망을 충족시키는 데에 가장 유용한 도구로 이용될 수 있는 것으로 보이기 때문이다. 즉 ⓑ 과학적 지식은 도구적인 의미만을 갖고 있는 것이다.

반대로 생태학적이고 예술적인 자연과 존재 일반에 관한 믿음은 좁은 의미에서의 '지식'이 아니라 과학적으로는 증명할 수 없는 하나의 총괄적 비전에 지나지 않는다. 과학적 지식과 예술적 비전은 똑같은 자연, 똑같은 존재 일반에 대한 상반되는 신념이나 주장이 아니라, 서로 다른 측면에서 본 관점, 서로 다른 각도에서 접근된 서술에 불과하다. 그러므로 과학과 예술, 즉 과학적 지식과 예술적 비전은 반드시 갈등 관계에 있지 않고 공존할 수 있다. 다만 중요한 문제는 과학적 지식이 자연이나 존재 일반에 대한 궁극적이며 결정적인 유일한 진리가 아님을 깨닫는 데 있다.

과학은 한 형태의 자연에 대한 지식이라는 사실 그 자체로서만도 한없이 귀중하고, 과학적 기술이 인류에게 가져온 지금까지의 혜택은 이성적인 사람에게는 아무리 해도 부정될 수 없다. ⓒ 앞으로도 보다 많고 보다 정확한 과학 지식과 보다 고도로 개발된 과학적 기술이 필요하다. 그러나 문제의 핵심은 생태학적이고 예술적인 자연관, 즉 존재 일반에 대한 넓고 새로운 시각, 포괄적인 맥락에서 과학적 지식과 기술의 의미에 눈을 뜨고 그러한 지식과 기술을 활용함에 있다. 그렇지 않고 오늘날과 같은 추세로 그러한 지식과 기술을 당장의 욕망을 위해서 인간 중심적으로 개발하고 이용한다면, 그 효과가 당장에는 인간에게 만족스럽다 해도 머지않아 자연의 파괴뿐만 아니라, 인간적 삶의 파괴, 그리고 궁극적으로는 인간 자신의 멸망을 초래하고 말 것이다. 한마디로 지금 우리에게 필요한 것은 과학적 비전과 과학적 기술의 의미를 보다 포괄적인 의미에서 이해하는 작업이다. 이러한 작업을 [㉠   ]라 불러도 적절할 것 같다.

이와 같이 볼 때 예술이 차지했던 역할이 인간 생활에 있어 적지 않았지만 ⓓ 오늘날 예술의 중요성은 더 절실하고 결정적이다. 공해, 자연 환경의 파괴 그리고 생태학적 문제 같은 지구의 엄청난 병을 치료하는 처방으로서 예술적 감수성, 예술적 세계관 그리고 예술 작품의 제작을 제시하는 바다.

ⓔ 생태학적 문제는 인류 생존의 문제이며, 궁극적으로 지구상의 모든 생명체의 존속 문제와 직결된다. 인간의 생명이 귀중하고 모든 생명 자체가 더 이상 생각할 수 없는 궁극적 가치라면 우리는 이 문제의 해결을 위해서 머뭇거릴 수 없다. 예술적 세계관이 생태학적 문제의 열쇠라면 우리는 예술적 기능을 이해하고 그것의 결정적 중요성을 인정해야 한다. 예술적 기능의 발휘가 이렇게도 중요하다면, 그러한 기능을 직업적으로 맡고 있는 예술가들은 예술의 본래적 기능을 새삼 의식하고 그 기능을 충분히 맡기 위해서는 과학적 세계관, 기존이 모든 체제, 가치관 등에 종속되어 추종하고 싶은 유혹을 깨뜨리고 언제나 저항적 자세를 가져야 하며 언제나 신선한 시각을 버리지 말아야 한다.

1 위 글에서 설명하지 <u>않은</u> 것은?

① 과학적 지식의 의의
② 예술적 세계관의 중요성
③ 예술가들의 바람직한 자세
④ 예술적 세계관의 발전 과정
⑤ 과학적 지식과 예술적 비전의 관계

2 글쓴이의 과학에 대한 입장으로 볼 수 있는 것은?

① 과학은 자연에 대한 지식이라는 사실만으로도 귀중하다.
② 과학적 지식은 자연을 객관적으로 표상해 주는 진리이다.
③ 과학의 발달과 과학 기술의 진보는 이제 무의미한 것이다.
④ 과학은 인간에게 혜택을 주기보다는 불안을 가중시켜 왔다.
⑤ 과학은 자연 현상의 형이상학적인 본질을 다루는 학문이다.

3 다음 중 과학적 세계관과 예술적 세계관을 <u>잘못</u> 대비한 것은?

과학적 세계관	예술적 세계관
① 부분적	포괄적
② 보수적	진보적
③ 자연 파괴	자연과의 공존
④ 인간 중심적	생태학적
⑤ 과학의 절대성 신뢰	과학의 필요성 인정

4 위 글로부터 알 수 있는 '예술가가 지녀야 할 태도'와 거리가 <u>먼</u> 것은?

① 어떤 사람들은 그림에서 실물과 똑같은 정확한 표현을 즐긴다. 다른 동물과 달리 인간은 흉내를 통해 배우기 시작한다고 말한 아리스토텔레스는 어른의 거만스러운 걸음걸이를 흉내 내길 즐거워하는 어린이를 예로 들어 모방 본능을 강조하였고, 그것을 미술은 물론 예술의 근본 문제로 취급하였다.

② 김홍도와 신윤복은 산수화와 인물화에 고착된 당시의 화보 모방주의에 반기를 들고, '밭 가는 농부', '대장간 풍경', '서당 모습', '씨름하는 광경', '그네 뛰는 아낙네' 등 현실 생활에서 제재를 취한 풍속화를 대담하게 그렸다.

③ 이른바 비디오 아티스트로 불리는 백남준은 기계 문명의 대표격인 TV를 예술의 수단으로 삼아 보다 인간화하는 데 힘썼다. 그는 직접 텔레비전 화면에 그림을 그리지는 않지만, 그것을 표현 매체로 기술적으로 조작하고 조립하는 제작자의 위치에서 감상자에게 보다 새롭고 다양한 시각적 즐거움을 제공하였다.

④ 피카소는 '아비뇽의 처녀들'에서 인물을 분해하여 입체적으로 보여주거나, 자전거 부속을 이용해서 소머리 모양의 '황소 머리'란 것을 만들기도 했다. 물론, 그러한 발명이 가능했던 것은 상식을 뒤집어 생각할 줄 아는 기발한 착상, 바로 실험적 사고 덕분이었다.

⑤ 현대 조각가 마리솔은 '방문자'에서 현대인들이 앉아 있는 모습을 묘사했다. 그것은 움직임이 전혀 없는 나무토막에 여러 여인상을 새겨 놓은 것인데, 기술 문명의 획일성으로 참다운 자신의 정신적 고향을 잃은 생기 없는 일상적인 우리들의 가면 같은 모습을 담아 신랄하게 비판하고 있다.

5 ⟨　⊙　⟩에 들어가기에 적절한 말은?

① 예술의 다양화
② 예술의 기술화
③ 과학의 예술화
④ 예술의 본질화
⑤ 과학의 현실화

6 ⓐ~ⓔ 중 위 글을 쓴 가장 직접적 동기에 해당하는 것은?

① ⓐ　　　　　　② ⓑ
③ ⓒ　　　　　　④ ⓓ
⑤ ⓔ

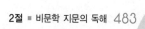

정답 1④ 2① 3② 4① 5③ 6⑤

해설

1 ①은 셋째 문단에 ②는 넷째 다섯째 문단에 ③은 다섯째 문단에 ⑤는 둘째 문단에 언급되고 있다.

2 첫째 문단에서 글쓴이는, 과학적 지식만이 자연을 객관적으로 표상해 주는 진리라고 믿는 입장(②)에 대해 비판적 입장을 취하면서, 과학이 사물 현상의 형이상학적인 본질을 밝히지 못한다(⑤)고 주장한 다. 또한 셋째 문단에서 과학이 문명을 발달시켜 인류에게 혜택을 주었다는 점을 부정하지 않고 있으며 (④), 예술적 세계관을 가지고 과학적 지식과 기술의 의미에 눈을 뜨고 그것을 활용해야 함을 주장하고 있다.

3 과학적 세계관은 과학을 절대적 진리로 여기면서, 인간만을 생각하는 부분적 관점에서 자연을 다루어 자연의 파괴를 초래하였다. 반면에 예술적 세계관은 과학의 필요성을 인정하면서, 과학이 초래한 문제 를 포괄적, 전생물적 관점에서 해결하기 위해 자연과의 공존을 꾀하는 사고방식이다.

4 글쓴이가 마지막 문단에서 예술가에게 요구한 태도는 '저항적 자세'와 '신선한 시각'이다. 그것은 기존 의 것을 답습하지 않는, 독특하고 다양한 시각으로 대상을 바라보는 창조적 자세를 말하는 것이다. 그러 나 ①은 자연을 정확히 모방하지 않고 묘사하는 것이므로 창조적 태도, 새로운 관점과는 거리가 멀다.

5 '이러한 작업'이 구체화된 바로 앞 문장을 보면, 그것은 부분적 관점의 과학적 지식과 기술을 포괄적인 관점의 예술적 세계관을 바탕으로 이해하는 작업이므로 ㉠에는 '과학의 예술화'가 적절하다.

6 필자는 생태계가 위기에 처해 있는 오늘의 현실로 인해 이 글을 쓰게 된 것이다. '예술의 중요성'은 이 글이 궁극적으로 전달하려는 내용이다.

예시문제 7

다음 글을 읽고 물음에 답하시오.

(가) 지구를 인간과 자연, 예를 들면 인간 활동의 중요 부분인 경제계와 자원을 공급하는 자연 환경계로 나누어 설정하는 것은 지극히 인간 중심적 사고방식이다. 이 사고방식이 가지고 있는 가장 핵심적인 문제점은 인간과 자연을 서로 분리시켜 놓고 자연이 인간에 유용한 것이 무엇인가만을 따지는 것이다. 이 사고방식을 가장 잘 대변하는 논의에는, 인간을 중심에 놓고 '인간 활동이 자연에 미치는 영향' 이나 또는 반대로 '자연이 인간 활동에 주는 제약' 등과 같은 것들이 있다. 그러나 인간과 자연을 대치시키지 않고 자연을 중심으로 생각해 볼 수도 있지 않을까?

(나) 자연을 하나의 계로 설정하는 일은 생태학에서 정립된 '생태계' 의 개념을 도입하면 쉬워진다. 생태계란 어느 일정 장소 또는 지역을 다른 지역 또는 장소와 구별되도록 인위적으로 경계를 설정한 자연의 한 단위이다. 인위적 단위이기 때문에 관악산, 한라산, 한강 등 그 대상이 산, 강, 바다 등 자연이면 무엇이라도 상관이 없다. 집에서 애완용 물고기를 기르는 작은 어항도 하나의 생태계로 설정될 수 있고 육지, 바다 지구 전체도 생태계로 설정될 수 있다. 그러나 생태계는 모두 환경과 생물이라는 요소로 구성되었다는 공통점을 가진다. 즉, 환경과 생물이 서로 작용하여 지금의 생태계를 있게 하였다는 인과론적 설명이 가능하도록 설정된 계이다.

(다) 인간과 자연으로 이루어진 계와 자연의 생태계를 몇 가지 점에서 비교해 볼 수 있다. 자연재가 인간의 경제 활동 속으로 들어와 상품화되고 폐기물로 다시 자연에 버려진다는 것은 앞에서 알아본 그대로이다. 경제 활동이 일어나는 경제계는 자연재를 이용하여 재화를 생산하고 이를 소비하며 폐기물을 버리는 일련의 흐름을 갖는다. 이 흐름을 추동하는 것은 금전(자본)으로서, 이윤이 남는 곳에 생산 활동(즉, 자연재의 사용)이 집중된다. 따라서 재화의 흐름은 금전으로 나타낸다. 이에 비해 생태계에서는, 태양에너지를 이용하여 기초 물질이 생산되고, 이를 동물들이 소비한다.

(라) '인간과 자연의 계' 는 인간 중심적이다. 자연재 중에서 인간에게 유익한 자연재만이 소중하게 취급된다. 자연재는 인간에게 얼마만큼 이익을 주었는가에 따라 평가되는 것이다. 다시 말하면 인간이 중심에 있고 주위의 자연은 인간을 위해 기능하는 수단에 불과하다고 생각하는 것이다. 이에 비해 생태계에서는 인간이 특별한 위치에 놓이지 않는다. 인간 역시 수많은 생물 중의 하나의 종(種)으로 취급될 뿐이다. 생태계가 중심에 위치하고 인간은 그 주변부에 존재한다. 바로 이런 서로 다른 시각에서부터 개발론자와 자연 보호론자간의 논쟁이 시작된 것이다.

(마) 자연 보호론자들은 경제계 내에서 자연재가 낭비되는 것을 비난한다. 개발론자들은 ㉠ 자연은 재화를 생산할 수 있는 자원을 무한히 공급하며 소비 과정에서 버려지는 폐기물 역시 무한히 처리할 수 있다는 가정 아래서 생산과 소비 활동을 전개하고 있기 때문이다. 따라서 이윤을 남기기 위해 기능하는 경제계가 자연을 파괴하는 것은 ㉡ 너무도 당연하다. 자연은 가능한 한 있는 상태 그대로 두어 스스로평형을 유지할 수 있도록 해 주어야 한다는 것이 자연 보호론자들의 주장이다.

1 위 글의 내용과 일치하지 <u>않는</u> 것은?

① 생태계의 규모는 일정하지 않다.
② 생태계는 인위적인 개념의 단위이다.
③ 개발론자는 자연을 유용성의 관점에서 평가한다.
④ 생태계는 환경과 생물이라는 요소로 구성되어 있다.
⑤ 자연 보호론자는 지구를 경제계와 자연 환경계로 나누어 설정한다.

2 (다)에서 경제계와 생태계에 대응되는 짝을 다음과 같이 나타내고자 한다. ⓐ, ⓑ에 들어갈 말로 가장 적절한 것은?

경제계		생태계
(ⓐ)	—	태양 에너지
재 화	—	(ⓑ)

	ⓐ	ⓑ
①	인간	생산
②	자연	폐기물
③	자연계	기초 물질
④	금전	에너지
⑤	이윤	동물

3 (마)의 밑줄 친 ㉠에 대한 반론의 논거로 적절하지 <u>않은</u> 것은?

① 인간이 쓸 수 있는 자연 에너지의 총량은 정해져 있다.
② 물질의 소비는 사용할 수 없는 에너지의 양을 증가시킨다.
③ 인류가 사용할 수 있는 에너지 자원이 고갈 상태에 이르렀다.
④ 과학 기술은 자연계에 대해 무제한으로 대규모의 변형을 가할 수 있다.
⑤ 쓰레기 증가 문제는 인류가 해결해야 할 최대의 난제 중의 하나이다.

4 앞뒤 문맥으로 볼 때 (마)의 밑줄 친 ㉡에 담긴 의미로 알맞은 것은?

① 당위적 주장
② 인과적 해석
③ 절충적 타협
④ 유보적 태도
⑤ 상투적 결론

정답 1⑤ 2③ 3④ 4②

해설

1 (가)에서 지구를 경제계와 자연 환경계로 나누어 설정하는 것은 지극히 인간 중심적 사고방식이라 하였다. 이는 생태계를 중심으로 생각하는 자연 보호론자들의 생각과 어긋난다. 따라서 ⑤는 이 글의 내용과 일치하지 않는다.

2 경제계는 자연계를 이용하여 재화를 생산하고 이를 소비하며 폐기물을 버린다고 하였다. 이에 비해 생태계에서는 태양 에너지를 이용하여 기초 물질이 생산되고 이를 동물들이 소비한다고 하였다. 따라서 대응되는 짝은 각각 '자연계-태양 에너지, 재화-기초 물질' 이다.

3 개발론자들의 이 주장은 자연은 무한하게 사용할 수 있고, 폐기물로 인한 환경오염 문제는 과학 기술로 해결 가능하다는 믿음에서 비롯한다. 이를 반박하기 위해서는 인간이 쓸 수 있는 자연의 양은 한계가 있다는 것(①, ③)과, 자연물을 가공하여 소비할수록 재활용될 수 없는 쓰레기 등이 늘어난다는 것(②, ⑤)을 논거로 들면 된다.
① · ②는 엔트로피 법칙에 의거한 것이고 ④는 개발론자들의 의견이다.

4 개발론자들과 같이 생각을 하게 되면 자연에 대한 무한한 가공과 소비가 이루어지게 되므로 자연은 점점 더 파괴된다. 이 문장에서 '너무도 당연하다' 는 것은 자연 파괴의 당위성을 주장하는 것이 아니라, 개발론자들의 개발 결과는 필연적으로 자연 파괴를 가져오게 된다는 '원인—결과' 의 현상을 강조한 것이다. 따라서 인과적 해석이라고 볼 수 있다.

예시문제 8

다음 글을 읽고 물음에 답하시오.

(가) 종교는 아주 오랜 옛날부터 인간의 삶에서 매우 중요한 것으로 간주되어 왔다. 반면, 과학은 16세기에 이르러 갑자기 중요성을 갖기 시작했으며, 그 뒤로 차차 인간의 삶을 형성하는 중요한 조건이 되었다. 그리하여 16세기 이후 종교와 과학의 투쟁이 시작되었는데, 이제는 과학 없이는 인간의 생존 자체가 불가능하다고 할 정도로 과학의 승리가 확정적인 것처럼 보인다.

(나) 과학은 관찰이라는 수단을 통해 개별적 사실들을 발견하고 추론을 통해 그 사실들을 상호 연결해 줌으로써 미래에 발생할 것에 대해 예측할 수 있게 하는 어떤 법칙들을 발견하려는 시도이다. 따라서 과학은 이성, 합리성과 동일한 것으로 여겨지고 있는 반면, 종교는 비과학적인 것, 즉 비이성적이고 비합리적인 것으로 여겨지고 있다. 그래서 과학의 발생과 함께 종교의 진리관은 위협을 받기 시작했는데, 그것은 종교 자체가 지니는 ㉠ 신비한 측면에도 어느 정도 원인이 있다고 할 수 있다.

(다) 종교가 가지고 있는 이러한 이해하기 어려운 부분들에 대해 역사적으로 가장 강력하게 도전해 온 것이 바로 과학이었다. 종교와 과학의 문제에서 과학은 주로 자연 과학을 의미하고 종교는 흔히 기독교를 의미해 왔기 때문에, 역사적으로 전개되어 온 종교와 과학의 투쟁사를 볼 때, 우리는 기독교와 자연 과학의 대립, 충돌을 주목해야 한다.

(라) 종교와 과학이 양립 불가능하다는 견해를 견지하고 있는 사람들에 따르면, 종교와 과학은 자연을 움직이는 '힘'에 대해 서로 화해할 수 없는 상반된 체계 및 가정으로 설명하고 있다고 한다. 과학의 기본적 가정은 자연의 모든 사건이 일정한 법칙에 따라서 발생한다는 것이며, 만일 설명할 수 없는 사건이 있다면 과학자는 그 원인을 인간 지식의 불완전함으로 ㉡ 돌리고 새로운 자연적 요인을 찾는다. 그러나 많은 종교는 단순히 신 또는 초자연적 세력이 존재한다는 주장을 넘어서 그들이 자연적 사건과 인간 사건에 개입할 수 있다는 믿음을 가지고 있다고 한다. 이러한 종교적 입장, 즉 신 또는 초자연적 세력이 자연적 사건의 원인으로서 개입할 수 있다는 입장은 순전히 믿음에 기반을 두는 것이며 과학적으로는 도저히 입증할 수 없다고 한다.

(마) 아인슈타인은 종교와 과학의 충돌이 필연적인 것이 아니라고 보았다. 오히려 양자는 깊은 상호 관계를 갖고 있으며 나아가 상호 의존적이기까지 하다고 보았다. 그는 역사적으로 일어났던 종교와 과학의 충돌은, 그들이 상호 모순적이라기보다는 과거의 종교가와 과학자들이 자기 영역의 한계를 정확히 파악하지 못하고, 그 한계를 이탈하였기 때문에 발생한 것이라고 보았다. 아인슈타인에 의하면, 과학은 현재 있는 그대로의 실재(reality)를 '파악'하는 일에만 관심을 두고 그 실재가 앞으로 어떠어떠해야 한다는 당위에 관해서는 전혀 관심을 갖지 않으며, 반면에 종교는 인간이 어떻게 살고 행동해야 한다는 가치 판단에만 관계하는 것으로서 과학과는 그 영역이 다르기 때문에, 그 둘은 서로 충돌해서는 안 된다고 한다.

1 위 글에 대한 논리적 타당성을 검증하기 위해 제기할 수 있는 의문으로 가장 타당한 것은?

① 기독교가 가장 우수한 종교라고 할 수 있는가?

② 기독교에 대한 다른 종교의 대립은 존재하지 않았는가?

③ 과학 중에서 자연 과학이 가장 먼저 연구의 대상이 되었는가?

④ 기독교와 자연 과학이 각각 종교와 과학을 대표한다고 할 수 있는가?

⑤ 자연 과학이 인문이나 사회 과학도 포함하여 과학 전체를 대표할 수 있는가?

2 위 글에서 (라)와 (마)의 두 문단의 관계를 가장 바르게 설명한 것은?

① (라)는 (마)의 주장에 대한 전제에 해당한다.

② (라)와 (마)는 인과적 관계로 구성되어 있다.

③ (마)는 (라)의 내용을 구체적으로 진술하고 있다.

④ (마)는 (라)를 다른 각도에서 부연 설명하고 있다.

⑤ (라)와 (마)는 내용은 대조적이나 구성상 병렬적이다.

3 ㉠이 뜻하는 것은?

① 과학에 대한 보수적인 측면

② 과학에 비해 인간적인 측면

③ 과학적 진리를 부정하는 측면

④ 논리적으로 설명할 수 없는 측면

⑤ 배타적인 입장에서 사물을 보는 측면

4 문맥상 ㉡과 바꿔 쓸 수 있는 것은?

① 주장(主張)하고　　　　　　　　② 반박(反駁)하고

③ 간주(看做)하고　　　　　　　　④ 변명(辨明)하고

⑤ 회피(回避)하고

5 위 글의 내용으로 볼 때, '과학'과 '종교'의 근본적인 차이점을 바르게 짝지은 것은?

과학	종교
① 실재	가치
② 관찰	예측
③ 개별	통합
④ 이성적	감성적
⑤ 합리적	비합리적

정답 1④ 2⑤ 3④ 4③ 5①

해설

1 이 글에서처럼 기독교와 자연 과학의 대립으로 종교와 과학의 대립을 설명하기 위해서는, 기독교가 종교를 대표하고 자연 과학이 과학을 대표한다고 볼 때 가능한 것이다.

2 (라)는 종교와 과학은 자연을 움직이는 '힘'에 대해 서로 화해할 수 없는 상반된 체계 및 가정으로 설명하고 있다는, 즉 둘은 서로 양립할 수 없다는 견해를 가진 사람들의 주장을 소개하고 있다. (마)는 종교와 과학의 충돌은 필연적인 것이 아니며, 그 둘은 서로 충돌해서는 안 된다고 하는 상호 의존적이라는 주장을 소개하고 있다.

따라서 (라)와 (마)는 내용상으로는 대조적이지만 구조상으로는 대등 병렬적이다.

3 종교는 그것이 비이성적이고 비합리적인 것으로 판단되기 이전에 논리적으로 설명할 수 없는 신비한 측면을 가지고 있다. 그것은 믿음에 의한 주관적 판단에 의해서 이루어지는 부분으로 과학적 방법으로는 설명될 수 없는 부분들이다.

4 ⓒ은 '여기다, 생각하다' 등의 의미로 사용되었다.

③ 그렇다고 봄, 그렇게 여김.

① 자기의 학설이나 의견 따위를 굳이 내세움.

② 남의 의견이나 비난에 대하여 맞서 공격하여 말함.

④ 어떤 잘못이나 실수에 대하여 핑계를 대며 그 까닭을 밝힘.

⑤ 책임을 지지 않고 꾀를 부림.

5 과학은 현재 있는 그대로의 실재(reality)를 파악하는 일에만 관심을 두고, 그 실재가 앞으로 어떠어떠해야 한다는 당위에 관해서는 전혀 관심을 갖지 않으며, 반면에 종교는 인간이 어떻게 살고 행동해야 한다는 가치 판단에만 관계하는 것으로서 과학과는 그 영역이 다르다.

④와 ⑤는 사람들이 그 종교를 감성적, 비합리적이라고 여기는 것이지 실제로 감성적이고 비합리적이라고 말할 수는 없다.

예시문제 9

다음 글을 읽고 물음에 답하시오.

근대 이후 과학 혁명은 산업 혁명과 함께 과학과 기술의 결합에 의한 산업 및 사회의 인프라 개편으로 현대 산업 사회를 탄생시켰다. 이 과정에서 과학 기술은 이제 '사회적 기술'로 자리매김됐다. 기술 사회에서 기술과 사회의 관계는 주요 관심사가 아닐 수 없다. 한 마디로 그것은 흔히 '상호 작용'의 복잡한 양상을 띠는 것으로 얘기된다. 그러나 요즘은 쌍방향보다는 기술이 사회를 변형시키는 주요 동인으로서의 몫이 가중되는 느낌이다. 근대 이후 기술의 성격은 엄청난 변화를 거쳤다. 모든 것이 세월 따라 변하듯 기술의 개념 역시 진화의 길을 걸었다고 할 수 있는 것이다. 고대 그리스 자연 철학으로부터 내려온 기술에 대한 믿음, 즉 자연이 하나의 계획을 수행한다는 '기술자로서의 자연'이라는 개념이 점차로 약화된 것이다.

고대 기술은 농업 기술 · 전쟁 기술 정도가 고작이었고, 당시의 기계학 분야는 '자연에 거스르고 자연을 기만하는 일'이었기에 마술 전통에 머물러야 했던 것이다. 중세까지도 '자연에 인공적인 변화를 일으켜 인간에게 봉사하게 한다.'는 의도는 부각되지 않았다. 따라서 인공적 기술은 다만 자연의 보조적 수단일 따름이었다.

그러나 근대 과학의 성립 이후, 인간의 머리와 손의 합작은 자연을 지배하는 차원으로 나아가게 되었다. 이들 변화는 성서적 자연관에 바탕하여, '신–인간, 자연–기술'의 관계에 대한 근본적인 인식 변화를 바탕으로 일어났다. 자연은 이제 신의 작품으로서의 신의 전능함을 체험하고 창조주를 증거하는 실체로서 연구 관리할 대상으로 바뀌었던 것이다. 과학 혁명의 주역들은 신의 계시인 자연계의 법칙을 찾아 신에게 영광을 돌리고자 열망했고, 그럼으로써 신에 의해 물질에 부여된 운동의 법칙을 찾아냈다. 그 과정에서 인간의 이성적 사고에 의한 지식보다는 '눈으로 보고 손으로 만져 본' 사실이 우선하는 변화도 일어났다.

그 구체적 결과는 실험 과학의 태동으로 나타났다. 단순한 자연 관찰에 그치지 않고 합리적 계획에 의해 실제로 조작함으로써 자연의 신비를 밝히는 차원으로 넘어갔던 것이다. 이 때 손을 써서 일하는 것이 결코 비천한 것이 아님을 강조하는 성서의 말씀은 실험 과학의 당위성을 뒷받침하는 적극적인 근거가 되었다. 노동은 신 앞에서 신성했고, 물질도 신의 창조물인 까닭에 그것을 다루는 일이 비천할 리 없었던 것이다. 자연의 기술이 인간의 것보다 고귀할 이유도 없어졌다. 둘다 신에 의해 창조된 동등한 것이므로. 더 나아가서 인간은 이제 기술을 통해 자연의 작용을 모방함으로써 자연이 생산하는 것과 똑같은 것을 만들어 낼 수 있다는 확신에 차게 되었다.

그리하여 고대 · 중세 기술을 실용성으로부터 묶고 있던 물음들, 즉 '인간이 자연에서 일어나는 일을 행할 수 있는가', 그리고 '그렇게 해도 되는가'의 장벽은 무너지기 시작했다. 다만 당시의 '자연의 지배'가 뜻하는 바가 오늘날과는 사뭇 달라, 요컨대 '인간이 자연에 순응한다'는 것과 상충되지 않았음을 주목할 필요가 있다. 베이컨의 말처럼, "자연에 복종하지 않고서는 자연을 다스릴 수 없다."고 보았기 때문이다. 예컨대, 베이컨은 새로운 과학이 사랑 속에서 발전하지 않는다면 또 다른 불경(不敬)을 낳고 타락을 초래할 것이라며 두려워했는데, ㉠ 오늘날의 현실은 그의 두려움이 공연한 것이 아니었음을 웅변하는 듯하다.

17세기 근대 과학의 성공은 18세기로 넘어가면서 '과학적 지식에 근거하여 인간의 사고방식을 개혁하고 세계를 변형시켜야 한다.'는 믿음을 부추겼다. 그 전형적 표현은 18세기 프랑스의 '백과사전 운동'의 면모에서 잘 드러난다. 거기에 참여한 지식인들의 성향에서 엿볼 수 있는 것처럼 이 운동의 이념은 다양했다. 과학의 기계론적 전통을 계승하여 기술에 높은 가치를 부여하는 실증주의 경향, 그리고 우주를 '사회적 곤충들이 살고 있는 공동체'로 보고 ㉡ 전체와 부분, 그리고 하나와 다수가 긴밀하게 얽히는 상호 작용을 강조하는 유기론적 전통의 자연관은 서로 대립되는 극단적 경향이었다. 백과사전 운동이 무르익으면서 초기의 실증주의 성격은 후기에 낭만주의 성격으로 반전되는 변화를 겪어, 인간과 자연이 조화를 이루도록 세계가 변형되어야 한다는 믿음이 기세를 얻었다. 과학에 대한 이들 두 가지 대립적인 태도는 이후 서로 겨루며 공존하면서 때로는 하나가 다른 하나를 눌러 이기기도 하는 것 같다.

1 위 글의 제목으로 가장 적합한 것은?

① 기술 개념의 진화
② 과학 기술의 기능
③ 현대 과학의 자연관
④ 실험 과학의 성립 배경
⑤ 과학에서의 종교의 역할

2 위 글에 대한 설명으로 바른 것은?

① 일반적 이론을 관찰과 실험의 결과로 확인하고 있다.
② 구체적 사례를 바탕으로 하나의 가설을 도출하고 있다.
③ 논의 대상을 시대적 흐름에 따라 고찰하고 있다.
④ 두 개의 대립된 생각을 변증법적으로 통합하고 있다.
⑤ 대상의 역사적 전개를 전제로 미래의 변화를 예측하고 있다.

3 위 글의 내용과 일치하지 <u>않는</u> 것은?

① 고대의 기술은 자연에 종속되는 관계에 있었다.
② 과학의 실증주의 경향은 기계론적 전통을 중시했다.
③ 과학 혁명은 기술에 대한 인간의 인식을 바꿔 놓았다.
④ 종교적 관념은 실험 과학의 태동에 이바지한 바가 있다.
⑤ 현대 사회에서는 사회가 주도하여 기술을 통제하고 있다.

4 밑줄 친 ㉠의 내용에 가장 가까운 것은?

① 산업화에 따라 거대화된 사회 조직
② 과학에 의한 종교 교리의 부정
③ 정신과 물질의 불균형 현상
④ 도시 문명에 의한 인간성 상실
⑤ 돌이킬 수 없는 자연 파괴와 환경 재난

5 다음 중 밑줄 친 ㉡에 부합하는 진술은?

① 자연은 전체적인 의미보다는 부분인 구성 요소들의 의미가 더 비중을 갖는다.
② 자연을 구성하는 요소들은 각기 주체적인 독립성을 갖는 것들이다.
③ 자연을 구성하는 요소들은 전체와의 관련 속에서만 의미를 가질 수 있다.
④ 자연은 서로 대립적인 구성 요소들이 하나의 전체를 이루고 있는 것이다.
⑤ 자연의 의미는 자연을 구성하는 요소들이 갖는 의미의 집합이다.

정답 1① 2③ 3⑤ 4⑤ 5③

해설

1 글의 중심 생각이 첫째 문단에 있고, 그 핵심 내용은 고대 그리스 이래 기술에 대한 인간의 믿음이 바뀌게 되었다는 것이다. 이를 첫째 문단에서는 '기술 개념의 진화'라는 비유적 표현을 하고 있다.

2 '기술 개념의 변화'라는 글의 논의 대상을, 고대 그리스 시대부터 근대 과학에 이르기까지 기술에 대한 인간의 믿음이 어떻게 변화되어 왔는가를 분석함으로써 구체화시키고 있다.

3 현대 사회에서 '기술'과 '사회'의 관계는 첫째 문단에서 확인할 수 있다. 상호 지대한 영향 관계를 갖는 양자 간의 관계는, '기술이 사회를 변형시키는 동인으로서의 몫이 가중되고 있다'는 글쓴이의 생각으로 미루어 '기술 우위의 시대'라고 볼 수 있다. 그런 점에서 ⑤는 본문의 내용과 배치되는 진술이다.

4 불경(不敬)과 타락이라는 말을 통해 '오늘날의 현실'은 자연에 대한 사랑이 결핍된 인간의 자연 개발 내지는 파괴와 관계된 내용임을 알 수 있다. 따라서 '오늘날의 현실'과 연결될 수 있는 것은 생태계 파괴 등과 같은 돌이킬 수 없는 인간의 자연 파괴를 드러내는 것이어야 한다.

5 유기적 관계를 갖는 '구조'의 개념을 알고 있는가를 평가하는 문제이다. 하나의 유기체에서 부분은 독자적으로 아무 의미를 가지지 못한다. 다만 전체와의 관련 속에서 부분과 부분, 부분과 전체가 연결될 때 그 의미를 지니는 것이 유기체의 특성이다. ㉡에서 강조하고 있는 것도 '상호 작용'이라는 점이다.

예시문제 10

다음 글을 읽고 물음에 답하시오.

(가) 저 하늘의 뭇별들만 바라보고 감탄하며 걷는 꿈 많은 환상가는 땅 위의 웅덩이에 빠지기 쉽고, 땅 위의 형상만을 더듬어 실제 필요만을 추구하는 현실주의자 과학자는 전봇대에 머리를 부딪친다는 익히 들어온 ㉠ 일화가 있다. 그러나 2000년대에 들어서는 지구촌의 우리들이, 그 어느 때보다 미래인이라고 자처하면서도 ⓐ 꿈을 그야말로 ⓑ 꿈같이 여기고 있는 것이 아닌가?

(나) "우리들 모두는 진흙 구덩이 속을 뒹굴고 있다. 그러나 우리들 중 몇몇은 하늘의 별을 바라보며 ⓒ 꿈을 갖고 산다."고 말하고 있지만, 과학의 발달로 편리함과 확실함만을 믿으려는 오늘날의 우리들에게 이러한 ⓓ 꿈은 그야말로 부질없는 것으로 아득히 밀려나 있는 게 아닌가. 과학은 우리에게 가능한 한 꿈과 같은 환상을 필요 없다고 내쫓고 있지만, 그러한 환상 때문에 오히려 현재의 과학 발달이 있었다는 사실을 우리는 간과하고 있다.

(다) 지도(地圖)는 물론 해도(海圖)에까지 펼쳐진 거미줄 같은 육로와 해로의 교통망은 드디어 하늘에까지 거미줄 같은 항로를 만들어, 이를 따르는 인공위성을 비롯한 무수한 비행 물체들이 내뿜는 가스들로 인해 오래지 않아 지구촌의 우리들이 태양조차 구경하기 힘들 것이라는 화가의 환상을 낳는다. 이러한 환상은 이미 뜻있는 과학자에 의해 예언되고 있는 것이기도 하지만, 화가는 이렇듯 미래를 예언하는 ⓔ 꿈의 창조자 역할을 담당하기도 한다. 그는 현실의 일부를 꿈과 환상으로 교묘하게 변조함으로 해서 이를 이해하지 못하는 현실의 우리들에게 미친 사람으로 간주되기도 한다.

(라) 권총 자살을 한 화가 반 고흐는 생애의 마지막을 정신병원에서 보냈으나, 그의 최후의 작품 '까마귀가 나는 보리밭'은 지금도 우리들에게 죽음의 불안을 암시하고 있다. '레미제라블'과 같은 위대한 걸작을 낳았던 빅토르 위고도 평소에 환청과 환각에 남다른 민감성을 보여 그의 가계(家系)가 미친 병의 유전이 있음이 화제가 되기도 했다. 이렇듯 화가나 작가에게 잠재한 광기는 환상으로 승화되어 멋진 현실로 우리들 앞에 나타나기 때문에 ㉡ 예언적인 가치의 일면까지 있는 것이다. 화가와 작가가 보통 사람들과 다른 점이 있다면 무엇일까? 하나의 길들여진 현실만을 믿으려 드는 보통 사람들이 볼 때, 화가나 작가는 도저히 이해할 수 없는 세계를 만들어 내는 헛된 환상에 사로잡힌 사람일지 모른다.

(마) 과학 공상 소설 '바다 밑 이만 리'가 나왔을 때 과학자들조차 바다 밑 2m도 가 보지 못한 작가의 허구성을 비난했다. 그럴 때 작가 베르노가 던진 "나는 내 소설의 어느 부분도 사실이라고 단언한 적이 없다. 오히려 내 소설이 허구라고 단언하는 과학자야말로 그들의 말이 허구일 수 있음을 모르고 있지 않은가."라는 답변은 간결한 것이면서도 오히려 실험과 실증만을 절대적으로 믿는 과학자의 일면적인 맹목성을 바르게 공격한 것이 되었다.

이런 점에서 우리들 삶에는 과학의 확실성 못지않게 예술의 불확실성 또한 중요한 의미를 갖는다. 가설 없이 과학이 지속될 수 없듯이 꿈과 환상은 예술의 당연한 현상이다. 우리들 삶에 있어서 꿈꾸는 일은 이런 의미에서 항시 새로운 현실을 보여 주는 것이 된다.

1 위 글의 내용으로 미루어 알 수 있는 것은?

① 과학은 환상에 대한 부정에서 출발한다.
② 화가나 작가의 삶은 허구적이다.
③ 과학과 예술은 전혀 다른 세계이다.
④ 화가나 작가는 미래를 예언하기도 한다.
⑤ 예술가의 광기는 그들의 환상을 파괴하기도 한다.

2 ㉠을 인용한 의도로 가장 알맞은 것은?

① 꿈의 허구성을 나타내기 위해
② 꿈은 실현 가능한 것임을 입증하기 위해
③ 꿈에 예언적 기능이 있음을 설명하기 위해
④ 꿈과 현실의 조화가 필요함을 말하기 위해
⑤ 꿈과 현실의 괴리감을 강조하기 위해

3 ㉡이 가장 잘 드러나 있는 것은?

① 막차는 좀처럼 오지 않는다. / 대합실 밖에는 밤새 송이눈이 쌓이고 / 흰 보라 수수꽃 눈시린 유리창마다 / 톱밥난로가 지펴지고 있었다. / 그믐처럼 몇은 졸고 / 몇은 감기에 쿨럭이고 / 그리웠던 순간들을 생각하며 나는 / 한 줌의 톱밥을 불빛 속에 던져 주었다.

— 곽재구, 〈사평역에서〉

② 나는 아직도 잊을 수가 없다. / 그 날 강물은 숲에서 나와 흐르리. // 비로소 채색되는 유유(悠悠)한 침묵 / 꽃으로 수장(水葬)하는 내일에의 날개짓, // 아, 흥건하게 강물은 꽃에 젖어 흐르리 / 무지개 피에 젖은 아침 숲 짐승 울음.

— 박두진, 〈강〉

③ 까만 눈동자 살포시 들어 / 먼 하늘 한 개 별빛에 모두오고 // 복사꽃 고운 뺨에 아롱질 듯 두 방울이야 / 세사에 시달려도 번뇌(煩惱)는 별빛이라.

— 조지훈, 〈승무〉

④ 언제나 내 더럽히지 않을 / 티 없는 꽃잎으로 살어 여려 했건만 / 내 가슴의 그윽한 수풀 속에 / 솟아오르는 구슬픈 샘물을 어이할까나.

— 신석초, 〈바라춤〉

⑤ 여승은 합장하고 절을 했다. / 가치취의 내음새가 났다. / 쓸쓸한 낯이 옛날같이 늙었다. / 나는 불경(佛經)처럼 서러워졌다.

— 백석, 〈여승〉

둘째마당 언어 기능 영역 ▮

4 ⓐ~ⓔ 중 의미가 <u>다른</u> 하나는?

① ⓐ   ② ⓑ

③ ⓒ   ④ ⓓ

⑤ ⓔ

5 다음은 이 글을 읽은 학생들의 반응이다. 이 글의 핵심에 가장 가까운 것은?

① "우리의 삶은 과학자의 현실 인식과 예술가의 꿈을 모두 필요로 한다."

② "꿈이 없는 과학자보다는 미래를 예언하는 예술가가 더 훌륭하다."

③ "예술가나 과학자나 생각에만 안주할 것이 아니라 실천적 행동이 요구된다."

④ "인간은 환상을 신뢰하여 과학 문명이 얽어매는 절대적 진리에서 벗어나야 한다."

⑤ "예술가는 꿈을 키우며 살지만 과학자는 극복하려 한다."

정답 1④ 2④ 3② 4② 5①

해설

1 (다)의 '이러한 환상은 이미 뜻있는 과학자에 의해 ~ 역할을 담당하기도 한다.'에서 알 수 있다.

2 환상가가 땅 위의 웅덩이에 빠지기 쉽다는 것과 현실주의자가 땅 위의 형상만을 더듬다가는 전봇대에 머리를 부딪친다는 것은, 환상만 좇다 보면 현실에 적응하기 힘들고, 현실만 중시하다 보면 더 넓은 세상을 제대로 볼 수 없다는 것이다. 이는 글의 집필 의도로 보아, 우리의 인생에서는 꿈과 현실의 적절한 조화가 필요하다는 것을 강조하기 위해 인용한 일화임을 추론해 볼 수 있다.

3 ②는 어떤 특정한 사건이나 현실 문제를 다루지 않고, 인간의 역사와 생존 원리 전체에 관심을 두면서 그것을 상징적인 수법으로 표현했기 때문에 매우 신비로운 느낌을 준다. 구체적으로 예측할 수 없는 미래의 어떤 시간을 가리키면서 '그 날 강물은 숲에서 나와 흐르리'라고 말하는 시적 예언은 거의 계시적(啓示的)이기까지 하다.

4 ⓐ · ⓒ · ⓓ · ⓔ는 마음에 그리며 추구하는 최상 · 최선의 목표로, 곧 이상(理想)을 뜻하는 것이며, ⓑ는 헛된 생각, 즉 망상(妄想)이다.

5 이 글의 핵심적인 내용은 (마)에 있다. (마)의 마지막 문단의 내용으로 볼 때, 삶에서의 꿈은 새로운 현실이라고 한 데서 현실뿐만 아니라, 꿈과 환상을 보는 일도 필요하다고 보고 있다.

유제

01 다음 글을 읽고 물음에 답하시오.

> 과학과 미술은 본질적으로 인간이 주위 사물이나 세계를 인식하는 방식이라는 점에서는 공통적이지만, 그 영역이 달라 서로 전혀 다른 차원에서 행해진다는 차이점을 지닌다. 따라서 이 둘은 서로 모순되거나 상대를 방해할 수 있는 관계에 놓여 있지 않다. ㉠ 과학의 개념적 해석은 ㉡ 미술의 직관적 해석을 배제하지 않는다. 각자는 자체의 시각, 이를테면 자체의 굴절 각도를 지니고 있다. 그러나 그렇다고 해서 이 둘은 엄격히 분리되어서 상호간에 전연 영향을 끼칠 수 없는 것일까? 과학과 미술이 각각 의지하고 있는 사물의 개념적·추상적 이해와 직관적·구체적 파악은 밀접하게 연관되어 있는 인간의 인식 작용의 두 측면이다. 따라서 우리는 이 둘이 밀접하게 연관되면서도 독립적인 영역을 갖고 서로 방해되지 않기 때문에 오히려 서로 영향을 끼칠 수 있으며 나아가 상호 보완적으로 작용함으로써 인간의 인식을 더욱 풍요롭고 충실하게 한다고 생각할 수 있다. 실제로 우리가 서양 회화를 고찰의 대상으로 삼고 과학에 대한 미술의 관련성을 추적해 볼 때 이러한 가정은 사실로 확인된다.

문제 위 글의 내용을 토대로 할 때, '㉠ : ㉡'의 관계와 가장 유사한 관계를 지니고 있는 것은?

① 법이 강제에 의해서 우리의 행위를 규제한다면 관습은 양심을 통해 우리의 행동을 규제한다. 이 둘에 의해서 우리는 자신의 행동을 보다 바람직한 방향으로 이끌어나갈 수가 있는 것이다.

② 서양의 사상이 자연을 정복과 투쟁의 대상으로 보고 있는 데 비하여, 동양의 사상은 자연을 함께 공존해야 할 존재, 서로 조화를 이루어야 할 존재로 보고 있다.

③ 언어의 순화는 곧 그것을 사용하는 사람의 의식의 정화로 이어지고, 이것은 또다시 언어의 순화로 이행되며, 이는 한층 강화된 의식의 정화로 나타나게 된다.

④ 흔히 물질적 풍요와 행복을 동일시하는 착각에 빠지기 쉬우나 물질적 풍요가 행복을 보장하는 것은 아니다. 단지, 그것은 행복을 위한 여러 가지 요건 중의 하나일 뿐이다.

⑤ 사회가 개개인의 자유 의지를 바탕으로 존속되듯이 개인의 자유는 건전한 사회에 의해서 보장되는 것이다.

정답 ①

해설 ㉠과 ㉡은 서로 다른 영역을 탐구 대상으로 하며 독립적으로 존재하지만 '인생'이라는 큰 테두리에서 보면 상호 보완적으로 '인생'에 이바지하고 있다. 법과 관습도 서로 다른 양상으로 작용하지만 '바람직한 행동의 추구'라는 보다 포괄적인 측면에서는 상호 보완적으로 작용한다.

유제

02 다음 글을 읽고 물음에 답하시오.

코끼리는 왜 몸집이 큰가? 이것은 아마 몸집이 크면 포식자에게 잡아먹히기 어렵기 때문일 것이다. 쥐는 왜 그렇게 작을까? 그것도 역시 포식자 때문일 것이다. 작아서 그늘에 숨을 수 있으면 포식자의 눈을 피할 수가 있다.

코끼리란 놈은 보기만 해도 위대한 동물이다. 다른 동물들이 물을 마시다가도 코끼리가 오면 무조건 물러나서 코끼리가 물을 마실 수 있게 한다. 그래서 몸집이 크면 어딘지 모르게 조금 행복해 보일 수도 있을 것이다. 그러나 코끼리의 뼈대는 무거운 체중을 지탱하기 위해 사실은 상당한 무리를 하고 있다. 포식자에게 잡아먹히지 않으려고 무리를 무릅쓰고 지나치게 몸집이 커진 셈이다. 포식자가 없으면 그렇게 무리를 해서까지 큰 몸집을 유지할 필요가 없을 것이다.

몸집이 큰 데에 따르는 대가는 또 있다. 코끼리는 몸집이 엄청나게 큰 만큼 한 세대의 길이가 길고, 그 결과 돌연변이에 의해 새로운 종을 만들어낼 가능성을 희생하고 있다. 엄청나게 크다는 것은 엄청나게 특수화한 것으로 볼 수 있고, 이것은 진화에서 막다른 골목길로 접어들었음을 의미한다. 사실, 코끼리 무리 중에서 현재 살아남아 있는 것은 인도 코끼리와 아프리카 코끼리 두 종류뿐이며, 이들은 멸종을 향해 가고 있는 동물들이다. 이와 같이 코끼리든 고래든 거대한 동물들은 인간이 사냥하느냐 않느냐에 관계없이 가까운 장래에 운명적으로 멸종하게 되어 있으므로 그만큼 귀중한 동물이라 할 수 있다.

한편, 쥐라고 해서 몸집이 작고 아담한 것이 좋은 것만은 아니다. 몸집이 아주 작다는 것은, 늘상 먹이를 먹어대야 하기 때문에 먹이를 잠시만 구하지 못해도 즉각 굶어 죽을 위험에 직면하게 된다. 이것이 쥐의 고민이다. 몸 구조 면에서도 작은 데서 오는 무리가 있다. 몸집이 작으면 심장이 항상 자명종처럼 빠르게 두근거리기 때문에 이것이 심장이나 혈관에 큰 부담을 줄 수도 있다.

이렇게 보면 위대하게 보이는 코끼리도 가능하면 '보통의 동물'로 돌아가고 싶을 것이다. 쥐도 역시 그럴 것이다. 그래서 포식자라는 제약이 없어지면, 코끼리는 작아지고 쥐는 커져서 포유류로서 무리가 없는 보통의 크기로 돌아가는 것이다. 이것이 '섬의 규칙'에 대한 한 가지 해석이다.

문제1 위 글을 읽고 난 뒤의 반응으로 적절한 것은?

① 큰 것은 위대해.
② 작은 것은 아름다워.
③ 몸집이 크다고 좋은 건 아니야.
④ 아무래도 변하는 거 북스러운 거야.
⑤ 함께 어우러져 사는 게 좋지 않아?

문제2 '섬의 규칙'이 성립되기 위한 조건이 아닌 것은?

① 고립된 환경　　　　　　② 부족한 먹이
③ 포식자가 없음　　　　　④ 큰 몸집이 갖는 약점
⑤ 작은 몸집이 갖는 약점

정답 1 ③ 2 ②

해설 1 코끼리나 쥐는 포식자로부터 자신을 보호하기 위해 몸집을 크게 하거나, 몸집을 작게 하였으나, 그로 인해 이들은 모두 값비싼 대가를 치러야 했다. 그래서 포식자가 없는 상황에서는 코끼리는 작아지고, 쥐는 커져서 '보통의 크기'를 지향한다고 한다. 즉 '보통의 크기'가 포식자의 위협이 없는 상태에서는 최적의 생존 조건이라는 것이다. 따라서 ③이 적절한 반응이다.

2 '섬의 규칙'은 포식자가 없는 최적의 환경에서 동물의 크기에 관한 규칙이다. 섬은 고립된 환경으로 넓은 초원이 없어서 초식 동물들이 많이 서식할 수 없으므로, 이들을 먹이로 하는 육식동물이 이러한 섬에서 생존할 가능성은 희박하다. 이러한 최적의 환경에서 동물들은 '보통의 크기'를 지향하게 되는데 이는 몸집이 비대한 것도 생존의 조건으로 적합하지 않고, 몸집이 지나치게 왜소한 것도 생존의 조건에 적합하지 않기 때문이다. 따라서 섬의 규칙과 관련 없는 내용은 ②이다.

03 다음 글을 읽고 물음에 답하시오.

개체가 상처를 입거나 몸의 일부가 잘린 후 그 손실 부위를 복원하는 과정을 재생이라고 하며, 여기에는 성장의 분화 과정이 수반된다. 식물은 상처를 입은 후 다양한 조직을 재생해 낼 수 있는 뛰어난 능력을 지니고 있다. 성숙한 식물 조직들이 식물체 전체를 재생해낼 수 있는 놀라운 능력을 보유하고 있다는 점은 식물 발생과 관련하여 생각해 볼 때 흥미롭다. 그런데도 어떤 조건 하에서는 다른 식물 부위들도 새로운 조직을 만들어낼 수 있는 것이다. 식물의 상당한 부위가 그 식물체에 영구적인 상처를 입히지 않은 채로 제거될 수 있다.

동물들도 정도의 차이는 있지만 손실 부위를 복원할 수 있다. 불가사리의 팔 하나가 떨어져 나가면 금세 새로운 팔이 재생되기 시작한다. 새로 생긴 팔은 원래의 팔과 같은 모양과 기능을 할 때까지 계속 커 나간다. 불가사리에서 떨어져 나간 바로 그 팔 하나가 몸 중심판의 일부를 가지고 있기만 하면 다른 팔들을 만들어 내어 새로운 불가사리 개체가 된다.

⊙ ┌ 몇 해 전까지만 해도 불가사리의 이러한 놀라운 특성이 완전히 알려지기 전에는 굴 양식업자들이 굴 양식장에서 불가사리를 발견하면 불가사리의 팔을 하나하나 떼어 내서 물속에 던져 버리곤 했었다. 그들은 물론 그렇게 해서 불가사리를 죽여 없애 버리려는 생각이었지만 └ 실상은 오히려 불가사리의 수를 늘리는 결과를 초래하였다.

플라나리아 와충류인 듀제시아를 가지고 다양한 재생 실험을 해 볼 수 있다. 벌레가 세 부분으로 나뉘면 원래의 머리 부분의 끝이 자라서 새로이 꼬리를 만들어 내고 중간 부분은 각각 머리와 꼬리를 형성해 내며 꼬리 부분의 끝은 머리를 이루면서 자라나서 세 마리의 새로운 벌레가 만들어지게 된다.

그리고 어떤 척추동물들도 놀랄 만한 재생 능력을 가지고 있다. 예를 들어 도룡뇽은 다리를 잃으면 새 다리를 거의 완벽하게 복제해 낸다. 뼈, 근육, 신경 및 혈관들이 정확히 다시 만들어져 몸체에 적절히 붙게 되면 새 다리가 완전히 기능할 수 있게 된다. 이러한 재생의 경우 생물 고유의 발생에 관한 모든 생물학적 과정들, 즉 세포 분열, 성장 및 분화가 어떻게 일어나는지 의문이다. 어떤 성체가 새로운 팔다리를 만들어 내면 새로 만들어진 부분은 기존의 구조와 기능에 상호 연관을 맺게 된다. 하지만 몇몇 가깝게 연관된 집단간이라도 재생 능력의 차이는 상당하다. 개구리는 다리가 절단되면 상처는 치유해 내지만 도룡뇽과 달리 정상적인 새 다리를 발육시키지는 못한다.

심지어 사람도 사지나 손가락을 재생해 내지는 못하지만 약간의 재생 능력을 가지고는 있다. 피부에 난 상처는 피부 세포의 재생으로 치유되는데 피부 조직이 정도 이상으로 손상 받으면 그 상처는 흔적을 남기면서 불완전하게 치유되게 된다. 몇몇 내부 기관들에서도 어느 정도는 재생이 가능하다. 상처를 입었을 때의 혀의 재생 능력은 상당히 우수하다. 간의 일부가 외과적으로 제거된 경우에도 마찬가지로 간 조직이 정상 크기에 상응할 만큼 상당히 재생해 낼 수 있다. 뼈와 근육의 조직들도 상처가 아주 심하지 않을 때는 재생된다.

재생에 관하여 아직 연구되어야 할 점이 많지만 손실 부위의 재생에는 생물 발생과 동일한 과정이 포함되어 있다는 것은 확실해 보인다. 어떤 세포들은 다양한 유형의 세포로 분화해 나갈 수 있는 능력을 보유하고 있는 듯하다.

문제 1 위 글을 어떤 질문에 대한 대답으로 볼 때, 다음 중 그 질문으로 가장 적절한 것은?

① 생물체들 간의 재생 능력의 차이는 왜 생기는가?
② 생물체의 재생 과정에 관한 과학적 규명은 가능한가?
③ 생물체의 발생 과정과 재생 과정은 어떠한 관계에 있는가?
④ 생물체의 발생 과정과 재생 과정에 대한 과학적 접근이 가능한가?
⑤ 생물체의 재생 능력에 대한 과학적 지식을 실생활에 이용할 수 있는가?

문제 2 위 글의 내용과 부합하지 <u>않는</u> 것은?

① 사람의 내부 기관의 재생 능력은 기관에 따라 차이가 있다.
② 어떠한 생물체든지 손실에 대비한 재생 정보를 갖고 있다.
③ 정교하고 복잡하게 형성된 생물체일수록 재생 능력이 떨어진다.
④ 생물체의 재생 능력에 대한 정보가 완전하게 규명된 것은 아니다.
⑤ 특수 성장대가 훼손되지 않는 한 식물체의 재생 능력은 무한하다.

문제 3 ㉠의 내용을 가장 적절하게 말한 것은?

① 게 잡아 물에 놓았다.
② 족제비 잡아 꼬리는 남 준다.
③ 혹 떼러 갔다가 혹 붙여 온다.
④ 멧돼지 잡으려다 집돼지 놓친다.
⑤ 남을 물에 넣으려면 저 먼저 들어간다.

정답 1 ③ 2 ⑤ 3 ③

해설 1 식물, 동물, 척추동물, 사람의 재생 능력에 대해 각각 말한 다음, 마지막 문단에서 '손실 부위의 재생에는 생물 발생과 동일한 과정이 포함되어 있다는 것이 확실해 보인다.'는 결론에 도달하고 있다. 따라서 이 글은 생물체의 발생 과정과 재생 과정은 어떤 관계에 있는지를 규명하기 위한 글이라고 할 수 있다.

2 첫 번째 문단에서 '어떤 조건 하에서는 다른 식물 부위들도 새로운 조직을 만들어 낼 수 있다.'라고 하였으므로 식물체의 재생에는 일정한 조건이 필요함을 알 수 있다. 따라서 식물체의 재생 능력이 뛰어나기는 하지만 무한하다고 할 수는 없다.

3 ©은 불가사리를 없애려는 행동이 오히려 불가사리의 수를 늘리는 결과를 초래한 상황이다. 이는 도움을 바랐다가 오히려 해를 당하는 ③과 비슷한 경우라고 할 수 있다.

① 수고만 했지 아무 소득도 없다.
② 제일 중요한 것은 버리고 쓸데없는 것만 취한다.
④ 지나친 욕심으로 도리어 가지고 있던 것까지 잃고 손해만 본다.
⑤ 남을 해하려 하면 자기가 먼저 해를 당한다.

04 다음 글을 읽고 물음에 답하시오.

(가) 19세기 이후부터 생명의 기원을 설명하는 유일한 모델로 과학계에서는 자연스럽게 진화론을 진리처럼 받아들이고 있다. 진화론에서는 주장을 뒷받침하기 위한 근거로 해부학적 증거, 발생학적 증거, 형태상의 증거 등 여러 가지 증거를 제시하고 있다. 그러나 이러한 증거 자료들이 과연 의심할 여지없이 과학적 사실로 이해될 수 있는가?

(나) 동물들의 구조를 자세히 관찰한 해부학자들은 동물들의 뼈, 근육, 신경 등에 서로 공통점이 많다는 것을 발견했다. 진화론에서는 이처럼 구조적으로 비슷한 것은 곧 같은 조상으로부터 진화된 증거라고 주장한다. 예를 들어 보자. 척추동물들은 두개골, 목뼈, 팔, 팔뼈 등 골격과 구조가 매우 유사하다. 목이 긴 기린이나 목이 짧은 고래의 목뼈는 모두 7개로 되어 있다. 이를 근거로 하여 진화론자들은 그들이 공통 조상에서 진화했다고 추측한다.

(다) 1902년 넛탈(Nuttall)은 사람 혈청을 토끼에게 주사하여 사람 혈청에 대한 항혈청을 얻은 다음, 여러 가지 다른 동물들의 피와 이 항혈청을 섞어 침전이 많이 되면 사람과 관련이 많고, 침전이 조금 되면 사람과 유연관계가 적을 것이라는 이론을 제시했다. 그 후 사람과 혈액의 조성이 비슷한 동물일수록 침전이 많이 되었다고 보고, 침전량은 곧 진화의 유연성을 나타내 주는 진화의 증거로 인용되어 왔다.

(라) 갑상선에서 분비되는 호르몬인 티록신은 양(羊)의 것이나 사람의 것이나 똑같다. 그리고 갑상선이 있는 척추동물들은 다 똑같은 물질을 분비하는 것으로 알려져 있다. 또, 당나귀의 젖은 다른 어떤 동물의 그것보다 사람의 젖 성분과 비슷하다. 동물들 간의 유사성이 진화를 증거하는 것이라면, 같은 물질이 나오는 것은 무엇을 증거한다고 해야 되는 것일까? 이것은 과학적으로 분명히 설명된 것이 아니라 그럴 것이라고 유추했을 뿐이라는 의문을 강하게 제시해 주는 대목이다.

(마) 헤켈(E. Haeckel)은 1886년 개체 발생은 계통 발생을 반복한다는 '반복설'을 발표했다. 이것은 생물은 개체 발생 도중에 그 생물이 과거에서 현재까지 진화되어 온 과정을 모두 거친다는 이론이다. 예를 들어, 척추동물이 발생하는 때의 초기에는 모두 꼬리와 아가미구멍이 있어 거의 같은 구조와 모양을 가진다. 진화론에서는 이것이 척추동물이 모두 같은 조상에서 진화했음을 나타내는 증거라고 이야기한다. 그러나 이 주장은 사실과 다르다. 사람·개·고양이의 배에 있는 아가미구멍은 나중에 귀, 턱, 머리, 목 등이 되는 각각의 역할을 담당하고 있는 조직들이지, 발생 과정에서 흔적처럼 나타나는 단순한 조직이 아니다. 진화론계의 유명한 생물학자 몽고메리도 이 반복설은 과학적으로 증명될 수 없다고 말한다.

문제 1 위 글은 다음 중 어떤 질문에 대한 대답이라고 볼 수 있는가?

① 진화의 증거 자료는 무엇인가?
② 진화론은 과연 과학적 사실인가?
③ 자연을 보는 새로운 눈은 있는가?
④ 진화론과 창조론에는 어떤 문제가 있는가?
⑤ 자연 과학 발달을 위해서는 무엇이 필요한가?

문제 2 다음 내용이 들어가기에 적절한 곳은?

> 그러나 이러한 유사성을 진화의 증거로 삼는다면 다음 사실을 진화론적으로 어떻게 설명할 수 있을까?

① (가)의 뒤   ② (나)의 뒤
③ (다)의 뒤   ④ (라)의 뒤
⑤ (마)의 뒤

문제 3 위 글의 내용으로 미루어 추리하기 <u>어려운</u> 것은?

① 발생학적 증거는 좀 더 많은 과학적 연구를 거쳐야만 한다.
② 해부학적 유사성만으로 같은 조상을 가졌다고 주장할 과학적 근거는 없다.
③ 기능이 밝혀지지 않은 흔적 기관을 진화의 결정적 증거라고 생각하는 것은 무리다.
④ 동물들 간에 유사점이 많다고 해서 그들이 동일한 조상에서 진화를 했다고 보기는 어렵다.
⑤ 서로 다른 개체들이 발생 과정에 비슷한 형태를 지니는 것은, 이 개체들이 한 조상으로부터 진화해 왔다는 증거이다.

정답 1② 2③ 3⑤

해설 1 이 글의 내용을 포괄할 수 있는 제목을 골라야 한다. 이 글은 진화론이 지니고 있는 모순을 해부학적 관점, 발생학적 관점, 형태상의 관점에서 지적하고 있다. 따라서 이 글은 진화의 증거 자료가 과연 과학적 근거가 있는지를 검증하는 글이라고 볼 수 있다.

2 제시문의 '유사성'을 단서로 하여 답을 찾는다. 즉, 제시문 앞에 유사성에 관한 단락이 와야 하며, 제시문의 뒤에 이를 문제점으로 지적하는 내용이 나와야 한다.

3 이 글의 내용을 근거로 하여 미루어 짐작해야 한다. ⑤는 (마)에서 모순이 있다고 지적한 내용을 반복한 것이므로 추리해 낼 수 있는 내용과 거리가 멀다.
①은 (마)에서 짐작할 수 있다.
②는 (나)·(다)·(라)에서 짐작할 수 있다.
③은 (마)에서 짐작할 수 있다.
④는 (나)·(다)·(라)에서 짐작할 수 있다.

유제

05 다음 글을 읽고 물음에 답하시오.

(가) 영어로 chaos라고 쓰는 카오스는 우리말로 '혼돈'이라고 번역된다. 혼돈의 사전적 의미는 정해진 법칙이 없이 사건들이 일어나고, 그래서 완전히 무질서하고 혼란된 상태를 말한다. 그런데 과학에서는 '혼돈 이론'이라 하여 혼돈을 과학적 탐구의 대상으로 삼는 분야가 있어 관심을 끈다. 혼돈이 일정한 법칙이 없는 것을 의미한다면 혼돈과 과학은 정반대의, 서로 화해할 수 없는 성격을 지닌 것으로 생각하기 쉽다. 그러나 혼돈 이론, 혼돈 과학이라 할 때의 혼돈의 의미는 완전한 혼돈을 의미하는 것과는 좀 거리가 있고, 적어도 어떤 일정한 법칙에 의하여 일어나는 현상들을 염두에 두고 있다. ㉠ 그래서 그 점을 강조하기 위하여 '혼돈' 대신 그냥 '카오스'라고 부르는 게 더 낫다고 생각하는 사람들도 있다.

(나) 흔히 주사위 던지는 것은 예측할 수 없는 결과를 준다고 하지만, 그렇다고 주사위가 일정한 법칙을 따르지 않는 것은 아니다. 여기서 주사위의 운동을 지배하는 법칙이란 300여 년 전에 뉴턴이 정립한, 그리고 우리가 중학교 교과서에서 배우는, 바로 그 운동의 법칙 F = ma이다. 주사위의 운동을 이해하기 위해서, 더 간단한 예로, 거꾸로 세운 연필이 쓰러지는 운동을 생각해 보자. 연필을 거꾸로 세워 놓으면 어느 쪽으로 쓰러질지 예측할 수 없지만, 그렇다고 해도 이 운동 역시 뉴턴의 운동 법칙을 따를 뿐이다. 여기서는 단지 연필이 처음에 약간 오른쪽으로 기울어져 있었으면 오른쪽으로 쓰러지고, 약간 앞쪽으로 기울어져 있었으면 앞쪽으로 쓰러지는 것뿐이다. 마찬가지로, 주사위를 던질 때 처음의 상태가 약간 다른 것에 따라 바닥에 떨어졌을 때 1이 되기도 하고 3이 되기도 한다. 그러나 사람의 손의 감각이 그 차이를 감지할 수 없기 때문에 내가 던진 주사위의 숫자를 예측할 수 없게 되는 것이다. 이렇게 일정한 법칙을 따르되 초기의 조건에 민감하게 의존해서, 초기의 아주 작은 차이가 나중에 큰 차이를 가져오는 것을 '혼돈스럽다'라고 하거나 '카오스 현상을 보인다'라고 말한다.

(다) 그렇다면 새삼스러울 것도 없는데, 왜 혼돈 과학이니 뭐니 하고 떠드는 것일까 하는 의문이 생긴다. 예전에는 혼돈스러운 현상은 복잡한 상황에서 생기고, 그러한 혼돈은 그저 혼돈일 뿐이지 더 이상의 그 무엇은 없을 것이라고 여겨 왔다. 그런데 1970년대에 들어서 간단한 법칙에서도 복잡한 혼돈스러운 현상이 생기고, 반면 그러한 혼돈 현상 속에도 어떠한 질서가 숨어 있다는 사실이 밝혀졌다.

(라) 혼돈 이론은 자연 현상의 해석에 새로운 시각을 제공한다. 그것은 한편으로는 전에는 통계적으로만 다루었던 예측할 수 없는 현상들을 더 잘 이해할 수 있게 하는 길을 제공한다. 해와 달의 운동뿐만 아니라, 바람에 펄럭이는 깃발, 계곡의 물줄기의 운동도 과학의 영역이 되려는 것이다. 그러나 다른 한편으로는 앞서 지적했듯이 법칙적 현상도 오랜 후의 일을 예측하는 것은 원칙적으로 불가능하다는 것도 알려 주고 있다. ㉡ 그것은 자칫 과학에 대한 그릇된 시각에서 오는 과학 만능주의에 또 하나의 경종을 울리는 역할을 한다.

문제 **1** 위 글을 바탕으로 '혼돈 현상'의 개념을 가장 잘 정리한 것은?

① 완전히 무질서하고 혼란된 상태를 보여 그 운동 과정을 이해할 수 없는 현상
② 주어진 조건과 관계없는 결과가 나타나 규칙성을 발견할 수 없는 복잡한 현상
③ 혼란 속에서도 규칙성을 보여 오랜 후의 일을 예측할 수 있게 하는 법칙적 현상
④ 움직임은 고전적인 운동 법칙을 따르되 그 결과는 통계적으로 예측할 수밖에 없는 현상
⑤ 불규칙해 보이지만 일정한 법칙을 따르고, 또 그 결과가 초기의 조건에 민감하게 의존하는 현상

문제 **2** (가)의 밑줄 친 ㉠으로부터 알 수 있는 것은?

① 영어의 '카오스'보다는 우리말의 '혼돈'의 의미 영역이 더 넓다.
② 영어의 '카오스'와 우리말의 '혼돈' 사이에서 공통된 의미를 발견할 수 없다.
③ 영어의 '카오스'와 달리 우리말의 '혼돈'은 '법칙'의 의미를 내포하고 있지 않다.
④ 영어의 '카오스'가 우리말의 '혼돈'보다는 '완전한 혼돈'을 나타내기에 더 적합하다.
⑤ 영어의 '카오스'가 우리말의 '혼돈'보다 '혼란스러움'의 의미를 더 강하게 지니고 있다.

문제 **3** (라)의 밑줄 친 ㉡의 내용을 가장 잘 표현한 것은?

① 과학의 현실 응용성에 대한 맹신
② 과학의 예측 가능성에 대한 맹신
③ 과학의 객관적 관점에 대한 맹신
④ 과학의 가치중립성에 대한 맹신
⑤ 과학의 발전 가능성에 대한 맹신

정답 1 ⑤ 2 ③ 3 ②

해설 **1** 혼돈 현상이라고 해서 법칙성이 없는 것은 아니다. 다만 초기의 조건에 따라 민감하게 결과가 달라져 그 결과를 예측하기 힘든 현상을 말할 뿐이다.

2 혼돈 현상에 내재된 법칙성을 우리말의 '혼돈'을 가지고 설명할 수 없다는 점으로 보아, 영어의 '카오스'에는 '법칙'의 의미가 함축되어 있다고 추리해 낼 수 있다.

3 글쓴이의 비판적 시각이 과학의 예측 가능성에 초점이 맞춰져 있다는 점에서 '과학에 대한 그릇된 시각'을 이해할 수 있다.

3장 확장문제

01 다음 작품을 바탕으로 시인의 특성에 대해 추론한 것으로 가장 적절한 것은?

> 1
> 호루라기는, 가끔
> 나의 걸음을 멈춘다.
>
> 호루라기는, 가끔
> 권력이 되어
> 나의 걸음을 멈추는
> 어쩔 수 없는 폭군이 된다.
>
> 2
> 호루라기가 들린다.
> 찔끔 발걸음이 굳어져, 나는
> 뒤를 돌아보았지만
> 이번에는 그 권력이 없었다.
> 다만 예닐곱 살의 동심이
> 뛰놀고 있을 뿐이었다.
>
> 속는 일이 이렇게 통쾌하기는
> 처음 되는 일이다.

① 일상적인 것도 새로운 시각에서 바라보려 한다.

② 대상에 대한 감각적 특성에 주목하는 경향이 있다.

③ 자연에 대한 관조와 명상을 통해 삶의 진리를 깨닫고자 한다.

④ 과거의 상처를 극복하지 못하고 현실을 비극적으로 바라보고 있다.

⑤ 사회에 대한 적극적인 참여 의식보다는 냉소적인 패배 의식이 엿보인다.

정답 ①

해설 〈호루라기의 장난〉에서 화자는 호루라기에 대한 두 가지 일상적 경험을 차분히 제시하면서 새로운 인식을
보여주고 있다.

첫 번째 경험은 1장에 나오는 것으로, 경고나 주의를 알리는 호루라기 소리에 걸음을 멈추었던 경험이다. 두 번째 경험은 2장에 나오는 것으로, 처음엔 경고의 호루라기 소리인 줄 알고 멈추었는데 알고 보니 아이들의 장난이었다는 것이다.

그런데 화자는 아이들의 호루라기 장난에 화가 나기는커녕 통쾌하다고 말한다. 아이들이 장난으로 부르는 호루라기 소리에 속으면서도 통쾌하게 느끼는 이유는 화자가 호루라기 소리를 들으면서 두려움을 느끼는 것이 아니라 순수한 아이들의 동심을 연상하기 때문이다.

더 나아가 화자는 새로운 사실을 깨닫는다. 즉 '호루라기'는 '권력의 소리'도 '동심의 소리'도 아닌, 그저 하나의 사물일 뿐이라는 것이다. 문제는 그것에 특정 관념을 덧씌워 그 관념의 테두리 안에서 반응하는 습관이다. 화자는 우리 스스로 사물에 대한 낡은 관념에 사로잡혀 살아가고 있음을 깨달으며 현실을 새로운 시각에서 바라봐야 한다는 비판적인 태도를 보이고 있으므로 정답은 ①이다.

[02~03] 다음 글을 읽고, 물음에 답하시오.

(가) 옥에 흙이 묻어 길가에 버렸으니
　　 오는 이 가는 이 흙이라 하는구나
　　 두어라 알 이 있을지니 흙인 듯이 있거라

(나) 나에게 자그마한 항아리 하나가 있으니, 쇠를 두들기거나 녹여서 만든 것이 아니요, 흙을 빚어 불에 구워 만든 것이다. 목은 잘록하고 배는 불룩하며 주둥이는 나팔처럼 생겼으며, 양쪽 손잡이가 달려 있지 않고, 아가리는 넓은 편이다. 닦아서 윤을 내지 않아도 마치 옻칠한 것처럼 까맣게 반짝거리니 어찌 금 그릇만 보물이라 하겠는가? 비록 질그릇이라 할지라도 봐줄 만하다. 무게도 맞춤하여 한 손에 들기 알맞으며, 값도 매우 싸서 구하기 쉬우니 깨질까 봐 걱정할 일 없다.

이 항아리에 술을 부으면 채 한 말이 못 들어간다. 항아리는 술을 가득 채웠다가는 곧 비워 버리고, 텅 비면 또다시 술을 받아들인다. 진흙을 잘 구워서 빈틈없이 만든 것이라 스며들지도 새지도 않으며, 주둥이가 널찍하니 진한 술을 부었다 따라 냈다 하기에 좋다. 술을 쉽게 따라 낼 수 있으니 기울어지거나 뒤엎는 일이 없고, 술을 부어 두기 좋으니 계속하여 술을 담아 둘 수 있다. 항아리가 한평생 동안 담은 술을 따져 본다면 몇 섬이나 되는지 셀 수도 없으리라. 그러니 항아리의 넓은 속은 마치 군자의 겸허한 마음과 같아, 항상 변함없고 간사스럽지 않은 것이다.

슬프다. 재물만 쫓아다니는 저 소인들은, 자기들의 그릇이 작은 건 알지 못하고 좁디좁은 도량으로 끝도 없는 욕심을 따라 치달린다. 쌓아 두기만 하고 남에게 흩어 줄 줄은 모르며, 아직도 부족하다고만 한다. 작은 그릇은 금세 채워지고 또 그만큼 금방 뒤엎어지는 법이다.

나는 이 항아리를 늘 곁에 두고 가득 차면 넘치게 된다는 것을 잊지 않으며 스스로 노력하겠다. 그렇게 타고난 분수 따라 한평생을 보내면 몸도 온전하고 복도 제대로 받을 것이다.

02 (가), (나)에 대한 설명으로 적절한 것은?

① (가)는 첫 행에 주제를 주로 드러내는 갈래이다.
② (나)는 주로 비현실적인 소재를 형상화하는 갈래이다.
③ (가)와 (나) 모두 자아와 세계 간의 갈등을 형상화하고 있다.
④ (가)는 간접적인 표현으로, (나)는 직접적인 표현으로 주제를 드러내고 있다.
⑤ (가)와 (나) 모두 전고(典故)와 인유(引喩)의 기법을 통해 표현의 묘미를 드러내고 있다.

정답 ④

해설 (가)는 '초야에 묻힌 은자(隱者)' 또는 '세상이 그 가치를 알아주지 않으나 실제로는 뛰어난 사람'을 '흙 묻은 옥'에 비유하여 주제를 간접적으로 형상화하고 있다. (나)는 '항아리'의 특성을 직접적으로 설명하면서 그러한 특징을 따라 삶을 가꾸어야겠다는 생각을 제시하고 있다.

① (가)는 자기 수양의 필요성을 깨우쳐 주는 시조로 마지막 구절에서 주제를 표현하고 있다.
② 비현실적 소재를 형상화하는 갈래는 한문 소설이고, (나)는 한문 산문으로 수필의 일종이다.
③ (가)와 (나)는 갈등을 핵심적 특징으로 하는 소설과 구별되는 갈래이다.
⑤ (가)와 (나)에는 전고와 인유의 표현법이 나타나 있지 않다.

03 (나)에 나타난 작가의 생각을 파악한 것으로 적절하지 <u>않은</u> 것은?

① 사물의 가치를 겉모습으로 판단하지 않고 있다.
② 안분지족(安分知足)하는 삶의 태도를 지니고 있다.
③ 자신을 낮추어 생각하는 겸손한 태도를 지니고 있다.
④ 재물만 쫓아다니는 사람들을 소인들이라 비판하고 있다.
⑤ 질항아리를 만든 사람들처럼 뛰어난 인격을 얻고자 한다.

정답 ⑤

해설 (나)에서 '질항아리를 만든 사람들'에 대한 언급을 확인할 수 없다.

② (나)의 마지막 단락에 나타나 있듯이, 작가는 '타고난 분수에 따라 한평생을 보내면 몸도 온전하고 복도 제대로 받을 것'이라고 생각하고 있으므로 안분지족(安分知足)하려는 삶의 태도를 지향하고 있다.
③ (나)의 마지막 단락에 '나는 이 항아리를 늘 곁에 두고 가득 차면 넘치게 된다는 것을 잊지 않으며 스스로 노력하겠다.'라는 구절에서 겸손한 태도를 지니고 있음을 확인할 수 있다.
④ (나)의 세 번째 단락에서 욕심에 치달리며 재물만 쫓아다니는 사람들을 소인이라 비판하고 있다.

[04~07] 다음 글을 읽고 물음에 답하시오.

(가) 태양을 의논(議論)하는 거룩한 이야기는
　　　항상 태양을 등진 곳에서만 비롯하였다.

　　　달빛이 흡사 비오듯 쏟아지는 밤에도
　　　우리 헐어진 성(城)터를 헤매이면서
　　　언제 참으로 그 언제 우리 하늘에
　　　오롯한 태양을 모시겠느냐고
　　　가슴을 쥐어뜯으며 이야기하며 이야기하며
　　　가슴을 쥐어뜯지 않았느냐?

　　　그러는 동안에 영영 잃어버린 벗도 있다.
　　　그러는 동안에 멀리 떠나버린 벗도 있다.
　　　그러는 동안에 몸을 팔아버린 벗도 있다.
　　　그러는 동안에 맘을 팔아버린 벗도 있다.

　　　그러는 동안에 드디어 서른여섯 해가 지나갔다.

　　　다시 우러러보는 이 하늘에
　　　겨울밤 달이 아직도 차거니
　　　오는 봄엔 분수(噴水)처럼 쏟아지는 태양을 안고
　　　그 어느 언덕 꽃덤불에 아늑히 안겨 보리라.

(나) 신령님,
　　　처음 내 마음은
　　　수천만 마리
　　　노고지리 우는 날의 아지랑이 같았습니다.
　　　번쩍이는 비늘을 단 고기들이 헤엄치는
　　　초록의 강 물결
　　　어우러져 날으는 애기 구름 같았습니다.

　　　신령님,
　　　그러나 그의 모습으로 어느 날 당신이 내게 오셨을 때
　　　나는 미친 회오리바람이 되었습니다.
　　　쏟아져 내리는 벼랑의 폭포,
　　　쏟아져 내리는 소낙비가 되었습니다.

　　　그러나 신령님,
　　　바닷물이 적은 여울을 마시듯이
　　　당신이 다시 그를 데려가시고
　　　그 훠 – ㄴ한 내 마음에

마지막 타는 저녁 노을을 두셨습니다.

신령님,
그리하여 또 한번 내 위에 밝는 날
이제
산골에 피어나는 도라지꽃 같은
내 마음의 빛깔은 당신의 사랑입니다.

(다) 이 ⓐ 비 그치면
내 마음 강나루 긴 언덕에
서러운 풀빛이 짙어 오것다.

푸르른 ⓑ 보리밭길
맑은 하늘에
ⓒ 종달새만 무어라고 지껄이것다.

이 비 그치면
시새워* 벙글어질 고운 ⓓ 꽃밭 속
처녀애들 짝하여 새로이 서고,

임 앞에 타오르는
향연*과 같이
땅에선 또 ⓔ 아지랑이 타오르것다.

＊시새워 : 시샘하듯 다투어.
＊향연 : 향을 피운 연기.

04 (가)～(다)에 대한 설명으로 적절하지 <u>않은</u> 것은?

① (가)와 (나)에서는 시간의 흐름에 따라 시상을 전개하고 있다.
② (가)와 (다)에서는 유사한 시구의 반복을 통해 운율을 드러내고 있다.
③ (나)와 (다)에서는 자연물을 활용하여 정서를 드러내고 있다.
④ (가), (나), (다)에서는 점층적 표현을 사용하여 감정을 고조하고 있다.
⑤ (가), (나), (다)에서는 시각적 이미지를 활용하여 주제를 형상화하고 있다.

정답 ④

해설 (가)는 일제 시기를 지나는 시간의 흐름에 따라서, (나)는 '만나기 전–만남–이별–재회'의 순차적인 흐름에 따라서 시상이 전개되는 공통점이 있다. (가)와 (다)에서는 시어와 종결 어미를 반복하여 운율을 형성하는 공통점이 있으며, (나)와 (다)에서는 자연물을 활용하여 정서를 드러내고 있다. 또한 (가)～(다)는 공통적으로 시각적 심상을 활용하여 주제 형상화에 기여하고 있다. 반면 '점층적 표현'은 말하는 내용의 강도를 점차적으로 높여 가며 감정을 고조하는 방법으로서, (가)～(다)에서 공통적으로 사용되지 않았다.

05 〈보기〉를 바탕으로 (가)를 감상한 내용으로 적절하지 <u>않은</u> 것은?

보
기

[시인 소개]
신석정(1907~1974)은 주로 전원적이고 목가적인 성향의 서정적 시 세계를 펼쳤고, 또한 역사적 상황에 민감하게 대응하면서 시대의 아픔에 동참하기도 하였다.

[작품 배경]
이 작품은 해방 기념 시집(1946)에 수록된 시(詩)이다. 일제 강점기의 시련이 끝나고 조국의 광복을 맞이하였지만, 좌·우익의 이념 갈등 속에서 혼란스러운 정국이 이어지고 있던 상황을 배경으로 이 시를 창작하였다.

① 1연의 '태양'은 '태양을 등진 곳'이라는 어두운 역사적 상황에서 화자가 간절히 소망하는 광복을 상징한다.

② 2연의 '가슴을 쥐어뜯으며 이야기하며'에서는 주권을 빼앗긴 상황에 대한 화자의 처절한 심정이 드러난다.

③ 3연에서는 '벗'을 통해 일제 강점기의 상황에서 고통을 받았거나 변절했던 사람들을 형상화하고 있다.

④ 4연에서는 '드디어'를 통해 일제 강점기가 끝나고 조국의 광복을 맞이한 화자의 감회가 드러나고 있다.

⑤ 5연에서는 '꽃덤불'을 통해 과거의 고난을 회상하며, 미래에 대한 화자의 소망을 드러내고 있다.

정답 ⑤

해설 5연에 제시된 상황은 일제 강점기가 끝난 이후의 갈등과 혼란스러운 시대를 배경으로 한다. 특히 '꽃덤불'은 현재의 혼란스러운 상황과 분열을 극복하고 맞이하고 싶은 새로운 시대를 떠올리게 하는 시어로, '과거의 고난을 회상하며'라는 진술은 적절하지 않다.

제시된 내용을 통하여 작가의 시 경향과 작품이 창작된 시대적 배경을 알 수 있다. 이를 바탕으로 하여 외재적 관점에서 시를 감상할 수 있는 바, 1~3연에서는 일제 강점기의 시대적 상황과 관련하여 작품을 감상할 수 있으며, 4연에서는 해방을 맞이한 작가의 감회를 떠올릴 수 있다.

06 〈보기〉와 (나)를 읽고 반응한 내용으로 적절하지 <u>않은</u> 것은?

보기

서정주의 〈다시 밝은 날에〉는 '춘향'을 모티브로 한 '춘향의 말'이라는 연작시 중 하나이다. 따라서 화자는 '춘향'으로 볼 수 있다. 또한 '신령님'이 '그'의 모습으로 화신(化身)하여 온 것을 볼 때, '그'는 '이도령'으로 생각할 수 있다. 그러므로 청자인 '신령님'은 곧 '이도령'이라 할 수 있다. 그러나 춘향은 '그'가 '신령님'임을 알지 못한 상태에서 '그'와의 만남과 사랑, 이별을 겪은 뒤 지난 일을 회상하면서 그 사실을 비로소 깨닫게 된다. 이러한 깨달음을 바탕으로 춘향은 스스로 '영원한 사랑'을 다짐하고 있는 것이다.

① '이도령'을 만나기 전의 '춘향'의 '마음'을 밝고 평화로운 '애기 구름'으로 보여주고 있군.

② '이도령'에 대한 강렬하고 격정적인 '춘향'의 사랑을 '미친 회오리바람'에 빗대어 말하고 있군.

③ '이도령'과의 이별로 인한 아픔을 내면화할 만큼 성숙했음을 '저녁 노을'로 나타내고 있군.

④ '춘향'이 이별의 슬픔을 극복할 수 있었던 이유는 '그'의 존재가 누구인지 깨달았기 때문이군.

⑤ 시공간을 초월하여 '그'와의 영원한 만남을 희구하는 '춘향'의 마음을 다시 '밝는 날'에 대한 기다림으로 표현하고 있군.

정답 ③

해설 〈보기〉에는 화자(춘향)와 청자(신령님), 사랑의 대상인 그(이도령)를 중심으로 작품을 이해하는 데 필요한 시의 소통 상황에 대한 정보가 담겨 있다. 화자(춘향)의 정서는 사랑의 대상인 '그'를 만나기 전의 밝고 평화로움(애기 구름) → 만났을 때의 격정적인 사랑(미친 회오리바람) → 이별한 후의 애달픈 마음(저녁 노을) → 재회의 희구(밝는 날) 등으로 이어지는데, 특히 절대적 존재인 청자(신령님)에게 '당신이 내게 오셨을 때'라고 발화하는 점에서 춘향은 신령님이 곧 이도령임을 깨닫고 슬픔을 극복할 수 있었음을 짐작할 수 있다. '타는 저녁 노을'이나 '기인 밤'은 이별한 후의 애달픔과 고독함을 드러내는 표현으로 볼 수 있다.

07 (다)의 ⓐ~ⓔ 중, (나)의 '도라지꽃'과 함축적 의미가 가장 유사한 것은?

① ⓐ   ② ⓑ

③ ⓒ   ④ ⓓ

⑤ ⓔ

정답 ⑤

해설 (나)에서 '도라지꽃'은 임과의 재회를 기다리는 화자의 그리움과 사랑을 함축하는 시어로 이해할 수 있다. (다)에서는 봄을 계절적 배경으로 하여 '비'가 그친 후에 자연이 생명에 넘치는 시적 상황을 푸르른 '보리밭 길', 지껄이는 '종달새', 벙글어질 '꽃밭' 등으로 나타내고 있다. 한편 임 앞에 타오르는 향연 같은 '아지랑이'는 임에 대한 화자의 간절한 그리움을 승화시킨 시어로 볼 수 있다.

[08~10] 다음 글을 읽고 물음에 답하시오.

[앞부분의 줄거리] 예방 소임을 맡아 제주에 온 배비장은 어머니와 부인에게 여자에게 빠지지 않을 것을 약속하고 방자에게까지 큰소리친다. 그러나 제주 목사의 지시로 기생 애랑이 유혹하자 한눈에 반하고 만다. 그래서 애랑에게 편지를 보낸 후 답장을 받는다.

　　강호에 병이 들어 덧없이 죽겠더니, 낭자 회답이 반갑도다. 삼경에 기약 두고 해지기만 바라더니 석양이 다 져 간다. 방자 입시(入侍) 보내고 빈 방 안에 문을 닫고 그 여자에게 잘 보이려고 다시 의관을 차릴 적에, 망건 위에 탕건 쓰고 그 위에 벙거지 올려 쓰고, 철릭 위에 쾌자 입고 허리에는 관대 두르고 활과 화살 주머니를 제법 격식 있게 갖추고 빈방 안에 혼자 우뚝 서서 도깨비 들린 듯이 혼잣말로 두런거리며 습의(習儀)*하고 하는 말이,

　　"가만가만 걸어가서 여자 문전에 들어서며 기침 한 번을 가만히 하면 그 여인이 낌새를 채고 문을 펄쩍 열렸다. 걸음을 한 번 대학지도로 이리 걸어 들어가 수인사후(修人事後)에 대천명(待天命)이라 하니, 여자에게 한 번이리 군례(軍禮)로 뵈렸다."

　　한창 이리 습의할 제, 방자놈이 뜻밖에 문을 펄쩍 열며 하는 말이,

　　"나으리, 무엇하오?"

　　배비장 깜짝 놀라,

　　"너 벌써 왔느냐?"

　　"예, 군례 전에 대령하였소."

　　"이놈, 내 깜짝 놀라 바로 땀이 난다."

하며 방자 앞세운 채로 썩 나서니, 달이 진 산에 까마귀 울고 고기 잡는 불빛이 물에 비친다. 앞개울에 있던 사람은 돌아가고, 춘풍에 학이 운다. 전 기약 맺은 낭자 이 밤중에 어서 가자. 거들거려 갈 제 방자놈 이르는 말이,

[A]
> ┌─ "나으리 소견 바이 없소. 밤중에 유부녀 통간 가오면서 비단 옷 입고 저리 하고 가다가는 될 일도 못
> │　될 것이니, 그 의관 다 벗으시오."
> │　"벗기는 초라하구나."
> │　"초라커든 가지 마옵시다."
> └─ "얘야, 요란히 굴지 마라. 내 벗으마."

　　활짝 벗고 알몸으로 서서,

　　"어떠하니?"

　　"그것이 원 좋소마는, 누구 보면 한라산 매사냥꾼으로 알겠소. 제주 인물 복색으로 차리시오."

　　"제주 인물 복색은 어떤 것이냐?"

[B]
> ┌─ "개가죽 두루마기에 노펑거지*를 쓰시오."
> │　"그것은 과히 초라하구나."
> │　"초라하거든 그만두시오."
> └─ "그리하단 말이로다. 개가죽 아니라, 도야지 가죽이라도 내 입으마."

하더니, 구록피(狗鹿皮) 두루마기에 노펑거지를 쓰고 나서서 앞뒤를 살펴보며,

　　"얘야, 범 보면 개로 알겠다. 군기총(軍器銃) 하나만 내어 들고 가자."

　　"무섭거든 가지 마옵시다."

　　"얘야, 그러하단 말이로다. 네 성정 그러한 줄 몰랐구나. 정 못 갈 터이면 내 업고라도 가마."

　　배비장 뒤를 따라 가며 하는 말이,

　　"기약 둔 사랑 여자 어서 가 반겨보자."

　　서쪽 창문으로 돌아들어 동편 소나무 계단에 다다르니, 북쪽 창에 밝게 켠 불 외로운 등은 한 점이요, 야색은 삼경이라. 높은 담 궁궐 찾아가서 방자 먼저 기어들며,

"쉬, 나으리 잘못하다가는 일 날 것이니, 두 발을 한데 모아 묘리(妙理) 있게 들이미시오."

배비장이 방자 말을 옳게 듣고 두 발을 모아 들이밀자, 방자 놈이 안에서 배비장의 두 발목을 모아 쥐고 힘껏 잡아당기니, 부른 배가 딱 걸려서 들도 나도 아니하는지라, 배비장 두 눈을 희게 뜨고 이를 갈며,

"좀 놓아다고!"

하면서, 죽어도 문자(文字)는 쓰는 것이었다.

"포복불입(飽腹不入)하니 출분이기사(出糞而幾死)로다.*"

방자 안에서 웃으며 탁 놓으니, 배비장이 곤두박질하여 일어 앉으며 하는 말이,

"매사(每事)가 순리로 아니 되니 대패(大敗)로다. 산모(産母)의 해산법으로 말하여도 아해를 머리부터 낳아야 순산이다 하니, 내 상투를 들이밀 것이니 잘 잡아 다려라."

방자놈이 배비장 상투를 노펑거지 쓴 채 왈칵 잡아당기니, 아무리 하여도 나은 줄 모르겠다. 사지부생(死地復生)이라, 원명(元命)이 재천(在天)이로다. 뺑 하고 들어가니 배비장이 아프단 말도 못 하고,

"어허, 아마도 내 등에는 꼰질곤자판을 놓았나 보다."

*습의 : 행동을 미리 연습함.

*노펑거지 : 노벙거지의 잘못. 실, 삼, 종이 따위를 가늘게 비비 꼬아 만든 벙거지.

*포복불입하니 출분이기사로다 : 배가 불러 들어갈 수 없으니 똥이 나와 죽겠구나.

08 위 글에 대한 설명으로 적절한 것은?

① 과거와 현재가 교차되며 사건이 전개되고 있다.

② 서술자가 일정한 거리를 두고 사건을 관찰하고 있다.

③ 행동의 묘사와 대화를 통해 인물을 희화화하고 있다.

④ 기지와 재치로 신분 상승을 꾀하는 인물을 비웃고 있다.

⑤ 사건에 따라 변화하는 인물의 입체적 성격을 보여주고 있다.

정답 ③

해설 판소리계 소설의 주요한 특징인 풍자와 해학이 두드러지는 이 작품에서 작가는 배비장과 방자와의 대화를 통해 방자에게 희롱당하는 배비장을 희화화하여 독자들의 웃음을 유발시키고 있다.

09 '배비장'에 대해 알 수 없는 것은?

① 상황에 대한 판단력이 흐려져 있다.
② 자신의 감정을 숨기려 하지 않고 있다.
③ 겉으로는 상대방을 위하는 척하고 있다.
④ 여자에게 환심을 사려고 노력하고 있다.
⑤ 양반의 체통보다는 욕망을 따르고 있다.

정답 ③

해설 겉으로는 상대방을 위하는 척하고 있다는 근거를 이 글에서 찾을 수 없다.

① 방자의 희롱을 알아차리지 못하고 있다는 점을 고려하면 적절하다.
② 여자에 대한 감정을 그대로 드러내고 있다는 점을 고려하면 적절하다.
④ '방자 입시(入侍) 보내고 빈 방 안에 문을 닫고 그 여자에게 잘 보이려고'에서 확인할 수 있다.
⑤ 배비장이 여자를 만난다는 일념으로 방자의 무리한 요구를 받아들이고 있는 장면에서 확인할 수 있다.

10 [A]와 [B]에 공통적으로 나타난 대화의 구조를 〈보기〉와 같이 정리했을 때, ⓐ~ⓓ에 대한 설명으로 적절하지 않은 것은?

보기
ⓐ 방자의 제안 → ⓑ 배비장의 주저 → ⓒ 방자의 대응 → ⓓ 배비장의 수용

① ⓐ에는 양반을 조롱하기 위한 의도가 반영되어 있다.
② ⓑ는 ⓐ의 속뜻을 알아차리고 망설이는 것이다.
③ ⓒ는 자신의 의도를 관철하기 위해 상대방을 자극하고 있는 것이다.
④ ⓓ는 ⓒ의 인물이 예상한 결과이다.
⑤ ⓓ의 이유는 자신이 원하는 바를 빨리 이루기 위해서이다.

정답 ②

해설 '배비장의 주저'는 방자의 제안의 속뜻을 알아차린 것이 아니라 여자를 만나고 싶으나 옷을 벗으라는 제안에 대해 잠시 멈칫거린 것을 말한다. 즉 자신을 곯려주려는 방자의 의도를 알아차린 것은 아니다.

① 이 소설은 작가(서술자)가 양반을 비판하고자 하는 의도를 방자를 통해서 드러내고 있는 소설이므로, '방자의 제안'에서는 배비장을 조롱하기 위한 작가(서술자)의 의도가 반영되어 있다.
③·④ '배비장의 주저'에 방자는 배비장이 자신의 제안을 수용할 수밖에 없다는 것을 알고 있으므로 의도적으로 배비장에게 제안한 '옷 벗음 강요'를 철회하는데, 이는 배비장의 행동을 자극하고 촉구하기 위한 것이다.
⑤ 배비장이 방자의 제안을 수용한 것은 자신이 원하는 바인 여자를 만나고 싶은 욕망 때문이므로 '원하는 바를 빨리 이루기 위해서'라는 수용 이유는 적절하다.

[11~14] 다음 시를 읽고 물음에 답하시오.

(가) 바람이 거센 밤이면
　　 몇 번이고 꺼지는 네모난 장명등을
　　 궤짝 밟고 서서 몇 번이고 새로 밝힐 때
　　 누나는
　　 ⓐ 별 많은 밤이 되어 무섭다고 했다.

　　 국숫집 찾아가는 다리 위에서
　　 문득 그리워지는
　　 누나도 나도 어려선 국숫집 아이

　　 단오도 설도 아닌 풀벌레 우는 가을철
　　 단 하루
　　 아버지의 제삿날만 일을 쉬고
　　 ⓑ 어른처럼 곡을 했다.

(나) 새벽 서릿길을 밟으며
　　 어머니는 장사를 나가셨다가
　　 촉촉한 밤이슬에 젖으며
　　 우리들 머리맡으로 돌아오셨다.

　　 선반엔 꿀단지가 채워져 있기는커녕
　　 ⓒ 먼지만 부옇게 쌓여 있는데,
　　 빚으로도 못 갚는 땟국물 같은 어린것들이
　　 방 안에 제멋대로 뒹굴어져 자는데,

　　 보는 이 없는 것,
　　 알아주는 이 없는 것,
　　 이마 위에 이고 온
　　 별빛을 풀어 놓는다.
　　 소매에 묻히고 온
　　 ⓓ 달빛을 털어 놓는다.

(다) 잠아 잠아 짙은 잠아 이 내 눈에 쌓인 잠아
　　 염치불구 이 내 잠아 검치두덕* 이 내 잠아
　　 어제 간밤 오던 잠이 오늘 아침 다시 오네
　　 잠아 잠아 무삼 잠고 가라 가라 멀리 가라
　　 시상 사람 무수한데 구테 너난 갈 데 없어
　　 원치 않는 이 내 눈에 이렇다시 자심(滋甚)하뇨
　　 ⓔ 주야에 한가하여 월명동창 혼자 앉아
　　 삼사경 깊은 밤을 허도(虛度)이 보내면서

잠 못 들어 한하는데 그런 사람 있건마는
무상 불청 원망 소래 온 때마다 듣난고니
석반을 거두치고 황혼이 대듯마듯
낮에 못한 남은 일을 밤에 할랴 마음먹고
언하당(言下當)* 황혼이라 섬섬옥수 바삐 들어
등잔 앞에 고개 숙여 실 한 바람 불어 내어
더문더문 질긋 바늘 두엇 뜸 뜨듯마듯
난데없는 이 내 잠이 소리없이 달려드네
㉠ _____
이 눈 저 눈 왕래하며 무삼 요수 피우든고
맑고 맑은 이 내 눈이 절로절로 희미하다

＊검치두덕 : 욕심 언덕. 잠의 욕심이 언덕처럼 쌓임.

＊언하당 : 말이 끝나자마자 바로.

11 (가)~(다)에 대한 설명으로 적절한 것은?

① (가)와 (다)에는 규칙적인 율격이 나타나 있다.

② (나)와 (다)에는 여성의 힘겨운 삶이 나타나 있다.

③ (나)와 (다)에는 계절을 나타내는 시어가 사용되고 있다.

④ (가), (나), (다)에는 부재하는 대상에 대한 그리움이 드러나 있다.

⑤ (가), (나), (다)는 구체적인 청자를 설정하여 시상을 전개하고 있다.

정답 ②

해설 (나)는 화자가 자신의 가난했던 어린 시절을 회상하는 내용이다. 어렸을 적 화자의 어머니는 새벽 일찍 장사를 나가서 밤이 늦어서야 집으로 돌아오셨다. 이런 어머니의 부재 속에서 아이들은 제대로 보살핌을 받지 못하고 자랐다. 그러나 그런 힘든 삶을 이겨내면서 아이들을 키우셨던 어머니의 사랑은 잔잔한 감동으로 다가온다. 고달픈 삶의 애환이 잔잔하게 그려지면서 그 속에 어머니의 사랑이 빛나고 있다.

(다)는 여성 화자가 '잠'을 청자로 설정하여 바느질을 밤늦도록 해야 함에도 잠의 방해 때문에 어렵고 힘들다는 것을 해학적으로 노래한 민요이다. 따라서 (나)와 (다)에는 여성의 힘겨운 삶이 나타나 있다.

① (다)에만 4음보의 규칙적인 율격이 나타나 있다.

③ (나)의 '서릿길'은 가을을 나타내지만, (다)에는 계절을 나타내는 시어가 나타나 있지 않다.

④ (가)에는 '아버지'의 부재가 나타나 있지만, (나) · (다)의 경우에는 부재하는 대상이 나타나 있지 않다.

⑤ (다)만 구체적인 청자를 '잠'으로 설정하여 시상을 전개하고 있다.

12 시구를 중심으로 (가)~(다)를 감상할 때, 적절하지 않은 것은?

① (가)의 '누나도 나도 어려선 국숫집 아이'는 화자가 현재의 시점에서 과거의 삶을 회상하고 있음을 알게 해.

② (가)의 '아버지의 제삿날만 일을 쉬고'는 화자의 아버지가 돌아가셨음을, 그래서 어린 시절이 어렵고 힘들었음을 알게 해.

③ (나)의 '촉촉한 밤이슬에 젖으며'는 어머니가 밤이 늦어서야 집으로 돌아옴을 말하고 있어.

④ (다)의 '잠아 잠아 무삼 잠고 가라 가라 멀리 가라'는 동일한 단어를 반복하여 대상을 거부하고 있어.

⑤ (다)의 '맑고 맑은 이 내 눈이 절로절로 희미하다'에는 세월이 흘러 늙어가는 자신의 처지에 대한 한탄이 담겨 있어.

정답 ⑤

해설 '맑고 맑은 이 내 눈이 절로절로 희미하다'는 원래는 매우 맑은 눈을 가지고 있는 화자가 잠으로 인해 눈이 몽롱해지고 있는 정황을 노래한 것으로, 세월이 흘러 늙어가는 자신의 처지를 한탄하는 것과는 관련이 없다.

① 어른이 되어 국숫집을 찾아가던 중, 다리 위에서 국숫집 아이였던 어린 시절을 회상하는 화자의 모습을 보여 주고 있다.

② '아버지의 제삿날'에서 아버지의 사망 사실을 알 수 있고, '아버지의 제삿날만 일을 쉬고'에서 그날 이외의 다른 날은 일을 할 수밖에 없었다는 것을 알 수 있다. 이를 통해 어린 시절의 삶의 모습이 어렵고 힘들었음을 알 수 있다.

③ 앞뒤의 내용을 참조하여 살펴보면 어머니가 장사를 나가셨다가 밤에 귀가하고 있음을 알 수 있는데, '촉촉한 밤이슬에 젖으며'는 그러한 정황을 집약적으로 보여 준다.

④ '잠아'와 '가라'를 반복하면서 대상인 '잠'에게 자신을 멀리 떠나가라고 하여 대상을 거부하는 심리를 드러내고 있다.

13 ⓐ~ⓔ 중 다음의 설명과 가장 관련이 깊은 것은?

시인은 참신하면서도 감각적인 접근을 통해 대상을 변용하여 표현한다. 예를 들면 손으로 만질 수 없는 대상을 손으로 만질 수 있는 것으로 형상화한다.

① ⓐ   ② ⓑ

③ ⓒ   ④ ⓓ

⑤ ⓔ

정답 ④

해설 ⓓ의 눈으로만 볼 수 있고, 손으로는 만질 수 없는 대상인 '달빛'을 '털어 놓는다'고 표현하여 손으로 만질 수 있는 대상으로 변용하여 형상화하였다.

① ⓐ는 '별 많은 밤'을 시각적으로 표현하였다.
② ⓑ는 곡을 하는 모습을 비유적으로 표현하였다.
③ ⓒ는 먼지가 쌓여 있는 모습을 묘사하였다.
⑤ ⓔ는 월명동창에 혼자 앉아 있는 모습을 묘사하였다.

14 다음의 조건을 고려하여 ㉠에 들어갈 시구를 추리할 때, 가장 적절한 것은?

- 대구법을 사용할 것
- 활유법을 사용할 것

① 눈썹 속에 숨었는가 눈알로 솟아온가
② 태산 같은 이 내 잠 파도 같은 이 내 잠
③ 한 뜸 뜨고 한숨자고 두 뜸 뜨고 한밤자네
④ 살금살금 찾아와서 피곤한 이 내 몸 흔드누나
⑤ 잠아 잠아 장난꾸러기 숨바꼭질하자 덤비는구나

정답 ①

해설 '눈썹 속에 숨었는가 눈알로 솟아온가'는 '숨다'와 '솟아오다'라는 동사를 활용하여 '잠'을 생명이 있는 대상으로 표현하는 활유법을 사용하고 있고, '눈썹 속에 숨었는가'와 '눈알로 솟아온가'를 짝이 되게 표현하여 대구법을 사용하고 있다.
②·③ 대구법은 사용하고 있으나, 활유법을 사용하고 있지 않다.
④·⑤ 활유법은 사용하고 있으나, 대구법은 사용하고 있지 않다.

[15~17]다음 글을 읽고 물음에 답하시오.

그림은 하반신부터 나타나기 시작했다. 그림이 펼쳐져감에 따라 실내에는 농도와 색깔이 다른 침묵이 쌓여 져갔다. 목이 나타나고 턱, 입, 코, 눈, 이마를 거쳐 머리 부분이 나타나려 할 때였다.

"요런 고이얀 놈, 당장 치워라!"

성주가 벌떡 일어서며 고함을 질렀다.

모두는 소스라친 표정으로 딱 굳어졌고 실내에는 순식간에 살얼음이 끼었다. 다만 그 혼자만이 이해할 수 없다는 표정으로 성주를 올려다본 채 계속 두루마리를 풀고 있었다.

"이놈 귀가 먹었느냐. 당장 치우라니까, 당장!"

성주는 발을 구르며 소리쳤다.

"어인 분부시옵니까, 성주님."

그는 정색을 하고 물었다.

"몰라서 묻는 거냐, 이놈! 네 놈 눈깔에는 내가 그처럼 흉물로 보이더란 말이냐. 요런 발칙한 놈아."

성주는 곧 쫓아 내려올 듯이 팔을 치뻗어대며 고함을 질렀다.

아⋯⋯, 그는 끝도 없는 벼랑을 의식했다. 한 발짝만 물러서면 그대로 곤두박이고 마는 벼랑. 그는 정신을 가다듬었다.

"소인의 재주가 워낙 모자람을 잘 알고 있사오나 붓을 들어 화폭에 그림을 그릴 때만은 추호의 거짓도 없이, 티끌만큼의 잡념도 없이 마음을 다스리옵니다. 하옵고, 비록 그림이 다 되었다 하나 어느 한구석이라도 미진하거나, 선 한 가닥이라도 거슬리면 결코 타인 앞에 내놓지를 않사옵니다. 하물며 성주님의 영정을⋯⋯."

"닥쳐라 이놈아! 감히 어디라고 주둥아릴 나불거리느냐."

벌겋게 핏발이 선 성주의 두꺼운 볼이 씰룩거렸다.

"황공하옵니다만 좌중에 물어주실 것을 소인 감히 소청드리옵니다."

그는 신념 어린 눈빛으로 성주를 올려다보았다.

"당돌한 놈 같으니라구⋯⋯."

성주는 수염을 신경질적으로 쓰다듬으며 신하들을 휘 둘러보았다.

그가 끝을 받쳐 들고 있는 커다란 족자에는 실물 크기의 세 배에 가까운 성주의 좌상이 담겨져 있었다. 칼 만 가까이해도 쫙 벌어질 것처럼 팽팽하게 살이 쪄 오른 볼, 살에 밀려 거의 닫힐 위기에 몰려 있는 가느다 란 눈, 뚱뚱한 몸집의 체면을 손상하기에 제격인 채신머리없이 달라붙은 염소수염, 몸집을 닮아 하늘 높은 줄을 모르고 세상 넓은 줄만 아는 펑퍼짐하게 퍼져버린 코, 그 장대한 육신을 먹여 살리기에 안성맞춤인 두 껍고도 큰 입, 어느 부분이든 실물과 너무나 똑같았다. 더구나 전체적으로 발산하고 있는 분위기는 여지없이 성주 그대로였다. 흡사 무더위처럼 어디선가 꾸역꾸역 괴어오르는 심술이라든가 땀 냄새처럼 끈적끈적하게 묻어나는 것 같은 탐욕스러움은 영락없이 살아 움직이는 성주였다.

"네 놈 소원이 정히 그렇다면 한 사람씩 의견을 듣도록 하겠다. 허나 만약 한 사람이라도 네 놈의 말과 다 를 시에는 결코 살아남지 못하리라. 그래도 자신이 있는가!"

성주가 잔인한 웃음을 입가에 물며 싸늘한 경고를 내던졌다.

"후회하지 않을 것이옵니다."

그는 성주를 똑바로 응시하며 분명한 어조로 대답했다.

"방자한 놈 같으니⋯⋯ 여봐라, 그대들은 차례로 저 그림을 보고 그 느낌을 숨김없이 아뢰도록 하라."

명령이 떨어지자 신하들은 한 사람씩 성주의 영정 앞에 읍을 했다.

"아뢰옵기 황공하오나 저건 성주님의 영정이 아닌 줄 아옵니다."

"그러하옵니다. 성주님과는 전혀 닮은 데가 없음이 사실이옵니다."

"소인의 눈도 마찬가지옵니다. 어찌 성주님의 모습이 저러하오리까."

㉠ 신하들의 말은 이런 식으로 계속되었고, 그의 눈은 차츰차츰 이상한 빛을 띠어가고 있었다.

"저자가 감히 성주님을 모독하고 있사옵니다."

"그러하옵니다. 성주님의 인자하시고 후덕하신 모습을 저자가 고의로 왜곡하고 있사옵니다."

"더 아뢰어 무엇하오리까. 환칠을 할 줄 안다는 좀스런 손재주를 가지고 성주님을 모독하려 했음이 분명하온즉 이 어찌 죄가 되지 않으오리까."

그의 눈은 이제 이글이글 타고 있었다.

"네 이노옴! 귀가 뚫렸으니 빼놓지 않고 다 들었으렷다. 그래도 더 할 말이 있느냐!"

성주는 실내가 쩌렁쩌렁 울리도록 호령했다.

그는 눈을 감았다. 그리고 곧 떴다. 그 지극히 짧은 시간 동안에 그는 모든 것을 정리했다. 중론을 듣고자 했던 것은 어리석고 어설픈 투기였다. 그러나 그는 후회하지 않았다.

조금도 동요의 빛이 없이 꼿꼿하게 일어선 그는 입을 열었다.

"㉡ 모두의 말이 다 옳습니다. 하오나 매일 아침 당경(唐鏡)*을 보셨을 때 당경도 그런 말을 했사옵니까. 분명 당경만은 거짓을 고하지 않았으리라 믿사옵니다."

그의 눈은 이제 훨훨 불이 붙고 있었다.

"저, 저놈이……. 저놈을 당장 하옥시키도록 하라."

성주의 말이 떨어지기가 바쁘게 그의 팔에는 결박이 지어졌다.

＊당경(唐鏡) : 거울.

15 위 글에 대한 설명으로 적절한 것은?

① 풍자적인 어조를 통해 해학적인 효과를 거두고 있다.

② 인물 간의 갈등이 주로 대화와 행동을 통해 고조되고 있다.

③ 사건을 병렬적으로 구성하여 이야기의 입체감을 높이고 있다.

④ 작품 속의 인물이 자신이 체험한 사건을 서술하는 방식을 취하고 있다.

⑤ 개인적인 결함으로 인해 비극적인 최후를 맞이하는 인물을 그리고 있다.

정답 ②

해설 이 글에서 '그'는 성주의 명령에 따라 성주의 영정을 그린다. '그'는 성주의 외모와 풍기는 분위기를 매우 사실적으로 묘사한 영정을 성주에게 바친다. 그러자 성주는 그 영정의 모습이 자신의 모습을 왜곡하여 부정적으로 그린 것이라며 분노를 표출하고, '그'는 자신의 그림은 매우 사실적인 그림이라며 반발한다. 영정을 둘러싼 '그'와 성주의 갈등은 주로 대화와 행동을 통해 나타나고, 사건이 전개될수록 고조되고 있다.

① 해학적인 성격은 나타나 있지 않다.

③ 두 가지 이상의 사건이 병렬적으로 나타나 있지 않고, 영정을 중심으로 한 가지 사건을 다루고 있다.

④ 전지적 작가 시점을 취하고 있다.

⑤ '그'는 개인적인 결함 때문이 아니라, 그림을 사실적으로 그린 것 때문에 비극적인 결과를 맞이하였다.

16 ⊙의 상황에서 '그'가 불렀음직한 노래로 적절한 것은?

① 옥을 돌이라 하니 그것이 애달퍼라. / 두 눈이 똑바르면 아는 법 있건마는 / 알고도 모르는 체하니 분노의 불 치솟네.

② 남을 믿겠는가 못 믿을 이 임이시라. / 믿어 온 시절도 못 믿을 줄 알겠노라. / 믿기야 어렵지마는 아니 믿고 어이리.

③ 인생이 둘인가 셋인가 이 몸이 네다섯인가. / 빌어온 인생에 커다란 꿈을 꾸고 / 평생에 꿈 이룰 일만 하고 언제 놀려 하는가.

④ 높으나 높은 나무 날 권하여 올려 두고 / 여보오 사람들아 흔들지나 말려무나. / 떨어져 죽기는 서럽지 않아도 임 못 볼가 하노라.

⑤ 나무도 병이 드니 거목이어도 쉴 이 없다. / 호화로이 섰을 때는 올 이 갈 이 다 쉬더니 / 잎 지고 가지 꺾은 후는 새도 아니 앉는다.

> **정답** ①

> **해설** 신하들은 성주의 심기를 거스르지 않기 위해 성주의 모습이 매우 사실적으로 그려진 영정을 있는 그대로 평가하지 않고, 왜곡하여 평가하였다. ⊙에는 이러한 신하들의 태도와 그러한 모습을 보고 분노하는 '그'의 태도가 드러나 있다. ①에서는 '옥'의 실체를 알면서도 '돌'이라고 왜곡하는 인물에 대해 분노의 심정을 드러내고 있다.
>
> ② '임'을 믿기 어렵지만 믿을 수밖에 없는 심정을 노래하였다.
>
> ③ 한 번뿐인 인생을 살며 꿈을 이루려고 평생 일만 하는 것보다 노는 것이 좋다고 말하고 있다.
>
> ④ 사람들이 자신을 몰락시키려 하는 상황을 노래하며 죽기는 서럽지 않지만 임을 보지 못할까 두렵다는 심정을 드러내고 있다.
>
> ⑤ 성공적인 삶을 살 때는 사람들이 자신을 가까이 하려 하다가 자신의 상황이 바뀌자 사람들의 태도가 달라진 것을 풍자하고 있다.

17 ⓛ에 대한 설명으로 적절한 것은?

① 상대에 대한 존경심이 언행으로 드러나고 있다.

② 사물을 통해 성주와의 갈등을 해소하려 하고 있다.

③ 반어적인 어법을 사용한 후, 자신의 주장을 펼치고 있다.

④ 이전과는 다른 화제(話題)로 위기에서 벗어나려 하고 있다.

⑤ 다른 사람의 의견을 수용하며 자신의 잘못을 시인하고 있다.

> **정답** ③

> **해설** ⓛ에서 '모두의 말이 다 옳습니다'고 한 것은 신하들의 말을 인정하는 것이 아니라, 반어적으로 말한 것이다. 이어지는 당경만은 진실을 말했을 것이라는 말은 자신이 그린 영정은 자신이 말한 그대로 성주를 사실적으로 그린 것이라는 주장을 다시 한번 펼친 것이다.

① '그'는 자신이 심혈을 기울여 만든 영정을 성주가 흉물스럽다고 여겨 자신의 모습과 다르다고 화를 내는 것에 대해 죽음을 각오하면서 마지막으로 거울을 보고 깨달으라고 한 것이므로 성주에 대한 존경심이 언행으로 드러났다고 할 수는 없다.

② '당경'은 성주의 분노를 증폭시키는 역할을 한다.

⑤ 당경을 보면 성주가 억지를 부리는 태도가 잘못이란 것을 알 수 있을 것이라 말하고 있으므로 '그'가 자신의 잘못을 시인하고 있는 것이 아니라, 오히려 굽히지 않고 자신의 주장을 펼치는 것이다.

[18~22] 다음 글을 읽고 물음에 답하시오.

(가) 가야 할 때가 언제인가를
　　분명히 알고 가는 이의
　　뒷모습은 얼마나 아름다운가.

　　봄 한 철
　　격정을 인내한
　　나의 사랑은 지고 있다.

　　분분한 낙화(落花)
　　결별이 이룩하는 축복에 싸여
　　지금은 가야할 때

　　무성한 녹음과 그리고
　　머지않아 열매 맺는
　　가을을 향하여
　　나의 청춘은 꽃답게 죽는다.

　　헤어지자
　　섬세한 손길을 흔들며
　　하롱하롱 꽃잎이 지는 어느 날.

　　나의 사랑, 나의 결별
　　샘터에 물 고인 듯 성숙하는
　　내 영혼의 슬픈 눈

(나) 그걸 내 마음이라 부르면 안 되나
　　토란잎이 간지럽다고 흔들어 대면
　　궁글궁글 투명한 리듬을 빚어내는 물방울의 둥근 표정
　　토란잎이 잠자면 그 배꼽 위에
　　하늘 빛깔로 함께 자고선
　　┌ 토란잎이 물방울을 털어 내기도 전에
[A]　│ 먼저 알고 흔적 없어지는 그 자취를
　　└ 그 마음을 사랑이라 부르면 안 되나

(다) 가시리 가시리잇고 나는
　　버리고 가시리잇고 나는
　　위 증즐가 대평성대(大平盛代)

　　날러는 어찌 살라 하고
　　버리고 가시리잇고 나는
　　위 증즐가 대평성대(大平盛代)

　　잡사와 두어리마나는
　　선하면 아니 올세라
　　위 증즐가 대평성대(大平盛代)

　　설온 님 보내옵나니 나는
　　가시는 듯 돌아오소서 나는
　　위 증즐가 대평성대(大平盛代)

18 (가)~(다)에 대한 설명으로 적절한 것은?

① (가)와 (나)에는 미래에 대한 확신이 나타나 있다.
② (가)와 (나)는 자연 현상을 바탕으로 주제를 표현하고 있다.
③ (가)와 (다)에서는 대상에 화자의 감정을 이입하고 있다.
④ (가)와 (다)는 부정적 현실에서 오는 절망감을 노래하고 있다.
⑤ (나)와 (다)는 공간의 이동에 따라 시상을 전개하고 있다.

정답 ②

해설 (가)는 봄날 꽃이 떨어지는 '낙화' 현상을 소재로 취하여 낙화의 의미, 사랑과 결별의 의미를 성찰하고 있는 작품이며, (나)는 토란잎에 맺히는 물방울을 소재로 사랑의 의미를 성찰하고 있는 작품이다. 즉, 두 작품은 모두 자연 현상을 소재로 취하여 이로부터 주제를 이끌어내고 있다는 공통점을 가지고 있다.

19 〈보기〉의 설명을 뒷받침할 수 있는 근거를 (나), (다)에서 찾아보았다. 적절하지 <u>않은</u> 것은?

> **보기**
>
> 한 편의 시는 잘 다듬어진 형태 속에서 음악적 자질이 최대한 드러날 때, 그 음악적 아름다움이 실현된다. 행과 연의 규칙적 구성, 특정한 시어나 구절의 반복, 특정한 소리의 배치 등은 모두 이를 위한 것이다.

① (나)에서는 '토란잎이'로 시작되는 시구를 2행, 4행, 6행에 반복적으로 배치하였다.

② (나)는 첫 행과 끝 행을 유사한 구조를 가진 행으로 구성하였다.

③ (다)의 1연, 2연, 4연에서 '나는'을 반복하였다.

④ (다)는 모든 행의 끝을 의문형으로 마무리하였다.

⑤ (다)는 각 연의 행의 수를 동일하게 구성하였다.

정답 ④

해설 (다)의 1연, 2연의 둘째 행은 의문형 종결 어미로 행을 마무리하고 있다. 그러나 2연 첫째 행은 둘째 행과 연결 어미로 연결되어 있으며, 3연의 첫째 행은 둘째 행과 방임형 연결 어미로 연결되었고, 둘째 행은 의구형 종결 어미가 쓰였다.

20 [A]에 담겨 있는 의미에 공감한 독자가 그 내용을 (가), (다)의 시구를 활용하여 표현한다고 할 때, 가장 적절한 것은?

① 가야 할 때를 분명히 알고 가는 이의 모습은 얼마나 아름다운가.

② 결별이 이룩하는 축복을 위해 우리는 가야 한다.

③ 이 무성한 녹음은 머지않아 열매 맺는 가을로 향할 것이라 믿는다.

④ 날러는 어찌 살라 하고 이대로 가시렵니까.

⑤ 셜온 님 보내옵나니 가시는 대로 곧 돌아오십시오.

정답 ①

해설 [A]에서 시인은 털어 내기도 전에 먼저 알고 흔적 없이 사라지는 물방울의 마음을 사랑이라 하였다. 작품 전체의 맥락으로 보아 여기서 '털어 낸다'는 '사랑이 끝남'으로 읽을 수 있다. 그렇다면 [A]는 '사랑은 끝남을 먼저 알고 그 흔적을 거두는 것이다'의 의미로 해석할 수 있다. 이는 (가)의 '가야 할 때가 언제인가를 분명히 알고 가는' 모습과 유사하다. 토란잎이 물방울을 털어 내기 전에 그것을 먼저 알고 사라진다는 것은 가야 할 때가 언제인가를 분명히 알고 가는 이의 모습이며, (가)에서는 그것을 아름답다고 하였다.

② (가)에서는 이별을 '축복'이라 하였다. 그러나 [A]의 맥락에서 이별을 '축복'으로 볼 근거를 찾기 어려우며, 더구나 '축복을 위해' 간다는 의미를 찾을 수는 없다.

④ [A]는 이별의 시간을 먼저 알고 떠나는 마음을 표현하고 있다. 그러나 ④의 경우는 사랑하면서도 상대를 떠나보내는 사람의 호소를 담고 있다는 점에서 그 의미와 양상이 다르다.

21 (가)의 의미를 3연의 '지금은 가야할 때'를 중심으로 해석해 보았을 때, 적절하지 <u>않은</u> 의견은?

① 2연의 '나의 사랑은 지고 있다.' 등으로 보아 사랑하는 사람과의 이별과 거기에서 오는 아픔을 노래한 것으로 보여.

② 3연의 '분분한 낙화' 등으로 보아 꽃이 져야만 열매를 맺는 자연의 섭리와 그것에 순응하는 태도로 읽을 수 있어.

③ 4연의 '무성한 녹음과 그리고 머지않아 열매 맺는 가을'로 보아 가난에서 오는 절망을 극복한 풍요로운 세계에 대한 소망을 노래하고 있어.

④ 4연의 '나의 청춘은 꽃답게 죽는다.'로 보아 인생의 청춘기와 성년기의 경계 지점을 통과하는 사람의 노래로 볼 수 있어.

⑤ 6연의 '나의 사랑, 나의 결별 샘터에 물 고인 듯 성숙하는'으로 보아 미성숙의 상태에서 벗어나 보다 성숙한 세계로 들어가겠다는 의지의 표명으로 보여.

정답 ③

해설 (가)에서 꽃이 떨어지는 모습은 '무성한 녹음', '열매 맺는 가을'로 이어지고 있다. 곧 낙화와 이별의 슬픔에서 미래의 성숙을 읽어 내고 있는 것이다. 물론 일반적으로 '녹음'과 '열매'가 '풍요'를 상징할 수는 있을 것이다. 그러나 이 작품의 맥락에서 '낙화'를 가난과 절망으로, 그것과 연결하여 '녹음과 열매'를 풍요로운 세계로 읽을 수는 없다.

22 작가가 (다)를 쓰고 시간이 흐른 후에 〈보기〉의 작품을 썼다고 가정할 때, 두 작품을 비교하여 감상한 내용으로 적절하지 <u>않은</u> 것은?

> **보기**
>
> 이화우(梨花雨) 흩뿌릴 제 울며 잡고 이별한 임
> 추풍(秋風) 낙엽에 저도 날 생각는가
> 천 리(千里)에 외로운 꿈만 오락가락 하노매

① (다)에 나타난 이별 상황은 〈보기〉의 초장에 나타나고 있다.

② (다)에 나타난 임에 대한 사랑은 〈보기〉에서도 변함이 없음을 알 수 있다.

③ 〈보기〉의 초장과 중장을 통해 (다)의 상황 이후에 시간이 흘렀음을 나타내고 있다.

④ (다)에 나타난 염원과는 달리 〈보기〉에서 임은 아직 돌아오지 않았음을 알 수 있다.

⑤ (다)와 〈보기〉 모두 청자로 설정된 임에게 직접 호소하는 방식으로 노래하고 있다.

정답 ⑤

해설 (다)의 화자는 청자로 설정된 '임'을 향해 직접 호소하는 형식을 취하고 있다. 그러나 〈보기〉의 경우 '임'을 청자로 보기는 어려우며, 임에게 직접 호소하는 형식의 말하기 방식을 찾을 수 없다.

② 〈보기〉의 중장에서 화자는 '저도 날 생각는가'라고 하였는데, 이는 곧 화자가 여전히 임을 생각하고 있음을 말해 준다. 또한 종장의 '외로운 꿈만 오락가락 하노매'에서 이별한 임에 대한 강한 그리움을 엿볼 수 있다.

③ 〈보기〉의 초장은 '이화우 흩뿌릴 제'에서 보듯이 화자가 임과 이별한 시간이 봄이었음을 알려 준다. 중장은 '추풍낙엽'이라는 시구를 통해 이 노래를 부르는 시점이 가을임을 보여 준다.

[23~25] 다음 글을 읽고 물음에 답하시오.

한 곳을 다달아 돛을 지우고 닻 내리니 여기가 바로 인당수라. 거센 바람 크게 일어 바다가 뒤누우며 어룡이 싸우는 듯, 벽력이 일어난 듯, 너른 바다 한가운데 일천 석 실은 배, 노도 잃고 닻도 끊어지고 용총도 부러지며 키도 빠지고, 바람 불고 물결쳐 안개 비 뒤섞여 잦아진데 갈 길은 천리만리 남아 있고, 사면은 어둑하고 천지가 적막하여 간신히 떠오는데 뱃전은 탕탕, 돛대도 와지끈, 순식간에 위태하니, 도사공 이하 모두들 겁을 내어 정신이 달아나고, 고사 제물 차릴 적에 섬 쌀로 밥을 짓고 동이 술에 큰 소 잡아 온 소다리 온 소머리 사지 갈라 올려놓고, 큰 돼지 잡아 통째 삶아 큰 칼 꽂아 기는 듯이 받쳐 놓고, 삼색 실과 오색 탕수, 갖은 고기 식혜류와 온갖 과일 방위차려 고여 놓고, 심청을 목욕시켜 흰옷으로 갈아입혀 상머리에 앉힌 뒤에, 도사공이 앞에 나서 북을 둥둥 울리면서 고사한다.

(중 략)

"우리 동무 스물네 명 장사를 직업 삼아 십여 세에 조수 타고 서호를 떠다니니, 인당수 용왕님은 사람 제물 받잡기로 유리국 도화동에 사는 십오 세 효녀 심청을 제물로 드리오니, 사해 용왕님은 고이고이 받으소서. 동해신 아명 서해신 거승이며, 남해신 축융 북해신 옹강이며, 칠금산 용왕님 자금산 용왕님 개개 섬 용왕님 영각대감 성황님, 허리간에 화장성황 이물고물 성황님네 다 굽어보옵소서. 물길 천리 먼먼 길에 바람구멍 열어내고, 낮이면 골을 넘어 대야에 물 담은 듯이, 배가 무쇠도 되고 닻도 무쇠가 되고 용총마류 닻줄 모두 다 무쇠로 점지하시고, 빠질 근심 없삽고 재물 잃을 근심도 없애시어 억십만 금 이문 남겨 웃음으로 즐기고 춤으로 기뻐하게 점지하여 주옵소서."

하며 북을 '두리둥 두리둥' 치면서,

"심청은 시각이 급하니 어서 바삐 물에 들라."

심청이 거동 보소. 두 손을 합장하고 일어나서 하느님 전 비는 말이,

"비나이다, 비나이다, 하느님 전에 비나이다. 심청이 죽는 일은 추호도 섧지 아니하여도, 병든 아버지 깊은 한을 생전에 풀려하고 이 죽음을 당하오니 명천은 감동하사 어두운 아비 눈을 밝게 띄워 주옵소서."

눈물지며 하는 말이,

"여러 선인님네 평안히 가옵시고 억십만 금 이문 남겨 이 물가를 지나거든 나의 혼백 불러내어 물밥이나 주시오."

하며 안색을 변치 않고 뱃전에 나서보니 티없이 푸른 물은 '월러렁 콸넝' 뒤둥구리 구비쳐서 물거품 북적찌데한데, 심청이 기가 막혀 뒤로 벌떡 주저앉아 뱃전을 다시 잡고 기절하여 엎딘 양은 차마 보지 못할 지경이었다.

심청이 다시 정신차려 할 수 없어 일어나서 온 몸을 잔뜩 끼고 치마폭을 뒤집어쓰고, 종종걸음으로 물러섰다 바다 속에 몸을 던지며,

"애고 애고, 아버지 나는 죽소."

뱃전에 한 발이 지칫하며 거꾸로 풍덩 빠져 놓으니, 꽃 같은 몸이 풍랑에 휩쓸리고 밝은 달이 물 속에 잠기어 너른 바다 속에 곡식낱이 빠진 것 같았다. 새는 날 기운같이 물결은 잔잔하고 광풍은 삭아 지며 안개 자욱하여 가는 구름 머물렀고, 맑은 하늘 푸른 안개 새는 날 동방처럼 날씨 명랑했다.

도사공 하는 말이,

"고사를 지낸 후에 날씨가 순통하니 심 낭자 덕 아니신가?"

좌중이 같은 생각이라 고사를 마치고,

"술 한 잔씩 먹고 담배 한 대씩 먹고 행선함새."

"어, 그리 함새."

'어기야 어기야.' 뱃노래 한 곡조에 삼승 돛을 채어 양쪽에 갈라 달고 남경으로 들어갈 제, 와룡수 여울물에 쏘아놓은 살대같이, 기러기 다리에 전한 편지 북해 상에 기별같이 순식간에 남경으로 다달았다.

이때 심 낭자는 너른 바다에 몸이 들어 죽은 줄로 알았는데, 무지개 영롱하고 향내가 코를 찌르더니, 맑은 피리 소리 은근히 들리기에 몸을 머물러 주저할 제, 옥황상제 하교하사 인당수 용왕과 사해용왕 지부왕에게 일일이 명을 내리셨다.

"내일 출천(出天) 효녀 심청이가 그곳에 갈 것이니 몸에 물 한 점 묻지 않게 할 것이며, 만일 모시기를 실수하면 사해용왕은 천벌을 주고 지부왕은 파문을 내릴 것이니, 수정궁으로 모셔들여 3년 받들고 단장하여 세상으로 돌려보내라."

23 위 글을 읽고 난 후의 반응으로 가장 적절한 것은?

① 운명을 개척하는 심청의 모습이 두드러지게 나타나고 있어.

② 아무런 감정의 동요 없이 죽음을 수용하는 심청의 자세가 돋보여.

③ 당대 해상 무역의 거래 방식을 파악할 수 있는 좋은 자료가 되겠어.

④ 심청과 선인들은 각자 자신들의 목적을 달성하기 위해 행동하고 있어.

⑤ 불합리한 사회 구조에 저항하는 당대 피지배 계층의 모습을 엿볼 수 있어.

정답 ④

해설 이 글에서 심청은 아버지의 눈을 뜨게 하기 위해 인당수에 몸을 던지고 있고, 선인들은 장사를 해서 큰 이익을 얻기 위해 인당수 용왕에게 사람을 제물로 바치며 고사를 지내고 있다.

① 제물이 되어 바다에 빠지는 심청의 모습을 운명을 개척하는 모습으로 보기 어렵다.

② 심청이 인당수에 몸을 던지기 전에 거친 바닷물을 보고 두려워 기절하는 모습을 보이는 장면에서 심청이 아무런 감정의 동요 없이 죽음을 수용했다고 볼 수 없다.

24 다음은 위 작품 전체의 서사 구조를 정리한 것이다. 위 글과 관련지어 내린 판단으로 적절하지 <u>않은</u> 것은?

1단계(현실계)	2단계(환상계)	3단계(현실계)
가난한 맹인의 집에서 출생한 심청이 고생하며 살다가 부친을 위해 인당수에 투신함	용왕들의 도움으로 심청은 수정궁으로 가고 선녀가 된 어머니를 만남	심청이 황후가 되어 맹인 잔치를 열어 심봉사와 재회하고 심봉사는 눈을 뜸

① 위 글의 선인들은 1단계에 등장하는 인물이겠군.

② 위 글의 옥황상제는 2단계의 도움을 지시했군.

③ 위 글은 3단계로 미루어 볼 때 행복한 결말이 되겠군.

④ 위 글에서는 현실계에서 환상계로의 공간적 이동이 나타나는군.

⑤ 위 글은 이야기 속에 이야기가 들어 있는 액자식 구성을 취하고 있군.

[정답] ⑤

[해설] 이 작품은 이야기를 구성하고 있는 서사 구조의 각 단계들이 시간의 흐름에 따른 공간적 변화와 인과적 관계를 보이며 진행되고 있다. 즉, 심청이라는 주인공이 '현실계 → 환상계 → 현실계'로 이어서 등장하는 단일한 이야기 구조로 되어 있는 것이다. 그러므로 이야기 속에 또 다른 이야기가 나타나는 액자식 구성으로 판단한 것은 잘못이다.

25 〈보기〉는 위 글의 근원설화를 간추린 것이다. 〈보기〉와 위 글을 비교하여 설명할 때 적절하지 <u>않은</u> 것은?

신라의 아찬 양패가 당나라에 사신으로 갈 때, 배가 곡도(鵠島)에 이르자 풍랑이 크게 일어나 열흘 이상이나 묵게 되었다. 양패가 섬 안에 있는 못 위에서 제사를 지내니 그날 밤 꿈에 노인 모습을 한 서해 용왕이 나타나 양패를 호위하는 50인의 궁수 중 한 사람을 바치면 뱃길이 무사하리라고 말하였다. 나뭇조각에 궁수들의 이름을 적어 물속에 가라앉게 한 결과 거타지(居陀知)라는 사람이 뽑히어 홀로 섬에 남게 되자 순풍이 일어나 배는 떠나가게 되었다. 거타지가 근심에 싸여 있는데 서해 용왕이 못 속에서 나와 어떤 중이 해가 뜰 때 하늘에서 내려와 자손들의 간을 빼 먹어 자기 부부와 딸 하나만 남게 되었으니, 거타지의 활쏘기 능력을 발휘하여 중을 쏘아 달라고 부탁하였다. 거타지가 용왕의 부탁을 받아들여 중을 활로 쏘니, 늙은 여우가 되어 땅에 떨어져 죽었다. 이에 용왕은 거타지에게 감사의 뜻을 나타내고 자기 딸을 아내로 주었으며, 용 두 마리를 시켜 거타지를 받들고 사신의 배를 따라가서 당나라까지 호위하게 하니, 당나라 황제가 보고를 받고 사신 일행을 후히 대접하였다.

① 〈보기〉와 위 글은 사람을 제물로 바치는 모티프를 활용하고 있다.

② 〈보기〉와 달리, 위 글에는 악행을 저지르는 요물이 등장하지 않는다.

③ 〈보기〉와 위 글에서는 용왕이 안전한 항해를 주관한다는 발상을 찾을 수 있다.

④ 〈보기〉와 위 글은 스스로 희생을 선택하면 행복하게 된다는 교훈을 제시하고 있다.

⑤ 〈보기〉에서는 주인공의 재능에, 위 글에서는 주인공의 바람직한 심성에 초점을 맞추고 있다.

정답 ④

해설 위 글에서 심청은 눈 먼 아버지의 눈을 뜨게 하기 위해 스스로 제물이 되어 죽음을 선택한다. 하지만 〈보기〉의 거타지는 제비뽑기의 결과로 어쩔 수 없이 섬에 남게 되었으므로 스스로 희생을 선택한 것은 아니다.

① 〈보기〉에서는 서해 용왕에게 거타지를 제물로 바치고 있고, 위 글에서는 인당수 용왕에게 심청을 제물로 바치고 있다. 즉, 사람을 제물로 바치는 인신공희(人身供犠)를 모티프로 활용하고 있는 것이다.

② 〈보기〉에서는 중으로 변신해 용왕의 자손들의 간을 빼먹는 늙은 여우가 등장하나, 위 글에서는 악행을 저지르는 요물이 등장하지 않는다.

⑤ 〈보기〉에서는 거타지의 궁술(弓術)에, 위 글에서는 심청의 효성에 초점을 맞추고 있다.

[26~29] 다음 글을 읽고 물음에 답하시오.

(가) 친구가 원수보다 더 미워지는 날이 많다.
티끌만한 잘못이 맷방석만하게
동산만하게 커 보이는 때가 많다.
[A] ┌─ 그래서 세상이 어지러울수록
     남에게는 엄격해지고 내게는 너그러워지나 보다.
    └─ 돌처럼 잘아지고 굳어지나 보다.
멀리 동해 바다를 내려다보며 생각한다.
널따란 바다처럼 너그러워질 수는 없을까,
깊고 짙푸른 바다처럼,
감싸고 끌어안고 받아들일 수는 없을까,
㉠ 스스로는 억센 파도로 다스리면서,
제 몸은 맵고 모진 매로 채찍질하면서.

(나) 흥부 부부가 박덩이를 사이하고
가르기 전에 건넨 웃음살을 헤아려보라.
금(金)이 문제리,
황금(黃金) 벼이삭이 문제리,
웃음의 물살이 반짝이며 정갈하던
㉡ 그것이 확실히 문제다.

없는 떡방아 소리도
있는 듯이 들어 내고
손발 닳은 처지끼리

같이 웃어 비추던 거울면(面)들아.

웃다가 서로 불쌍해
ⓒ 서로 구슬을 나누었으리.
그러다 금시
절로 면(面)에 온 구슬까지를 서로 부끄리며
먼 물살이 가다가 소스라쳐 반짝이듯
서로 소스라쳐
본(本)웃음 물살을 지었다고 헤아려 보라.
그것은 확실히 문제다.

(다) 산수간(山水間)바위 아래 띠집을 짓노라 하니
　　그 모른 남들은 웃는다 한다마는
　　ⓔ 어리고 햐암*의 뜻에는 내 분(分)인가 하노라

　　보리밥 풋나물을 알맞게 먹은 후에
　　바위 끝 물가에 슬카지 노니노라
　　그 남은 여남은 일이야 부럴* 줄이 있으랴

　　잔 들고 혼자 앉아 먼 뫼를 바라보니
　　그리던 님이 오다 반가움이 이러하랴
　　말씀도 웃음도 아녀도 못내 좋아하노라

　　누고셔 삼공(三公)도곤 낫다 하더니 만승(萬乘)이 이만하랴
　　이제로 헤어든 소부 허유(巢父許由) 약돗더라*
　　아마도 임천 한흥(林泉閑興)을 비길 곳이 없어라

　　내 성이 게으르더니 하늘이 알으실사
　　인간 만사(人間萬事)를 한 일도 아니 맡겨
　　ⓜ 다만당 다툴 이 없는 강산(江山)을 지키라 하시도다

　　강산이 좋다 한들 내 분(分)으로 누웠느냐
　　임금 은혜를 이제 더욱 아노이다
　　아무리 갚고자 하여도 하올 일이 없어라

*햐암 : 시골에 사는 견문이 좁고 어리석은 사람.
*부럴 : 부러워할.
*약돗더라 : 약았더라.

26 (가)~(다)에 대한 설명으로 가장 적절한 것은?

① (가)와 (나)에는 현재의 상황에 만족하는 화자의 태도가 드러나 있다.
② (가)와 (다)에서 화자는 자신의 좌절감을 다른 대상에 의탁하여 표현하고 있다.
③ (나)와 (다)에는 물질적 가치보다 정신적 가치를 중요하게 여기는 화자의 가치관이 담겨 있다.
④ (가), (나), (다)에서 화자는 연민과 동정의 시선으로 대상을 바라보고 있다.
⑤ (가), (나), (다)에는 이상과 현실의 괴리에서 오는 화자의 고뇌가 나타나 있다.

정답 ③

해설 (가)는 자신에게는 너그럽고 타인에게는 인색한 삶의 태도를 반성하면서 자신을 성찰하는 모습을 보여 준다.
(나)는 해학적인 표현을 사용하여 가난한 삶의 애환을 긍정적으로 전환하고 있다.
(다)는 안분지족(安分知足)하는 삶을 형상화한 작품이다.
③ (나)의 화자는 '황금 벼이삭'보다 '웃음의 물살'을, (다)의 화자는 '삼공', '만승'보다 자연을 즐기며 사는 삶을 더 중요하게 여기고 있다.

27 (가)와 (나)에 공통적으로 드러나는 표현상의 특징으로 가장 적절한 것은?

① 어순을 뒤바꿔 놓아 단조로움을 탈피하고 있다.
② 경건한 어조를 사용하여 시적 긴장감을 높이고 있다.
③ 공감각적 심상을 통하여 자연과의 친화를 보여 주고 있다.
④ 고전 소설의 내용을 끌어들여 독자의 흥미를 유발하고 있다.
⑤ 대조적 의미를 지닌 시어를 제시하여 주제 의식을 강화하고 있다.

정답 ⑤

해설 (가)는 '바다'와 '돌', (나)는 '황금 벼이삭'과 '웃음의 물살'이 대조적으로 제시되어 있다..

28 ㉠~㉤에 대한 이해로 적절하지 않은 것은?

① ㉠ – '억센 파도'와 '맵고 모진 매'는 함축적 의미가 유사하군.
② ㉡ – '문제다'란 옳지 않다는 뜻이 아니라, 중요하다는 뜻으로 받아들여야 해.
③ ㉢ – 앞 구절과 연결하여 생각해 볼 때, '구슬'이 의미하는 것은 '눈물'이야.
④ ㉣ – 화자의 소박한 뜻을 모르는 세상 사람들에 대한 한탄의 표현이야.
⑤ ㉤ – 세속적 이익을 놓고 다투던 당대 사람들의 모습을 엿볼 수 있어.

정답 ④

해설 ㉣은 세상 사람들 눈에는 자신의 소망이 보잘 것 없고 어리석게 보일지라도 그렇게 사는 삶이 자신의 분수에 맞다는 것을, 자연 속에서 만족감을 느끼며 살아가는 소박한 삶에 대한 즐거움을 표현하고 있다.

29 시적 화자의 태도가 [A]와 가장 유사한 것은?

① 인생은 살기 어렵다는데

시가 이렇게 쉽게 씌어지는 것은

부끄러운 일이다.   - 윤동주, 〈쉽게 씌어진 시〉-

② 꿈꾸어도 노래하지 않고

두 쪽으로 깨뜨려져도

소리하지 않는 바위가 되리라.   - 유치환, 〈바위〉-

③ 우리 모두 화살이 되어

온몸으로 가자.

허공 뚫고

온몸으로 가자.   - 고은, 〈화살〉-

④ 한밤중에 바람이 분다.

바람 속에서 애기가 웃는다.

애기는 방 속을 들여다본다.

들창을 열었다 다시 닫는다.   - 김광균, 〈은수저〉-

⑤ 산산이 부서진 이름이여!

허공 중에 헤어진 이름이여!

불러도 주인 없는 이름이여!

부르다가 내가 죽을 이름이여!   - 김소월, 〈초혼〉-

정답 ①

해설 [A]에서 화자는 자신의 삶을 돌아보며 스스로를 반성하고 있다. ①의 화자는 암담한 현실 상황에서 소극적인 태도로 임하는 자신의 삶을 성찰하며 현실을 극복하려는 의지를 드러내고 있다. 따라서 정답은 ①이다.

[30~32] 다음 글을 읽고 물음에 답하시오.

강변 아파트 칠 동 십팔 층 삼 호에는 늙은 여자와 젊은 여자와 젊은 여자의 남편과 두 아이가 살고 있었다. 늙은 여자와 젊은 여자는 고부간이었다. 고부간의 의는 좋지도 나쁘지도 않았다. 젊은 여자는 좋은 가정 교육과 학교 교육을 받은 똑똑한 여자로서 매사에 완전한 걸 좋아했다. 비뚤어지거나 모자라거나 흠나거나 더럽거나 넘치는 걸 참지 못했다.

그러나 사람의 행복이라는 데 대해서만은 대단히 융통성 있는 생각을 갖고 있었다. 아무리 행복한 사람에게도 한 가지 근심이 있기 마련이라는 게 그것이었다. 늙은 여자는 젊은 여자의 바로 이 한 가지 근심이었다. 젊은 여자는 늙은 여자를 한 가지 근심으로서밖에 인정하지 않았다.

늙은 여자는 실상 늙은 여자가 아니었다. 아직 환갑도 안되었고 소녀처럼 혈색 좋은 볼과 검고 결 좋은 머리와 맑은 눈을 가지고 있었다. 젊은 여자를 며느리로 맞을 때는 더 젊었었다. 하객들은 동서간처럼 보이는 고부간이라고 수군댔었다. 시집온 지 며칠이 지나도록 젊은 여자는 늙은 여자를 결코 어머니라고 부르지 않았다. 꼭 불러야 할 기회는 젊은 여자 쪽에서 교묘하게 피했기 때문에 늙은 여자는 그걸 별로 부자연스럽게 여기지 않았다.

그러던 어느 날 젊은 여자는 친구를 초대했다. 친구들은 오이소박이 맛을 특히 칭찬하면서 누가 어떻게 담갔는가를 알고 싶어했다. 그것은 늙은 여자의 솜씨였다. 늙은 여자는 젊은 여자가 우리 어머님이 담그셨다고 그래주길 가슴 두근대며 기다렸다. 그러나 젊은 여자는 간결하게 말했다.

"우리 집 노인네 솜씨야."

늙은 여자는 그 말이 섭섭해 며칠 동안 입맛을 잃었다. 그러나 그것은 다만 시작에 불과했다. 감기 기운만 있어 봬도 노인네가 옷을 얇게 입으시니까 그렇죠. 화장실만 자주 들락거려도 노인네가 과식을 하시니까 그렇죠. 질긴 거나 단단한 걸 먹으려 해도 노인네가 그걸 어떻게 잡수실려고 그래요. 이런 식으로 그 여자는 모든 자연스러운 행동을 하나하나 간섭받으면서 늙은 여자로 만들어졌다.

그러다가 젊은 여자는 아이를 낳았다. 늙은 여자에게 손자가 생긴 것이다. ㉠ 그때부터 젊은 여자는 늙은 여자를 할머니라고 불렀다. 늙은 여자의 아들까지 덩달아서 할머니라고 불렀다. 마땅히 어머니라고 불러야 할 사람들이 할머니라고 부르기 위해 대화의 방법까지 간접적인 것으로 고쳐 나갔다. 할머니 진지 잡수시라고 해라. 할머니 그만 주무시라고 해라. 할머니 전화 받으시라고 해라. 이런 식이었다.

오늘 아침에도 늙은 여자는 깨어서 누워 있었다. 늙은 여자의 방은 아파트의 방 중 바깥으로 창이 나지 않은 단 하나의 방이었기 때문에 밖이 어느 만큼 밝았나를 알 수 없었다. 문은 부엌으로 나 있었다. 그 방은 방이 아니라 ㉡ 골방이었다. 늙은 여자는 눈감고 창밖의 어둠이 군청색으로, 남빛으로, 엷어지면서 창호지의 모공을 통해 청량한 샘물 같은 새벽바람이 일제히 스며들던 옛집의 새벽을 회상했다. 그 여자의 회상은 회상치곤 아주 사실적이었다. 아파트촌의 새벽이 그 여자의 회상을 따라 밝아왔다. 부엌에서 그릇 부딪는 소리가 들리고 이어서 할머니 일어나시라고 해라 하는 젊은 여자의 차가운 목소리가 들렸다. 아이들은 아직 자고 있었기 때문에 그것은 늙은 여자 들으라고 하는 소리였다.

30 위 글의 서술상 특징에 대한 설명으로 가장 적절한 것은?

① 섬세하고 치밀한 심리묘사를 통해 인물의 성격을 사실적으로 드러내고 있다.
② 작품 내부에 있는 서술자가 자신의 이야기를 진술하여 사실성을 높이고 있다.
③ 독백을 대화 형태로 가장하여 인물이 처한 갈등 상황을 간접적으로 제시하고 있다.
④ 다양한 등장인물을 설정하여 계층 간에 일어나는 갈등 양상을 폭넓게 그려 내고 있다.
⑤ 연관된 사건들을 요약적으로 제시하여 인물이 처한 상황을 효과적으로 부각시키고 있다.

정답 ⑤

해설 서술자는 늙은 여자의 삶을 요약적으로 제시하고 있다. 따라서 정답은 ⑤이다.

31 ㉠의 이유로 적절하지 않은 것은?

① 심리적인 거리감이 느껴져서
② 한세월 비켜난 사람임을 명시하려고
③ 시어머니를 '어머님'이라고 부르기 꺼려서
④ 집안 어른으로서의 권위를 인정하기 위해서
⑤ 시어머니를 하찮은 존재로 여겨서

정답 ④

해설 젊은 여자는 늙은 여자를 한번도 '어머니'라고 부르지 않는다. 전통적 가정에서 큰 어른인 시어머니를 존경하고 보살펴야 하지만 늙은 여자라고 부름으로써 짐짝 취급을 한다. 또 '늙은 여자, 할머니' 등의 호칭 사용은 약해져가는 가족 간의 유대를 상징적으로 표현하는 것이다. 그러므로 ㉠은 젊은 여자가 늙은 여자와 직접 대화하기를 꺼려하는 행동이지 권위를 인정하는 태도로 보기 어렵다. 따라서 정답은 ④이다.

32 ㉡에 대한 독자의 추측으로 적절하지 않은 것은?

① 전통적인 효 사상과는 거리가 있군.
② 늙은 여자의 외로움이 깊어가는 공간이군.
③ 자신의 삶을 돌아보며 반성하는 공간이군.
④ 늙은 여자의 활동이 제한적임을 암시하는군.
⑤ 시계가 없으면 시간의 흐름을 알 수 없겠군.

정답 ③

해설 늙은 여자는 가족들에게 소외되어 볕이 들지 않고, 부엌의 환풍기 소리까지 시끄럽게 들리는 골방에서 생활한다. '골방'은 노인세대의 황혼 의식, 비애에 찬 노인의 내면을 상징하는 폐쇄적이며 지배적인 공간이다.

33 다음 글의 글쓴이가 〈보기〉를 읽고 보일 반응으로 가장 적절한 것은?

연극이 행사적·집회적·축제적 성격을 띠던 현상은 근대 이전에는 일반적이었다. 그리스 연극은 디오니소스 제전이라는 축제·행사의 한 부분이었고, 서양 중세의 연극들도 장원(莊園)이라는 공동체 축제의 일부분이었다. 우리나라 연극도 종교의식의 한 부분이거나 대보름이나 단오, 백중 등 축제의 일부분이었다. 이 때문에 연극은 항상 볼 수 있는 게 아니었고, 행사나 축제가 열릴 때에만 볼 수 있었다.

그러나 자본주의 사회는 예술 역시 상품의 하나로 그 성격을 바꾸어 놓았다. 근대 이전과는 달리 불특정 다수를 겨냥하여 어느 기간 동안 지속해서 연극을 생산하여 시장에 내놓고 손님을 기다리는 상품 형태를 띠게 된다. 이에 따라, 공연의 관객은 관객들끼리의 연대의식이 있지 않다. 그 마을의 구성원, 그 행사에 초대받은 사람, 혹은 그 행사에 참여하기 위해 모인 사람들이 공연 외적인 연대감을 가진 것과는 달리, 오로지 그 작품을 감상하기 위해서 모였다는 동질감만 갖게 된 것이다. 이렇게 자본주의 사회에서 공연예술 작품은 다른 여러 삶의 맥락으로부터 독립하게 되고, 공연예술 수용 행위 역시 지극히 개인적인 행위가 된다.

물론, 이러한 과정을 통해, 예술가는 공연예술 작품이 놓이는 특정한 맥락에 구애받지 않고 작품의 내용과 형식을 선택하여 창작하는 자유로움을 얻었고, 수용자는 공연을 보기 위해 특정한 날을 기다리거나 행사에 참가하는 번거로움 없이, 공연을 보고 싶을 때에는 혼자서라도 돈을 내고 그 작품을 구매하여 감상할 수 있는 편리함을 누릴 수 있게 되었다.

그러나 이러한 변화 속에서 자본주의 사회의 공연예술은 행사적·축제적 성격을 상실하게 되었다. 축제나 행사는 매일 혹은 아무 때나 일어나는 일상적 사건이 아니라 '특별한 사건'이다. 그 특별한 날에 특정한 사람들끼리 즐길 수 있었던 놀이와 예술을, 이제는 언제 어디서나 혼자서 향유할 수 있게 되었고, 그러한 예술 향유는 축제나 행사가 아닌 특별할 것이 없는 일상적인 취미생활, 혹은 나만이 즐기는 취미생활이 되고 만 것이다.

> **보기**
>
> 최근 공연예술계에서는 '아트마켓'에 많은 관심을 기울이고 있다. '아트마켓'은 다양한 문화예술 관련 유·무형의 상품을 유통하는 공간이자 장치를 말한다. 이를 이용하여 문화예술 관련 프로그램을 창의적으로 기획하는 공급자와 문화예술 상품에 대한 전반적인 정보를 통해 좋은 프로그램을 골라내고 활용하는 소비자를 동시에 키워낼 수 있게 되고, 그 결과로 문화예술 관련 시장을 자연스럽게 활성화할 수 있을 것으로 기대하고 있다.

① '아트마켓'은 예술의 상품화 문제를 해결할 수 있는 공간이겠군.
② '아트마켓'은 예술에 대한 개인주의적 향유 활동을 활성화시키는 공간이겠군.
③ '아트마켓'이라는 공간은 근대 이전의 마을 축제의 공간과 유사한 속성을 지니겠군.
④ '아트마켓'은 예술 상품을 구입하려는 소비자에게 특정 자격을 요구하는 공간이겠군.
⑤ '아트마켓'에 모인 소비자들 중에는 예술 외적인 동질성을 바탕으로 하여 모인 사람이 많겠군.

정답 ②

해설 글의 첫째 단락에서 근대 이전에는 연극이 행사나 축제가 열릴 때에만 볼 수 있던 것으로 행사적·집회적·축제적 성격을 띠었다고 밝힌 후, 둘째 단락에서 자본주의 사회의 영향으로 공연예술이 상품화되고, 개인화되어 공동체의 축제로서의 성격을 상실하였다고 언급한다. 이러한 관점에서 볼 때, '아트마켓'은 연극 등 공연예술을 공동체적 연대감을 형성시키는 대상으로 발전시키기보다 개인적인 취미생활의 대상으로 만들 가능성이 큰 공간이라는 것을 알 수 있다. 따라서 〈보기〉를 읽고 글쓴이가 보일 반응으로 적절한 것은 ②이다.

① '아트마켓'은 공동체적인 외적 연대감이 없는 개개인들이 '상품'으로서의 '예술'을 소비하는 공간이기 때문에 글쓴이의 관점에 의하면 부적절한 반응이다.

④ 글쓴이는 자본주의 사회에서 공연이 지극히 개인적인 행위가 되었기 때문에 공연의 행위자는 창작의 자유를 얻고, 수용자는 언제 어디서나 공연을 감상할 수 있는 편리함을 얻었다고 하였으므로 '아트마켓'이 특정 자격을 요구하는 공간이라는 반응을 보인다고 할 수 없다.

[34~35] 다음 글을 읽고, 물음에 답하시오.

(가) 마루는 한옥의 특징적인 공간 중 하나이다. 마루의 기원에 대해서는 여러 가지 학설이 분분한데, 남방 전래설이 가장 일반적이다. '마루는 태평양 문화권의 고상주거(高床住居) 방식이 우리나라로 들어오면서 발생했다'는 것인데, 이에 대해서는 일제 강점기 이후 지금까지 많은 학자들이 동의하고 있다.

(나) 그러나 일부 학자들은 북방 전래설을 주장하기도 한다. 그들에 의하면 마루는 중국 문화와 관계있는 종교 건축과 궁전 건축의 모방이라 한다. 그들은 퉁구스족들이 사는 천막 가운데 최상석(最上席)에 있는 신성한 공간을 '말루(Malu)' 또는 '마로(Maro)'라고 부르는 것을 그 예로 든다. 이 공간은 원래 그 종족의 신령이나 조상의 신주를 모시는 제단이거나 가장 신분이 높은 손님이 앉는 귀한 장소였다. 우리나라에서 신주를 대청에 모시고, 제사를 대청마루에서 지내며, 곡식을 담았던 뒤주를 마루에 두는 이유도 마루의 이러한 어원적인 측면과 무관하지 않을 것이다. 뿐만 아니라 집을 짓는 완성 단계에서 종도리를 올리고 상량 고사를 지낼 때에 대청 위 종도리에 상량문을 적어 가문의 번창을 비는 것도 대청이 집의 중심이 되는 신성한 장소라는 인식 때문이다.

(다) 이러한 인식에서 마루는 종(宗), 곧 조상이나 신령을 뜻하게 되었고, 다시 산마루처럼 신령과 맞닿는 정상의 뜻으로 분화해 나갔다. 관청이라는 단어가 마루에서 유래되었다고도 하는데, 이는 아마도 신성한 마루에서 제사와 정치를 베풀었던 신라 때부터 생긴 이름인 듯하다. 신라 시대의 마립간이나, 후대의 폐하, 전하, 각하 등은 모두 그들이 거처하는 공간을 뜻했던 것이니 마루가 귀한 사람과 관련되는 장소라는 데에는 이론(異論)의 여지가 없을 듯하다.

(라) 또 다른 학설은 남방의 고상식(高床式)과 북방 퉁구스 계통의 의례적인 기능이 결합되어 한국의 풍토와 생활양식에 맞게 마루로 진화했다는 것이다. 가야 시대와 신라 시대의 가형토기(家形土器)나 오래된 절터 등의 유물이나 유적에서도 마루를 깔았던 흔적이 나타나기도 한다. 이러한 사실들로 볼 때 마루는 삼국 시대부터 이미 사용되었다고 볼 수 있으나 마루가 나무로 만들어진 까닭에, 고증하기 어려운 점이 있다.

(마) 조선 시대에 오면 마루의 발전은 괄목할 만하여 그 용도나 구조 기법에 있어서도 상당한 발전을 보인다. 주거 건축에서 상류층 주택의 경우는 말할 것도 없지만 일반 민가에서도 방 앞으로 툇마루를 내어 안과 밖의 연결 공간으로 쓰이기도 하였다. 사찰, 궁전, 서원, 향교, 누(樓) 등에서도 마루의 공간이 외기(外氣)를 완충하는 효과 때문에, 또는 마루의 목조가 가지는 탄성이 외부 충격을 덜어준다는 이점(利點) 때문에 다양하게 사용되었다.

34 위 글의 주제로 가장 적절한 것은?

① 마루의 기원과 발전
② 마루의 어원과 정의
③ 마루의 발생과 쇠퇴 과정
④ 마루에 담긴 한국인의 미의식
⑤ 마루의 의미 변화 과정과 고대 건축

정답 ①

해설 제시문의 (가)~(라)는 '마루의 기원'에 대해 언급하고 있고 (마)는 '마루의 발전'에 대해 언급하고 있다. 따라서 제시문의 주제로 적절한 것은 '마루의 기원과 발전'이다.

다른 예형은 세시문의 내용 일부만을 포괄하고 있거나 제시문에는 없는 내용을 담고 있기 때문에 주제로서 적절하지 않다.

35 〈보기〉와 위 글을 활용하여 '현대 건축과 한옥의 만남'이라는 글을 쓰고자 한다. 위 글에서 가장 관련이 깊은 단락은?

보기

　　아파트는 실내 공간을 위주로 공간의 효율성을 최대한 높인 건축물이다. 그런데 실내 공간 위주인 점을 보완하기 위해 외부와 연결하는 공간인 발코니가 필요했다. 발코니는 건물 벽에 붙어 있는 난간으로 내부 공기와 외부 공기의 급격한 온도 차이를 막아 주고, 화재 시 외부로 대피할 수 있게 해 주는 공간이다.

① (가)　　　　　　　　　　　② (나)
③ (다)　　　　　　　　　　　④ (라)
⑤ (마)

정답 ⑤

해설 〈보기〉에서는 아파트의 발코니가 가지는 기능을 설명하고 있다. 발코니는 아파트 공간의 단점을 보완하는 동시에 내부 공기와 외부 공기의 온도 차이를 막아주고, 화재 발생 시 대피 공간의 역할을 한다. 위 글에서 〈보기〉와 유사한 설명 방식을 펼치고 있는 단락은 (마)로 한옥의 마루가 아파트의 발코니와 유사한 특성을 지닌 공간임을 확인할 수 있다.

[36~38] 다음 글을 읽고 물음에 답하시오.

투표는 주요 쟁점에 대해 견해를 표현하고 정치권력을 통제할 수 있는 행위로, 일반 유권자가 할 수 있는 가장 보편적인 정치 참여 방식이다. 그래서 정치학자와 선거 전문가들은 선거와 관련하여 유권자들의 투표 행위에 대해 연구해 왔다. 이 연구는 일반적으로 유권자들의 투표 성향, 즉 투표 참여 태도나 동기 등을 조사하여, 이것이 투표 결과와 어떤 상관관계가 있는가를 밝힌다. 투표 행위를 설명하는 이론은 다양한데, 대표적인 것으로 당정체성 모델, 사회학적 모델, 합리적 선택 모델 등이 있다.

당정체성 모델은 유권자가 특정 정당에 대해 가지고 있는 심리적인 애착심을 가장 중요한 요소로 보고, 이를 바탕으로 투표 행위를 설명한다. 정당에 대한 애착심은 유권자가 상당한 기간 동안 어떤 정당과 내면적으로 연결된 귀속 의식, 즉 '특정 정당에 대해 가지는 소속감'으로 정의할 수 있다. 이러한 소속감은 부모의 영향으로 가정에서 형성되며, 가장 안정적이고 장기적으로 유지되는 정치적 태도로 간주된다.

사회학적 모델은 유권자의 사회적 배경을 가장 중요한 요소로 보고, 이를 바탕으로 투표 행위를 설명한다. 이 모델은 계급, 인종, 종교, 지역 등이 정당의 핵심 요인으로 작용했던 서유럽에서 중요하게 다루어졌다. 이 모델에서는 인간은 자신이 속한 사회적 집단과 배경에 영향을 받을 수밖에 없다고 보기 때문에, 사회적으로 유사한 배경을 가진 유권자들은 투표 행위에서도 유사한 행위를 보인다고 강조한다.

합리적 선택 모델은 유권자 개인의 이익을 가장 중요한 요소로 보고, 이를 바탕으로 투표 행위를 설명한다. 이 모델에서는 인간을 자신의 이익을 극대화하기 위해 행동하는 존재로 보기 때문에, 투표 행위를 개인의 목적을 위한 수단으로 간주한다. 따라서 유권자는 자신의 이해와 요구에 부합하는 정책을 제시하는 후보자를 선택한다고 본다.

그런데 당정체성 모델은 유권자가 정당보다는 후보자 개인을 보고 투표하는 점을, 사회학적 모델은 유권자가 사회적 배경에서 벗어나 개인의 자율에 의해 투표하는 점을 설명하기 어렵다. 또한 합리적 선택 모델은 유권자도 결국 사회적 배경에서 완전히 자유로울 수 없다는 점을 설명하기 곤란하다. 하지만 투표는 개인, 사회, 정치 사이의 상호 작용에 관한 정보를 풍부하게 제공하는 원천 중 하나이기 때문에 투표 행위에 대한 연구는 여전히 가치가 있다.

36 위 글의 내용과 일치하지 <u>않는</u> 것은?

① 합리적 선택 모델에서는 투표 행위가 개인의 목적을 위한 수단이라고 본다.

② 사회학적 모델에서는 인간은 자신이 속한 사회적 배경에 영향을 받을 수밖에 없다고 본다.

③ 당정체성 모델에서 말하는 '소속감'은 유권자가 특정 정당의 당원이 되었을 때 갖게 된다.

④ 투표 행위는 일반 유권자가 할 수 있는 가장 보편적인 정치 참여 방식이다.

⑤ 투표 행위에 대한 연구는 일반적으로 유권자들의 투표 성향과 투표 결과의 상관관계에 주목한다.

정답 ③

해설 두 번째 단락을 살펴보면 당정체성 모델에서 말하는 소속감은 가장 안정적이고 장기적으로 유지될 수 있는 정치적 태도로 부모의 영향에 의해 가정에서 형성되는 것이다. 유권자가 특정 정당의 당원이 되었을 때 소속감을 갖게 된다는 것은 언급되어 있지 않다.

② 세 번째 단락에서 사회학적 모델에서 투표 행위는 유권자의 사회적 배경을 가장 중요한 요소로 간주한다고 하였다.

⑤ 첫 번째 단락에서 투표 행위에 대한 연구는 일반적으로 유권자들의 투표 성향을 조사하여 투표 결과와 어떤 상관관계가 있는가를 밝히는 것이라고 하였다.

37 위 글에서 논지를 전개하는 방식에 대한 설명으로 가장 적절한 것은?

① 화제와 관련된 이론들을 설명한 후, 그 한계를 지적하고 있다.
② 화제와 관련된 구체적 현상을 분석한 후, 기존 이론을 반박하고 있다.
③ 화제와 관련된 상반된 이론을 단계적으로 소개한 후, 그 의의를 설명하고 있다.
④ 화제와 관련된 가설을 제시한 후, 구체적 사례를 들어 그 타당성을 입증하고 있다.
⑤ 화제와 관련된 이론들을 통시적으로 고찰한 후, 각 이론들의 상호 관계를 해명하고 있다.

정답 ①

해설 투표 행위에 대한 연구를 통해 얻어진 다양한 이론(당정체성 모델, 사회학적 모델, 합리적 선택 모델)을 설명한 후, 마지막 단락에서 각 모델의 이론이 투표 행위 현상을 설명하는 데 한계를 가지고 있음을 지적하고 있다.

38 위 글의 내용으로 보아 〈보기〉의 사례를 설명할 수 있는 모델로 적절한 것은?

> 보기
>
> (가) 일본의 한 선거에서 ○○ 후보가 유권자들에게 실제로 도움이 될 수 있는 공약을 내세웠다. 이에 유권자가 매니페스토 운동(유권자들의 참 공약 선택하기 운동)을 전개하여 ○○ 후보가 당선되었다.
> (나) 영국의 유권자들은 자신의 계급에 따라 정당을 정하고, 이에 따라 투표를 하는 경향이 있다. 전통적으로 노동자 계급은 노동당에, 중산 계급은 보수당에 투표를 하였다.

	(가)	(나)
①	당정체성 모델	사회학적 모델
②	사회학적 모델	합리적 선택 모델
③	사회학적 모델	당정체성 모델
④	합리적 선택 모델	당정체성 모델
⑤	합리적 선택 모델	사회학적 모델

정답 ⑤

해설 매니페스토는 선거에서 후보들이 유권자의 지지를 얻기 위해서 제시하는 공약들이 당선 후에 지켜지지 않는 것을 방지하기 위해서 구체적인 시책, 실시 기한, 수치 목표를 명시한 사후 검증 가능한 명확한 공약을 말한다.
〈보기〉의 (가)는 개인의 이익이 지켜진다는 전제하에 투표하는 행위이므로 합리적 선택 모델의 사례에 해당한다. (나)는 자신의 계급에 따라 정당을 정하고, 정당의 이념에 따라 투표를 한다는 내용이므로 사회학적 모델의 사례에 해당한다.

[39~41] 다음 글을 읽고 물음에 답하시오.

우리에게 잘 알려진 무용총의 「수렵도」에는, 모필(毛筆, 붓)의 특징을 뚜렷이 나타내고 있는 선묘(線描)*를 볼 수 있다. 특히 휘영청 휘어지는 물결 모양의 산악 표출이나 달리는 짐승과 이를 쫓는 기마상에 가해진 극히 요약된 선조(線彫)*의 리듬은 모필의 운동감이 아니고는 획득될 수 없는 것으로 보인다. 때로는 굵게 때로는 가늘게 나타나는 변화 있는 두께와 유연한 리듬의 선조는 이 모필이 갖는 독특한 매재(媒材)*적 성향을 가장 극명하게 보여 준다.

모필은 붓을 말한다. 이 붓은 종이, 먹과 함께 문인들이 인격화해 불렀던 문방사우(文房四友)에 속하는데, 문인들은 이것을 품성과 진리를 탐구하는 데에 없어서는 안 되는 중요한 벗으로 여기고 이것들로 글씨를 쓰거나 그림을 그렸다. 이렇게 그려진 그림을 동양에서는 문인화(文人畵)라 불렀으며 이 방면에 뛰어난 면모를 보인 이들을 문인화가라고 지칭했다. 그리고 ㉠ 문인들은 화공(畵工)과는 달리 그림을, 심성을 기르고 심의(心意)와 감흥을 표현하는 교양적 매체로 보고, 전문적이고 정교한 기법이나 기교에 바탕을 둔 장식적인 채색풍을 의식적으로 멀리했다. 또한, 시나 서예와의 관계를 중시하여 시서화일치(詩書畵一致)의 경지를 지향하고, 대상물의 정신, 그리고 고매한 인품을 지닌 작가의 내면을 구현하는 것이 그림이라고 보았다. 이런 의미에서 모필로 대표되는 지·필·묵(紙·筆·墨, 종이·붓·먹)은 문인들이 자신의 세계를 표현하는 데 알맞은 매재가 되면서 동양의 문화현상으로 자리 잡게 되었던 것이다.

중국 명나라 말기의 대표적 문인인 동기창(董其昌)은 정통적인 ㉡ 화공들의 그림보다 문인사대부들이 그린 그림을 더 높이 평가했다. 동양에서 전문적인 화공의 그림과 문인사대부들의 그림이 대립하는 양상을 형성한 것은 이에서 비롯되는데, 이처럼 두 개의 회화적 전통이 성립된 곳은 오로지 극동 문화권뿐이다.

전문 화가들의 그림보다 아마추어격인 문인사대부들의 그림을 더 높이 사는 이러한 풍조야말로 동양 특유의 문화현상에서만 나타나는 것이다. 동양에서 지·필·묵은 단순한 그림의 매개라는 좁은 영역에 머무는 것이 아니라 동양의 문화를 대표하는 보다 포괄적인 의미를 지닌다. 지·필·묵이 단순한 도구나 재료의 의미를 벗어나 그것을 통해 파생되는 모든 문화적 현상 자체를 대표하는 것이다. 나아가 수학(修學)의 도구로 사용되었던 지·필·묵이 점차 자기 생각과 예술을 담아내는 매개로 발전하면서 이미 그것은 단순한 도구가 아니라 하나의 사유 매체로서 기능하게 되었다. 말하자면 종이와 붓과 먹을 통해 사유하게 되었다는 것이다.

*선묘 : 선(線)으로만 그림. 또는 그런 그림.

*선조 : 가는 선으로 쌓아 올리거나 선을 파 들어가는 조각법.

*매재 : 매개가 되는 재료.

39 위 글에서 확인할 수 있는 사실이 <u>아닌</u> 것은?

① 우리나라 회화의 전통은 문인화에서 비롯되었다.
② 모필은 운동감과 유연한 리듬을 나타내는 데 유용하다.
③ 「수렵도」에는 모필이 갖는 매재적 성향이 잘 나타나 있다.
④ 명나라 말기부터 화공의 그림보다 문인화를 더 높이 평가하는 경향이 생겨났다.
⑤ 문인들은 자신들의 세계를 드러내는 데 알맞은 매재를 지 · 필 · 묵이라고 여겼다.

정답 ①

해설 회화적 전통이 문인화에서 비롯되었다는 정보는 위 글에서 확인할 수 없는 내용이다.

  ② · ③ 「수렵도」의 기법인 선묘(線描)와 선조(線彫)를 설명하는 부분에서 운동감과 유연한 리듬을 지닌 모필의 특성을 확인할 수 있다.

  ④ 셋째 문단을 통해 문인사대부들이 그린 문인화가 화공들이 그린 그림보다 더 높이 평가되었다는 것을 확인할 수 있다.

  ⑤ 둘째 문단의 '모필로 대표되는 지 · 필 · 묵은 문인들이 자신의 세계를 표현하는데 알맞은 매재가 되면서'에서 확인할 수 있다.

40 ㉠과 ㉡이 대화를 나눈다고 할 때, 위 글의 내용과 거리가 <u>먼</u> 것은?

① ㉠ – 그림이란 무엇보다도 그리는 이의 마음을 잘 드러낼 수 있어야 한다고 봅니다.
② ㉡ – 제게는 그림에서 대상을 얼마나 전문적이고 정교한 기법으로 그릴 수 있는가가 더 중요하다고 생각합니다.
③ ㉠ – 글쎄요. 그것보다는 그림이란 대상이 지닌 정신적 의미와 인격을 담아내야 하지 않을까요.
④ ㉡ – 저는 그림에서 고매한 인품보다는 기교에 바탕을 둔 장식적인 채색풍의 그림을 그려야 한다고 봅니다.
⑤ ㉠ – 무엇보다도 그림의 성패는 대상을 얼마나 섬세하고 사실적으로 그리느냐에 달려 있다고 봅니다.

정답 ⑤

해설 문인들은 문방사우를 인격화해 부를 정도로 품성과 진리를 탐구하여 그림을 그리는 것을 중요하게 여겼지 정교한 기법이나 기교로 그림의 대상을 묘사하는 것을 중요하게 여기지 않았다.

  ① · ③ 둘째 문단의 '문인들은 화공과는 달리 심성을 기르고 심의와 감흥을 표현하는 교양적 매체로 보았다'는 부분에서 그림을 그리는데 있어 정신적 · 심리적인 부분을 중요시했다는 것을 확인할 수 있다.

  ② · ④ 둘째 문단을 보면 '문인들은 화공들과 달리 전문적이고 정교한 기법이나 기교에 바탕을 둔 장식적인 채색풍을 의식적으로 멀리했다'는 부분에서 확인할 수 있는 내용이다.

41 위 글에 대한 적절한 반응을 〈보기〉에서 모두 고른 것은?

보기
ㄱ. 사대부들에게 그림은 교양을 쌓는 방법이었구나.
ㄴ. 지·필·묵은 동양인의 사유 매체가 되기도 했구나.
ㄷ. 사대부들은 그림을 시와 서예의 보조 수단으로 여겼구나.
ㄹ. 문인들의 필수품이었던 지·필·묵이 동양 문화를 상징하게 되었구나.

① ㄱ
② ㄱ, ㄷ
③ ㄴ, ㄹ
④ ㄱ, ㄴ, ㄹ
⑤ ㄴ, ㄷ, ㄹ

정답 ④

해설 둘째 문단에서 문인들은 문방사우를 인격화해 부르며 없어서는 안 되는 중요한 벗으로 여겼고, 자신의 세계를 표현하는 데 알맞은 매재로 지·필·묵을 사용하며 시서화일치(詩書畵一致)를 지향했다고 하였다. 그러므로 사대부들이 그림을 시와 서예의 보조 수단으로 삼았다는 ㄷ의 반응은 올바르지 않다. ㄱ은 둘째 문단에서, ㄴ·ㄹ은 마지막 문단에서 확인할 수 있다.

[42~44] 다음 글을 읽고 물음에 답하시오.

　우리가 일상생활, 특히 학문적 활동에서 추구하고 있는 진리란 어떤 것인가? 도대체 어떤 조건을 갖춘 지식을 진리라고 할 수 있을까? 여기에 대해서는 대응설, 정합설, 실용설의 세 가지 학설이 있다.
　'대응설'에서는 어떤 명제나 생각이 사실이나 대상에 들어맞을 때 그것을 진리라고 주장한다. 우리는 특별한 장애가 없는 한 대상을 있는 그대로 정확하게 파악한다고 믿는다. 가령 앞에 있는 책상이 모나고 노란 색깔이라고 할 때 우리의 시각으로 파악된 관념은 앞에 있는 대상이 지니고 있는 성질을 있는 그대로 반영한 것이라고 생각한다.
　그러나 우리의 감각은 늘 거울과 같이 대상을 있는 그대로 모사하는 것일까? 조금만 생각해 보아도 우리의 감각이 언제나 거울과 같지는 않다는 것을 알 수 있다. 감각 기관의 생리적 상태, 조명, 대상의 위치 등 모든 것이 정상적이라 할지라도 감각 기관의 능력에는 한계가 있다. 그래서 인간의 감각은 외부의 사물을 있는 그대로 모사하지는 못한다.
　'정합설'은 관념과 대상의 일치가 불가능하다는 반성에서 출발한다. 새로운 경험이나 지식이 옳은지 그른지 실재에 비추어 보아서는 확인할 수 없으므로, 이미 가지고 있는 지식의 체계 중 옳다고 판별된 체계에 비추어 볼 수밖에 없다는 것이다. 즉, 새로운 지식이 기존의 지식 체계에 모순됨이 없이 들어맞는지 여부에 의해 지식의 옳고 그름을 가릴 수밖에 없다는 주장이 바로 정합설이다. '모든 사람은 죽는다.'라는 것은 우리가 옳다고 믿는 명제이지만, '모든 사람' 속에는 우리의 경험이 미치지 못하는 사람들도 포함된다. 이와 같이 감각적 판단으로 확인할 수 없는 전칭 판단*이나 고차적인 과학적 판단들의 진위를 가려내는 데 적합한 이론이 정합설이다.
　하지만 정합설에도 역시 한계가 있다. 어떤 명제가 기존의 지식 체계와 정합*할 때 '참'이라고 하는데, 그렇다면 기존의 지식 체계의 진리성은 어떻게 확증할 수 있을까? 그것은 또 그 이전의 지식 체계와 정합해야 하는데, 이 과정은 무한히 거슬러 올라가 마침내는 더 이상 소급할 수 없는 단계에까지 이르고, 결국 기존의 지식 체계와 비교할 수 없게 된다.

　실용주의자들은 대응설이나 정합설과는 아주 다른 관점에서 진리를 고찰한다. 그들은 지식을 그 자체로 다루지 않고 생활상의 수단으로 본다. 그래서 지식이 실제 생활에 있어서 만족스러운 결과를 낳거나 실제로 유용할 때 '참'이라고 한다. 관념과 생각 그 자체는 참도 아니고 거짓도 아니며, 행동을 통해 생활에 적용되어 유용하면 비로소 진리가 되고 유용하지 못하면 거짓이 되는 것이다.

　그러나 진리가 행동과 관련되어 있다는 것은, 행동을 통한 실제적인 결과를 기다려야 비로소 옳고 그름의 판단이 가능하다는 뜻이 된다. 하지만 언제나 모든 것을 다 실행해 볼 수는 없다. 또한 '만족스럽다' 든가 '실제로 유용하다' 든가 하는 개념은 주관적이고 상대적이어서 옳고 그름을 가리는 논리적 기준으로는 불명확하다. 바로 이 점에서 실용설이 지니는 한계가 분명하게 드러나는 것이다.

*전칭 판단 : 대상의 모든 범위에 걸쳐서 긍정하거나 부정하는 판단.

*정합 : 모순이 없이 꼭 들어맞음.

42 위 글이 어떤 과제물의 내용이라고 할 때, 주어진 과제의 제목으로 가장 적절한 것은?

① 진리 추구의 목적을 구체화하여 설명하라.
② 학문의 성립과 진리 사이의 관계를 밝히라.
③ 진리 여부의 판정이 필요한 이유들을 설명하라.
④ 학문의 발전 과정을 역사적 관점에서 정리하라.
⑤ 진리의 판단과 관련된 학설들을 구체적으로 소개하라.

정답 ⑤

해설 이 글에서는 '어떤 조건을 갖춘 지식을 진리라고 할 수 있을까?' 라는 질문을 던진 후 이와 관련된 세 가지 학설들에 대해 설명하고 있다. 즉, 대응설과 정합설, 실용설에서 각각 진리 여부를 어떤 기준에 의해 판단하는지를 설명하고 그러한 학설들이 지닌 한계들을 지적하였다. 이러한 내용의 과제물이라면, 진리 여부를 판단하는 기준과 관련된 학설들을 구체적으로 소개하라는 과제의 내용으로 보는 것이 적절하다.

43 위 글의 내용과 일치하지 <u>않는</u> 것은?

① 대응설에서는 사실이나 대상과의 일치 여부로 진리를 판단한다.

② 대응설은 인간의 감각이 불완전하다는 점에서 근원적인 한계를 지니고 있다.

③ 정합설에서는 경험을 통한 검증 가능성을 진리 판단의 핵심 기준으로 삼는다.

④ 정합설은 전칭 판단이나 과학적 판단의 진위를 가리는 데 유용하게 이용된다.

⑤ 실용설에서는 실제 생활에서의 유용성을 진리 판단의 기준으로 삼는다.

정답 ③

해설 넷째 문단의 내용을 보면, 정합설에서는 새로운 지식이 이미 가지고 있는 지식의 체계 중 옳다고 판별된 체계에 모순됨이 없이 들어맞는지 여부에 의해 그 지식의 옳고 그름을 가린다고 설명하고 있다. 그러므로 '정합설에서는 경험을 통한 검증 가능성을 진리 판단의 핵심 기준으로 삼는다'는 ③의 진술은 적절하지 않다.

44 위 글을 참조할 때, 〈보기〉의 상황에 대해 바르게 평가한 것은?

> **보기**
>
> 동일한 문제 상황에서 한 사람은 A라는 신념에 따라 행동하고 다른 한 사람은 A와는 상반되는 B라는 신념에 따라 행동했는데 둘 다 성공하는 경우, 한 사람에게는 A가 진리이고 B는 진리가 아니지만 다른 한 사람에게는 B가 진리이고 A는 진리가 아닌 결과가 나오게 된다.

① 실용설이 지닌 한계를 보여 준다.

② 대응설의 높은 효용성을 보여 준다.

③ 대응설과 실용설의 통합이 불가능함을 보여 준다.

④ 정합설은 반드시 대응설에 의해 보완되어야 함을 보여 준다.

⑤ 정합설에 따른 진리 판단은 전혀 실용적이지 못함을 보여 준다.

정답 ①

해설 〈보기〉에서는 두 사람이 상반된 신념에 따라 행동했는데 둘 다 성공했을 경우, 이 상반된 신념이 각각의 사람에게 진리로 인정되는 결과가 나오는 상황을 소개하고 있다. 이 때 신념의 진리 여부를 판단하는 기준은 그 신념에 따라 행동했을 때 성공에 이르렀는가의 여부로서, 이는 실용설에서 주장하는 진리 판단의 기준에 해당한다. 결국 〈보기〉는 실용설에 따른 진리의 판단이 지닌 한계를 보여 주는 내용이라고 할 수 있다.

[45~47] 다음 글을 읽고 물음에 답하시오.

우리는 '외국어'나 '외래어'라는 말을 흔히 사용한다. 국어사전을 보면 '외국어'는 '모국어'와 대립하는 개념으로 '다른 나라의 언어'를 가리키는 말이다. '외래어'는 '외국에서 들어온 말로 국어처럼 쓰이는 말'이라고 풀이되어 있다. 외래어는 외국에서 비롯되긴 했으나 국어의 일부로 받아들여진 말이라는 것이다.

그러면 '국어의 일부로 받아들여진 말'이라는 정의가 의미하는 것은 무엇인가? '국어화'한 말이라는 뜻이다. 그렇다면 '국어화'는 구체적으로 무엇을 가리키는가? 그 구체적 내용은 '쓰임의 조건'과 '동화의 조건'이라는 두 기준을 통해 알 수 있다.

쓰임의 조건은 우리말 문맥 속에서 널리 사용되어야 한다는 것이다. 해당 단어가 특정한 담화에 한두 번 사용되고 말거나 특정한 부류의 사람들에게만 사용되는 것이 아니라 일반적으로 널리 쓰여야 한다는 조건이다.

동화의 조건은 해당 단어가 우리말의 특징을 지니게 되어야 한다는 것이다. 동화는 대개 음운, 문법, 의미의 세 가지 측면에서 이루어진다. 음운상의 동화는 원래의 발음이 우리말 소리로 바뀌는 것을 말한다. 영어의 [f]나 [r] 소리가 우리말에서는 [ㅍ], [ㄹ] 소리로 바뀌는 것을 예로 들 수 있다. 문법 면에서의 동화는 원어에서 가졌던 문법적 특징이 없어지고 우리말의 특징을 갖게 되는 것을 말한다. 영어에서 단수와 복수를 구별해서 쓰는 'shirt'가 국어에서는 항상 복수 형태인 '셔츠(shirts)'의 형식으로만 사용된다든가, 외국어 단어가 우리말에서 형용사나 동사 구실을 할 때에는 항상 '-하다' 형태로만 사용되는 것을 들 수 있다. 의미 면에서의 동화는 우리말 속에 들어와 그 고유한 의미가 변화되는 것을 말한다. 국어에서 '미팅(meeting)'이 남녀 학생들이 사교를 목적으로 갖는 모임을 뜻하거나 '마담(madame)'이 술집이나 다방의 여주인을 가리키는 말로 의미가 변화되는 경우를 예로 들 수 있다.

외국어 단어가 처음에 들어올 때에는 해당 언어의 특징을 그대로 지니고 있어 우리말이라 할 수 없다. 따라서 사전에서도 외국어로 보는 단어는 표제어로 등재하지 않는다. 반면 외래어는 일반적으로 널리 쓰이면서 또 우리말에 동화된 것이기 때문에 우리말의 일부로 볼 수 있다. 그런데 외래어가 오랜 시간 널리 쓰여 일반인들에게 외국에서 온 말이라는 의식 없이 고유어와 똑같이 취급되게 되면 그 말은 따로 구분하여 귀화어라 하기도 한다. 귀화어는 사전에서도 어원만 별도로 표시할 뿐 외래어의 경우처럼 원래의 외국어 단어를 병기하지 않는다.

외래어 개념을 엄격하게 정의하는 입장에서는 '쓰임의 조건'과 '동화의 조건'을 모두 갖춘 부류만을 외래어로 인정하지만, 오늘날 우리가 외래어로 인식하는 어휘들은 상당 부분 국어 속에 널리 쓰이기는 하나 동화 과정을 완전히 거치지 못한 것들도 포함한다. 해당 고유어나 한자어가 있는데도 생활 속에서 지속적으로 사용되고 있어 순화 대상이 되는 어휘들이 이에 해당한다. 이러한 어휘들은 동화 과정이 일부 진행되고 있는 것이기 때문에 무조건 배척할 수만은 없다. 사전에서도 이러한 어휘들은 순화할 말과 함께 표제어로 등재하고 있다.

45 위 글에서 글쓴이가 사용하고 있는 설명 방식으로 적절하지 <u>않은</u> 것은?

① 사례를 제시하여 내용을 구체화하고 있다.

② 물음을 통해 중심 화제를 이끌어내고 있다.

③ 항목을 나누어 내용을 체계적으로 설명하고 있다.

④ 유사한 대상에 빗대어 현상의 원리를 밝히고 있다.

⑤ 용어에 대한 정의를 통해 대상을 명확하게 하고 있다.

정답 ④

해설 하나의 대상을 유사한 다른 대상에 빗대는 유추는 위 글의 설명 방법으로 사용되고 있지 않다.

　① 넷째 문단을 보면 영어의 [f]나 [r] 소리, '셔츠', '미팅' 등의 단어를 사례를 들어 설명하고 있다.

　② 둘째 문단을 보면 "'국어의 일부로 받아들여진 말'이라는 정의가 의미하는 것은 무엇인가?", "'국어화'는 구체적으로 무엇을 가리키는가?" 등의 물음을 통해 외래어의 개념과 범위라는 글의 중심 화제를 이끌어내고 있다.

　③ 넷째 문단을 보면 동화의 조건을 음운, 문법, 의미의 세 항목으로 나누어 체계적으로 설명하고 있다.

　⑤ 첫째 문단을 보면 외국어와 외래어에 대한 정의를 통해 외국어와 외래어의 개념을 명확하게 하고 있다.

46 단어가 외래어인지 여부를 판단하려고 한다. 위 글로 보아 판단 과정에서 사용해야 하는 기준으로 볼 수 <u>없는</u> 것은?

① 외국에서 들어온 말인가?

② 우리말의 특징을 지니고 있는가?

③ 우리말 문맥 속에서 널리 쓰이는가?

④ 국어사전에 표제어로 등재되어 있는가?

⑤ 단어가 유래한 나라에서 현재 쓰이고 있는가?

정답 ⑤

해설 단어가 유래한 나라에서 현재 쓰이고 있는지를 통해 외래어인지 아닌지를 판단할 수 있다는 내용은 지문에서 확인하기 어렵다.

　① 첫째 문단의 "'외래어'는 '외국에서 들어온 말로 국어처럼 쓰이는 말'이라고 풀이되어 있다."는 문장을 통해 확인할 수 있다.

　② 넷째 문단에서 동화의 조건으로 우리말의 특징을 지니게 되어야 한다는 내용을 통해 확인할 수 있다.

　③ 셋째 문단에서 외래어는 우리말 문맥 속에서 널리 사용되어 쓰임의 조건을 충족시켜야 한다는 내용을 통해 확인할 수 있다.

　④ 다섯째 문단을 보면 외국어는 우리말이라 할 수 없어 사전에 표제어로 등재되지 않지만 외래어는 우리말의 일부로 볼 수 있다는 내용을 통해 외래어는 사전에 표제어로 등재됨을 알 수 있다.

47 〈보기〉는 단어를 사전에서 검색한 결과이다. 위 글을 바탕으로 〈보기〉를 이해한 것으로 적절하지 <u>않은</u> 것은?

>
> ㄱ. 타이트-하다(tight—)〔-하여(-해), -하니〕 혱 ① 몸에 꼭 끼다. '팽팽하다'로 순화. ② 시간적인 여유가 없다. '빠듯하다'로 순화. ③ 내용 따위가 자세하고 충실하다. '밀도 있다'로 순화.
> ㄴ. 아나운서(announcer) 몡 뉴스 보도, 사회, 실황 중계의 방송을 맡아 하는 사람. 또는 그런 직책.
> ㄷ. 트러블(trouble) 몡 '말썽', '충돌', '고장', '문제점', '불화'로 순화.
> ㄹ. 빵 몡 ① 밀가루를 주원료로 하여 소금, 설탕, 버터, 효모 따위를 섞어 반죽하여 발효한 뒤에 불에 굽거나 찐 음식. 서양 사람들의 주 음식이다. ② 먹고살 양식. 【<〈포〉pão】

① ㄱ은 외래어 중 우리말의 문법적 특징을 지니게 된 경우에 해당한다.
② ㄴ은 우리말에 동화되어 널리 쓰이는, 우리말의 일부로 볼 수 있는 외래어이다.
③ ㄷ의 '트러블'에서 '러'는 원래의 소리와 우리말 소리가 일치하는 경우에 해당한다.
④ ㄹ은 일반인들에게 외국에서 온 말이라는 의식 없이 사용되는 어휘이다.
⑤ ㄱ과 ㄷ은 널리 쓰이기는 하나 동화 과정을 완전히 거치지 못한 어휘로 볼 수 있다.

정답 ③

해설 넷째 문단을 보면 영어의 [r] 소리는 우리말에서 [ㄹ] 소리로 바뀌는데, 이는 원래의 발음이 우리말 소리로 바뀌는 음운상의 동화 현상에 해당한다. 그런데 음운상의 동화 현상은 원래의 발음을 나타낼 수 있는 소리가 우리말에 없기 때문에, 즉 우리말 소리와 다르기 때문에 나타나는 것이다. '트러블'에서 '러'의 'ㄹ'은 영어의 [r] 소리가 바뀐 것으로 원래의 발음이 우리말 소리로 바뀐 음운상의 동화 현상에 해당하므로 ③은 잘못된 이해이다.

① '타이트하다'는 '타이트'라는 단어가 우리말에서 형용사 구실을 하면서 '-하다' 형태로 사용되는 것으로, 넷째 문단에 따르면 해당 단어가 우리말의 특징을 갖게 된 경우에 해당한다.
② '아나운서'는 순화의 대상이 아닌 말이기 때문에 우리말에 완전히 동화된 외래어로 볼 수 있다.
④ '빵'은 〈보기〉의 다른 단어와는 달리 원래의 외국어 단어가 병기되어 있지 않고, 의미 풀이 끝에 【<〈포〉pão】라고 하여 그 어원이 밝혀져 있으므로 일반인들에게 외국에서 온 말이라는 의식 없이 사용되는 귀화어에 해당한다.

[48~50] 다음 글을 읽고 물음에 답하시오.

현대미술의 대표적인 표현 전략으로 볼 수 있는 오브제는 그 양태의 다양성 때문에 한마디로 정의하기가 쉽지 않다. 하지만 중요한 특징은 어떤 사물을 그 사물이 갖는 본래의 용도나 기능에서 일탈시켜 다른 맥락에 놓는다는 것이다.

20세기 초 입체파의 대표적 작가인 피카소와 브라크는 기존의 회화 기법에서 벗어나, 신문과 잡지에서 오려 낸 조각들을 붙여서 화면을 구성하는 이른바 '파피에 콜레'라는 콜라주 기법을 새로이 도입하였다. 피카소는 '등나무 의자가 있는 정물'에서 레몬, 오이, 유리잔, 파이프, 신문 등이 나오는 정물화에 ㉠ 등나무 의자 무늬가 인쇄된 천 조각을 붙였는데, 화면 위에 실물을 부착하는 이 아이디어는 손으로 그리지 않고 주위의 사물들을 선택해서 작품을 만드는 현대적 오브제를 탄생시켰다.

작품에 사물을 적극적으로 도입한 ㉡ 뒤샹의 '레디메이드' 이후 오브제는 널리 알려지기 시작했다. 그는 공장에서 이미 만들어진 물건(레디메이드)을 엉뚱한 장소에 갖다 놓음으로써, 그 사물을 그것이 원래 담당하던 기능에서 분리하여 순수한 미적 지각의 대상으로 변화시켰다. 뒤샹의 레디메이드는, 범상한 것과 미적인 것의 위계적 구별 위에 서 있는 근대적 예술 제도에 대한 공격의 의미를 지니고 있다고 할 수 있다.

오브제에 의해 예술 작품과 일상적 사물의 경계가 무너지면서 오늘날 예술이 될 수 없는 사물은 원칙적으로 존재하지 않게 되었다. 오늘날 사물은 예술가의 손에 들려 미술관으로 들어오거나 아니면 그저 있는 곳에서 예술가에게 작품으로 선언되는 것만으로도 예술이 된다.

원래 오브제의 전략은 사물의 본래 용도를 폐기함으로써 그것을 미적 대상으로 변용하는 데에 그 본질이 있었다. 그런데 최근에는 사물이 본래의 기능을 잃지 않은 채 그대로 예술이 되는 작품들까지 나오고 있다. 초버닝은 고속도로에서 뮌스터 시(市)로 들어오는 진입로에 ㉢ '조각 프로젝트 뮌스터 1977'이라는 현수막을 내걸었는데, 이것은 전시회를 알리는 플래카드이자 그가 출품한 예술 작품이었다. 이러한 흐름은 설치미술에도 나타나고 있다. 설치미술은 미술관, 건물, 자연 등 현실의 특정 공간을 그 자체로 하나의 오브제로 보고 이를 작품화하는 것이다.

이제 오브제는 단순히 사물, 인공물에 머물지 않는다. 입체파와 함께 출현한 현대적인 오브제는 회화의 일부로 취급되었던 최초의 시도에서 멀리 벗어나 그 자체로 독립되는 과정을 거치면서 그 영역과 개념을 거의 무제한적으로 확대하고 있다.

48 위 글의 내용과 일치하지 <u>않는</u> 것은?

① 오브제는 사물을 본래의 기능과는 다른 맥락에 놓는 것이다.
② 입체파 작가에 의해 현대적인 오브제가 출현하였다.
③ 사물은 예술가의 선언만으로도 작품이 될 수 있다.
④ 설치미술은 현실의 특정 공간을 작품화하는 것이다.
⑤ 뒤샹의 레디메이드로 인해 근대적 예술이 시작되었다.

정답 ⑤

해설 뒤샹의 '레디메이드'는 공장에서 이미 만들어진 물건을 그것의 용도와는 다른 엉뚱한 장소에 갖다 놓음으로써 예술화하는 오브제이다. 이것은 일상 사물과 예술은 다르다는 근대적 예술 제도를 공격하는 것이므로 근대적 예술의 시작이라 볼 수 없다.

49 위 글의 내용으로 보아 〈보기〉에 대한 반응으로 가장 적절한 것은?

<u>보기</u>

　한 작가가 시청 건물 외벽에 설치한 작품이 논란을 불러일으키고 있다. 작가는 시장에서 구입한 천들을 서로 엇갈리게 늘어뜨려 놓고 '행복한 실뜨기' 라는 제목을 붙였다. 이것이 예술 작품이라는 말에 대부분의 시민들은 의아해했다. 한편 미술계에서는 이 작품이 일상의 건물을 새롭게 바라본 참신한 작품이라는 견해도 있었지만 단지 작가의 가볍고 즉흥적인 행위에 불과하다는 견해도 있었다.

① 오브제의 현실적 효용성에 대한 견해의 차이에서 비롯된 논란이라 할 수 있어.

② 오브제에 의해 예술과 사물의 경계가 무너지게 되면서 발생한 문제라 할 수 있어.

③ 공공건물 자체를 작품의 대상으로 삼아서 시민들의 불편을 초래했기 때문에 나타난 현상이야.

④ 작품의 제목이 작가의 의도를 제대로 반영하지 못하고 있기 때문에 나타난 문제라 할 수 있어.

⑤ 예술 작품이 되기 위해서는 작가가 작품을 직접 제작하는 과정이 있어야 한다는 점을 잘 보여주는군.

정답 ②

해설 〈보기〉는 시장에서 구입한 천을 건물에 늘어뜨린 오브제 미술을 과연 예술로 볼 수 있느냐에 대한 논란을 잘 보여 주고 있다. '천'이라는 사물이 본래 용도나 기능에서 벗어나 건물 외벽에 실뜨기처럼 걸려 있는 데에서, 또 시청이라는 일상적 건물이 예술 작품화되면서 이러한 논란이 시작된 것이다. 이는 오브제에 의해 예술과 사물의 경계가 없어지면서 생겨난 논란으로 볼 수 있다.

50 ㉠~㉢에 대한 설명으로 적절하지 <u>않은</u> 것은?

① ㉠은 화면 구성 요소의 하나로 종속되어 있는 오브제이다.

② ㉡은 범상한 것과 미적인 것이 위계적으로 구별될 필요가 있음을 보여 주고 있다.

③ ㉡은 일상의 공간에 놓인다면 평범한 일상의 사물로 생각될 수 있다.

④ ㉡과 달리 ㉢은 사물의 본래 기능을 잃지 않고 있다.

⑤ ㉠에서 ㉡, ㉢으로 진행하면서 오브제의 영역과 개념이 확대되었다.

정답 ②

해설 근대 예술은 일상과 예술의 구별 위에 존재했지만, 뒤샹의 '레디메이드'는 일상 속의 기성품을 미술관 안으로 끌어들임으로써 일상과 예술의 차별을 없애려는 것이다.

잠깐! 나의 맞춤법 실력은?

"소영아, 동건이 집에 들리면 내 안부 좀 전해줘."
이 문장에서 틀린 것은 무엇일까요? 딩동! 맞습니다. '들리면'이 아니라 '들르면'이죠.
이처럼 우리가 사용하는 말 중에는 헷갈리는 단어들이 참 많습니다. 그럼 나의 맞춤법 실력을 점검해볼까요?

① 정용화가 부른 주제곡이 잘 받혀 주어서 드라마가 성공했다.

받혀 ➡ 받쳐

'받히다'와 '받치다'를 구별해서 써야 합니다. '받히다'는 '받다'의 피동사로 '세차게 부딪치다'는 의미로 쓸 때 '받다/받히다'를 사용합니다. 반면 '받치다'는 '어떤 일을 잘할 수 있도록 뒷받침해 주다'는 의미로 사용합니다. '겉옷의 안에 다른 옷을 입다'는 의미로 쓸 때도 '받치다'를 사용해 "교복에 티셔츠를 받쳐 입다."라고 씁니다.

② 김연아는 새로운 심사기준에 맞혀 쇼트 프로그램을 만들었다.

맞혀 ➡ 맞춰

'맞추다/맞히다'가 의외로 헷갈리죠? '어떤 기준, 정도에 어긋나지 않게 하다'는 의미에는 '맞추다'를 쓰고, '문제에 대한 답이 틀리지 아니하다'는 의미에서는 '맞다/맞히다('맞다'의 사동사)'를 씁니다. 따라서 "수수께끼 낼 테니까 맞혀 볼래?"라고 쓰는 거죠.

③ 원빈이 결혼한다는데 어떻게.

어떻게 ➡ 어떡해

'어떡해'와 '어떻게' 둘 다 맞는 말이지만 쓰임에 차이가 있다는 것을 알아야 합니다. '어떡해'는 '어떻게 해(어떠하게 하다)'가 줄어든 말이고, '어떻게'는 '의견, 성질, 형편, 상태 등이 어찌 되어 있다'는 뜻으로 "요즘 어떻게 지내?", "넌 어떻게 생각해?"와 같이 씁니다. 참고로 '어떡하다'의 의미로 '어떻하다'를 쓰는 경우가 있으나 '어떡하다'만 표준어로 삼는다는 것도 알아두세요!

④ 네 목소리가 적으니 무슨 말인지 전혀 모르겠어.

적으니 ➡ 작으니

'작다'와 '적다'의 차이점을 알아야겠습니다. 이 예문에서는 '소리가 낮거나 약하다'는 의미로 쓰였으므로 '작다'를 사용해야 합니다. '적다'는 '수효, 분량, 정도가 일정한 기준에 미치지 못하다'를 의미해 "내 월급은 너무 적다."라고 사용합니다. 또한 '작다'는 "발이 작다/키가 작다/인성 그릇이 작다/작은 돈이지만 상금으로 내다." 와 같이 사용할 수 있습니다.

국어능력인증시험

부록

언어 기능 영역

한글 맞춤법 개정안 핵심 내용

〈한글 맞춤법 개정안 핵심 내용 및 필수 영역 정리〉

문화체육관광부는 2014년 10월 27일 〈문장 부호〉 용법을 보완하는 것을 주요 내용으로 하는 「한글 맞춤법」 일부개정안을 고시했다. 시행은 2015년 1월 1일부터이다.

❶ 새 〈문장 부호〉 주요 내용

주요 변경 사항	이전 규정	설 명
가로쓰기로 통합	세로쓰기용 부호 별도 규정	그동안 세로쓰기용 부호로 규정된 '고리점(。)'과 '모점(、)'은 개정안에서 제외, '낫표(「」, 『』)'는 가로쓰기용 부호로 용법을 수정하여 유지
문장 부호 명칭 정리	'.'는 '온점' ','는 '반점'	부호 '.'와 ','를 각각 '마침표'와 '쉼표'라 하고 기존의 '온점'과 '반점'이라는 용어도 쓸 수 있도록 함.
	〈 〉, 《 》 명칭 및 용법 불분명	부호 〈 〉, 《 》를 각각 '홑화살괄호, 겹화살괄호'로 명명하고 각각의 용법 규정
부호 선택의 폭 확대	줄임표는 '……'만	컴퓨터 입력을 고려하여 아래에 여섯 점(......)을 찍거나 세 점(…, ...)만 찍는 것도 가능하도록 함.
	가운뎃점, 낫표, 화살괄호 사용 불편	– 가운뎃점 대신 마침표(.)나 쉼표(,)도 쓸 수 있는 경우 확대 – 낫표(「」, 『』)나 화살괄호(〈 〉, 《 》) 대신 따옴표(' ', " ")도 쓸 수 있도록 함.
조항 수 증가 (66개→94개)	조항 수 66개	소괄호 관련 조항은 3개에서 6개로, 줄임표 관련 조항은 2개에서 7개로 늘어나는 등 전체적으로 이전 규정에 비해 28개가 늘어남. ※ (조항 수) : [붙임], [다만] 조항을 포함함.

❷ 개정안의 핵심 주의사항

1. 세로쓰기

- 공문서, 신문, 교과서 등에서 가로쓰기가 보편화되었기 때문에 세로쓰기용 부호를 따로 정하지 않기로 한 것일 뿐, 세로쓰기 자체를 막는 것은 아니다. 따라서 세로쓰기를 할 경우 이전에 적용되던 부호를 자유롭게 사용할 수 있다.

2. '온점, 반점'의 사용
   - '마침표'와 '쉼표'를 기본 용어로 정한 것이고, 기존 용어인 '온점'과 '반점'도 그대로 쓸 수 있다. 교과서나 공문서 등에는 '마침표'와 '쉼표'를 기본적으로 사용하게 된다.

3. 마침표로 연월일을 나타낼 때 맨 끝의 마침표
   - 연월일을 나타내는 마침표는 모두 찍어야 한다. '2014년 10월 27일'은 '2014. 10. 27.'과 같이 쓸 수 있다. '2014. 10. 27'처럼 끝에 점을 찍지 않으면 '2014년 10월 27'이라고 한 것이 되므로 적절하지 않다.

4. 컴퓨터 입력 시 대체해서 쓸 수 있는 부호
   - 특정 부호는 자판에서 쉽게 입력할 수 있는 부호로 대체해서도 쓸 수 있게 하였다.

낫표, 화살괄호		따옴표	가운뎃점		마침표/쉼표
「국어기본법」	⇨	'국어기본법'	3 · 1 운동	⇨	3.1 운동
《독립신문》		"독립신문"	상 · 중 · 하위권		상, 중, 하위권

줄임표		마침표	물결표		붙임표
저런…….	⇨	저런.......	9월~10월	⇨	9월-10월

5. 줄임표의 형태
   - 개정안에서는 줄임표를 다음과 같이 네 가지 형태로 쓸 수 있게 하였다.

기존	가운데 여섯 점	(……)		
개정안	가운데 여섯 점	(……)	가운데 세 점	(…)
	아래 여섯 점	(......)	아래 세 점	(...)

6. 분수 표시의 빗금 사용
   - 수학, 언어학 등 특수한 분야에서만 쓰이는 일부 부호의 용법, 예를 들면 '분수 표시의 빗금(/)', '단어 구성성분 표시의 붙임표(-)' 등은 문장 부호의 용법이 아니라고 보아서 개정안에서 제외하였지만, 개정안에서 빠졌더라도 이 부호들은 각각의 분야에서 기존 용법대로 쓸 수 있다.

7. 띄어쓰기의 개선
   - 개정안에서는 필요한 경우에는 규정으로, 그 밖에는 용례를 통해 문장 부호의 띄어쓰기를 비교적 명료하게 알 수 있도록 하였다. 쌍점, 빗금, 줄표, 줄임표 등 띄어쓰기가 혼란스러웠던 부호에 대해서는 별도로 띄어쓰기 규정을 두어 혼란을 없앴다.

3 「한글 맞춤법」 일부개정안 전문

「한글 맞춤법」

〈제1장〉~〈제6장〉 현행과 같음.

부칙

이 규정은 2015년 1월 1일부터 시행한다.

□ 부록

문장 부호

문장 부호는 글에서 문장의 구조를 드러내거나 글쓴이의 의도를 전달하기 위하여 사용하는 부호이다. 문장 부호의 이름과 사용법은 다음과 같이 정한다.

1. 마침표(.)

(1) 서술, 명령, 청유 등을 나타내는 문장의 끝에 쓴다.

예 젊은이는 나라의 기둥입니다.   예 제 손을 꼭 잡으세요.

예 집으로 돌아갑시다.   예 가는 말이 고와야 오는 말이 곱다.

[붙임 1] 직접 인용한 문장의 끝에는 쓰는 것을 원칙으로 하되, 쓰지 않는 것을 허용한다.(ㄱ을 원칙으로 하고, ㄴ을 허용함.)

예 ㄱ. 그는 "지금 바로 떠나자."라고 말하며 서둘러 짐을 챙겼다.

　　ㄴ. 그는 "지금 바로 떠나자"라고 말하며 서둘러 짐을 챙겼다.

[붙임 2] 용언의 명사형이나 명사로 끝나는 문장에는 쓰는 것을 원칙으로 하되, 쓰지 않는 것을 허용한다.(ㄱ을 원칙으로 하고, ㄴ을 허용함.)

예 ㄱ. 목적을 이루기 위하여 몸과 마음을 다하여 애를 씀.

　　ㄴ. 목적을 이루기 위하여 몸과 마음을 다하여 애를 씀

예 ㄱ. 결과에 연연하지 않고 끝까지 최선을 다하기.

　　ㄴ. 결과에 연연하지 않고 끝까지 최선을 다하기

예 ㄱ. 신입 사원 모집을 위한 기업 설명회 개최.

　　ㄴ. 신입 사원 모집을 위한 기업 설명회 개최

예 ㄱ. 내일 오전까지 보고서를 제출할 것.

　　ㄴ. 내일 오전까지 보고서를 제출할 것

다만, 제목이나 표어에는 쓰지 않음을 원칙으로 한다.

    예 압록강은 흐른다   예 꺼진 불도 다시 보자

    예 건강한 몸 만들기

(2) 아라비아 숫자만으로 연월일을 표시할 때 쓴다.

    예 1919. 3. 1.   예 10. 1.~10. 12.

(3) 특정한 의미가 있는 날을 표시할 때 월과 일을 나타내는 아라비아 숫자 사이에 쓴다.

    예 3.1 운동   예 8.15 광복

[붙임] 이때는 마침표 대신 가운뎃점을 쓸 수 있다.

    예 3 · 1 운동   예 8 · 15 광복

(4) 장, 절, 항 등을 표시하는 문자나 숫자 다음에 쓴다.

    예 가. 인명   예 ㄱ. 머리말

    예 Ⅰ. 서론   예 1. 연구 목적

[붙임] '마침표' 대신 '온점'이라는 용어를 쓸 수 있다.

2. 물음표(?)

(1) 의문문이나 의문을 나타내는 어구의 끝에 쓴다.

    예 점심 먹었어?   예 이번에 가시면 언제 돌아오세요?

    예 제가 부모님 말씀을 따르지 않을 리가 있겠습니까?

    예 남북이 통일되면 얼마나 좋을까?

    예 다섯 살짜리 꼬마가 이 멀고 험한 곳까지 혼자 왔다?

    예 지금?

    예 뭐라고?

    예 네?

[붙임 1] 한 문장 안에 몇 개의 선택적인 물음이 이어질 때는 맨 끝의 물음에만 쓰고, 각 물음이 독립
       적일 때는 각 물음의 뒤에 쓴다.

    예 너는 중학생이냐, 고등학생이냐?

    예 너는 여기에 언제 왔니? 어디서 왔니? 무엇하러 왔니?

[붙임 2] 의문의 정도가 약할 때는 물음표 대신 마침표를 쓸 수 있다.

> 예 도대체 이 일을 어쩐단 말이냐.

> 예 이것이 과연 내가 찾던 행복일까.

다만, 제목이나 표어에는 쓰지 않음을 원칙으로 한다.

> 예 역사란 무엇인가 　　　　　　　　예 아직도 담배를 피우십니까

(2) 특정한 어구의 내용에 대하여 의심, 빈정거림 등을 표시할 때, 또는 적절한 말을 쓰기 어려울 때 소괄호 안에 쓴다.

> 예 우리와 의견을 같이할 사람은 최 선생(?) 정도인 것 같다.

> 예 30점이라, 거참 훌륭한(?) 성적이군.

> 예 우리 집 강아지가 가출(?)을 했어요.

(3) 모르거나 불확실한 내용임을 나타낼 때 쓴다.

> 예 최치원(857~?)은 통일 신라 말기에 이름을 떨쳤던 학자이자 문장가이다.

> 예 조선 시대의 시인 강백(1690?~1777?)의 자는 자청이고, 호는 우곡이다.

3. 느낌표(!)

(1) 감탄문이나 감탄사의 끝에 쓴다.

> 예 이거 정말 큰일이 났구나! 　　　　　예 어머!

[붙임] 감탄의 정도가 약할 때는 느낌표 대신 쉼표나 마침표를 쓸 수 있다.

> 예 어, 벌써 끝났네. 　　　　　　　　예 날씨가 참 좋군.

(2) 특별히 강한 느낌을 나타내는 어구, 평서문, 명령문, 청유문에 쓴다.

> 예 청춘! 이는 듣기만 하여도 가슴이 설레는 말이다.

> 예 이야, 정말 재밌다! 　　　　　　　예 지금 즉시 대답해!

> 예 앞만 보고 달리자!

(3) 물음의 말로 놀람이나 항의의 뜻을 나타내는 경우에 쓴다.

> 예 이게 누구야! 　　　　　　　　　예 내가 왜 나빠!

(4) 감정을 넣어 대답하거나 다른 사람을 부를 때 쓴다.

> 예 네! 　　　　　　　　　　　　　예 네, 선생님!

> 예 흥부야! 　　　　　　　　　　　예 언니!

4. 쉼표(,)

(1) 같은 자격의 어구를 열거할 때 그 사이에 쓴다.

> 예 근면, 검소, 협동은 우리 겨레의 미덕이다.

> 예 충청도의 계룡산, 전라도의 내장산, 강원도의 설악산은 모두 국립 공원이다.

> 예 집을 보러 가면 그 집이 내가 원하는 조건에 맞는지, 살기에 편한지, 망가진 곳은 없는지 확인해야 한다.

> 예 5보다 작은 자연수는 1, 2, 3, 4이다.

다만, (가) 쉼표 없이도 열거되는 사항임이 쉽게 드러날 때는 쓰지 않을 수 있다.

> 예 아버지 어머니께서 함께 오셨어요.

> 예 네 돈 내 돈 다 합쳐 보아야 만 원도 안 되겠다.

(나) 열거할 어구들을 생략할 때 사용하는 줄임표 앞에는 쉼표를 쓰지 않는다.

> 예 광역시: 광주, 대구, 대전……

(2) 짝을 지어 구별할 때 쓴다.

> 예 닭과 지네, 개와 고양이는 상극이다.

(3) 이웃하는 수를 개략적으로 나타낼 때 쓴다.

> 예 5, 6세기　　　　　　　　　예 6, 7, 8개

(4) 열거의 순서를 나타내는 어구 다음에 쓴다.

> 예 첫째, 몸이 튼튼해야 한다.

> 예 마지막으로, 무엇보다 마음이 편해야 한다.

(5) 문장의 연결 관계를 분명히 하고자 할 때 절과 절 사이에 쓴다.

> 예 콩 심은 데 콩 나고, 팥 심은 데 팥 난다.

> 예 저는 신뢰와 정직을 생명과 같이 여기고 살아온바, 이번 비리 사건과는 무관하다는 점을 분명히 밝힙니다.

> 예 떡국은 설날의 대표적인 음식인데, 이걸 먹어야 비로소 나이도 한 살 더 먹는다고 한다.

(6) 같은 말이 되풀이되는 것을 피하기 위하여 일정한 부분을 줄여서 열거할 때 쓴다.

> 예 여름에는 바다에서, 겨울에는 산에서 휴가를 즐겼다.

(7) 부르거나 대답하는 말 뒤에 쓴다.

> 예 지은아, 이리 좀 와 봐.　　　　　예 네, 지금 가겠습니다.

(8) 한 문장 안에서 앞말을 '곧', '다시 말해' 등과 같은 어구로 다시 설명할 때 앞말 다음에 쓴다.

> 예 책의 서문, 곧 머리말에는 책을 지은 목적이 드러나 있다.

> 예 원만한 인간관계는 말과 관련한 예의, 즉 언어 예절을 갖추는 것에서 시작된다.

> 예 호준이 어머니, 다시 말해 나의 누님은 올해로 결혼한 지 20년이 된다.

> 예 나에게도 작은 소망, 이를테면 나만의 정원을 가졌으면 하는 소망이 있어.

(9) 문장 앞부분에서 조사 없이 쓰인 제시어나 주제어의 뒤에 쓴다.

> 예 돈, 돈이 인생의 전부이더냐?

> 예 열정, 이것이야말로 젊은이의 가장 소중한 자산이다.

> 예 지금 네가 여기 있다는 것, 그것만으로도 나는 충분히 행복해.

> 예 저 친구, 저러다가 큰일 한번 내겠어.

> 예 그 사실, 넌 알고 있었지?

(10) 한 문장에 같은 의미의 어구가 반복될 때 앞에 오는 어구 다음에 쓴다.

　　예 그의 애국심, 몸을 사리지 않고 국가를 위해 헌신한 정신을 우리는 본받아야 한다.

(11) 도치문에서 도치된 어구들 사이에 쓴다.

　　예 이리 오세요, 어머님.　　　　　　　　　　예 다시 보자, 한강수야.

(12) 바로 다음 말과 직접적인 관계에 있지 않음을 나타낼 때 쓴다.

　　예 갑돌이는, 울면서 떠나는 갑순이를 배웅했다.

　　예 철원과, 대관령을 중심으로 한 강원도 산간 지대에 예년보다 일찍 첫눈이 내렸습니다.

(13) 문장 중간에 끼어든 어구의 앞뒤에 쓴다.

　　예 나는, 솔직히 말하면, 그 말이 별로 탐탁지 않아.

　　예 영호는 미소를 띠고, 속으로는 화가 치밀어 올라 잠시라도 견딜 수 없을 만큼 괴로웠지만, 그들을 맞았다.

[붙임 1] 이때는 쉼표 대신 줄표를 쓸 수 있다.

　　예 나는 — 솔직히 말하면 — 그 말이 별로 탐탁지 않아.

　　예 영호는 미소를 띠고 — 속으로는 화가 치밀어 올라 잠시라도 견딜 수 없을 만큼 괴로웠지만 — 그들을 맞았다.

[붙임 2] 끼어든 어구 안에 다른 쉼표가 들어 있을 때는 쉼표 대신 줄표를 쓴다.

　　예 이건 내 것이니까 — 아니, 내가 처음 발견한 것이니까 — 절대로 양보할 수가 없다.

(14) 특별한 효과를 위해 끊어 읽는 곳을 나타낼 때 쓴다.

　　예 내가, 정말 그 일을 오늘 안에 해낼 수 있을까?

　　예 이 전투는 바로 우리가, 우리만이, 승리로 이끌 수 있다.

(15) 짧게 더듬는 말을 표시할 때 쓴다.

　　예 선생님, 부, 부정행위라니요? 그런 건 새, 생각조차 하지 않았습니다.

[붙임] '쉼표' 대신 '반점'이라는 용어를 쓸 수 있다.

5. 가운뎃점(·)

(1) 열거할 어구들을 일정한 기준으로 묶어서 나타낼 때 쓴다.

　　예 민수 · 영희, 선미 · 준호가 서로 짝이 되어 윷놀이를 하였다.

　　예 지금의 경상남도 · 경상북도, 전라남도 · 전라북도, 충청남도 · 충청북도 지역을 예부터 삼남이라 일러 왔다.

(2) 짝을 이루는 어구들 사이에 쓴다.

　　예 한(韓) · 이(伊) 양국 간의 무역량이 늘고 있다.

　　예 우리는 그 일의 참 · 거짓을 따질 겨를도 없었다.

　　예 하천 수질의 조사 · 분석

　　예 빨강 · 초록 · 파랑이 빛의 삼원색이다.

다만, 이때는 가운뎃점을 쓰지 않거나 쉼표를 쓸 수도 있다.

> 예 한(韓) 이(伊) 양국 간의 무역량이 늘고 있다.

> 예 우리는 그 일의 참 거짓을 따질 겨를도 없었다.

> 예 하천 수질의 조사, 분석

> 예 빨강, 초록, 파랑이 빛의 삼원색이다.

(3) 공통 성분을 줄여서 하나의 어구로 묶을 때 쓴다.

> 예 상·중·하위권　　　　　　예 금·은·동메달

> 예 통권 제54·55·56호

[붙임] 이때는 가운뎃점 대신 쉼표를 쓸 수 있다.

> 예 상, 중, 하위권　　　　　　예 금, 은, 동메달

> 예 통권 제54, 55, 56호

6. 쌍점(:)

(1) 표제 다음에 해당 항목을 들거나 설명을 붙일 때 쓴다.

> 예 문방사우: 종이, 붓, 먹, 벼루

> 예 일시: 2014년 10월 9일 10시

> 예 흔하진 않지만 두 자로 된 성씨도 있다.(예: 남궁, 선우, 황보)

> 예 올림표(#): 음의 높이를 반음 올릴 것을 지시한다.

(2) 희곡 등에서 대화 내용을 제시할 때 말하는 이와 말한 내용 사이에 쓴다.

> 예 김 과장: 난 못 참겠다.

> 예 아들: 아버지, 제발 제 말씀 좀 들어 보세요.

(3) 시와 분, 장과 절 등을 구별할 때 쓴다.

> 예 오전 10:20(오전 10시 20분)

> 예 두시언해 6:15(두시언해 제6권 제15장)

(4) 의존명사 '대' 가 쓰일 자리에 쓴다.

> 예 65:60(65 대 60)　　　　　예 청군:백군(청군 대 백군)

[붙임] 쌍점의 앞은 붙여 쓰고 뒤는 띄어 쓴다. 다만, (3)과 (4)에서는 쌍점의 앞뒤를 붙여 쓴다.

7. 빗금(/)

(1) 대비되는 두 개 이상의 어구를 묶어 나타낼 때 그 사이에 쓴다.

> 예 먹이다/먹히다　　　　　　예 남반구/북반구

> 예 금메달/은메달/동메달　　　예 (　)이/가 우리나라의 보물 제1호이다.

(2) 기준 단위당 수량을 표시할 때 해당 수량과 기준 단위 사이에 쓴다.

> 예 100미터/초　　　　　　　예 1,000원/개

(3) 시의 행이 바뀌는 부분임을 나타낼 때 쓴다.

　　예 산에 / 산에 / 피는 꽃은 / 저만치 혼자서 피어 있네

다만, 연이 바뀜을 나타낼 때는 두 번 겹쳐 쓴다.

　　예 산에는 꽃 피네 / 꽃이 피네 / 갈 봄 여름 없이 / 꽃이 피네 // 산에 / 산에 / 피는 꽃은 / 저만치 혼자서
　　　피어 있네

[붙임] 빗금의 앞뒤는 (1)과 (2)에서는 붙여 쓰며, (3)에서는 띄어 쓰는 것을 원칙으로 하되 붙여 쓰는
　　　것을 허용한다. 단, (1)에서 대비되는 어구가 두 어절 이상인 경우에는 빗금의 앞뒤를 띄어 쓸
　　　수 있다.

8. 큰따옴표(" ")

(1) 글 가운데에서 직접 대화를 표시할 때 쓴다.

　　예 "어머니, 제가 가겠어요."
　　　"아니다. 내가 다녀오마."

(2) 말이나 글을 직접 인용할 때 쓴다.

　　예 나는 "어, 광훈이 아니냐?" 하는 소리에 깜짝 놀랐다.
　　예 밤하늘에 반짝이는 별들을 보면서 "나는 아무 걱정도 없이 가을 속의 별들을 다 헬 듯합니다."라는
　　　시구를 떠올렸다.
　　예 편지의 끝머리에는 이렇게 적혀 있었다.
　　　"할머니, 편지에 사진을 동봉했다고 하셨지만 봉투 안에는 아무것도 없었어요."

9. 작은따옴표(' ')

(1) 인용한 말 안에 있는 인용한 말을 나타낼 때 쓴다.

　　예 그는 "여러분! '시작이 반이다.' 라는 말 들어 보셨죠?"라고 말하며 강연을 시작했다.

(2) 마음속으로 한 말을 적을 때 쓴다.

　　예 나는 '일이 다 틀렸나 보군.' 하고 생각하였다.
　　예 '이번에는 꼭 이기고야 말겠어.' 호연이는 마음속으로 몇 번이나 그렇게 다짐하며 주먹을 불끈 쥐었다.

10. 소괄호(( ))

(1) 주석이나 보충적인 내용을 덧붙일 때 쓴다.

　　예 니체(독일의 철학자)의 말을 빌리면 다음과 같다.
　　예 2014. 12. 19.(금)
　　예 문인화의 대표적인 소재인 사군자(매화, 난초, 국화, 대나무)는 고결한 선비 정신을 상징한다.

(2) 우리말 표기와 원어 표기를 아울러 보일 때 쓴다.

　　예 기호(嗜好), 자세(姿勢)　　　　　　　　　예 커피(coffee), 에티켓(étiquette)

(3) 생략할 수 있는 요소임을 나타낼 때 쓴다.

　　예 학교에서 동료 교사를 부를 때는 이름 뒤에 '선생(님)'이라는 말을 덧붙인다.

　　예 광개토(대)왕은 고구려의 전성기를 이끌었던 임금이다.

(4) 희곡 등 대화를 적은 글에서 동작이나 분위기, 상태를 드러낼 때 쓴다.

　　예 현우 : (가쁜 숨을 내쉬며) 왜 이렇게 빨리 뛰어?

　　예 "관찰한 것을 쓰는 것이 습관이 되었죠. 그러다 보니, 상상력이 생겼나 봐요." (웃음)

(5) 내용이 들어갈 자리임을 나타낼 때 쓴다.

　　예 우리나라의 수도는 (　　)이다.

　　예 다음 빈칸에 알맞은 조사를 쓰시오.

　　　　민수가 할아버지( ) 꽃을 드렸다.

(6) 항목의 순서나 종류를 나타내는 숫자나 문자 등에 쓴다.

　　예 사람의 인격은 ⑴ 용모, ⑵ 언어, ⑶ 행동, ⑷ 덕성 등으로 표현된다.

　　예 ㈎ 동해, ㈏ 서해, ㈐ 남해

11. 중괄호({ })

(1) 같은 범주에 속하는 여러 요소를 세로로 묶어서 보일 때 쓴다.

　　예 주격 조사 { 이 / 가 }

　　예 국가의 성립 요소 { 영토 / 국민 / 주권 }

(2) 열거된 항목 중 어느 하나가 자유롭게 선택될 수 있음을 보일 때 쓴다.

　　예 아이들이 모두 학교{에, 로, 까지} 갔어요.

12. 대괄호([ ])

(1) 괄호 안에 또 괄호를 쓸 필요가 있을 때 바깥쪽의 괄호로 쓴다.

　　예 어린이날이 새로 제정되었을 당시에는 어린이들에게 경어를 쓰라고 하였다.[윤석중 전집(1988), 70쪽 참조]

　　예 이번 회의에는 두 명[이혜정(실장), 박철용(과장)]만 빼고 모두 참석했습니다.

(2) 고유어에 대응하는 한자어를 함께 보일 때 쓴다.

　　예 나이[年歲]　　　　예 낱말[單語]　　　　예 손발[手足]

(3) 원문에 대한 이해를 돕기 위해 설명이나 논평 등을 덧붙일 때 쓴다.

　　예 그것[한글]은 이처럼 정보화 시대에 알맞은 과학적인 문자이다.

예 신경준의 《여암전서》에 "삼각산은 산이 모두 돌 봉우리인데, 그 으뜸 봉우리를 구름 위에 솟아 있다고 백운(白雲)이라 하며 [이하 생략]"

예 그런 일은 결코 있을 수 없다.[원문에는 '업다' 임.]

13. 겹낫표(「 」)와 겹화살괄호(《 》)

책의 제목이나 신문 이름 등을 나타낼 때 쓴다.

예 우리나라 최초의 민간 신문은 1896년에 창간된 『독립신문』이다.

예 『훈민정음』은 1997년에 유네스코 세계 기록 유산으로 지정되었다.

예 《한성순보》는 우리나라 최초의 근대 신문이다.

예 윤동주의 유고 시집인 《하늘과 바람과 별과 시》에는 31편의 시가 실려 있다.

[붙임] 겹낫표나 겹화살괄호 대신 큰따옴표를 쓸 수 있다.

예 우리나라 최초의 민간 신문은 1896년에 창간된 "독립신문"이다.

예 윤동주의 유고 시집인 "하늘과 바람과 별과 시"에는 31편의 시가 실려 있다.

14. 홑낫표(「 」)와 홑화살괄호(〈 〉)

소제목, 그림이나 노래와 같은 예술 작품의 제목, 상호, 법률, 규정 등을 나타낼 때 쓴다.

예 「국어 기본법 시행령」은 「국어 기본법」에서 위임된 사항과 그 시행에 필요한 사항을 규정함을 목적으로 한다.

예 이 곡은 베르디가 작곡한 「축배의 노래」이다.

예 사무실 밖에 「해와 달」이라고 쓴 간판을 달았다.

예 〈한강〉은 사진집 《아름다운 땅》에 실린 작품이다.

예 백남준은 2005년에 〈엄마〉라는 작품을 선보였다.

[붙임] 홑낫표나 홑화살괄호 대신 작은따옴표를 쓸 수 있다.

예 사무실 밖에 '해와 달'이라고 쓴 간판을 달았다.

예 '한강'은 사진집 "아름다운 땅"에 실린 작품이다.

15. 줄표(—)

제목 다음에 표시하는 부제의 앞뒤에 쓴다.

예 이번 토론회의 제목은 '역사 바로잡기 — 근대의 설정 —'이다.

예 '환경 보호 — 숲 가꾸기 —'라는 제목으로 글짓기를 했다.

다만, 뒤에 오는 줄표는 생략할 수 있다.

예 이번 토론회의 제목은 '역사 바로잡기 — 근대의 설정'이다.

예 '환경 보호 — 숲 가꾸기'라는 제목으로 글짓기를 했다.

[붙임] 줄표의 앞뒤는 띄어 쓰는 것을 원칙으로 하되, 붙여 쓰는 것을 허용한다.

16. 붙임표(-)

(1) 차례대로 이어지는 내용을 하나로 묶어 열거할 때 각 어구 사이에 쓴다.

[예] 멀리뛰기는 도움닫기-도약-공중 자세-착지의 순서로 이루어진다.

[예] 김 과장은 기획-실무-홍보까지 직접 발로 뛰었다.

(2) 두 개 이상의 어구가 밀접한 관련이 있음을 나타내고자 할 때 쓴다.

[예] 드디어 서울-북경의 항로가 열렸다.

[예] 원-달러 환율　　　　　　　　　　[예] 남한-북한-일본 삼자 관계

17. 물결표(~)

기간이나 거리 또는 범위를 나타낼 때 쓴다.

[예] 9월 15일~9월 25일　　　　　　　[예] 김정희(1786~1856)

[예] 서울~천안 정도는 출퇴근이 가능하다.

[예] 이번 시험의 범위는 3~78쪽입니다.

[붙임] 물결표 대신 붙임표를 쓸 수 있다.

[예] 9월 15일-9월 25일　　　　　　　[예] 김정희(1786-1856)

[예] 서울-천안 정도는 출퇴근이 가능하다.

[예] 이번 시험의 범위는 3-78쪽입니다.

18. 드러냄표(˙)와 밑줄(＿)

문장 내용 중에서 주의가 미쳐야 할 곳이나 중요한 부분을 특별히 드러내 보일 때 쓴다.

[예] 한글의 본디 이름은 훈민정음이다.

[예] 중요한 것은 왜 사느냐가 아니라 어떻게 사느냐이다.

[예] 지금 필요한 것은 지식이 아니라 실천입니다.

[예] 다음 보기에서 명사가 아닌 것은?

[붙임] 드러냄표나 밑줄 대신 작은따옴표를 쓸 수 있다.

[예] 한글의 본디 이름은 '훈민정음' 이다.

[예] 중요한 것은 '왜 사느냐' 가 아니라 '어떻게 사느냐' 이다.

[예] 지금 필요한 것은 '지식' 이 아니라 '실천' 입니다.

[예] 다음 보기에서 명사가 '아닌' 것은?

19. 숨김표(○, ×)

(1) 금기어나 공공연히 쓰기 어려운 비속어임을 나타낼 때, 그 글자의 수효만큼 쓴다.

[예] 배운 사람 입에서 어찌 ○○○란 말이 나올 수 있느냐?

[예] 그 말을 듣는 순간 ×××란 말이 목구멍까지 치밀었다.

(2) 비밀을 유지해야 하거나 밝힐 수 없는 사항임을 나타낼 때 쓴다.

> 예 1차 시험 합격자는 김○영, 이○준, 박○순 등 모두 3명이다.
>
> 예 육군 ○○ 부대 ○○○ 명이 작전에 참가하였다.
>
> 예 그 모임의 참석자는 김×× 씨, 정×× 씨 등 5명이었다.

20. 빠짐표(□)

(1) 옛 비문이나 문헌 등에서 글자가 분명하지 않을 때 그 글자의 수효만큼 쓴다.

> 예 大師爲法主□□賴之大□薦

(2) 글자가 들어가야 할 자리를 나타낼 때 쓴다.

> 예 훈민정음의 초성 중에서 아음(牙音)은 □□□의 석 자다.

21. 줄임표(……)

(1) 할 말을 줄였을 때 쓴다.

> 예 "어디 나하고 한번……." 하고 민수가 나섰다.

(2) 말이 없음을 나타낼 때 쓴다.

> 예 "빨리 말해!"
>
> "……."

(3) 문장이나 글의 일부를 생략할 때 쓴다.

> 예 '고유'라는 말은 문자 그대로 본디부터 있었다는 뜻은 아닙니다. …… 같은 역사적 환경에서 공동의 집단생활을 영위해 오는 동안 공동으로 발견된, 사물에 대한 공동의 사고방식을 우리는 한국의 고유 사상이라 부를 수 있다는 것입니다.

(4) 머뭇거림을 보일 때 쓴다.

> 예 "우리는 모두…… 그러니까…… 예외 없이 눈물만…… 흘렸다."

[붙임 1] 점은 가운데에 찍는 대신 아래쪽에 찍을 수도 있다.

> 예 "어디 나하고 한번......." 하고 민수가 나섰다.
>
> 예 "실은...... 저 사람...... 우리 아저씨일지 몰라."

[붙임 2] 점은 여섯 점을 찍는 대신 세 점을 찍을 수도 있다.

> 예 "어디 나하고 한번…." 하고 민수가 나섰다.
>
> 예 "실은... 저 사람... 우리 아저씨일지 몰라."

[붙임 3] 줄임표는 앞말에 붙여 쓴다. 다만, (3)에서는 줄임표의 앞뒤를 띄어 쓴다.

새로 추가된 표준어

1 2011년 새로 추가된 표준어

국립국어원은 국민들이 실생활에서 많이 사용하고 있으나 그동안 표준어로 인정되지 않았던 '짜장면, 먹거리' 등 39개를 표준어로 인정하고 『표준국어대사전』에 반영했습니다.

새로 표준어로 인정한 항목은 크게 세 부류입니다.

1. 현재 표준어로 규정된 말 이외에 같은 뜻으로 많이 쓰이는 말을 복수 표준어로 인정한 경우(11개)

예 '간지럽히다'는 비표준어로서 '간질이다'로 써야 했으나 앞으로는 '간지럽히다'도 '간질이다'와 뜻이 같은 표준어로 인정됨.

* 복수 표준어를 인정하는 것은 1988년에 제정된 『표준어 규정』에서 이미 허용된 원칙을 따르는 것으로 이미 써오던 것('간질이다')과 추가로 인정된 것('간지럽히다')을 모두 교과서나 공문서에 쓸 수 있도록 하는 것입니다. 따라서 새로운 표준어를 익히는 불편을 겪을 필요 없이 이전에 쓰던 것을 계속 사용해도 됩니다.

2. 현재 표준어로 규정된 말과는 뜻이나 어감 차이가 있어 이를 인정하여 별도의 표준어로 인정한 경우 (25개)

예 '눈꼬리'는 '눈초리'로 써야 했으나 '눈꼬리'와 '눈초리'는 쓰임이 다르기 때문에 '눈꼬리'를 별도의 표준어로 인정함.

3. 표준어로 인정된 표기와 다른 표기 형태도 많이 쓰여서 두 가지 표기를 모두 표준어로 인정한 경우 (3개)

예 '자장면', '태껸', '품세'만을 표준어로 인정해 왔으나 널리 쓰이고 있던 '짜장면', '택견', '품새'도 인정함.

새로 추가된 표준어 목록

■ 현재 표준어와 같은 뜻으로 추가로 표준어로 인정한 것(11개)

추가된 표준어	현재 표준어
간지럽히다	간질이다
남사스럽다	남우세스럽다
등물	목물
맨날	만날
묫자리	묏자리
복숭아뼈	복사뼈
세간살이	세간
쌉싸름하다	쌉싸래하다
토란대	고운대
허접쓰레기	허섭스레기
흙담	토담

■ 현재 표준어와 별도의 표준어로 추가로 인정한 것(25개)

추가된 표준어	현재 표준어	뜻 차이
~길래	~기에	~길래 : '~기에'의 구어적 표현.
개발새발	괴발개발	'괴발개발'은 '고양이의 발과 개의 발'이라는 뜻이고, '개발새발'은 '개의 발과 새의 발'이라는 뜻임.
나래	날개	'나래'는 '날개'의 문학적 표현.
내음	냄새	'내음'은 향기롭거나 나쁘지 않은 냄새로 제한됨.
눈꼬리	눈초리	• 눈초리 : 어떤 대상을 바라볼 때 눈에 나타나는 표정. 예 '매서운 눈초리' • 눈꼬리 : 눈의 귀 쪽으로 째진 부분.
떨구다	떨어뜨리다	'떨구다'에 '시선을 아래로 향하다'라는 뜻이 있음.
뜨락	뜰	'뜨락'에는 추상적 공간을 비유하는 뜻이 있음.
먹거리	먹을거리	먹거리 : 사람이 살아가기 위하여 먹는 음식을 통틀어 이름.
메꾸다	메우다	'메꾸다'에 '무료한 시간을 적당히 또는 그럭저럭 흘러가게 하다.'라는 뜻이 있음.
손주	손자(孫子)	• 손자 : 아들의 아들. 또는 딸의 아들. • 손주 : 손자와 손녀를 아울러 이르는 말.
어리숙하다	어수룩하다	'어수룩하다'는 '순박함/순진함'의 뜻이 강한 반면에, '어리숙하다'는 '어리석음'의 뜻이 강함.
연신	연방	'연신'이 반복성을 강조한다면, '연방'은 연속성을 강조.
횡하니	횡허케	횡허케 : '횡하니'의 예스러운 표현.
걸리적거리다	거치적거리다	자음 또는 모음의 차이로 인한 어감 및 뜻 차이 존재
끄적거리다	끼적거리다	〃
두리뭉실하다	두루뭉술하다	〃
맨숭맨숭/맹숭맹숭	맨송맨송	〃

바둥바둥	바동바동	자음 또는 모음의 차이로 인한 어감 및 뜻 차이 존재
새초롬하다	새치름하다	〃
아웅다웅	아옹다옹	〃
야멸차다	야멸치다	〃
오손도손	오순도순	〃
찌뿌둥하다	찌뿌듯하다	〃
추근거리다	치근거리다	〃

■ 두 가지 표기를 모두 표준어로 인정한 것(3개)

추가된 표준어	현재 표준어
택견	태껸
품새	품세
짜장면	자장면

2 2014년 새로 추가된 표준어

국립국어원은 2011년에 이어 국민들이 실생활에서 많이 사용하고 있으나 그동안 표준어로 인정되지 않았던 '삐지다, 놀잇감, 속앓이, 딴지' 등 13항목의 어휘를 표준어로 인정하고 『표준국어대사전』에 반영했습니다.

새로 표준어로 인정한 항목은 크게 두 부류입니다.

1. 현재 표준어와 같은 뜻으로 널리 쓰이는 말을 복수 표준어로 인정한 경우(5개)

예 그동안 '삐지다'는 비표준어로서 '삐치다'로 써야 했으나 앞으로는 '삐지다'도 '삐치다'와 뜻이 같은 표준어로 인정됨.

2. 현재 표준어와는 뜻이나 어감이 달라 이를 별도의 표준어로 인정한 경우(8개)

예 그동안 '놀잇감'은 '장난감'으로 써야 했으나 '놀잇감'과 '장난감'은 쓰임이 다르기 때문에 '놀잇감'을 별도의 표준어로 인정함.

* 그밖에 'RADAR(radio detecting and ranging)'의 한글 표기로 '레이다'와 '레이더'를 복수로 인정하기로 결정함. 원어 발음이 [reidɑ:(r)]인 것을 반영하여 '레이다'를 기본적인 표기로 새로 인정하되, 교과서 등에서 그동안 널리 써온 '레이더'도 관용적인 표기로 인정하기로 한 것임.

새로 추가된 표준어 목록

■ 현재 표준어와 같은 뜻을 가진 표준어로 인정한 것(5개)

추가된 표준어	현재 표준어
구안와사	구안괘사
굽신*	굽실
눈두덩이	눈두덩
삐지다	삐치다
초장초	작장초

* '굽신'이 표준어로 인정됨에 따라, '굽신거리다, 굽신대다, 굽신하다, 굽신굽신, 굽신굽신하다' 등도 표준어로 함께 인정됨.

■ 현재 표준어와 뜻이나 어감이 차이가 나는 별도의 표준어로 인정한 것(8개)

추가된 표준어	현재 표준어	뜻 차이
개기다	개개다	**개기다** : (속되게) 명령이나 지시를 따르지 않고 버티거나 반항하다. (※ **개개다** : 성가시게 달라붙어 손해를 끼치다.)
꼬시다	꾀다	**꼬시다** : '꾀다'를 속되게 이르는 말. (※ **꾀다** : 그럴듯한 말이나 행동으로 남을 속이거나 부추겨서 자기 생각대로 끌다.)
놀잇감	장난감	**놀잇감** : 놀이 또는 아동 교육 현장 따위에서 활용되는 물건이나 재료. (※ **장난감** : 아이들이 가지고 노는 여러 가지 물건.)
딴지	딴죽	**딴지** : (주로 '걸다, 놓다'와 함께 쓰여) 일이 순순히 진행되지 못하도록 훼방을 놓거나 어기대는 것. (※ **딴죽** : 이미 동의하거나 약속한 일에 대하여 딴전을 부림을 비유적으로 이르는 말.)
사그라들다	사그라지다	**사그라들다** : 삭아서 없어져 가다. (※ **사그라지다** : 삭아서 없어지다.)
섬찟*	섬뜩	**섬찟** : 갑자기 소름이 끼치도록 무시무시하고 끔찍한 느낌이 드는 모양. (※ **섬뜩** : 갑자기 소름이 끼치도록 무섭고 끔찍한 느낌이 드는 모양.)
속앓이	속병	**속앓이** : 「1」 속이 아픈 병. 또는 속에 병이 생겨 아파하는 일. 「2」 겉으로 드러내지 못하고 속으로 걱정하거나 괴로워하는 일. (※ **속병** : 「1」 몸속의 병을 통틀어 이르는 말. 「2」 '위장병01'을 일상적으로 이르는 말. 「3」 화가 나거나 속이 상하여 생긴 마음의 심한 아픔.)
허접하다	허접스럽다	**허접하다** : 허름하고 잡스럽다. (※ **허접스럽다** : 허름하고 잡스러운 느낌이 있다.)

* '섬찟'이 표준어로 인정됨에 따라, '섬찟하다, 섬찟섬찟, 섬찟섬찟하다' 등도 표준어로 함께 인정됨.

❸ 2015년 새로 추가된 표준어

국립국어원은 국민들이 실생활에서 많이 사용하고 있으나 그동안 표준어로 인정되지 않았던 '잎새, 푸르르다, 이쁘다, -고프다' 등 11항목의 어휘와 활용형을 표준어 또는 표준형으로 인정하고 『표준국어대사전』에 반영했습니다.

새로 표준어로 인정한 항목은 크게 세 부류입니다.

1. 현재 표준어와 같은 뜻으로 널리 쓰이는 말을 복수 표준어로 인정한 경우(4개)

예 그동안 '이쁘다'는 비표준어로서 '예쁘다'로 써야 했으나 앞으로는 '이쁘다'도 '예쁘다'와 뜻이 같은 표준어로 인정.

* 이 중 '마실'은 '이웃에 놀러 다니는 일'과 '여러 집이 모여 사는 곳'이라는 두 가지 뜻 중에서 '이웃에 놀러 다니는 일'이라는 뜻에 대해서만 표준어로서의 지위가 인정됨.

2. 현재 표준어와는 뜻이나 어감이 달라 이를 별도의 표준어로 인정한 경우(5개)

예 그동안 '푸르르다'는 '푸르다'로 고쳐 써야 했으나 '푸르르다'와 '푸르다'는 쓰임이 다르기 때문에 '푸르르다'를 별도의 표준어로 인정.

3. 비표준적인 것으로 다루어 왔던 활용형을 표준형으로 인정한 경우(2개)

① 그동안 '말다'가 명령형으로 쓰일 때는 'ㄹ'을 탈락시켜 '(잊지) 마/마라'와 같이 써야 했으나, 현실의 쓰임을 반영하여 '(잊지) 말아/말아라'와 같이 'ㄹ'을 탈락시키지 않고 쓰는 것도 인정하기로 함.

② 그동안 '노랗다, 동그랗다, 조그맣다' 등과 같은 ㅎ불규칙용언이 종결어미 '-네'와 결합할 때는 'ㅎ'을 탈락시켜 '노라네/동그라네/조그마네'와 같이 써야 했으나, 불규칙활용의 체계성과 현실의 쓰임을 반영하여 '노랗네/동그랗네/조그맣네'와 같이 'ㅎ'을 탈락시키지 않고 쓰는 것도 인정하기로 함.

새로 추가된 표준어 목록

■ 복수 표준어 : 현재 표준어와 같은 뜻을 가진 표준어로 인정한 것(4개)

추가된 표준어	현재 표준어	비 고
마실	마을	• '이웃에 놀러 다니는 일'의 의미에 한하여 표준어로 인정함. '여러 집이 모여 사는 곳'의 의미로 쓰인 '마실'은 비표준어임. • '마실꾼, 마실방, 마실돌이, 밤마실'도 표준어로 인정함. 예 나는 아들의 방문을 열고 이모네 **마실** 갔다 오마고 말했다.
이쁘다	예쁘다	• '이쁘장스럽다, 이쁘장스레, 이쁘장하다, 이쁘디이쁘다'도 표준어로 인정함. 예 어이구, 내 새끼 **이쁘기도** 하지.
찰지다	차지다	• 사전에서 〈'차지다'의 원말〉로 풀이함. 예 화단의 **찰진** 흙에 하얀 꽃잎이 화사하게 떨어져 날리곤 했다.
-고프다	-고 싶다	• 사전에서 〈'-고 싶다'가 줄어든 말〉로 풀이함. 예 그 아이는 엄마가 **보고파** 앙앙 울었다.

■ 별도 표준어 : 현재 표준어와 뜻이 다른 표준어로 인정한 것(5개)

추가된 표준어	현재 표준어	뜻 차이
꼬리연	가오리연	• **꼬리연** : 긴 꼬리를 단 연. ※ **가오리연** : 가오리 모양으로 만들어 꼬리를 길게 단 연. 띄우면 오르면서 머리가 아래위로 흔들린다. 예 행사가 끝날 때까지 하늘을 수놓았던 대형 **꼬리연**도 비상을 꿈꾸듯 끊임없이 창공을 향해 날아올랐다.
의론	의논	• **의론(議論)** : 어떤 사안에 대하여 각자의 의견을 제기함. 또는 그런 의견. ※ **의논(議論)** : 어떤 일에 대하여 서로 의견을 주고 받음. • '의론되다, 의론하다'도 표준어로 인정함. 예 이러니저러니 **의론**이 분분하다.
이크	이키	• **이크** : 당황하거나 놀랐을 때 내는 소리. '이키'보다 큰 느낌을 준다. ※ **이키** : 당황하거나 놀랐을 때 내는 소리. '이끼'보다 거센 느낌을 준다. 예 **이크**, 이거 큰일 났구나 싶어 허겁지겁 뛰어갔다.
잎새	잎사귀	• **잎새** : 나무의 잎사귀. 주로 문학적 표현에 쓰인다. ※ **잎사귀** : 낱낱의 잎. 주로 넓적한 잎을 이른다. 예 **잎새**가 몇 개 남지 않은 나무들이 창문 위로 뻗어올라 있었다.
푸르르다	푸르다	• **푸르르다** : '푸르다'를 강조할 때 이르는 말. ※ **푸르다** : 맑은 가을 하늘이나 깊은 바다, 풀의 빛깔과 같이 밝고 선명하다. • '푸르르다'는 '으불규칙용언'으로 분류함. 예 겨우내 찌푸리고 있던 잿빛 하늘이 **푸르르게** 맑아 오고 어디선지도 모르게 흙냄새가 뭉클하니 풍겨 오는 듯한 순간 벌써 봄이 온 것을 느낀다.

■ 복수 표준형 : 현재 표준적인 활용형과 용법이 같은 활용형으로 인정한 것(2개)

추가된 표준형	현재 표준형	비 고
말아 말아라 말아요	마 마라 마요	• '말다'에 명령형어미 '-아', '-아라', '-아요' 등이 결합할 때는 어간 끝의 'ㄹ'이 탈락하기도 하고 탈락하지 않기도 함. 예 내가 하는 말 농담으로 듣지 **마/말아**. 얘야, 아무리 바빠도 제사는 잊지 **마라/말아라**. 아유, 말도 **마요/말아요**.
노랗네 동그랗네 조그맣네 …	노라네 동그라네 조그마네 …	• ㅎ불규칙용언이 어미 '-네'와 결합할 때는 어간 끝의 'ㅎ'이 탈락하기도 하고 탈락하지 않기도 함. • '그렇다, 노랗다, 동그랗다, 뿌옇다, 어떻다, 조그맣다, 커다랗다' 등등 모든 ㅎ불규칙용언의 활용형에 적용됨. 예 생각보다 훨씬 **노랗네/노라네**. 이 빵은 **동그랗네/동그라네**. 건물이 아주 **조그맣네/조그마네**.

④ 2016년 새로 추가된 표준어

국립국어원은 국민들이 실생활에서 많이 사용하고 있으나 그동안 표준어로 인정되지 않았던 '걸판지다, 겉울음, 까탈스럽다, 실뭉치, 엘랑, 주책이다' 등 6항목의 어휘를 표준어 또는 표준형으로 인정한다는 내용을 발표하고 『표준국어대사전』에 반영했습니다.

새로 표준어로 인정한 항목은 크게 두 부류입니다.

1. 현재 표준어와는 뜻이나 어감이 달라 별도의 표준어로 인정한 경우(4개)

예 그동안 '실뭉치'는 '실몽당이'로 고쳐 써야 했으나 '실뭉치(실을 한데 뭉치거나 감은 덩이)'와 '실몽당이(실을 풀기 좋게 공 모양으로 감은 뭉치)'는 의미가 서로 다르기 때문에 '실뭉치'를 별도의 표준어로 인정.

2. 비표준적인 것으로 다루어 왔던 표현 형식을 표준형으로 인정한 경우(2개)

예 그동안 '주책'에 '이다'가 붙은 '주책이다'는 잘못된 용법으로 다루어져 왔고 그 대신 '주책없다'를 쓰도록 해 왔으나 현실에서는 '주책이다'도 널리 쓰일 뿐만 아니라 문법적으로도 잘못되었다고 볼 만한 근거가 없어 '주책이다'도 표준형으로 인정하기로 함.

새로 추가된 표준어 목록

■ **추가 표준어 : 현재 표준어와는 뜻이나 어감이 달라 별도의 표준어로 인정한 것(4개)**

추가된 표준어	현재 표준어	뜻 차이
걸판지다	거방지다	**걸판지다** [형용사] ① 매우 푸지다. 예 술상이 **걸판지다.** / 마침 눈먼 돈이 생긴 것도 있으니 오늘 저녁은 내가 **걸판지게** 사지. ② 동작이나 모양이 크고 어수선하다. 예 싸움판은 자못 **걸판져서** 구경거리였다. / 소리판은 옛날이 **걸판지고** 소리할 맛이 났었지. **거방지다** [형용사] ① 몸집이 크다. ② 하는 짓이 점잖고 무게가 있다. ③ =걸판지다.
겉울음	건울음	**겉울음** [명사] ① 드러내 놓고 우는 울음. 예 꼭꼭 참고만 있다 보면 간혹 속울음이 **겉울음**으로 터질 때가 있다. ② 마음에도 없이 겉으로만 우는 울음. 예 눈물도 안 나면서 슬픈 척 **겉울음** 울지 마. **건울음** [명사] =강울음. **강울음** [명사] 눈물 없이 우는 울음, 또는 억지로 우는 울음.

까탈스럽다	까다롭다	**까탈스럽다** [형용사]
		① 조건, 규정 따위가 복잡하고 엄격하여 적응하거나 적용하기에 어려운 데가 있다. '가탈스럽다①' 보다 센 느낌을 준다.
		  예 **까탈스러운** 공정을 거치다 / 규정을 **까탈스럽게** 정하다 / 가스레인지에 길들여진 현대인들에게 지루하고 **까탈스러운** 숯 굽기 작업은 쓸데없는 시간 낭비로 비칠 수도 있겠다.
		② 성미나 취향 따위가 원만하지 않고 별스러워 맞춰 주기에 어려운 데가 있다. '가탈스럽다②' 보다 센 느낌을 준다.
		  예 **까탈스러운** 입맛 / 성격이 **까탈스럽다** / 딸아이는 사 준 옷이 맘에 안 든다고 **까탈스럽게** 굴었다.
		※ 같은 계열의 '가탈스럽다'도 표준어로 인정함.
		까다롭다 [형용사] ① 조건 따위가 복잡하거나 엄격하여 다루기에 순탄하지 않다.
		② 성미나 취향 따위가 원만하지 않고 별스럽게 까탈이 많다.

실뭉치	실몽당이	**실뭉치** [명사] 실을 한데 뭉치거나 감은 덩이. 예 뒤엉킨 **실뭉치** / **실뭉치**를 풀다 / 그의 머릿속은 엉클어진 **실뭉치같이** 갈피를 못 잡고 있었다. **실몽당이** [명사] 실을 풀기 좋게 공 모양으로 감은 뭉치.

■ 추가 표준형 : 비표준적인 것으로 다루어 왔던 표현 형식을 표준형으로 인정한 것(2개)

추가된 표준형	현재 표준형	비 고
엘랑	에는	• 표준어 규정 제25항에서 '에는'의 비표준형으로 규정해 온 '엘랑'을 표준형으로 인정함. • '엘랑' 외에도 'ㄹ랑'에 조사 또는 어미가 결합한 '에설랑, 설랑, −고설랑, −어설랑, −질랑'도 표준형으로 인정함. • '엘랑, −고설랑' 등은 단순한 조사/어미 결합형이므로 사전 표제어로는 다루지 않음. 　예 서울**엘랑** 가지를 마오. 　　교실**에설랑** 떠들지 마라. 　　나를 앞에 앉혀놓**고설랑** 자기 아들 자랑만 하더라.
주책이다	주책없다	• 표준어 규정 제25항에 따라 '주책없다'의 비표준형으로 규정해 온 '주책이다'를 표준형으로 인정함. • '주책이다'는 '일정한 줏대가 없이 되는대로 하는 짓'을 뜻하는 '주책'에 서술격조사 '이다'가 붙은 말로 봄. • '주책이다'는 단순한 명사+조사 결합형이므로 사전 표제어로는 다루지 않음. 　예 이제 와서 오래 전에 헤어진 그녀를 떠올리는 나 자신을 보며 '나도 참 **주책이군**' 하는 생각이 들었다.

※새로 추가된 표준어에 대해 궁금한 사항은 국립국어원 홈페이지(http://www.korean.go.kr/) 보도자료를 참고하시기 바랍니다.

5 2018년 새로 추가된 표준어

새로 추가된 표준어 목록

■ 추가 표준어 : 뜻을 일부 수정하여 여러 표기로 같은 뜻을 나타내게 된 것

추가된 표준어	현재 표준어	비 고
꺼림직이 꺼림직하다	꺼림칙이 꺼림칙하다	• '꺼림칙이', '꺼림칙하다'의 북한어로 설명하던 부분 삭제. • 뜻풀이 수정: 마음에 걸려서 언짢고 싫은 느낌이 있다.
께름직하다	께름칙하다	• '꺼림칙하다'의 북한어로 설명하던 부분 삭제. • 뜻풀이 수정: 마음에 걸려서 언짢고 싫은 느낌이 꽤 있다.
추켜세우다	치켜세우다	• '치켜세우다'의 '정도 이상으로 크게 칭찬하다' 뜻 추가
추켜올리다 치켜올리다	추어올리다	• '추어올리다'의 '실제보다 과장되게 칭찬하다' 뜻 추가

좋은 책을 만드는 길
독자님과 함께하겠습니다.

도서나 동영상에 궁금한 점, 아쉬운 점, 만족스러운 점이
있으시다면 어떤 의견이라도 말씀해 주세요.
시대고시기획은 독자님의 의견을 모아 더 좋은 책으로 보답하겠습니다.

www.sidaegosi.com

ToKL 국어능력인증시험 한 권으로 끝내기

개정9판2쇄 발행	2021년 04월 05일 (인쇄 2021년 02월 22일)
초 판 발 행	2011년 09월 15일 (인쇄 2011년 07월 06일)
발 행 인	박영일
책 임 편 집	이해욱
편 저	김신성
편 집 진 행	구설희, 김서아
표지디자인	김도연
본문디자인	안시영, 장성복
발 행 처	(주)시대고시기획
출 판 등 록	제10-1521호
주 소	서울시 마포구 큰우물로 75 [도화동 538 성지B/D] 9F
전 화	1600-3600
팩 스	02-701-8823
홈 페 이 지	www.sidaegosi.com
I S B N	979-11-254-8982-5 (13710)
정 가	28,000원

※ 이 책은 저작권법의 보호를 받는 저작물이므로 동영상 제작 및 무단전재와 배포를 금합니다.
※ 잘못된 책은 구입하신 서점에서 바꾸어 드립니다.

ToKL
국어능력인증시험 도서

ToKL 국어능력인증시험 초단기완성

• 영역별 핵심이론+핵심예제+기출유형 모의고사
• 빈출 어휘, 어법 소책자로 효율적 시험 대비
• 최신 어문규정 반영
• 2주 만에 끝내는 무료 강의 제공

ToKL 국어능력인증시험 한 권으로 끝내기

• 기초부터 준비하는 수험생을 위한 완벽 대비서
• 영역별 핵심이론+유사문제+예상문제+확장문제
• 최신 어문규정 반영
• 4주 만에 끝내는 무료 강의 제공

ToKL 국어능력인증시험 모의고사

• 모의고사 5회분+정답 및 해설+듣기 대본
• 어휘, 어법 핵심이론으로 빈출 유형 정리
• 한눈에 보는 문제와 해설
• 듣기 영역 MP3 파일 무료 제공

ToKL 국어능력인증시험 도서 시리즈

• ToKL 국어능력인증시험 한 권으로 끝내기	28,000원
• ToKL 국어능력인증시험 초단기완성	18,000원
• ToKL 국어능력인증시험 모의고사	20,000원
• ToKL 국어능력인증시험 어휘, 어법	14,000원

※ 도서의 이미지, 제목, 구성 등 세부사항은 변경될 수 있습니다.